भितरी बनारस

बनारस की विभिन्न छवियों की अनुभूत अभिव्यंजना

भितरी बनारस

बनारस की विभिन्न छवियों की अनुभूत अभिव्यंजना

प्रो. दिलीप सिंह

वाणी प्रकाशन

प्रकाशन के उत्कृष्टतम 62 वर्ष

vaniprakashan.com

सजिल्द पहला संस्करण : 2025

वाणी प्रकाशन

4695, 21-ए, दरियागंज, नयी दिल्ली-110 002

फ़ोन : + 91 11 23273167, 23275710

शाखाएँ

अशोक राजपथ, पटना-800 004, बिहार

कॉफ़ी हाउस कैम्पस, महात्मा गांधी मार्ग, प्रयागराज-211 001, उत्तर प्रदेश

महात्मा गांधी अन्तरराष्ट्रीय हिन्दी विश्वविद्यालय, वर्धा-442 001, महाराष्ट्र

sales@vaniprakashan.in

vaniprakashan@gmail.com

Bhitari Banaras

by Dilip Singh

ISBN : 978-93-6944-652-0

Non-Fiction

मूल्य : ₹ 1500

जी.एस. ऑफ़सेट, दिल्ली-110 095 में मुद्रित

वाणी प्रकाशन का लोगो मक़बूल फ़िदा हुसैन की कूची से

समर्पण

अपने प्रात: स्मरणीय गुरुजनों पं–करुणपति त्रिपाठी, पं–विद्यानिवास मिश्र,
शिवप्रसाद सिंह, शुकदेव सिंह और काशीनाथ सिंह
को
जिन्होंने अपने जीवन और अपनी रचनाओं में काशी / बनारस
की विविध छवियों को रचा-बसा कर मुझे अपने-अपने रंगों से रंग डाला है।
उन्हीं रंगों को अबीर-गुलाल की तरह इनके चरणों पर छींट कर अपने माथे
लगा लिया है। इससे अधिक कुछ और कर पाना मेरे बस में है भी नहीं।

–दिलीप सिंह

अनुक्रमणिका

भितरी बनारस : छह

भितरी बनारस : सात : बनासर के अपने निखालिस ढब

भितरी बनारस : आठ : बनारसी लहरियाँ

मंतव्य

तीन लोक से न्यारी काशी पर केन्द्रित पुस्तक स्वाभाविक रूप से किसी भी पाठक के लिए उछाह का कारण बनती है। शिव के त्रिशूल पर बसी इस नगरी की रचना स्वयं महादेव ने की है। वे यहाँ पर सतत स्थायी निवास करते हैं। अपने समस्त गणों, पुत्र गणपति गणेश एवं भगवती के साथ वह सदा काशी में विराजते हैं।

प्रो. दिलीप सिंह ने अपनी पुस्तक 'भितरी बनारस' में बनारस के साथ बिताये अपने जीवन के पच्चीस वर्षों तथा बनारस से बिछोह के लगभग चालीस वर्षों में संचित बनारस की अनगिनत स्मृतियों के साथ काशी के भीतरी सौन्दर्य को मनोयोग के साथ अनुभूत करके उजागर किया है। पुस्तक के आरम्भिक खण्ड में लेखक ने भारत की सांस्कृतिक राजधानी काशी की आधिभौतिक संरचना को तीन उपखण्डों-काशी, शिव और गंगा के माहातम्य के परिप्रेक्ष्य में देखा है। आधिभौतिक काशी का स्वरूप सागर की भाँति अथाह है। 'स्कन्द पुराण' का 'काशीखण्ड' इस सागर की गहराई को मापने का दुष्कर कार्य करने वाला ग्रन्थ है। इसके चारों खण्डों का परिचय भी इस पुस्तक से मिलता है, जो अन्यत्र दुर्लभ है।

प्रो. सिंह ने काशी, शिव और गंगा से सम्बन्धित प्रसंगों-प्रकरणों को अत्यन्त रोचक ढंग से अभिव्यक्ति दी है। काशी की स्थापना, शिव-पार्वती विवाह, गंगावतरण की कथा उन्होंने लीन हो कर अपनी निजी शैली में सुनायी है और यह स्थापित किया है कि काशी भारत की आध्यात्मिक, सांस्कृतिक और धार्मिक परम्परा की सिरमौर नगरी है। धर्म एवं संस्कृति का केन्द्र एवं प्रतीक है।

शिव और काशी के स्नेह-सम्बन्ध को लेखक ने 'तीर्थ' की संकल्पना से जोड़कर काशी के उन गुणों को भी पौराणिक सन्दर्भ में प्रस्तुत कर दिया है जिनके कारण काशी, शिव को परम प्रिय है। पूरा शिव तत्त्व काशी में समाहित है। तभी तो काशी का रज-कण, रज-कण शंकर है। अपने काशी-प्रेम और 'कशीमय' होने

की कथा स्वयं शिव ने भवानी को सुनायी थी। वाराणसी और गंगा एक-दूसरे के पूरक हैं। गंगा जी कभी भी काशी के घाट को नहीं छोड़ती हैं। इस पुस्तक में गंगा की महिमा 'गंगावतरण' के प्रसंग को लेकर गाई गयी है। इन सभी प्रकरणों में प्रो. सिंह ने केवल पुराण-प्रसंग ही नहीं लिए हैं, हिन्दी साहित्य की विशिष्ट रचनाओं का भी अवगाहन किया है। 'काशी-गाथा' के साथ उन्होंने कभी 'भारतेन्दु' के नाटक 'सत्य हरिशचन्द्र' को सम्बद्ध कर दिया है तो कभी 'रत्नाकर' या 'पद्माकर' जैसे रचनाकारों की कृतियों को।

पुस्तक के 'काशी-दर्शन' वाले इस भाग को विशुद्ध शास्त्रीय व्याख्या से बचाते हुए एक रोचक पठनीय और सम्प्रेषणीय गद्य-शैली में ढाल दिया गया है। विश्वेश्वर पालित काशी के 'मुक्तिपुरी' स्वरूप को लेखक ने सारत: में जीवन्त कर दिया है। उन्होंने 'काशी' सम्बन्धी उपलब्ध विपुल सामग्री को मथ कर मधुर नवनीत निकाला है और उसे बनारसी 'दोने' में रख कर पाठकों को परोस दिया है।

इस पुस्तक में 'काशी का इतिहास' भी संक्षिप्त रूप में दिया गया है। स्वाभाविक है कि लेखक की रूचि उन ऐतिहासिक घटनाओं पर अधिक केन्द्रित हुई है जिसमें लोक की भागीदारी रही है या जिनसें बनारस की अक्खड़, जुझारू और बेफिक्र प्रकृति का दिग्दर्शन होता है। यह भी अत्यन्त रोचक पाठ है, विशेष रूप से मुग़ल और ब्रिटिश कालीन बनारस को जानने समझने के लिए।

काशी के आध्यात्म या इतिहास में ही नहीं, बनारस के जन-जीवन में भी लेखक की आत्मा विधिवत रमी है। पुस्तक के एक खण्ड में उल्लिखित बनारस की गलियों की परिक्रमा अद्भुत है। यह 'भितरी बनारस' ही असली बनारस है जो लेखक के हृदय पर अंकित है। काशी के समस्त तीर्थ, मन्दिर और शक्तिपीठ इन्हीं गलियों में स्थित हैं। इन गलियों की एक-एक दुकान, भवन, मोड़, मुहानों की मनमोहक यात्रा पुस्तक में कराई गयी है। बनारस की गलियों को लेकर ऐसा पाठ दुर्लभ है जिसमें लेखक स्वयं भ्रमण कर रहा हो और पाठक को भी इनका चक्कर लगवाता चल रहा हो। अपने मुहल्ले कबीर चौरा की गलियों की जो सैर प्रो. सिंह ने कराई है वह भावविभोर कर देनेवाले भावभीने गद्य का उत्कृष्ट नमूना है।

पुस्तक में बनारस के स्थानीय खान-पान, साग-सब्जियों, घरेलू व्यंजनों, बनारसी मिठाइयों और बनारसी चाट आदि का वर्णन भी अनूठा और रसीला है। कुछ स्थानीय व्यंजनों को तैयार करने की विधियों को भी लेखक ने यहाँ रस ले-ले कर प्रस्तुत किया है। इसी तरह बनारस के व्रत-पर्वों, मेलों, पावन-संस्कारों और अन्तिम संस्कार को भी प्रो. सिंह ने बड़ी गहराई से देखा और दिखाया है। इनकी एक-एक परत को अपनी संलग्नता के साथ उघाड़ा है। बनारस-मिर्जापुर के लोकगीतों की ओर भी उनकी दृष्टि

गयी है–कजरी, चैती, बिरहा, फाग की गायन-शैली और छंद-विधान का बखान करते समय लेखक की स्मृतियाँ जागृत हो गयी हैं। ये सभी चर्चाएँ या रसभीनी बानगियाँ बनारस के लोक-जीवन और उसकी संस्कृति में लेखक की आसक्ति का द्योतक हैं। इसमें से कुछ तो आधुनिकता की अन्धी दौड़ में अब 'लुप्तप्राय' हैं। अत: प्रो. सिंह के इन विवरणों को लोक-जीवन और लोक-संस्कृति के संरक्षण में उनका अप्रतिम योगदान भी माना जा सकता है।

बनारस की शास्त्रीय संगीत परम्परा या 'बनारस घराना' की चर्चा भी पुस्तक में अत्यन्त सरस ढंग से की गयी है। लेखक का मुहल्ला काशी के ख्यातिलब्ध संगीतज्ञों का गढ़ रहा है। इनमें से कई के साथ उनके पारिवारिक सम्बन्ध भी रहे हैं। काशी की इस 'सुर-लहरी' का उन्होनें भावविभोर हो कर स्मरण किया है। साथ ही गायन, वादन, नृत्य और तबला के क्षेत्र में काशी के प्रसिद्ध घरानों का छोटा-सा इतिहास अंकित कर दिया है।

बनारस की रामलीलाएँ विश्व-प्रसिद्ध हैं। इस अवधि में शिव की यह नगरी पूर्णरूपेण 'राममय' हो जाती है। नाटीइमली के 'भरत मिलाप', चेतगंज की 'नक्कटैया' और भदैनी की कृष्ण लीला 'नाग नथैया' की लीलाओं में प्रो. सिंह डूब गये हैं। उन्होंने लिखा है कि ये तीनों लीलाएँ देखने के लिए लाख के ऊपर लोग एकत्रित होतें है इसलिए बनारस में इन्हें 'लक्खी मेला' कहा जाता है। रामलीलाओं का यह वृतान्त लेखक ने अपने बचपन और कैशोर्य की स्मृतियों को झकझोर कर लिखा है। इस खण्ड का गद्य अत्यन्त भावप्रवण है। इस प्रकार का गद्य अब कम पढ़ने को मिलता है।

बहुत दुष्कर है, प्रौढ़ावस्था में अपने बचपन और कैशोर्य की स्मृतियों को सहेज और उकेर पाना। प्रो. दिलीप सिंह ने इस कार्य को अत्यन्त सरलता और सहजता के साथ सम्पन्न कर दिखाया है। पूरी पुस्तक में उनकी स्मरण शक्ति प्रखर बन कर विस्तारित है। एक-एक 'प्रसंग' को वह इस पुस्तक मे पुन: पुन: जी गये हैं और इस क्रम में उन्होंने पूरी पुस्तक को आत्मीयता से आप्लावित एक कृति में रूपान्तरित कर दिया है। उनका यह लेखकीय कौशल और प्रांजल ह्दय भूरि-भूरि प्रशंसा योग्य है।

पुस्तक का 'परिशिष्ट' बहुत उपादेय है। अट्ठारह परिशिष्टों वाले पुस्तक के इस अंश में काशी-बनारस से सम्बन्धित वे सूचनाएँ समाहित हैं, जिनका पुस्तक में संकेत मात्र हो सकता है या विस्तार भय से जिन्हें छोड़ना पड़ा है। ये परिशिष्ट पाठक को आनन्दित भी करते हैं और इस परम पावन नगरी के प्रति आकर्षित भी। काशी के चौदह शिवलिंग, अष्टभैरव, नौ-दुर्गा, नौ-गौरी, चौंसठ योगिनियों, बीरों, औघड़ों के स्थल और मन्दिरों की सूची परिचय के साथ दी गयी है। ऐसी ही अनेक सूचनाओं से भरी-पूरी मंजूषा है यह 'परिशिष्ट'।

पुस्तक की सन्दर्भ ग्रन्थ सूची सर्वसमावेशी है। संस्कृत, हिन्दी और अंग्रेज़ी की सभी महत्त्वपूर्ण पुस्तकों को इसमें स्थान मिला है। उन साहित्यिक कृतियों का सन्दर्भ भी इसमें आ गया है जिनमें काशी या बनारस का संकेत है या जो इन्हें अपना विषय बनाने वाली हैं।

प्रो. सिंह एक भाषाविद् और हिन्दी साहित्य के गहन अध्येता हैं। इसलिए एक छोटे-से खण्ड में उन्होंने भोजपुरी की उप-बोली, 'बनारसी बोली' या 'काशिका' की रंजकता और विशेषताओं का उद्‌घाटन सोदाहरण किया है। 'भाषा' में रुचि रखने वाले पाठकों के लिए यह लेखक का अमूल्य उपहार है। इसी खण्ड में बनारस में रचे 'बनारसी रंग' के उस साहित्य का लेखाजोखा भी 'काशिका' में बसी मस्ती को प्रकाशित करते हुए दिया गया है जिसमें हास्य, व्यंग्य, वक्रोक्ति, कटाक्ष और कौतुक की अजस्त्र धाराएँ प्रवाहित हैं। एक प्रकार से लेखक ने इस 'बनारसी साहित्य' की भाषिक समीक्षा ही प्रस्तुत कर दी है। काशी जैसी वैविध्यपूर्ण नगरी पर इतने आयामों, स्तरों और धरातलों पर खड़े हो कर लिख पाना किसी के लिए भी सहज न होगा। प्रो. सिंह ने अनेक वर्षों का श्रम लगा कर यह कार्य सम्पन्न किया है। ऐसा कार्य उनके जैसा 'बनारसी' ही कर सकता था।

भारत के नगरों-कस्बों पर इस प्रकार की पुस्तकों का अभाव-सा है। बनारस पर जो पुस्तकें उपलब्ध हैं, उनमें से अधिकतर या तो 'शास्त्रीय' प्रकति की हैं या काशी पधारने वाले यात्रियों-तीर्थयात्रियों को ध्यान में रखकर लिखी गयी हैं। ये पुस्तकें बनारस के सामने खड़े हो कर, उसे दूर-दूर से देखते हुए रची गयी हैं। 'भितरी बनारस', इन सबसे अलग, बनारस के कोने-अन्तरों में झाँकने वाली पुस्तक है, भीतर रचे-बसे बनारस को 'भीतर' से देखने वाली। बनारस को उसकी 'सम्पूर्णता' में देखने-दिखाने का यह पुस्तक एक रचनात्मक प्रयास है जिसमें 'काशी सत्य' के साथ-साथ कथा-रस, संस्मरण, रिपोर्ताज और विवरण की शैलियाँ घुली-मिली हैं। पुस्तक की यह 'रचनात्मकता' भी इसे विशिष्ट बनाती है। इस सारगर्भित पुस्तक का 'भितरी बनारस' शीर्षक सर्वथा सार्थक है जिसे काशी और बनारस दोनों की आत्मा में पैठ कर रचा गया है।

मुझे पूर्ण विश्वास है कि 'काशी-रस' से कण्ठ तक भरी हुई यह पुस्तक नीलकण्ठ काशी नागरी पर रचित श्रेष्ठ पुस्तकों में अपना स्थान बनायेगी और अपने पाठकों को भी रससिक्त करेगी।

प्रो. श्रीप्रकाश मणि त्रिपाठी

बनारस तो जाना होता होगा

यह जिज्ञासा अक्सर लोग मुझसे करते हैं। अभिव्यक्ति अलग होती है पर ध्वनित आशय यही होता है कि–बनारस तो तुमसे छूट गया। यह प्रश्न, जिज्ञासा या कटाक्ष सुनकर भीतर कुछ कचोट-सा जाता है। प्रवास के शुरुआती बरसों में तो यह 'जिज्ञासा' कई-कई दिनों तक बेचैन बनाये रखती थी। फिर जल्दी ही मुझे एक संबल मिल गया, 'स्कन्द पुराण' के 'काशी खण्ड' में स्वयं विश्वेश्वर महादेव के इस कथन से कि–*मेरी पूजा करने वाला भी मुझे वैसा प्यारा नहीं है जैसा कि काशी की स्तुति में लीन रहने वाला।* बस तब से 'जिज्ञासाओं' को मैं कुतूहल से देखता हूँ, और 'हाँ भाई जाता तो हूँ पर साल-छह महीने पर', और अपने भीतर ही भीतर कस-कस के शिव-शम्भु जैसा ठठाकर हँसता हूँ कि ये क्या जानें कि बनारस से तो मैं कभी बिलगा ही नहीं। काशी तो दिनों-दिन मेरे भीतर गहरे और गहरे धंसती चली गयी है।

चालीस साल से दो-चार साल ऊपर ही हो गये हैं, बनारस से बिछड़े हुए। बाक़ी चार दशक से बनारस का बिछोह सहने को बाध्य रहा हूँ। पर मेरे जैसे ठाँटी बनारसी से, जिसकी ज़िन्दगी के शुरूआती पच्चीस वर्ष बनारस की नस-नाड़ी में रम कर बीते हों, क्या बनारस इतनी आसानी से छूट सकता है भला! नहीं, कभी नहीं। शरीर चाहे मेरा काशी से छिटक गया हो, मन-आत्मा मेरे, रात-दिन-नित्य-पल-पल काशी बिद्ध रहें हैं, रहते आये हैं। और आख़िरी साँस तक मेरे भीतर रचा-बसा बनारस इसी तरह मेरे अन्तर को तपाता रहेगा। यही तपन, कहिए, इस पुस्तक का सरमाया है। जितना ही बनारस मुझसे दूर हुआ, उतना ही वह मेरे और-और नज़दीक आता चला गया है। अजीब बात है। अचरजभरी। पर है सौ टका सच।

बनारस मुझे एहर से ओहर व्यापक परिधि में लखेदता रहता है–चाहे मैं कही भी रहा होऊँ–देश में, विदेश में, उत्तर में, दक्षिण में, बरसों-बरस। मैं भी हूँ कि

मगन-मन लखेदाता रहा हूँ–इस गली से उस गली, इस घाट से उस घाट, इस बस्ती से उस बस्ती, इस बाज़ार से उस मण्डी,–इस...। कैसा तो अपूर्व आनन्द है–बनारस के कोने-अँतरे में हलने का, वह भी उससे सैकड़ो-हजारों मील दूर बैठकर! बनारस, ऐसा बसा है मन में आज भी, कि उसकी ठसाठस स्मृतियों से मुझे कभी भी अण्डस नहीं बुझाता। हृदय के इतने वसी क्षेत्रफल में उसके इतने ढेरों-ढेर रंग-रूप प्रहवमान हैं कभी कोई तो कभी कोई बिना किसी रगड़ के अंट जाता है–ये किसी तरह का कोई खरमण्डल नहीं करते। ऐसे ही रजनी-दिन-नित्य बनारस मेरे पूरे अस्तित्व को घेरियाये रहता है। बनारसी कहन में कहूँ तो–चाँपे रहता है। इस घेरे, इस चँपान का अनुभव गूंगे के गुड़ की तरह शब्दातीत है। अनिवर्चनीय।

एक बात तो यह कि इस किताब का एक हिस्सा मेरे मन-आंगन में स्पन्दित बनारस का है–भितरी बनारस। बनारस में मैं पैदा हुआ, स्कूल गया, जवानी की हवा खाई, शोधार्थी बना-बस तभी से काशी से निकलना पड़ा–पापी पेट जो न कराये। सिर्फ़ जन्म लेने भर से कोई 'बनारसी' कहे जाने का अधिकारी नहीं बन जाता। बनारस के भीतर पैठना पड़ता है, उसकी शर्तों पर अपने को ढालना पड़ता है और जीना होता है–फक्कड़ बाबा का चेला बनकर। पच्चीस बरसों तक मैं काशी में ऐसे ही रमा। मैं बार-बार बनारस जाता हूँ, मौका मिलते ही। मिलता हूँ अपने नाते-रिश्तेदारों से, मित्रों से, जो काशी में ही रह गये-देखता हूँ कि वे बनारस में अहर्निश रहते तो आ रहे हैं पर उनके भीतर बनारस कहीं नहीं है। कहीं भी नहीं। बनारस में वे वैसे ही जी रहे हैं, जैसे वे भारत के किसी अन्य शहर में रह कर जीते होते।

अपनी कहूँ तो बनारस ने मुझे अपने से दूर कभी किया ही नहीं, बल्कि और भी अपना बना लिया। कितने ऐसे हैं जो बनारस के पास रहकर भी उससे कोसों दूर हैं जबकि मुझे दूर करके भी बनारस ने मुझे अपनाये रखा है। बनारस का और मेरा यही अपनापा आप यहाँ उकेरा पायेंगे। बनारस ने मुझे अतीव स्नेह के साथ सोहरा-सोहरा के अपने भीतर बसाया है और ऐसे स्नेहिल स्पर्श से वह मेरे भीतर न घुस सके, ऐसा भला कभी हो सकता है। कृष्ण की त्रिभंगी मुद्रा की तरह काशी मेरे भीतर, कहीं बहुत-बहुत भीतर धँस गयी है–फिर उसका कोई भी अंश तनिको भी बाहर निकले भी तो कैसे?

इस किताब में आपको बनारस, बनारसी, बनारसीपन की शुष्क 'परिभाषा' शायद न मिले पर इन तीनों का वह सरोतर रस भिना हुआ ज़रूर मिलेगा जो मेरी 'आँखिन देखी' भी है और 'मनबसिया' भी। मुझे 'बनारसीपन' का सर्वोत्तम अर्थ

लगता है–'खास जीवन शैली'। यानी एक विशिष्ट नगर की यथार्थ संस्कृति। यथार्थ जीवन की एक 'निरल्ली' अदा। बहती नरिया के किनारे चीकट चबूतरे पर बैठ कर जलपान करने में जो झिझके, ठेले के निकट खड़े-खड़े चाट-पकौड़ी खाने में जिसका मान जाता हो, जिसे किसी कूप, कुएँ बावड़ी का जल पीने में भय हो, जो 'पैलग्गी' करने में विश्वास नहीं करता, ठहाके लगाने में जो 'उजड्डई' समझता हो, लंठई करने से हिचकता और गरियाने में सकुचाता हो, जिसे कचौड़ी-तरकारी की जगह 'कॉर्नफ्लेक्स' का जलपान रुचता हो, बनारस की गलियों में जो बच-बचा के चले, जिसने बनारस की बड़की लवंगलता और लंका पर 'पहलवान' या रामनगर की लस्सी न चखी हो–वह सच मानिए 'बनारसी' होने का हकदार कभी नहीं हो सकता। बनारस के ऐसे न जाने कितने स्थायी भाव की लहरियाँ मेरे निजी अनुभवों की पतवार से इस पुस्तक में हलचल मचाए हुए हैं।

बनारस के जीवन-चित्र इस पुस्तक की विशेषता है। यहाँ की ग़रीबी भी 'गरबीली' है। 'तनी रुका पानी पी लेईं' कहकर आपको ढोता रिक्शेवाला रिक्शा रोक कर किसी दुकान से रुपये-आठ आने की जलेबी दोने में लेकर खायेगा, कण्डाल से लोटा भर पानी लेकर गटर-गटर पियेगा, लम्बी डकार लेगा और आगे चल देगा। मैं बनारस में रिक्शा रोक कर रास्ते की किसी मशहूर दुकान पर पान खाता हूँ। रिक्शेवाले को भी खिलाता हूँ–'तहूँ खा लिहे'। आप रिक्शे पर बैठे रहिए, वह दुकान पर जाएगा ख़ुद पान जमाकर और आपका पान लेकर आएगा और आपसे बोलेगा–'एकर पान बड़ा चौचक होला भइया अब कबीर चउरा तक फुरसत'। इसी रससिक्त जीवन को काशी के एक अनाम कवि पं–गोपाल लाल ने देखा है–'देखो बनारस में है बना रस, इस रस को कोई क्या पावें'। इस रस को ख़ुद पाने और आपको 'पवाने' के अनेक यत्न इस पुस्तक में किये गये हैं।

पुस्तक में बनारसी रंग की किताबों का सन्दर्भ भी है। विशेषकर, हास्य-व्यंग्य, कटाक्ष और ठिठोली वाली चन्द पुस्तकों का। इसमें 'भारतेन्दु' भी हैं, अन्नपूर्णानन्द वर्मा भी, 'उग्र' भी और 'रुद्र' भी। इसी बहाने बनारस की बोली 'काशिका' की बात भी उठी है। 'काशिका' भोजपुरी का ही बनारसी 'विकल्पन' है। कसावट और बांकपन की भाषा व्यंजना, चुहल और वक्रोक्ति इसके प्राणतत्त्व हैं। 'काशिका' का यह नज़ारा पुस्तकों के पाठ के माध्यम से लाया गया है। और पूरी किताब में मैंने अपनी इस मातृ-बोली की छौंक लगायी है। 'काशिका' के भेद में भी भेद हैं–अनेक। भारतेन्दु ने जिन्हें 'प्रेमजोगिनी' में जता-बता दिया था।

काशी भारतीय संस्कृति की भरीपूरी मंजूषा है। इस पिटारी को भी पुस्तक ने खोलने का साहस दिखाया है। काशी के आध्यात्मिक रहस्य को समझ और समझा पाना आसान नहीं है। काशी के इस स्वरूप को बूझ पाना किसी तपस्या से कम नहीं। इस 'काशी' में कितने बूड़े, कितने पार उतरे अन्दाज़ा लगा पाना कठिन है। इस पुस्तक में 'काशी रहस्य' को तीन स्तरों पर काशी शिव और गंगा, उजागर करने से इस पुस्तक में 'काशी पुराण' की रोचक और कथा-रस देने वाली छवि भी दिखायी देगी। काशी शिव की बसाई नगरी है–आनन्दवन। शिव काशी की अस्मिता के 'महादेव' हैं। गंगा काशी पहुँच कर बल खा जाती हैं कि उनकी धारा तनिक मद्धम पड़ जाय और वे शिव के सान्निध्य में देर तक रह सकें। पुस्तक में इस 'त्रिवेणी' को सम्प्रेषणीय और प्रभावी ढंग से अवतरित किया गया है। इस 'काशी' को जाने बिना, 'बनारस' का भावबोध एकदम्मे नहीं हो पाता। बनारस के जीवन में 'काशी' घुली हुई है। शिव बसे हुए हैं। गंगा प्रवाहित हैं। पुस्तक का यह अंश लिखते समय इन्होंने मुझे बाहर-भीतर से लपेट लिया था–अपने में। समझइबे नहीं कर रहा था कि–क्या-क्या जानें, क्या-क्या समझें। किसे-किसे बूझें, कैसे समझें...। पर काशी, शिव और गंगा के साथ चलने पर ऐसा लगता रहा मानो बनारस के घाटों की ऊँची-सँकरी, तिड़बिड़िंगी सीढ़ियों से उतर कर माँ जाह्नवी की शीतलता और पवित्रता का स्पर्श कर पा रहा होऊँ। पूरी पुस्तक की तैयारी में मेरे साथ पं–देवीसहाय की बनारसी लहजे में रची 'शैव मनोरंजिनी' की ये पंक्तियाँ सखी भाव से साथ चलती रही हैं–

मन भावे मुझे काशी की गली।
विश्वनाथ पद पूजा भली।।
स्वांस-स्वांस पर शिव दरसन।
जहाँ सिद्ध बिराजैं थली-थली।।
भैरव काल करत कोतवाली।
पाप ताप कर डारैं भली।।
शोभा सदन मदन छबि वारो।
जहाँ बसैं हिमवान लली।।
देवी सहाय धन्य आनन्दबन।
जहँ जम की कछु नाहीं चली।।

ये सारे भाव इस पुस्तक में प्रसंगात समेट लिए गये हैं। साथ ही इसमें बनारस का संक्षिप्त-सा इतिहास भी है। नये ढर्रे पर इतिहास को साहित्य के साक्ष्य पर भी देखा

गया हैं। मुग़ल काल और ब्रिटिश राज की काशी-बनारस के ढाँचे पर मुख्य घटनाओं के सन्दर्भ में आपको संकेत मिल जायेंगे। और इसके भी कि ब्रिटिश राज के विरुद्ध लड़ने-भिड़ने में बनारस के आम लोगों और 'गुण्डों' की कितनी केन्द्रीय भूमिका थी।

काशी नटराज की नगरी है। यक्ष-किन्नर-गन्धर्व, शिव के साथ यहाँ निवास करते हैं। तभी तो बनारस संगीत नगरी है–यहाँ के लोक-संगीत और शास्त्रीय संगीत के बनारस घराने की परम्परा को अपने 'भीतरी' गवाक्ष के जरिए देख पाया हूँ। अपने निजी-जुड़ाव के आलोक में।

बनारस के आहार-व्यवहार, पान-संस्कृति, मेलों-त्यौहारों को अपने भीतरी प्रकरणों से जोड़ कर देखने में मुझे अतीव आनन्द मिला है। पाठकों को भी अवश्य मिलेगा। मेरे 'भीतरी भाग' के साथ उन्हें बनारस का भी भीतरी हिस्सा इसमें झलकता दिखेगा। बनारस की गलियों की परिक्रमा भी पाठक मेरे साथ करेंगे। पाठक बस इसमें विचरेंगे ही नहीं, इनकी धड़कनों को भी महसूस कर सकेंगे। इनके माध्यम से पाठकों को मेरे अन्तर में रचे-बसे बहुरंगी बनारस के दर्शन होंगे और वे मेरे तईं यह जान पायेंगे कि बनारस के साथ मेरी आसक्ति किस हद दर्जे की है–*इश्क़ हमारा आह न पूछो, क्या-क्या रंग बदलता है।* इन्हीं रंगों में एक रंग बनारस की रामलीलाओं का है–इन्हें भी पाठक मेरे साथ देखेंगे, अकेले नहीं।

एक गहरा रंग बनारस के मौसमों का-बरसात, गर्मी, शीत। ये पाठ परम अन्तरंगता के हैं। पर, बस इतना ही नहीं। इन मौसमों में बनारस अपने रंग कैसे-कैसे बदलता है, ये सब भी–क्या खाता है, क्या पहनता है। किन-किन विधियों से रहता है...। लेखक तो सब कहीं इसमें है ही। ये पाठ साहित्य की ओर भी ले जायेंगे और लोकगीतों की ओर भी। साग-सब्जियों की भी बात करेंगे और मौसमी फलों की भी। तीजों की और पर्वों की भी तरह-तरह का 'बारहमासा'।

किताब का एक भाग बनारस के फ़िल्म टाकीजों पर है। इस बहाने सिनेमा और समाज के आत्मीय सम्बन्ध भी उभर आये हैं। सिनेमा देखने वाला बहुस्तरीय समाज भी इसमें मुखर है। सिनेमा हालों का परिवेश भी। मेरे साथ उनकी अभिन्नता भी। हमारे गली-कूँचों में सिनेमा के साथ संलग्नता को भी यह हिस्सा बहुविध प्रकट करता है। इनके एक के बाद एक बन्द होते जाने की कसक को भी। जैसे कोई बहुत प्यारा-प्यारा हमसाया बिछड़ गया हो–*दिले सितमज़दा को हमने थाम-थाम लिया।*

पुस्तक में 'बनारस-परिशिष्ट' भी है। एक किताब में इस सब को खोलिया कर घुसेड़ने का कलेजा भी चाहिए और खँचिया भर पन्ने भी। कई परिशिष्ट हैं। सन्दर्भ-

ग्रन्थ-सूची अत्यन्त उपयोगी है। बनारस पर नई-पुरानी, संस्कृत-हिन्दी-अंग्रेज़ी पुस्तकों के सन्दर्भ से खचाखच भरी हुई। कुछ तस्वीरें भी दे दी गयी हैं–श्वेत-श्याम, रंगीन, नई और पुरानी। जेम्स प्रिंसेप के थोड़े-से 'पेंसिल स्केच' भी हैं।

यह सब है 'भीतरी बनारस' में, फिर भी लगता है कितना-कुछ छूट गया है। बनारस पूरा का पूरा पकड़ाता भी तो नहीं। मेरे भीतर जितना घुमड़ी मारता है, उतना भर रख दिया है। वह भी साबुत कहाँ।

बनारस कब, किधर से सगरो कतवार को धकियाते हुए मेरे भीतर घुस आता है, कुछ पते नहीं चलता। लगता नहीं कि वह ऐसा करेगा पर कर गुज़रता है। कभी आकर कान में कह जाता है कि *आसिक हो कर सोना क्या रे।* और जगा देता है। खींच लेता है अपनी ओर। हम एहर-ओहर का तमाम करकट सहेजते होते हैं कि कहीं से धड़ाके-से आकर सब बिखेर देता है और चेता जाता है कि *घट-घट दीपक बरै लखै नहिं अन्ध है।* मुझे 'अँधेरे' से बाहर धकिया देता है। और ख़ुद अँड़स-उँड़स कर मेरे भीतर आ विराजता है। इतना नगीच कि उसकी एक-एक धक-धक सुनायी पड़ने लगती है। उसका ताप मुझे तपाने लगता है। स्वर गूँजने लग जाता है कि मुक्तिदायिनी बनारस की गलियों में जी खोल के ख़रचो–कबीर, तुलसी, रैदास, कीनाराम की तरह। दे डालो सब कुछ अपने-आप को भी। 'स्व' को खरच के खत्म कर दो। ख़ुदी और ख़ुदा का फ़र्क़ ख़ुद मिट जायेगा।

मेरे भीतर झड़ी सी लगा देता है बनारस। सरसर-सरसर मेरे भीतर रील-सी चलने लग जाती है। अलग-अलग रंग और अदा के चित्र दीख पड़ने लगते हैं। इन्हीं में से कुछ चित्र शब्द-चित्र में ढल कर इस पुस्तक में व्यंजित हुए हैं। बनारस बार-बार मेरे भीतर इसी तरह दख़ल देता रहता है। अपने लम्बे प्रवास काल के समय से तो मैं भी उसका बेसब्र इन्तज़ार करने लगा हूँ कि वह आये और मेरी एकसार ज़िन्दगी को फटकार कर सब नीरस, बेरस छितरा दे। घुस जाए मेरे भीतर और लपेट ले मुझे, परेते पर थप्पा मार-मार के। ऐसा होने भी लगा, बरसों-बरस से हो रहा है। अब तो मैं भी उसके भीतर घुसने की कला सीख गया हूँ। गुड़िया कर विराज तो नहीं पाता पर चहलकदमी करने लग गया हूँ–इहाँ से उहाँ, उहाँ से इहाँ। ऐसे में मैं न दीन का रहता हूँ, न दुनिया का–काशीमय हो जाता हूँ, बस बनारस का हो कर रह जाता हूँ–खालिस। और कुछ भी तब देख नहीं पाता, न देखना चाहता हूँ। परमानन्द की अवस्था। कोई करमजला ही इस 'आनन्दवन' से बाहर निकलना चाहेगा। बनारस

इसी तरह मुझे चाँपे रहता है। उसकी नन्हीं-नन्हीं स्मृतियाँ मेरी रग-नाड़ी में चरमराती रहती हैं–चूँ-चूँ, चर्र-चर्र। यह चरमराहट भी पाठकों को इस पुस्तक में साफ़ सुनायी पड़ेगी। यह स्वर इस 'प्रकाश-नगरी' का अक्स है। जिधर देखता हूँ, दिख जाता है। यह अक्स इस पुस्तक का सरमाया है। न जाने कितने ही विश्व-कोश मानुस-तन धारण कर के बनारस की गलियों में अपने पन्ने फड़फड़ाते हैं। यह फड़फड़ाहट भी पाठक इस पुस्तक में सुन सकेंगे।

'बनारस' शब्द उचारते ही कितना कुछ घटता चला जाता है, मेरे भीतर। बनारस का फक्कड़, अक्खड़, बेफिकरा दर्शन, बस यहीं मिलेगा। बनारस के परम फक्कड़ हास्य-कवि बेढब बनारसी ने यह तो लिखा ही कि–*काशी कबहुँ न छोड़िए विश्वनाथ दरबार, मरने पर गंगा मिले जीते लंगड़ा आम।* 'बेढब' ने हिन्दी की कई प्रसिद्ध कविताओं की 'पैरोडी' भी लिखी। नमूने के लिए 'निराला' की कविता 'मैं और तुम' की पैरोडी बनारस का यह 'मस्त-मिजाज' चौकस सामने रख देती है :

मैं खद्दर का मोटा कपड़ा तुम हो बनारसी साड़ी
मैं जव का हूँ मोटा सत्तू तुम हो खस्ते की पूरी
तुम सिटी लखनऊ हो सुन्दर मैं मस्त नगर हूँ काशी
मैं बथुआ का हूँ साग और तुम हो कश्मीरी केसर
तुम रामतरोई हो कोमल मैं छप्पर पर का लौआ
मैं हिन्दी भाषा दीन हीन तुम हो अंग्रेज़ी बानी

बनारस का यह रस भी 'भितरी बनारस' में लबालब भरा है। मुझे बहुत प्रिय है। काशी और बनारस के मेल वाली यह पुस्तक पाठकों को सौंपते मुझे अतीव आनन्द हो रहा है। नये ढर्रे की तो क्या कहूँ, पर सच्ची उसाँस है, यह तो ताल ठोंक कर कह सकता हूँ। पुस्तक तैयार करने में छह बरस लगे। पूरा निचुड़ गया हूँ। आपका स्नेह इसे मिले तो चेहरे पर खिलावट आ जायेगी।

प्रो. श्री प्रकाशमणि त्रिपाठी जी का मैं हृदय से कृतज्ञ हूँ कि मेरे आग्रह पर उन्होंने 'भितरी बनारस' का 'मंतव्य' लिखने की महती कृपा की। प्रो. त्रिपाठी भाषा, साहित्य और संस्कृति चिन्तन में गहरी पैठ रखने वाले विचारक हैं। वे ठेठ भारतीयता अर्थात भारत की जड़ो पर अटूट विश्वास करने वाले चिन्तक हैं।

पुस्तक में दिये चित्रों के लिए मैं अपनी अमरीका वासी बिटिया निधि को अशीषता हूँ। श्वेत श्याम चित्र बनारस की गली-गली में भटक कर जुटाने के लिए मैं डॉ. विष्णु राय और अपने परम मित्र डॉ. श्रद्धानन्द के प्रति भी आभारी हूँ।

‘भितरी बनारस’ के पाठ को चित्रों से सज्जित करने और इनकी प्रेस कापी बनाने में मेरे दो सहयोगियों डॉ. सौरभ कुमार और डॉ. विनय कुमार तिवारी ने जो श्रम किया है उसके लिए उन्हें मैं अपना आशीर्वाद देता हूँ।

‘वाणी प्रकाशन’ के भाई अरुण माहेश्वरी का आभारी हूँ जिनके तगादों ने मुझे उकसाया और ‘भितरी बनारस’ को सार्वजनिक बनाने के लिए मुझमें हवा भरी।

‘फगुआ’ के विविध रंगों की तरह यह किताब आपको ‘बनारसी रंग’ में रंग सकी तो अपने श्रम को सार्थक मानूंगा। और आपका आभार।

–दिलीप सिंह

भितरी बनारस : एक

काशी की आत्मा

काशी : काश्यते इतिः काशी

काशी के दोनों रूप परम आकर्षक हैं। बाहर का रूप देखने चलें तो यह एक चलता हुआ शहर है जिसकी गली-गली में मस्ती का आलम और आध्यात्म बरसता है। यहाँ का मूल जीवन दर्शन बेफ़िक्री है। जहाँ कहीं 'गंगापुजैया' है तो कहीं 'बधावा'। कहीं मेले हैं तो कहीं पर्व। कहीं पान है तो कहीं मलाई। काशी का भितरी रूप दार्शनिक और आध्यात्मिक दोनों है। 'स्कन्द पुराण' के **काशी खण्ड** में दो प्रकरण आते है जो इस प्राचीन **आनन्द वन** को भिन्न-भिन्न स्तरों पर व्याख्यायित करने वाले हैं। पहली व्याख्या है कि जो *शिव के त्रिशूल पर प्रकाशित हो उसे काशी कहते हैं–काशते दीप्यति शिवत्रि शूलो परि या सा काशी।* और दूसरी व्याख्या है कि जो *भगवान शिव के परम तत्त्व का प्रकाशन करती है उसे काशी कहते हैं*–काशयति प्रकाशति शिवतत्त्वं प्राधानेव या सा काशी।

'लिंग पुराण' में भगवती शिवा के साथ काशी को शिव का निवास माना गया है। वाराणसी में भगवान शिव हिमालय से भगवती पार्वती के साथ आये। इसकी एक लम्बी कथा है। शिव का वास्तविक निवास काशी ही है, न कि कैलाश आदि। काशी शिव का अत्यन्त प्रिय क्षेत्र है। भगवान शिव को प्रिय होने के कारण ही काशी तीनों लोकों में विशिष्ट (न्यारी) है। 'लिंग पुराण' में काशी वास का महत्त्व भी वर्णित है और यह भी कि काशी का सेवन कभी नहीं छोड़ना चाहिए... पर मुझसे छूट गया, यह शिव का (और मेरा भी) परम प्रिय काशी क्षेत्र। इसका सतत सेवन न कर सका फिर भी मन का अतल मेरा सदैव काशीमय रहा है, काशी रस में डुबकियाँ लगाता हुआ। इस संलग्नता की, काशी क्षेत्र से दूर रह कर भी काशी के कण-कण में रमे रहने वाले मन-तन की मुक्ति की कोई वैकल्पिक व्यवस्था पुराणों में है या नहीं–मुझे नहीं पता। मन में उथल-पुथल मची रहती है कि क्या आत्मा से काशी में निवास करना क्या सशरीर काशी में निवास करने से हेठा होता है? 'लिंग पुराण' और 'महाशिव

पुराण' में भी स्वयं भगवान शंकर माँ पार्वती के जिज्ञासा प्रकट करने पर इस पुण्य पुरी का महात्म्य बतलाते हैं।

इस काशी पुरी को अलग-अलग तरह से हम देखेंगे। किसी एक तरह से या केवल एक धारा में बहकर तो काशी को बूझा भी नहीं जा सकता। काशी के भीतर सनातन धर्म की न जाने कितनी गुत्थियाँ खुलती और प्रकट होती हैं, जो नगरी स्वयं प्रकाश की नगरी हो उसमे ऐसा कौन सा 'रहस्य' है जो लुका बैठ रह जाय। लेकिन यह भी सत्य है कि 'काशी रहस्य' चाहे वह आपके भीतर कितना ही खुल जाये, को पूरा-पूरा उभार पाना हँसी-ठट्ठा नहीं हैं।

'काशी पुराण' को समझना हो तो बहुत से पुराण-सन्दर्भों को खंगालना पड़ेगा। अनेक कथाएँ है। ये कथाएँ कही विस्तृत तो कहीं संक्षिप्त रूपों में भिन्न-भिन्न पुराणों में आयी हैं। पहली कथा काशी नागरी के या **आनन्दवन** के प्रादुर्भाव की है। इस कथा को सरल शब्दों में सुनाया जाय तो यह कुछ इस तरह की बनेगी–एक समय भगवती पार्वती ने भगवान शंकर से यह निवेदन किया कि वे उनसे काशी की महिमा का वर्णन करें। इस प्रसंग का वर्णन सूत जी ने 'स्कन्द पुराण' के **काशी खण्ड** में किया है। यह वर्णन सारगर्भित भी है और काशी नागरी के **आत्मस्वरूप** का आधार भी। इसके एक-एक पक्ष की न जाने कितनी व्याख्याएँ की जा चुकी हैं। सूत जी के अनुसार एक बार सच्चिदानन्द परमात्मा को जगत की सिसृक्षा हुई और उन्होंने अपने ही चिदानन्द स्वरूप से अपनी दिव्य शक्ति द्वारा प्रकृति एवं पुरुष का निर्माण कर डाला। इन दोनों को क्या और कैसे करना है, जब यह संशय हुआ तो शिव की वाणी हुई कि आप तप करें, तप से उत्तम सृष्टि होगी। अब उन दोनों ने प्रश्न किया कि हम कहाँ तप करें कोई तपस्थली दिखायी नहीं पड़ती। उनके निवेदन को सुनकर शिव ने अपने समस्त तेज के साथ और अखिल उपकरणों से युक्त एक **रमणीय नगर** का निर्माण करके अन्तरिक्ष में विष्णु के पास स्थित कर दिया। उसी में शिव का ध्यान करते हुए बहुत काल तक विष्णु ने तप किया।

उनके तप: श्रम से विविध प्रकार की जल धाराएँ उत्पन्न होकर सम्पूर्ण अन्तरिक्ष में व्याप्त हो गयीं। प्रकृति और पुरुष इस धारा में निमग्न हो गये। विष्णु को भी जल धारा के अतिरिक्त कुछ भी भासित नहीं हो रहा था। आश्चर्ययुक्त होकर उन्होंने अपना शिर हिलाया। शिर कम्पन होने पर विष्णु के कानों से मणि गिर पड़ी, ***वहीं काशी का महान मणिकर्णिका तीर्थ हुआ।***

इस कथा के सन्दर्भ में ही 'काशी पंचकोशी' की महत्ता भी स्थापित हो जाती है। वह इस प्रकार कि उस जल समूह में प्लावित होकर माणिकर्णिका बढ़ कर पंचक्रोश में व्याप्त हो गयी और भगवान शंकर ने उसे अपने त्रिशूल पर धारण करके सावलम्ब बनाया। काशी के इसी **पंचक्रोशात्मक स्थल** पर भगवान विष्णु ने अपनी प्रकृति शक्ति के साथ शयन किया। शिव की प्रेरणा से हरि के नाभिकमल से ब्रह्मा जी समुद्भूत हुए और शिव की आज्ञा से उन्होंने चतुर्दश भुवनों की रचना की।

ऐसी पंचक्रोशात्मक काशी को तब भगवान शिव ने त्रिशूल से उतार कर मृत्युलोक में स्थापित कर दिया। यही कारण है कि समस्त काशी क्षेत्र प्रलयकाल में भी नष्ट नहीं होता। इसका कभी भी लय नहीं होता क्योकि तब भगवान शिव इसे अपने त्रिशूल पर सुरक्षित रख लेते हैं और पुनः सृष्टि होने पर मृत्युलोक में स्थापित कर देते हैं। यही काशी या वाराणसी का ***लोकोत्तर स्वरूप*** है या उसकी उद्‌भव गाथा।

इस लोकोत्तर का अनुभव करके ही विष्णु ने आनन्द पूर्वक यह कहा था कि ***'काशी परमप्रकाश मय है।*** यह पंचकोशी क्षेत्र कल्याण और मोक्ष प्रदान करने वाला क्षेत्र है। विष्णु के इस कथन से महादेव भी प्रसन्न हुए और ब्रह्मा और विष्णु से बोले कि यह काशी मोक्ष का प्रकाश देने वाली मेरी प्रिय नगरी है। इन्हीं आनन्द के क्षणों में उन्होंने स्वयं ज्योतिर्लिंग स्थापित किया और अपने-अपने लिंग रूप से कहा कि–'हे मेरे अंश वाले ज्योतिर्लिंग यह क्षेत्र तुमकों कदापि त्यागना न चाहिए। पुराणों का कथन है कि काशी में अविमुक्तेश्वर लिंग सदा स्थिर रहता है। इस ज्योतिर्लिंग के कारण ही समस्त देवता काशी जी की प्रशंसा करते हैं।

काशी आविर्भाव की इस पुराण कथा में ही शिव पार्वती से कहते है कि–*हे भद्रे! यह वाराणसी नामक मेरा क्षेत्र सदा गोपनीय है। यह सब प्रकार सम्पूर्ण प्राणियों को मुक्ति देने वाला है। हे महेश्वरि! मुझे सदा वाराणसी में निवास अच्छा लगता है कि यहाँ जीव मुक्त हैं–जो यहाँ मरते हैं तत्काल ही मोक्ष को प्राप्त होते हैं। हे परमशक्ति! इस क्षेत्र में न ज्ञान की अपेक्षा है न भक्ति की न कर्म की अपेक्षा है न दान की। न नाम की अपेक्षा है न श्रेष्ठ जाति की। प्रिये यह मेरा दिव्य पुर अति गोपनीय है। हे पार्वति! इसके महात्म्य को ब्रह्मा आदि भी नहीं जानते, क्योकि यह अविमुक्त क्षेत्र है। धर्म का, मोक्ष का, तीर्थ का स्थान है। इसीलिए मुनि जन सम्पूर्ण यत्नों से काशी का सेवन करते हैं तथा सदा–शिव का ध्यान करते हैं। जो इस क्षेत्र में मरता है तो फिर*

*संसार में प्रवेश नहीं करता। मुझमें लय हो जाता है। काशी के बिना सम्पूर्ण कर्मों का नाश नहीं हो सकता। सब **तीर्थ सुलभ हैं पर काशीपुरी दुर्लभ है।***

शिव का यह समस्त कथन **काशी आध्यात्म और काशी रहस्य** का पुंजित भण्डार है। अति समान्य ढंग से समझें तो इसका एक जीवन अर्थ भी है। ऐश्वर्य, भौतिक तुच्छताओं में नहीं, सृजनशील सौन्दर्य में छिपा होता है। शिव ने तपोभूमि और मोक्ष भूमि काशी की सृष्टि कर के अखिल सौन्दर्य का सृजन किया है–बाह्य सौन्दर्य का भी और आन्तरिक सौन्दर्य का भी। शिव के इस सृजन क्षेत्र में सृजनशील सौन्दर्य इसीलिए बिखरा पड़ा है–साहित्य, संगीत, रंग कला, लोक कला, लोक गायन और लोक शिल्प। काशी सृजन की नगरी है। शिव ने ही इसे सृजनात्मक होने का प्रसाद दिया है। उन्होंने ही इस काशी नागरी में मोक्ष का आश्वासन देकर मनुष्य को भौतिक तुच्छताओं से मुक्त कर दिया है। कहना यह है कि काशी का ढब शिव का ढब है। अनूठा करने का ढब। मृत्यु को ललकारने का ढब। घोर-अघोर के बीच समन्वय बना लेने का ढब और शिव की भाँति ही झक्कड़-फक्कड़ रूप में सदैव मस्त रहने का ढब। काशी-दर्शन की मानें तो यह ढब ही 'ज्ञान' है। पुराणों में काशी और विश्वनाथ दोनों ही ज्ञान के रूप माने गये हैं।

ऋग्वेद में काशी को एक सुन्दर और उन्नतशील नगर कहा गया है। **अथर्ववेद, शतपथ ब्राह्मण** एवं **ज्ञान संहिता** की पेप्लाद शाखा में भी काशी के अन्य वर्णनों के साथ उसके ज्ञान रूप होने का वर्णन आता है। **वाल्मीकि रामायण** और **महाभारत** आदि ग्रन्थों में काशी को शिव का प्रथम वास स्थान कहा गया है। काशी की गरिमा का वास्तविक स्रोत इसका **ज्योतिर्यमय एवं आध्यात्मिक स्वरूप** है जो विश्वनाथ के रूप में काशी में स्थित है। काशी खण्ड में लिखा गया है:

काशी यतो ज्योतिस्तदनारव्येयमीश्वर:।
अतो नाम पर उचास्तु काशीति प्रचिंत विभो॥

काशी विचित्र नगरी है जो आध्यात्म को अपने जीवन में उतार लेती है। तभी तो वह महादेव को कभी 'बाबा' तो कभी 'भोलेनाथ' कह कर सम्बोधित करती है। काशी शिव के सभी रूपों को पहचानती है। काशी में **रुद्र** भी हैं। **भैरव** भी और **भूतेश्वर** भी। अजब **औघड़िया संयोग** है। पुराणों में शिव के जो रूप नाम दियें गये हैं उनमें 'रुद्र' प्रमुख है। काशी में रुद्र और भैरव की महत्ता सर्वविदित है। शिव से 'बेसी' नहीं, तो कम भी नहीं। पुराणों में रूद्र को कहीं अग्नि के साथ जोड़ा गया है तो कहीं सोम के

साथ–*त्वम अग्नरुद्रो*। शिवप्रसाद सिंह जी ने प्राचीन काशी पर एक उपन्यास लिखा है–'नीला चाँद' इसमें उन्होंने काशी के रूद्र, अघोर और महाश्मशानी योगियों का ज़िक्र भी किया है। अद्‌भुत है यह आख्यान-पुराणों पर आधारित। पुराण यह घोषित करते हैं कि रुद्र घोर देवता हैं। वे भीषण भी हैं और भयदायक भी। लेकिन उनमें एक लाभकारी गुण भी है कि वे शीतल औषधियों के ज्ञाता हैं–*यो अस्ति भेषजोजलाष: रूद्र किलास भेषजम्।* अपने इसी गुण के कारण उनका एक नाम वैद्यनाथ भी है। देखिए कैसा विचित्र संयोग बना है। ऐसे संयोग केवल और केवल शिव के साथ ही बन सकते हैं कि दण्ड देने वाले के पास औषधि भी है।

शिव प्रसाद जी ने **अथर्ववेद** और **यजुर्वेद** के हवाले से यह प्रतिपादित किया है कि ये दोनों आर्षग्रन्थ रूद्र रूप से भरे पड़े हैं। शिव प्रसाद जी ने एक बड़ी रोचक बात भी कही है जिसमें काशी का वह लोक यथार्थ भी बैठा हुआ है कि काशी ठगों की नगरी है। उनके अनुसार इन दोनों वेदों में रूद्र के लिए अनेक निन्दात्मक वाक्यों का प्रयोग किया गया है। *'उन्हें चोरों का अधिराज (स्तेनानांपति) वंचक, ठग (स्तायूनांपति), ठगों का सरदार (तस्कराणांपति) उठाईगिरों के अधिपति (विकृतानांपति) गलकारियों के स्वामी आदि उपाधियों से भी विभूषित किया गया है'।*

डॉक्टर मोतीचन्द के 'काशी का इतिहास' में काशी के ठगों का रोचक वर्णन आया है। काशी की 'गुण्डा संस्कृति' पर तो कितना कुछ लिखा गया है। वाह क्या बात है। यह शिव सन्दर्भ में ही सम्भव भी है कि जिसे कल्याणकारी कहें उससे ही दूर रहने को समझाएँ। जो चोरों और ठगों का सरदार है उसका अभिषेक करें। जो भीषण क्रोधी और संहारक है उससे कृपा और कल्याण की याचना की जाय। कैसा विचित्र विरोधाभास है। काशी इस विरोधाभास को पहचानती है, इसे और इसी में जीती है। इसीलिए बनारसी व्यवहार बाहर के लोगों को 'उजड्‌डई' का व्यवहार लग सकता है, लगता भी है। बनारस की गलियों की तरह ही बनारस और बनारसियों का विरोधाभास भी किसी भूलभुलैया से कम नहीं। बनारस पटरी ठेला पर खा-पी लेता है। कण्डाल में भरा पानी चुल्लू से पी लेता है। बड़े-बड़े लोग शान से गमछा लपेट लेते हैं। टेढ़िया के बात करना, टेढ़िया के चलना, और 'डिंगल' बोलना काशी की अदा है। काशी में कबीर से बड़ा 'डिंगलबाज' और वक्रोक्ति (उलटबासी) में बतियाने वाला अभी तक तो कोई पैदा नहीं हुआ है। भीतर से आध्यात्मिक काशी बाहर से परम औघड़ है। सहज जीवनचर्या में काशी अपने बात-ब्योहर में न जाने कितना ऐड़ बैंड़ बोलती है। मस्ती भरे जीवन के आलोक में काशी मृत्यु का रहस्य

भी समझती है। काशी में रहकर कबीर भी इसे समझ चुके थे। कबीर का 'मृत्यु भाव' काशी का ही मृत्युबोध है–*'जा मरने से जग डरै, सो मेरे आनन्द/ कब मरिहौं, कब देखिहौं पूरन परमानन्द'*। कबीर यह भी कहते हैं कि–*'हम न मरब मरिहे संसारा, हमको मिला जियावनहारा*।

शिव और काशी को जानने के लिए सबसे पहले यह जानना होगा कि शिव समस्त नियमों से ऊपर हैं। वे बन्धन स्वीकार करने वाले देवता नहीं हैं। सारा रहस्य और भ्रम अपने ही बारे में अपने ही अलग-अलग रूप रचकर महादेव ने स्वयं पैदा किये हैं। ये भ्रम ही हमें या काशी वासियों को अपनी और खींचते हैं। काशीवासी यह ख़ूब समझता है कि शंकर सुघड़ सलोने देवता नहीं हैं। काशी भी समझती है, अगर होते तो आनन्दकानन में स्थायी डेरा ही क्यों डालते! लेकिन एक बात है, जब कभी भी वे अपना सुघड़-सलोना रूप धारण करते हैं जैसा कि उन्होंने अपने विवाह के समय धारा था तो बड़े-बड़े देवताओं का सौन्दर्य और तेज उनके समक्ष फीका पड़ जाता है।

काशी उनके इस सौन्दर्य पर भी बार-बार मुग्ध होती है। **रंगभरी एकादशी** और **शिवरात्रि** पर इसी दृष्टि से काशी शंकर को सजाती है, उनका 'श्रृंगार' करती हैं। काशी शिव के दोनों रूपों का रहस्य जानती है। इसीलिए तो काशी 'काशी' है। शिव के **औघड़ साज** का काशी जैसा, कहीं कोई सानी नहीं मिलता। उनके इस रूप को दर्शाने वाले उत्सव भी काशी में होते हैं। अघोर और घोर, शिव और शिवेतर का जैसा संयोग काशी में बनता है वैसा अन्यत्र दुर्लभ है। तभी तो काशी के शिव 'सदाशिव' हैं अपने हर रूप में। अपनी हर अदा में। डॉ. राम मनोहर लोहिया का शिव पर एक बड़ा अद्भुत लेख है। उन्होंने लिखा है कि–*'शिव एक निराली अदा वाला है। दुनिया में ऐसी कोई किंवदन्ती नहीं, जिसकी न लम्बाई है, न चौड़ाई है, न मोटाई है फिर भी जिसके इतने-इतने रूप और भाव हैं'*। काशी पर एक पुस्तक अंग्रेज़ी में है–**'बनारस सिटी ऑफ़ लाइट'** डायना एल. एक. की, उन्होंने शिव को नान डाइमेंशनल मिथ (मर्यादित, उन्मुक्त और असीमित व्यक्तित्व) कहा है।

मोटा-मोटी यह समझ लें कि शिव विरोधाभासों को समन्वित करने वाले 'महादेव' हैं। वे समस्त विरोधी तत्त्वों का समन्वय हैं। अगर आप घुसकर निकटता से देखें तो काशी भी ऐसी ही नगरी है जहाँ आपको घनघोर विरोधी तत्त्वों का अद्भुत सामंजस्य मिलेगा।

शिवमय काशी

गलियों घाटों मन्दिरों में विराजमान महादेव

अब शिव को ही देखिए। उनके विवाह की बात चल रही थी तब उनके बारे में क्या-क्या तो नहीं कहा गया–वे अगोत्री हैं, नग्न रहते हैं, चिता भस्म उनका आभूषण है, औघड़ हैं, गंजेड़ी-भंगेड़ी... हैं। उचित ही कहा गया, शिव हैं भी तो ऐसे ही–जब मन में आया सारे असुरों को बड़े-बड़े वरदान दे डाले। बवाल खड़ा हुआ तो ख़ुद ही समाधान करने पहुँच गये। ऐसे भोले बाबा हैं। कब क्या कर देंगे, किसे क्या दे बैठेंगे, कोई ठिकाना नहीं। पार्वती की माता मैना ने ठीक ही सोचा कि ऐसे **कुचाली** के साथ अपनी बेटी का ब्याह करके कौन नरक भोगे। उधर पार्वती थीं कि उनके इसी रूप पर रीझ बैठी थीं। आव देखा न ताव, बटुक वेश में पार्वती के समक्ष प्रकट हो गये और अपने ही बारे में, अपनी अनंत कुचालों का बखान कर डाला। शिव के समस्त कौतुक काशी के लिए भिज्ञ हैं, उसे कुछ समझाने की आवश्यकता नहीं। कुल बात इतनी सी कि यदि हम घोर-अघोर तत्त्वों को परस्पर समन्वित करने की सूक्ष्म दृष्टि नहीं रखते तो शिव या काशी को भी ठीक से न जान सकेंगे।

काशी खण्ड में इस बात का बार-बार उल्लेख है कि शिव के आगमन से पहले काशी में वृक्षों, नागों-यक्षों तथा वीरों की पूजा होती थी। शिव की पुरी बनने पर ये सब रूद्र के गण बन गये। इन सब में 'बनारसीपन' की झलक भरपूर मिलती है। 'स्कन्द पुराण' में एक कथा आती है कि एक बार वेदव्यास कुपित हो गये। गंगा के उस पार नई काशी बनाने लगे। तब विघ्न विनायक गणेश ने तिकड़म से काशी की मुक्तिदायिनी महिमा की रक्षा की थी। महर्षि स्वाभाविक था गणेश के इस कृत्य से कुपित हो गये। इस नगरी को शाप दे दिया **यहाँ के लोग दरिद्र मूर्ख और असभ्य होंगे।**

अगर इस कथा के मर्म तक पहुँचा जाये तो इसमे काशी की प्रकृति तथा बनारसीपन की सूत्र कथा भी हमें मिल जायेगी। इस कथा का संकेत यह भी है कि काशी भोलेनाथ की नगरी है–उनसे बड़ा दरिद्र मूर्ख और असभ्य भला कौन होगा। अन्नपूर्णा यदि इन्हें भिक्षा न दें तो भूखों मर जायें। मूर्खता तो वे पग-पग पर करते ही रहते हैं बिना सोचे-समझे। उनसे बड़ा असभ्य भी कौन है! जिसकी हेठी घर-घर में होती है–जिसे अपनी बिटिया देने में लोग संकोच कर जाते हैं। ये गुण और चरित्र काशी के हवा पानी में रच-बस गये हैं। एक और तरह से सोचिए तो शिव और अन्नपूर्णा के होते हुए काशी में भला दरिद्र कौन हो सकता है! अनेक कथाएँ हैं कि काशी का मूर्ख भी व्यवहारिक शास्त्र का परम ज्ञाता होता है। आप किसी पक्के बनारसी से जिसके बाहरी आचरण से आप उसे 'बज्र' समझे बैठे हैं, बतिया कर देखिए बुद्धी घूम जायेगी।

महर्षिव्यासप्रणीतः
स्कन्दमहापुराणान्तर्गतः
काशीखण्डः
व्याख्याद्वयोपेतः
[प्रथमो भागः]
कुलपतेः प्रो. अशोककुमारकालियामहोदयस्य प्रस्तावनया विभूषितः
सम्पादकः
आचार्यश्रीकरुणापतित्रिपाठी
सम्पूर्णानन्द-संस्कृत-विश्वविद्यालयः
वाराणसी

काशी में असभ्यता, खरपन और साफ़गोई का ही तनिक बल खाया हुआ रूप है। जो मन में आया बेलाग कहो, यह 'असभ्यता' काशी का जीवन दर्शन है। इस असभ्यता के भीतर ही, आपकी पाचन शक्ति के बाहर न हो तो काशी की गाली परम्परा, बुलन्द ठहाकों और औढरदानी को भी रख लें। ये सब काशी की उन्मुक्त जीवन शैली का द्योतन कराते हैं।

काशी की महत्ता को दर्शाने वाले अनेक प्रसंग **काशी खण्ड** में आये हैं। यहाँ उन प्रसंगों की चर्चा आवश्यक है। जब शिव की काशी में अनेक ऋषि मुनि पधारते हैं और अपने-अपने तरीक़े से शिवकाशी की अभ्यर्थना करते हैं। इनमें से मुनि विश्वानर की काशी यात्रा के अनुभव विशिष्ट हैं। वे काशी के तीर्थों, कूप-सरोवरों शिवमय काशी के प्रताप का बखान करते हैं। 'पुराण' के इस विस्तृत काशी वर्णन को संक्षेप में यहाँ प्रस्तुत किया जा रहा है–'मुनि तप करने के लिए काशी चले गये जहाँ पर विश्व के ईश्वर साक्षात काशीनाथ स्थित थे। वहाँ उन्होंने मणिकर्णिका का दर्शन कर सैकड़ों जन्म के इकट्ठे किये गये तीनों प्रकार के तापों को त्याग दिया। काशी में सम्पूर्ण लिंगों का दर्शन कर कुण्ड, बावड़ी, कूप, सरोवर सब में स्नान करके सभी विनायक, गौरी और शिव का पूजन किया। पाप भक्षणकारी भैरव जी को भी पूजकर, दण्डनायक के मुख्य गणों की स्तुति की। आदिकेशव को सन्तुष्ट किया, फिर लोलार्कमुख सूर्य आदि को बारम्बार प्रणाम करके तथा सब तीर्थों में पिण्डदान करके आगे बढ़े। वीरेश लिंग की उपासना की और पुत्र प्राप्ति की इच्छा से चन्द्रकूप के जल में स्नान करके व्रत और नियम धारण किया। शिव की वन्दना की। 8 वर्ष की अवस्था वाले बाल रूप परमानन्द शम्भू प्रकट हुए। मुनि हाथ जोड़कर बोले–हे शम्भू! जल में ठण्डक, अग्नि में जलाने की शक्ति, सूर्य में सन्ताप, चन्द्रमा में आहलादकता, पुष्प में सुगन्ध तथा दूध के मध्य में घी है, वैसे ही सब में आप ही हैं। आप कानों के बिना शब्दों को ग्रहण करते हो, नासिका के बिना सूंघते हो, बिना चरण के दूर से आते हो, बिना नेत्र के देखते हो, जिह्वा के बिना स्वाद को जानने वाले हो...। सम्पूर्ण तो आप को कोई भी नहीं जानता, न आप का गोत्र है, न शरीर है, न आप जन्म लेते हैं, न आपका नाश होता है, न रूप है, न शील है...। बाल रूप शिव जी ने मुनि को हँसकर वर देते हुए कहा–तुम्हारे मन में शुचिष्मती के पुत्र होने की जो अभिलाषा है, वह बहुत शीघ्र पूर्ण होगी, और इस प्रकार गृहपति का जन्म हुआ'।

काशी खण्ड के चतुर्थ भाग में **ऋषि दुर्वासा** की काशी यात्रा का वर्णन है। यह पूरा वर्णन काशी माहात्म्य की व्याख्या करने वाला है। प्रसंग इस प्रकार है–एक बार तपस्वी दुर्वासा महादेव के आनन्दवन में जा पहुँचे। अनेक प्रकार के प्रासाद,

कुण्ड और तड़ागों को देखकर महेश्वर के इस आनन्दवन से बड़े ही सन्तुष्ट हुए। सब ऋतुओं में पुष्पित, छतनार और कोमल पल्लव एवं फलों से लदे तथा सुन्दर लताओं से लिपटे हुए वृक्षों की शोभा अवर्णनीय थी। काशी (आनन्दकानन) में पशुओं पर जैसी तुष्टता, मृगगण में जैसी द्युति, पक्षियों पर जैसी हृष्टता है वह किसी स्थान पर नहीं। यहाँ के सभी निवासी परमानन्द हैं। सदानन्दमय प्राणियों से काशी समृद्ध है। शिव स्वयं भी कहते हैं कि जैसी यह विश्वनाथपुरी मेरी मनोहारिणी है, वैसी तो समस्त पृथ्वी क्या स्वर्ग और पाताल लोक भी नहीं हैं। दुर्वासा काशी दर्शन से धन्य हो गये और बोले–मेरे मन की गति कहीं भी वैसी स्थिर नहीं हुई जैसी काशी में आकर हो गयी। मुझे यह ज्ञात हो गया है कि जो लोग सदैव संसार सागर में डूबे पड़े रहते हैं, या जो कर्मपाश में जकड़े हैं, इन जीवों की मुक्ति का एकमात्र साधन काशीधाम है। दुर्वासा के ये वचन सुनकर भगवान त्रिलोचन प्रसन्न हुए और बोले–**जो काशी की बड़ाई करता है या उसे हृदय में धारण करता है उसे समस्त फल प्राप्त हो जाते हैं।** काशी की स्तुति करने से स्वतः ज्ञान का उदय हो जाता है। **मेरी पूजा करने वाला भी मुझे वैसा प्यारा नहीं है जैसा कि काशी की स्तुति में लीन रहने वाला।** जिस सुहृदय ने इस आनन्दवन की स्तुति की, वह वेदोक्त सब सूक्तों से मेरी स्तुति पर चुका।

एक और प्रसंग में महर्षि व्यास की काशी यात्रा का विस्तृत विवरण आता है। अनेक तीर्थों का भ्रमण करते हुए वे वाराणसी पुरी पहुँचे थे जहाँ साक्षात विश्वेश्वर नाथ तथा महेश्वरी अन्नपूर्णा विराजते हैं। उन्होंने सभी स्थलों पर दर्शन-पूजन और स्नान किया। काशी ने उनको इतना मोह लिया कि व्यास जी ने काशी में व्यासेश्वर लिंग की स्थापना की। लिंग की स्थापना करने के बाद व्यास जी ने शिवाराधना करते हुए कहा कि **एकमात्र भगवान रुद्र अद्वितीय हैं, क्योंकि वे ही एक ब्रह्म हैं। शिव स्वयं विश्वाधार हैं। काशी सेवन से भगवान विश्वेश्वर प्रसन्न होते हैं।** आनन्दवन में शिव और काशी का परम महत्त्व है। काशी में उत्तरवाहिनी गंगा का सेवन शिव को आनन्दित करता है। मन्दिर प्रांगण में उपस्थित काशीवासियों को सम्बोधित करते हुए व्यास जी ने 'साधारण धर्म' का उपदेश दिया था कि *ऐसी बात कहना जिससे किसी को कुछ क्लेश न हो, दूसरे की उन्नति देखकर उस पर ईर्ष्या न करना, सर्वदा सब कामों को भली-भाँति और विचार पूर्वक करना। अपने गृह की उन्नति का सोचना–ये ही साधारण धर्म हैं।*

काशी खण्ड में एक स्थान पर ब्रह्मा ने नारद को काशी जाने का आदेश दिया और बोले–तुम गंगा तीर्थ जाना, वाराणसी की यात्रा करना वहाँ सुरासुरों द्वारा स्थापित लिंगो का पूजन करना। अविमुक्तेश्वर लिंग का दर्शन करना। आकाश में महातेज राशि को देखना, मुनियों का उसमें प्रवेश होना और तेज के अन्तरध्यान होने पर विचार करना। वाराणसी में जो दीप्तिमान लिंग देखोगे वह साक्षात लिंग माहेश्वर का परम तेज है।

एक प्रसंग और आता है कि एक बार शिव ने **विश्वकर्मा** पर प्रसन्न होकर उनसे कहा कि हे अनघ! समस्त भुवनों में विश्व भर के सब कर्मों के जान लेने से तुम्हारा नाम विश्वकर्मा होगा, तुम काशी में जाकर लिंग पूजन करो। विश्वकर्मा काशी पहुँचे तो शिव की प्रेरणा से उन्हें वहाँ एक तपस्वी मिले, तपस्वी विश्वकर्मा से बोले–काशी में विश्वेश्वर की कृपा से कोई भी अभिलाषा दुर्लभ नहीं है। महादेव के इस आनन्दवन से सबको सब कुछ मिल जाता है। जहाँ गंगा भी कृपालु हैं, उस काशी में तुम आश्रय लो। **अनेक यज्ञ करने से जो धर्म होता है वही काशी की गलियों में टहलने से मिल जाता है।** यह महादेव का **आनन्दवन** है, यहाँ आनन्दलक्ष्मी स्वयं विराजती हैं जो समस्त मनोरथों को पूर्ण करती हैं।

'महाशिवपुराण' में शिव के विभिन्न अवयवों की कल्पना काशी के विभिन्न स्थानों पर स्थित शिवलिंगों के रूप में की गयी है। काशी में इन सभी लिंगों की यात्रा का विधान है। 'पंचक्रोशी यात्रा' में इनमें से अधिकांश शिव मन्दिरों की यात्रा पूर्ण

हो जाती है। इस यात्रा का अर्थ है–**शिवकाशी की यात्रा**। सम्पूर्ण काशी की और परिपूर्ण शिव की। जब हम शिवलिंग के दर्शन करते हैं तो हमारे मन में शिव के वे-वे अवयव समक्ष उपस्थित हो जाते हैं जिनका ये लिंग प्रतीक हैं। कृतिवासेश्वर (मस्तक) ओंकारेश्वर (शिखा) त्रिलोचनेश्वर (नेत्र) गोकर्णेश्वर (दाहिना हाथ) धर्मेश्वर एवं मणिकर्णेश्वर (बायां हाथ) कालेश्वर (दाहिना पैर) कपर्दीश्वर (बायां पैर) ज्येष्ठेश्वर (नितम्ब) मध्यमेश्वर (नाभि) आदिमहादेव (जटा-जूट) श्रुतीश्वर (शिरोभूषण) चन्द्रेश्वर (ह्दय) आत्मावीरेश्वर (मन) केदारेश्वर (लिंग) और शुक्रेश्वर (वीर्य)।

आपको भान यह कराना है कि शिव के भीतर काशी है और काशी के भीतर शिव हैं। काशी की महिमा शिव के कारण ही है। बड़ा अद्भुत है कि काशी में श्वेत भस्म धारी शिव का चौतरफ़ा 'रंग' है। इसीलिए काशी में शिव और शिव भक्त अभिन्न हो जाते हैं। काशी में जो शिव आरती गाई जाती है वह 'महाशिवपुराण' से ली गयी है जिसके एक अंश का अर्थ 'हे शिव! आपके गुणानुवाद का गाने वाला मैं आप में मन लगाये हूँ, हे कृपा निधान भूतनाथ! मैं सब भाव से तुम्हारा ही हूँ'। काशी की शिव पूजन विधि में **भस्म, त्रिपुण्ड, रुद्राक्ष की माला तथा बिल्वपत्र** का आध्यात्मिक स्थान है। शिव को पत्र, पुष्प और जल अर्पित किया जाता है और यह माना जाता है कि जो लिंग के ऊपर का द्रव्य है वह अग्राह्य है। जो लिंग के स्पर्श से पृथक है वह पवित्र है। बिल्वपत्र के सम्बन्ध में यह मान्यता है कि यह देवताओं की स्तुति से प्राप्त महादेव का स्वरूप है। लोक में जितने प्रसिद्ध तीर्थ हैं वे सब बिल्वमूल में निवास करते हैं। पुराणों में बिल्वमूल बिल्वशाखा और बिल्वपत्र की महिमा गाई गयी है।

काशी के शिवभक्तों में त्रिपुण्ड या भस्मविभूति की महिमा अक्षुण्ण है। मैंने दक्षिण भारत में यह स्पष्ट देखा कि वहाँ भस्म-त्रिपुण्ड लगाने का चलन सर्वत्र व्याप्त है। स्त्री व पुरुष दोनों कामकाज के स्थान पर भी भस्म और त्रिपुण्ड धारण किये हुए आते हैं। यह परम्परा दक्षिण में सर्व प्रचलित है। वैष्णव और शाक्त मान्यता वाले भक्त वेदोक्त रीति से भाँति-भाँति के तिलक धारण करते हैं। उत्तर भारत में इस तरह की परिपाटी का अभाव मन में क्षोभ पैदा करता है। हमारे क्षुद्र आडम्बर ने हमें अपनी इन परम्पराओं से दूर कर दिया है जबकि दक्षिण भारत में उच्च शिक्षित, उच्च पद आसीन और उच्च शिक्षा प्राप्त युवक-युवतियाँ भी भस्म, त्रिपुण्ड, और तिलक धारण करने में संकोच नहीं करते।

पुराणों में यह भी कहा गया है कि माथे पर विभूति अवश्य धारण करना चाहिए। स्त्रियों को भी त्रिपुण्ड धारण करना चाहिए। त्रिपुण्ड धारण करना श्रेष्ठ है। भस्म

स्नान परम तीर्थ है। **भस्म त्रिलोकी को पवित्र और प्रसन्न करती है।** मध्यमा और अनामिका अंगुली के मध्य में प्रतिलोम से अंगुष्ट तक खींची हुई तीन रेखाएँ त्रिपुण्ड कहाती हैं। तीन अंगुलियों के मध्य में भस्म को यत्न पूर्वक ग्रहण करके त्रिपुण्ड धारण करना चाहिए। यह मान्यता है कि तीनों रेखाओं के क्रम से तीन देवता हैं। प्रथम रेखा के देवता महादेव हैं। दूसरी के महेश्वर और तीसरी रेखा के देवता शिव हैं। पुराणों में त्रिपुण्ड धारण के सोलह स्थान बताए गये हैं–शिर, ललाट, कण्ठ, दोनों कन्धे, भुजा, हृदय, दोनों पार्श्व, पीठ, दोनों कान, नाभि। प्रतिदिन ललाट, दोनों कान, दोनों भुजाओं, हृदय और नाभि स्थल पर भस्म अवश्य धारण करनी चाहिए।

शिवाराधना में रुद्राक्ष का भी परम स्थान है। शिव पुराण में यह प्रसंग आता है कि एक बार शिव जी पार्वती से बोले कि हे देवी! तुम रुद्राक्ष का महत्त्व सुनो। उन्होंने एक घटना महादेवी को सुनायी कि–एक बार तपस्या करते हुए मेरा मन क्षुधित हुआ। मैंने अपने नेत्र भींच लिए। नेत्र पुट से जल के बिन्दु गिरे। उन बिन्दुओं से रुद्राक्ष के वृक्ष उत्पन्न हुए। शिव महापुराण में विभिन्न प्रकार के रुद्राक्ष फलों के स्वरूप की भी चर्चा है। रुद्राक्ष धारण करने वालों के लिए यह विवरण अत्यन्त सुखद हैं और जो इनके बारे में नहीं जानते उनके लिए ज्ञानवर्धक–**एकमुखी** रुद्राक्ष स्वयं शिव रूप है। **दो मुखवाला** फल का दाता है। **तीनमुखी रुद्राक्ष** सब साधन और प्रतिष्ठा देने वाला है। **चारमुखी ब्रह्म** स्वरूप है। **पंचमुखी** स्वयं रूद्र रूप है। **छहमुखी** कार्तिकेय स्वरूप है इसे दक्षिण भुजा में धारण करना चाहिए। **सातमुखी** अनंग होता है। **आठमुख** रुद्राक्ष भैरव रूप है। **नौ मुख** भैरव और कपिल मुनि हैं। **दशमुखी** स्वयं जनार्दन हैं। **ग्यारहमुखी** से विजय प्राप्त होती है। **बारहमुख** का रुद्राक्ष धारण करने वाला आदित्य के समान है। **तेरहमुखी** धारण करने वाला विश्वेदेव के तुल्य होता है। **चौदहमुखी** रुद्राक्ष शिव स्वरूप होता है, इसे शिर पर धारण करना चाहिए।

काशी का आध्यात्मिक स्वरूप अवर्णनीय है। गंगा धारण करने वाले, माथे पर चन्द्र और तीन नेत्र वाले, शरीर पर भस्म धारण किये भगवान ने कालरूपिणी शक्ति के साथ मिलकर शिवलोक नामक इस काशी क्षेत्र का निर्माण किया। इस उत्तम क्षेत्र को **स्वयं महादेव ने आनन्दवन और अविमुक्त क्षेत्र** की संज्ञा प्रदान की। ऐसा काशी क्षेत्र जो सबका मन रमाने वाला है या जिसमें सबका मन रमता है। यहाँ शिवा-शिव अपनी आनन्दरूपिणी शक्ति के सहित निवास करते हैं इसीलिए काशी आनन्द क्षेत्र है। शिव जी ने सर्वप्रथम इस क्षेत्र में आनन्द नामक वन का निर्माण किया था, जिसे **अविमुक्त** नाम भी मिला और काशी भी। इन दोनों नामों के अपने-अपने निहितार्थ हैं। काशी का पूरा दर्शन इन दोनों नामों के चौतरफा घूमता है।

काशी महिमा थोड़े में नहीं जनाई जा सकती। चार बड़े-बड़े खण्डों में 'काशी खण्ड' प्रकाशित है जिसका सम्पादन काशी की वैदुष्य परम्परा के आचार्य पण्डित करुणापति त्रिपाठी ने किया है। ये चारों खण्ड क्रमशः **अनुसंधान संस्थान, सम्पूर्णानन्द संस्कृत विश्वविद्यालय, काशी** के माध्यम से तैयार करवाये गये हैं और इनका प्रकाशन किया गया है। इन सभी के मुख पृष्ठ पर शीर्षक के रूप में यह अंकित है–**महर्षि व्यास प्रणीतः स्कन्ध महापुरणांतर्गतः काशी खण्डः।** सम्पूर्णानन्द संस्कृत विश्वविद्यालय, वाराणसी। पण्डित करुणापति त्रिपाठी से मेरा प्रियतर सानिध्य रहा है। मैंने इसी विश्वविद्यालय से भाषा विज्ञान में एमफिल और पीएचडी की उपाधियों के लिए अध्ययन और कार्य किया। तब पण्डित विद्यानिवास मिश्र जी भाषा विज्ञान विभाग के अध्यक्ष थे। एमफिल विद्यार्थी के रूप में मुझे एक वर्ष की अवधि तक पण्डित करुणापति त्रिपाठी से शिक्षा प्राप्त करने का सुअवसर भी प्राप्त हुआ। वे मुझे कुछ-कुछ समय के लिए काशी हिन्दू विश्वविद्यालय की एम.ए. (हिन्दी) कक्षाओं में भी पढ़ाने आते थे।

पण्डित जी बहुत सुन्दर और सुकोमल व्यक्तित्व के धनी थे। दुबले-पतले और गोरे चिट्टे। कुर्ता–धोती पहनते थे और ठण्ड के दिनों में ऊनी जैकेट के ऊपर बढ़िया क्रीम रंग की ऊनी शाल ओढ़ लेते थे। वे हमें **भारतीय भाषाशास्त्र** का अध्यापन करते थे। संस्कृत के किस वाङ्ग्मय में किन स्थलों पर भाषा सम्बन्धी चिन्तन किया गया है, इस तरह के तथ्य वे बड़ी कुशलता से खोज निकालते थे और कक्षा में अत्यन्त सरल और शास्त्रीय ढंग से रखते थे। मुझे आज भी याद है कि उन्होंने चर्चित सम्प्रदायों–ध्वनि, रीति, वक्रोक्ति आदि में निहित भाषा वैज्ञानिक तथ्यों को मथ डाला था। **नाट्यशास्त्र** में भी जहाँ कहीं रस निष्पत्ति में काकु (उच्चारण) के महत्त्व पर चर्चा की गयी है उसे वे व्यवहारिक भाषा विज्ञान से जोड़कर सिद्ध कर देते थे। प्रकाण्ड विद्वान थे पण्डित करुणापति त्रिपाठी।

काशी खण्ड का प्रथम भाग छह सौ चौसठ पृष्ठों का है, बृहताकार। इसके प्रत्येक अंश का सुन्दर अनुवाद पण्डित जी ने किया है। इसके साथ ही उन्होंने प्रत्येक खण्ड की प्रस्ताविकी में उसमें निहित विषयों के महत्त्व पर प्रकाश डाला है। पहले संस्कृत और फिर हिन्दी में लम्बी-लम्बी भूमिकाएँ लिखी हैं। प्रथम भाग की **प्रस्ताविकी** में उन्होंने लिखा है–'यह काशी खण्ड कुछ शैवों का ही ग्रन्थ नहीं है–शिव, विष्णु, शक्ति, विनायक और सूर्य को परस्पर एक-दूसरे का पूरक सिद्ध करने वाला ग्रन्थ है'। आगे चलकर इसी क्रम में पण्डित जी ने हिन्दुओं की उस मनोवृति को भी उजागर किया है जिसके चलते वे अपने ही गौरव ग्रन्थों का अध्ययन

नहीं करते और बिना अध्ययन किये ही इनकी हेठी करते रहते हैं। उनके अनुसार *'सभी पुराणों का प्रादुर्भाव संस्कृत भाषा में ही हुआ है, इसी कारण से अब इस देश के वे लोग जो संस्कृत पढ़ने का श्रम नहीं उठाते, यहाँ की बहुतेरी पुरानी बातों को अर्थात धर्मविषयक, इतिहास विषयक एवं रहन-सहन, मिलन और वर्तन (जीवन क्रम) इत्यादि को अच्छी रीति से नहीं जान पाते। इसी का फल यह होता है कि इस देश के व्यवहारों को छोड़कर विदेशीय बर्ताव और चाल-ढाल पर चलने लगते हैं। धीरे-धीरे आजकल यहाँ तक हो गया है कि पुराणों की कथाएँ गप्प कहाने लगीं। लोग इन्हें पढ़ने के बजाय किस्से कहानी की बेसार पुस्तकें पढ़ना उचित समझने लगे। जो हो, पर मेरी तुच्छ समझ में तो जब तक किसी विषय का मर्म नहीं समझ लिया जाता, तब तक कदापि उसका आनन्द नहीं मिल सकता है'।*

पूरे भारत में काशी का मान है और कई पाश्चात्य देशों में भी। पण्डित जी इस बात को समझते थे और इसीलिए उन्होंने इतने बड़े काम का बीड़ा उठाया। उनका अनुवाद सरल हिन्दी में सहज ढंग से और पठनीय रूप में प्रस्तुत किया गया है। सभी खण्ड पढ़ने में रोचक हैं। हम चाहें तो इन्हें उत्कृष्ट कहानी या उपन्यास की तरह पढ़ सकते हैं। इनमें कितनी प्रेरक कथाएँ हैं, ढेरों उपाख्यान हैं और ऋषि-मुनियों के नैतिक शिक्षा देने वाले प्रेरक उपदेश हैं। और भी बहुत कुछ है जिसे पढ़ने से आनन्द भी मिलता है, अपार सन्तोष भी और भारतीय बोध भी। अनुवाद के बारे में पण्डित जी का यह कहना है कि–'हिन्दी में ग्रन्थ का अनुवाद हो जाने पर पूरे भारत के हिन्दी जानने वाले इसे पढ़ सकते हैं। अनुवाद यथासम्भव उत्तम रूप में करने का यत्न किया गया है। इस काशी खण्ड के महाराष्ट्री (मराठी), गुजराती, तैलंगी (तेलुगु), बंगला इत्यादि भारत की अवांतर भाषाओं में भी अनेक अनुवाद हो चुके हैं'।

इन चारों खण्डों में पण्डित जी का मात्र अनुवादक रूप ही नहीं, एक गम्भीर शोधकर्ता का रूप भी प्रत्यक्ष होता है। वे यह बताते चलते हैं कि कौन-सा प्रसंग, कौन-सी कथाएँ कौन-सा विवरण और किन पूजा पद्धतियों का वर्णन अन्यत्र कहीं हुआ है। उदाहरण के लिए एक स्थान पर उन्होंने लिखा है (और ऐसा उन्होंने प्रत्येक खण्ड में किया है) कि–'लोकों का वर्णन कई पुराणों में आया है। सदाचार आदि का वर्णन 'मनुस्मृति' में भी है। 'कपालमोचन' की कथा 'नारदीय पुराण' में भी आई है और अन्य कार्यों में भी। 'गंगा दशहरा' का वर्णन नारदीय पुराण में जस का तस आया है'। आदि-आदि।

काशी खण्ड के प्रथम भाग में काशी के प्रमुख तीर्थों का बहुत सुन्दर विवरण दिया गया है और इनकी विधि बताई गयी है। पण्डित जी ने इन तीर्थों की सूची देकर

यह भी बता दिया है कि ये काशी के किस क्षेत्र या स्थान पर स्थित हैं। इन तीर्थों में शिव, विनायक, दुर्गा, गौरी, द्वादश अर्क (सूर्य) आये हैं, अपने-अपने पते के साथ। इस भाग में यात्राओं का भी विवरण है जिसे काशी खण्ड में 'काशी यात्रा' कहा गया है, जैसे अन्तरगृही-यात्रा, पंचक्रोशी-यात्रा, ऋतु-यात्रा, मास यात्रा, तिथि-यात्रा और वार-यात्रा। कब और कैसे ये यात्राएँ करनी चाहिए, काशी खण्ड में इसका विस्तृत वर्णन है जिसे पण्डित जी ने अत्यन्त प्रांजल ढंग से हिन्दी में प्रस्तुत कर दिया है। इन तीर्थ यात्राओं से सम्बन्धित अनेक प्रेरक कथाएँ भी इस भाग में समेट ली गयी हैं। इस भाग में काशी और शिव की महिमा प्रसंगवश जहाँ कहीं भी अपरिहार्य बनी है, आ गयी है। काशी और शिव की चर्चा के साथ ही इस खण्ड में काशी के दर्शनीय स्थलों-मन्दिरों, घाटों तथा अन्य स्थानों का परिचय समाहित है। इस खण्ड में काशी का पौराणिक इतिहास भी सम्मिलित है। काशी की व्युत्पत्ति, दिवोदास की कथाएँ आनन्दवन की सृष्टि, शंकर और गणेश द्वारा काशी को पुनर्जागृत करने की कथा इत्यादि अनेक पौराणिक प्रकरण **आध्यात्मिक इतिहास** के रूप में इस खण्ड में जमा हैं। यह खण्ड जहाँ कहीं भी काशी अथवा इसके तीर्थ क्षेत्रों के सौन्दर्य का वर्णन करता है तो इनमें पल-पुस रहे वृक्षों, लताओं, पशु-पक्षियों, फल-पुष्पों का आकर्षक विवरण देकर यह भी जता देता है कि पौराणिक काशी में **प्रकृति और पुरुष** के बीच कितना गहरा सम्बन्ध था।

एक उदाहरण विंध्य पर्वत के विवरण से देखा जा सकता है। इस व्यापक वृक्ष-चर्चा में आये वृक्षों का केवल नामोल्लेख यहाँ कर दिया जा रहा है जिससे महर्षि व्यास के समय के भारत की प्राकृतिक सुषमा और वानस्पतिक भण्डार का पता हम पा सकें–साखू, सहिजना, अर्जुन, नारियल, खजूर, नीम्ब, परजाता, कचनार, इमली, झरबेरिया, बहेड़ा, पाकड़, देवदारू, महुआ, पीपल, जामुन, अमड़ा, लसोढ़ा, और ताम्बूल लताएँ...।

काशी खण्ड के पहले भाग का दूसरा संस्करण सन 2008 में प्रकाशित हुआ। पहला भाग सर्वाधिक विस्तृत होने के कारण पण्डित जी ने इसकी भूमिका बहुत ही स्थिर मन से लिखी है। भूमिका के प्रारम्भ में ही उन्होंने एक काशी वन्दना दी है। जिससे उनकी यह बात सिद्ध होती है कि **काशी खण्ड केवल एक शैव ग्रन्थ नहीं है**। काशी वन्दना इस प्रकार है–

विश्ववेशं माधवं दण्डपाणिं च भैरवम्।
वंदे काशी गङ्गा भवानीं मणिकर्णिकाम्॥

काशीं गङ्गा विश्वनाथान्नपूर्णे ढुण्ढिं स्कन्दौ माधवं भैरवं च।
दुर्गा लक्ष्मीं कालिकां शारदां च वन्दे गौरीं मंङ्गलां संङ्कटां ताम्॥

अपनी भूमिका में पण्डित जी ने अपने शोधपरक रूप का परिचय देते हुए संस्कृत के अन्य वांगमयों में 'काशी सन्दर्भ' का विद्वतापूर्ण समाकलन किया है। उनके अनुसार–'काशी का वर्णन और माहात्म्य' 'यजुर्वेद के जाबालोपनिषद' तथा 'रामतापनी' इत्यादि स्थलों पर तथा 'लिखित स्मृति' 'शंख स्मृति' और 'पराशर स्मृति' इत्यादि **स्मृतियों** में एवं महाभारत के वन पर्व चौरासीवाँ अध्याय, 'भीष्म पर्व चौबीसवाँ अध्याय, 'कर्ण पर्व' पाँचवाँ अध्याय, एवं 'अनुशासन पर्व तीसवाँ अध्याय' इत्यादि में विस्तार पूर्वक है। पण्डित जी के अनुसार–'पुराणों में काशी–महिमा का वर्णन प्राय: सभी पुराणों में पाया जाता है। **'शिव पुराण', 'लिंग पुराण' तथा 'ब्रह्मवैवर्त पुराण' में तो इसका वर्णन एक छोटे-से 'काशी खण्ड' के ही समान है।**

नारदीय पुराण, ब्रह्म पुराण, कूर्म पुराण, मत्स्य पुराण, वामन पुराण, पद्म पुराण, अग्नि पुराण, मार्कंडेय पुराण में विशेष रूप से काशी का माहात्म्य कहा गया है। इन सबको अध्यायों एवं प्रकरणों के नामोल्लेख के साथ करुणापति जी ने भूमिका के **पृष्ठ संख्या दो और तीन** पर दे दिया है। आगे उन्होंने यह भी उल्लेख कर दिया है कि इनके अतिरिक्त वायु पुराण, सौर पुराण, भविष्य पुराण, शिव रहस्य, रामायण, भागवत, देवी भागवत, सनतकुमार संहिता आदि ग्रन्थों अथवा 'नैषधचरित' सदृश्य उत्तम काव्यों में भी सर्वत्र ही काशी-वर्णन दृष्टिगोचर होता है।

पण्डित जी का यह मोहक दावा है कि 'यदि इन सभी के प्रकरणों का एक संग्रह तैयार किया जाये, तो सम्भव है कि 'काशी खण्ड' का दूना किं वा तिगुना बड़ा ग्रन्थ बन जावेगा'। इन पुराणों, स्मृतियों एवं महान ग्रन्थों के अतिरिक्त भी पण्डित जी ने उन कई रचनाओं का उल्लेख किया है जो पूर्णत; काशी पर केन्द्रित हैं–**काशी दर्पण** (श्री कृष्णचन्द्र कृत), **काशी प्रकाश** (दो भाग), **काशी स्थितिचन्द्रिका** (प्राचीन ग्रन्थ), **काशी मुक्तिविवेक** (प्राचीन ग्रन्थ), **काशी तत्त्वविवेक** (प्राचीन ग्रन्थ), **काशी विनोद** (नवीन ग्रन्थ), **काशी यात्रा प्रकाश** (आधुनिक), **काशी कुतूहल** (पण्डित जी के पूर्वज पण्डित रामानन्द त्रिपाठी का बनाया हुआ)। इन सभी में काशी का विवरण और वर्णन पर्याप्त मात्रा में मिलता है।

पण्डित जी ने यह भी संकेत दिया है कि इस भाँति अनेक छोटे-बड़े ग्रन्थ आज भी काशी के विषय में वर्तमान दिखते हैं। बहुतेरे ऐसे भी हैं जिनमें मात्र 'नित्य यात्रा' अथवा 'पंचक्रोशी यात्रा' आदि का वर्णन ही पाया जाता है। पण्डित जी ने यह भी

उल्लेख किया है कि संस्कृत, हिन्दी, उर्दू अथवा अंग्रेज़ी में भी अनेक ग्रन्थ इतिहास आदि के आधार पर लिखे गये हैं जो आज दिन प्रचलित हैं। करुणापति जी ने यह बात अत्यन्त गौरव और विश्वास के साथ कही है कि–'इन समस्त ग्रन्थों का आश्रय या आधार 'काशी खण्ड' ही है'। काशी खण्ड के विषय में पण्डित जी की दो गर्वोक्तियाँ और भी हैं। पहली यह कि काशी खण्ड से बढ़कर काशी के विषय में सर्वांगपूर्ण दूसरा कोई ग्रन्थ आज तक नहीं दीख पड़ा, और दूसरी यह कि 'यदि इस काशी खण्ड को काशी का प्रमाण पत्र (कवाला) कहा जाये, तो स्यात कुछ अनुचित नहीं होगा क्योंकि इसमें काशी की चतुस्सीमा (चौहद्दी) भी निवेशित (मुंदर्ज) कर दी गयी है'। इसके बाद पण्डित जी ने काशी खण्ड में क्या और कितना महत्त्वपूर्ण भरा हुआ है इसका उल्लेख किया है। उनके अनुसार 'काशी खण्ड' रूपी ज्ञान मंजूषा में 'केवल काशी माहात्म्य ही नहीं, वरन पूरा-पूरा इतिहास भी है। इसमे यहाँ तक दर्ज है कि–इतने घाट, इतने कुण्ड अथवा कूप, इतने देव मन्दिर, इतने शिवलिंग, इतने अमुक-अमुक देव देवी अर्थात इतने राम, इतने कृष्ण, इतने हनुमान, इतने विनायक, इतने सूर्य, इतने नृसिंह... विराजमान हैं। इनमें काशी के तीर्थों और स्थानों का भी वृतान्त है।

काशी खण्ड की एक विशेषता की ओर संकेत करते हुए आचार्य जी ने यह टिप्पणी की है–'इस ग्रन्थ में सबसे बड़ी बात यह है कि जैसे शैव लोगों के शिव पुराण' वैष्णवों के 'भागवत' शाक्तों के 'देवी भागवत' इत्यादि ग्रन्थों में केवल ग्रन्थ नायक का महात्म्य सबसे अधिक लिखा रहता है, वैसे ही यह ग्रन्थ भले ही काशी को सर्वश्रेष्ठ सिद्ध कर देता है, पर शिव, विष्णु और शक्ति के विषय में भी समभाव से लिखता है'। पण्डित जी काशी खण्ड के अपरिमित देय पर अगाध मुग्ध हैं। इतने कि वे 'बनारसीपन' पर उतर कर चुनौती की मुद्रा भी धारण कर लेते हैं। हाँ इतना अवश्य है कि वे 'ताल' नहीं ठोंकते, 'ताली' ठोंकते हैं। मेरे विचार से मल्लयुद्ध 'कुश्ती' प्रेमी काशी का वासी होने के नाते उन्हें अपनी बात 'ताल ठोंक' कर कहने में संकोच न करना चाहिए था। सुनिए आचार्य जी का चुनौती भरा स्वर–'*जो हो, इतना तो मैं अवश्य* ***ताली ठोंक कर*** *कह सकता हूँ कि जो आस्तिक हिन्दू लोग काशी में रहते हैं, या जो लोग काशी वास करना चाहते हैं, उन पर अपनी आस्था बनाये रहते हैं, उनकी प्राप्ति का उपाय सोचा करते हैं, अथवा काशी ही क्यों मुक्ति क्षेत्र है, मोक्ष काशी में ही क्यों कर मिल सकता है इन सब बातों को जान लेने को उत्सुक हैं, या जिन लोगों को शिव या विष्णु में भेद दीखता हो, वे लोग कष्ट उठाकर,*

समय लगाकर, चित्त देकर, पक्षपात छोड़कर, आग्रहरहित होकर एक बार इस 'काशी खण्ड' को आद्योपांत पढ़ जावें–फिर देखें कि मेरी बात अक्षरश: सत्य है वा नहीं?

एक शुद्ध आचार्य की भाँति पण्डित जी ने एक–दो ऐसी विभोर कर देने वाली जानकारियाँ भी अपनी ओर से इस भूमिका में डाली हैं जो मेरे जैसे इनसे अनभिज्ञ काशीवासी को सम्पन्न बना देती हैं। पहली जानकारी **माँ अन्नपूर्णा** के विषय में है। यह तथ्य कितने लोग जानते होंगे, मुझे नहीं पता। इतना पता है कि इस तथ्य ने शिव और अन्नपूर्णा के काशी भाव को मेरे भीतर एक सर्वथा भिन्न रूप में प्रवाहित कर दिया है। पण्डित जी का शोध परक यह तथ्य उद्धृत है–'इस ग्रन्थ में एक विचित्रता है कि जिस काशी का नाम 'अन्नपूर्णा क्षेत्र' सर्वत्र प्रसिद्ध है और लोक में भी ख्याति है कि 'काशी में अन्नपूर्णा ही सबको भोजन पहुँचा देती हैं, जिससे कोई भूखा नहीं रहने पाता'। उस जगद्‌जननी 'अन्नपूर्णा' महारानी का नाम इस ग्रन्थ में कहीं भी नहीं दीख पड़ता। यदि भगवान शिव जी काशी में 'विश्वनाथ' रूप में विराजमान हैं तो भगवती का 'अन्नपूर्णा' रूप में रहना बहुत ही आवश्यक है क्योंकि अन्न से पूर्ण हुए बिना विश्व का काम ही कैसे चल सकता है?... इस ग्रन्थ में अन्नपूर्णा शब्द के स्थान पर भवानी शब्द का प्रयोग किया गया है। मातर्भवानी (अ. 61, श्लोक–36) श्लोक मन्त्र रूप में लिखा गया है पर काशी खण्ड के जोड़ का 'काशी रहस्य' नामक जो छोटा ग्रन्थ है, उसमें वेदव्यास जी ने अन्नपूर्णा शब्द का बारम्बार उल्लेख किया है–मातर्विशालाक्षी! भवानि! सुन्दरि! त्वामन्नपूर्णे! शरणं प्रपद्ये (अ. 20, श्लोक-902)'।

इसी अन्नपूर्णा नाम चर्चा से सम्बद्ध करके पण्डित जी ने दूसरी आनन्दित कर देने वाली जानकारी दी है। इस प्रकार जोड़-घटाकर ज्ञान चर्चा करुणापति जी जैसा प्रकाण्ड विद्वान ही कर सकता था। देखिए उन्होंने कैसे विभिन्न सन्दर्भों को अपनी इस विवेचना में जोड़ दिया है–'इसका मुख्य कारण तो मैं नहीं जान सकता, पर इतना समझ पड़ता है कि बड़े-बड़े ग्रन्थ में किसी विशेष संकेत से कोई शब्द अवश्य छोड़ दिया जाता है, अथवा किसी नियमित शब्द का अवश्यमेव प्रयोग किया जाता है, क्योंकि इन्हीं 'व्यास जी' ने जैसे 'काशी खण्ड' में अन्नपूर्णा शब्द का प्रयोग बचा रखा है, ऐसे ही 'श्रीमद्‌भागवत' में भी श्री राधा शब्द को नहीं आने दिया है। पर ब्रह्मवैवर्त इत्यादि पुराणों में श्री राधा शब्द की ही भरमार मचा दी है। यह प्रथा केवल व्यास जी की ही नहीं है, आदिकवि महर्षि वाल्मीकि ने भी अपने बनाये हुए रामायण में रामचन्द्र पद का कहीं भी उल्लेख नहीं किया है। योंही वाक्यों में श्रीहर्ष ने 'नैषधचरित' में 'आनन्द' शब्द, भारवि ने 'किरातार्जुनीयम' में 'लक्ष्मी' शब्द एवं माघ ने 'शिशुपाल वध' में 'श्री' शब्द का प्रयोग प्रत्येक सर्ग के अन्तिम श्लोक में

स्पष्ट रूप से दिखा दिया है...। इससे यही बात सूचित होती है कि बड़े-बड़े ग्रन्थकारों की यह प्रणाली ही है। वे लोग या तो किसी एक प्रधान शब्द का प्रयोग नहीं करेंगे अथवा किसी नियमित शब्द को यथास्थान पर अवश्य ही लाकर धर देवेंगे'।

इस तरह की पांडित्यपूर्ण टिप्पणियों से यह भूमिका अंटी पड़ी है। यह भूमिका पढिए और माणिक-मोती चुन लाइए। इस भूमिका में एक महत्त्वपूर्ण बात पण्डित जी ने 'काशी' के बदलाव पर भी की है। इस बदलाव को उन्होंने ऐतिहासिक आधार पर देखते हुए एक-दो संकेत दिये हैं। काशी भ्रमण के दौरान ऐसे अनेक संकेतों का यथार्थ रूप हमें पुण्य भूमि काशी के अनेक स्थलों के बदलाव में भी दिखायी दे जाता है। इस प्रकार के बदलाव को देखने-दिखाने की दृष्टि हमें मात्र कुछ संकेतों के द्वारा करुणापति जी ने प्रदान कर दी है–'इस काशी खण्ड में जिस काशी की महिमा विस्तारपूर्वक वर्णन की गयी है, उसका दूसरा नाम 'वाराणसी' है और अपभ्रंश अब 'बनारस' प्रसिद्ध है। इसी रीति पर समय के फेर-फार से एवं विधर्मी यवन राजादिकों के अत्याचार से इस ग्रन्थ के अनुसार बहुतेरे देवस्थान और तीर्थादिकों में कुछ उलट-पुलट होकर प्राय: अन्तर पड़ गया है। औरों की बात तो दूर जाने दीजिए स्वयं भगवान विश्वेश्वर जी का मन्दिर इस ग्रन्थ के अनुसार ज्ञानवापी के उत्तर ओर था। पर अब वह स्थान जहाँ पर भगवान विराजमान हैं, ज्ञानवापी से दक्षिण-दिशा में वर्तमान है'। पण्डित जी की यह भूमिका काशी खण्ड की भूमिका होने के साथ ही **ज्ञानचर्या की भी भूमिका** है। प्रत्येक खण्ड की भूमिका में उन्होंने यथा स्थान अपने अध्ययन और ज्ञान का प्रकाश चहुं ओर फैला दिया है

काशी खण्ड के इस भाग में अन्य पक्षों के साथ 'काशी यात्रा' का व्यापक विवरण है। इसे अति संक्षेप में यहाँ दिया जा रहा है। श्री काशी खण्ड में प्राय: सभी यात्राएँ कही गयी हैं। काशी भारत भर के तीर्थ-यात्रियों को अपनी ओर आकर्षित करती रही है। इस आकर्षण में मूल तत्त्व काशी की ये यात्राएँ हैं। तीर्थयात्रियों को या काशी के श्रद्धालुओं को बहुत ढूँढे बिना ही इन यात्राओं के महत्त्व और इनकी सामान्य विधि का परिचय इससे प्राप्त हो जायेगा। श्री काशी खण्ड के **सौवें अध्याय** में यात्राओं की विधि विहित है। इनका इतना सुन्दर अनुवाद पण्डित जी ने किया है कि सामान्य शिक्षित यात्राभिलाषी लोगों को भी इसका पूरा-पूरा लाभ मिल सकता है।

काशी यात्रा का कुछ विधान भी काशी खण्ड में किया गया है कि पुण्यवान जन एक दिन भी बिना यात्रा के व्यर्थ न होने दें। दिन व्यर्थ बीत जाने से यात्रा का क्रम टूट जाता है और पितरगण निराश हो जाते हैं।

चक्र पुष्करिणी तीर्थ और कुण्ड

जो यात्री यात्रा करने के लिए बाहर से काशी आते हैं तो उन्हें घर पर गणेश पूजन, श्राद्ध करने के बाद अपना ग्राम गोंठ कर प्रस्थान करना चाहिए। फिर काशी पहुँचकर स्नान मुण्डन करके पुनः श्राद्ध कर लेना चाहिए। इसके उपरान्त यात्रा प्रारम्भ करनी चाहिए। यदि सम्भव हो तो यात्राओं में यान (सवारी), उपानह-छत्र (जूता-छाता) इत्यादि का यथाशक्ति परित्याग करना ही उचित है। यात्रियों को अपना नित्यकर्म पूरा करके यथाविध यात्रा प्रारम्भ करनी चाहिए और मन ही मन अपने इष्टदेव का निरन्तर नाम स्मरण करते रहना चाहिए। काशीवासियों की प्रथा के अनुसार बाहर के तीर्थयात्री भी एक साथ गोल बाँधकर–**हर-हर महादेव! शंभो! काशी विश्वनाथ गंगे**, इस वाक्य को थोड़े-थोड़े अन्तराल पर कहते रहें। इसके बाद फिर मौन रहा जा सकता है। काशी में यात्रा की यह प्राचीन रीति है जो बाहर के यात्रियों को भी आनन्दमग्न कर देती है।

कतिपय विशिष्ट यात्राओं का वर्णन काशी खण्ड में विस्तार से किया गया है। प्रधान यात्रा अथवा नित्यकर्म की यात्रा आज भी काशी में प्रचलित है। काशी के सैकड़ों स्त्री-पुरुष इसका पालन करते हैं। ऐसे लोगों को काशी में 'नेमी' श्रद्धालु कहा जाता है।

काशी खण्ड में कहा गया है कि गंगा और विश्वनाथ यात्रा प्रतिदिन करनी चाहिए। इस सम्बन्ध में जो श्लोक दिया गया है उसका अर्थ यह है कि प्रतिदिन दो यात्राएँ अवश्य करनी चाहिए। पहले तो गंगा जी में स्नान करें और तदन्तर विश्वेश्वर का दर्शन पूजन करें। काशी के लोग भोर से ही यह यात्रा प्रारम्भ कर देते हैं–गंगा स्नान और फिर काशी विश्वनाथ का दर्शन। 'काशी रहस्य' में भी इस नित्यकर्म यात्रा की विधि का वर्णन किया गया हैं–

चक्रपुष्करिणी तीर्थ स्नातकं प्रतिवासरम्।
पत्रैः पुष्पैः फलैस्तोयैः पूज्यो विश्वेश्वराः सदा॥

अर्थात प्रतिदिन मणिकार्णिका तीर्थ में स्नान करना चाहिए तथा फल-फूल, जल एवं बिल्वदल से विश्वनाथ की पूजा करनी चाहिए। जो तीर्थयात्री अन्य-अन्य प्रान्तों से काशी आते हैं वे भी जितने दिन काशी में रहते हैं इस 'नेम' का पूरी श्रद्धा के साथ पालन या व्यवहार करते हैं। काशी खण्ड में इसे 'एकायतन यात्रा' का नाम दिया गया है। काशी में मणिकर्णिका का विशेष महत्त्व है और मणिकर्णिका कुण्ड का भी, जिसका पूर्णप्रकरण भी 'प्रथम भाग' में आया है। एक बहुत सर्वमान्य पद्धति भी

काशी खण्ड में वर्णित है कि **मणिकर्णिका में प्रातः काल की अपेक्षा मध्यान्ह काल में स्नान का विशेष महात्म्य है।** काशी खण्ड में इसके अनेक उदाहरण और इससे जुड़े उपाख्यान दिये गये हैं। लिंग पुराण में भी कहा गया है–प्रातः पंचनदे स्नात्वा मध्यान्हे मणिकर्णिकाम् अर्थ स्पष्ट है कि प्रातः काल पंचगंगा और दोपहर को मणिकर्णिका पर स्नान करना चाहिए। **एकायतन यात्रा** के सन्दर्भ में ही यहाँ यह भी उल्लेख है कि केवल मणिकर्णिका में स्नान का नाम एक तीर्थ यात्रा, पंचगंगा और मणिकार्णिका दोनों में स्नान का नाम **द्वितीर्थयात्रा** एवं दशाश्वमेध, मणिकार्णिका एवं पंचगंगा तीनों में स्नान का नाम **त्रितीर्थयात्रा** है। घाटों की दृष्टि से काशी में तीन तीर्थ (घाट) प्रधान हैं। पहला प्रयाग घाट (दशाश्वमेध) फिर पंचगंगा घाट और तदन्तर मणिकर्णिका घाट।

काशी में चतुस्तीर्थी यात्रा और पंचतीर्थी यात्रा की बड़ी मान्यता है। काशी के निवासी तो विशेष तिथियों-व्रतों पर ये यात्रा करते ही हैं, बाहर से आने वाले तीर्थयात्री भी इन्हें करने का संकल्प लेकर काशी आते हैं और इसे पूरा करते हैं। काशी में गंगा, यमुना, सरस्वती अथवा नर्मदा इन तीन मिली हुई नदियों से सेवित एक पुण्यमय तीर्थ है–पिलपिला तीर्थ (त्रिलोचन घाट)। यहाँ स्नान और पितरगण का तर्पण करके पंचगंगा और मणिकर्णिका में स्नान किया जाता है। तदन्तर ज्ञानवापी में स्नान करके श्री विश्वनाथ जी का पूजन किया जाता है। अब ज्ञानवापी में स्नान का अवसर नहीं है इसीलिए श्रद्धालु प्रयाग घाट पर ही स्नान कर लेते हैं।

काशी में यह मान्यता है और जिसका विस्तृत उल्लेख काशी खण्ड में आया है कि काशी के समस्त तीर्थों में श्रेष्ठ **असि संगम** है। इसके बाद दशाश्वमेध है फिर आदिकेशव (वरना संगम) के पास में पादोदक तीर्थ है। इसके बाद पंचनद तीर्थ (पंचगंगा) का स्थान है और पाँचवाँ (पंच स्वरूप) मणिकर्णिका तीर्थ है। इन पाँचों तीर्थों में स्नान का बहुत महत्त्व है। यह तीर्थ श्रद्धालुओं के लिए **पंचभूत** का भी प्रतीक हैं। यह यात्रा काशी में बहुत ही प्रचलित है। प्रायः सभी बड़े पर्वों पर यह यात्रा लोग नौका पर चढ़कर करते हैं और पाँचों घाटों पर स्नान करते जाते हैं। इसी यात्रा में यदि केदार घाट में **गौरीकुण्ड** को और त्रिलोचन घाट के पिलपिला तीर्थ को मिला दें, तो यही यात्रा पंचतीर्थी से **सप्ततीर्थी यात्रा** हो जाती है। अब केदार घाट पर गौरीकुण्ड का जल सूख गया है इसीलिए श्रद्धालु केदार घाट पर गंगा स्नान करके केदार जी का दर्शन भी प्राप्त कर लेते हैं।

केदार घाट और गौरी कुण्ड

तीर्थों या घाटों की यात्रा के साथ ही काशी में भगवान विश्वेश्वर के भिन्न-भिन्न स्थानों को भी 'तीर्थ' कहा गया है। गंगा स्नान के बाद इनके दर्शन-पूजन की विधि को 'यात्रा' माना गया है। शिव दर्शन-पूजन की दृष्टि से भगवान विश्वेश्वर का पूजन 'एकायतन यात्रा' कहा जाता है। 'द्विरातन' के अन्तरगत मणिकर्णिका में स्नान के बाद मणिकर्णिकेश्वर के पूजन और तदन्तर विश्वेश्वर के पूजन का विधान है। अविमुक्तेश्वर, मध्यमेश्वर, स्वलिर्नेश्वर का दर्शन-पूजन 'त्रयायतन यात्रा' को पूर्ण करता है। 'चतुरायतन यात्रा' के अन्तरगत शैलेश्वर, संगमेश्वर, स्वलिर्नेश्वर और मध्यमेश्वर लिंगों के दर्शन-पूजन का विधान है। 'पंचायतन यात्रा' में कृतिवाशेश्वर, मध्यमेश्वर, ओमकारेश्वर, कपर्दीश्वर और विश्वेश्वर के दर्शन-पूजन का विधान है। इनके साथ ही यदि केदारेश्वर और त्रिलोचनेश्वर को भी मिला दिया जाये तो यह शिव तीर्थ की दृष्टि से 'सप्तायतन यात्रा' हो जाती है।

काशी में अनेक तिथि और वारों पर यात्रा करने का विधान अति प्रचलित है। काशीवासी ये यात्राएँ तिथि-वार के अनुसार बड़े ही नेम-धर्म के साथ करते हैं–

दुर्गा जी : दुर्गाकुण्ड
मंगलागौरी : लक्ष्मण बालाघाट
चित्रघण्टा : चौक से पूर्व–चन्दू की गली में
अन्नपूर्णा जी : विश्वनाथ गली में

महामुण्डा	:	जैतपुरा के समीप
मध्यमेश्वर	:	कम्पनी बाग़ के पास
कामेश्वर	:	मछोदरी के पास गली में
कृत्तिवासेश्वर	:	हरतीरथ
त्रिलोचन	:	त्रिलोचन घाट
ओंकारेश्वर	:	मछोदरी के उत्तर में
ज्येष्ठविनायक जेष्ठा गौरी	:	काशीपुरा-कर्णघण्टा
व्यासेश्वर	:	कर्ण घण्टा
वृद्धकाल	:	दारानगर
केदारेश्वर	:	केदार घाट
आदि महादेव	:	त्रिलोचन के पास
विशालाक्षी	:	धर्मकूप के समीप
आग्निध्रेश्वर	:	ईश्वरगंगी
बड़ा गणेश	:	लोहटिया
लोलार्क	:	भदैनी
महालक्ष्मी	:	लक्ष्मी कुण्ड
ललिता देवी	:	ललिता घाट
चौसट्टी माई	:	चौसट्टी घाट
हनुमान	:	हनुमान घाट
बिन्दुमाधव	:	पंचगंगा घाट
काल भैरव	:	भैरव नाथ की गली
पिशाचमोचन	:	पिशाचमोचन
मुख प्रेक्षणिका	:	गाय घाट

काशी खण्ड में **पृष्ठ तीस से सैंतीस तक** 56 विनायक, 9 गौरी और 9 दुर्गा के दर्शन-पूजन की तिथियों, वारों और स्थानों का पूर्ण विवरण दिया गया है। इन विवरणों से पहले या बाद में इन देवी-देवताओं की महत्ता और इनसे सम्बन्धित कुछ कथाएँ भी दे दी गयी हैं। इसी प्रकार **पृष्ठ चौवालीस पर** काशी के बारह आदित्यों की सूची है और **पृष्ठ छियालीस पर** अष्ट भैरव की। पण्डित जी ने विशेष रूप से अपनी भूमिका में काशी खण्ड में वर्णित 'भैरव गाथा' का निचोड़ प्रस्तुत कर दिया है जैसा कि काशी वासियों का दृढ़ विश्वास है, पण्डित जी ने भी यह स्वीकार किया

है कि काशी के **सभी देवताओं के कोतवाल** काल भैरव हैं। भैरवनाथ की यात्रा काशी में प्रचलित है। **रविवार** इनके दर्शन-पूजन का वार है तथा **भैरव अष्टमी** पर्व इनके दर्शन श्रृंगार और उत्सवों का पर्व है। पण्डित जी ने काशी के अष्ट भैरवों के अतिरिक्त भी तीन भैरवों का उल्लेख किया है जिनके मन्दिर अत्यन्त प्राचीन हैं और काशी वासियों में इन तीनों की भी कम धाक नहीं है। एक हैं राम घाट के ऊपर गली में **आनन्द भैरव**। दूसरे हैं चौक से आगे नीचीबाग़ की सड़क पर **मोहन भैरव** और तीसरे विश्वनाथ जी के पश्चिम द्वार पर **द्वार भैरव।**

काशी खण्ड में वार तिथि और पर्व के अनुसार दर्शन-पूजन के विधान को करुणापति जी ने एक 'बनारसी' की तरह बड़े ही रोचक और श्रद्धा जगाने वाले भाव के साथ प्रस्तुत किया है। ये विवरण बहुत विस्तृत हैं लेकिन कुछ की चर्चा अति संक्षेप में यहाँ कर देना आवश्यक समझता हूँ। 'वार' के सन्दर्भ में प्रत्येक **बुधवार** को बुधेश्वर, **बृहस्पतिवार** को बृहस्पतीश्वर, **शुक्रवार** को शुक्रेश्वर (कालिका गली में), शुक्रवार को ही लक्ष्मी कुण्ड पर महालक्ष्मी, संकठा घाट पर संकठा देवी और जैतपुरा में वागीश्वरी देवी का दर्शन किया जाता है। श्रावण के शुक्रवार को दुर्गा कुण्ड पर दुर्गा जी के दर्शन-पूजन का बड़ा भारी मेला लगता है। **शनिवार** को मीर घाट, शिवाला घाट और संकट मोचन के हनुमान मन्दिर में हनुमान जी का दर्शन-पूजन प्रचलित है। काशी में व्याधियों और कष्टों के शमन के लिए भी कई मन्दिरों की ख्याति है। इनका विवरण भी काशी खण्ड में उपकथाओं के साथ आया है। कुछ उदाहरण लें तो वरना संगम के पास आदिकेशव मन्दिर के घेरे में **नक्षत्रेश्वर** विराजमान हैं। **इनका पूजन नक्षत्रों की शान्ति के लिए किया जाता है**। काल भैरव मन्दिर के पूर्व की गली में **नवग्रहेश्वर का मन्दिर है जहाँ श्रद्धालु नव ग्रहों की शान्ति के लिए जाते हैं**। दारा नगर के मृत्युंजय महादेव का पूजन **मृत्यु के समय होने वाले कष्टों से मुक्त करता है**। इसी मन्दिर के भीतरी भाग में वृद्धकाल शिवलिंग है जो बहुत ही **उपकारी देव हैं। यह वृद्ध लोगों के शारीरिक कष्टों को दूर करते हैं**। इसी प्रांगण में अमृत कुण्ड या धनवन्तरी कुण्ड है जिसके **जल से, चर्म रोग, कुष्ठ रोग और कठिन व्याधियों से छुटकारा मिलता है**। अमृत कुण्ड के जल में अनेक जड़ी-बूटियों का सम्मिश्रण है। लोलार्क कुण्ड के जल स्नान से भी **कुष्ठ रोग दूर होता है।**

काशी में ग्रहण के समय हजारों स्नानार्थी भारत भर से आते हैं। सूर्य ग्रहण में दुर्गा कुण्ड के समीप **कुरुक्षेत्र नामक कुण्ड में** स्नान किया जाता है। काशी में गंगा स्नान

की महिमा अपरम्पार है। बारहों महीने 'नेमी' लोग गंगा स्नान करते हैं। काशी खण्ड में गंगा की उत्पत्ति, अवतरण और महात्मय की कथा करते हुए काशी में गंगा की महत्ता का बखान किया गया है। विशिष्ट तिथियों और मासों में काशी में गंगा स्नान के पुण्य लाभ का भी विवरण है। इसमें यह भी वर्णित है कि चैत्र **शुक्ल प्रतिपदा** से विशेष स्नान प्रारम्भ हो जाता है। **अक्षय तृतीया और वैशाखी पूर्णिमा** को घाटों पर अपार भीड़ होती है। **पूरे वैशाख माह** में दशाश्वमेध घाट पर स्नान करने का विधान है। ज्येष्ठ मास में **ज्येष्ठ शुक्ल प्रतिपदा** से **निर्जला एकादशी** तक नियम पूर्वक स्नान किया जाता है। **श्रावण मास** में पितृपक्ष के दौरान गंगा स्नान और पिण्डदान से विशेष फल प्राप्त होते हैं। **कार्तिक मास** में पंचगंगा और मणिकार्णिका पर स्नान किया जाता है। **पूस में मकर संक्रान्ति (खिचड़ी) से** माघ स्नान प्रारम्भ होता है। माघ मास गंगा स्नान के लिए परम पुनीत मास है। इसी मास में वसन्त पंचमी भी पड़ती है। **माघ पूर्णिमा** को रविदास जयंती का स्नान होता है। **फाल्गुन मास में** शिवरात्रि पर स्नानार्थी गंगा घाटों पर जुटते हैं और रंगभरी एकादशी पर भी।

काशी खण्ड के चारों भाग बार-बार बहुविध यह जताते हैं कि काशी शिव की नगरी है। काशी के इतिहासए भूगोल, मन, प्राण के प्रधान देवता शिव हैं। हनुमान, गणेश, सूर्य और शक्तियाँ भी काशी में विराजते हैं। ये सब भी यहाँ इसलिए आसन लगाकर बैठे हैं कि काशी शिव का परम निवास है। काशी में देवों के देव हैं शिव जहाँ वे शक्ति के साथ आनन्द विहार करते हैं। काशी में शिव शक्ति के बिना शव के समान हैं। काशी में नवदुर्गा और नौ गौरी की महत्ता इस तथ्य को अपने जीवन में उतारे हुए है। काशी के शिव बम भोला शिव हैं इसीलिए यह नगरी भी 'बम भोले' नगरी है। शिव की नगरी होने के कारण ही काशी के लोगों में शिव के अनेक गुण-दोष आ गये हैं। इन्हे भांग प्रिय है, यह हड़बंगी हैं, मस्त-मलंग हैं और आशुतोष हैं...।

काशी और काशीवासी दोनों ही शिव से अभिन्न हैं, काशीराज बहुत पुराना है और यहाँ के सभी राजा 'शिवनुमा' रहे। आज भी काशीराज का माहात्मय राजा के रूप में नहीं, महादेव के प्रतिनिधि के रूप में है। काशीवासी राजा का नाम लेकर 'काशी नरेश ज़िन्दाबाद' नहीं चिल्लाता–'हर-हर महादेव' का समवेत नारा लगाता है। कभी बोल दे राजा रामचन्द्र की जय' का नारा भी बुलन्द कर देता है। उसके राजा शिव हैं, रामचन्द्र हैं। बाक़ी तो आते जाते रहते हैं। इसीलिए राजसत्ता को बनारसी किसी गिनती में नहीं लाता। सत्ता के खिलाफ काशी के आन्दोलन इसीलिए लोमहर्षक रहे हैं। रूद्र जी की 'बहती गंगा' में इसके दृष्टान्त भरे पड़े हैं, कि जब स्वतन्त्रता संग्राम में काशी

जूझ गयी थी, काशी के आमजन और तथाकथित गुण्डे तक इस संग्राम में डटे–छिपे और भिड़े। काशी की संस्कृति 'नीलकण्ठ संस्कृति' है जिसमें सब कुछ समो लेने की क्षमता है। स्कन्द पुराण के काशी खण्ड में काशी की इस संस्कृति का पूरा चित्र उपस्थित है जिसमें नाग, यक्ष, गन्धर्व सब आकर घुलमिल जाते हैं और काशी को सही अर्थ में **समन्वित संस्कृति की नगरी** बनाने में अपना-अपना योगदान देते हैं।

काशी खण्ड का तृतीय भाग सन् 1996 में सामने आया जो 569 पृष्ठों का है। इस भाग का आरम्भ भी एक विशेष पंक्ति से होता है–**काशते शोभते सदा इति काशी।** इसका भावार्थ यह है कि प्रलयकाल में जब सब कुछ जलमग्न हो जाता है तब भी काशी छत्राकार प्रकाशमान रहती है। काशी एक मुदित नगरी है। प्रकाशमान तो वह है ही। जो शिव द्वारा रची गयी हो और शिव जिसमें बसे हुए हो वह प्रकाशमयी तो होगी ही और मोद भी वहाँ बरसेगा ही। कई स्थलों पर उत्तराभिमुखी गंगा को निरन्तर महादेव के साथ बहने का अवसर मिलता है। इसीलिए वे काशी पहुँचकर इतराने लगती हैं और बल खा जाती हैं। यही **मुदित गंगा** काशी को नया अर्थ दे देती हैं। **शिव, काशी और गंगा मिलकर आनन्दवन को त्रिगुणी बना देते हैं।**

यह तीसरा भाग और इसका अधिकांश अंश काशी के द्वादश आदित्यों में से छह की चर्चा पर केन्द्रित है–अरुणादित्य, केशवादित्य, विमलादित्य, गंगादित्य, यमादित्य और वृद्धादित्य। शेष छह आदित्यों की कथा द्वितीय भाग में रखी गयी है। यह आदित्य कथा भारतीय चिन्तन दर्शन के साथ ही काशी के उन पक्षों को भी समेट लेती है जिनकी वैज्ञानिकता चकित करने वाली है। इस दृष्टि से काशी खण्ड का यह भाग अत्यन्त प्रभावकारी है और वैज्ञानिक भी। इस भाग में दशाश्वमेध का आख्यान भी आया है। दशाश्वमेध घाट और यज्ञ की पृष्ठभूमि में भारत का सांस्कृतिक इतिहास ही प्रकट कर दिया गया है। इसमें शिव गणों की कथा भी है। शिव ने उन्हें काशी भेजा वे काशी में आ कर रम गये वापस ही न जायें। गणों ने यहाँ अनेक शिवलिंग स्थापित कर लिए। इन शिवलिंगों का परिचय भी इस भाग में है। फिर योगिनियों को भेजते हैं। ये चौसठ योगिनियाँ काशी मोह में फँस जाती हैं। काशी में इनके भी मन्दिर हैं। गणों के भी मन्दिर हैं। फिर गणेश भेजे जाते हैं। इस सन्दर्भ में काशी के छप्पन विनायकों का वर्णन और उप कथाएँ आती हैं। काशी की महिमा बताते हुए इस भाग में विष्णु की काशी यात्रा का बहुत सुन्दर वर्णन है। इसके अंतर्गत विष्णु की अनेक कथाएँ, जिनका सम्बन्ध काशी से है, लिखी मिलती हैं। इनमें से एक बड़ी प्रेरक कथा 'बिन्दुमाधव' की है। यह काशी का प्रसिद्ध और प्राचीन मन्दिर है। पंचगंगा घाट पर स्थित है। इसकी संरचना में भी 'फेर-फार' हुआ है। काशी खण्ड में बिन्दुमाधव से

जुड़ी कथाएँ शैव और वैष्णव मत के समन्वय को प्रदर्शित करती हैं। इस भाग में शिव का काशी प्रेम खुलकर सामने आया है जिसमें वे कभी माता पार्वती से, कभी नारद से, कभी गणेश से तो कभी गणों और योगिनियों से काशी की महत्ता और काशी के प्रति अपने प्रेम का बहुविध उद्‌घाटन करते हैं। इस पूरे प्रकरण में काशी के शिवतीर्थों की कथा प्रसंगात आती रहती है। यह सन्दर्भ व्यापक बनता जाता है और शिवतीर्थों के साथ देवियों के स्थल और काशी के तीर्थों का भी प्रकरण आता रहता है। शिव इनसे भिन्न कहाँ हैं। देवियों की कथा में दुर्गासुर और देवी के भीषण युद्ध का वर्णन किया गया है। इस भाग में सामान्य रूप से शिवलिंगों का महात्मय बताते हुए ओंकारेश्वर की ब्रहत कथा कही गयी है। इस भाग में पंचगंगा के प्रादुर्भाव की भी मनोरम कथा आती है और पिशाचमोचन का आख्यान भी। इसके भीतर से काशी की अघोर परम्परा के मूल तत्त्वों की अनुगूँज भी हमें सुनायी देने लगती है।

काशी खण्ड के इस तृतीय भाग में बहुत कुछ ऐसा है जिसे जानना अपने आप में भारतीय पुरणातिहास और इससे सम्बद्ध मिथकीय अवधारणाओं का स्पष्ट उद्‌घाटन हो जाता है—अत्यन्त प्रभावशाली और भावप्रणव रूप में।

काशी खण्ड का चतुर्थ भाग विस्तार की दृष्टि से महत्त्वपूर्ण है जिसमें प्रत्येक प्रकरण को विस्तार दिया गया है। इनके संकेत पीछे के भागों में आते रहे हैं अत: इन्हें यहाँ विस्तार मिलने से अन्य भागों के लिए यह भाग उनका परिपूरक बन गया है। यह भाग 437 पृष्ठों का है। इसका सर्वांग सुन्दर अंश वह है जिसमें काशी के स्वरूप को कभी शिव, कभी विष्णु तो कभी ऋषि-मुनियों की वाणी द्वारा बताया गया है। इस भाग में अति विस्तार के साथ त्रिलोचन महादेव, केदारेश्वर, वीरेश्वर और धर्मेश्वर की स्थापना, इनके महात्मय और पूजन विधि का विवरण दिया गया है। काशी खण्ड में विभिन्न देवी-देवताओं के लिए जो पूजन विधियाँ दी गयी हैं वे बहुत महत्त्वपूर्ण इसलिए हैं कि इनके माध्यम से प्राकृतिक उपादानों के उपयोग का पूजन में कैसे समावेश किया जाय, यह भान होता है।

पिशाच मोचन की तनिक बात यहाँ कर लेना आवश्यक है क्योंकि काशी के मृत्यु संस्कार में इस स्थान का बड़ा महत्त्व है। हमारे घर के पास लहुराबीर के बाद एक सड़क बायें कट जाती है। थोड़ा ही आगे चलकर यह क्षेत्र प्रारम्भ हो जाता है। सड़क के साथ दाहिनी ओर शुरू में ही मन्दिरों का संकुल है और इससे सटी-सटी कई मढियाँ हैं जिनमें महापात्र बैठते हैं। बनारस में महापात्रों को 'शिवयोगी' कहा जाता है। हम लोग बचपन से पिशाच मोचन को 'रुद्रवास' कहते आये हैं। मृत्यु के

बाद काशी में दस दिन तक सूतक के कहे जाते हैं अर्थात ये दस दिन शुद्ध नहीं होते क्योंकि इस दौरान प्रेत शान्ति नहीं हो पाती। पिशाच मोचन इन्हें शान्त करने का स्थल है। मृतक का परिवार विशेष रुप से 'दाग देने वाला' (मुखाग्नि) पुत्र नित्य प्रति पिशाच मोचन जाते हैं, पिण्डदान की सामग्री लेकर। मन्दिर और मढ़ियों के पीछे कुण्ड और घाट है। इसी घाट पर नित्य पिण्डदान होता है। पहले दिन निकट के पीपल वृक्ष पर घण्ट लटका दिया जाता है जो शरीर का प्रतीक होता है। उसमें नित्य थोड़ा-सा जल डाल दिया जाता है। यह क्रम दस दिन तक चलता है। घण्ट दस दिनों में भर जाता है। दसवे दिन बड़े स्तर पर पिण्डदान किया जाता है। इसी दिन निकट सम्बन्धियों का घाट पर ही मुण्डन होता है। घण्ट फोड़ दिया जाता है। अर्थात मृतात्मा को पिशाच योनि से मुक्ति मिल गयी। मैंने और किसी नगर में इस तरह की व्यवस्था नहीं देखी।

पिशाच मोचन का माहौल आपको मृत्यु के सानिध्य में ला देता है। यहाँ वैसा ही वैराग्य भाव उत्पन्न हो जाता है जैसा कि अन्तिम संस्कार के समय श्मशान में होता है। लगता है आप इस दुनिया में या इस दुनिया के नहीं हैं। काशी खण्ड में पिशाच मोचन का आख्यान शिव के रूद्र रूप के प्रकाश में दिया गया है। कुछ कथाएँ भी हैं जिनमें से एक कथा काशी के मृत्यु-दर्शन को खुला कर देने वाली है। स्कन्द मुनि ऋषि अगत्स्य को पिशाच मोचन तीर्थ की महिमा बताते हुए यह कथा सुनाते हैं। कथा यह है कि–शिव का 'कपर्दी' नामक एक प्रिय गण है। इस गण ने 'पित्रीश्वर' के उत्तर भाग में एक शिवलिंग की स्थापना की जिसका नाम आगे चलकर 'कपर्दीश्वर' हुआ।

इसी लिंग के समक्ष कपर्दी ने 'विमलोदक' नामक कुण्ड का खनन किया। इस से सम्बद्ध उपाख्यान भी स्कन्द ने सुनाया कि–'वाल्मीकि' नामक एक शिवयोगी काशी में तपस्या करते हुए नित्य विमलोदक में स्नान और कपर्दीश्वर की आराधना करने लगा। वह कुण्ड में नहाकर भस्म का सर्वांग लेपन कर लेता था। एक दिन 'भस्म स्नान' के बाद उसने एक पिशाच को देखा। पिशाच ने बताया कि वह नदी के 'प्रतिष्ठान' नामक तीर्थ का दान परिग्रही था। उस दान में से वह किसी को कुछ नहीं देता था इसीलिए उसे यह 'पिशाच योनि' प्राप्त हुई। इस योनि में पड़ कर पिशाच सदैव भूखा-प्यासा रहता है। इसी प्रकार समय बीतता गया। एक दिन पिशाच ने एक ब्राह्मण बालक को देखा जो शौचादि करके अभी 'शुचि' नहीं हुआ था। ब्राह्मण बालक के अशुचि देह में पिशाच प्रविष्ट हो गया। ब्राह्मण बालक ने जब वाराणसी में प्रवेश किया तो काशी की महिमा के प्रताप से वह पिशाच उसके शरीर से बाहर हो गया। वैसे तो पिशाच और पातक आनन्दवन में प्रवेश से वंचित ही रह जाते हैं। पिशाच ने आगे कहा कि इस तरह मेरा प्रवेश शिवपुरी में हो गया। अब आप के दर्शन हो गये। मुझे पिशाच योनि से छुटकारा दिलाइये।

पिशाच मोचन मन्दिर

विमलोदक कुंड, पिशाच मोचन

पिशाच मोचन ब्रह्म का मन्दिर

शिव योगी ने तब पिशाच से कहा कि तुम शरणागत का मैं उद्धार करूँगा–तू इस विमलोदक (पिशाच मोचन कुण्ड) में स्नान और कपर्दीश्वर के दर्शन से इस पिशाचत्व से मुक्ति पा जायेगा और पिशाच को भस्म देते हुए योगी बोला–इसे अपने ललाट पर लगा ले। जो कोई शिव मन्त्र से पवित्रीकृत भस्म को भक्तिपूर्वक भाल, वक्षस्थल और बाहुमूल में लगा लेता है वह सर्वतः सुरक्षित हो जाता है।

पिशाच योनि से मुक्ति की यह कथा बनारस में इसके दृढ़ विश्वास की कथा है जिससे पिशाच मोचन पर विराजमान शिवयोगी (महापात्र) मृतात्मा को पिशाच योनि से मुक्ति दिलवाते हैं। पिशाच मोचन पर प्रतिवर्ष एक मेला लगता है जिसे 'लोटा भंटा' का मेला कहा जाता है। इसके विषय में एक स्थानीय कवि ने लिखा है–चौदह अगहन शुक्ल की, लोटा-भंटा नाम/पिशाचमोचन तीर्थ पै, मेला लगत ललाम॥

काशी खण्ड की एक और कथा मुझे बहुत रुचती है जिसका सम्बन्ध काशी के परम तीर्थ कपिलधारा से है। हम कपिलधारा तीर्थ पर अक्सर जाते रहते थे लेकिन इस कथा का भान हमें नहीं था। कथा इस प्रकार है–एक बार गोलोक से सुनन्दा, सुमना, सुरति, सुशीला और कपिला नाम की पाँच गायें आनन्दवन आ पहुँची। महादेव की स्नेहिल दृष्टि उन पर पड़ी। शिव ने इन्हें सहला कर अपना स्नेह दिया। शिव के इस प्रेम से इन सबके थन से दूध की अजस्र धारा बह निकली। इतना दूध बहा कि अगाध पोखरा बन गया। शिव ने उसे 'कपिलाह्रद' का नाम दिया। काशी के इस तीर्थ कपिलधारा के अनेक नाम हैं–मधुश्र्वा, कृतकृत्या, क्षीरनिधि, पितृत्तीर्थ, सुधाखानि और शिव गया।

पिशाच मोचन का वातावरण न जाने क्यों मुझे भयभीत नहीं करता, बल्कि जीवन सत्य से परिचित कराता है। कर्मकाण्ड के लिहाज़ से देखें तो इस कुण्ड पर बड़े दुष्कर कार्य किये जाते हैं। एक बार हम पिशाच मोचन चले गये। वहाँ चक्कर लगाया। पूछताछ की तो मुझे एक युवा शिव योगी नीरज कुमार पाण्डे मिले। उन्होंने अत्यन्त श्रद्धा भाव से हमें मन्दिरों और मढ़ियों में बैठे भैरव, कालिका, चामुण्डा आदि के दर्शन कराये। फिर हम कुण्ड के घेरे पर आकर बैठ गये। नीरज जी के पिता मुन्ना लाल पाण्डे जाने-माने कर्मकाण्डी हैं। नीरज जी ने इस कुण्ड की जो कथा सुनायी वह स्कन्द पुराण के काशी खण्ड वाली ही कथा थी। थोड़े से बदलाव के साथ, अपने शब्दों में। उनके अनुसार महादेव पिशाच मोचन क्षेत्र के देवता हैं। त्रेता युग में राम के समय का यह सरोवर है जिसे 'विमलोदक कुण्ड' के नाम से जाना जाता था। तब काशी का नाम 'आनन्दवन' था। यहाँ देव आते थे। कपर्दीश्वर महादेव का दर्शन करते थे। कपर्दी शिव के गण और उनके परम प्रिय थे।

इसके बाद नीरज जी ने काशी खण्ड वाली कथा सुनायी कि पुष्कर के एक ब्राह्मण की मृत्यु हुई जो दान लेता था दान देता नहीं था। इसीलिए पिशाच योनि में चला गया। उसकी भेंट 'पिशाच ब्रह्म' वाल्मीकि से हुई। नीरज ने हमें 'पिशाच ब्रह्म' का मन्दिर भी दिखाया जो एक छोटी-सी बगिया में स्थित है। उसने वाल्मीकि से अनुरोध किया कि मुक्ति चाहिए। उन्होंने कहा कि तुम जाओ दर्शन और स्नान करो। पिशाच स्नान करने गया तो तालाब पीछे हटने लगा। वह फिर वाल्मीकि के पास गया। उन्होंने हवन की राख उसके मस्तक पर लगा दी और कहा तुम जाकर काई में लोट जाओ वह लोट गया, सरोवर नगीच आ गया, पिशाच योनि से उसकी मुक्ति हो गयी।

नीरज जी ने बताया कि वाल्मीकि ने तब कहा कि यहाँ जो पिण्डदान करेगा उसे प्रेत योनि में नहीं जाना पड़ेगा। उन्होंने सरोवर की महिमा भी बताई। सफेद रोग वाले आज भी इसमें स्नान करते हैं। जिनके बाल-बच्चे नहीं होते वे भी यहाँ आकर नहाते हैं। पैदा होते ही जिन बच्चों की मृत्यु हो जाती है उनकी क्रिया पिशाच मोचन पर ही की जाती है। कई परिवारों पर ब्रह्म दोष होता है, उनका कोई काम बनता ही नहीं तब पूरा परिवार यहाँ आकर स्नान करता है। पितरों को 'बैठाने' के लिए भी लोग यहाँ आते हैं।

मैंने उनसे पूछा कि पितरों को 'बैठाने' के लिए तो लोग गया जी जाते हैं तो नीरज जी ने बड़ा रोचक जवाब दिया–'गया में जो पितर बैठाते हैं बैठता थोड़े ही है, नीचे से बढ़ा, ऊपर से घट गया'। उन्होंने बताया कि मृत्यु सम्बंधी दान ब्राह्मण नहीं पचा सकते। महापात्रों को ही यह आदेश मिला है। हम तेरहवीं तक का 'कामकाज' कराते हैं। उसके बाद ब्राह्मण मृतक के घर में प्रवेश करते हैं। उनके अनुसार दाह-संस्कार के तुरन्त बाद से पिशाच मोचन पर कर्मकाण्ड प्रारम्भ हो जाता है। इस क्षेत्र का घण्ट यहीं बन्धता है। यहाँ 'पिशाच मोचन' का मन्दिर भी है।

नीरज जी ने पिशाचमोचन पर एक विशेष पूजा के विषय में बताया जिसे **त्रिपिण्डी श्राद्ध** कहा जाता है। इस श्राद्ध में ब्रह्मा, विष्णु और महेश तीनों के लिए बुलावा भेजा जाता है, पूजा की जाती है, सब दोष मिट जाते हैं। वहीं पास में एक सज्जन बड़े-से पिण्डदान क्षेत्र के उस ओर सफेद लुंगी में नंगे बदन बैठे थे। नीरज जी ने बताया कि–ई तीन देव वाला श्राद्ध कर रहे हैं इससे चौवालिस पितरों की मुक्ति हो जाती है। उन्होंने यह भी बताया कि भूत प्रेत लग जाने पर, दिमाग़ बिगड़ जाने पर, बौराने-हउआने पर पिशाच मोचन पर उनके लिए पाठ और पूजन किया जाता है। इनसे छूटने का उपाय

बताया जाता है। नीरज जी ने एक जानकारी यह भी दी कि उनके पिता जी को उनके दादा ने बताया कि बहुत पहले काशी में 1718 कुण्ड थे। अब 250 से भी कम बचे है। पता नहीं 10-15 साल में और कितने कुण्ड हेरा गये होंगे। नीरज जी ने यह भी बड़े हर्ष के साथ बताया कि शुक्ल अगहन चतुर्दशी को 'पिशाच' की मुक्ति हुई थी। इस दिन 'बाबा' का भण्डारा होता है। उनका श्रृंगार होता है। बनारस भर से लोग आते हैं। शिव के सारे गणों की पूजा करते हैं। उन्होंने कहा कि पिछले कुछ सालों में देश विदेश से बहुत से लोग पिशाचमोचन आने लगे हैं, इसके बारे में जानने के लिए। ये सब ख़ूब फोटो लेते हैं और फ़िल्म बनाते हैं। नीरज जी ने यह भी बताया कहा कि इस बीच जापान से कई लोग यहाँ आकर जानकारियाँ लेते हैं और यह भी कि जापानी लोगों के पास पिशाच मोचन के प्राचीन चित्र भी हैं। नीरज जी ने फ्रीमैन (मॉर्गन फ्रीमैन) का भी नाम लिया। फ्रीमैन के बारे में उन्हें और कोई जानकारी नहीं थी। फ्रीमैन ने **नेशनल जियोग्राफिक चैनल** पर प्रसारित वृत्तचित्र 'द स्टोरी ऑफ़ गॉड' में पिशाचमोचन का वृतान्त भी दर्शाया था। इस कार्यक्रम में वे सृजन, मृत्यु, सर्वनाश, ईश्वर, चमत्कार और परलोक पर विमर्श करते थे।

कहना यह है कि आज भी काशी की नस-नाड़ी में 'काशी पुराण' के तत्त्व रुधिर की भाँति प्रवाहित हैं। पुराणों में वर्णित काशी में पूजा-पाठ, कर्मकाण्ड, संस्कार और अनुष्ठानों की जो और जितनी विधियाँ बताई गयी हैं, काशी में इन सब का व्यवहार दिखायी पड़ जाता है—पूरी श्रद्धा, विश्वास और आध्यात्मिक बल से लोग इन आचरणों या अनुष्ठानों का निर्वाह करते हैं।

चौथे भाग में काशी में दुर्वासा मुनि की तपस्या का प्रकरण प्रभावशाली ढंग से आया है जिसमें काशी और शिव की स्तुति वाला हिस्सा अत्यन्त मनोहर है। इस भाग में अत्यन्त प्रचलित शिव-कथा का प्रकरण आया है जिसमें एक ओर दक्ष प्रजापति का सम्पूर्ण आख्यान है। देवी सती के देह त्याग का पूरा प्रसंग है और दक्ष यज्ञ विध्वंस के अनूठे चित्र हैं। काशी खण्ड के चतुर्थ भाग का यह अंश भी सभी को पढ़ना चाहिए। काशी खण्ड के प्रथम भाग में शिव-पार्वती विवाह और इससे जुड़े शिव के कौतुकों के जो प्रसंग आये हैं उनमें भी संकेत रूप में **सती प्रसंग** को स्थान मिला है। ये दोनों अंश **मिला दिये जायें तो शिव और शक्ति की जो आध्यात्मिक संकल्पना भारतीय** पुरणातिहास में है वह **पूर्ण हो जाती है**। वैसे ये सभी प्रकरण 'शिव महापुराण' में भी आये हैं लेकिन यहाँ इन उपाख्यानों में काशी सर्वत्र प्रत्यक्ष या परोक्ष रूप में प्रकाशित है।

मुंशी प्रेमचन्द ने 'हंस' का **काशी अंक** भी प्रकाशित किया था जिसमें डॉक्टर भगवान दास का एक बहुत ही सुन्दर लेख–**काशी के तीन रूप: कारण, सूक्ष्म और स्थूल** छपा था। डॉक्टर भगवान दास जी काशी की विभूति थे। उन्होंने राष्ट्रीय भावना के प्रचार-प्रसार के लिए गाँधी जी की प्रेरणा से बनारस में काशी विद्यापीठ की स्थापना की। अखण्ड भारत का गौरव उनके हृदय में बसा हुआ था। इतना कि उन्होंने विद्यापीठ के निकट ही 'भारत माता मन्दिर' का निर्माण करवाया। भारत में अपने तरह का यह अकेला मन्दिर है जिसमें किसी देव मूर्ति के स्थान पर धरती पर भारत का त्रिआयामी मानचित्र उकेरा हुआ है। यह पूरा नक्शा संगमरमर के पत्थरों से बना है। इस पर अखण्ड भारत के एक-एक पर्वत मार्ग प्रान्त-नगर आदि की ऊँचाई, चौड़ाई और क्षेत्रफल भी खचित हैं। एक बड़े हालनुमा कक्ष में यह बहुत बड़ा नक्शा धरती पर अंकित है जिसके चारों ओर घूम-घूम कर इसे देखना पड़ता है। भारत माता के इस मन्दिर का भवन भी शिल्पकला का उत्तम नमूना है। भगवान दास जी ने अपने इस आलेख में यह संकेत दिया है कि **काशी सब ज्ञानों, सब रसों और सब क्रियाओं का उद्भव स्थान है** जिसकी महिमा हमें वैदिक काल से लेकर आधुनिक काल तक एक अविछिन्न परम्परा की तरह दिखायी पड़ती है। काशी सदैव से सभ्यता, शिष्टता, शास्त्र ज्ञान और कलाओं की नगरी रही है। इसका भौतिक इतिहास भी इस बात की गवाही देता है। आचार-विचार, रहन-सहन, उद्योग-हस्तशिल्प तथा अन्य अनेक प्रकार से काशी नागरी उन्नत रही है जिसकी इस महिमा का बखान अनेक विदेशी यात्री भी सदियों से करते आये हैं। यह सब हमें लिखित रूप में उपलब्ध है। काशी एक पवित्र नगरी है तो बौद्धिक नगरी भी है। यह शास्त्रों की नगरी है तो ज्ञान की नगरी भी है। यह खेल–तमाशों की नगरी है तो मिट्टी, काष्ठ पाषाण कलाओं की भी नगरी है। इसका अपना जीवन-दर्शन है इसीलिए काशी में स्वतन्त्रता के लिए जो क्रान्तियाँ हुई उनका भी रंग अलग है। काशी समन्वय की नगरी है। जिस प्रकार शरीर के एक-एक चक्र, पीठ, ग्रन्थि इन सबका सब से सम्बन्ध शरीर में व्याप्त ज्ञान-वाहिनी और क्रिया-वाहिनी नाड़ियों द्वारा होता है वैसे ही भारत वर्ष के एक-एक प्रान्त का विशेष सम्बन्ध काशी के एक-एक मुहल्ले से है–काश्मीर और पंजाब का लाहौरी टोला से, बंगाल का बंगाली टोला से, तमिलनाडु का केदार घाट और हनुमान घाट से, महाराष्ट्र का दुर्गा घाट से, गुज़रात का चौखम्भा और सूत टोला से तथा नेपाल का नेपाली खपड़ा से। काशी के इतिहास में इन सबका योगदान है। पत्रकारिता में और साहित्य में भी इन्होंने काशी के इतिहास को गति दी है। इस प्रकार काशी एक

विशिष्ट नगरी है। यह किसी एक जाति, वर्ग समुदाय या विचारधारा की नगरी कभी नहीं रही। समस्त धार्मिक सम्प्रदाय काशी में आते रहे और काशी उनका स्वागत करती रही। काशी की इस विशिष्टता को एक सुन्दर दृष्टान्त द्वारा भगवान दास जी ने व्यक्त किया है–'गायों के रंग अनेक हैं पर सबके दूध का रंग एक ही है, श्वेत। उपदेश करने वाले, और अनेक शब्द, उनकी भाषा, उनकी प्रतिपादन शैली में भेद बहुत हैं पर उपदिष्ट धर्म और ज्ञान का निष्कर्ष एक ही है'। डॉक्टर भगवान दास जी के इन्हीं वचनों के प्रकाश में काशी का संक्षिप्त इतिहास देखा जायेगा। वैसे काशी का इतिहास नाम की एक बड़ी पुस्तक (पृष्ठ-375) डॉ. मोतीचन्द की उपलब्ध है। यहाँ हम सामान्य काशी इतिहास का परिचय लेंगे। यथा स्थान इसके साथ कुछ साहित्यिक-सांस्कृतिक सन्दर्भ और अपने अनुभव भी साझा कर लूंगा। काशी का इतिहास सामान्य नगर का इतिहास नहीं है। यहाँ राजनीतिक और आर्थिक इतिहास के साथ-साथ धार्मिक और सांस्कृतिक इतिहास भी चलता रहता है। राजनैतिक इतिहास पर ये दोनों अपना प्रभाव डालते रहे हैं। काशी की सामाजिक संरचना भी इसके इतिहास को एक नया तेवर देती है। काशी के इतिहास में जनभागीदारी प्रेरक रूप से सामने आती है। काशी के साम्राज्य सामन्ती साम्राज्य कभी नहीं रहे हैं।

जनहित उनका लक्ष्य रहा है। उन्होंने शासन किया लेकिन जनता का स्नेह भी अर्जित किया। काशी अपने ताल-तलैयों, पोखर, तालाबों, कूप-कुण्डों के लिए प्रसिद्ध है। इन सबका निर्माण इन्हीं रजवाड़ों ने करवाया। काशी के अधिकांश घाट इन्हीं शासकों या उनके मित्र राजाओं ने बनवाये। काशी के मन्दिरों का पुनरुद्धार सामन्तों ने ही करवाया। काशी के रईस भी ऐसे ही थे। वे अपनी सीमा में नगर के विकास का काम करते रहे। उन्होंने अपने सेवकों को कभी गुलाम नहीं समझा। काशी के इतिहास में राजे-रजवाड़ों और रईसों ने यहाँ के साहित्य संगीत और कलाओं को प्रोत्साहन और संवर्धन समर्थन दिया। इस परिप्रेक्ष्य में भी हम काशी के इतिहास का अवलोकन करेंगे।

यह तो विदित है कि काशी समस्त पुराणों में व्याप्त है। एक बात और कह दें कि **'स्कन्द पुराण' का काशी खण्ड 'आनन्दवन' का विश्वकोश है।** कहते हैं कि काशी तीन खण्डों में बटी हुई है–ओंकारेश्वर खण्ड जिसे 'काशी का रक्षक दरबार' कहा जाता है, **विश्वेश्वर खण्ड** जो 'राजदरबार' है और केदारेश्वर खण्ड जो साधु दरबार के नाम से ख्यात है। इन तीनों 'खण्डों' का 'काशी खण्ड' में विस्तीर्ण विवरण दिया गया है।

राजा हरिश्चन्द्र

भारतेंदु हरिश्चंद्र

काशी का पौराणिक इतिहास, साहित्य में भी रूपान्तरित हुआ है। बहुत प्रेरक और रंजक रूप में। भारतेन्दु हरिश्चन्द्र ने अपने नाटक 'सत्य हरिशचन्द्र' (सन् 1857) में काशी की महिमा का पौराणिक दृष्टि से परिचय दिया है–अपनी तरह से और अपनी शैली में। भारतेन्दु का जन्म काशी में (9 सितम्बर 1850 को) बाबू गोपाल चंद्र जी के यहाँ हुआ था जो गिरधर दास उपनाम से कविताएँ भी लिखते थे। उनके पिता गोपालचन्द्र परम भगवद् भक्त थे। उन्होंने पौराणिक विषयों पर चालीसा ग्रन्थ लिखे। भारतेन्दु का 5 वर्ष की आयु में अपनी माता से बिछोह हो गया और 10 वर्ष की आयु में पिता से, लेकिन घर का सांस्कृतिक वातावरण उन्हें पिता से ही प्राप्त हुआ। भारतेन्दु ने भी जो गद्य रचनाएँ कीं उनमें से **कई का आधार पौराणिक है** जैसे–**कार्तिक नैमात्तिक कृत्य, कार्तिक कर्मविधि, मार्गशीर्ष महिमा, वैष्णव सर्वत्र, वैष्णवता और भारतवर्ष, माघ स्नान विधि तथा अष्टादश पुराण की उपक्रमणिका।** यह विडम्बना ही है कि उनकी इन रचनाओं को अब तक भारतेन्दु विमर्श के दायरे से बाहर ही रखा गया है।

सत्य हरिशचन्द्र में भारतेन्दु का यह रूप अनेक प्रकार से उद्‌घाटित हुआ है। यह नाटक काशी की झलक काव्यात्मक ढंग से दिखाता है। यहाँ दो-तीन प्रसंग ही दिये जा सकेंगे। पहला प्रसंग यह है कि सत्य हरिश्चन्द्र काशी पधार चुके हैं। **काशी के घाट किनारे की सड़क पर वे घूमते हुए दिखायी पड़ते हैं।** इस नाट्य-निर्देश के बाद काशी का सौन्दर्य देखकर वे कह उठते हैं 'देखो काशी भी पहुँच गये। अहा! धन्य है काशी। भगवति बाराणसि तुम्हें अनेक प्रणाम है। अहा! काशी की कैसी अनुपम शोभा है'। इसके बाद पदबद्ध लम्बा काशी महात्म्य आता है जिसकी कुछ पंक्तियाँ उद्धृत है–पुन्यप्रकासिका पाप विनासिका हीय हुलासिका सोहत कासिका/ बसैं बिन्दुमाधव विसेसरादि... तीरथ अनादि पंचगंगा मनिकर्निका पास/भागीरथी सोभा देत जाकी धार कर्म रूप रसी है/ समी सम जसी असी बरना में बसी पाप खसी हेतु असी ऐसी लसी बरानसी है।

कितना मनोरम है यह काशी की शोभा का वर्णन जिसे एक हरिश्चन्द्र (भारतेन्दु) ने दूसरे हरिश्चन्द्र (सत्य) के मुँह से कहलवाया है। आगे सत्य हरिश्चन्द काशी पर मुग्ध होकर उछाह के साथ कहते हैं–'देखो, जैसा ईश्वर ने यह सुन्दर अंगूठी के नगीने सा नगर बनाया है वैसी ही नदी भी इसके लिए दी है। धन्य गंगे'! फिर गंगा

की महिमा का गान इस नाटक में सत्य हरिशचन्द्र करते हैं कि–'जम की सब त्रास बिनास करी मुख तें निज नाम उचारन में/सब पाप प्रतापहि दूर दरौ तुम आपन आप निहारन में...,'। और फिर कहते हैं कि गंगा महात्म्य ही नहीं, गंगा जी का जल भी ऐसा ही उत्तम और मनोहर है। और इसके बाद गंगा की धारा पर रचित वे प्रसिद्ध पंक्तियाँ आती हैं जिन्हें न जाने कितने काशी पर लिखने वालों ने उद्धरित किया है और काशी के पढ़े लिखों में ये पंक्तियाँ लोकोक्ति की भाति प्रचलित रही हैं:

नव उज्जवल जलधार हार हीरकि सी सोहति।
बिच बिच छहरति बूँद मध्य मुक्ता मनि पोहति॥

और अंत में गंगा छवि से छककर यह कह उठते हैं–' ...... गंगा छवि हरिश्चन्द्र कछु बरनी नहीं जाई'। नाटक का यह अंश अत्यन्त भावभीना और काव्यरस से परिपूर्ण है। काशी रस से भरे नाटक का यह अंश हृदय पर करारी चोट कर के वहीं बस जाता है। भारतेन्दु ने इन पंक्तियों को अत्यन्त मनोयोग से लिखा है और इस शैली में लिखा है कि यह जनमानस के लिए सम्प्रेषणीय भी हो और उन्हें रसमग्न भी कर सके।

'सत्य हरिशचन्द्र' नाटक का एक हिस्सा अत्यन्त रोचक है रसरंजक। इसी रोचकता में पुण्यभूमि काशी का 'काशीत्व' भी घुसेड़ दिया गया है। यह नाटक का **तीसरा** अंक है। इस अंक का आरम्भ सत्य हरिश्चन्द्र के एक ऐसे कथन से किया गया है कि उनकी पुण्यात्मा वाली छवि प्रकाशित हो जाती है। वे कहते हैं कि–मानियों के आगे प्राण और धन कोई वस्तु नहीं है। महाशय वही है जो दूसरों की बड़ाई से अपनी बड़ाई समझे। विपत्ति बिना सत्य की परीक्षा नहीं होती। दिया सो दिया, क्या स्वप्न में क्या प्रत्यक्ष। पुण्य प्रताप वाला ऐसा व्यक्ति काशी पहुँचता है। इस अंक में स्थान दिया गया है–**वाराणसी के बाहरी प्रान्त का तालाब।** पाप आता है। नाटक से पाप का यह उद्विग्न एकालाप भारतेन्दु ने पूरे बनारसी रंग में रंग कर रचा है। एक तो पुण्य तीर्थ काशी और दूसरी ओर पुण्यात्मा हरिश्चन्द्र, पाप बिचारा करे भी तो क्या करे। कहाँ रहे, कहाँ टिके। वह हकसा-पियासा, एहर-ओहर बौड़िया रहा है और इस फिराक में है कि किसी तरह पाताल में जाकर लुका जाये और अपनी प्राण रक्षा करे–

पाप (इधर उधर दौड़ता और हाँफता हुआ) मरे रे मरे, जले रे जले, कहाँ जाँय सारी पृथ्वी तो हरिश्चन्द्र के पुण्य से ऐसी पवित्र हो गयी है कि कहीं हम ठहर ही नहीं सकते। सुना है राजा हरिश्चन्द्र काशी गये हैं। विश्वामित्र ने उनसे कहा है कि तुम पृथ्वी में कहीं भी अपने को बेचकर हमसे उरिन नहीं हो सकते।

श्मशान घाट

तब बहुत सोच-विचार कर हरिश्चन्द्र ने कहा कि बहुत अच्छा महाराज हम काशी में अपना शरीर बेचेंगे क्योंकि शास्त्रों में लिखा है कि काशी पृथ्वी के बाहर शिव के त्रिशूल पर है। यह सुनकर हम भी दौड़े कि चलो हम भी काशी चलें, जहाँ हरिश्चन्द्र का राज्य न होगा वहाँ हमारे प्राण बचेंगे। यहाँ तो अलग ही उत्पात हो रहा है। जहाँ देखो वहाँ स्नान, पूजा-पाठ, दान, धर्म, होम आदि में लोग ऐसे लगे रहते हैं कि हमारी मानो जड़ ही खोद डालेंगे। रात दिन शंख घण्टा की घनघोर के साथ वेद की धूनि मानो ललकार कर हमारे शत्रु धर्म की जय मनाती है और हमारे ताप से कैसा भी मनुष्य क्यों न तपा हो **भगवती भागीरथी** के जलकण मिले वायु से उसका हृदय एक साथ शीतल हो जाता है। इसके उपरान्त शिव शिव शिव की ध्वनि अलग ही मारे डालती है। हाय कहाँ जायें क्या करें। हमारी तो संसार में मानो जड़ ही कट जाती है। भला और जगह तो कुछ हमारी चलती भी है पर यहाँ तो मानो हमारा राज नहीं, कैसा भी बड़ा पापी क्यों न हो यहाँ आया कि गति हुई। सच है, अरे! यह कौन महा भयंकर भेस, अंग में भभूत पोते ऐड़ी तक जटा लटकाए, लाल-लाल आँख निकाले साक्षात काल की भाँति त्रिशूल घुमाता हुआ चला आता है। प्राण! तुम्हें जो अपनी रक्षा करनी हो तो भागो पाताल में।

यह नाटक पूर्णत: काशीमय है। इसमें श्मशान घाट पर **श्मशान देवी** का रूप देखकर सत्य हरिश्चन्द्र कह उठते हैं–*अरे यह श्मशान देवी हैं। अहा कात्यायिनी को भी कैसा बीभत्स उपचार प्यारा है। डोम लोगों ने सड़े फूलों की माला गंगा में से पकड़ कर देवी को पहिना दी है और कफन की ध्वजा लगा दी है। पीपल की डार में मरे बैल–भैंसों की हड्डियों के घण्टे लटक रहे हैं। घण्ट के पानी से देवी का अभिषेक होता है। और हाथ जोड़कर भवानी की आराधना करते हैं। भगवती! चंडि! प्रेते! प्रेत विमाने! लसत्प्रेते! प्रेतास्थि रौद्र रुपे! प्रेताशनि! भैरवि! नमस्ते।*

नाटक के इस अंश में **श्मशान संध्या** और **श्मशान रात्रि** का अनूठा चित्र खींचा गया है जिसमें पिशाच, डाकिनी, भूत-प्रेत का एक गान भी है–'हैं भूत प्रेत हम, डायन हैं छमाछम,/ हम सेवै मसान, शिव को भजैं, बम बम बम'।

'सत्य हरिश्चन्द्र' नाटक में कई ऐसी पंक्तियाँ आयी हैं जिन्हें पराधीन भारत के सूत्र वाक्यों की तरह हम बार-बार निवेदित करते हैं। शैव्या के विलाप में एक अति प्रसिद्ध पंक्ति आ समायी है–तनहिं बेंचि दासी कहलाई/ *मरत स्वामि आयसु बिन पाई॥ /करू न अधर्म सोचु जिय माहीं,/पराधीन सपनेहु सुख नाहीं॥* दूसरी तीन पंक्तियाँ जिन्हें हम भारतीय संस्कृति का सार मानते हैं या कल्याण भाव का प्रतीक, तब आती हैं जब सत्य हरिशचन्द्र विष्णु भगवान से ये तीनों वर माँगते हैं, अपने लिए नहीं राष्ट्र के लिए–नर-नारी की समता के लिए और विश्वकल्याण के लिए–*खल गगन सो सज्जन दुखी मति होईए हरिपद रति रहे।/अपधर्म छूटै* ***सत्व निज भारत गहै,*** *कर दुख बहै॥ /बुध तजहिं मत्सर* ***नारि नर सम होहिं सब जग सुख लहै।***

सत्य हरिश्चन्द्र का सत्य-तप और उनकी सत्य-निष्ठा समस्त देवी-देवताओं को पुण्यतीर्थ काशी में खींच लाई। कई तो हरिश्चन्द्र की परीक्षा के लिए अलग-अलग भेष से काशी में आ बसे थे। जब रानी शैव्या के समक्ष सत्य और धर्मप्रिय राजा हरिश्चन्द्र ने 'कर' की माँग की उस समय रानी के पास देने को कुछ नहीं था। हरिश्चन्द्र रानी शैव्या और अपने पुत्र रोहिताश्व के मृत शरीर को पहचान भी लेते हैं पर अपने धर्म पर अडिग रहते हैं कि बिना कर लिए वे 'किरिया' नहीं करने देंगे। रानी व्याकुल होकर अपनी आधी धोती चीर 'कर' देने का उपक्रम करती ही हैं कि देवगण आ उपस्थित होते हैं। विश्वामित्र कहते हैं कि 'महाराज यह केवल चन्द्र-सूर्य तक आपकी कीर्ति स्थिर रहने हेतु मैंने छल किया था सो क्षमा कीजिए और अपना राज्य लीजिए'। श्री महादेव बोले–'पुत्र हरिश्चन्द्र, भगवान नारायण के अनुग्रह से ब्रह्मलोक पर्यंत तुमने पाया तथापि मैं आशीर्वाद देता हूँ कि तुम्हारी कीर्ति जब तक पृथ्वी है तब तक स्थिर रहे और रोहिताश्व दीर्घायु प्रतापी और चक्रवर्ती होय'। भैरव

ने कहा कि 'जो तुम्हारी कीर्ति कहे-सुने और उसका अनुसरण करे उसको भैरवी यातना न हो'। और इन्द्र ने उस समस्त लीला का अभीष्ट सत्य हरिशचन्द्र से कहा जिसके लिए महर्षि विश्वामित्र और देवताओं ने यह लीला रची थी। इन्द्र ने कहा कि 'जब पुण्यशील राजा हरिश्चन्द्र स्वयं अपने को और स्त्री-पुत्र को बेचने यहाँ आये हैं तो काशी धन्य हो गयी है और सत्य भी। इस प्रसंग को भैरव ने पाप से भी कहा था जब वह बौरया-बौराया काशी से पलायन को उद्यत था। भैरव ने पाप से कहा था कि 'जब भगवान भूतनाथ राजा हरिश्चन्द्र का वृतान्त भवानी से कहने लगे तो उनके तीनों नेत्र अश्रु से पूर्ण हो गये। और उन्होंने मुझे आज्ञा दी कि अलग रूप से तुम सर्वदा राजा हरिश्चन्द्र की अंग रक्षा करना। इससे चलूँ। मैं भी भेस बदलकर भगवान की आज्ञा पालन में प्रवृत्त हूँ '। मशान पर इन्द्र ने राजा हरिश्चन्द्र को बताया कि 'आपके हेतु शिव जी ने भैरवनाथ को आज्ञा दी थी कि आप उपाध्याय बनें। नारद जी बटु बने थे। साक्षात धर्म ने आपके हेतु चांडाल और कापालिक का भेस लिया था और सत्य ने आप ही के कारण चांडाल के अनुचर और बैताल का रूप धारण किया'। सत्य हरिश्चन्द्र के प्रण और उनकी धर्मप्रियता ने सभी देवों को काशी-भूमि पर उतार दिया। 'सत्य हरिश्चन्द्र' नाटक अत्यन्त प्रभावशाली चाल पर लिखा गया है। इसे पढ़कर भावनाएं बेकाबू हो जाती हैं। इसका मंचन देख कर तो न जाने क्या हाल 'रसिकों' का होता होगा।

गाँधीजी की आत्मकथा (सत्य के प्रयोग) से यह संकेत मिलता है कि **सत्यवादी हरिश्चन्द्र** नाटक देखकर गाँधी जी के हृदय में सत्य और अहिंसा का भाव दृढ़ हो गया था। महात्मा गाँधी के शब्दों में–*'इन्हीं दिनों कोई नाटक कम्पनी आयी थी और उसका नाटक देखने की इजाजत मुझे मिली थी। हरिश्चन्द्र का आख्यान था। उसे बार-बार देखने की इच्छा होती थी। लेकिन यों बार-बार जाने कौन देता? पर अपने मन में मैंने उस नाटक को सैकड़ों बार खेला होगा। मैं सोचा करता था कि हरिश्चन्द्र की तरह सत्यवादी सब क्यों नहीं होते? यह धुन बनी रहती। हरिश्चन्द्र पर जैसी विपत्तियाँ पड़ीं वैसी विपत्तियों को भोगना और सत्य का पालन करना ही वास्तविक सत्य है। हरिश्चन्द्र के दुख देखकर उसका स्मरण करके मैं ख़ूब रोया हूँ'*।

मुझे भी याद है मेरी अहिरिन दादी राजा हरिश्चन्द्र की यह कथा अक्सर हमें सुनाती थीं। बनारसी बोली में। दादी यह कथा सुनाते हुए रो-रो पड़ती थीं। हिचकियाँ लेती थीं, हाथ जोड़कर बार-बार किसी अदृश्य को प्रणाम करती थीं। कथा के साथ-साथ उनका स्वर भी बदलता जाता था–आनन्द, श्रद्धा, क्षोभ, करुणा, आह्लाद, भक्ति और

विभोरता के स्वर उनके कथन में आवा-जाही करते रहते। तबसे यह कथा हमारे मन में भी बैठी हुई है। कितनी बार 'सत्य हरिशचन्द्र' पढ़ चुका हूँ। जब पढ़ता हूँ तब कथा की मार्मिकता और उसमें अभिव्यक्त काशी का चित्रण दोनों भाव–विभोर कर देते हैं।

काशी विश्वनाथ मन्दिर के परिसर के पार्श्व में *शिव दरबार*

Plan of the Ancient Temple of
VISHVESHVUR.

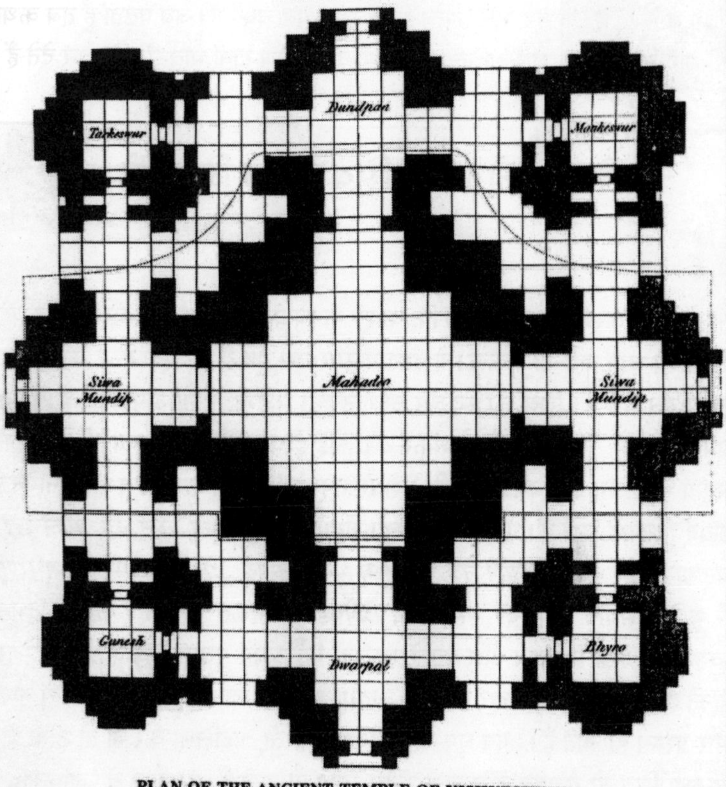

PLAN OF THE ANCIENT TEMPLE OF VISHVESHVUR

प्राचीन काशी विश्वनाथ मन्दिर का प्रिंसेप द्वारा निर्मित नक्शा

शिव : कोउ नहिं सिव समान प्रिय मोरे

काशी में रह कर मैंने यह जाना है कि काशी के बिना शिव और शिव के बिना काशी का रहस्य बूझा नहीं जा सकता। ये दोनों परस्पर ऐसे गुंथे हैं कि एक दूसरे का पक्का पर्याय बन गये हैं। शिव का स्वरूप और उनकी महिमा, दोनों अपरम्पार हैं। शिव अपने आप में 'शिव' हैं। शिव शंकर का कोई ईश्वर नहीं है। स्वरूप भी ऐसा जो अनूठा भी हैं और आश्चर्यजनक भी। 'शिवमहापुराण' में शिव के स्वरूप की अनगिनत छटाएँ दिखायी गयी हैं। एक में यह कहा गया है–*'पाँच मुख, तीन नेत्र, भालचन्द्र, जटाधारी, गौर वर्ण, विशाल नेत्र, शरीर में भस्म लगाये, दशबाहु, सम्पूर्ण आभरणों से भूषित, सर्वांग से सुन्दर भस्म और त्रिपुण्ड से अंकित मस्तक'*। कैसा अद्‌भुत स्वरूप है। ऐसी विराटता और इतनी सरलता कि अपने पूजन में वे कोई आडम्बर मानते ही नहीं–बेलपत्र, मदार के फूल, धतूरा, अखण्ड चावल और जलधारा से तृप्त और प्रसन्न हो जाते हैं। आप धूप-दीप, नैवेद्य, आरती, प्रदक्षिणा कर लें तो ठीक है। अन्यथा शिव तो बेलपत्र और जल से ही मगन हो जाते हैं। इसलिए वे 'लोकनाथ' हैं अपने भक्तों को 'छप्पन भोग' अर्पित करने के लिए बाध्य नहीं करते।

जैसे शिव हैं, वैसी ही शिवा–या उनसे भी बढ़कर। अनेक पुराणों में, तुलसीदास के 'पार्वती मंगल' में और अन्यत्र भी यह कथा आती है और जनप्रचलित है कि शिवासती शंकर के साथ ब्याही गयीं। पिता के यज्ञ में उन्होंने शरीर छोड़ दिया। बाल्यकाल से ही यह कथा मेरे भीतर शिव ही नहीं, काशी का भी दृष्टान्त बन कर जमी बैठी है। सती के शरीर त्याग से हलचल मच गयी। फिर देवताओं की प्रार्थना से वह शिवा पार्वती हुईं। बड़ी तपस्या करके उन्होंने शिव को वरा। शिवा के नामों से ही उनकी महिमा प्रकट हो जाती है। शिवा के अनेक नाम हुए–**कालिका, चंडिका, भद्रा, चामुण्डा, विजया, जया, जयन्ती, भद्रकाली, दुर्गा भगवती, कामाख्या, कामदा, अम्बा, मृणानी, सर्वमंगला**। गुण और कर्म के अनुसार शिवा को ये नाम

दिये गये। इन सबकी कथा 'शिवमहापुराण' में विस्तार से आई है। अनोखी कथाएँ, जो यह बताती हैं कि शक्ति के अभाव में शिव शव समान हैं। अपने इन रूपों में वे कितनी-कितनी लीलाएं करती हैं–कल्याणकारी लीलाएं। शिव और काशी की भाँति ही, शिव और शिवा भी अभिन्न हैं। एक श्लोक आता है जिसका अर्थ है–'सती और शिव सदा वाणी और अर्थ के समान मिले हुए हैं, उनके वियोग की फिर सम्भावना कहाँ, जो कुछ उनकी इच्छा है सोयी होता है'।

चलिए अब सुनते-सुनाते हैं सती और पार्वती की कथा जिसमें शिव के समस्त रूपों के दर्शन हो जातें हैं और उनके समस्त नामों के भी रहस्य खुल जाते हैं। शिव महापुराण में शिव सहस्त्रनाम अर्थ और सन्दर्भ के साथ प्रस्तुत है। विष्णु द्वारा वर्णित इन नामों को सूत जी ऋषियों को सुनाते हैं। प्रचलित नामों का अर्थ-सन्दर्भ देखा जाये–'*शिव (मंगल करने वाले), हर (सृष्टि के अंत में संहार करने वाले) शंम्भु (भक्तों के सुखदाता), चन्द्रपीड (चन्द्रमा जिनके शिर की शोभा है), कपाली (कपालधारी), नीललोहित (नील और लाल जटा वाले), गौरीभर्ता (पार्वती पति), त्रिलोचन (तीन नेत्र वाले अथवा तीन लोक), तीन गुण, तीन वेद में जिसका ज्ञान है या आकार, उकार, मकार तीन अक्षर जिसके नेत्र हैं), पिनाकी (पिनाक धनुषधारी) महायोगी (अष्टांग योग के तत्त्व जानने वाले), धूर्जटि (भारभूत जिनकी जटा है अथवा गंगा जी जिनकी जटा में हैं), पशुपति (पशु जीवों के पालक), मृगव्याध (अर्जुन पर अनुग्रह करने हेतु व्याध रूपधारी), अमृतमय (मरण रहित),* ***महाद्युति*** *(दिव्य प्रकाश वाले) आत्मभू: (स्वयं प्रकाश), चंड: (दुष्टों पर कोप करने वाले), जलेश्वर (भौतिक जल के स्वामी), श्रुतिप्रकाश (वेदों से प्रकाशित होने वाले)*।

माता पार्वती की तरह ही शिव के इन नामों से जुड़ी मनोहारी कथाएँ उनके **महादेव** या **माहेश्वर** वाली छबि को हमारे हृदय में स्थापित कर देती हैं। शिव और शिवा के इन स्वरूपों की महिमा काशी के जनमानस में कुटी-घुटी होकर परिव्याप्त है। इसीलिए, काशी संसार का मर्म समझती है, शिव भावों को भी और माता के ममतामयी रूप को भी कि अन्नपूर्ण काशी की जगतजननी हैं। नव दुर्गा, नव गौरी भी काशी के जीवन का हिस्सा हैं।

सती आग्रह कर के या कहें शिव से रार करके पिता दक्ष के यज्ञ में चली गयीं। दक्ष ने सती के समक्ष ही शिव की निन्दा का कोई अवसर नहीं छोड़ा। क्रोध स्वाभाविक था। परम क्रोध से सती क्रूर दृष्टि से मानो दक्ष को भस्म करती हुई अपमानित होकर बोलीं–*जिसकी कृपा से यह चराचर विश्व पवित्र हो जाता है, तुमने किस कारण से उन परम शोभायमान शंकर को नहीं बुलाया, स्वयं यज्ञस्वरूप, यज्ञ जानने वालों में*

श्रेष्ठ, यज्ञ के अंग और यज्ञ के कर्ता शिव के बिना यज्ञ का सम्पादन कैसे हो सकता है। जिनके स्मरण मात्र से यह सब पवित्र हो जाता है उनके बिना सब ही अपवित्र होगा। सब द्रव्य, मन्त्र, हव्य, कव्य शंकर के बिना निरर्थक हैं। उनके बिना यह यज्ञ किस प्रकार से प्रवृत्त हुआ। क्या शंकर को सामान्य देवता जानकर तुमने अनादर किया है पिताधम। और फिर माता सती का क्रोध प्रचण्ड रूप में प्रकट हुआ, उनका स्वर रूक्ष हो गया और अपने रौद्र रूप की ज्वाला का आभास कराते हुए अपने पिता से बोलीं–*तुम बड़े भ्रष्टबुद्धि हो, विष्णु, ब्रह्मादिक देवता जिन महेश्वर की सेवा करके अपनी पदवी को प्राप्त हुए हैं, अरे तू उन शंकर को नहीं जानता।* सती क्रोध के आवेश में भाषा का शिष्टाचार भी बिसार चुकीं थीं। वे बोली–*हे मति से हीन तुम्हारे चित्त में ज्ञान क्यों नहीं आता जो तुमने अपने स्वामी शिव के भाग के बिना अपना भाग स्वीकार कर लिया।*

थोड़ा स्थिर होने पर सती विचारने लगीं कि क्या मुँह लेकर मैं शंकर के पास जाऊँगी। जब वह पूछेंगे तो क्या उत्तर दूँगी। फिर दक्ष से बोलीं–'जो महादेव की निन्दा करते हैं या निन्दा करते हुए सुनते हैं वे चन्द्र–सूर्य की स्थितिपर्यंत नर्क में जाते हैं इसीलिए मैं अग्नि में प्रवेश करके देह त्याग करती हूँ। हे तात! स्वामी का अनादर सुनने से फिर मुझे जीने से क्या प्रयोजन है। तुम्हारे शरीर से उत्पन्न इस गर्हित देह को अभी त्याग कर मैं सुखी हूँगी'।

फिर शंकर प्रिया मौन हुईं। शान्त होकर उत्तर की ओर भूमि पर बैठ गयीं। नेत्र मूँद कर पति का स्मरण किया। योग मार्ग में तत्पर हुईं। इस तरह माता सती ने योगधारण की वायु से अपने शरीर को भस्म करना आरम्भ कर दिया। उस समय वे केवल अपने भर्ता के चरणों के स्मरण में लीन थीं। देखते-देखते उनका देह सर्वथा विकार रहित हो गया। चारों ओर से उसमें अग्नि प्रज्वलित हो उठी। और उनकी इच्छा से तत्काल ही देह भस्म हो गया। जो गण माता सती के साथ शिव के आदेश पर दक्ष यज्ञ में गये थे, विचलित हो गये। वे सब शिव के पास गये, सारे प्रसंग सुनकर महारौद्र शंकर अत्यन्त कुपित हुए। महादेव ने अपनी एक जटा उखाड़ कर अत्यन्त क्रोध के साथ पर्वत के ऊपर दे मारी। पटकते ही उस जटा के दो खण्ड हो गये। भयंकर शब्द नाद हुआ। जटा के पूर्व भाग से **महाबलि वीरभद्र** उत्पन्न हुआ। जटा के दूसरे भाग से **महाकाली** प्रकट हुईं।

अब दर्शन होते हैं हमें शिव के **रौद्र या चण्ड** रूप के। वीरभद्र शिव-स्तुति करते हैं। उनसे आज्ञा माँगते हैं। महेश्वर बोले 'हे तात वीरभद्र! ब्रह्मा का दुष्ट, अहंकारी और मूर्ख पुत्र दक्ष यज्ञ कर रहा है। वह मेरा विरोधी है। तुम गणों सहित जाओ और

उसका यज्ञ ध्वंस करके शीघ्र मेरे समीप आओ'। शंकर की आज्ञा से वीरभद्र चला। उसके साथ शिव के ढेरों गण और चौसठ योगिनियाँ आदि-आदि भी दक्ष का यज्ञ नाश करने के लिए चले। भीषण दृश्य उपस्थित हो गया। इन सबकी छाया से यज्ञ-मण्डप आच्छादित हो गया, उल्का वृष्टि होने लगी। गीदड़ और नेत्रक पक्षी शब्द करने लगे। पवन वेग से चलने लगी। सारे दक्षादिक रक्त वमन करने लगे। विष्णु सहित सबकी शक्ति कुण्ठित हो गयी। दक्ष का सिर नीचा हो गया। वह विष्णु और ब्रह्मा से यज्ञ-रक्षा की भीख माँगने लगा। दोनों ने उसकी भर्त्सना की।

कथा को आगे ले चलें। दक्ष-कन्या सती अपनी देह को त्याग कर फिर हिमालय के यहाँ माता मैना में जन्म लेती हैं। अब इससे सम्बद्ध एक कथा आती है। कथा में कथा की बुनावट पुराणों की विशेषता है। बड़ी सुन्दर कथा है कि पितरों की तीन मानसी कन्याएँ मैना, धन्या और कलावती थीं। प्रणाम न करने पर सनत् कुमार ने तीनों को शाप दे दिया। क्षमा माँगने पर सनत् कुमार बोले–'तुम तीनों पितर कन्याओं प्रसन्न होकर सुनो–विष्णु का अंश रूप जो हिमालय पर्वत है, यह ज्येष्ठा उसकी कामिनी होगी। इसी की कन्या पार्वती होगी। दूसरी कन्या महायोगिनी जनक की स्त्री सुनयना होगी जिसके यहाँ महालक्ष्मी सीता उत्पन्न होंगी। कलावती वृषभानु की पत्नी कीर्ति होंगी। द्वापर के अन्त में इनसे राधा प्रकट होंगी'।

पौराणिक कथाओं के इस संसार में शिव के साथ-साथ अन्यान्य देवी-देवताओं का प्राकट्य और उनके प्रसंग भी सामने आते रहते हैं। जिनसे शिवमय तीनों लोकों के दर्शन हम कर पाते हैं।

अब पार्वती जन्म की कथा सुनें। सुन्दर अंग वाली पुत्री को गर्भ में देखकर गिरिराज प्रसन्न हुए। वैद्यों ने गर्भपुष्टि के अनेक उपचार किये थे। मैना के गर्भ में महा तेजस्वी जगदम्बा विराजमान थीं। सभी देवता उनकी स्तुति करने लगे–'हे दुर्गे, हे प्रज्ञे, हे जगदम्बे, हे माहेश्वरि, हे शिवप्रिये आप प्रकट होकर देवताओं का कार्य कीजिए'। उसी समय देवी भगवती शिवा-सती अपनी पूर्ण शक्तियों के साथ मैना के सम्मुख अपने निज रूप में प्रकट हुईं। भगवती का जन्म का समय भी अत्यन्त पावन था–**बसन्त ऋतु, चैत्र का महीना, नवमी तिथि और मृगशिरा नक्षत्र में आधी रात के समय चन्द्रमण्डल से गंगा के समान भगवती का आगमन हुआ**। उनके आगमन से शंकर अति प्रसन्न हुए। मैना का मन खिल उठा और वे कान्तिमयी भगवती से बोलीं–'तुम मेरी कन्या होकर देवताओं का हित करो'। भगवती ने मुस्कुरा कर कहा–'तुम दोनों ही मुझे पुत्री भाव से धारण करो। पृथ्वी पर अद्‌भुत लीला करके मैं देव कार्य करूँगी, शिव पत्नी होकर सज्जनों को तारूँगी'। और वे तत्काल बालिका

हो गयीं। पार्वती के जन्म का मंगल-गान होने लगा। पर्वतराज के हर्ष का अत्यन्त काव्यमय वर्णन **शिवपुराण** में किया गया है। इसे देखें, समझें और अनुभव करे कि जगदम्बा को पुत्री रूप में पाने का आनन्द कैसा होता है–*जैसे पण्डित व्याकरणादि संस्कार वाली वाणी से विभूषित और पवित्र होता है, जैसे दीपक की बड़ी शिखा से मन्दिर का मार्ग वेदत्रय के समान शोभित होता है वैसे ही पार्वती से पर्वतराज शोभित हुए।*

अब 'जनमपत्री' बनाने और कन्या के गुण-लक्षण देखने का कर्मकाण्ड प्रारम्भ हुआ। पार्वती की जनमकुण्डली को बांचा भी तो किसने। स्वयं महामुनि नारद ने। हिमालय नारद के पास गये और विनयपूर्वक कहा–'आप मेरी कन्या का गुण-दोष कहिए और यह भी कि कन्या का पति कौन होगा। कैसी भाग्यवती कन्या होगी यह'। नारद जी ने भवानी का हाथ, मुँह, चरणादि, देख कर गिरिराज से कहा कि 'आपकी कन्या चन्द्रकला के समान विकास पायेगी। यह अपने पति के लिए अत्यन्त सुखदायिनी और पति की कीर्ति बढ़ाने वाली होगी। तुम्हारी सुता के हाथ में सम्पूर्ण सुलक्षण हैं'। नारद ने मैना से यह भी बताया कि भगवती के हाथ की एक रेखा बड़ी विलक्षण है जिसके प्रभाव से इसे मनचाहा वर मिलेगा। फिर नारद शिव स्वरूप का बखान करते हुए कहते है कि 'आपकी कन्या को योगी, नंगा, गुणरहित, अकाम माता-पिता से रहित अमंगल वेष वाला स्वामी मिलेगा'। वास्तव में ये महादेव शिव के परम लक्षण हैं परन्तु नारद वचन सुनकर मैना और हिमालय दोनों अत्यन्त दुखी हुए। इसके विपरीत जगदंबिका शिवा इन वचनों को सुनकर मन ही मन अत्यन्त प्रसन्न हुईं कि ये गुण और लक्षण तो लीला रूप धारी शंकर के ही हैं।

मैना और हिमालय के संशय और पार्वती के आनन्द को भांप कर नारद ने पुनः कहा–'यदि तुम्हारी पुत्री तपस्या करे तो सकलेश्वर शिव जी सदा ही समर्थ हैं। मैं यह बता दूँ कि इन शिवा शिव के प्रेम के सामान किसी का प्रेम न होगा, न है, न किसी का हुआ। **हे पर्वतराज! इस तुम्हारी कन्या से शिव जी अर्धनारीश्वर कहलायेंगे।** यह मेल प्राथमिक नहीं, पुनर्मेल है। तुम्हारी कन्या गौरी नाम से विख्यात होगी और शिव शिवा दोनों अभिन्न होकर जगत का कल्याण करेंगे'।

शिव को प्राप्त करने के लिए शिवा दो सखियों को साथ लेकर तप करने गयीं। अनेक प्रकार के वस्त्रों को छोड़कर वल्कल वस्त्र धारण किये। हार को छोड़कर मृग चर्म पहन लिया। गंगोत्री के समीप तपस्या का स्थान चुना। जहाँ शिव जी ने समाधि लगायीं थी, जहा कामदेव भस्म हुआ था, उसी स्थल पर। यह स्थल **श्रृंगी तीर्थ** था और उस स्थान पर जगदम्बा की तपस्या के कारण उसका नाम **गौरी शिखर** पड़ा। **शिवपुराण** में वर्णन है कि शिवा के वहाँ पधारने से वृक्षादि हरे हो गये। माता ने बिना आहार के वर्षा-धूप सह कर अनेक दुख भोगते हुए महादेव में मन लगाया।

अब प्रारम्भ होती है परम शिव की लीला। पार्वती का तप देखकर विष्णु ने शिव से निहोरा किया। सभी देवताओं ने शिव से शिवा को वर लेने की विनती की। शिव जी को कौतुक सूझा। उन्होंने ब्राह्मण का वेश धारण किया और पहुँच गये तप स्थल पर। जगदम्बे से बात शुरू की तो उन्होने दृढ़ शब्दों में कह सुनाया कि मैंने मन, वचन, कर्म से पति भाव से शंकर का आराधन किया है। मैं सत्य कहती हूँ कि मैंने शंकर का ही वरण किया है। जगदम्बा के ये वचन सुनकर बमभोले ठठाकर हँस पड़े और कहा–*देवी मैं वह कहता हूँ जिससे तुम्हारा कल्याण हो। मैं महादेव को जानता हूँ। उनका यथार्थ सुनो, वृषध्वज महादेव भस्म जटा धारे, व्याघ्रचर्म के वस्त्र धारे हाथी का चर्म ओढ़ते हैं वह कपालधारी सर्पों के समूह शरीर में लपेटे रहते हैं। विष को धारण किये तीन नेत्र वाले शिव अति भयंकर हैं। उनके जन्म का ही किसी को पता नहीं है। वे गृहस्थों के भोग से रहित है। वह दिगम्बर, दशभुजा वाले, भूत-प्रेतों से घिरे रहते हैं। तुम किस कारण से ऐसे स्वामी की इच्छा करती हो।*

महाशिव जब कौतुक भाव में आ जायें तो फिर कहना ही क्या। पार्वती ने फिर अपनी दृढ़ता जतायी तो सस्मित बोले–'तुम रेशमी वस्त्र छोड़कर चर्म वस्त्रों की इच्छा करती हो। घर का वास त्याग कर वनवास की इच्छा रखती हो। कहाँ वे त्रिलोचन, कहाँ तुम कमललोचना। कहाँ तुम चन्द्रमुखी, कहाँ वे पंचमुखी। तुम्हारे अंग में चन्दन है, शिव के अंग में चिता भस्म है'। इस तुलना के बाद, जो कि वास्तव में शिव और शिवा के लाक्षणिक गुण हैं, शिव बोले–'जो सुखदायक गुण वरों में होना चाहिए, उनमें से एक भी शंकर में नहीं है। तुम शंकर से मन हटा लो'।

यह सब सुनकर पहले तो पार्वती जी ने संयम से काम लिया और बोलीं–'हे देव क्या कहूँ जो कुछ भी तुमने कहा, उस पर क्रोध तो बहुत है पर ब्रह्मचारी अवध्य होते हैं'। और फिर शिवा शिव के सामने ही शिव के गुणों का बखान करने लगी कि तुम सम्भवत: *अनभिज्ञ हो कि सदाशिव सब विधाओं के अधिष्ठान है। सबके आदिकरण हैं। उनके पश्चात प्रकृति प्रकट हुईं। त्रिलोकी में वे मृत्युंजय नाम से प्रसिद्ध हैं। वह स्वयं ही महाप्रभु हैं। वह मंगलवेश धारण नहीं करते तो भी उनका स्मरण करने से मंगल होता है। सदा निर्विकार रहने वाले शंकर में विकार कहाँ हो सकता है। शिव का ब्रह्म रूप निर्गुण है तुम उसे जान ही नहीं सकते।* शिवा के मुख से नि:सृत महाशिव का यह गुणातीत स्वरूप भारत के, और विशेषरूप से काशीवासियों के रग-रग में समाया हुआ है।

फिर भी ब्रह्मचारी अपनी लीला से बाज नहीं आया। इतनी शिव निन्दा कि कि अम्बे के सब्र का बाँध टूट गया। वे तमक कर बोलीं–रे *ब्रह्मचारी चिता की भस्म*

शिव की शोभा है जो समस्त पापों को भस्म कर देती है। अरे दुष्ट तूने शिव को जाना ही नहीं। तपस्या रत पार्वती से ब्रह्मचारी वेषी शिव के अपने अवगुण गिनाने वाले इस प्रसंग को 'पार्वती मंगल' में तुलसी बाबा ने भी छंदबद्ध किया है मानो पुराणों में लिखित **शिव लीला** के भाव का उन्होंने अवधी के रस मे परिपाक कर दिया है–

कहहु काह सुनि रीझिहु बर अकुलीनहिं।
अगुन अमान अजाति मातु पितु हीनहिं॥
भीख मागि भव खाहिं चिता नित सोवहिं।
नाचहि नगन पिसाच पिसाचिनि जोवहिं॥
भांग धतूर अहार छार लपटावहिं।
जोगी जटिल सरोष भोग नहिं भावहिं॥
सुमुखि सुलोचनि हर मुख पंच तिलोचन।
बाम देव फुर नाम काम मद मोचन॥
एकहु हरहिं न वर गुन कोटिक दूषन।
नर कपाल गज खाल ब्याल बिष भूषन॥
कहँ राउर गुन शील सरूप सुहावन।
कहँ अमंगल बेषु बिसेषु भयावन॥
पछिताब भूत पिसाच प्रेत जनेत ऐहैं साजिकै।
जम धार सरिस निहारि सब नर नारि चलि हैं भाजिकै॥

गज अजिन दिव्य दुकूल जोरत सखी हंसि मुख मोरिकै।
कोऊ प्रकट कोउ हियं कहिहि मिलवत अमिय माहुर घोरिकै॥
सुन्दर गौर सरीर भूति भलि सोहइ।
लोचन भाल बिसाल बदनु मन मोहइ॥

महादेव मुस्कराते रहे। मन ही मन पार्वती के प्रेम पर मुग्ध होते रहे। प्रसन्न होते रहे। लेकिन दुष्ट ब्राह्मण से शिव निन्दा सुनने के बाद पार्वती ने दूसरे स्थान पर जाने का निश्चय किया। वे खिन्न मन से चल पड़ीं कि तभी ब्राह्मण वेश शिव ने पार्वती के ध्यान में बसे रूप में स्वयं को प्रकट किया और कौतुक से बोले: *'अब मुझे छोड़कर कहाँ जायेंगी। अपने तप से आपने मुझे मोल ले लिया है। मैंने तुम्हारी परीक्षा करके अपराध किया, मेरा अपराध तुम क्षमा करो। त्रिलोकी में तुम्हारे समान मुझे कोई प्रिय नहीं है। मैं सर्वथा तेरे अधीन हूँ। हे शिवे! तुम अपनी कामना पूर्ण करो। तुम मेरी पत्नी और मैं तुम्हारा वर हूँ'*। शिव के इन वचनों ने पार्वती को मगन कर दिया। संयत होकर वे बोलीं कि आपको मेरे पिता से मुझे माँगना चाहिए। शिव ने कहा–हे शैलपुत्री! मैं तुम्हारे पिता हिमालय के पास नहीं जाऊँगा और भिक्षुक होकर उनसे तुम्हें नहीं माँगूँगा। शिव के इस अक्खड़ भाव को लख कर पार्वती ने समझावन के स्वर में शिव से कहा–**'यह यथार्थ है कि आप आत्मा हैं और मैं प्रकृति हूँ पर लोक व्यहार तो निभाना होगा'**। यह सुनकर महादेव हँसें और अन्तरध्यान हो गये।

इतने पर भी नटेश कहाँ मानने वाले थे। उन्होने फिर एक कौतुक करने की ठानी। कथा यूँ है कि पार्वती पिता के घर पहुँची तो माता-पिता उनकी तपस्या पूर्ण होने से महाप्रसन्न हुए। भगवती के स्वागत में मंगलाचार होने लगे। धन्य-धन्य की हर्षध्वनि से तीनों लोक गुंजायमान हो उठे। सब आनन्द मगन थे। उसी समय लीला करने को तत्पर कौतुकी भगवान शंकर नट का रूप धारण करके मैना के पास पहुँच गये। आप से सच कहूँ, शिव के ये लीला रूप मन को मोह कर शिवमय कर देते हैं। ऐसी लीला शायद ही कहीं मिले जिसमें स्वयं देव अपने ही प्रति किसी को भड़काने-बहकाने का कार्य कर रहे हों। ऐसा शिव ही कर सकते हैं। ऐसा कर पाना उन्हीं के बस का है। तो वह पहुँच गये मैना के समीप। बाएँ हाथ में शृंगी और दाहिने हाथ में डमरू। पीठ पर गुदड़ी धारे। लाल वस्त्र पहिरे। नृत्य और गान में चतुर शिव, मैना के द्वार पर नाचने-गाने और झूमने लगे। नटेश नाच रहे हों, गा रहे हों डमरू और शृंगी बजा रहे हों, तो कैसा बन गया होगा वातावरण। शिव के इस नट रूप पर तुलसीदास भी 'पार्वती मंगल' में रीझे हैं–नटत चलत छबि अतिसय मोहे। इन्हें ही 'जोगिया शिव' भी कहा गया है। कैसा अद्‌भुत है शिव का डमरू। यह मान्यता है कि सम्पूर्ण

वर्णमाला की ध्वनियाँ पाणिनि को इसी डमरू से प्राप्त हुई और यह सूत्र 'माहेश्वर सूत्र' कहा गया और यह भी कि ये ध्वनियाँ ही बीजाक्षर हैं। शिव संगीत और लास्य के अप्रतिम कलाविद् है। शिवपुराण में दृष्टान्त आता है कि 'कैलाश पर्वत के सुवर्ण अंचल पर जब वे गौरी के साथ नृत्य करने को उद्यत होते हैं तो सरस्वती अपनी वीणा सम्भालती हैं, इन्द्र वेणु लेते हैं, ब्रह्मा झाल उठाते हैं, रमा गान गाती हैं, विष्णु मृदंग बजाते हैं ......। गौरी के लीलासहचर शिव समस्त ललित कलाओं के जन्मदाता कलागुरु हैं। यह भी कहा गया है कि **शिव अपने नृत्य से पाँच महाकृत्यों का सम्पादन करते हैं–सृष्टि, पालन, संहार, तिरोभाव और अनुग्रह।**

यथार्थ ही हुआ कि उनकी कला से मोहित होकर नगरवासी इकट्ठे हो गये। 'शिव धुन' में मस्त हो गये। कैसा तो आनन्द इनके भाग्य में लिखा था। त्रिशूल धारण किये, विभूति लगाये, अस्थिमाला से शोभायमान तीन नेत्रों वाले, नागों का यज्ञोपवीत पहिरे। इस शिव स्वरूप को पार्वती ने चीन्ह लिया और उन्हें प्रणाम किया। शिव का लास्य जारी रहा। भिक्षुक रूप में वे अलमस्त फकीर बने जगती को मोहित कर रहे थे। मैना भी मोहित और प्रसन्न हुईं। स्वर्ण पात्रों में अनेक रत्न भर कर वे भिक्षुक को देने गयीं पर नर्तक ने स्वीकार नहीं किया। नया 'शिव विलास' प्रारम्भ हो गया–मोहक मनोहारी और आत्मीय। विलास मुद्रा में ही शिव ने मैना से शिवा को माँग लिया। मैना की प्रतिक्रिया देख कर मन ही मन ख़ूब हँसे और फिर कौतुक से नृत्य-गान करने लगे। मैना इस धृष्टता पर स्वाभाविक है कुपित हो गयीं और घुड़क कर भिक्षुक से बाहर निकल जाने को कहा। अब देखिए, इसी समय हिमालय भी वहा आ गये, मैना से सब वृतान्त सुनकर वह भी कुपित हो उठे। सेवकों से नट को बाहर निकालने का आदेश दिया, पर किसमे सामर्थ्य थी कि 'नट' को बाहर निकाल सके। नट रूप शिव स्वयं ही नाचते-बजाते वहाँ से चले गये।

देवतागण शिव की महिमा जानते थे। वे समझ गये कि शिव को शिवा के दर्शन की लालसा हुई तो वे नट रूप में मैना के द्वार पर जा पहुँचे। अपनी भावी सास को उन्होंने कुपित करके आनन्द लिया। लेकिन अब समस्या थी कि आगे क्या किया जाये। वृहस्पति बोले–हिमालय को समझाने का यत्न करना चाहिए। वे सब ब्रह्मा से मिले तो ब्रह्मा जी बोले कि तुम सब शिव जी को सन्तुष्ट करो और उनको हिमालय के घर भिजवाओ। शिव के कौतुक भाव में ब्रह्मा भी लीन हो चुके थे। सो उनका मन भरा नहीं था। देवताओं से उन्होंने कहा कि **शिव स्वयं हिमालय के यहाँ जाकर अपनी निन्दा करें क्योकि अपनी निन्दा सदा यश के निमित्त होती है।** सब देवता शिव के पास गये। शिव भांप चुके थे कि ब्रह्मा को 'शिव कौतुक' देखने की इच्छा है। उन्होंने विनय स्वीकार कर ली।

इस बार शिव ने ब्राह्मण का रूप धारण किया और पर्वतराज के यहाँ जा पहुँचे। ब्राह्मण का बहुविध सत्कार किया गया। तदुपरान्त शिव पर्वतराज से बोले–मुझे यह विदित हुआ है कि तुम शिव जी को अपनी कन्या देने की इच्छा रखते हो। शिव मुख से शिव की यह निन्दा अद्भुत है। शिवत्व के सारे तत्त्व इस निन्दा में समा गये हैं। अपनी ही निन्दा करते हुए ब्राह्मणरूपी शिव कहते हैं–*तुम्हारी यह कन्या कमल के समान दिव्य रूप और श्रेष्ठ लक्षणो से सम्पन्न है। इसे तुम आश्रयरहित, असंग , कुरूप , गुणहीन, मशानवासी, सर्पधारी, योगी, नग्न, कुलनाम से अज्ञात, कुशील, विचारहीन को सौपना चाहते हो। शरीर में भस्म मलने वाले, भिक्षुक, कुमार्ग में निरत एक हठी के निमित्त देना चाहते हो। हे हिमालय! पार्वती का दान जिस पात्र को करने का विचार तुमने किया है, वह अनुरूप पात्र नहीं हैं। तुम्हारा यह विचार सुनकर सब लोग हँसी करेंगे।* शंकर स्वयं ही मन में हँस रहे थे और आनन्द ले-लेकर भोजन कर रहे थे। भोजन समाप्त करके और अपनी लीला पूरी करके शंकर अपने स्थान को चले गये। शिव के ये तीन कौतुक रूप, ब्रह्मचारी, नट और ब्राह्मण के, एक प्रकार से शिव स्वरूप की स्तुति का ही रूपान्तरण हैं। वह रूपान्तरण, जो महादेव से जुड़ कर जन-जन के मन में स्थिर हो गया है।

अब इधर देखिए क्या हुआ। ब्राह्मण के वचन सुनकर मैना का तो हृदय ही बैठ गया। वो हिमालय से बोलीं कि हे शैलेन्द्र! इस ब्राह्मण ने शिव की जो निन्दा की है उसे सुनकर मेरा मन बहुत व्याकुल हो गया है। और यह घोषणा कर दी कि हे शैलेश! जो रुद्र ऐसे हैं तो मैं उनको अपनी कन्या नहीं दूँगी। और इसका कारण भी कह दिया कि भला अपनी सुलक्षणी सुता को मैं कुरूपशाली शंकर को कैसे दे सकती हूँ। पर्वतराज को धमकी तक दे डाली कि यदि तुम मेरा वचन नहीं मानोगे तो मैं अपना प्राण दे दूँगी। मैं यह घर छोड़ दूँगी। मैं विष खा लूँगी। उनकी व्याकुलता बाँधे नहीं बँध रही थी, उन्होंने यह तक कह दिया कि **गले में रस्सी से अंबिका को बाँध कर वन में चली जाऊँगी। महासागर में डूब जाऊँगी परन्तु शंकर को अपनी सुता नहीं दूँगी।**

अपनी लीला से शिव ने क्या-क्या कर डाला, पर स्वयं भी वे विरह में व्याकुल थे। इसी आकुलता में उन्होंने सप्त ऋषियों का स्मरण किया। वे सब तत्क्षण उपस्थित हुए। शिव ने अपनी लीला के सभी प्रसंग उन्हें सुनाए और कहा कि मैना और हिमालय मुझे अपनी कन्या देने की इच्छा नहीं रखते। आप हिमालय के घर जायें और उन्हें समझाएँ। ऋषिगण धन्य हुए कि शिव जी ने इस कार्य के लिए हमें चुना है। ऋषि वहाँ पहुँचे। हिमालय ने उनकी अगुवाई की। सप्तर्षि प्रसन्न–वदन बोले–शिव जी

जगत के पिता हैं और शिवा जगन्माता हैं इसलिए शंकर के निमित्त तुम अपनी कन्या दे दो। हिमालय बोले मैंने तो पहले ही स्वीकार कर लिया था पर एक ब्राह्मण ने आकार शिव की परम निन्दा कर दी। उसी समय से पार्वती की माता ज्ञान–भ्रष्ट हो गयीं और योगी से अपनी कन्या का विवाह नहीं करना चाहतीं। शिव लीला ने आनन्ददायक दृश्य उपस्थित कर दिया था। माता अरुंधती ने मैना को समझाया। वशिष्ठ की पत्नी, अरुंधती की बातों से आनन्दित होकर मैना कोप भवन से बाहर आयीं। मैना के समक्ष ही ऋषियों ने हिमालय का कई तरह से समझावन किया कि वे अपनी पुत्री के तप का विचार करें और शिव-पार्वती के विवाह को स्वीकार करें। लेकिन परम शिव ने स्वयं अपनी निन्दा ऐसे शब्दों में कर दी थी कि इसके बावजूद भी हिमालय सप्तऋषियों से अपना संकोच निवेदित करते रहे। यह संकोच देख कर वशिष्ठ जी को आगे आन पड़ा और उन्होंने वास्तविक शिव का स्वरूप हिमालय के समक्ष इन शब्दों में प्रकट किया–**'शैल! देवताओं के स्वामी शंकर रजोगुणी सम्पत्ति से तो हीन हैं पर तत्त्व ज्ञान के समुद्र में उनका मन सदैव निमग्न रहता है। जो ज्ञानानन्द का अधिपति है, उसको रजोगुणी वस्तुओं में क्या इच्छा हो सकती है। शंकर को दुखी दरिद्री कौन कह सकता है जिनके कुबेर भी दास हैं'**। और फिर गुरु विशिष्ठ ने कठोर शब्दों में पर्वतराज को चेता भी दिया कि हम तुम्हें शिक्षा देते हैं कि रुद्र के निमित्त पार्वती को दे दो। यदि तुम अपनी इच्छा से पार्वती शिव को न दोगे तब भी भवितव्य बल से यह विवाह शंकर से ही होगा। तुम और मैना वासना को त्याग दो।

चलिए, इस शिव काशी भाव के बाद लौटें कथा की ओर कि वशिष्ठ मुनि के वचनों ने दोनों को शान्त कर दिया। मैना भी संशय-मुक्त हुईं। दोनों को राजी-ख़ुशी देखकर वशिष्ठ ने विवाह के मुहूर्त की बात छेड़ दी। कैसा तो मुहूर्त है–पार्वती मंगल का। आज भी शिवरात्रि काशी का 'काशीपर्व' है। वशिष्ठ ने बताया कि *एक सप्ताह बीतने पर एक दुर्लभ योग है। लग्न का स्वामी लग्न में स्थित है। चन्द्रमा बुध के साथ स्थित होगा। और रोहिणी से युक्त होगा। चन्द्र तारागणों का योग विशुद्ध होगा, मार्गशीष महीना दोषरहित चन्द्रवार और सब श्रेष्ठ ग्रहों के योग से युक्त होगा, ऐसे समय में मूल प्रकृति की रूपावली ईश्वरी जगदम्बा कन्या को शंकर के निमित्त करके हे गिरिराज! आप कृतकार्य होइए।*

महादेव और जगदम्बे के चाहे कितने भी कल्याणकारी स्वरूप हों, शिव और शक्ति की अभिन्नता के चाहे कितने भी दार्शनिक प्रकरण हों, या अर्धनारीश्वर की

प्रकृति पुरुष के समन्वय का आध्यात्मिक पक्ष हो, काशीवासी इनकी बहुत चिन्ता नही करता। वह शिव शिवा के इन तत्त्वों को तो पूरा का पूरा पहचानता ही है। लेकिन इनकी पहचान ही उसे सन्तुष्ट नहीं कर पाती। बाबा और अम्बे के परिवार को अपना बनाए बिना उसे चैन नहीं। इस आत्मीय भाव को रुद्र काशिकेय ने बनारसी रंग में रंगकर जता भी दिया है, जहाँ शिव, गणेश और माता दुर्गा देवता नहीं रह जाते घर के सदस्य बन जाते हैं। शिव परिवार के साथ ऐसी निकटता काशी में ही सम्भव हो सकती है क्योकि काशी सिर्फ़ शिव के साथ ही नहीं रहती, शिव में रहती है, शिवमय होकर।

आप भी देखिए कि 'रुद्र जी' गणेश से ठेठ काशिका में क्या कह रहे हैं, गज़ब है। गणेश से वे शिव और पार्वती से साक्षात्कार का निवेदन कर रहे हैं। यह निवेदन है या शिव के रंग में रंगा काशीवासी का शिव लीला भाव, आप ही तय करें :

बुढ़ऊ त छानघोंट नकिया बजावत हैं
तोहसे बने त तनी ओनके जगाय दा
जोड़त हई हाथ तू माई के बोलाय दा
कब से गोहरावत हई तोहके सुनात नाहीं
गोबर गनेशपन आपन मिटाय दा
सुन के कवित्त सब मुड़वा हिलाय देइ हैं
करि के दया ऐ गुरु सुंड़वा हिलाय दा।।

देखिए शिव यहाँ **बुढ़ऊ** हैं, जगदम्बा **माई** और गणेश **बनारसी गुरु**। बानगी का यह स्वरूप काशी ही उभार सकता है। ऐसा ही कुछ रुद्र माँ दुर्गा को सम्बोधित करते हुए भी उभारते हैं। माई से उसके बालक की तरह यह साधिकार गुहार हठीली आत्मीयता से भरी हुई है। वैसे ही जैसे माँ सुनती नहीं तो बालक कचकचा कर उसकी भर्त्सना करने लगता है। माता और पुत्र का यह भाव जगदम्बे के साथ काशी रस का भी सुन्दर परिपाक है :

रोय रोय ऐसहीं पुकारल करब तोके
कब लग अवाज तोरे कान में समाई न?
कब लग छटीं न भला बादर बिपत क ई?
कठिन कलेसन क कबले कटी काई न?
कब लग तैं मन्निर में पत्थल बनल रहबी?
कब लग करेजे बीच करुना समाई न?
बाटी हम लड़िका गदाई त एसे का?
करबी दया न कइसे तैं त हई माई न?

वे प्रसन्न होकर बोले–'आप भाग्यवान हैं कि शंकर जैसा ग्रहीता आप जैसे दाता को प्राप्त हुए। पार्वती देवी आपको भिक्षा के रूप में प्राप्त हुईं हैं जिन्हें आप शिव को समर्पित करने जा रहें हैं। इससे अधिक उत्तमता क्या होगी'। सप्तऋषि विभोर और आनन्दित मन से शिव जी के समीप गये। उन्हें शुभ समाचार सुनाकर अरुंधती सहित सप्तर्षि वापस चले गये। उधर हिमवान ने विवाह की तैयारी प्रारम्भ कर दी। सहायता के लिए **अपने भाई मेरु को** सपरिवार बुलाया।

सब प्रसन्न हुए। सबको अनुकूल पाकर गिरिजा मन में हँसने लगीं। शिव के कौतुक उन्हें गुदगुदा रहे थे। तब शैलराज ने सप्तऋषियों के समक्ष करबद्ध निवेदन किया कि आपसे शिवा-शिव की अभिन्नता का सुनकर मेरा सब विस्मय जाता रहा। मेरा जो कुछ भी है सब शिव का है। ऋषि विशिष्ठ ने एक बड़ी सुन्दर बात कही जो आज भी हिन्दू विवाह संस्कार में 'कन्यादान' के रूप में हिन्दू समाज अंगीकार किये है। अपने **पुरोहित गर्ग से** लग्न लिखवाया, तब उस 'पत्रिका' (पत्रा) को शिव जी के पास भेजा। हिमालय के गणों ने कैलाश जाकर शिव जी को वह पत्र और 'तिलक' दिया। इस तरह **वैरागी शिव सांसारिक रीतियों से बँध गये** क्योंकि वे 'माता' के साथ बँधना चाहते थे। शिव जी ने आये हुए गणों का विशेष सत्कार किया। कैलाश में हुए सत्कार का सुन कर हिमालय ख़ूब प्रसन्न हुए। सत्कार का वर्णन पुराणों में नहीं है लेकिन कल्पना तो की ही जा सकती है कि महादेव द्वारा किया गया सत्कार कितना विलक्षण रहा होगा।

हिमवान के घर विवाह की तैयारियाँ आरम्भ हो गयीं। बन्धुजनों को निमन्त्रण भेजा गया। गिरिराज ने अन्न संग्रह कराया और विवाह के लिए अनेक प्रकार की सामग्री एकत्रित की। बहुत से चावल, प्रथुक (चीवड़ा), गुड़, शर्करा, लवण, दूध, घी, दही इनके ढेर के ढेर आदि और पीसे हुए धान के लड्डू। पूरी, स्वस्तिका (पिट्ठी के प्रकार), आसवों और मक्खन के ढेर लगा दिये गये। अनेक प्रकार के महास्वाद वाले अनेक पकवान तैयार किये जाने लगे। प्रफुल्लित वातावरण बन गया। पर्वत की स्त्रियाँ पार्वती का संस्कार करने लगीं। मंगलाचार करने लगीं। बड़ा उत्सव होने लगा।

शिवा और शिव के विवाह में देखिए कौन-कौन महानुभाव पधारे थे। देवालय गिरि आये, समाज और कुटुम्ब के साथ। स्त्री-पुत्र सहित पर्वतराज मन्दर पधारे। उदयाचल भी आये। मलयाचल अपने बड़े परिवार के साथ आये। सह्य और दुर्दुर पर्वत भी दलबल के साथ उपस्थित हुए। निषध पर्वत भी कुटुम्ब के सहित आये। महाभाग गन्धमाधन पर्वत भी पधारे। महेन्द्र भी आये। पर्वतराज क्रौंच भी और इसी प्रकार त्रिकूट, चित्रकूट, वेंकट, श्रीगिरि, विंध्य, महाशैल भी सजधज के साथ उपस्थित

हुए। कैलाश नामक महाशैल भी कृपा कर हिमालय के घर पधारे जो सब पर्वतों के अधिष्ठात्री देवता थे। **इस प्रकार शिव-शिवा विवाह में भारतवर्ष के श्रेष्ठ पर्वतदेवों का आगमन हुआ।** सब प्रेम और आनन्द के साथ शिव विवाह देखने आये थे। **सभी नदियाँ भी आतुर भाव से वहाँ पधारीं**–गंगा, नर्मदा, रुद्र कन्या, सरिद्वरा भी आयीं। हिमालय की दिव्यपुरी इन सबके आगमन से मुदित हो गयी। पवित्रता का साम्राज्य हो गया।

सज्जा भी अद्भुत थी। ध्वजा-तोरण सजे थे। वितान ताने गये। मार्ग सब प्रकार से छिड़कवा दिये गये। प्रत्येक द्वार पर केले का गांछ और मंगलद्रव्य घट सुशोभित थे। विवाह पर चित्रों और आकृतियों की जो सजावट की जाती है वह अद्भुत ढंग से की गयी। काशी में आज भी विवाह के घर की दीवारों पर देवी-देवताओं, पशु-पक्षियों और वृक्ष-लताओं के चित्र उकेरे जाते हैं। अभी कुछ समय पहले तक बारात के साथ भिन्न-भिन्न प्रकार के और बड़े आकार के खिलौना भी सिर पर रखे स्त्री-पुरुष चलते थे। शिव विवाह के अवसर पर कृत्रिम सिंह, सारस की पंक्ति, कृत्रिम मोर जीवन्त लग रहे थे। हाथ में धनुष लिए द्वारपाल मानो सच्चे प्राणधारी। कृत्रिम हाथी, अश्व, अश्वारोही–जीवन्त। महाद्वार पर कृत्रिम नन्दी मानो साक्षात नन्दी। कैसी सज्जा रही होगी जिसकी रचना स्वयं विश्वकर्मा ने की थी। हिमालय के द्वार पर सभी शिव जी के आगमन की प्रतीक्षा करने लगे।

उधर कैलाश पर पत्रिका देखकर शिव जी अत्यन्त प्रसन्न हुए और मुनियों से बोले कि आप सब देवता, मुनि, सिद्ध तथा महात्माओं को मेरी ओर से निमन्त्रण दे दीजिए। यह भी कह दीजिए, कि ये सभी स्त्री-पुत्र और गणों सहित आयें। **न्योता देने का काम नारद जी ने सम्भाला।** सबको निमन्त्रण दे आये। शिव के गण मगन होकर नृत्य करने लगे। सब देवता आ गये। मुनि, नाग, सिद्ध भी पधारे। चहुंओर मोद छा गया। वर–यात्रा का आयोजन प्रारम्भ हुआ। देव-पत्नियाँ शिव जी को दूलह वेश में सजाने लगीं। शिव का स्वाभाविक वेश अत्यन्त शोभायमान था। जब उनका वेश सजाया गया तो चन्द्र ने मुकुट के स्थान में समीपता प्राप्त की। तीसरा नेत्र तिलक रूप में सज गया। कर्णभूषण दो सर्पों के योग से रत्नयुक्त कुण्डल बन गये और विभूति अंगराग बनी। इस सुन्दर रूप को देखकर सब अघा नहीं रहे थे। विष्णु ने वैरागी शिव से कहा कि अब आपको 'गृह्य सूत्र विधि' से गिरीश सुता से विवाह करना चाहिए। जब आप इस रीति से विवाह करेंगे तब यह सर्वत्र विख्यात हो जायेगी। महाशिव ने विष्णु का यह निवेदन मान लिया। लौकिक आचार विधि से–**महावैरागी शिव ने यह सब किया**–मण्डप का स्थापन हुआ, नांदीमुख श्राद्ध सम्पन्न किया गया और

कुल धर्म के अनुसार मुनियों की प्रीति से अनेक रीतियाँ सम्पन्न की गयीं। समस्त श्रेष्ठ मुनिगण ये रीतियाँ करवा रहे थे–कश्यप, अत्रि, वशिष्ठ, अगस्त्य, च्यवन, गर्ग, शिलाद, दधीचि, भारद्वाज, पिप्पलाद, कुशिक।

लौकिक–वैदिक कार्य पूर्ण करके महादेव ने मुनियों को प्रणाम किया और प्रसन्नता पूर्वक पर्वोत्तम कैलाश पर्वत से बारात लेकर चले। अपने गणों सहित सबसे उन्होंने साथ चलने का निवेदन किया। सब प्रसन्नमुख चले। **कैसी अद्भुत शिव बाराती सजी।** चण्डी रुद्र की भगिनी होकर सम्मलित हुईं। डमरू के शब्दों से त्रिलोकी व्याकुल हो गयी। शंखो का नाद होने लगा। दुंदुभी के निर्घोष से कोलाहल मच गया। ऐसे-ऐसे स्वरनाद कि जिनसे सम्पूर्ण अमंगल दूर हो जाय। सब जगत मंगलमय हो जाय।

और क्यो न हो। जिस बारात में बैकुण्ठनाथ मध्य में गरुड़ासन पर चलें। इन्द्र ऐरावत पर सुशोभित हों। समस्त देव कन्याएँ और गायत्री, सावित्री, लक्ष्मी बारात में चल रही हों और सबसे बढ़कर धर्मवत्सल महादेव वृषभ पर आरूढ़ होकर मगनमन चले जा रहें हो। बस ये देवी-देवता थोड़े ही थे शिव बारात की शोभा। इसमें शाकिनी, यातुधानी, वेताल, ब्रह्मराक्षस, भूत-प्रेत, पिशाच और प्रमथ भी शामिल थे। गन्धर्व और किन्नरगण भी मुख और हाथ के बाजे बजाते चल रहे थे।

बारात की अगवानी हुईं। हिमालय सबके सम्मुख गये। अपने भाग्य की बड़ाई करने लगे। देवताओं की समस्त कोटियाँ उनके सामने थीं। उन्होंने शंकर को प्रणाम किया जो बैल के ऊपर चढ़े प्रसन्नमुख थे। शिव के शरीर की शोभा दिगंतरों को प्रकाशित कर रही थी। हिमालय ने सबको न्योता दिया। सारे लोग हिमालय के घर गये।

मैना का संशय अब भी पूरी तरह शमित नहीं हुआ था। उन्होने नारद को बुलाया और शंकर का रूप देखने की इच्छा प्रकट की। वे चन्द्रशाला में आयीं। शिव जी ने उनके मन का अहंकार जान लिया। कौतुकी और लीलाधारी शिव की 'लीला' पुनः शुरू हो गयी। उन्होंने बारातियों से कहा कि आप सब गिरि के द्वार पर जाइये, हम पीछे आयेंगे। देवता गमन करने लगे, देवताओं को देख उतावली मैना नारद से पूछने लगीं कि इनमें से रुद्र कौन है। नारद मुस्कुराए। मैना का अहंकार शिव को चीन्ह नहीं पा रहा था। **अहंकार मिट जाये तो शिव स्वयं ही अपने को पहचनवा देते हैं।** रुद्र चन्द्रशाला में आये। मैना का गर्व हरने वाले उनके ढेरों गण उनके साथ थे। गण भी कैसे-कैसे–वायु का रूप धारे, मर्मर शब्द करते–वक्रतुण्ड, विरूपाक्ष। किन्ही के विकराल ढाढ़ी मूँछ। कोई नेत्रहीन। कोई दण्डपाश तो कोई मुगदर लिए। कोई मुख रहित कोई विकटमुख। नाना वेशधारी। सब एक से बढ़ कर एक भयंकर। ऐसी विकट शिव बारात देखकर मैना सोच में पड़ गयीं। नारद ने बृषभ पर चढ़े शिव की

ओर मैना का ध्यान केन्द्रित किया। अब मैना ने पाँच मुख, तीन नेत्र, विभूति से भूषित शंकर को देखा। शूल युक्त विरूपाक्ष विकट रूप गजचर्म ओढ़े शंकर को देखकर पार्वती की माता की सिट्टी-पिट्टी गुम हो गयी। नारद से बोलीं कि तुमने अंगुली से दिखाकर कहा कि ये शिव हैं और पृथ्वी पर गिर पड़ीं।

शिव और उनकी बारात के इस प्रसंग का वर्णन 'पार्वती मंगल' में मिलता है–

कमठ खपर मटि–खाल निसान बजावहिं।
नर कपाल जल-भरि-भरि पिअहिं पिआवहिं।।
वर अनुहरत बरात बनी हरि हंसि कहा।
सुन हियं हंसत महेस केलि कौतुक महा।।

तनिक चैतन्य हुईं तो क्षोभ से विलाप करने लगीं। विलाप करते हुए पार्वती की निन्दा की। नारद का तिरस्कार किया और बोलीं–हे मुने! तुम ही इसके कारण हो। तुमने सब प्रकार से मुझको ठग लिया। मैं क्या करू, कहाँ जाऊँ। और विक्षिप्त स्वर में कहने लगी–कहाँ हैं सप्तर्षि और वह अरुंधती? वशिष्ठ की पत्नी तो बड़ी धूर्ता निकली। तुम सबको धिक्कार है। तुमने मेरा घर नष्ट कर दिया। नारद ने उन्हें सांत्वना देते हुए कहा कि हे पतिव्रते! तुमने शिव जी का यथार्थ सुन्दर रूप देखा नहीं है–यह तो उनकी लीला है। क्रोध छोड़ दो और अपनी पार्वती शंकर को प्रदान करो।

पर अहंकार से भरी मैना भला क्यों मानतीं। टस से मस न हुईं। उग्ररूपी शंकर को मैं अपनी कन्या नहीं दूँगी–के हठ पर अड़ी रहीं। ऋषियों की भी एक न सुनी। हिमालय की विनती नहीं सुनी। पार्वती ने समझाया पर मैना हठ ठाने रहीं। ब्रह्मा की मृदुल वाणी का भी उन पर तनिक प्रभाव नहीं पड़ा। सब हार गये। 'अपनी कन्या नहीं दूँगी, नहीं दूँगी' की रट लगी रही। हार कर विष्णु सामने आये। हाथ जोड़कर समझाया तब मैना थोड़ा पिघलीं और बोलीं कि यदि शंकर का शरीर मनोहर हो जाये तो मैं अपनी कन्या शंकर को दे सकती हूँ और मुँह फुलाकर बैठ गयीं।

विष्णु से प्रेरित होकर तब शिव ने अपना दिव्य और अद्भुत रूप दिखाया। सब मोहित हुए और धन्य हो गये। अब नारद के मन में कुछ आशा जगी और मैना से बोले–हे भाग्यवान! तुम शिव जी का यह अद्भुत रूप देखो जो करुणामय शंकर ने तुम पर कृपा करके धारण किया है। तुम्हारे जैसा भाग्यवान कोई नहीं है जिसके कोप ने हम सबको शंकर के इस अद्भुत रूप के दर्शन का अवसर दिया है। मैना शिव का रूप निहारने लगीं। कैसा तो अरूप रूप था वह–कोटि सूर्य के समान कान्तिमान। सम्पूर्ण अवयवों से सुन्दर असाधारण वस्त्र-भूषण धारण किये। लावण्यता से मनोहर गौरकान्ति और चन्द्रशेखर से सज्जित। इस शोभा का वर्णन कर पाना किसके बस में है।

दुलहा शिव का स्वागत

परछावन

पार्वती पूजना

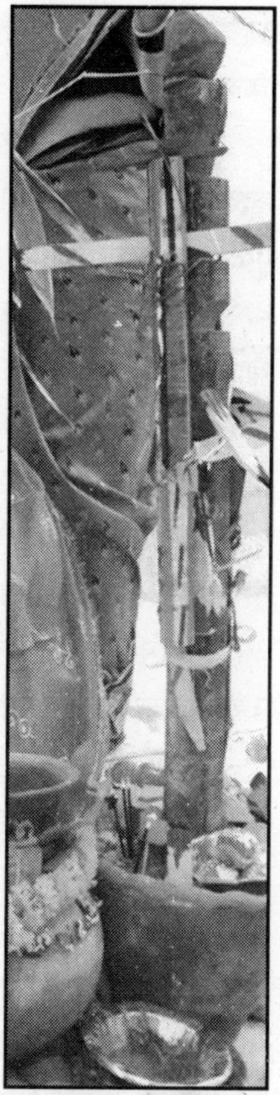

विवाह का मड़वा

'पार्वती मंगल' में कौतुक के बाद महादेव के रूप परिवर्तन को यह छंद साकार कर देता है–

लखि लौकिक गति सम्भु जानि बड़ सोहर।
भए सुन्दर सत कोटि मनोज मनोहर।।
नील निचोल छाल भई फनि मनि भूषण।
रोम रोम पर उदित रूपमय पूषन।।

गंगा और यमुना शिव पर चमर धारण किये हैं। आठों सिद्धि उनके आगे नृत्य कर रही हैं। यह रूप देखकर मैना चित्रलिखित के समान हो गयीं। अवसाद का स्थान

आनन्द ने ले लिया और शिव से कहने लगीं–मेरी पुत्री धन्य है जिसने आपको प्राप्त किया। जिसके प्रताप से आप मेरे घर आये। मैंने आपकी निन्दा की, मुझे क्षमा कीजिए।

मैना को प्रसन्न देख सभी स्त्रियाँ आ जुटीं। गिरिजापति का दर्शन पाकर सबके हृदय में आनन्द का सागर हिलोरें लेने लगा। **स्त्रियों ने चन्दन-अक्षत से शंकर की पूजा की। उनके ऊपर खीलें बरसाईं।** अब शिव सबको साथ लेकर हिमालय के यहाँ चले। मैना हाथ में दीप लेकर द्वार पर आयीं। विषाद का कहीं अब नाम भी नहीं था। आनन्द ही आनन्द सर्वत्र व्याप्त था। अब मैना ने शंकर को प्रेम की दृष्टि से देखा। अपने दामाद के रूप को निहारते उनके नेत्र तृप्त नहीं हो रहे थे। रूप भी तो ऐसा ही था कि आँख न ठहरे-सुन्दर चम्पे के समान शरीर, हास्य से प्रसन्न मुख, मालती की माला पहने, अच्छे रत्नों का उज्ज्वल मुकुट और कण्ठ का भूषण धारण किये। कंगन और बाजूबन्दों से शोभायमान। मनोहर विभूति लगाये। चन्दन, अगर, कस्तूरी और कुंकुम से भूषित। नेत्रों मे सुन्दर काजर लगाये। प्रभु का यह रूप देख कर मैना ने सब शोक भुला दिया। **स्त्रियाँ परछन करने लगीं। हिमालय ने द्वारचार किया।**

पार्वती की शोभा भी शिव से कम नहीं थी–सुन्दर केशपाश, कस्तूरी की बिन्दी, भाल पर सिन्दूर बिन्दु। वक्ष पर रत्नेन्द्र सार हार। बाजूबन्द रत्नों के कंकण से मण्डित। रत्न जड़े कुण्डल। बिम्ब फल के समान रक्त वर्ण के मधुर होंठ। महावर से शोभायमान हाथ। चन्दन, अगर, कस्तूरी और कुंकुम से चर्चित चरणों में मंजीर ध्वनि कर रहे थे। सबने देवी को प्रणाम किया। बैरागी शिव प्रेम-रस में डूब गये। त्रिनेत्र शंकर ने नेत्र के कोने से भगवती को देख कर आनन्द प्राप्त किया। सती की आकृति शिवा को देखकर उन्होंने विरह व्यथा त्याग दी। उनका सर्वांग हर्ष से पुलकित हो गया। शिवा-शिव की यह अलौकिक छबि सबको आनन्दित करने लगी।

विवाह संस्कार प्रारम्भ हुआ। गर्ग जी हिमालय से बोले–हे काली के पिता पाणिग्रहण के निमित्त शिव जी को अपने मन्दिर में ले जाइये। सब प्रसन्न हुए कि अब वे शिवा शिव का विवाह देखकर धन्य होंगे। विप्रों के साथ शिव जी चले। मंगल द्रव्य के साथ शिव ने स्नान किया। गर्ग जी ने कन्या दान की घड़ी का समय विचारा। गर्ग ने पुण्य वाचन करके चावलों की अंजलि धारण की और पार्वती को दी जिसे भगवती ने शिव जी के ऊपर धारण करा दिया। पार्वती ने दधि, अक्षत, कुशा और जलों से परम मोद और रुचि के साथ शंकर की पूजा की। शिव जी ने गर्ग आदि की अनुमति से लौकिक आचार के साथ पार्वती का पूजन किया। इस प्रकार पार्वती-परमेश्वर ने

परस्पर एक दूसरे का सत्कार किया। देव स्त्रियों ने दोनों का नीराजन किया। तब हिमालय आये, अर्ध्य-पाद्य तथा वस्त्र-चन्दन देकर वर का वरण किया।

हिमालय ने तभी सर्वेश से एक अप्रत्याशित बात कह दी। उन्होंने शिव जी से कहा–**शंकर अब आप अपना गोत्र प्रवर और कुल कहिए तथा अपना नाम, अपना वेद और अपनी शाखा बताइये।** शंकर सोच में पड़ गये। **इन सब बातों से उनका क्या लेना देना।** सभी देवता भी स्तम्भित हो गये कि परमपिता से ऐसा प्रश्न? नारद आगे आये और हिमालय से बोले–तुम बड़े मूढ़ हो। तुमने साक्षात शंकर से गोत्र के विषय में प्रश्न किया है जो महा उपहास का विषय है। और फिर नारद ने शिव की महिमा इन शब्दों में हिमालय के समक्ष गाई–*शंकर का गोत्र और कुल जानने का सामर्थ्य ब्रह्मा-विष्णु में भी नहीं है। जिनके एक दिन में कोटि ब्रह्मा लय हो जाते हैं उन शंकर का तुमने काली के तपोबल से दर्शन किया है। यह अरूप, परब्रह्म निर्गुण, प्रक्रति से परे हैं। यह निराकार, निर्विकार, मायाधीश, परे से भी परे हैं। यह कुल गोत्र और नाम से रहित हैं। यह जगदम्बा की इच्छा से ही सगुण शरीर धारी और लौकिक हुए हैं। इनके समान किसी का श्रेष्ठ गोत्र नहीं। ये गोत्रहीन, कुलहीन होते हुए भी परम कुलीन हैं।* अब बात हिमालय की समझ में आ चुकी थी, इसी क्षण नारद ने उनसे कहा–हे पार्वती के पिता आपको वर के विषय में इस प्रकार का विचार नहीं करना चाहिए और कन्या दान करना चाहिए। हिमालय लज्जित भी हुए और सन्तुष्ट भी। और कन्या का दान किया। वे शिव से बोले कि आप मेरे पुत्री को भार्या के रूप में ग्रहण कीजिए। पार्वती का हाथ शिव जी के हाथ में रखकर वेद मन्त्रों के बीच हिमालय ने अपनी कन्या समर्पित की और शंकर जी ने प्रसन्न होकर पार्वती का हाथ ग्रहण किया।

यह दृश्य देखकर सब हर्षित हुए। गन्धर्व गाने लगे, अप्सराएँ नाचने लगीं। आनन्द का उत्सव आरम्भ हो गया। इसी बीच अग्नि स्थापित की गयी। शिव ने पार्वती को अंक में लेकर होम किया और आहुति दी। मैना ने तिलांजलि दी। शिव-शिवा के शिर पर अभिषेक किया गया। सबने शिव पार्वती के परम मंगल रूप का दर्शन किया। फिर मुनियों की आज्ञा से **शिव जी ने पार्वती के शिर में सिन्दूर लगाया।** उस समय पार्वती की शोभा अद्‌भुत हो गयी। मंगल गान होने लगे वर वधू एक आसन पर विराजे।

स्त्रियाँ शिव को लेकर लहकोर (कोहबर) के स्थान में गयीं। लोकाचार होने लगे। अब लीलाधारी शिव को **लोक की लीला** देखनी थी। स्त्रियाँ ग्रन्थि खोलने लगीं। हास्य-कटाक्ष से शरीर पुलकित होने लगे। कैसी-कैसी देवियाँ कोहबर में

थीं–सरस्वती, लक्ष्मी, सावित्री, गंगा, अदिति, शची, लोपामुद्रा, अरुंधती, अहल्या, तुलसी, रोहिणी, वसुन्धरा, और भी न जाने कितनी! देव कन्याएँ, नाग कन्याएँ और मुनि कन्याएँ भी थीं। सब शिव के समीप बैठीं और कोहबर हास्य-विनोद से भर गया। सब देवियाँ भूल गयीं कि वे कौन हैं। वे **लोक स्त्रियाँ बन गयीं** और शिव के साथ चुहल करने लगीं। न किसी को शिष्टाचार का भान था, न वरिष्ठता का और न ही शिव के शिवत्व का। रस की वर्षा होने लगी। **शृंगार और ग्राहस्थ्य भाव वैराग्य पर हावी हो गये।** देखिये शिवा और शिव से कौन क्या बोला :

सरस्वती : हे महादेव! सती देवी तुम्हें प्राप्त हुईं हैं। अब इनका मुखचन्द्र देखकर विरह का दुख त्याग करो। और खिलखिलाकर कहा आप इस सती के साथ आलिंगन पूर्वक समय बिताइये।

लक्ष्मी : लक्ष्मी तो सरस्वती से भी चार हाथ आगे निकलीं। बोलीं–हे कामुक! अब लज्जा छोड़ कर सती को अपनी गोदी में ले लीजिए। और नयन तिरछे करके बोलीं जिसके बिना प्राण जाते थे उससे अब लज्जा कैसी?

सावित्री : सावित्री ने तो शृंगार चर्चा ही आरम्भ कर दी, बोलीं–हे शिव जी प्रेम से सती को भोजन कराइये, उनके बाद ही आप भोजन ग्रहण कीजियेगा। भोजन के बाद पार्वती को कर्पूर मिश्रित ताम्बूल दीजियेगा जिससे आप परम आनन्दित होंगे।

जाह्नवी : शिव से बोलीं कि आप सुवर्ण की कान्ति वाली कंघी से प्यारी के केशों का मार्जन कीजियेगा। इससे बड़ा कोई सुख सौभाग्यवती के लिए नहीं है।

इन्द्राणी : निःसंकोच होकर शिव से बोलीं कि जिनके लिए आपने इतना विलाप किया, उन्हें गोदी में लेने से लजा क्यों रहें हैं।

लोपामुड़ा : हे शंकर! वासगृह में ही भोजन कीजियेगा और वहीं शयन कीजियेगा। यह दम्पति व्यहार ही उचित है।

अरुंधती : अरुंधती जैसी मुनि पत्नी की रसिकता भी चरम पर पहुँच गयी थी। उन्होंने सस्मित कहा कि हे शिव! मैना को मैंने ही मनाया था और पार्वती से शिव की ओर इंगित करते हुए कहा कि अब तुम पार्वती इनके संग सुरति करो।

अहल्या : अहल्या भी चपला हो गयीं थीं। शिव की ओर देखकर हँसते हुए बोलीं कि अब आप वृद्धावस्था को छोड़कर तरुण हो जाइये।

तुलसी : तुलसी शिव के वैराग्य पर कटाक्ष करते हुए कहने लगीं कि हे शिव! पहले तुमने सती को त्यागा और काम को जलाया। अब पार्वती को प्रेम करो।

स्वाहा : शिव मन में तो आनन्द ले रहे थे पर ऊपर-ऊपर अनमनापन दिखा रहे थे।

मन-मन भावे मूड़ी हिलावे। यह देख कर स्वाहा बोलीं कि हे शिव! हम स्त्रियों के इन वचनों की चिन्ता मत करो। हम तुम्हें वैवाहिक जीवन की सीख दे रहे हैं। विवाह में यह व्यवहार होता है जिसमें स्त्रियाँ प्रगल्भ हो जाती हैं।

रोहिणी : रोहणी ने तो कामशास्त्र की चर्चा में भी संकोच न किया और बोलीं–हे कामशास्त्र में पण्डित! आप पार्वती की कामना पूर्ण कीजिए। हे कामी! आप स्वयं कामिनी रूप में काम सागर को पार कीजिए। ऐसा कहकर रोहिणी ठठा कर हँस पड़ीं।

वसुन्धरा : वसुन्धरा को रोहिणी से प्रेरणा मिली और वे नेत्रों में मद भर कर शिव से बोलीं कि आप तो काम से आर्त स्त्रियों की दशा जानते हैं, पार्वती के संग उचित काम व्यहार कीजियेगा।

शतरूपा : ने शिव से यह रस भरा उपदेश वाक्या बोला कि भूखा पुरुष दिव्य भोग के भोगे बिना सन्तुष्ट नहीं होता।

संज्ञा : सब स्त्रियों से हँस कर कहने लगीं कि अरे अब शिव पार्वती को आलिंगन का अवसर तो दो। रत्न का दीपक बाल कर और ताम्बूल रख कर परम प्रीति से एकान्त में पलंग बिछा कर उस पर शिव पार्वती को स्थापित कर दो। शेष कार्य यह दोनों स्वयं कर लेंगे।

शिव जी देवियों की ये बाते सुनकर प्रसन्न हो रहे थे। इन बातों ने उन्हें आनन्द विभोर और पार्वती के प्रति प्रेमासिक्त कर दिया था। फिर भी अपने मन के भावों को छिपाते हुए और बनावटी रोष दिखाते हुए वे इन सबसे बोले–हे देवियों! इस प्रकार के वचन हमारे समीप मत कहिए। और हँसते हुए कहने लगे कि आप सब साध्वी हैं, जगत की माता हैं। अपने पुत्र से चपलता किस प्रकार करती हैं। शिव के यह वचन सुन कर सभी स्त्रियाँ एक दूसरे को देख-देख कर आँखों-आँखों में मुस्कुराने लगीं-पर मानी नहीं। प्रगल्भता करती रहीं।

शिव आनन्दित होते रहे। मिष्ठान्न भोजन करते रहे और स्त्रियों के साथ अपने उस मधुर रूप का प्रदर्शन करते रहे जिसे शिव के माध्यम से देख पाना अत्यन्त दुर्लभ है।

शिव विवाह के बाद हँसी-ठिठोली के इस माहौल ने आसेतु हिमालय रस-वर्षा कर दी। ऐसे ही आनन्द के वातावरण में भोज की व्यस्था की गयी। सभी जनवासे के स्थान की ओर गये। भाग्यवान हिमालय ने सबके भोजन करने के लिए अपने आँगन में समारोह किया। उस आँगन को भली-भाँति धुला कर लिपाया गया। सुगन्धित द्रव्यों से छिड़काव किया गया। हिमालय ने अपने पुत्रों को बुलावा देने भेजा। शंकर, विष्णु और सब देवता भोजन के निमित्त चले। हिमालय ने सबसे भोजन करने की

प्रार्थना की। सब आसन पर बैठे और भोजन करने लगे। पंक्ति बाँधकर बैठे देवता भी हास्य-चुहल कर रहे थे। नन्दी, भृंगी, वीरभद्र और वीरभद्र के गण कुतूहल सहित भांत-भांत के भोजन करने लगे। अनेक रसों का भोजन परोसा गया। सबने आनन्द से भोजन किया। महाहास–परिहास चलता रहा।

भोजन के बाद शिव से पूजन-दर्शन कराया गया और फिर वे जनवासे में जा टिके। यहाँ धर्म ने उन्हें गृहस्थ जीवन का उपदेश दिया। **अब भात-भोज की व्यस्था की गयी।** दूसरे दिन पुनः सब देवता जुटे। हिमालय ने सबको मण्डप में बैठाया। भोजन परोसा गया। उस समय **पुर की स्त्रियाँ प्रेम से गारी गाने लगीं।** हँसती हुई वे सब महादेव और देवताओं को निहारती रहीं और उन्हें गरियाती रहीं। सभी देवता गारी सुनकर प्रसन्न हो रहे थे।

स्वादिष्ट अन्नों से सब तृप्त हुए। हिमालय के आग्रह पर शिव और अन्य देवता कई दिनों तक वहाँ टिके रहे। सप्तर्षियों के बहुत समझाने पर हिमालय ने विदा स्वीकार की। विदाई की घड़ी आ चुकी थी। 'शिवमहापुराण' में पार्वती की विदाई का यह चित्र बहुत विस्तृत और मार्मिक रूप में प्रस्तुत किया गया है। विदाई के लिए शिव हिमालय के घर गये। मैना भाव से भरकर शिव से बोलीं–हे कृपासागर! कृपा करके आप मेरी पुत्री का पालन करो। आप आशुतोष हैं। पार्वती के सहस्त्र दोषों को भी आप क्षमा कीजियेगा।

यह मेरी कन्या जन्म से आपके चरण कमल की भक्त है। ऐसा कह कर मैना रोदन करते हुए शिवाशिव के आगे गिर पड़ीं। शिव भी भावाकुल हो गये और अपने गणों सहित मौन होकर वहाँ से चले। इसी समय हिमालय वहाँ आये–उनके पुत्र और कई ब्राह्मण साथ थे। हिमालय पार्वती को अँकवार में भरकर रोने लगे–'कहाँ जाती है', बार–बार कहने लगे। माता पार्वती भाव-विह्वल थीं। उन्होंने परम भक्ति से सबको प्रणाम किया। लोकाचार से महामाया भी रोने लगीं। अब तो बाँध ही टूट गया। पार्वती का रोदन देखकर सब स्त्रियाँ रोने लगीं। ब्राह्ममणों ने सबको समझाया–यात्रा का सुख देने वाली लग्न टल जायेगी, देर मत करो। धीरज धारण कर हिमालय ने पार्वती के लिए पालकी मँगवाई। ब्राह्मण की स्त्रियों ने उन्हें पालकी पर चढ़ाया। भरे नयनों के साथ सबको प्रणाम कर पार्वती चलीं। प्रेम के वशीभूत हिमालय दूर तक पालकी के संग-संग चले। शिव जी पार्वती सहित अपने स्थान पर पहुँचे और पार्वती से बोले–जिसे तुम लीला से स्मरण करती हो उसे तुम प्राणों के समान प्यारी हो।

शिव की यह प्रेमपगी वाणी सुनकर पार्वती जी मुस्कुराती हुईं बोली कि हे देव! मुझे सब स्मरण है पर मैं मौन हूँ। आपको प्रणाम करती हूँ। प्रेम निमित्त जो उचित हो सो आप करें। पार्वती के इस सौम्य अनुग्रह पर लौकिक आचार दिखाते हुए शिव जी बहुत प्रसन्न हुए।

शिव जी ने अनेक वस्तुओं का सम्भार सजाया और विष्णु आदि देवताओं को भोजन कराया। इसके उपरान्त सब देवता स्त्रियों के सहित भवानीपति शंकर को प्रणाम कर विवाह की बड़ाई करते हुए अपने-अपने स्थानों को चले गये।

'श्री शिवमहापुराण' में यह सारा वृतान्त ब्रह्मा जी ने नारद को सुनाया है। नारद की जिज्ञासा पर ब्रह्मा जी ने शिवा शिव विहार की कथा भी सुनायी। शिव पार्वती का इतना सम्मोहक प्रेमालाप आदि शक्ति और शिव के संयोग से ही सम्भव हो सकता था। ब्रह्मा जी ने सुनाया कि तब महादेव शंकर शिवा गिरिजा को लेकर मनोहर एकान्त स्थान में चले गये। पुष्प, चन्दन से चर्चित, रति को बढाने वाली सेज बड़ी अद्‌भुत थी। भोग की सब वस्तुएँ विद्यमान थीं। भगवान पार्वती सहित उस स्थान पर रमण करने लगे। दुर्गा के अंग स्पर्श से शिव और शिव के अंग स्पर्श से भगवती भी विभोर हुईं। दोनों ने दिन-रात कुछ नहीं जाना। शिव का प्रणय काम का प्रांजल रूप बन गया।

शिव कभी वन के फूलों को तोड़कर, सुन्दर माला बनाकर सती को पहनाते। कभी सती जी के दर्पण में मुख को देखते समय आप भी पीछे से जाकर अपना मुख देखने लगते। सती जी के रोकने पर भी उनके कुण्डलों को बार-बार उघार कर कभी खोलते तो कभी बाँधते। कभी स्वभाव से ही रक्तवर्ण अग्नि के समान निर्मल सती जी के चरणों को रंग लगाकर लाल करते। अब शंकर एक क्षण के लिए भी सती से दूर न जाते, अगर जाना ही पड़ता तो किसी बहाने से सती के ऊँचे स्तनों का स्पर्श करते। प्रणय के क्षणों से अभिभूत और प्रसन्न होकर शिव लज्जा छोड़ देते। शिवा के बिना शिव को क्षण भर भी चैन न मिलता। कभी कमल, कभी सुन्दर पुष्प लाकर वे पार्वती को सजाते, कभी छिपकर सती के पीछे आ खड़े होते और उन्हें निहारते। कभी अन्तरध्यान होकर पार्वती का आलिंगन कर लेते। सुवर्ण की कली के समान पार्वती जी के दोनों स्तन भ्रमरों का आकार धारण किये थे और मृगनाभ की उपमा के थे, इन्हें स्पर्श करने की इच्छा से शिव स्तनों के बीच से हार उठाकर फिर छोड़ देते। बाजूबन्द, कंगन, कड़ों और कुण्डल को बार-बार निकालते और पहराते। मिथ्या ही नहीं कहा गया है कि **सती और शिव सदा वाणी और अर्थ के समान मिले हुए हैं**'।

भील-भीलनी : शिवा-शिव

शिव परम अनुरागी हैं। शंकराचार्य रचित एक श्लोक में यह भाव आता है कि जब महादेव हलाहल विष का पान करते हैं तो उसका प्रभाव शिव पर इसलिए नहीं पड़ता कि तब उनकी दृष्टि जगज्जननी शिव प्रिया पार्वती के ताटंक (कर्णफूल) में एकाग्र थी। आदि गुरु शंकराचार्य द्वारा रचित श्लोक में सौ श्लोक हैं। इनमें माता भगवती की अति उत्तम स्तुति की गयी है। इस स्तुति के दो भाग हैं–41 श्लोकों का पहला भाग **आनन्द लहरी** और 59 श्लोकों का दूसरा भाग **सौन्दर्य लहरी**। सौन्दर्य लहरी संस्कृत के स्त्रोत साहित्य का गौरव ग्रन्थ और उत्कृष्ट काव्य है। इस काव्य में आचार्य शंकर की चमत्कृत करने वाली मेधा का एक अलग ही आयाम उद्घाटित हुआ है–जिसमें निर्गुण, निराकार, अद्वैत ब्रह्म की आराधना करने वाले आचार्य ने शिव और शक्ति की सगुण रागात्मक लीला का विभोर होकर गान किया है। **ताटंक प्रसंग 'सौन्दर्य लहरी' के 28 वें श्लोक में आया है–**

सुधामप्यास्वाद्य प्रतिभय जरामृत्युहरणा
विपद्यंते विश्वे विधिशतमखाद्या दिविषद:।
करालं यत्क्ष्वेलं कवलितवत: कालकलना।
न शंभोंस्तन्मूलं जननि तव ताटडंकमहिमा।।

शिव के कौतुक, शिवा शिव का विवाह और शिव पार्वती की अभिन्नता काशी की माटी का चिरंतन रस है। यह रस मेरे भीतर भी घुला हुआ है। कहीं रहूँ। सिंचित और संचित होता रहता है। जितना कहा उतना ही नहीं, और भी न जाने कितना। महादेव का रंग बहुत गहरा है। कितने-कितने रंग हैं, एक छूटे तो दूसरा चढ़ जाता है। जैसे शिव निराले हैं वैसे ही उनके रंग भी निराले हैं। उनकी नगरी भी निराली है। शिव हमेशा ध्यान में रहते हैं। कभी हटते-खिसकते नहीं। कितने रूप। सब अनूठे। इन्हें गहरे से तो कोई भला क्या बूझ सकेगा, ऊपर से भी जान लें तो सराबोर हो जायेंगे।

काशी में शिव-चर्चा गणेश और भैरव के बिना पूरी नहीं होती। इन दोनों की बनारसी छवि को पौराणिक सन्दर्भ में अभी देखूँगा, इसके पहले अपने भीतर समाए शिव के उस स्वरूप का बखान करना चाहूँगा जिसमें उनका लीला सभ्य महादेव का रूप और औघड़दानी वाला रूप घुल-मिल कर परमानन्द प्रदान कर देते हैं। यह प्रसंग 'महाभारत' का है। 'शिवमहापुराण' में भी यह आया है और 'महाभारत' के वनपर्व में भी। इस प्रसंग पर श्री हर्ष ने संस्कृत महाकाव्य 'नैषधीयचरितम' की रचना की है। पहले **शिवमहापुराण** में वर्णित कथा देख लें, उसके बाद **महाभारत** का नैषध प्रसंग देखेंगे। इन दोनों को देखें तो काव्य रचना की सृजनात्मक परिणति

का भी आभास होता है। एक ही प्रसंग को **महर्षि कृष्णद्वैपायन वेदव्यास और श्री हर्ष** ने भिन्न प्रकार के शिल्प में व्यक्त किया है। अलग प्रकार की शब्दावली। भिन्न प्रकार की प्रोक्ति रचना। एक दूसरे से पृथक प्रभावबिन्दु और केन्द्रक। दोनों पाठ यह बता देते हैं कि कवि का काव्य कौशल ही उसे विशिष्ट बनाता है–अपने तरीके से कथ्य को तराश कर या उसमें अपने काव्य कौशल से रंजकता भर के। 'शिवमहापुराण' का प्रसंग इस प्रकार अपना रूप लेता है–

अर्जुन शिव का आशीर्वाद चाहते थे। अर्जुन की रक्षा के लिए तथा उसकी परीक्षा लेने के लिए शिव अपने गणों सहित अद्भुत भील रूप धारण करके आये। धनुष-बाण धारण किये हुए। पीठ पर तरकस धारे। भीलों के राजा बने। तभी शूकर रूपी दैत्य का स्वर चहुंदिशा में फैल गया। भील के शब्द भी गूँजने लगे। अर्जुन सहित पर्वतादि सब व्याकुल हो उठे। अर्जुन विचारने लगे कि शिव ही इस संकट से उबारेंगे। वह यह विचार कर ही रहे थे कि सूकर वहाँ आ पहुँचा। उसी समय अर्जुन ने बाण चढ़ाया। भील रूप में शिव जी भी सूकर के पीछे लगे आये। दोनों ने एक साथ बाण छोड़े, शिव जी का बाण पूँछ में तथा अर्जुन का बाण मुख में लगा। सूकर भूमि पर गिर कर मर गया। अर्जुन ने विचार किया–मैंने सूकर को मार गिराया, यह शिव की कृपा है। कि तभी शिवगण ने कहा–ये दोनों बाण हमारे हैं। अर्जुन क्रुद्ध हुए कि मूर्ख, बाण तो मैंने छोड़े हैं। यह सुनकर गण हँसकर बोले–हे तापस! तू छल से तपस्वी वेष धारे है। मिथ्या भाषण करता है। तू मुझ भील को अकेला मत जान। बहुत-से भील और हमारा स्वामी वह खड़ा है। यदि तूने बाण छोड़ा है तो मेरे स्वामी से माँग। वे ऐसे बहुत-से बाण देने में समर्थ हैं। वह हमारे राजा हैं। अर्जुन बोले–तेरा स्वामी भी तुझ-सा ही होगा। तुम चोर हो, कपटी हो,तेरा स्वामी माँगे तो मैं उसे कई बाण दे सकता हूँ। तेरा स्वामी आये, मुझसे युद्ध करे। गण भील अवतार रूप भिल्लराज (शिव) के पास गया, सारा वचन उन्हें सुनाया। शिव जी हर्षित हो अपनी सेना सहित वहाँ गये। अर्जुन सन्मुख हुए। किरात ने दूत को भेजा। दूत बोले–हे तपस्विन्! हमारी सेना को देखो। बाण दे दो। इस छोटे से कार्य के लिए क्यों मृत्यु की इच्छा करते हो। अर्जुन बोले–मैं राजा हूँ, भीलों से नहीं डरता। गण ने शिव जी को यह सन्देश दिया तब किरात नामक महादेव अर्जुन के समीप आये। कठिन युद्ध हुआ। भिल्लराज ने तीव्र शस्त्रों से अर्जुन को पीड़ा दी इतनी पीड़ा कि अर्जुन अपने स्वामी शिव का स्मरण करने लगे। अर्जुन भी कौशल से लड़े। शिव जी ने अर्जुन के सब अस्त्रों और कवच को काट डाला। फिर मल्लयुद्ध हुआ। मल्लयुद्ध करते-करते अर्जुन ने शंकर

के चरणों को पकड़ लिया और उसे घुमाया। भक्तवत्सल, लीला करने वाले महादेव मन ही मन हँसने लगे। क्योंकि भक्त के वश में हुए शिव जी ने अर्जुन को अपना दासत्व दान करने के लिए यह चरित्र किया था। इसके पश्चात शंकर ने अपने भक्त के वशीभूत हो सहसा हँसकर अपना अद्‌भुत, सुन्दर रूप दिखाया। शिव जी के उस सुन्दर रूप को देखकर अर्जुन अतिविस्मित हो स्वयं लज्जित हुए। अहो शोक! यह तो कल्याणकारी शिव हैं–यह मैंने क्या किया? ऐसा विचार कर, हाथ बाँध, माथा झुकाया, शिव को प्रणाम किया और दुखी मन से कहा–हे करुणाकर! आपको मेरा अपराध क्षमा करना चाहिए। यह आपने क्या किया जो अपने रूप को छिपाकर मुझे छला। अपने स्वामी के साथ युद्ध करने वाले मुझे धिक्कार है। इस प्रकार पश्चाताप करते हुए अर्जुन महादेव के चरणों में गिर पड़े। तब सर्वेश शिव ने आश्वासन दे कर अर्जुन से कहा–हे पार्थ! तू खेद मत कर, तू मेरा भक्त है। आज मैंने तेरी परीक्षा की। तू शोक को त्याग दे। शिव कृपा से अर्जुन लज्जा रहित हुए। फिर शिव बोले–हे पाण्डवश्रेष्ठ! मैं तेरी वीरता से प्रसन्न हूँ। वर माँग। अर्जुन शिव स्तुति करके बोले–मैं क्या वर माँगू, आप अन्तरयामी हैं। जो कुछ संकट था, वह तो आपके दर्शन से दूर हुआ। अर्जुन के प्रिय वचन सुन कर **महादेव ने अपना दुर्जेय पाशुपत अस्त्र अर्जुन को दिया** और बोले–मैंने अपना अस्त्र तुझको दिया, इससे तू दुर्जय होगा। **मैं श्री कृष्ण से कह दूँगा कि वह तुम्हारी सहायता करें। वह मेरे भक्त तथा आत्मा हैं।**

यह कथा और प्रसंग कितने मनोहारी हैं, कहा नहीं जा सकता। मेरी ओर से मेरी भाषा में पुनः प्रस्तुत यह पाठ आपको कितना लीन कर पायेगा, कैसे बताऊँ। मैं अपनी कहूँ तो इसकी एक-एक पंक्ति मुझे शिवत्व के सम्पूर्ण लोक में पहुँचा देती है। 'शिवमहापुराण' में अर्जुन द्वारा की गयी शिव की स्तुति भी है जो इस कथा में समाहित है। ऐसी ही स्तुति 'महाभारत' के वनपर्व में भी आती है लेकिन 'शिवमहापुराण' वाली स्तुति जन-जन के मन में स्थापित शिव के प्रचण्ड और पावन रूप को एक चित्र की भाँति उकेर देती है। शिव की यह छवि मेरे जैसे बनारसियों के हृदयपटल पर स्थायी रूप से अंकित हो गयी है। अर्जुन की स्तुति है–

आप देवों के देव को नमस्कार है। कैलासवासी नमस्कार है। प्रसन्नरूप आपको नमस्कार है। पाँच मुख वाले आपको नमस्कार है। हे नीलकण्ठ! हे वृषभध्वज आपको नमस्कार है। वाम अंग में जिनके पार्वती स्थित हैं, ऐसे आपको नमस्कार है। आप परमात्मा को नमस्कार है। डमरू तथा कपाल हाथ में लिए आपको नमस्कार है।

मुण्डमाला धारी आपको नमस्कार है। हे पिनाकपाणि आपको नमस्कार है। अंगों में सर्प धारण करने वाले आपको नमस्कार है। हे गंगा जी को धारण करने वाले आपको नमस्कार है। नन्दी गण आदि के सेव्य हे पशुपतिनाथ आपको नमस्कार है। भक्तों को भक्ति और मुक्ति देने वाले आपको नमस्कार है। किरात रूप में मेरा अनुग्रह करने वाले आपको मेरा नमस्कार है।

अब दूसरा पाठ 'महाभारत' के वनपर्व वाला। अभिव्यंजना का भिन्न रूप। प्रसंग वही है और पात्र भी, परन्तु प्रस्तुति और घटनाओं में थोड़े-से हेर-फेर से यह पाठ एक नई धज लेकर हमारे सामने आता है। **प्रसंग का प्रभाव** और **शिव का रूपाकार** दोनों पाठों में अक्षुण्ण हैं। दोनों पाठों का उद्देश्य एक ही है–शिव की महिमा की लीलामय प्रस्तुति। 'महाभारत' का पाठ इस प्रकार है–

बड़े कटीले जंगल में उसकी शोभा देखकर अर्जुन ने वहाँ तपस्या करने का निश्चय किया। तपस्या से प्रसन्न हो शिव ने देवताओं से कहा कि मैं आज अर्जुन की इच्छा पूर्ण करूँगा। भगवान शंकर ने सोने-का-सा दमकता हुआ भील का रूप ग्रहण किया। सुन्दर धनुष, सर्पाकार बाण लेकर पार्वती के साथ वे अर्जुन के पास आये। बहुत-से भूत-प्रेत भी वेश बदल कर भील-भीलनियों के वेश में साथ हो लिए। भील वेश धारी भगवान शंकर ने अर्जुन के पास जाकर देखा कि मूक दानव जंगली शूकर का वेश धारण कर तपस्वी अर्जुन को मार डालने की घात देख रहा है। अर्जुन ने भी शूकर को देख लिया। ज्यों ही उन्होंने बाण छोडना चाहा, भील वेशधारी शिव जी ने रोककर कहा–मैं पहले-से ही इसे मारने का निश्चय कर चुका हूँ। इसलिए तुम मत मारो। अर्जुन ने भील की एक न सुनी और बाण छोड़ दिया। उसी समय शिव जी ने भी अपना वज्र-सा बाण चलाया। दोनों के बाण मूक के शरीर से जा टकराये। भयंकर ध्वनि हुई। इस प्रकार दोनों ओर से चले सहस्त्र बाणों से सूकर का शरीर बिंध गया, वह दानव के रूप में प्रकट होकर मर गया। अब अर्जुन ने भील की ओर देखा और बोले–तू कौन है? इस मण्डली के साथ निर्जन वन में क्यों घूम रहा है? यह सूकर मेरा तिरस्कार करने आया था और मैंने इसे मार दिया। फिर तूने इस पर बाण क्यों चलाए? अब मैं तुझे जीता नहीं छोड़ूँगा। भील शान्त भाव से मुसकुराता रहा और बोला–इस सूकर पर मैंने तुझसे पहले बाण चलाया है। मेरा विचार भी तुझसे पहले बन चुका था। यह मेरा निशाना था। तुम तनिक ठहर जाओ, शक्ति हो तो सहो। नहीं तो तुम मुझ पर बाण चलाओ। यह सुनकर अर्जुन आग बबूला हो गये। वे भील पर

बाणों की वर्षा करने लगे। अर्जुन के बाणों को भील पकड़ लेता। शंकर बार-बार हँसकर कहते–मार-मार, तनिक भी कमी न कर। अब दोनों ओर से बाण वर्षा होने लगी। भील का एक बाल भी बांका नहीं हुआ। यह देखकर अर्जुन को घोर आश्चर्य हुआ। अर्जुन कुढ़-कुढ़ कर बाण छोड़ें और भील पकड़ ले। यहाँ तक कि अर्जुन के बाण समाप्त हो गये। भील ने अर्जुन का धनुष भी छीन लिया। द्वन्द्व-युद्ध शुरू हो गया। भील ने एक घूंसा मारा, अर्जुन अचेत से होकर भूमि पर गिर पड़े। थोड़ी देर बाद होश आने पर उन्होने मिट्टी की एक वेदी बनायी। उस पर भगवान शंकर की स्थापना की और शरणागत होकर उनकी पूजा करने लगे। अर्जुन ने देखा कि जो पुष्प उन्होंने शिव मूर्ति पर चढ़ाया है वह भील के सिर पर है। उन्हें प्रसन्नता हुई। वे समझ गये और शान्त हो गये। उन्होंने भील के चरणों में प्रणाम किया। भील रूप शिव प्रसन्न होकर बोले–अर्जुन, मैं तुम्हारे कर्म से प्रसन्न हूँ। तुम्हारे जैसा शूर और धीर कोई दूसरा नहीं है। तुम्हारा तेज और बल मेरे समान है। अब तुम मेरे स्वरूप का दर्शन करो। अर्जुन ने शिव पार्वती का दिव्य दर्शन किया। घुटने टेक कर उन्हें प्रणाम किया। शिव स्तुति की, जिसकी पहली पंक्ति है–**प्रभों आप देवताओं के स्वामी महादेव हैं।**

अपने मनबसिया भीतरी शिव की बात करूँ और मन में गणेश और भैरव विराजमान न हो जायें यह कहाँ सम्भव है। **काशी में छप्पन विनायक विराजते हैं।** शिव के आनन्दवन काशी में **चौदह लिंगों** की गाथा तो स्वयं महादेव ने पार्वती को सुनायी है (काशी खण्ड स्कन्दपुराण।) शिव कहते हैं कि *हे गिरीन्द्र किशोरि, मेरे आनन्दवन में मुक्ति देने में समर्थ चौदह प्रधान लिंग हैं–ओंकारेश्वर, त्रिलोचन, कृतिवासेश्वर, महादेव, रत्नेश्वर, चन्द्रेश्वर, केदारेश्वर, धर्मेश्वर, वीरेश्वर, कामेश्वर, विश्वकर्मेश्वर, मणिकर्णेश्वर और मेरे भी पूज्य अविमुक्तेश्वर तथा समस्त सौख्यप्रद विश्वेश्वर।* **अष्ट भैरव** भी काशी में ही निवास करते हैं इसलिए जब शिव कहते हैं कि **काशी मेरे दृढ़ चित्त को भी चंचल कर रही है,** तो अचरज नहीं होता। जहाँ विनायक भैरव और अन्नपूर्णा का वास हो वहाँ शिव का मन भी भला कैसे न डोले।

चलिये शिव के बहाने थोड़ी बात काशी की भी कर ली जाय। जिस शिव ने अपनी नेत्र की ज्वाला से कामदेव को भस्म कर दिया था, वे स्वयं काशी की अभिलाषा में जलते रहते हैं। बड़ा मनोरम एक प्रसंग **काशीखण्ड** में आता है कि शिव जब काशी की स्मृतियों से विचलित होने लगे तो उन्होंने काशी का समाचार लाने के लिए ब्रह्मा

को भेजने का विचार किया। महादेव ने सोचा कि ब्रह्मा चतुरानन हैं अर्थात अनेक प्रकार की वाक्कला में परम प्रवीण हैं तो वे काशी के सारे समाचार उचित ढंग से ले आयेंगे। इसके पहले शिव योगिनियों और फिर सूर्य को भी काशी भेज चुके थे कि वे वापस आकर काशी के लिए उनकी चंचलता को स्थिर कर देंगे। परन्तु वे सब काशी से नहीं लौटे। यह सब भी महादेव ने ब्रह्मा को बताया और बोले–हे लोक नाथ! काशी मेरे चित्त को उत्कण्ठित कर रही है। इस अत्यन्त सुन्दर कन्दरा वाले मंदराचल पर अब मेरा तनिक भी मन नहीं लगता। **जब मैंने हलाहल पान किया था तब भी मुझे ऐसा सन्ताप नहीं हुआ था, जैसे कि आज काशी का विरह मुझको सता रहा है।** और उत्कण्ठित स्वर में बोले कि आप मेरे काशी छोड़ने का कारण जानते हैं। कोई मूर्ख भी काशी को नहीं छोड़ता। मैं तो आज ही अपनी माया से काशी चला जाता, पर अपने धर्म पर आरूढ राजा दिवोदास का उलंघन नहीं कर सकता अब आपसे क्या कहना और बताना। शिव और ब्रह्मा की इस बतकही के शिव वाले पक्ष को तुलसीदास जी ने मानस में इन शब्दों में व्यक्त किया है :

बहुत बुझाइ तुमहिं का कहहूँ।
परम चतुर मैं जानत अहहूँ।।
काज हमार हित होई।
रिपु सन करेहु बतकही सोयी।।

तो ब्रह्मा काशी पहुँच गये। स्वाभाविक था कि काशी के दर्शन से मन्त्रमुग्ध हो गये। मन ही मन काशी की सराहना करने लगे–'यद्यपि सृष्टि करते हुए मैंने बहुत भाँति की सृष्टि बना डाली, परन्तु स्वयं विश्वनाथ की रची हुई यह काशी तो कुछ और ही चाल की है'। ब्रह्मा के इस अचरज को भी तुलसीदास ने वाणी दी है–

विधिहि भयो आचरज विशेषी।
कतहुँ न आपनि रचना देखी।।

ब्रह्मा भी काशी में ही रह गये। अब प्रारम्भ होती है गणपति महिमा। शिव जी ने गजानन को बुलाया और यह कह कर काशी भेजा कि–हे पुत्र! तुम यहाँ से काशी जाओ और वहाँ पर टिक कर हम लोगों के विघ्न दूर हटाने का यत्न करो। गणेश को **विघ्नविनायक** ऐसे ही नहीं कहा जाता, जो समस्त देवताओं और स्वयं शंकर के विघ्नों को टाल दे उसकी महिमा तो अपरम्पार ही कही जायेगी। पिता की आज्ञा शिरोधार्य कर के गणपति ने **वृद्ध ज्योतिषी का रूप** धारण किया और काशी की गलियों में घूमने लगे।

विघ्न विनायक

आपसे एक बात कहता चलूँ, कि मैं जब भी काशी की संकरी, पेचीली गलियों में घूमता हूँ तो सच मानिए ऐसा महसूस होता रहता है कि गणपति गणेश भी मेरे साथ चल रहे है।

काशी की गलियों में वे काशीवासियों को भविष्य बताते। उनके स्वप्नों की व्याख्या करते। भावी संकटों का पता देते और उनका निराकरण करते। इस तरह से वे काशीवासियों के, विशेषकर स्त्रियों के विश्वासपात्र बन गये। स्त्रियाँ उनका गुणगान करने लग गयीं। आज भी काशी में स्त्री समूहों में जो गणपति लोकगीत गाए जाते हैं उनमे गणेश की वन्दना बहुत आत्मीय भाव से की जाती है।

काशीवासियों का ज्योतिषी या गणेश के साथ प्रेम सम्बन्ध गहराता गया। काशीवासियों के मन में उनकी एक छवि बन गयी कि वे *सुशील, सत्यवादी, मितभाषी, निर्लोभ, सदाचारी, जितेन्द्रिय, प्रसन्नवदन, पवित्र, समदर्शी, क्षमाशील और निर्मल चित्त हैं।* गणेश अपनी इन्हीं छवियों के साथ बनारसियों के हृदयमंच पर आज भी उपस्थित हैं। दिवोदास और गणेश का संवाद होता है। दिवोदास भी गणेश के उक्त गुणों से बन्ध जाते हैं और अपनी धर्म-दृढ़ता को ढीला छोड़ देते हैं। यह समाचार मिला तो विश्वनाथ वाराणसी आये। गणेश काशी में ही वास करने लगे थे। शिव प्रथमत: गणनायक से मिले और उनकी स्तुति करने लगे। अद्‍भुत। ऋषियों ने वेद ध्वनि की। देवांगनाओं ने मुट्‍ठी में भर-भर कर लावों की वर्षा (लावा वृष्टि) की। नाग कन्याओं ने आरती उतारी।

शिव परम मुदित थे। वे प्रसन्नवदन सबसे बोले–मैं जो इस शुभा वाराणसी पुरी में आया हूँ वह सब मेरे पुत्र गणेश का प्रसाद है। जो पिता के लिए भी दुसाध्य है, पुत्र ने उसे सुसाध्य बना दिया। पुत्र ने मेरी अभिलाषा पूर्ण कर दी। फिर शिव ने गणेश की स्तुति करते हुए कहा–*तुम निर्विघ्न लोगों के विघ्न का शमन करने वाले विघ्नहर्ता हो। अतएव तुम्हीं सबसे बढ़कर हो। सभी गण तुम्हारे चरण कमल पर प्रणत रहते हैं। तुम्हीं समस्त बुद्धियों के एकमात्र आश्रय हो। तुम्हीं महामंगल के कारण हो। हे सिद्धिविनायक! तुम्हारा पादपदम सिद्धों को भी वंदनीय है।* कैसा विलक्षण प्रसंग है कि स्वयं महादेव गणेश की स्तुति और वन्दना कर रहे हैं। विघ्नविनायक गणेश का शिव मुख से यह गुणगान ही भारत में गणेश महिमा का कारक है। इसके बाद शिव गणेश को **ढुंढिराज** नाम देते हुए इसका निहितार्थ कहते हैं कि–'ढुंढि धातु ढूँढने के अर्थ में प्रसिद्ध है और समस्त अर्थों के ढूँढने के ही कारण तुम्हारा नाम मैंने ढुंढी दिया है'।

काशी में गणेश की महिमा, उनकी पूजन विधि और काशी के विनायकों का वर्णन भी शिव ने ही किया है। वे कहते हैं कि–तुम्हारे आशीर्वाद के बिना हे ढुंढिराज, हे विनायक! काशीपुरी में कोई प्रवेश नहीं पा सकता...तुमको सुगन्धित चन्दन के

लेपन, सुन्दर धूप, दीप, माला और मोदक से पूजा करके भक्त मेरा दर्शन करें तो कौन-सी सिद्धि नहीं पा सकते? करबद्ध किये गणेश से शिव स्नेहातुर होकर कहते हैं कि तुम **अनेक रूप धारण करके** काशी में विराजमान रहोगे। फिर वे गणेश की पूजा का भी पूरा विधान गणपति से कहते हैं जिसमें प्रमुख यह है कि **मंगलवार की चतुर्थी** तिथि को पूजन करने वाले का पुण्य प्रताप मैं बढ़ाता हूँ। **माघ मास की शुक्ल चतुर्थी** को तुम्हारा पूजन करने वाले देवताओं के प्रिय बन जाते हैं और **माघसुदी चौथ** को श्वेत तिल के लड्डुओं से तुम्हारा पूजन मंगलकारी होगा। शिव इनकी महत्ता भी बताते हैं और फल भी।

काशी में आज भी इनका यथावत निर्वाह किया जाता है। सन्दर्भ आने पर मैं अपने घर (कबीर चौरा) के निकट लोहटिया में स्थित बड़ा गणेश मन्दिर की स्मृति करूँगा। स्कन्द पुराण के काशी खण्ड में 'ढुंढिराज स्त्रोत' की रचना करके शिव ने उसे अपनी वाणी से गाकर पवित्र किया है। इसी प्रसंग में शिव ने काशी के विनायकों का मनोहारी वर्णन किया है जिससे काशी के छप्पन विनायकों का रहस्य उजागर हो जाता है। यहाँ सिर्फ़ कुछ का नाम लेना ही अभीष्ट होगा–गंगा असि के संगम पर अर्कविनायक, वरना के संगम पर ख़ैरवविनायक पूर्व की ओर सिद्धिविनायक, गंगा के पश्चिम तट पर लम्बोदर विनायक, वक्रतुण्ड, एकदन्त, मणिकर्ण, चित्रघंट और ज्येष्ठ विनायक, आदि।

शिव की गणेश वन्दना को काशी खण्ड में लोक भाषा में इस छन्द में ढालकर बनारसी रंग दे दिया गया है। इसमें गणपति को 'काशी का युवराज' कहा गया है–

ढुंढिराज, बतलाइए, को हैं बड़े गणेश।
माघ बदी जो चौथ को, लड्डू खात विशेष॥ (1)
ढुंढिराज महराज के, प्रणवो छप्पन रूप।
काशी माहि बसाइए, ज्यों न परों भवकूप॥ (2)
है महाल तव नाम से ढुंढिराज परसिद्ध।
काशिराज युवराज तुम, करहु काम सब सिद्ध॥ (3)

अब ढुंढिराज गणेश के जन्म, दो प्रसंगों और माता पार्वती से मिले अक्षय स्नेह का संक्षेप मे विवरण देता चलूँ। शिव तो इन सब स्थलों पर उपस्थित हैं ही। प्रारम्भ करें गणेश की उत्पत्ति से कि वे **सब लक्षणों से युक्त हैं**। सुन्दर, विशाल, निर्दोष, महाबली और पराक्रमी हैं। पार्वती उन्हें समक्ष पाकर मुदित हुईं और यहीं पहला गणेश

प्रसंग सामने आता है। जगदम्बे बोलीं–हे तात! **तुम मेरे द्वारपाल बनो। कोई मेरे घर के भीतर न आने पावे। चाहे कोई कितना ही हठ करे पर आने न देना।** माता ने एक दृढ़ लकड़ी गणेश को थमा दी। गणेश द्वार पर स्थित हुए। पार्वती भीतर स्नान करने लगीं। तभी शिव जी द्वार पर आये, वे भीतर जाने लगे। शिव जी को न जानकर गणेश्वर ने उनको रोका कि–माता की आज्ञा के बिना आप नहीं जा सकते और लकड़ी उठा ली। शिव जी बोले–हे मूर्ख! तू किसको निषेध करता है। मुझे नहीं जानता, मैं शिव हूँ। **शंकर भी लीला ही कर रहे थे।** लीला करते हुए बोले–तू मुझ पर प्रहार करेगा। मैं तो अपने घर जाता हूँ। यह कहकर वे फिर घर के भीतर जाने लगे कि गणेश ने पुन: दण्ड से प्रहार किया। गणेश जी ने शिव के गणों की भी एक न सुनी और उन्हें घुड़क कर भगा दिया। वे सब शिव के पास गये। विपदा रोई। लीलाधारी शिव मन में प्रसन्न हुए और गणों से बोले–अरे, तुम सब घुड़की से भीत हो गये। जाओ उस पर प्रहार करो। गण वहाँ पहुँचे। गणेश के सम्मुख हो गरजने लगे कि तू मान जा नहीं तो तेरी मृत्यु हो जायेगी। गणों का रूद्र रूप देखकर गणेश भी तनिक चिन्ता में पड़ गये। माता पार्वती को द्वार पर का यह कोलाहल और क्लेश सुनायी पड़ रहा था। उन्होंने एक सखी से कहा कि देख तो द्वार पर क्या हो रहा है। सखी गयी और आकर सब बताया। पार्वती अपने पुत्र का बल जानती थीं। शिव गणों का मर्म भी वे समझती थीं। उन्होंने भी यह सोचा कि **जब शिव कौतुक कर सकते हैं तो मैं भी क्यों न करूं।** और अपना सन्देश सखी से भेजा। सखी ने बाहर जाकर माता के वचन गणेश से कहे कि भद्र! तुमने बहुत अच्छा किया। तुम अपने कर्तव्य का पालन करो। तुम्हारी माता तुम्हारे साथ हैं।

अब क्या था, बाल गणेश को बल मिल गया, चिन्ता मिट गयी। कच्छा और जांघिया कसकर गणों को चुनौती दी कि मैं पार्वती का पुत्र और तुम शिव के गण हो। जैसे तुम हो वैसे ही मैं भी हूँ। और बालस्मित मन से कहा कि चलो, हम अपना-अपना कर्तव्य पालन करें। सभी गण लज्जित हुए। शिव के पास गये। **शिव तो लोक लीला करने को आतुर थे,** बोले–तुम हमारे और वह गौरी का गण है। अकेला बालक क्या कर सकेगा। तुम सब युद्ध में चतुर हो। गिरिजा अगर हठ करेगी तो इसका फल पायेगी। तुम सब जाओ और युद्ध करो। अनेक लीला करने में चतुर भगवान शंकर मन में गदगद होते रहे और फिर मौन हो गये। शिव के वचनों ने उनके गणों को मस्त कर दिया। गण पुन: वहाँ पहुँच गये। गणेश ने उन्हें आते देखा

और गरज कर बोले कि–'शिव की आज्ञा का पालन करने वाले सब गण आवें। मैं अकेला ही शिवा की आज्ञा का पालन करूँगा।'

अब आप सब देवी पार्वती के पुत्र का बल देखें। वीर देवीपुत्र ने एक बड़ी परिधि ग्रहण कर ली और गणों पर करारा·प्रहार किया–किन्हीं के हाथ टूट गये, किन्हीं के पृष्ठ, किन्हीं के शिर तो किन्हीं के मस्तक और जंघा। सब आहत हो गये। अब क्या हो। पार्वती पुत्र ने तो ऊधम मचा दिया है। अब नारद की प्रेरणा से इन्द्र आदि देवता युद्ध में कूद पड़े। शिव ने अपनी कौतुकी प्रकृति के चलते इन सबको वहाँ भेज दिया था। सबके सब पराजित हो गये। उनकी गति जानकर शंकर ने बनावटी क्रोध जताया। देवताओं की दृढ़ता पर जगदम्बा वास्तव में क्रोधित हुईं। इतनी क्रोधित कि उन्होंने गणेश की परिधि में दो शक्तियाँ अवस्थित कर दीं। अब भला क्या हो सकता था। देवताओं और गणों के सब प्रयत्न व्यर्थ चले गये। सब भागे-पराये शिव के पास गये। अपना-अपना रोना रोया। अब सबको साथ लेकर शिव भी वहाँ पहुँच गये। घनघोर युद्ध हुआ। शिव ने अपनी चरम लीला दिखायी। गणेश का सिर कट गया। शक्तियाँ क्षुभित हुईं। हाहाकार मच गया। पार्वती तक खबर पहुँची। वे परम कुपित हुईं। बाहर निकल आईं। देवता और ऋषि सब काँपने लगे। माता बोलीं–**मेरा पुत्र यदि जी जाये, तुम लोगों के बीच वह प्रथम पूज्य हो तो मैं अपना क्रोध और यह संहार रोक दूंगी।**

शिव तक पार्वती के वचन पहुँचाए गये। वे तो जानते ही थे। अपनी लोक लीला के चरम बिन्दु को रूप देने के लिए बोले कि हमें कुछ ऐसा करना चाहिए जिससे सब लोक का कल्याण हो। आप सब उत्तर दिशा की ओर चले जाओ, जो पहले मिले, उसका सिर लाकर इस गणेश्वर के शरीर में जोड़ दिया जायेगा। सभी उत्तर दिशा को गये। प्रथमत: उनको 'एक दांत वाला' हाथी मिला। उन्होंने उसका सिर काट कर लाकर गणेश के कन्धे पर संयुक्त कर दिया। शिव के पास जाकर उन्होंने बता दिया कि शिव की आज्ञा का पालन हो गया है। अब आप जो भी करणीय हो, करें। शिव वहाँ पहुँचे। देवताओं को आदेश दिया। देवताओं ने गणेश के शरीर पर वेद मन्त्रों के तेज से युक्त जल छिड़का। जल के स्पर्श मात्र से ही बालक शिवजी की इच्छा से सोते हुए के समान उठ बैठा। बहुत सुन्दर बालक, गज मुख, रक्तवर्ण, प्रसन्नवदन, बड़ी कान्ति वाला, बड़ी सुन्दर आकृति वाला। सब प्रसन्न हो गये। सबका दुख क्षय हो गया। पुत्र को जीवित देखकर देवी पार्वती प्रसन्न हुईं। गणाध्यक्ष के रूप में गणेश का अभिषेक हुआ। माता ने पुत्र को आलिंगन में लेकर आशीर्वाद दिया कि–हे पुत्र! तुम धन्य और कृतकृत्य हो।

काशी के घरों-मन्दिरों के प्रवेश द्वार पर विराजे विनायक

तुम सबके पूज्य होगे। सब देवताओं से पूजित होकर तुम दुख से वर्जित होगे। तुम्हारे मुख में जो यह सिन्दूर दिखायी देता है, इस कारण सिन्दूर से मनुष्य सदा तुम्हारी पूजा करेंगे। शिव जी ने अपना करकमल बालक के सिर पर धरा और सबसे कहा–यह मेरा दूसरा पुत्र है। हम तीनों देवता जिस प्रकार से त्रिजगत में पूजित हैं ऐसे ही यह गणनाथ भी पूजनीय होंगे। पहले मनुष्य इनकी पूजा करेंगे, पश्चात हमारी। फिर गणेश को आशीष देते हुए बोले कि हे पार्वती पुत्र! तुम भादों के महीने की चौथ को उत्पन्न हुए हो, और कृष्णपक्ष में चन्द्रोदय के समय तुम प्रकट हुए हो अत: उस दिन तुम्हारा उत्तम व्रत रखा जायेगा।

दूसरा गणेश प्रसंग जनमानस में अति प्रचलित है। इसकी आभा कभी क्षीण नहीं होती। जितनी बार सुनिये, गुनिये दोहराइये, शिव पार्वती और गणेश का त्रिगुणी समन्वय भाव मग्न कर देता है। 'काशी खण्ड' में यह प्रसंग थोड़ा विस्तार भी पाता है। लोक में इस कथा के भिन्न संस्करण अलग-अलग तरह से कहे-सुने जाते हैं। यह इस प्रसंग की व्याप्ति का भी प्रमाण है। यहाँ शास्त्र अर्थात 'स्कन्द पुराण' (काशी खण्ड) वाली कथा विस्तार से तो नहीं, पर मूलार्थ के साथ लिख दे रहा हूँ।

कथा इस प्रकार है कि कार्तिकेय और गणेश, दोनों शिव कुमार छोटी-छोटी बात पर प्रतिस्पर्धा करते थे। एक बार तो दोनों बालहठ कर बैठे कि 'पहले मैं ब्याह

करूँगा'। आनन्द छा गया। इस आनन्द को बढ़ाने में महादेव भी कहाँ चूकने वाले थे। मन ही मन ख़ूब हँसे और एक युक्ति निकाली। पार्वती के कान में भी वह युक्ति कह दी। माता ने भी सुख से उनका साथ दिया। दोनों पुत्रों को बुलाकर माता-पिता ने कहा–तुम दोनों पुत्र समान भाव से हमें प्यारे हो। दोनों पुत्र विनत हुए। तब शिव ने उन्हें अपनी युक्ति से परिचित कराया कि–हमने एक प्रतिज्ञा की है कि **तुम दोनों में से पृथ्वी की परिक्रमा करके जो पहले चला आयेगा, उसी का शुभ लक्षण वाला विवाह पहले किया जायेगा**। यह सुनकर कार्तिकेय तत्काल ही पृथ्वी की परिक्रमा करने के लिए चल दिये। गणेश जी वहीं स्थित रह गये कि मैं क्या करूँ, कहाँ जाऊँ। फिर ज्ञानरूपी गणेश ने एक निश्चय किया। उन्हें जो सूझा वह भारतीय लोक मन की शिराओं में प्रवाहित हो चुका है। गणपति स्नान करके आये। माता-पिता से कहा कि आप दोनों आसन पर बैठ जायें, मैं आपकी पूजा करना चाहता हूँ। आप मेरा मनोरथ पूरा करें। पार्वती परमेश्वर आसन पर बैठ गये। गणेश जी ने उनका पूजनकर बारम्बार उनकी परिक्रमा की। इस प्रकार उन्होंने सात परिक्रमा की। शिवा–शिव प्रसन्न हुए और गणेश को अपने पास बैठा कर कहा कि अब तुम जाओ और पृथ्वी की परिक्रमा करके आओ।

शिव और पार्वती दोनों गणेश का उत्तर जानते थे और वही उत्तर गणेश ने दिया भी कि–अपनी बुद्धि से तो मैंने परिक्रमा पूरी कर ली है। आप दोनों ही शास्त्रज्ञ हैं। शास्त्रों में लिखा है कि जो माता-पिता का पूजन करके उनकी परिक्रमा करता है उसे पृथ्वी की परिक्रमा का फल प्राप्त होता है। आप ही बताइए, कि शास्त्र क्या असत्य होगा। पुत्र का तो यही सबसे बड़ा तीर्थ है। जो माता-पिता के चरण कमल की सेवा करे, दूसरे तीर्थ तो उसे स्वयं प्राप्त हो जाते हैं। और परम आनन्द से माता-पिता के निकट बैठकर बोले कि अब शीघ्र ही आपको मेरा विवाह कर देना चाहिए। गणेश मगन थे और शिवा–शिव गणेश के वचन सुनकर विह्वल।

यह आगे का प्रसंग है कि विश्वरूप प्रजापति की दिव्य रूप दो कन्याओं सिद्धि और बुद्धि के साथ गणेश का विवाह कराया गया। सभी देवता इस विवाह में आये। शिवा-शिव के विवाह की भाँति ही यह मंगल विवाह परम आनन्द से सम्पन्न हुआ। **सिद्धि से क्षेम तथा बुद्धि से लाभ नामक पुत्र गणेश के हुए।** विघ्नविनायक गणेश की महिमा अपार है। उनसे सम्बन्द्ध कथाएँ भी अनंत हैं।

काल भैरव भी काशीचर्चा या शिव-चर्चा के अभिन्न अंग हैं। मेरी स्मृतियों वाले भाग में भी वे आयेंगे। बनारस की गलियों की बात उठेगी, तब भी आयेंगे। काशी में शिव और भैरव अभिन्न हैं। यह भी माना जाता है कि **भैरव जी परमात्मा शंकर का पूर्ण रूप हैं।** वे ही शिव का अविनाशी स्वरूप भी हैं। कहा गया है कि वे अज्ञान नाशक हैं। रूद्र हैं। शिव के मस्तक से उत्पन्न हैं। भैरव से सम्बन्द्ध अनेक कथाएँ इस बात की पुष्टि करती हैं कि शिव ने अपने क्रोध से भैरव-पुरुष को उत्पन्न किया। उत्पन्न करके ईश्वर ने भैरव से कहा–हे भैरव, तुम साक्षात काल के समान शोभित हो। तुम **कालराज** नाम से विख्यात होगे। तुमसे काल भी डरता है। इस कारण तुम काल भैरव हो। तुम रुष्ट होकर दुष्ट आत्माओं को नष्ट करोगे। इस कारण तुम **आमर्दक** नाम से सर्वत्र सिद्धि प्राप्त करोगे। तुम्हारा एक नाम **पाप भक्षक** भी होगा। हे कालराज! मेरी मुक्तिपुरी **काशी सब पुरियों से बड़ी है, तुमको सदा उसका आधिपत्य प्राप्त रहेगा।** उस पुरी में जो पापी पुरुष हैं उन्हें तुम ही दण्ड देने वाले होगे। वहाँ के शुभ और अशुभ कृत्य को चित्रगुप्त लिखेंगे और तुम्हें सूचित करेंगे। तुम पुरस्कार या दण्ड का निर्णय करना। तुम अहंकारमर्दक हो, **जब तक अहंकार रहता है, तब तक ज्ञान छिपा रहता है। तुम अहंकार के मर्दक और ज्ञान के विस्तारक हो।** भैरव वास्तव में वह सभी हैं, जो स्वयं शिव हैं। इसके अतिरिक्त अपना रौद्र भाव शिव ने पूरी तरह भैरव जी को ही समर्पित कर दिया है। शिव का यह कथन कि काशी में यमराज का स्थान नहीं होगा, काशी का शासन आपके बस

में होगा, आज भी संगत बना हुआ है। काशी-लोक उन्हें बनारसी अभिव्यंजक तरीक़े से काशी का कोतवाल कहता है। शिव की आधिपत्य और शासन वाली धारणा को बनारस ने 'कोतवाल' बनाकर अर्थ विस्तार दे दिया है। शिव की समीपता से भैरव जी **काल के भी काल हुए।** और कापालिक व्रत धारण किया। कपाल हाथ में लेकर तीनों लोकों में बिचरने लगे।

एक कथा आती है–भैरव द्वारा ब्रह्मा के शिराच्छेदन की कथा। जहाँ भी जायें, ब्रहमहत्या उनका पीछा न छोड़े। अब शिव कापालिक वेश धारे स्वतन्त्र रूप से विष्णु धाम गये। विष्णु और लक्ष्मी दोनों पूर्ण रूप शिव के दर्शन करके अत्यन्त प्रसन्न हुए। विष्णु ने उनसे प्रश्न किया कि वे इस रूप में क्यों भ्रमण कर रहे हैं। कापालिक भैरव ने तब हँसकर वह कथा सुनायी जब अपनी अंगुलि के नखाग्र से उन्होंने ब्रह्मा का सिर काटा था। और कहा कि उस पाप को दूर करने के निमित्त इस व्रत का अनुष्ठान कर रहा हूँ। विष्णु आश्चर्य में पड़ गये किन्तु शिव की लीला को समझ गये। प्रसन्न भी हुए कि शिव के इस **भैरव रूप** को देखने का उनको सौभाग्य मिला। विष्णु ने 'ब्रह्महत्या' को बुलाकर आदेश दिया कि तुम शिवजी को छोड़ दो। वह बोली–इस बहाने मैं शिव जी की सेवा करती हूँ। शिव रूप भैरव का दर्शन मुझे मिलता है। मैं इन्हें न छोड़ूँगी। **अब भैरव रूपी शिव ने नई लीला रची।** भैरव जी अविमुक्त क्षेत्र वाराणसी चले गये, महाभयंकर रूप धारण करके। भैरव जी के इस विकट रूप के काशी पहुँचते ही ब्रह्महत्या हाहाकार करके उसी समय पाताल में प्रवेश कर गयी। ब्रह्मा जी का शिर भैरव जी के हाथ से छूट कर तत्काल पृथ्वी पर गिर पड़ा। और वहीं काशी का 'कपाल मोचन तीर्थ' स्थापित हो गया। इस तीर्थ भूमि पर ब्रह्मा के शिर को अपने हाथ से गिरा देखकर भैरव ने बड़े आनन्द से नृत्य किया। जो शिर कहीं नहीं गिरा वह काशी में प्रवेश करते ही क्षण मात्र में गिर पड़ा। भैरव की ब्रह्म हत्या जो कहीं नष्ट न हुई, वह काशी में आकर तत्काल नष्ट हो गयी। यह भैरव–नृत्य इस आनन्द का नृत्य है। काशी में यह अघटित घटित हुआ। इसीलिए काशी सदा सेवन करने योग्य है। भैरव जी ने **कपाल मोचन तीर्थ** स्थापित करके काशी में ही निवास किया।

मार्गशीर्ष मास की कृष्णअष्टमी को प्रिय भैरवात्मा प्रकट हुए। यह शास्त्रोक्त भी है और लोक सम्मत भी कि जो शिव की भक्ति करें और काल भैरव की भक्ति न करें, काशी में भी बड़े दुख को प्राप्त होते हैं। और यह भी कि काशी में निवास करके जो भैरव को नहीं भजता, उसके पाप शुक्लपक्ष के चन्द्रमा के समान बढ़ते ही जाते हैं। सदाशिव के अनेक अवतार हुए हैं। भैरव का अवतार इनमें विशिष्ट है।

प्रवेशद्वार

भैरवनाथ का मन्दिर और चबूतरे पर बैठे ओझा

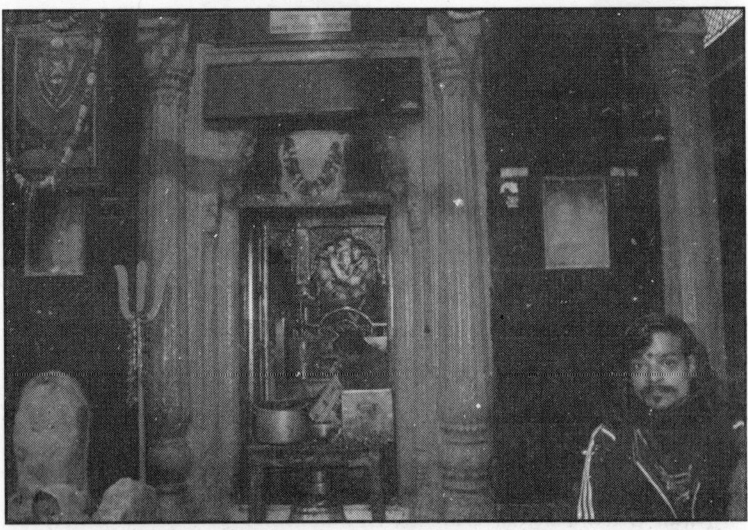

इस ब्रह्महत्या प्रसंग का 'स्कन्दपुराण' में तनिक अलग–सा पाठ भी मिलता है। यह पाठ 'शिवमहापुराण' में दिये गये प्रसंग को और भी रंजित कर देता हैं। प्रसंग इस प्रकार है–ब्रह्मा के पाँचवे सिर ने शिव के लिए अपमान के शब्द कहे थे। शिव ने अपने बाएं हाथ के नखों से शिर नोच लिया। पर वह सिर (मुख) शिव के हाथ से

चिपक गया और भैरव को ब्रहमहत्या लग गयी। इसके निवारण के लिए सदाशिव के आदेश पर वे कपाल व्रत धारण करके भिक्षाटन करते हुए तीर्थ-तीर्थ विचरने लगे। जब भैरव बैकुण्ठ पहुँचे तो विष्णु भगवान ने उनको वाराणसी जाने का परामर्श दिया। काशी पहुँचते ही ब्रहमहत्या पाताल को चली गयी। मत्स्योदरी और गंगा के संगम में स्नान करने से भैरव के हाथ से चिपका कपाल उनके हाथ से छूट कर वहीं गिर गया। तभी से उस स्थान का नाम 'कपाल मोचन' हुआ। काशी के काल भैरव मन्दिर में **आमर्दकेश्वर** और **पाप भक्षक** के स्वरूप में बाबा की आराधना की जाती है।

काशी खण्ड के 31 वें अध्याय में यह भी उल्लेख आया है कि काल भैरव ने काशी की रक्षा के लिए काशी के आठ स्थानों पर अपनी चौकी स्थापित की है–काशी के अष्ट भैरव। काशी खण्ड (स्कन्दपुराण) में ही भैरव की जन्म की कथा का भी सुन्दर वर्णन मिलता है। काशी में जो आठ भैरव विराजते हैं वे सब शिव के गण हैं या कहें कि शिव के भिन्न-भिन्न गुणों के प्रतिनिधि हैं। काशी में महाशिव का जो अपना घेरा है उसके सातवें भाग में माँ अन्नपूर्णा विराजती हैं। इस भाग या क्षेत्र के रक्षक भी काल भैरव हैं। मान्यता है कि काल भैरव मन्दिर की स्थापना तेरहवीं शताब्दी में हुई। इसका स्थापत्य और परिसर अनूठा है। जिस मोहल्ले में स्थित है उसका नाम ही भैरवनाथ है। जैसा कि बताया गया, मार्गशीर्ष (अगहनबदी) कृष्णपक्ष की अष्टमी को सायं काल में भैरव की उत्पत्ति हुई। इस पावन दिन को काशी में भैरवाष्टमी मनाई जाती है और वार्षिक यात्रा निकलती है। सभी कुछ अद्‌भुत अनूठा और अकल्पनीय।

इस मन्दिर की मूर्ति में काल भैरव अपने एक पांव के अंगूठे पर खड़े हैं। उनका वाहन कुत्ता है जिसकी मूर्ति भैरव के स्वरूप के सामने स्थापित है। भैरव का 'सरूप' अति मनोहर है। आज के मन्दिर में तो यह सरूप दर्शित नहीं होता पर 'काशीखण्ड' में बताया गया है कि 'यह सरूप कृष्णवर्ण, त्रिनेत्र और चतुर्भुज है जिसके दाँत विकराल हैं, वे भुजंग की मेखला धारण किये हुए हैं, सिर पर जटा है, मुख की कान्ति अग्नि के समान देदीप्यमान है। वे हाथ में ब्रह्म कपाल धारण किये हुए कुण्डल पहने हुए और काले सर्पों का यज्ञोपवीत धारण किये हुए हैं'। **काशी खण्ड** में यह भी विवरण आता है कि भैरव के केश, दाढ़ी–मूछ और नखों से मेघ, बिजली और शिला तथा भुजाओं से संसार की रक्षा करने वाले लोकपाल प्रकट हुए हैं। भैरव का सरूप चाहे जितना **भी रौद्र हो, वे शान्ति और शक्ति के पुंज हैं।**

भैरव काशी के आठों क्षेत्रों में निवास करते हैं और पुरी का रक्षण करते हैं। उनके अनेक गण हैं जिन्हें काशी में बीर कहा जाता है। ये बीर काशी के लौकिक या लोक देवता हैं। हर वर्ग और समूह के देवता। ये बीर हैं–लहुराबीर, मुरचाली बीर ड्योढ़िया

बीर, भोजूबीर आदि। **काशी में बावन बीर हैं।** कई मुहल्लों का नाम इनके नाम पर हैं, जैसे लहुराबीर, भोजूबीर। बीरों के देवस्थान भी काशी में हैं। इनमें से कई लोक में प्रिय और पूज्य हैं, जैसे भेलूपुर के पास डिंडियाबीर, बनारस हिन्दू विश्वविद्यालय के पास ब्रह्मबीर, विश्वविद्यालय प्रांगण में करमनबीर और मानिकबीर, पंचक्रोशी मार्ग पर दैवराबीर और जगतगंज में दैतराबीर आदि।

उल्लेखनीय है कि काशी के इन सभी बीरों का स्थान सामान्यत: एक चबूतरा (चौरा) के आकार का है। ये बीर शिवलिंग से सर्वथा भिन्न मिट्टी अथवा पत्थर की अनगढ़ आकृतियाँ हैं जो सिन्दूर से पुती होती हैं। यहाँ मेले लगते हैं। पर्व मनाये जाते हैं। इनका श्रृंगार होता है। लोकगीतों का गायन होता है। निम्न वर्ग के स्त्री-पुरुष–धोबी, कहार, पासी, खटिक आदि मगन मन से हिस्सेदारी करते हैं। भैरव के रूप में शिव काशी के लोक पर सरोतर राज करते हैं। तभी तो मुनि श्रेष्ठ अगस्त्य जब काशी पधारे तो उन्होंने भैरव की स्तुति करते हुए यह भाव प्रकट किया कि–'हे कालराज! आप इस काशीपुरी के स्वामी हैं। आप उत्कृष्ट पापनाशिनी विकट मूर्ति धारण करके 'मत डरो', ऐसा कहते हुए अपना हाथ फैला कर काशीवासी भयार्त जीव गण की सर्वतो भाव से रक्षा करते रहते हैं'।

शिव महादेव हैं। लोकगुरु हैं। 'शिवमहापुराण' में देवताओं ने उनकी स्तुति की है। यह स्तुति शिव को अपने भीतर स्थापित करने के कई रूपाकार हमें प्रदान करती है। हम जिस रूप में चाहे बाबा को देखें, समझें, उनमें लीन हों। मैं जब भी विश्वनाथ गली से गुज़रते हुए काशी विश्वनाथ के दर्शन के लिए चलता हूँ तो शिव के ये सारे भाव मेरे भीतर आलोड़ित होने लगते हैं। वैसे भी ये भाव कभी मुझे अकेला नहीं छोड़ते। विश्वनाथ गली में ढेरों दुकानें हैं। चहल-पहल रहती है। भीड़ होती है, पर उस समय मेरे लिए यह सारा कुछ नि:शब्द हो जाता है। न कुछ सुनायी पड़ता है, न दिखायी पड़ता है और न ही कुछ महसूस होता है। देवताओं की यह स्तुति शिव को जानने–समझने की नहीं उनमें भीतर तक लीन कर देने वाली स्तुति भी है। चलिए इस स्तुति की भाव गंगा में अवगाहन करें और शिव मूर्ति के जो भी मुक्ता-मणि बीन बटोर सकें बीन-बटोर लें–

हे शिव! आप वेदस्वरूप, वेदमुख और सदाचार के मार्ग पर ले जाने वाले हैं। आप तपस्या भी हैं और तप का फल भी। आप देवताओं में इन्द्र, ग्रहों में सूर्य, लोकों में सत्यलोक, नदियों में गंगा, वर्णों में श्वेत वर्ण और सरोवर में मानसरोवर हैं।

पर्वतों में हिमालय, गायों में कामधेनु, समुद्रों में क्षीर सागर तथा धातुओं में स्वर्ण हैं। पाषाणों में आप स्फटिक मणि हैं, सब फूलों में कमल और शिलाओं में शालिग्राम शिला हैं। पशुओं में आप नन्दीश्वर हैं, पुराणों में आप भारत और अक्षरों में मकार हैं। बीज रूप में आप ओंकार और दारुण वस्तुओं में विष हैं। व्यापक वस्तुओं में आकाश और सब आत्माओं में परमात्मा हैं। इन्द्रियों में मन, दानों में अभय, पवित्र करने वालों में जल और जीवन देने वालों में अमृत हैं। लाभों में पुण्य लाभ, वेगवानों में वायु और नित्य कर्मों में संध्योपासन हैं। यज्ञों में आप अश्वमेध यज्ञ और युगों में सतयुग हैं। नक्षत्रों में आप पुण्य हैं और तिथियों में अमावस्या हैं। सब ऋतुओं में बसन्त और सब पर्वों में संक्रान्ति हैं। तृणों में कुश और स्थूल वृक्षों में आप वट हैं। लताओं में आप सोमवल्ली हैं। सब ज्योतिर्लिंगों में आप विश्वनाथ हैं। आदित्यों में वासुदेव, वानरों में हनुमान यज्ञों में जपयज्ञ और शस्त्रधारियों में आप राम हैं। गन्धर्वों में चित्ररथ, वसुओं में पावक, महीने में अधिकमास और व्रतों में चतुर्दशी हैं। गजेन्द्रों में ऐरावत और सिद्धों में कपिल आप ही हैं। आप अंत, अनादि आनन्द और अक्षय रूप प्रभु हैं। आप ही जगत के प्रभु, जगत के कर्ता, भर्ता, हर्ता हैं। रज, सत्, तम गुणों से युक्त आप ही ब्रह्मा, विष्णु, महेश हैं। आप जगत को तारने वाले, सबके अधिपति, अविनाशी हैं। समस्त देवता, असुर और पुरुष प्रभु! आपके पशु हैं क्योंकि आप ही पशुओं को पाशमुक्त करने वाले पशुपति हैं।

शिव की यह महिमा काशी महात्मय का पर्याय बन चुकी है। जब शिव ने काशी में वास करने का निर्णय लिया तो 'आनन्दवन' की सृष्टि हो गयी। उन्होंने नन्दी को काशी भेजा कि वह काशी में उनके लिए मन्दिर-मण्डप का निर्माण करायें। नन्दी ने आज्ञा का पालन किया। और शिव मन्दराचल से वाराणसी पुरी आ गये। रमणीय आनन्दवन में वे विचरण करने लगे। उनके आगमन से वन मण्डल चतुर्दिक सुवासित हो गया। पुरी की रमणीयता और भी रमणीय बन गयी। विश्वेश्वर ने मुक्ति मण्डप में प्रवेश किया। उसकी पावनता, सुन्दरता और भव्यता को देखकर शिव बोले–आनन्दवन का यह मण्डप मेरे हृदय में स्थित हो गया है। यह लिंग मेरी सर्वोत्कृष्ट मूर्ति है। इस पर एक चिल्लू जल या एक भी पुष्प चढ़ाया जाय तो पर्याप्त है। यह है शिव और शिव की काशी की महिमा। 'काशी खण्ड' में एक दोहा लोक भाषा में लिखा मिलता है जो शिव-काशी की इस महिमा पर पक्की मुहर लगाने वाला है–

विश्वनाथ सम शिवलिंग नहिं, नगर न काशि समान।
मनिकनिका सो तीर्थ नहिं, जग में कतहूँ महान॥

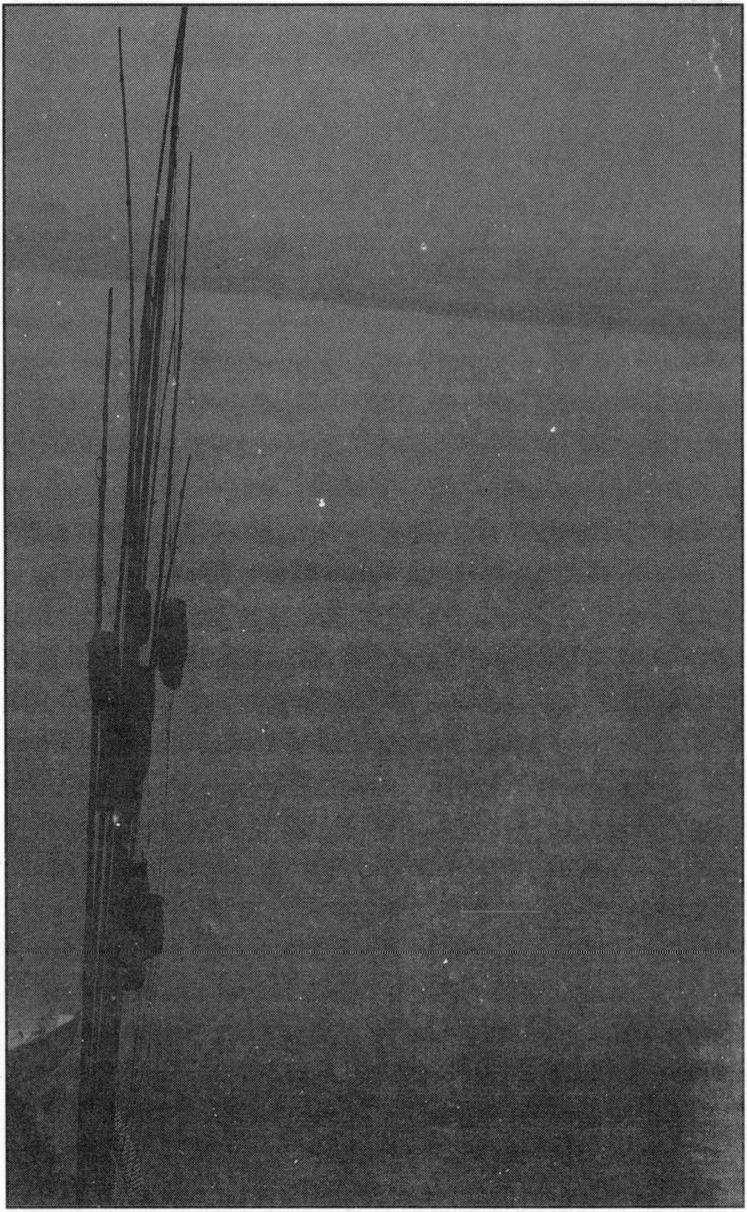

गंगा : काहू ने न तारे तिन्हे गंगा तुम तारे

शीर्षक की यह पंक्ति 'पद्माकर' की है। दूसरी पंक्ति है–'जेते तुम तारे तेते नभ में न तारे हैं'। कल्याणकारी गंगा की दया, करुणा और कृपा का कोई ओर-छोर नहीं है। गंगा इसीलिए माता हैं। बनारस की 'गंगा माई'। काशी-संस्कृति के मनीषी विद्वान, काशी-रस में पगे स्व. डॉक्टर भानु शंकर मेहता ने अपनी पुस्तक 'धन-धन मातुगंग' में जगदीश चन्द्र मिश्र की काव्य पुस्तक 'गंगा' के आधार पर माँ गंगा से सम्बन्धित ग्यारह कथाएँ दी हैं–गंगा के आध्यात्मिक, पौराणिक और लौकिक साक्ष्यों के धागे में गुथी। 'मातुगंगा' की भारतीय अथवा राष्ट्रीय छवि को वासुदेव शरण अग्रवाल ने इन शब्दों में सूत्रबद्ध किया है–**गंगा श्रेष्ठ आध्यात्मिक सत्य का प्रतीक है, गंगा गम् (गति) का प्रतीक है, गंगा प्राणिक स्पन्दन है, मन, जीवन और पदार्थ तीनों स्तरों पर चिरन्तन बहती जीवन धारा है गंगा।**

काशी में गंगा उत्तरवाहिनी हो कर चन्द्राकार मोड़ लेने के बाद सौन्दर्य और गुण दोनों में विलक्षण बन जाती हैं। 'भारतेन्दु' ने अपने नाटक 'हरिश्चन्द्र' में गंगा की शोभा को इस प्रकार निखारा है–*नव उज्जवल जलधार, हार हीरक सी सोहति।* 'वाराणसी' के न जाने कितने-कितने अर्थ किये गये हैं जिनमें से एक यह है कि–*वाराणसी का अर्थ है, गंगा, विश्वनाथ, काशीपुरी और मोक्ष तत्त्वों का समन्वय।* इसी समन्वय से 'बनारस' बनता है, नगर का व्यक्तित्व बनता है और 'बनारसी' रूपाकार ग्रहण करता है। गंगा बनारस की दिनचर्या, पर्व-त्यौहारों और रीति-संस्कारों के साथ आदत की तरह आबद्ध है–जनम से लेकर मरन तक। कहा जाय कि गंगा बनारसी जीवन का पवित्र आधार है। गंगा की शोभा पर मुग्ध हो कर किसी कवि ने कहा है कि–**सन्तरे की फांक की तरह के आकार की उत्तरवाहिनी गंगा काशीपुरी के भाल पर त्रिपुण्ड-सी-शोभायमान है।**

'स्कन्द पुराण' के **काशीखण्ड** में यह वर्णित है कि गंगा का मध्यभाग काशी का 'अन्तरगृह क्षेत्र' है, जहाँ मणिकर्णिका, पंचगंगा आदि हैं। गंगा के तट पर 98 तीर्थ हैं। मुख्य हैं–दशाश्वमेघ, लोलार्क, आदिकेशव, बिन्दुमाधव और मणिकार्णिका। यही **पंचानन** विश्वनाथ का 'आनन्द कानन' है। यहाँ यह भी उल्लेख है कि गंगा बनती या बनी कैसे हैं। *गंगा बनी है–कपिल (मन: ब्रह्मा) अंशुमान (प्राण: विष्णु) और भागीरथ (पंचभूत: शिव) के संयोग से।* बनारस, बनारसी और गंगा के सहसम्बन्ध को डॉ. सुरेश व्रत राय ने अत्यन्त रोचक अभिव्यक्ति दी है। इसे भी देखते चलें 'काशी और गंगा का वही सम्बन्ध है जो कलम और रोशनाई का या फिर भांग और मलाई का। बनारसी गंगा के बिना एक क्षण भी नहीं रह.सकता। गंगा उसके जीवन में ऐसे समा गयी है जैसे चाय में चीनी'। 'गंगावतरण' प्रसंग के पुराणों, संस्कृत वाङमय और हिन्दी के नाटक और काव्यों में मनोहारी चित्र खींचे गये हैं। मूल बात यह है कि गंगा का जन्म ब्रम्हा के कमण्डल से विष्णु के चरणोंदक से और शिव की जटा से हुआ है। सम्भवतः इसीलिए गंगा को 'त्रिपथगा' भी कहा गया है। पुराणों में यह भी बार-बार उल्लेख हुआ है कि काशी के अष्टकूप, नौ बावली, द्वादश ज्योतिर्लिंग, सप्तपुरी, बारह सूर्य, छप्पन विनायक, आठ भैरव, नौ दुर्गा, नौ गौरी, एकादश महारुद्र, अष्ट महालिंग–ये सब के सब गंगा के मोहपाश में बँधे काशी में विराजते हैं। यहाँ से टसकते नहीं। ये ही क्यों काशी के नाग, वृक्ष, बीर, पीर, बरम, चौरा, मजार सबको गंगा ने अपने मोहपाश में लपेट लिया है। इनमें से कितने तो गंगा के घाटों और तटों पर ही अपना डेरा जमाये हुए हैं। काशी में गंगा की महिमा का अन्त नहीं है।

काशी के योगी-यतियो ने गंगा की आध्यात्मिक ही नहीं भाषिक व्याख्या भी की है। आध्यात्मिक स्तर पर वे बताते हैं कि 'गंगा इडा नाड़ी हैं। अनादि पुरुष के सात्विक उल्लास से निकलने वाली आनन्द की धारा हैं गंगा जो चेतना के उर्ध्व सागर में विलीन हो जाती हैं। वाक्-वाणी को गंगा कहते हुए यह व्याख्या मिलती है कि विष्णु के वाक् लोक से 'परावाक्' गंगा निकलीं और 'पश्यन्ती' बन कर ब्रह्म कमण्डल में समा गयीं। यही वाङमयी गंगा जब अव्यक्त रूप से शिव के जटाजूट में समाईं तो 'मध्यमा' बन कर योगियों के दिव्य कर्ण में गूँजने लगीं और फिर गोमुख से नि:सृत हो कर वह हर-हर जपती जन-जन के कण्ठ में 'वैख़री' बन कर समा गयीं। संक्षेप में कहें तो हमारी वाणी की प्रत्येक ध्वनि में गंगा हैं।

यह भी कहा जाय कि गंगा कहाँ नहीं हैं। भारतीय लोक जीवन को गंगा ने न जाने कब से गंगामय बना रखा है काशी के जन-जीवन को विशेष रूप से। गंगाजल का

महत्व क्या बताया जाय गंगाजली में घर-घर में गंगाजल रखा जाता है। मृत्यु के समय मुख में गंगाजल डाला जाता है। गंगाजल का आचमन और गंगा में स्नान के पुण्य लोक और शास्त्र में सिद्ध हैं। कोई गंगाजल उठा कर शपथ ले ले तो समाज उसके कहे पर 'पतिया' जाता है। शिशु जन्म, मुण्डन, यज्ञोपवीत और विवाह संस्कारों के बाद घर-परिवार आज भी काशी में 'गंगा पुजैया' के लिए जाता है। और भी कितना कुछ गंगा तट पर होता है। शिव की भांति ही गंगा भी काशी को प्रकाशमान करती है क्योंकि काशी को उन्होंने अध्यात्म के सूत्र दर सूत्रों से जोड़ रखा है। काशी के 'प्रकाशमान' होने में गंगा की धारा अकूत सहयोग करती है।

गंगा के ही प्रताप से काशी में संगीत सुरसरि अनवरत बहती रहती है। उस्ताद बिस्मिल्ला खां भोर में काशी के घाट पर शहनाई वादन करते थे तो गुदई महाराज संकठा घाट पर तबला वादन। दशाश्वमेध पर संगीत सम्मेलन आयोजित किये जाते हैं। काशी की संगीत परम्परा अत्यन्त समृद्ध है। प्रख्यात संगीतज्ञों के मोहल्ले कबीरचौरा की भी मैं बात करूँगा जहाँ मेरा जन्म हुआ और लम्बा समय बीता। काशी के संगीत में एक ओर चैती, कजरी, ठुमरी, दादरा और टप्पा की पंचगंगा बहती है तो दूसरी ओर ध्रुपद, धमार, होरी की त्रिवेणी अपना रंग जमाती है, पुजैया-बघैया का मूल स्वर काशी की शहनाई में मुखरित होता है। बिना कजरी सोहर बजाए 'शहनाई सम्राट' को कल नहीं पड़ता था। काशी में तबला, सितार, सारंगी, वीणा और गायन की सुरगंगा प्रवाहित है। इस सुरगंगा के अनूठेपन ने 'बनारसी घराना' को जन्म दिया है। काशी में नटराज नर्तन करते हैं, पार्वती भी कम लास्यमयी नहीं हैं सो काशी की नृत्य परम्परा भी अपनी निजी है–कथक में भी काशी के नर्तक बनारसी स्वाद भर देते हैं। काशी ध्वनियों का नगर है। कितनी-कितनी ध्वनियाँ-घण्टा, घड़ियाल, शंख, तुरही, शहनाई, मन्त्रजाप आपको अविच्छिन्न रूप से सुनायी देते रहते हैं, और इन सब के ऊपर गंगा की तरंगों से उठती कल-कल, कल-कल की ध्वनि।

गंगा काशी के जीवन को रस देती हैं। काशीवासियों को गंगा अन्नपूर्णा बन कर आजीविका देती हैं। आप किसी भी घाट पर चले जाइये डोंगी, बजड़ा, नैया से आपको गंगा विहार कराने वाले 'गंगा पुत्र' मिल जायेंगे, जिन्हें 'गांगेय' कहा गया है। एक सन्दर्भ ध्यान आ गया, भानुशंकर मेहता ने लिखा है कि 'काशी में रहने वाले सब के सब 'गंगू' हैं क्योंकि गंगा इन सबके भीतर बसती हैं। बसती ही नहीं इन सब का भार उठा के भी चलती है गंगा'।

संकठा गली में गंगा जी का मन्दिर और मूरत

दशाश्वमेध घाट पर माँ गंगा का मन्दिर

दशाश्वमेध घाट या अस्सी घाट पहुँच जाइये, गंगा के किनारे आपको पीतल-ताँबे की लुटिया, कमण्डल, मोती माला, रुद्राक्ष, रोली-चन्दन फूल-माला पियरी-चुनरी बेचने वाले मिल जायेंगे। तुलसीदल, बिल्वपत्र, दूब भी आप ले सकते हैं। धार्मिक चित्रों, पत्थर के पात्र और मूर्तियाँ घाटों के पास के बाजार में बिकती हैं, सुबह-सबेरे नेमी स्नानार्थियों के लिए घाटों के इर्दगिर्द दतुइन बेचने वाले, छोटी-सी शीशी में कडुआ तेल बेचने वाले और कुछ समय पहले तक शरीर में मल कर नहाने के लिए पोतनी मिट्‌टी वाले भी दिख जाते थे। कान से मैल निकालने और मालिश करने वाले भी घाट पर आपकी प्रतीक्षा करते हैं। स्नान के बाद काशी में जलपान करने का भी रिवाज़ है। कचौड़ी तरकारी और जलेबी काशी का प्रिय जलपान (खराई) है। अब काशी के घाटों के आस-पास दोसा, इडली, बड़ा भी ठेले पर बिकने लगा है। इसके अलावा घाट पर घाटियों की आजीविका का प्रबन्ध भी माँ गंगा ने कर दिया है। ये आपके वस्त्रों की सुरक्षा करते हैं स्नान के बाद चन्दन-टीका कर देते हैं। आवश्यकता हो तो ऐना कंघी भी मुहैया करा देते हैं। बाहर से आये तीर्थयात्रियों को सामने बैठा कर पूजा-पाठ और संकल्प भी करवा देते हैं

काशी में गंगा प्रवाह-एक

दो

काशी में गंगा स्नान का अपना ढब है। घाट के किनारे के महालों, जिन्हें बनारसी 'भितरी महाल' कहते हैं, के रहवासी भोरहरी में गंगा स्नान करते हैं, इन्हें 'नेमी' कहा जाता है, शीत पड़े या बरखा, गंगा स्नान का इनका यह क्रम टूटता नहीं। तीर्थयात्री भी भोर में ही स्नान करते हैं क्योंकि इन्हें इसके बाद काशी विश्वनाथ सहित अन्य मन्दिरों के दर्शन करने होते हैं। आधुनिक जीवन शैली के लोग नाव से उस पार जा कर स्नान करते हैं। गंगा की कृपा से न जाने कितनों की आजीविका चलती है। काशी में दशाश्वमेध घाट और चौखम्बा (जो गंगा के निकट का मोहल्ला है, इसी गली में **भारतेन्दु हरिश्चन्द्र भवन**' है और आगे चलकर काशी का प्रसिद्ध '**गोपाल मन्दिर**' है जिसके परिसर में रह कर गोस्वामी तुलसीदास ने *विनय पत्रिका* की रचना की थी) में सब्जी की सट्टियाँ हैं। गंगा स्नान के बाद लोग सट्टी के रास्ते से ही गुज़रते हैं और साग-सब्जी ख़रीदते हुए घर चले जाते हैं। गंगा ने काशीवासियों को आध्यात्मिक सम्बल तो दिया ही है, उनके लिए जीवन-यापन के अनेकों द्वार भी खोल दिए हैं।

काशी में गंगा स्नान का एक **व्यावहारिक शास्त्र** भी है। पहला यह कि गंगा का जल स्पर्श कर के और उन्हें प्रमाण कर के ही जल में प्रवेश करना चाहिए। स्नान के समय कम से कम पाँच बार गोता या डुबकी लगानी चाहिए और हर बार जल से ऊपर आने पर 'हर हर गंगे' का उच्चारण करना चाहिए। काफ़ी पहले जब हम गंगा स्नान के लिए जाते थे तो बालक होने के नाते हमसे कोई उद्दण्डता न हो जाये इसके लिए बड़े-बजुर्गों ने हमें कई सीखे दी थीं–एक तो यह कि गंगा में नग्न न नहाया जाये, दूसरे कि प्रवाहित गंगा जल में कपड़ा फींचा-कचारा न जाये, स्नान करते समय गंगा में थूकना या कुल्ला करना तो वार्जित था ही, यह भी हमें बताया गया था कि गंगा स्नान के बाद शरीर नहीं पोछना चाहिए। स्नान के बाद 'चन्नन्' या त्रिपुण्ड घाटियों से अवश्य लगवा लेना चाहिए और उन्हें प्रणाम कर के थोड़ी दक्षिणा भी देनी चाहिए।

यह है काशी में गंगा स्नान का शिष्टाचार। काशी में गंगा जीवन के साथ मोक्ष का भी आधार हैं। एक आलेख है, पण्डित विद्यानिवास मिश्र का 'काशी, मरने के लिए नहीं, न मरने के लिए' जिसमें उन्होंने काशी के मोक्षदायिनी स्वरूप में गंगा के महत्व को भी रेखांकित किया है।

उन्होंने 'स्कन्दपुराण' का एक श्लोक इस सन्दर्भ में उद्धृत किया है– *मरणं मंगल यत्र विभूतिर्यत्रभूषणम। औषधं जाहन्वीतोयं वैद्यो नारायणो हरि: ।। काशी, जहाँ मरना मंगल है, चिता भस्म जहाँ आभूषण है। गंगा का जल ही औषधि है और वैद्य जहाँ केवल नारायण हरि हैं।* गंगा के तट पर आप यह पायेंगे कि काशी केवल शिव की नगरी नहीं है यह शिव के आराध्य नारायण की भी नगरी है। सम्भवत: इसीलिए प्राचीन वाङमय में काशी को 'हरिहर धाम' कहा गया है। यह गंगा के प्रताप से हुआ है, कौन ऐसा देवता है जो गंगा के आकर्षण में दौड़ा-पराया आ कर काशी में न बस गया हो। हरिहर के दो प्राचीनतम मन्दिर गंगा घाट पर अवस्थित है–पंचगंगा घाट पर बिन्दुमाधव (विष्णु) का मन्दिर और दशाश्वमेध घाट पर बाबा विश्वनाथ का मन्दिर। काशी को बाबा विश्वनाथ नम: शिवाय का मन्त्र भी देते हैं और रामाय नम: का भी। इन दोनों मन्त्रों की सिद्धि होती है अन्तिम यात्रा में 'राम नाम सत्य है' के आस्था विश्वास से जिसमें शिवत्व और रामत्व का अद्‌भुत मेल है। काशी में शिव तारक मन्त्र दे कर मोक्ष प्रदान करेंगे तो उनके पास उनके आराध्य श्री राम का नाम लेते हुए जाना अभीष्ट है। काशी की धरती पर रामनाम के सत्य होने की यह गूँज अहर्निश सुनायी पड़ती रहती है। इस अन्तिम यात्रा में माँ गंगा की उपस्थिति भी हमेशा बनी रहती है। स्वर्गीय द्विजेन्दरलाल राय की गंगा को सम्बोधित एक प्रसिद्ध कविता है जिसका भावार्थ है माँ कल्लोलिनी गंगा मेरे कानों में तुम्हारा ही कलकल अन्तिम बेला में सुनायी दे। आँखों को तुम्हारे ही जल का विस्तार दिखायी पड़े। मैं सर्वांग से तुझमें आत्मसात हो जाऊँ।

श्री राम नाम सत्य है।

काशी में गंगा तट पर विष्णु बिन्दु माधव के मन्दिर में अपनी सुन्दर मूरत ले कर विराजमान हैं उसी पंचगंगा घाट पर जो वल्लभ सम्प्रदाय के सन्तों का केन्द्र है और जिसकी संकरी और अगणित सीढ़ियाँ उतर कर स्वामी रामानन्द नित्यप्रति मुँह

अंधेरे गंगा स्नान करने जाया करते थे। कबीर को यह पता था। वह गुरु कृपा प्राप्त करना चाहते थे। जैसे औघड़िया थे कबीर, जा कर पंचगंगा घाट की एक सीढ़ी पर चदरा ओढ़ कर लेट गये। घुप्प अंधियारे में रामानन्द का पैर कबीर के शरीर से जा लगा, और अकस्मात गुरु के मुख से निकल पड़ा–'राम राम'। कबीर ने इसी को गुरुमन्त्र मान लिया सगुण राम कबीर के निर्गुण राम बन गये। ब्रह्म के इन दोनों रूपों की चर्चा हमारे शास्त्रों में है। तो कबीर ने काशी में भक्ति की निर्गुण धारा प्रवाहित कर दी। रैदास भी उनसे आ जुड़े। यह सब गंगा के तट पर हो रहा था। कैसी प्रेरणा भरी है माँ गंगा की धाराओं में कि इसमें जो भी डूबा, वह उतरा गया। ऐसी ही धारा काशी में गोस्वामी तुलसीदास ने प्रवाहित की, ठीक 'तुलसीघाट' पर रहते हुए। उन्होंने काशी में रामलीलाओं की परम्परा आरम्भ की आज भी इनका आयोजन होता है।

अब तुलसीदास का वैष्णव मन देखिए। रामलीला के साथ तुलसीघाट पर ही उन्होंने **कृष्ण लीला** भी करवाना प्रारम्भ कर दिया। इन लीलाओं में 'नाग नथैया' अति प्रसिद्ध है। आप यह भी देखें कि कालिया-मर्दन या कालिय-दह को बनारसियों ने कैसा (या स्वयं तुलसीदास ने, जो कम बनारसी थोड़े ही थे) बनारसी नाम दे दिया है–'नाग नथैया', अर्थात नाग को नाथने की लीला। काशी में इस लीला की **लक्खी मेला** के रूप में ख्याति है यानी जिसे देखने एक लाख से अधिक लोग जुड़ते हों। यह लीला **कार्तिक कृष्ण चतुर्थी** को होती है। कुछ मिनटों की झाँकी जैसी। कथा तो आप जानते हैं कि गोपालों के साथ कन्दुक क्रीड़ा के समय कृष्ण की गेंद कालिय-दह यमुना में जा गिरती है। गोपालों के लाख रोकने पर भी कृष्ण कालिय-दह में कूद पड़ते हैं। ग्वाल-बालों में हाहाकार मच जाता है क्योंकि उन सब को यह पता है कि इस स्थान पर भयंकर नाग का निवास है। कृष्ण जल में कूद कर तल में चले गये। समस्त ग्वाल-बाल सन्नाटे में थे कि तभी कृष्ण कालिय नाग के फन पर खड़े बाँसुरी बजाते हुए जल के ऊपर आते हैं। यही संक्षिप्त-सी लीला तुलसी घाट पर सम्पन्न होती है। मूल लीला में कृष्ण कदंब की डाल पर चढ़ कर यमुना में कूदते हैं। काशी की लीला में भी वे कदंब की डाल से ही गंगा में कूदते हैं। कदंब के वृक्ष की यह डाल तुलसीदास द्वारा स्थापित काशी के प्रसिद्ध हनुमान मन्दिर **संकटमोचन** से लीला स्थल पर लायी जाती है और उसे अस्थायी ढंग से घाट के किनारे पर आरोपित कर दिया जाता है। कालिय नाग लकड़ी के बनाये जाते हैं जो अत्यन्त आकर्षक और वास्तविक लगते हैं।

यह लीला सम्पूर्ण कृष्ण-लीला का एक हिस्सा है। सम्पूर्ण कृष्ण लीला **कार्तिक कृष्ण द्वादशी** से प्रारम्भ हो कर **मार्गशीर्ष कृष्ण प्रतिपदा** को समाप्त होती है।

सभी लीलाएं प्रसिद्ध हैं, इनमें जन्मोत्सव, पूतना वध, तृणावर्तवध, नामकरण, माखन चोरी, आँख मिचौली, वृन्दावन गमन, बकासुर वध, नाग नथैया (कालिया दमन), पनघट, चीरहरण, गोवर्धन लीला, दशावतार झाँकी, कंस वध, उग्रसेन राज्याभिषेक प्रमुख हैं। ये सभी लीलाएं नयनाभिराम होती हैं। दर्शक या भक्त कृष्ण रस में सराबोर हो जाते हैं। तुलसी, पुष्प, अगर और चन्दन की गन्ध मिल कर पूरे वातावरण को आध्यात्मिक बना देती है। विशेष बात यह है कि यह पूरी 'कृष्ण लीला' एक ही जगह तुलसीघाट और तुलसी मन्दिर में होती है–माता गंगा की गोद में। ऐसा होने से या कहें गंगा के सानिध्य में ये लीलाएं धन्य-धन्य हो जाती हैं।

गंगा का तट अन्तिम यात्रा का अन्तिम पड़ाव है। यहाँ से अब कोई यात्रा नहीं बचती, केवल अंत यात्रा को छोड़ कर। गंगा तट पर दो श्मशान है–**एक नगर के उत्तर में**–मणिकर्णिका घाट और **दूसरा नगर के दक्षिण में**–हरिश्चन्द्र घाट।

ब्रजभाषा के महाकवि, काशीवासी जगन्नाथदास 'रत्नाकर' ने '**हरिश्चन्द्र काव्य**' नामक रचना ब्रज छन्द में की है। इस ग्रन्थ के विषय में भी और रत्नाकर जी के विषय में भी बाबू श्याम सुन्दर दास ने 'रत्नाकर अर्थात गोलोकवासी श्री जगन्नाथदास रत्नाकर के सम्पूर्ण काव्यों का संग्रह' नाम से एक पुस्तक रत्नाकर जी के प्रथम वार्षिक श्राद्ध के अवसर पर प्रकाशित की थी जो काशी नागरी प्रचारिणी सभा से छपी थी (1933)। इसकी भूमिका में बाबू साहब ने लिखा था कि–'आपने (रत्नाकर) 'हरिश्चन्द्र' नामक एक छोटा काव्य लिखा था जो सबसे पहले काशी नागरी प्रचारिणी सभा द्वारा प्रकाशित 'भाषा सार संग्रह' नामक पाठ्य पुस्तक में छपा था। इस बीच में आपने 'कल-काशी' नामक एक काव्य की रचना आरम्भ की थी जिसमें काशी का वर्णन था, पर दुख है कि उसे आप समाप्त न कर सके और वह अधूरा ही रह गया'। यहाँ दो बातों का उल्लेख कर दूँ कि 'कल–काशी' में (जो अंश उपलब्ध है) काशी के जन-जीवन का सहज चित्र उकेरा गया है–लोगों की वेशभूषा, खानपान, वस्त्राभूषण, व्यवसाय, बाज़ार आदि को पूरा बनारसी बन कर रत्नाकर जी ने छन्दबद्ध किया है।

रत्नाकर जी ने 'गंगावतरण' नाम से भी काव्य लिखा था। अत्यन्त मनोरम काव्य जिसे या जिसके गंगा सम्बन्धी कुछ छन्दों को अभी, इस अध्याय में दिखाने का यत्न करूँगा। 'गंगावतरण' के विषय में बाबू श्यामसुन्दर दास ने इसी भूमिका में लिखा है कि ('इसके उपरान्त') श्रीमती महारानी अयोध्या की प्रेरणा से आपने अपने सुप्रसिद्ध काव्य 'गंगावतरण' की रचना आरम्भ की, यह 'गंगावतरण' पूरा हो जाने पर प्रयाग

के इंडियन प्रेस से प्रकाशित हुआ और इसके लिए आपको प्रयाग की हिन्दुस्तानी एकेडमी से ₹500 पुरस्कार मिला था।

बात हम हरिश्चन्द्र घाट की कर रहे थे। राजा हरिश्चन्द्र डोम के हाथ बिका कर यहीं अन्तिम संस्कार की कर वसूली के काम में लगाये गये थे। रत्नाकर जी के 'हरिश्चन्द्र काव्य' में दो छन्द ऐसे आते हैं जिनमें से एक में राजा हरिश्चन्द्र के दुख और धैर्य का परिचय छिपा है और यह भी कि **डोम राजा या चौधरी** उन्हें 'दक्खिन मसान' पर जाने का आदेश देते हैं और दूसरे छन्द में वह हरिश्चन्द्र को समझाते हैं कि उनका कर्तव्य क्या होगा और वे गम्भीरता से अपने कर्तव्य का पालन करें–

छन्द-1 *बोले नृप भरि साँस आँसु तब पोंछि वसन सौं।*
'आयसु होहि सो करहिं, चौधरी। अब तन मन सौं ॥
कहयौ चौधरी 'तुम दक्खिन मसान पर जाऔ।
तहाँ कफन के दान लेन मैं नित चित लाऔ॥

छन्द-2 *बिना दिएँ कर मृतक फुकन कबहूँ नहिं पावै।*
धनी रंक राजा परजा कैसहु कोउ आवै॥
घाट निवास सचेत करौं है दास हमारे।
यह आयसु सुनि भूप तुरन्त तिहिं दिसि पग धारे॥

एक बड़ी प्रेरक बात है, मेरे लिए कि 'रत्नाकर' ने दो छन्दों में काशी की जो महिमा गाई है उसमें काशी के प्रति राजा हरिश्चन्द्र के उदात्त भावों को व्यक्त किया है

सब सास्त्रानि सौं सिध्द लोक-बाहिर जो कासी।
निज त्रिसूल पर धारत जाहि सम्भु अबिनासी॥
अघ-ओघनि करि दूर मोच्छ-पद बरबस दैनी।
कहा कठिन जौ होहि हमारेहु ऋन की छैनी॥
दारा सुअन समेत जाइ हम तहाँ बिकैहैं।
एक मास की अवधि दयासागर जौ दैहैं॥

काशी की इसी महिमा ने राजा हरिश्चन्द्र को प्रेरित किया था कि वे अपने को काशी में जा कर बेचें।

काशी के बारे में और परिणामत: गंगा के बारे में भी सर्वत्र यह चर्चा की गयी है कि जो काशी में मरने का सौभाग्य नहीं पाते उनकी भी अन्तिम इच्छा यही रहती है कि उनका दाह-संस्कार काशी में हो। ज्ञानेन्द्रपति की एक कविता है 'आजमगढ़ से आयी है जीप' जिसमें मृतक की इसी अभिलाषा की परिणति दर्शित है। आजमगढ़

ही नहीं काशी के आसपास के नगरों, कस्बों से 'मिट्टी' काशी लायी जाती है। मरने वाले की यह भी इच्छा होती है कि यदि काशी में दाह-संस्कार न भी हो तो उनकी 'भस्मी' काशी की गंगा में प्रवाहित की जाय। इस इच्छा का एक बड़ा पावन अर्थ है–*भारतीय मानस में पसरा हुआ अर्थ कि उनके पार्थिव जीवन का विलय गंगा के जीवन में हो, वह क्षुद्रता से उबर कर विशालता में विलीन हो। यही तो मृत्यु से अभय की इच्छा का भी अर्थ है। काशी की गंगा मृत्यु के बाद भी मनुष्य को यह अभय प्रदान करती है।*

काशी के दोनों श्मशान महाश्मशान हैं। ऊपर से देखें तो परम भयावह और भीतर झाँकें तो परम मोक्षदायी। इसी मरघट पर हरिश्चन्द्र कंबल का वसन धारण किये, हाथ में लाठी लिए टहल रहे हैं और पुकार लगा रहे हैं कि कोई भी बिना कर-कफन चुकाये अन्तिम क्रिया न करे। यह मैं सबको आगाह कर देता हूँ। मरघट के भयावह रूप के कई चित्र 'रत्नाकर' ने खींचे हैं। उत्तर और दक्षिण के दोनों घाटों पर इनके दर्शन किये जा सकते हैं। एक चित्र तो चिताग्नि का है कि कहीं कोई चिता सुलग रही है तो कहीं किसी को बुझाया जा रहा है। एक चिता सजायी जा रही है तो दूसरे की राख बहाई जा रही है। विविध रंगों की ज्वालाएँ उठ रही हैं, दुर्गन्ध उठ रही है। कहीं जलने से चर्बी चटचटा रही है तो कहीं काया दहक-दहक कर भस्म हो रही है:

कहूँ सुलगति कोउ चिता कहूँ कोउ जाति बुझाई।
एक लगायी जाति एक की राख बहाई॥
विबिध रंग की उठति ज्वाल दुर्गन्धनि महकति।
कहूँ चरबी सौं चटचटाति कहुं दह दह दहकति॥

दो पंक्तियाँ कर्मकाण्ड से सम्बन्धित हैं जिसके साथ 'रत्नाकर' ने वर्षा ऋतु में मरघट की भयावहता का चित्र संलग्न कर दिया है। इस छन्द को दो-दो पंक्तियों में चलिये बाँट कर पढ़ा जायें–

हरहरात इक दिसि पीपर कौ पेड़ पुरातन।
लटकत जामैं घण्ट घने माटी के बासन॥
बरषा ऋतु के काज औरहु लगत भयानक।
सरिता बहति सबेग करारे गिरत अचानक॥

मरघट गंगा के तट पर है। बहती हुई गंगा सब कुछ देख रही हैं। जो स्वयं शिव की जटा में विराजती हों उनसे भला छिपा भी क्या रह सकता है। मरघट के पास तो वे इसीलिए लगता है तनिक स्थिर हो जाती हैं कि मनुष्य की अन्तिम इच्छा का

सम्भार कर सकें। वह उसकी अस्थियों और भस्म को ग्रहण करती, पवित्र करती बहती चली जाती हैं। ऐसे में कोई देवता भी क्या करें और शिव ही क्या करें, सिवाय इसके कि ये भी मृतात्मा की शान्ति का पथ प्रशस्त करते चलें। गंगा इनसे अलग नहीं हैं। इनका हिस्सा हैं। **काशी इसीलिए शिवपुरी भी है, विष्णुपुरी भी और गंगापुरी भी** और इसीलिए वह तीनों लोकों से न्यारी है।

गंगावतरण की कथा जगजाहिर है। 'रत्नाकर' ने इसे अपने कवित्त से अत्यन्त पावन बना दिया है। सबसे पहले गरुड़ गंगा की महिमा गाते हैं, ऐसी महिमा जिसे कोई जान नहीं सकता–

ताकी महिमा अति महान को जानि सकत है।
पारावार अपार कौन करि पार सकत है॥

भगीरथ की तपस्या पूरी हो चुकी थी। प्रश्न उठा कि गंगा के वेग को धारण कौन करेगा–**गंग-धार कौ वेग धरै किमि धरनि धरा-धर**। ब्रह्मा समाधान करते हैं कि शिव ही गंगा का प्रचण्ड वेग सम्भाल सकते हैं और भगीरथ से शिव की आराधना करने का आग्रह करते हैं–

आराधौ तुम आशुतोष संकर त्रिपुरारि।
सोयी इक सकत सम्भारि गंगकौ बेग बिपुल बर॥

भगीरथ ने घोर तप किया। तप का प्रभाव शिव पर इतना पड़ा कि वह आतुर हो कर तत्काल चल दिए। 'रत्नाकर' ने शिव की इस आतुरता को 'बनारसी' ढब पर लिखा है–**आतुर चले उमंग भरे भंगहु नहिं छानी**। बिना भांग छाने ही चल पड़े। छन्द को यह बनारसी रंग रत्नाकर ही दे सकते थे। हड़बड़ाए हुए शिव दौड़ते-भागते भगीरथ के समक्ष आ खड़े होते हैं। अब रत्नाकर शिव की वह छवि प्रस्तुत करते हैं जिसे पुराणों में अलग-अलग सन्दर्भों में, भिन्न-भिन्न शब्दों में और विविध प्रकार से देवी-देवताओं ने अपनी-अपनी शिव-स्तुति में गाया है। केवल एक छन्द पर दृष्टिपात कर लिया जाय–

हेम-बरन सिर जटा चन्द-छबि छटा भाल पर।
कलित कृपा की कटा-घण्टा लोचन बिसाल पर॥
फनि-पति हार-विहार भूमि वच्छस्थल राजै।
जग अवलम्ब प्रलम्ब भुजनि फरकति छबि छाजै॥

राजा रवि वर्मा का 'गंगावतरण' का चित्र

शिव का यह रूप देख कर भगीरथ का मन मगन हो गया। उनका हृदय रूपी समुद्र आनन्द से भर गया। उनका धीरज छूटने लगा और हाथ जोड़ कर वे धरती पर भहरा पड़े। शिव से कुछ कह पाने की सुधि ही न रही। पर अन्तरयामी शिव को जताने की आवश्यकता ही कहाँ होती है। शंकर सर्वस्व समझ गये। समझ क्या गये

उन्हें तो विदित ही था। वे तो सर्वज्ञ हैं–**अन्तरजामी जानि भाव अन्तर कौ लीन्यौं** और वर दिया कि मैं तुम्हारा कार्य पूर्ण करूँगा–**दियौ बिसद वर-राज भूप कौ काज संवार्यौ** और यहाँ तक कह दिया कि मैं गंगा को अपने सिर पर धारण करूँगा और अन्तरध्यान हो गये। धरती से उठ कर भूप शिव को ढूँढ़ने लगे। उन्हें पुकारने लगे। वे तो जी भर कर शिव की रूप माधुरी चख भी नहीं पाये थे।

ब्रह्मा के कमण्डल से गंगा निकल चुकी थीं। गंगा की धमक से त्रिभुवन में भय व्याप गया। गंगा महाआतुर थीं। उनकी शिव से मिलने की लालसा प्रबल हो उठी थी। शिव ने भी पूरी तैयारी कर ली थी। भंग के रंग में मस्त थे। उन्होंने अपने बाघंबर को कसा। कच्छ को कमर से कस कर बाँधा और शेषनाग के नागबन्ध को कच्छ पर चाँप कर लपेट दिया–

बाघंबर कौ कलित कच्छ कटि-तट सौं नाध्यौ।
सेसनाग कौ नागबन्ध तापर कसि बांध्यौ।

बड़ा मनोहर चित्र है। हमने बचपन में घर में लगे चित्रों में शिव का यह रूप देखा है जिसमें वे गंगा को अपनी जटा में लेने के हेतु धरती को अपने पाँव से दबा कर दोनों पाँवों को कुछ-कुछ दूरी पर स्थिर कर के खड़े थे। अपनी आँखों को आकाश की ओर गाड़े हुए गंगा के आगमन की प्रतीक्षा कर रहे थे–

महि दबाइ दुहुँ पाय कछुक अन्तर सौ रोपे।
कर जमाइ करिहायँ नैन नभ ओर लगाये।
गंगागम की बाट लगे जोहन हर ठाए।

उधर कमण्डल से निकलकर नभ मण्डल को खण्डित करती गंगा उमड़ पड़ीं। गंगावतरण का यह प्रारम्भिक दृश्य 'रत्नाकर' ने जीवन्त कर दिया है। जब वे नभ-मण्डल को खण्डित करती हुई हहराती विकल वेग से आगे बढ़ीं तो–

भयो घोर अति सबद धमक सौं त्रिभुवन तर्जे।
महा मेघ मिलि मनहु एक संगहि सब गरजे॥
चली धार धुधकारि धरा-दिसि काटति कावा।
सगरै-सन्तनि के पाप-ताप पर बोलति धावा॥
बीपुल बेग सौं कबहूँ उमगि आगे कौं धावति।
सौ सौ जोजन लौ सुठार ढरतिहिं चलि आवति॥

हर्ष में हहराती हुई गंगा जब शिव के सम्मुख आयीं तो शिव का अपरूप रूप देख कर ठिठक कर थम गयीं। उनका कोप भाव लुप्त हो गया तथा कोई और ही भाव (प्रेम का) हृदय में उमग आया–*हरहराति हरषाति सम्भू-सन्मुख जब आयीं*

भई चकितु छबि किन्तु हेरि हर रूप मनोहर
भयौ कोप को लोप चोप औरै उमगाई।

गंगा शिव के सघन जटा-जूट में समा गयीं। जटा में विराजते ही उन्हें अपार आनन्द मिला और उन्होंने ठान लिया कि मैं शिव की जटा में ही निवास करूँगी। शिव जटा जैसी सुरक्षा और चन्द्र का सानिध्य उन्हें भला और कहाँ मिलता। वह शिव जटा के गह्वरों और वन-वीथिकाओं में विचरण करने लगीं। इस प्रकार कई संवत्सर बीत गये। गंगा इस आनन्द को त्यागना ही नहीं चाहती थी। स्वाभाविक है भगीरथ की चिन्ता बढ़ी। उन्होंने पुन: शंकर की आराधना की। एक पग पर खड़े हो कर घोर तपस्या की। इस प्रसंग में भगीरथ द्वारा की गयी शिव स्तुति भी अत्युत्तम है। शिव ने बहुविधि गंगा को मनाया और उन्हें सगर पुत्रों की कथा सुनाते हुए गंगा से उनकी कीर्ति कही और अपनी जटा खोल कर नीचे लटका दी जिससे उतर कर गंगा धरती पर आयीं। सगर गाथा सुनाने के बाद शिव ने–

यह कहि कर गहि जटा सटा लौं सन्ति सटाई।
बिनन्द सरोबर ओर छोर ताकी लटकाई॥
तातै निकिसि अपार धार परिपूरि सरोबर।
चलि उबरि ढरि करि उदोत षटसोत धरा पर॥

भगीरथ मुदित हुए, वे तीव्र गति से आगे-आगे चले और भगीरथी उनके पीछे-पीछे।

भारत के भाग्य जाग उठे। गंगा कठिन मार्गो से वन-पर्वतों को तोड़ती-फोड़ती अपना मार्ग बनाती आगे बढ़ीं। कहीं उन्हें अपनी चाल वक्र करनी पड़ती थी तो कहीं वे सीधी राह पकड़ती थीं और जहाँ आवश्यकता हो गिरि-वनों के बीच से अपना मार्ग बनाती चलती थीं–

कहूँ सरल कहुँ वक्र कहूँ चलि चारु चक्र सम।
कहुँ सुढंग कहुँ करति भंग गिरि-सृंग सक्र-सम॥

गंगा भगीरथ के साथ चलती चलीं। समतल पर आ कर उन्होंने अपनी गति बदली और जिस देश-प्रदेश में प्रवेश किया उन्हें तीर्थ बना दिया। गाँव-गाँव में उल्लास फैल गया। पशु-पक्षी, नव पल्लव, फल-फूल विहँसने लगे। 'रत्नाकर' ने लिखा है–**नाचत मुदित मयूर, गुंजत मलिंद-वृंद, कूजत विविध विहंग, कपोत तम्बूला गुटकावत।** लोग नहा रहे हैं तैर रहे हैं। कोई गंगा तट पर बैठा उनके प्रवाह को निहार रहा है, कोई श्रद्धा से पितरों का तर्पण कर रहा है। गंगा ने जड़-चेतन के जीवन में लास्य भर दिया है। भगीरथ ने शिव की वन्दना की–चन्द्रचूर कौ बन्दन कीन्यौ, शिव से विदा माँगी। काशी को प्रणाम किया। गंगा से सगर पुत्रों के शाप-ताप

हरने की विनती की। उनकी विनती सुन कर–**सुनत गंग स-उमंग चेति चलिबौ चित आन्यौ...चलि करति हुंकार धार-विस्तार बढ़ाविति।** गंगा ने सगर पुत्रों का तारण कर दिया, सगर कुमारों के साथ-साथ जो वन-सम्पदाएँ जर-बुता गयी थीं, वे भी हरिया गयीं, उन्हें भी नया जीवन मिल गया–

सगर-कुमारिन संग जरे जे तरु-बल्ली-बन।
लगे बहुरि हरियान मनहु पाये नवजीवन॥

भगीरथ के सभी पितर तर गये। गंगा ने कहा तुम भी मेरा एक चुल्लू जल पी लो–**अब तुमहुँ तौ पियौ पूत चिल्लू-भर पानी।** भगीरथ ने आनन्द से गंगा जल ग्रहण किया और गंगा को यह कहते हुए साष्टांग प्रणाम किया कि मेरे पितरों को तार कर आपने मुझे सर्वस्व दे दिया है–**सगर कुमारिनी तारि हमैं सब कुछ तुम दीन्यौ।** गंगा के तीरे-तीरे ही भगीरथ काशी आये। शिव वन्दन किया और आँखों में अश्रु भर कर महादेव से पुनः विदा माँगी। आनन्द भाव से परिपूरित उन्होंने अवध पुरी की ओर प्रस्थान किया।

गंगावतरण की कथा अपूरब है। डॉ. मोतीचन्द्र की ख्यातनाम पुस्तक 'काशी का इतिहास' की भूमिका प्रसिद्ध पुरातत्व और संस्कृति वेत्ता *डॉ. वासुदेवशरण अग्रवाल ने लिखी है (तीसरा संस्करण 2003 : विश्वविद्यालय प्रकाशन, वाराणसी/ प्रथम संस्करण : 1962)* इस भूमिका के एक अनुच्छेद में उन्होंने गंगा और काशी में गंगा के रूप-सरूप को गागर में सागर की भाँति लबाबल भर दिया है–*हिम् वान से सागर तक गंगा की धारा पन्द्रह सौ मील लम्बी है पर गंगा ने जैसा छबीला पैंतरा काशी में भरा है वैसा अन्यत्र नहीं है। रामनगर के डीह से टकरा कर धारा काशी की ओर मुड़ आती है और नगवा से बरना तक एक दह बनाती हुई आगे बढ़ती है। यहाँ सचमुच गंगा उत्तरवाहिनी हो गयी है, (मानो शिव की पुरी में आ कर उसे भगवान शिव की कैलाश-व्यापी जटाओं का ध्यान आ गया हो और उनसे मिलने की आकुलता ने उसे कुछ समय के लिए उत्तर की ओर खींच लिया हो)* वे आगे कहते हैं कि 'गंगा के इस सात्विक मन का फल भरपूर मात्रा में काशी को मिला। वही यह काशी हृदय है जिसमें अगाध जलराशि भरी है, जिसके दर्शन से चित्त प्रफुल्लित हो उठता है, और जिसके वरदान से काशी के घाटों पर गंगा का कल्लोल सदा सुनायी पड़ता है। राजघाट के पुल पर खड़े हो कर देखें तो गंगा जी का यह अनुपम सौन्दर्य दिखायी पड़ता है, (मानो गंगा जी ने पिछली बातों का स्मरण कर के अपने आप को चन्द्रलेखा के रूप में ढाल लिया हो और उनकी भक्ति से प्रसन्न हुए शिव ने त्रिपुण्ड के रूप में उन्हें पुनः मस्तक पर रख लिया हो')।

गंगावतरण का पूरा प्रसंग संक्षिप्त पर प्रभावकारी ढंग से **बाल्मीकि रामायण** में भी आया है। बड़ा ही सुन्दर आख्यान है। प्रसंग भी उतना ही पवित्र है कि श्रीराम ने गंगा के विषय में विश्वामित्र से जिज्ञासा की तो ऋषि बोले–राम, बहुत पहले अयोध्या में तुम्हारे ही वंश में एक धर्मात्मा राजा सगर थे। सगर राजा बहुक के पुत्र थे। वे गर्भ में थे तभी ईर्ष्यावश सौतेली माताओं ने उनकी जननी को विष दे दिया और वे गरल सहित पैदा हुए–और उनका नाम पड़ा सगर। महाराज सगर के दो रानियाँ थीं केशिनी और सुमति। बड़ी तपस्या के बाद भृगु ऋषि के वरदान से केशिनी को एक पुत्र असमंज और सुमति को साठ हजार पुत्र पैदा हुए। असमंज दुष्ट स्वभाव का था। उसका पुत्र अंशुमान बड़ा ही पराक्रमी और मृदुभाषी था। राजा ने दुष्ट पुत्र को नगर से निकाल दिया और अंशुमान को उसका पद दे दिया। राजा सगर अश्वमेध यज्ञ करने लगे अश्व की रक्षा का भार अंशुमान को दिया गया। इन्द्र ने घोड़ा चुरा लिया और महर्षि कपिल के आश्रम में छिपा दिया। राजा ने अपने पुत्रों को अश्व का पता लगाने भेजा। सगर-पुत्रों ने चप्पा-चप्पा छान मारा, धरती खोद डाली। फिर उन्हें कपिल मुनि के यहाँ घोड़ा मिला। सगर-पुत्रों ने कपिल मुनि का अपमान किया और उन्हें अपशब्द कहे। मुनि के क्रोध की ज्वाला में साठ हजार पुत्र जल कर राख हो गये।

मणिकार्णिका घाट पर चिता के लिए लकड़ी की अड़ार

मणिकर्णिका कुंड

सगर ने अंशुमान को उन्हें ढूँढ़ने भेजा। उसे राख का ढेर मिल गया। गरूड़ जी सगर के मामा थे, उन्होंने मार्गदर्शन किया। अंशुमान यज्ञ का घोड़ा ले कर लौटे। यज्ञ पूरा हुआ। फिर गंगा को पृथ्वी पर लाने के बारे में विचार किया गया। सगर की मृत्यु के बाद अंशुमान राजा हुए जो अपने पुत्र दिलीप को राज्य दे कर तप करने चले गये। दिलीप के पुत्र थे भगीरथ। भगीरथ ने अपने पुरखों को तारने और गंगा को धरती पर लाने के लिए घोर तपस्या की। ब्रह्मा प्रसन्न हुए। प्रश्न उठा कि गंगा को धारण कौन करेगा? भगीरथ ने फिर से तप किया। इस बार शिव को प्रसन्न करने के लिए। शिव ने प्रसन्न हो कर वरदान दिया कि वे स्वयं गिरिराज पुत्री गंगा को अपने सिर पर धारण करेंगे।

हे राम ! इस प्रकार गंगावतरण प्रारम्भ हुआ। गंगा शंकर के जटाजूट में उलझ गयीं। भगीरथ ने फिर तपस्या की। शंकर जी ने गंगा को मुक्त किया। शिव की जटा से गंगा की सात धारायें निकलीं। सातवीं धारा भगीरथ के रथ के पीछे-पीछे चली। मार्ग में महाराज जह्नु समूची गंगा का पान कर गये। हाहाकार मच गया, स्तुति की गयी। तब जह्नु के कान से गंगा पुन: प्रकट हुईं और जाह्नवी कहलाईं। भगीरथ का दिव्य रथ आगे चला। सगर-पुत्रों की भस्म गंगा में विलीन हुई और वे स्वर्ग पहुँच गये। गंगा को तब **भागीरथी** नाम मिला। तीनों लोको को पवित्र करने वाली गंगा को 'त्रिपथगा' भी कहा गया है।

वाल्मीकि रामायण की यह कथा 'रत्नाकर' के गंगावतरण में छन्दबद्ध ढंग से कही गयी है। गंगा के सम्बन्ध में कवि 'पद्माकर' ने 'गंगा लहरी' में एक प्रकार से **गंगा दर्शन** ही रच दिया है–गंगा जू के नीर-तीर छोड़े हैं सरीर जिन,

तेऊ गने जात पुण्यवंतन की धुर हैं।
कहै पद्माकर त्यों जिनकी जलूसै लखि,
गीरवान सकल सराहैं जुर-जुर हैं।
सारथी गुबिन्दु, दीपदानवारे भानु होत,
पंखावारे भारे पाकसासन के सुर हैं।
खौरवारे बरुन तमोरवारे तारापति
चौरवारे चारु चतुरानन चतुर हैं।

जेम्स प्रिंसेप और उनकी पुस्तक

भितरी बनारस : द

काशी का इतिहास

• डॉ० मोतीचन्द्र •

राजा बनारस : हर-हर महादेव

समय की शिलापर : काशी का इतिहास

'काशी का इतिहास' डॉक्टर मोतीचन्द्र द्वारा लिखित है जिसका पहला संस्करण सन् 1962 में, दूसरा सन् 1985 में और तीसरा सन् 2003 में प्रकाशित किया गया। काशी के सम्बन्ध में इस महत्वपूर्ण बड़ी पुस्तक का प्रकाशन विश्वविद्यालय प्रकाशन, वाराणसी ने किया है। पुस्तक के प्रारम्भ में ही श्री रायकृष्ण दास का फुलपेजी श्वेत-श्याम चित्र है–टोपी-बंडी में सोचती हुई मुद्रा। दोनों आँखे मानो विचारमग्न हों। पकी उम्र का चित्र है, चेहरे और गले की ढीली पड़ती मांस-पेशियाँ इसकी गवाह हैं। चित्र स्वत: ही आदर का भाव जगा के कला एंव संस्कृति के पोषक इस मनीषी के प्रति विनत कर देता है। इसी विनत भाव से इस पुस्तक का 'समर्पण' भी लिखा गया हैं–*श्रद्धेय रायकृष्ण दास को, तस्मै श्री गुरुवे नमः-मोती चन्द्र।* इस पुस्तक के अतिरिक्त भी काशी पर लिखित कई पुस्तकों में नगर का इतिहास बयान हुआ है। इन सभी पुस्तकों का 'इतिहास अंश' अत्यन्त सरलता के साथ काशी के इतिहास का अवलोकन करता है–संक्षिप्त इतिहास। हम बहुत पीछे नहीं जायेंगे–गहड़वाल या कलचुरि शासन् काल की काशी की ओर। हम शुरू करते हैं सन् 1018 से। इस वर्ष महमूद गजनी ने काशी के राजा बनार पर चढ़ाई की। लड़ाई में राजा हार गये। उनका किला तोड़ डाला गया। *बालमुकुन्द वर्मा* के इतिहास अंकन में यह दर्ज है कि 'इस लड़ाई में मरे मुसलमान राजघाट के पास गंज शहीद नाम की मस्जिद के पास दफ़न किये गये। बाद में इन्हीं शहीदों के स्मारक के रूप में इस मस्जिद का नवीकरण किया गया'। इसके उपरान्त बनारस कन्नौज के राठौर वंशीय राजा गोविन्द चन्द्र, राजा विजय चन्द्र और राजा जयचन्द्र के अधिकार में रहा। इस राठौर शासन् काल में काशी में राजा की तरफ़ से मुसलमान अधिकारी नियुक्त किये गये थे। यह भी ज़िक्र मिलता है कि उस समय दलाल खाँ नाम के अधिकारी ने राजा गोविन्द चन्द्र के नाम पर बनारस का *गोविन्दपुरा मोहल्ला* राजा विजय चन्द्र के समय में दलाल खाँ

के पुत्र हुसैन खाँ ने अपने नाम पर *हुसैनपुरा मोहल्ला* और राजा जयचन्द के समय में सैयद तालिब अली ने गढ़वासी टोला मोहल्ला बसाया था।

सन् 1194 में कन्नौज के राजा और कुतुबुद्दीन ऐबक में इटावे के पास घोर युद्ध हुआ। राजा वीरता से लड़े पर उन्हें धोखे से मार दिया गया। बनारस उनके हाथ से निकल गया। बाद में गहरवार जाति के लोग बनारस के शासक बने। कुतुबुद्दीन, मुहम्मद गोरी का सेनापति था। गोरी बनारस की प्रसिद्धि सुन कर इसे लूटने के लिए स्वयं आया। उसने हजारों हिन्दू मन्दिर तथा शहर के अच्छे भागों को तोड़-ताड़ कर उजाड़ डाला। इसके बाद उसने एक अधिकारी को यहाँ तैनात कर दिया और स्वयं सैकड़ों ऊँटों पर धन आदि लदवा कर वह अपने देश गजनी चला गया। सन् 1394 में सिकन्दर लोदी चुनार से बनारस आया। वह भी बचा-खुचा धन ले कर चलता हुआ।

इस प्रकार सोलहवीं शताब्दी तक बनारस में ख़ूब उलट-फेर हुआ। मुग़ल सम्राट अकबर सन् 1565 में यहाँ आये थे। अकबर के समय में बनारस में थोड़ी उन्नति हुई। नये मन्दिर और घाट बनाये गये और हिन्दू धार्मिक मान्यताओं को सम्मान दिया गया। इसके बाद शाहजहाँ का पुत्र दाराशिकोह बनारस का सूबेदार बना। दारा की वेद-पुराणों में रुचि थी। उसने काशी के बड़े-बड़े विद्वानों को अपना गुरु बनाया। उसने वैदिक साहित्य और उपनिषदों के फारसी अनुवाद करवाये। दारा दोनों धर्मों के बीच समन्वय स्थापित करना चाहता था। पर कठमुल्ला मुसलमानों को उसका यह विचार पसन्द नहीं आया और इन सबके कहने पर उसके अपने भाई औरंगजेब ने उसे मृत्युदण्ड दे दिया। बनारस के जिस क्षेत्र में दारा रहता था, उसने उसे अपने नाम पर बसाया था–दारानगर। बनारस का यह अच्छा समय अधिक दिनों तक नहीं रहा। समय ने फिर पलटा खाया। सन् 1669 में औरंगज़ेब बनारस आया। औरंगज़ेब अत्यन्त क्रूर था। धार्मिक सहिष्णुता उसमें तनिक भी न थी। हिन्दू धर्म से वह घृणा करता था। उसने बनारस के कितने ही मन्दिरों को तोड़वा दिया और उसके सामान से मस्जिदें बनवा दीं। इसके अनेक उदाहरण आज भी बनारस में दिख जाते हैं–चौखम्भा मस्जिद, बकरिया कुण्ड की मस्जिद,लाट भैरव की मस्जिद, ढाई कंगूरा मस्जिद, आलम गीरी मस्जिद, आदि बनारस में अनेक मस्जिदें हैं जिनमें मन्दिरों के खम्भे, गुंबज और पत्थर लगे हुए हैं। इसी प्रकार ज्ञानवापी के पास विश्वनाथ जी का प्रसिद्ध मन्दिर तोड़ कर उसी स्थान पर मस्जिद बनायी गयी है। इस विषय में मालवीय जी ने भी लिखा था कि 'हिन्दुओं का दिल दुखाने के लिए मन्दिर का एक भाग मस्जिद

के पिछले हिस्से मे ज्यों का त्यों रहने दिया गया है'। पंचगंगा घाट पर भी बेनीमाधव का मन्दिर तोड़ कर उसके सामान से मस्जिद तैयार की गयी है जिसकी दो ऊँची मीनारें हैं। ये मीनारें गंगा में नौका विहार करते हुए बहुत दूर से ही दिखायी पड़ने लगती हैं। यह मस्जिद माधव राव का धरहरा नाम से जानी जाती है। इसमें कोई सन्देह नहीं कि मुग़ल काल में औरंगज़ेब के समय में बनारस के धार्मिक जीवन को सबसे अधिक धक्का पहुँचा।

आगे चल कर बनारस का सूबा अवध के नवाब के अधीन हो गया। सन् 1730 में सआदत खाँ अवध के नवाब हुए। उन्होंने मुर्तजा खाँ नाम के एक उमराव से सात लाख सालाना मालगुजारी पर बनारस, गाजीपुर, जौनपुर और चुनार के चारों परगने ले लिए फिर आठ लाख रुपया मालगुजारी पर ये परगने उन्होंने अपने मित्र रुस्तम अली को दे दिए। अब रुस्तम अली बनारस के फौजदार बन गये। माल, दीवानी और फौजदारी सब इनके अधिकार में आ गये। मीर रुस्तम अली बनारस शहर के हित चिन्तक थे। उनके कामों पर कई लोकगीत हैं। काशी का प्रसिद्ध 'बुढ़वा मंगल' मेला उन्होंने ही चलाया। मीर रुस्तम अली को इमारतें बनवाने का शौक था। बनारस के मान मन्दिर घाट के उत्तर में उन्होंने घाट, पुश्ता और एक छोटा किला भी बनवाया। इन्हीं की अमलदारी में महाराजा बलवन्त सिंह ने (काशी नरेश) रामनगर का किला बनवाया। आधुनिक बनारस का संस्थापक मनसाराम को माना जाता है। आप रुस्तम अली की नौकरी में थे। वे चतुर और बुद्धिमान व्यक्ति थे। तरह-तरह की योजनाएँ बनाते थे और उन्हें पूरा करते थे। इसी काल खण्ड में राजा बलवन्त सिंह ने मुहम्मद शाह को इक्कीस हजार, सात सौ पचहत्तर रुपये नज़राना भेज कर 'राजा' का खिताब प्राप्त किया और तीन मौजों की ज़मींदारी भी अपने नाम करवा ली। अपनी अमलदारी के शुरुआती दस वर्ष सन् 1748 तक वे मालगुजारी अवध के नवाब को भेजते थे। राजा बलवन्त सिंह बड़े कूटनीतिज्ञ थे। इस बारे में उनके कई क़िस्से हैं। उन्होंने धीरे-धीरे अपनी कूटनीति से विजयगढ़, अगोरी और लतीफपुर के किलों पर कब्जा कर लिया। जौनपुर की सभी छोटी-बड़ी ज़मीदारियों को भी उन्होंने दख़ल कर लिया। उनके कई क़िस्से यह बताते हैं कि वे कभी किसी के वफ़ादार नहीं रहे। लूटपाट और जबरन कब्जे में विश्वास करते थे। डॉक्टर मोतीचन्द्र ने लिखा है कि–अठ्ठारहवीं शताब्दी में पूरे अवध प्रान्त में ऐसी अराजकता थी जिसमें शरीफ की मौत निश्चित थी। ऐसे वातावरण में राजा बलवन्त सिंह के कृत्यों को अनुचित नहीं ठहराया जा सकता। अगर वे हर समय चौकन्ने न रहते या फरेब न करते तो

सफदरजंग और शुजाउद्दौला उन्हें बहुत पहले साफ़ कर चुके होते। उन्होंने 'मार के टर रहे' वाली भोजपुरी कहावत का आदर्श बराबर अपने सामने रखा। बलवन्त सिंह को काशी प्यारी थी। अहमद शाह बंगश और बाद में अंग्रेज़ों को रुपये दे कर उन्होंने काशी को लूट और अत्याचार से बचाया। अगर वे अपनी बागडोर ढीली कर देते तो उस अराजकता के चलते काशी का सत्यानाश हो जाता'।

काशी सम्बन्धी लगभग सभी इतिहासों में यह उल्लेख मिलता है और 'रुद्र' की 'बहती गंगा' में भी कि राजा बलवन्त सिंह को कोई पुत्र न था। रानी गुलाब कुंवर से उन्हें एक कन्या थी। दूसरी पत्नी पन्ना से दो पुत्र थे–एक चेत सिंह और दूसरे सुजान सिंह। चेत सिंह के जन्म की कथा 'रुद्र काशिकेय' ने सुनायी है जिसे आगे दिया जायेगा। उनकी पुत्री तिरहुत में सिरसा के ज़मींदार दुर्विजय सिंह से ब्याही थी। उसके एक पुत्र भी था–महीप नारायण। वैध पुत्र न होने के कारण पन्ना के दोनों पुत्रों का राज्य पर कोई अधिकार न था। बलवन्त सिंह अपने भतीजे मनियार सिंह को गद्दी देना चाहते थे। वह राजा का चहेता था। इस प्रकार मनियार सिंह, चेतसिंह और महीप नारायण तीनों अपने को बलवन्त सिंह का उत्तराधिकारी समझते थे। लेकिन कानूनन राज्य के अधिकारी मनियार सिंह थे और उन्हें ही राजा का क्रिया-कर्म करने का अधिकार था। अब 'बहती गंगा' की आख्यायिका–'गाइये गणपति जग बन्दन' में चेत सिंह वृतान्त देखा जाय। जैसा कि कहा गया यह 18 वीं सदी के काशी की इतिहास कथा है।–चेत सिंह के जन्म की। बलवन्त सिंह और उनकी रानी पन्ना की। बेटे के जन्म पर थाली बजायी जा रही है। ढोलक पर थापें पड़ रही हैं–'गाइये–' का गीत गाया जा रहा है कि सहसा सब कुछ ठप हो जाता है। राजा के पट्टीदार निर्द्वंद्व सांडों की तरह विचरते चिल्ला रहे हैं कि ढोल ढमाका बन्द कर दो। वजह कि सद्यजात शिशु वर्ण-संकर है। बलवन्त सिंह अपने मित्र और सेनापति से कहते हैं कि–'अब चेत हो गया, मैंने भारी पाप किया'। मित्र बैजनाथ सिंह ने जवाब दिया कि 'जिसके पैदा होने से चेत हो गया उसका नाम चेत सिंह रखियेगा'। उधर रानी पन्ना उत्सव रोक दिए जाने के कृत्य से आग-बबूला हो उठी हैं। पहले से ही अपने विवाह और राजा से वे ख़ुश नहीं हैं। अपमान, उपेक्षा और उत्पीड़न झेल–झेल कर वे विद्रोहिणी बन गयी हैं। राजा उन्हें मनाने आते हैं तो वे बिफर उठती हैं कि 'जिसके जीते जी उसके बेटे के जन्म पर गाया जाने वाला मंगलगान लोग रोक सकते हैं वे लोग बाप के मर जाने पर...।

चेत सिंह घाट और महल

बेनिया पार्क में चेत सिंह की प्रस्तर प्रतिमा

डॉक्टर मोतीचन्द्र के 'काशी का इतिहास' में राजा चेतसिंह पर पूरा खण्ड है जिसके छोटे-से अंश पर पीछे विचार किया गया। 'इतिहास' में ही आगे अन्य घटनाएँ भी आती हैं कि–'मनियार सिंह निश्चिन्त हो कर अपने को उत्तराधिकारी समझ बैठे थे। दुर्विजय सिंह और चेतसिंह अपनी-अपनी घात में लगे थे। इन्हें यह खबर तक नहीं थी कि औसान सिंह राजा चेतसिंह से मिले हुए हैं। राजा चेत सिंह को गद्दी पर बैठाने के लिए वे स्वयं जा कर नवाब वजीर को बाइस लाख रुपये गद्दीनशीनी के लिए और ढाई लाख मालगुजारी में इज़ाफ़ा के रूप में दे आये हैं...। जिस समय मनियार सिंह, बलवन्त सिंह के क्रिया कर्म के लिए मणिकर्णिका घाट गये हुए थे उस समय औसान सिंह ने रामनगर के किले पर अपना पहरा बैठा दिया और फौजी सरदारों को मिला कर खजाना दख़ल कर लिया। जब घाट पर मनियार सिंह को यह खबर लगी तो वे अपनी जान बचाने के लिए नेपाल भाग गये। इस तरह चेतसिंह गद्दी पर बैठे और औसान सिंह उनके दीवान नियुक्त हुए।

अवध के नवाब वजीर यह समाचार सुन कर बनारस आये। रामनगर भी गये। चेतसिंह ने पलक-पांवड़े बिछा दिए। नज़र पेश की। नवाब प्रसन्न हुआ। उसने अपने पुत्र आसफउद्दौला की पगड़ी राजा चेतसिंह से बदलवायी। सन् 1773 में वारेन हेस्टिंग्स बनारस आया मामले तय करने। चेतसिंह उसकी अगुवाई के लिए सैदपुर गये। उधर नवाब वजीर बनारस जाने के लिए लखनऊ से जौनपुर पहुँचे। राजा की बेरुखी देख कर नवाब रुष्ट हो गया कि राजा ने वारेन हेस्टिंग्स की तुलना में उसकी अवहेलना की। ख़ैर, मान-मनौव्वल से किसी तरह नवाब मान गया। और बनारस में चेतसिंह को गाजीपुर की ज़मीदारी की सनद उन्हीं शर्तों पर दे दी गयी जो पिता बलवन्त सिंह के समय में तय हुई थी। लेकिन नवाब भीतर ही भीतर भुन रहा था। उसने वारेन हेस्टिंग्स से राजा से सब इलाकों को छीन लेने की गुजारिश की। पर हेस्टिंग्स न माना। नवाब ने राजा को कोई सनद न दी थी। इसलिए इलाकों पर राजा का कोई कायमी दावा न था। नवाब जब चाहता उन्हें निकाल सकता था। जब कि वे नवाब को बाइस लाख अड़तालीस हजार चार सौ उन्चास रूपये केवल मालगुजारी के देते थे। वारेन हेस्टिंग्स के समझाने पर अन्ततः नवाब को सनद देनी पड़ी।

सन् 1774 में नवाब शुजाउद्दौला नहीं रहे। उनकी मृत्यु के बाद आसफुद्दौला अवध के नवाब वजीर हुए। अब बनारस पर कम्पनी का षड्यन्त्र प्रारम्भ हो गया। कम्पनी राजा चेतसिंह के सब इलाकों विजयगढ़, आदि की मालिक बन बैठी। राजा का नवाब के साथ कोई सम्बन्ध नहीं रह गया। नवाब के सारे अधिकार कम्पनी ने

हथिया लिए। ऐसे में चेतसिंह को स्वतन्त्र राजा बनाने की राय बारवेल ने हेस्टिंग्स को दी। ताकि राजा कम्पनी के लिए ढाल का काम कर सकें। इसके लिए कम्पनी ने गद्दीनशीनी की एक राशि (निर्ख) निश्चित की। कागज पर यह लिखा गया कि यह निर्ख आगे भी चेतसिंह के वंशधरों पर लागू रहेगी।

जैसा कि पहले बताया गया कि चेतसिंह उपपत्नी की सन्तान थे इसीलिए अपनी बिरादरी के साथ वे भोजन नहीं कर सकते थे। राजा चेतसिंह के भाई सुजान सिंह की पत्नी का मृत्यु भोज था। उन्होंने औसान सिंह से भूमिहारों को नेवता देने को कहा। उन्हें उम्मीद नहीं थी कि भूमिहार उनका न्यौता मानेंगे। अगर वह जानते तो हरगिज़ न्यौता न बाँटते। पर तीर छूट चुका था। अब औसान सिंह के पास दो ही रास्ते बचे थे–या तो वे राजा के साथ भोजन करें या उनसे सम्बन्ध विच्छेद कर लें। इस भोज में मनियार सिंह ने भी चेतसिंह के यहाँ भोजन करना स्वीकार कर लिया था। औसान सिंह बीमारी का बहाना कर के अपने घर भाग गये। चेतसिंह नाराज़ हुए। औसान सिंह इतने घबरा गये कि वे वारेन हेस्टिंग्स से राजा की शिकायत करने मुर्शिदाबाद पहुँच गये। चेतसिंह को जब यह पता चला तो वे आग-बबूला हो गये। उन्होंने औसान सिंह का राम नगर स्थित घर-बार लुटवा दिया। उनके कुटिम्बियों को कैद करा लिया। औसान सिंह षडयन्त्र करते रहे। यहाँ तक कि वारेन हेस्टिंग्स उन्हें जौनपुर की ज़मींदारी देने पर राजी हो गया। पर राजा न माने। इसके बाद भी भीतरी सैदपुर की ज़मींदार औसान सिंह को दे दी गयी। इतना ही नहीं उसके परिवार को कारामुक्त करने का आदेश भी निकल गया। इस प्रकार राजा को तरह-तरह से परेशान और बेइज्जत किया गया।

औसान सिंह मामूली परिवार के थे। इतिहास बताता है कि जब रामनगर का किला बन रहा था तब राजा बलवन्त सिंह से मिलने एक सेठ आये। उन्हें प्यास लगी थी, पानी माँगा। एक लड़का जो मिट्टी-गारा ढोता था, हाथ धो कर पानी लाया। पूछने पर पता चला कि यह बालक राजा साहब की जाति का है। राजा साहब ने उसे अपने यहाँ रख लिया। तीक्ष्ण बुद्धि और सेवा भाव के चलते आगे चल कर वह राज्य का दीवान बनाया गया। उसका नाम औसान सिंह था जिसने अपने नाम पर बनारस में औसन गंज मुहल्ला बसाया। औसान सिंह को उम्मीद थी कि उन्होंने राजा को गद्दी पर बैठाया है तो राजा सदा उनका अनुगत रहेगा। लेकिन जब परिस्थितियाँ बिगड़ीं या उन्होंने स्वयं बिगाड़ीं तो उन्होंने राजा से सम्बन्ध विच्छेद कर लिया। यह ऐतिहासिक घटना इस तथ्य की ओर भी संकेत करती है कि 18 वीं सदी में वफ़ादारी

का नामोनिशान तक नहीं रह गया था। सब अपना-अपना स्वार्थ देखते थे। औसान सिंह भी उन्हीं में से एक थे।

उधर वारेन हेस्टिंग्स के षड्यन्त्र बढ़ते गये। वह बनारस पर अधिक धन का दबाव डालने लगा। राजा परेशान होकर उसे पत्र लिखते रहे। इनमें से एक पत्र इस परिस्थिति को उजागर कर देता है। सन् 1779 में राजा ने पाँच लाख रुपया न दे पाने के विषय में हेस्टिंग्स को पत्र लिखा। हेस्टिंग्स ने जवाब दिया कि 'वह फौज बनारस भेज रहा है। अगर रुपया मिल गया तो ठीक वरना फौज का खर्च भी राजा को वहन करना पड़ेगा।' यही वह समय था जब कम्पनी और राजा के बीच चकचक–चखचख बढ़ी। कम्पनी के नौकरों और राजा चेत सिंह की रियाया के बीच मार-पीट की कई घटनाएँ हुईं। वारेन हेस्टिंग्स ने सन् 1780 में राजा को एक शिकायती चिट्ठी लिखी कि उनके लोग मार-पीट कर रहे हैं। राजा ने कोई ध्यान नहीं दिया। हालात बिगड़ने लगे। 15 अगस्त 17 81 को हेस्टिंग्स बनारस पहुँचा। उसने दीनानाथ के गोले के पास माधवदास सेमिया के बाग़ में डेरा डाला। और अपने मातहत मार्कहम को चेतसिंह को गिरफ़्तार करने का हुक्म दिया। राजा पर ढेरों सच्चे-झूठे इल्जाम लगाते हुए उसी दिन राजा को उसने एक पत्र भेजा। राजा ने इसका करारा जवाब भेज दिया। हेस्टिंग्स आपे से बाहर हो गया। उसने मार्कहम को हुक्म दिया कि वह शिवाला घाट पर चेतसिंह के महल से उन्हें कैद कर ले। घमासान मच गया। गोली-तलवारें चलने लगीं। बलवा मच गया। कम्पनी के चमचे और सूरमा मारे गये। राजा के आदमी भारी पड़ने लगे। मनियार सिंह ने राजा को सलाह दी कि वे कबीरचौरा से वारेन हेस्टिंग्स को गिरफ़्तार कर लें। उसके पास मामूली-सी फौज है, वह हथियार डाल देगी पर राजा रामनगर भाग गये। शहर में बलवा मच गया। अंग्रेज़ और उनके साथी पिटने लगे। हेस्टिंग्स को खबर भेजी गयी कि शहर का हाल खराब है अधिकांश अंग्रेज़ मारे गये हैं। हेस्टिंग्स बौखला गया। इसी बौखलाहट में उसने एक आदेश निकाल दिया कि 'औसान सिंह को काशी का नायब बनाया जा रहा है'। इस आदेश में यह भी लिखा था कि *चूँकि चेतसिंह ने कम्पनी के विरुद्ध बगावत करके उसके कई अफसरों को मारा है इसलिए बनारस, गाजीपुर और जौनपुर से उनका हक खत्म हो जाता है। औसान सिंह को गद्दी का काम देखने के लिए नियुक्त किया जाता है। बाद में हिन्दू धर्म के अनुसार गद्दीदार के प्रश्न पर निर्णय लिया जायेगा...औसान सिंह का हुक्म न मानने वाला बाग़ी समझा जायेगा।*

इस घोषणा से बनारस में खलबली मच गयी। हेस्टिंग्सको ऐसा लगा की लड़ाई शुरू हो गयी। वह बेचैन था। उसकी सेना चुनार भाग गयी थी। उसने भी चुनार भागने

का निश्चय किया। हेस्टिंग्स के चुनार भागने की इस बेचैनी को रूद्र जी ने 'बहती गंगा' में अत्यन्त रोचक ढंग से *घोड़े पै हौदा औ हाथी पै जीन* में व्यक्त किया है। उन्हीं के शब्दों में यह प्रसंग देख लिया जाये–'चेतसिंह की गिरफ़्तारी के बाद रानी पन्ना की ललकार पर काशी की जनता ने अंग्रेज़ी सेना और उसके सेना नायक वारेन हेस्टिंग्स को अपनी गुरिल्ला युद्ध कला से इतना तंग और भयभीत कर दिया था कि एक रात बदहोश हेस्टिंग्स बनारस से रातों-रात भाग खड़ा हुआ–चुनार'। डाक्टर मोतीचन्द के 'काशी का इतिहास' में यह ऐतिहासिक घटना इन शब्दों में दी गयी है। '16 अगस्त 1781 को राजा शिवाला घाट में गिरफ़्तार कर लिए गये। बनारस में दंगा शुरू हो गया। धावे बोले जा रहे थे। 21 अगस्त को बड़ा धावा होगा, यह खबर हेस्टिंग्स को मिली। फौज पर्याप्त न थी। दूसरे अफसरों की सलाह पर हेस्टिंग्स ने चुनार भागने का निश्चय किया। रात भर चलकर वह और उसकी छोटी-सी फौज चुनार पहुँची'। जो भी हो, हेस्टिंग्स के इस भगोड़ेपन से बनारस वालों को एक कहावत मिल गयी। इससे बनारसियों की विनोद प्रियता भी प्रकट होती है। पूरी कहावत है–*घोड़े पर हौदा, हाथी पर जीन/जल्दी से भाग गयल वारेन हेस्टीन।*

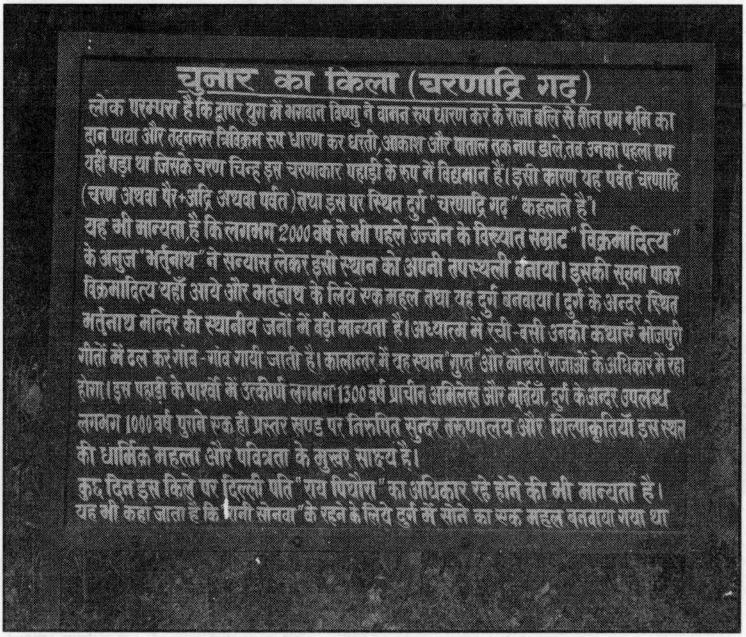

बहती गंगा
शिवप्रसाद मिश्र 'रुद्र'

किले का प्रवेश द्वार

चुनार किले में वह भवन जिसमें बनारस से भागकर वारेन हेस्टिंग्स जा छिपा था

डॉ. भानु शंकर मेहता की पुस्तक का आवरण

मुझे यह घटना कई तरह से अपने भीतर बसाती है। एक तोऔसान सिंह प्रकरण के द्वारा जिनका बसाया मुहल्ला हमारे मोहल्ले कबीरचौरा का पड़ोसी है। उनकी हवेली डीएवी स्कूल के दारा नगर की तरफ़ वाले गेट पर स्थित है। जिसे हम रोज़ ही देखते थे। दूसरा गोला दीनानाथ और कबीरचौरा का ज़िक्र है। इन दोनों के साथ-हमारा चोली-दामन का साथ था। गोलादीनानाथ के ठीक सामने माधव दास का बाग़ आज भी है। जो अब राधा-स्वामी का मठ है, वही बाग़ जिसमें हेस्टिंग्स छिपा बैठा था। और फिर चुनार है जो अनेक वजहों से मुझे बराबर अपनी ओर खींचता रहा है। पाण्डेय बेचन शर्मा 'उग्र' चुनार के थे। चुनार की तरह ही खुरदुरे और पथरीले। हिन्दी में ऐसा कड़क लेखन किया कि 'मुलायम' लोगों की घिग्घी बँध गयी। उनकी कलम क्या थी ज़हर बुझा नश्तर थी। समाज के कोढ़, खाज को सुतार कर देती थी। उनकी आत्मकथा है–'अपनी खबर' जिसमें चुनार पर एक पूरा खण्ड है–17 पृष्ठों का। जैसे मेरे भीतर काशी बसी है वैसे ही 'उग्र' के भीतर चुनार बसा था। चुनार की चट्टानी पहाड़ियों में देवकीनन्दन खत्री के उपन्यासों के पात्र भी ख़ूब विचरे-भटके हैं। मैं किशोरावस्था में जब भी चुनार जाता तो इन चट्टानों गुफ़ाओं और तलहटियों को देख कर मुझे ऐसा लगता कि इसी गुफ़ा के पीछे छुप कर कोई अय्यार अपना भेस बदल रहा है। कभी लगता की कथा नायक राजकुमार वीरेन्द्र सिंह चट्टानों के बीच से घोड़ा दौड़ाते भागे चले जा रहे हैं। तो कभी महसूस होता कि इस बड़ी गुफ़ा के भीतर घुसने पर कोई तिलिस्म मिल जायेगा। चुनार की इन पहाड़ियों के बीच ही खत्री जी नौकरी करते थे। इस नीरस, वीरान और निचाट वातावरण को केन्द्र में रखकर उन्होंने कैसी-कैसी सरस कथाएँ बुनीं कि हज़ारहा लोगों के जीवन में कथा-रस का संचार हो गया। ऐसी निचाट और खरखरी ज़मीन ही 'उग्र' जैसा खरतल और खरा रचनाकार पैदा कर सकती थी। अपने 'चुनार खण्ड' में 'उग्र'ने चुनार के इतिहास, भूगोल, पुराण और मिथक के वे सारे सत्य प्रकट कर दिए हैं जिनसे सामान्यतः पूर्वांचल के लोग भी अनभिज्ञ और अनजान हैं। उनकी इस चुनार गाथा को मैंने बिन्दुओं में बाँट दिया है :

- चुनार में आदमी रहें या न रहें, उसे प्रकृति-दत्त शोभा सुलभ है।
- एक तरफ़ गंगा: भागीरथी, एक तरफ़ विंध्य बालिका।
- जो साधु-सन्त तपस्या करने काशी पधारते थे, वे तपते थे चुनार या विंध्याचल की उपत्यकाओं में ही।
- किशोर राम ने ताड़का और सुबाहु को चुनार के निकट ही कहीं मारा था।
- ब्रम्हमर्षि विश्वामित्र का सिद्धाश्रम चुनार के निकट ही है।

- ऋषि विश्वामित्र राम और लक्ष्मण को चुनार दिखलाने को ले गये थे।
- बन्दा तो चर्णाद्रि (चुनार) ही की मिट्टी है।
- चुनार: जिसका तीन भाग गंगा में हैं और चौथा भाग धरती की तरफ़।
- चुनार के पहाड़ (चर्णाद्रि) पर एक परम प्राचीन दुर्ग है जिसका सम्बन्ध जरासंध से जोड़ा जाता है। यह भी कहते हैं कि सम्राट विक्रमादित्य ने अपने भाई भर्तृहरि के लिए इस दुर्ग का पुनरुद्धार करवाया था। किले में योगिराज भर्तृहरि की समाधि है।
- इस किले से हुमायूँ, शेरशाह सूरी, वारेन हेस्टिंग्स, राजा चेतसिंह , वाजिद अली शाह का भी सम्बन्ध रहा है।
- बाबू देवकीनन्दन खत्री के परम प्रसिद्ध उपन्यास 'चन्द्रकान्ता' और 'चन्द्रकान्ता सन्तति' तथा 'भूतनाथ' में इस किले का ऐसा मनमोहक वर्णन है कि पढ़ने वाले के हाथ से उपन्यास छूटते नहीं।
- चुनार वल्लभ सम्प्रदायियों के पुण्य तीर्थों में से है।
- चुनार के दर्शनीय स्थलों में एक दरगाह भी है–मशहूर मुस्लिम वली हजरत कासिम सुलेमानी की। मेरे बचपन में चुनार की आबादी में रुपये में पाँच आने मुसलमान थे, जिनमें रईस, साहबेफन और नवाबजादे भी थे।
- अंग्रेज़ आये तब चुनार किले में गोरा-तोपखाना पलटन रहती थी।
- चुनार के नोटीफाइड एरिया में गोरे बस गये थे।...तमंचे, बन्दूकें, रैकेट, बैट, फुटबॉल, स्टिक। कैसे-कैसे कुत्ते।
- गोरों की बस्ती छोटी थी। सुथरी सड़कें, स्वच्छ आवास, हरे भरे बंगले, फर्नीचर, फैशनदार परदे, दरियाँ, गलीचे, लोआपोआ गोरेबच्चे, गुड़ियों-सी बीबियाँ।

अभी पिछले साल मैं चुनार गया तो फिर से वह भवन देख आया जिसमें बनारस से भागकर होस्टिंग्स ठहरा था। यह पूरा इतिहास चित्र की तरह निगाहों में घूम गया।

इसके बाद भी कम्पनी और चेतसिंह में कई भिड़ंतें हुईं। हेस्टिंग्स चुनार से बनारस लौट आया। उसने इश्तहार दे दिया कि 'चेतसिंह और सुजान सिंह बगावती हैं अत: बनारस की गद्दी पर इनका कोई हक नहीं रह जाता'। उसने बलवन्त सिंह के नाती महीप नारायण सिंह को 19 साल की उम्र में गद्दी पर बैठा दिया। उनके पिता दुर्विजय सिंह नायब नियुक्त कर दिए गये। अब तो कम्पनी निरंकुश हो गयी। अत्याचार बढ़ने लगे। राजा चेतसिंह हर तरह से परास्त हो चुके थे। पहले वे विजयगढ़ गये। वहाँ से अपनी दौलत ऊँटों और हाथियों पर लाद कर रीवाँ की तरफ़ भागे।

घर की औरतों और बच्चों को विजयगढ़ में छोड़ दिया। रीवाँ से वे पन्ना भागे। बनारस के एक अच्छे राजा की अंग्रेज़ों ने दुर्गति कर डाली। विजयगढ़ से भागने के बाद चेतसिंह का बनारस से कोई सीधा सम्बन्ध नहीं रह गया था। वह इसी तरह भटकते रहे। और अन्ततः सन् 1810 में उनकी मृत्यु हो गयी। लेकिन चेतसिंह के जीवट और साहस को काशीवासी आज भी नमन करते हैं। उनकी एक सुन्दर मूर्ति बेनिया पार्क में कुण्ड के पास लगी है। उनके नाम पर बनारस का एक बड़ा मोहल्ला है–चेतगंज। शिवाला घाट पर स्थित उनके महल को (चेतसिंह महल) लोग आज भी प्रणाम करते हैं, जहाँ पर अंग्रेज़ों ने उन्हें बन्दी बना लिया था।

'बहती गंगा' का एक प्रकरण ठाँठी बनारसी कथा है। इसमें बनारस के घाटों के जीवन का मस्ताना चित्र खींचा है 'रूद्र' ने। दो मल्लाह सुक्खू और झींगुर भांग-बूटी छानने की तैयारी में हैं। सुक्खू ने भांग पीस कर सिल-लोढ़ा खड़ा कर दिया। दूधिया भांग तैयार की। झींगुर मस्ती में बोला–'जे विजया की करै बुराई, ओके खांय कालिका माई,' यह बनारस की रगों में बहने वाला कथन है। ठीक भी है जो काशी के देव महादेव के प्रसाद की बुराई करेगा उसे माँ भगवती क्यों कर छोड़ेंगी। इस कथा का बड़ा हिस्सा 'काशिका' में ही लिखा गया है। बनारस का बतरस इसमें जीवन्त है। सारी घटनाएँ नगवा घाट पर हो रही हैं। यहाँ से उस पार रामनगर के किले का काफ़ी हिस्सा दिखता है। इस प्रकरण का अन्त होता है कि गंगा पार किले की खिड़की पर सुक्खू की नज़र पड़ती है। इस समय तक राजा चेतसिंह और सुजान सिंह की बेदख़ली का इश्तहार हेस्टिंग्स निकाल चुका था। सुक्खू चीख उठा–'अरे सामने महराज हउअन, हर हर महादेव कहेके चाही'। झींगुर मुँह बिचका कर बोला–'जब राजे नाहिं रह गइलन....? सुक्खू ने झींगुर को ज़ोर से डपटा–'तब तोहार कपार! राज नाहीं रह गयल त का उ राजौ नाहिं रह गइलन का?....तूँ चुप रहा'। यह छोटा-सा हिस्सा यह बताता है कि राजा को बनारस की गद्दी से च्युत कर देने के बाद भी काशी की जनता में उनके प्रति कितनी श्रद्धा थी। सुक्खू ने नगवा घाटकी आख़िरी सीढ़ी पर उतरकर किले की खिड़की की ओर मुँह उठाया और ज़ोर से चिल्लाया–'हर हर महादेव'।

काशी के इतिहास यह अंश मैंने इसलिए दिया है कि इसमें बनारस शहर अपनी पूरी मानसिक बनावट के साथ हमारे समक्ष उपस्थित हो जाता है। जन भावना इसका प्रबल हिस्सा है। अंग्रेज़ों के विरुद्ध राजा नहीं लड़ते उनकी प्रिय जनता लड़ती है जो उन्हें राजा नहीं महादेव का रूप मानती है। चेतसिंह का जीवन संघर्ष भी काशी के इतिहास का ऐसा पक्ष है जो हमें बहुत कुछ सिखाता है। उपपत्नी का पुत्र होने का दंश।

अपने अधिकार के लिए लड़ने-भिड़ने की कूवत। ब्रिटिश साम्राज्य के सामने डटकर खड़ा होने का साहस और फिर चौतरफ़ा आक्रमणों से हताश होकर काशी छोड़ने का दर्द। तभी तो राजा चेतसिंह आज भी बनारस के आदर्श हैं।

इस काल में मराठों ने बनारस को बनाने संवारने का अद्‌भुत कार्य किया। सन् 1730 से 1785 तक, अर्थात चेतसिंह के राज्यकाल के कुछ वर्षों में मराठों ने काशी के लिए अपने को न्यौछावर किया। सन् 1730 में मणिकर्णिका घाट बना जिसे बाजीराव ने बनवाया। बाजीराव की माता राधाबाई ने सन् 1735 में काशी यात्रा की थी। वापस जाकर उन्होंने नारायण भट्ट को काशी भेजा। नारायण भट्ट ने रानी के आदेशानुसार दो घाट बनवाये–ब्रह्मा घाट और नारायण घाट। अपने लिए उन्होंने एक बड़ा घर भी बनवाया। आज भी उनके मकान वाली गली को 'नारायण दीक्षित की गली' के नाम से जाना जाता है। नारायण भट्ट की मृत्यु सन् 1748 में हुई लेकिन इसके पहले ही उन्होंने त्रिलोचन घाट और हरिश्चन्द्र घाट को भरवा कर पक्का बनवा दिया। मणिकर्णिका घाट का भी विस्तार किया। इन तीनों घाटों पर दूर-दूर तक सीढ़ियाँ नारायण भट्ट की सत्कीर्ति का प्रमाण हैं। मणिकर्णिका घाट पर उन्होंने श्मशान भूमि की योजना बनायी। डोमों के लिए कर की व्यवस्था की। प्रति मृत शरीर का अन्तिम संस्कार करने के लिए साढ़े छह आना कर निर्धारित किया।

फिर अंग्रेज़ों के पिट्ठू वजीर अली काशी की सत्ता के केन्द्र में आये। अंग्रेज़ों के दबाव से उसने बनारस में थोड़े सुधार भी किये परन्तु बनारस की परम्पराओं पर वह चोट करता रहता था जिसे बनारसी सहन नहीं कर सके। डंकन के समय में इसकी तूती बोलती थी। वह शहर के बाहर माधोदास सामिया बाग़ (कबीरचौरा) में ठहरता था। उसके शाही ठाठ थे। वह ऐसा दिखाता था कि वही बनारस का स्वतन्त्र राजा है। वह दुष्ट था। कम्पनी का भी वफ़ादार न रह सका। कम्पनी के विरुद्ध षड्यन्त्र में वह लिप्त रहता था। कम्पनी ने चूल कसी तो वह माधोदास बाग़ से भाग खड़ा हुआ। उसका साथ देने वाले भी पीछे हट गये। उसके साथियों में जगत सिंह, भवानी शंकर और शिवदेव सिंह प्रमुख थे। ये सब वजीर अली के साथ मिलकर षड्यन्त्र करते थे। कम्पनी की निगाह में इन सब का कसूर साफ़ था। इन पर नज़र रखी जाने लगी। जगत सिंह अपने बसाये मुहल्ले जगतगंज में रहते थे और बाक़ी दोनों चितईपुर में। जगत सिंह और भवानी शंकर को मृत्युदण्ड दिया गया। भवानी शंकर को फाँसी हो गयी। जगत सिंह की सजा कालेपानी में बदल गयी। जब वे नाव पर ले जाये जा रहे थे तो बीच ही में उन्होंने आत्महत्या कर ली।

इसी समय काशी में 'बाँकों' की परम्परा भी उत्कर्ष पर थी। चेतसिंह के लिए ये बांके आगे बढ़कर लड़े थे। इनकी अनेक कथाएँ काशी में आज भी प्रचलित हैं। इसमें दाताराम नागर का नाम प्रमुख है। जिन्हें कालापानी की सजा दी गयी थी। भंगड़भिक्षुक दूसरे बांके पुरुष हैं जिन्हें बनारस आज भी याद करता है। इन दोनों की कथा 'काशी का इतिहास' में भी है और रुद्र की 'बहती गंगा' में भी। ऐसी ही कथा शिवनाथ सिंह की भी है। यहाँ यह कहते चलें कि वीर पूजा बनारस के लोगों की प्रकृति में है। चाहे वे वीर गुण्डे ही क्यों न हों। शहादत के बाद शिवनाथ सिंह बनारसियों की नज़र में बहुत उठ गये। ब्रह्मनाल की तरकारी मंडी के बीच से नीलकण्ठ की ओर जो रास्ता जाता है वहीं त्रिमुहानी पर बनारसियों ने इनकी 'चौरी' बनवा दी है। काशीवासी इसे 'बड़े वीर का चौरा' कहते हैं। इनके ऊपर बनारस में एक लावनी भी गायी जाती है–सिवनाथ बहादुर सिंह/वीर का ख़ूब बना जोड़ा। सम्मुख होकर लड़े/निकलकर मुँह नाहीं मोड़ा। शिवनाथ सिंह के यहाँ कौड़ी फेंकी जाती थी। इसे बनारस में 'सोरही' कहते हैं। दो मित्र थे जैसे सूरज का जवाब चन्द्रमा बहादुर सिंह और शिवनाथ सिंह। एक दिन पुलिस आ गयी। घर घेर लिया। दोनों वीर बाहर निकल आये और गोरों से भिड़ गये। पहले बहादुर सिंह मारे गये। शिवनाथ सिंह तलवार के जौहर दिखाते रहे। फिर एक तिलंगे की तलवार का ऐसा सच्चा हाथ उनकी गर्दन पर पड़ा कि सिर छिटक कर दूर जा गिरा। बनारस के लोग आज भी यह किंवदंती सुनाते हैं कि पास में एक तमोली की दुकान थी। कबन्ध तलवार घुमाते हुए वहाँ पहुँचा। उसने अपना एक हाथ तमोली की ओर पसारा। 'अरे बप्पा रे' चिल्लाकर तमोली बेहोश हो गया। कबन्ध लड़खड़ा कर वहीं गिर पड़ा। 'काशी का इतिहास' में भी इन दोनों रण-बाँकुरों पर 'यत्र-तत्र' कुछ कहा गया है। इस कथन का सार आपके लिए उसी तरह लिख दे रहा हूँ जैसा स्कूल में लिखा करता था–प्रेसी राइटिंग: शिवनाथसिंह ब्रह्मानाल में एक छोटे से मकान में रहते थे और बाँकों के सरदार थे। ये बाँके सभी जाति के होते थे। इनकी पोशक कुछ अजीब सजीली होती थी। ये अकड़कर गलियों में चलते थे और जरा सी बात पर लड़ाई करने को तैयार रहते थे। खून करना तो मानो इनका धर्म ही था। अंग्रेज़ों के पहले बनारस में ये बाँके महाजनों और डरपोकों के तो काल ही थे।

शिवनाथ सिंह को पकड़ने के लिए सिपाही भेजे गये पर सिंह को पकड़ने में उनको छठी का दूध याद आ गया। शिवनाथ सिंह ने बन्दूकों सहित पाँच आदमियों के साथ अपने को एक छोटे घर में बन्द कर लिया। वे चौबीस घण्टों तक बाहर नहीं निकले पर उसके बाद एक साथ बाहर निकल कर उन्होंने पैदल फौज पर गोलियाँ चला दीं। शिवनाथ सिंह और उनके साथी मारे तो गये पर 'मरतेहु बार कटक संहारा'

की कहावत के अनुसार उन्होंने बहुतों को मार डाला और घायल कर दिया। श्री सांवल जी नगर (हंस : काशी अंक–अक्टूबर, नम्बर 1933) ने ऐसी ही एक लावनी का उल्लेख किया है जो साठ साल पहले बनारस में गाई जाती थी। लावनी यह है–

सम्मुख होकर लड़े निकलकर मुख नाहीं मोड़ा

शिवनाथ बहादुर सिंह का ख़ूब मिला जोड़ा। .....

तन में लगीं गोलियाँ तीस तब घायल होयपड़े।

हँस बोला तब सूबेदार काट ले गरदन दोनों के।

उठ बैठे शिवनाथ बहादुर मारा सिपाही कै।।

उपर्युक्त लावनी से पता चलता है कि कैसे अंग्रेज़ी सेना ने कूचे-कूचे की नाकाबन्दी कर दी थी–शिवनाथ सिंह और बहादुरसिंह सेना से भिड़ गये, अनेक को मारकर गोलियों से छिद कर अपने प्राण त्याग दिए।

बनारस का इतिहास या उसका कोई अंश जिस किसी ने भी लिखा है उसमें यथानुसार उस कालखण्ड में बनारस में किये गये विकास कार्यों और निर्माणों का विवरण भी दे दिया गया है। इसी तरह अनेक 'इतिहासों' मेंयहाँ की आबादी का विवरण है तो किसी में व्यवसाय और हस्त कौशल का। प्रिंसेप ने बनारस की जनगणना दी है। और इसके गली-मुहल्लों का भी चित्र खींचा है उन्होंने घाटों का भी विवरण दिया। कुछ ने बनारस की सड़कों–गलियों-मुहल्लों का विवरण दिया तो कई ने बनारस के जीवन के खाके खींचे। इस तरह देखा जाय तो काशी के इतिहास में मात्र इतिहास नहीं, बनारस का पूरा स्वरूप अन्तर्निहित हो गया है। जिन लोगों ने काशी का प्राचीन इतिहास लिखा है उन्होंने भी यहाँ के लोगों, घाट-मन्दिरों, सड़कों-गलियों और बाज़ारों का वर्णन किया है। सत्रहवी-अठारहवीं शताब्दी का जो इतिहास मिलता है। (देसी-विदेशी दोनों प्रकार के विद्वानों ने लिखा है) उनमें विभिन्न सम्प्रदायों, मठों, चर्चों के साथ ही बनारस के आचार्यों, सन्यासियों, संस्कृत विद्यालयों और उनमें शिक्षा देने वाले अध्यापकों तक की सूची है। अध्यापकों की सूची देखने से यह भी पता चल जाता है कि काशी में संस्कृत वाङ्मय के सभी विषयों को पढ़ाने वाले अधिकतर आचार्य मराठी मूलके रहे हैं और आज भी हैं। दूसरा स्थान गुजराती आचार्यों का है। समय-समय पर जब हम काशी के इतिहास का अवगाहन करते हैं तो हमें सिर्फ़ जय-पराजय और युद्धों का ही परिचय नहीं मिलता, एक निश्चित कालखण्ड में काशी की आत्मा का भी परिचय मिल जाता है। कहने का तात्पर्य यह है कि मात्र 'इतिहास' की तरह काशी का इतिहास लिखा भी नहीं जा सकता क्योंकि काशी का इतिहास सामाजिक, धार्मिक, और सांस्कृतिक गतिविधियों के बिना पूरा ही नहीं हो

सकता। इसलिए ये सारे इतिहासवेत्ता अपने-अपने समय की काशी का समग्र चित्र खींचने के लिए बाध्य हुए हैं। उन्हें काशी का निर्जीव इतिहास नहीं जीवन्त इतिहास रुचता है। अब काशी पर इसी 'इतिहास दृष्टि' को ध्यान में रखकर कालक्रमिक ढंग से हम विचार करेंगे ताकि काशी भी उजागर हो और मेरे भीतर जो काशी बसी हुई है उसका जातीय अथवा स्थानीय स्वरूप भी आपके सामने आ सके।

यह सब जानने-समझने के लिए थोड़ा पीछे भी चल कर देखें तो यह दिखायी पड़ता है कि 14वीं सदी के अन्तिम वर्षों में तुगलगों के एक सरदार ने जौनपुर पर अपना अधिकार कर लिया था। यह शर्क़ी वंश कहलाया। फिर ये बनारस तक बढ़ आये। कई पुस्तकों में यह कहा गया है कि यह समय बनारस की अवनति के आरम्भ का काल है। बनारस के मन्दिरों की भी काफ़ी क्षति हुई। इसके बाद बाबर ने काशी को अपने अधिकार में कर लिया। उसने भी तोड़-फोड़ की पर कम। हुमायूँ बनारस में न घुस सका। तब काशी पर शेर खाँ का अधिकार था। दोनों की आँखमिचौनी चलती रही। अकबर के प्रारम्भिक काल तक भी बनारस मुगलों के कब्जे में नहीं आया था। फिर जैसा कि कहा गया अकबर स्वयं बनारस आया और सन् 1575 में बनारस मुगलों के अधिकार में चला गया। राजाटोडरमल अकबर के विश्वस्त मनसबदार थे। उनके पुत्र थे गोबरधन। इन दोनों ने बनारस में कुछ विशेष कार्य किये। टोडरमल ने विश्वनाथ मन्दिर का पुनर्निर्माण करवाया। उन्होंने शिवपुर में एक बड़ी बावली भी बनवायी। गोबरधन जी ने सन् 1579 में सारनाथ के पास चौखण्डी स्तूप पर एक 'अठपहली' मीनार बनवायी। अकबर के काल में ही रॉल्फ फिंच नामक एक अंग्रेज़ सैलानी बनारस आया। वह कई दिनों तक बनारस में रहा। उसने यह लिखा है। कि उस समय बनारस में कपड़े का व्यापार उन्नति पर था। यहाँ क़िस्म-क़िस्म के कपड़े बनते भी थे और अन्य प्रान्तों और देशों से आते भी थे। कपड़े की कताई-बुनाई का बनारस बड़ा केन्द्र था। जैसा कि आज भी है। फिंच ने काशी को मन्दिरों का नगर कहा है। उसने अनेक मन्दिरों का वर्णन भी किया है। उसने लिखा है कि बनारस में लोग गंगा स्नान करते, दान देते तर्पण करते और दण्डवत करते हैं। इससे स्पष्ट होता है कि इस समय भी काशी की धार्मिक मान्यताएँ आज की तरह ही जन आधारित थीं। फिंच ने यह भी उल्लेख किया है कि अकबर काल में मान सिंह ने दशाश्वमेध से लगे हुए मानमन्दिर घाट का निर्माण करवाया और उनके वंशज जयसिंह प्रथम ने इस घाट पर वेधशाला बनवायी।

जहाँगीर काल में काशी में एक महत्वपूर्ण घटना घटी कि तुलसीदास काशी आये। उनके देय के परिचय की आवश्यकता यहाँ नहीं है। इसी समय केदार घाट के

निकट दक्षिण भारत के एक सन्त कुमार स्वामी ने एक मठ स्थापित किया। आज भी केदारेश्वर मन्दिर का प्रबन्ध इसी मठ के अन्तर्गत है। इस मठ का भवन मुग़ल शैली में बना है। इसके बाद कम्पनी राज तक की बात हम पीछे कह आये हैं। इसमें दो बातें और जोड़ ली जायें। एक तो यह कि महीपनारायण को राज देने के बाद शाह आलम द्वितीय का बड़ा पुत्र बनारस आया। हेस्टिंग्स से वह मिला। उसने हेस्टिंग्स की अगवानी की। उन्हें बड़ी-बड़ी भेंट दी, और उनकी सवारी निकाली। दूसरा यह कि सन् 1787 में डंकन को बनारस का रेजीडेंट नियुक्त किया गया। डंकन ईमानदार अधिकारी थे। वे दुष्ट और भ्रष्ट नहीं थे। इसी समय विलायत में हेस्टिंग्स पर भ्रष्टाचार का मुकदमा चल रहा था। अब बनारस की इतिहास कथा पूरी होती है। गाँधी युग की चर्चा आगे की जायेगी।

सन् 1660 के आसपास बर्नियर नाम का एक यात्री बनारस आया। उसने बनारस की बड़ी तारीफ़ की है। उसकी रुचि संस्कृत में थी। उसने बनारस के संस्कृत विद्यालयों का सर्वांगीण परिचय दिया है। वह पूरे काशीनगर को ही विद्यालय मानता है। उसके अनुसार काशी में रहकर बहुत कुछ सीखा जा सकता है। काशी के अन्य तीर्थों के साथ-बनिर्यर ने काशी करवट का भी परिचय दिया है। इसका परिचय बहुत कम विदेशी विद्वानों ने दिया है। हिन्दी साहित्य में जायसी ने भी इसका उल्लेख किया है। बर्नियर ने लिखा है कि 'यहाँ एक कुँआ था जिसमें छुरियाँ या तलवारें लगी हुई थी। धर्मांध तीर्थयात्री उन पर कूद जाते और प्राण दे देते थे'।

सन् 1800 से 1885 के बीच के बनारस का विवरण कई विद्वानों ने दिया है। इनकी चर्चा डाक्टर मोतीचन्द्र ने भी की है। यह कालखण्ड वजीर अली के बगावत के बाद का शान्त समय था। काशीवासी प्रसन्न थे। बनारस की आबादी में श्रम करने वालों का सम्मान बढ़ रहा था। उन्हें अच्छी मजूरी मिलती थी। इस समय बनारस के ब्राह्मण, व्यावसायी और रईस कामगारों के प्रति सहिष्णुथे। हिन्दू और मुसलमान दोनों चोबदार, खिदमतगार, फीलवान, ऊँटवान, गाड़ीवान, साईस, घसियारे, मशालची..... का काम करते थे। हिन्दू मांझी, हिन्दू और मुसलमान नाई, हिन्दू धोबी, ताशा बजाने वाले, मस्जिद में झाड़ू देने वाले मुसलमान इन सबको काशी के समाज में स्नेह मिलता था। मुसलमान और हिन्दू फकीरों का आदर था। भाट, रंडी, भडुए और नर्तकियाँ काशी के सांस्कृतिक जीवन का अंग थे। इस समय व्यवसाय और कौशल से जुड़े अनेक लोग काशी में पनपे। इन सब के सहयोग से काशी के जीवन में सन्तुलन बना। एक ओर महाजन, सर्राफा और जौहरी थे। इस समय काशी आभूषण निर्माण

के लिए प्रसिद्ध थी। माणिक-रत्न की पहचान करने वाले जौहरी बड़ी संख्या में थे। दूसरी ओर मुसलमान बिसाती थे जो अनाज और घी-तेल का थोक व्यापार करते थे। मुसलमान जुलाहे थे जो किमख़ाब, पोत, किनारी ओर रेशमी कपड़े, बुनने काढ़ने का काम करते थे। तीसरी ओर हिन्दू पंसारी, फेरीवाले, गल्ला बेचने वाले, हिन्दू हलवाई, तंबोली बनारस की गली-गली में थे। इनमें से अधिकतर आज भी हैं। हिन्दू -मुसलमान सुनार, रंगरेज, तम्बाकू बेचने वाले, दर्जी, रफूगर और कलईगर इस काल की काशी में अच्छा रोज़गार पाते थे। इनके साथ ही ईंटा बनाने वाले, मिट्टी के बर्तन बनाने वाले कुम्हार, बहेलिये और कसाई भी काशी के बाज़ार में अपनी दख़ल बना चुके थे। इस समय काशी में जूतों पर कारचोबी का काम करने वालों की बड़ी माँग थी। कागज और पत्ता बेचने वाले भी इस समय रोजी प्राप्त कर चुके थे। इन सबके अलावा नगर की साफ़-सफाई के लिए मेहतर थे जिनकी अलग बस्तियाँ बनारस में विकसित हो चुकी थीं। ये बस्तियाँ बनारस के कई इलाकों में आज भी हैं।

एडविन ग्रीव्स ने अपनी पुस्तक 'काशी द सिटी इलस्ट्रस ऑर बेनारस' (सन् 1909) में तत्कालीन बनारस का भी और इसके पहले की काशी का भी विवरण देते हुए लिखा है कि तब 'बनारस में जरदोजी का सुन्दर काम होता था। इसकी परम्परा पुरानी थी। दो-तीन सदियों से काशी चाँदी के हौदे और–कुर्सी बनाने के लिए प्रसिद्ध रही है। बनारस से ये चीजें तैयार होकर देसी रजवाड़ों में जाती हैं। इन चीजों के बनाने में कारीगर कमाल करते हैं।' वह यह भी लिखता है कि 'बनारस में काठ के सुन्दर खिलौने, पीतल की नक्काशीदार चीजे, सादे बर्तन, सुरती की गोली आदि उत्तम तैयार होती है'।

ग्रीव्स ने बनारस के रेलवे स्टेशन और रेलवे लाइन का भी उल्लेख किया है। उसके अनुसार बनारस में तीन रेलवे स्टेशन हैं–पहला राजघाट पर काशी स्टेशन है। दूसरा अवध–रूहेल खण्ड का बनारस कैंट स्टेशन, जहाँ से दो लाइनें गयी हैं। एक जौनपुर होती हुई और दूसरी अयोध्या फैजाबाद होती हुई लखनऊ चली गयी हैं। तीसरा स्टेशन बंगाल नॉर्थ वेस्टर्न रेलवे का है–बनारस सिटी स्टेशन। यह छोटी लाइन सारनाथ से रजवाड़ी होती हुई गाजीपुर चली जाती है। कहने की आवश्यकता नहीं है कि आज ये तीनों ही स्टेशन अति व्यस्त हो चुके हैं और एक छोटा स्टेशन, मडुआडीह अत्यन्त विकसित करके बहुत बड़ा बना दिया गया है। जहाँ से अब दिल्ली जाने वाली सभी गाडियाँ 'खुलने' लगी हैं। इस स्टेशन को बनारस स्टेशन नाम दिया गया है।

इनमें से कई विवरणों में बनारस से दूर-दूर तक जाने वाली सड़कों का भी ज़िक्र आया है। ग्रैंड ट्रैक रोड के विषय में लिखा है कि 'यह सड़क शेरशाह की बनवाई हुई है। दिल्ली और प्रयाग होती हुई यह कलकत्ता चली जाती है'। इसमें बनारस–गाजीपुर रोड, बनारस-आजमगढ़ रोड और बनारस–जौनपुर रोड का भी ज़िक्र है कि गाजीपुर रोड चौबेपुर और कैथी–होती हुई गाजीपुर पहुँच जाती है। आजमगढ़ रोड चोलापुर के किनारे से चली गयी है। जौनपुर रोड शिवपुर, हरहुआ बाबतपुर, पिंडरा और फूलपुर बाज़ार होते हुए जौनपुर जाती है। इस पुस्तक में यह भी सूचना दी गयी है कि कब, कौन-सी सड़क बनायी गयी *सन् 1800 में बनारस से मिर्जापुर और रामनगर से चुनार की सड़क तैयार हुई। सन् 1805 में सकलडीहा और बक्सर तक की सड़क बनी। सन् 1822 में गाजीपुर रोड ठीक की गयी। आजमगढ़ रोड सन् 1844 में बनी। बाबतपुर से बड़े गाँव जाने वाली सड़क सन् 1848 में बनी। सन् 1861 में बबुरी से अलीनगर तथा चन्दौली की सड़क बनायी गयी।*

बनारस का बहुआयामी चित्रण जेम्स प्रिंसेप ने अपनी पुस्तक में किया है। जेम्स प्रिंसेप का जन्म 20 अगस्त 1799 में हुआ था। वे एक कुशाग्र, अनुशासित और सभ्य व्यक्ति थे। चित्रकारी में उनकी रुचि थी। 26 मई 1819 को वे भारत के लिए चल पड़े। कुछ समय तक कलकत्ता 'मिंट' में कार्य किया। फिर सन् 1820 में बनारस मिंट में उनकी नियुक्ति हो गयी। काशी ने उन्हें चमत्कृत कर दिया। अपनी बहन को उन्होंने बनारसी वस्त्रों, घाटों, स्नानार्थियों, घाट के वातावरण पर कई पत्र लिखे। प्रिंसेप ने बनारस शहर का भ्रमण किया। इसके सौन्दर्य को पकड़ा और अनेक रेखाचित्र बनाये। मन्दिरों और घाटों के अलावा उन्होंने बनारस के भवनों के भी स्केच बनाये। बनारस का नक्शा भी बनाया। सन् 1821 में उन्होंने अपने पिता को लिखा कि 'मैं इस पवित्र नगरी का प्रामाणिक नक्शा बनाने का काम इन ठण्ड के दिनों में कर रहा हूँ'। इस पत्र में उन्होंने अपने पिता से जंतर-मंतर और मान मन्दिर की चर्चा भी की है और उन्हें यह भी बताया है कि इसका निर्माण सवाई जयसिंह ने करवाया है जिन्होंने दिल्ली, जयपुर, मथुरा और उज्जैन में भी 'जंतर-मंतर' बनवाये हैं। प्रिंसेप ने कई काम किये जो काशी की ऐतिहासिक दृष्टि से अत्यन्त महत्व के हैं। उन्होंने बनारस पर कई लेख लिखे। पहली बार बनारस की जनगणना कराई। इस जनगणना के विवरण अत्यन्त रोचक हैं। मुहल्लों, घरों और रहने वालों का क्रमबद्ध विवरण प्रिंसेप ने दिया है। इसके साथ ही उन्होंने बनारस के खण्डहरों, तालाबों, बगीचों, मस्जिदों और शिवमन्दिरों की भी गणना करके उन्हें सूचीबद्ध कर दिया है।

प्रिंसेप द्वरा बनाया गया माधव राय घाट का चित्र

काशी में अनेक तीर्थयात्री प्रतिदिन आते हैं। बाहर से आकर नगर में प्रवेश करने वालों की गिनती के लिए प्रिंसेप ने एक सुचारू व्यवस्था बनायी। विशेषकर ग्रहण के समय और महत्वपूर्ण पर्वों के समय यह व्यवस्था लागू की जाती थी। इसके लिए प्रिंसेप ने नगर प्रवेश के पाँच प्रमुख मार्गों पर दो-दो कर्मचारी नियुक्त किये-नदेसर, बेनीराम पण्डित उद्यान (बेनियाबाग़), जगतगंज,औसानगंज और हनुमान फाटक। नदी मार्ग से प्रवेश करने वालों की गणना राजघाट, गाय घाट, काली घाट, मानमन्दिर घाट,

शिवाला घाट और राम घाट पर की जाती थी। ऐसा करने से भीड़-भाड़ से भरी काशी में तीर्थ यात्रियों के लिए सुविधायें देने की योजना बनाने में बहुत सहूलियत हो गयी थी। बनारस में रहते हुए प्रिंसेप ने भव्य मिंट भवन (मिंट हाउस) का निर्माण कराया और बनारस की सीवर व्यवस्था का आधुनिकीकरण किया। जेम्स अध्ययनशील प्रकृति के व्यक्ति थे। उन्होंने लिखा है कि 'गंगा किनारे के घाट निराले हैं। इनका चित्र मैंने तैयार किया है। ये चित्र शब्दों से अधिक कह सकेंगे'।

प्रिंसेप के समय का बनारस भौगोलिक दृष्टि से आज की तरह नहीं था। जैसे मणिकर्णिका के आसपास जंगल था। गोपाल मन्दिर के आगे वन शुरू हो जाता था। बनारस में जब एक अव्यवस्थित-सी जनगणना सन् 1801 में करायी गयी थी तब नगर की आबादी एक लाख अस्सी हजार थी। प्रिंसेप से कुछ पहले बिशप हेबर ने भी बनारस का रोचक वर्णन किया है। प्रिंसेप के चित्रों में बनारस नगर की यह संरचना खुलकर दिखायी देती है। बिशप हेबर के शब्द चित्र ने जेम्स के रेखाचित्रों के माध्यम से प्राणवत्ता प्राप्त कर ली। हेबर ने ये विवरण बहुत विस्तार से दिए हैं। मैं इन्हें इसलिए भी दे रहा हूँ कि ये सब मेरे अन्दर बसे हैं। और इसलिए भी कि तब से बनारस के भीतरी महाल (पक्की महाल) में कोई उल्लेखनीय फेर-बदल नहीं हुआ है। हेबर लिखते हैं–*बनारस देखने लायक शहर है। यह शहर पूरी तरह से पूर्वी ढंग का है। बनारस की सड़कें संकरी हैं। गलियों में तामझाम बड़ी मुश्किल से गुज़र सकता है। शहर में मकान बहुत ऊँचे हैं। घरों के सामने छोटी-छोटी मेहराबदार दुकानें हैं। मकानों में बरामदे, मुतक्के, झरोखे और छज्जे होते हैं। बनारस में मन्दिर बहुत हैं उनमें अनेक बहुत छोटे छोटे हैं। मन्दिर अक्सर गलियों के नुक्कड़ों पर या बड़े मकानों की छाया में बने हैं। देखने में ये मन्दिर सुन्दर हैं–पेंचदार फूल-पत्तियों की नक्काशियाँ, आकृतियाँ महीन कारीगरी का नमूना हैं। हिन्दू इन्हें गेरुए रंग से रंगना पसन्द करते हैं। मकान के बाहरी हिस्सों को वे चटकीले रंगों वाले फूलदान, नर-नारी, तथा देवी-देवताओं के चित्रों से चित्रित कर देते हैं। शिव के नाम पर छोड़े हुए सांड मस्ती से घूमते रहते हैं। हनुमान के प्रतीक बन्दर भी कुछ भागों में बहुत हैं। शहर के कोने-कोने में मठ मन्दिर हैं'*।

यदि तुलना करना चाहे तो व्हेनसांग (सातवीं सदी) ने भी काशी को तीन मील में फैला नगर बताया था। उन्होंने यह भी बताया था कि नगर की बस्तियाँ सघन हैं। व्हेनसांग ने सौ हिन्दू मन्दिरों का जिक्र किया था। सातवीं सदी से लेकर एडविन ग्रीव्स (1909) तक बनारस का भौगोलिक विस्तार तो होना ही था और हुआ लेकिन

सघन बस्तियाँ और हिन्दू मन्दिरों में अन्तर नहीं मिलता। व्हेनसांग ने यह भी लिखा है कि काशी के लोग सभ्य जन और प्रेमी लोग हैं। सारी अक्खड़ता के बावज़ूद बनारसी इन दोनों गुणों से परिपूर्ण होता है। अब एडविन ग्रीव्स के अन्य विवरणों की ओर चला जाये यानी लगभग सवासौ साल पहले के बनारस की ओर।

शुरुआत ग्रीव्स ने वरुणा के उस पार से की है जिसमें उन्होंने कचहरी (कमीश्नरी, कलेक्टरी, दीवानी)। ट्रेजरीक्लब (बनारस क्लब)। बंगले (कलेक्टर, जज, सिविल सर्जन)। जिला जेल। कब्रिस्तान। टी. बी. अस्पताल। पुलिस लाइन। जिला जेल का विवरण दिया है। इसके बाद उन्होंने काशी में स्थित 'चर्चों' की सूची दी है-सिगरा चर्च, गोदौलिया चर्च, वेसेलियन चैपल रामकटोरा मिशन। अब उन्होंने वरुणा पार के बनारस में होटल क्लार्क्स, होटल द पैरिस, सेना अस्पताल, लन्दन मिशन हाई स्कूल, मिंट, नदेसर हाउस का परिचय दिया है। वरुणा के इस पार आकर उन्होंने क्वींस कॉलेज, लेडी डरफिन वीमेंस हॉस्पिटल (जनाना अस्पताल, कबीरचौरा), माधोदास बाग़, टाउन हॉल, कोतवाली (जिसे ग्रीव्स ने नवनिर्मित कहा है), मुख्य तारघर, मिनिसपल गार्डन (हम कम्पनी बाग़ कहते थे, अब यह जयप्रकाश नारायण उद्यान है), नागरी प्रचारिणी सभा, फल-सब्जी बाज़ार (ग्रीव्स विश्वेश्वर गंज सट्टी की बात कर रहे हैं), अनाज बाज़ार (विश्वेश्वर गंज मंडी) का खाका खींचा है।

अब ग्रीव्स विश्वेश्वर गंज से आगे बढ़ते हैं और मछोदरी टैंक का नाम लेते हैं और यह भी बताते हैं कि यही सड़क काशी रेलवे स्टेशन चली गयी है। ग्रीव्स ने यह बार-बार कहा है कि बनारस में अच्छे और सुन्दर भवन हैं। उनके अनुसार कई भवनों के मालिक कभी-कभार ही बनारस आते हैं। इनकी देखभाल नौकर या किरायेदार करते हैं। ये भवन तीर्थ यात्रियों के काम भी आते हैं, वे तीर्थयात्री जो इन भवनों के मालिकों के क्षेत्र से आते हैं। फिर वे विक्टोरिया पार्क (बेनियाबाग़, जो अब राज नारायण उद्यान है) के बारे में यह बताते हैं कि यह अभी-अभी बना है। और इसे कूड़ों के ढेर पर बनाया गया है। फिर वे सड़कों और गलियों की भी चर्चा करते हैं। कि चौक के चौराहे से एक सड़क गोदौलिया चर्च तक आ जाती है। यही सड़क सीधे अस्सी घाट तक चली जाती हैऔर बायें घूम कर दशाश्वमेध घाट पहुँच जाती है। चौक से आने वाली सड़क जब दूसरी तरफ़ जाती है तो टाउन हॉल, आर्य समाज मन्दिर, बुलानाला होकर मैदागिन पहुँच जाती है। चौक के चौराहे पर पुलिस स्टेशन है। जिसके सामने दोनों और दुकानें हैं। चौक से लगी पतली-पतली गलियाँ काशी के व्यापार का केन्द्र हैं। इन गलियों में ख़ूब पैसा है।

इसके बाद ग्रीव्स बनारस की गलियों के पेंचदार और संकरी होने का एक सुन्दर शब्द चित्र खींचते हैं। उन्हीं के शब्दों में–*One may wander for miles in and out of these intricate alleys. It is easy to lose one self for it is impossible to retain the sense of direction, These alleys wind so much, and the houses are so lofty that the sun is seldom visible to the wandering passenger.*

इन गलियों के ऊँचे–ऊँचे कुछ भवनो की तुलना ग्रीव्स ने 'फ्लोरेंस' के भवनों से की है –*Many of these houses are huge piles, with high walls having only an insignificant door way and tiny window-holes, reminding one not a little of some of the palaces in the Italian towers, such as Florence.*

जेम्स प्रिंसेप ने अपने 'स्केच एल्बम' का प्रकाशन करके बनारस को स्थिर कर दिया है। लगभग सौ वर्ष पहले बनारस के घाट, गलियाँ और मन्दिर कैसे थे, यह इन चित्रों से प्रगट होता है। आज हम इनकी तुलना करके आनन्दित होते हैं। इतना ही नहीं प्रिंसेप ने प्रत्येक चित्र के साथ उसका सूक्ष्म विवरण चित्र के सामने लिख दिया है। ऐसी सूक्ष्मताएँ जिन्हें एक कुशल चित्रकार की दृष्टि ही पकड़ सकती थी। प्रत्येक स्केच अत्यन्त मनोहारी है, लगता है चित्र कैमरे से खींचा गया है। एक-एक 'डिटेल' उभर कर सामने आया है। जेम्स की पेंसिल में बहुत ताकत थी। और भाव प्रवणता भी। एलबम की प्रस्तावना में ही उन्होंने संक्षेप में काशी पुराण का संक्षिप्त परिचय भी दिया है। दिवोदास से लेकर स्कन्द पुराण में उल्लिखित पूरी काशी कथा को बुनते हुए। उन्होंने मुगलकालीन इतिहास की भी बात की है। औरंगज़ेब के लिए कहा है कि 'उसने शिवाले तोड़कर उसी सामग्री से मस्जिदें बनवाईं' अवधराज मनसाराम का परिचय भी उन्होंने दिया है। यह प्रस्तावना संक्षिप्त होते हुए भी हर प्रकार से पुष्ट है। उन्होंने संस्कृत कॉलेज (सन् 1801) और जयनारायण घोषाल के जयनारायण स्कूल का भी नाम लिया है। यह स्कूल गोदौलिया की छोटकी चौमुहानी से सीधे रेवड़ी तालाब और भेलूपुर थाना, विजयानगरम कोठी जाने वाली सड़क पर दाहिनी ओर स्थित है। इसकी चारदीवारी सड़क के साथ-साथ चलती है। एक स्थान पर दीवार के भीतर एक गुंबजनुमा ऊँचा स्थान बना है जो सड़क से ही दिखायी देता है। इस गुंबज में एक घण्टा टंगा है। जो शायद पहले प्रत्येक कक्षा के बाद बजाया जाता होगा। हमलोग कई बार इसके प्रांगण में गये हैं। पहले

स्कूल स्तर पर हॉकी, फुटबॉल, के जो मैच होते थे उसके लिए एक कॉलेज की टीम दूसरे कॉलेज जाती थी। इस तरह बनारस के लगभग सभी स्कूलों में हम पहुँच जाया करते थे। अन्य स्कूलों की टीमें भी एक के बाद एक डीएवी में आती थीं। मुझे याद है कि जयनारायण और डीएवी तथा कटिंग मेमोरियल तथा डीएवी स्कूल के मैच बहुत रोमांचक होते थे। जयनारायण स्कूल का भवन बहुत पुराना, मज़बूत और भव्य है। मैं जब भी इस सड़क से गुज़रता हूँ मुझे उन मैचों की याद आ जाती है। प्रिंसेप का एल्बम भी मुझे इसी तरह बनारस में घुमाता रहता है।

प्रिंसेप ने बनारस की दीपावली का एकदम डूबकर वर्णन किया है। उन्होंने बताया है कि घरों की साफ़-सफाई की जाती है। लोग कूड़ा-करकट बुहार कर कहीं दूर फेंक आते हैं। संध्या को प्रत्येक घर में रोशनी की जाती है, दीपक जलाये जाते हैं। दीपावली के बाज़ार को भी प्रिंसेप ने देखा और बताया कि इनमें तरह-तरह के खिलौने मिलते हैं, खाने के सामान मिलते हैं, और गणेश-लक्ष्मी की मूर्तियाँ मिलती हैं। उन्होंने बनारस की भित्ति कला का भी संकेत दिया है कि दीवारों पर चित्रकारी की जाती है। इस चित्रकारी में उन्होंने बारात का चित्र हाथी का चित्र और केले के पेड़ के चित्र की विशेष चर्चा की है और अन्त में यह कहा है–They are quite decorous. घाटों में तो जेम्स के प्राण बसते थे। इनके चित्र तो उन्होंने बनाये ही, बनारस के घाटों की गतिविधियों को भी कलम बद्ध किया। उन्होंने घाटों पर घण्टे-घड़ियाल और मन्त्रों के स्वर सुने और बनारस के घाटों पर बह रहे जीवन को कुछ 'क्रिया शब्दों' द्वारा ही जीवन्त कर दिया–*Bathing, dressing, praying. Preaching, lounging, gossiping or sleeping there.*

भारतेन्दु हरिश्चन्द्र की 'प्रेमजोगिनी' नाटिका में एक परदेसी पात्र का आगमन होता है और वह बनारस की गलियों में बैठे लोगों से हो रही बातचीत में आजिज आकर कहता है कि देखी तुमरी काशी लोगों, देखी तुमरी काशी और बनारस की ढेरों बुराइयाँ करता है जिसे भारतेन्दु ने छन्द बद्ध करके लिखा है। मैं इसका भावार्थ दे रहा हूँ *कि आधी काशी भाड़-भड़ोरियों की है, आधी ब्राह्मण और सन्यासियों की, आधी काशी रंडियों की है और आधी रांडों की। यहाँ के लोग निकम्मे हैं, भंगेड़ी हैं, लुच्चे, हैं और बे-बिसवासी हैं। यहाँ की गलियाँ कतवार से भरी हुई हैं, जिनमें बदबू फैलती है मानो नरक हो।* इसी छन्द में दो पंक्तियाँ यह भी आती हैं कि रांड, सांड, सीढ़ी, सन्यासी, इनसे बचे तो सेवै कासी। प्रिंसेप ने इनमें से 'सन्यासी' को तो बख्श दिया लेकिन राड़, सांड़, सीढ़ी, इन तीनों को उन्होंने समझ लिया था। परदेसी

की तरह प्रिसेंप इनसे बिदके नहीं बल्कि इन तीनों को उन्होंने काशी के आकर्षण का बायस कहा–*'A native proverb sums up the attraction of kashi in the three words.'* लगता है जेम्स प्रिंसेप पूरी तरह बनारसी बन चुके थे।

उनके चित्र भी इस बात की ताकीद करते हैं। एक चित्र उन्होंने अग्नेश्वर घाट का बनाया है। इस चित्र में माधोराय मस्जिद, रामघाट और जैन मन्दिर एक ही फ्रेम में आ गये हैं जिन पर उन्होंने अपनी टिप्पणी भी की है। भोंसला घाट के चित्र में उस पर स्थित बड़े दीपदान, संकठा देवी के मन्दिर और मणिकर्णिका घाट के देवल, ये तीनों समाये हुए हैं जिनके बारे में उन्होंने लिख भी दिय है। माधो राय घाट के चित्र के सामने प्रिंसेप ने बिन्दुमाधव मन्दिर, माधोराय मस्जिद (माधव राय का धरहरा) के विषय में पंचगंगा घाट से रामघाट तक के क्षेत्र के पौराणिक महत्व को बताया है। इसी चित्र के साथ प्रिंसेप ने मस्जिद की पूरी संरचना का उल्लेख भी कर दिया है–उसकी मीनार, सहन, कलसा, टैरेस, कार्निस और छज्जा आदि का। अन्नपूर्णा मन्दिर के चित्र के साथ प्रिंसेप ने मन्दिर के भीतरी भाग, माँ के सिंहासन और उनकी सुन्दर मूर्ति का विवरण देते हुए इस मन्दिर की गतिविधियों को भी रेखांकित कर दिया है कि लोग यहाँ चढ़ावा चढ़ाते हैं, मन्दिर को और ग़रीबों को दान देते हैं, व्रत और पर्वों पर 'सीधा' प्रदान करते हैं, आदि। फिर उन्होंने मन्दिर के पंडो का भी खाका खींचा है। विश्वेश्वर के प्राचीन मन्दिर (काशी विश्वनाथ मन्दिर) के चित्र के सामने प्रिंसेप ने जुम्मा मस्जिद का परिचय दिया है जिसे औरंगज़ेब ने आधा तोड़ दिया था। उन्होंने लिखा है कि–हिन्दू मन्दिर के कई हिस्से और शिखर अभी भी हैं। प्रिंसेप ने यही चित्र बनाया है जिसमें मस्जिद के साथ ही मन्दिर के हिस्सों का भी चित्रांकन है। विश्वेश्वर की महिमा प्रिंसेप ने अत्यन्त प्रांजल शब्दों में व्यक्त की है और इसी से जोड़कर उन्होंने काशी के गुण-धर्म को भी प्रस्फुटित कर दिया है। प्रिंसेस 'बनारस' और 'काशी' दोनों को समझते थे। विश्वेश्वर के चित्र के सामने लिखी गयी उनकी टिप्पणी का यह अंश पढ़ लिया जाय–*VISHVESVAR, Lord of the Universe, is one of the most exalted title of SHIVA, and his connection with Benares is quantily depicted in the following sentiment from the pooranas . The Vedas and shastras all testify that VISHVESHVAR is the first of Devas, KASHEE the first of cities GANGA the first of rivers and CHARITY the first of VIRTUES*

OLD PROJECTING BALCONY AT THE MAN MUNDIR OR OBSERVATORY, BENARES
Drawn on Stone by C. Hullmandel from a Sketch by James Prinsep Esqr. Printed by C. Hullmandel

जेम्स प्रिंसेप द्वारा बनाया गया चित्र

मान मन्दिर घाट का छज्जा (खिड़की : बालकनी) पत्थर पर महीन शिल्प कला का उत्कृष्ट नमूना है जिसने प्रिंसेप को भी आकर्षित किया। इसका स्केच भी इस एलबम में है। पंचगंगा घाट के चित्र में गली के 'दो पल्ले' वाले द्वार का चित्र है। यह द्वार अत्यन्त कलात्मक है। ठीक इसके बाद घाट पर ले जाने वाली सीढ़ियाँ शुरू हो जाती हैं। इस द्वार पर खड़े होकर सामने बहुत-बहुत नीचे फैली हुई गंगा का

प्रवाह दिखायी देता है। क्योंकि सीढ़ियाँ बहुत अधिक हैं प्रिंसेप ने अपने इस चित्र में फाटक के सौन्दर्य को केन्द्र में रखते हुए इसके पार बहती गंगा को भी दर्शाया है। अद्भुत चित्र है। दूरी का भान कराने वाली चित्रकला आश्चर्य में डाल देती है। इस चित्र के सामने की टिप्पणी में प्रिंसेप ने पंचगंगा घाट पर कार्तिक स्नान का विवरण दिया है। उन्होंने 'धूतपाप' की कथा भी सुनायी है और 'मंगला-गौरी' के बारे में भी बताया है। मणिकर्णिका घाट पर 'चरण पादुका' को प्रिंसेप ने बहुत महत्व दिया है। इसे केन्द्र में रखते हुए इस चित्र में उन्होंने चक्र पुष्करिणी, रानी अहिल्याबाई द्वारा निर्मित दो मन्दिरों का चित्र भी सम्मिलित कर दिया है। यह चित्र विस्तृत फलक पर है जिसमें फैलाव, दूरी और सन्तुलन का अजीब संयोग किया गया है। टिप्पणी में 'चरण पादुका' का महत्व बताते हुए जेम्स ने इसकी व्याख्या भी कर दी है। इसके बाद एक चित्र मान मन्दिर घाट का है, महल की पृष्ठभूमि में और दूसरा मणिकर्णिका घाट का है। इस चित्र की टिप्पणी में प्रिंसेप ने बताया है कि इस घाट पर एक गंगा मठ भी है और यह भी कि बरसात में इस घाट के मन्दिर डूब जाते हैं। दो घाटों भोंसला घाट और मुंशी घाट (राणा महल) पर 'संक्रान्ति स्नान' का चित्र भी प्रिंसेप ने बनाया है। भोंसला घाट के परिचय में उन्होंने घाट पर स्थित लक्ष्मी नारायण मन्दिर की चर्चा के साथ ही घाट की संरचना का भी विवेचन किया है।

मुंशी घाट का उन्होंने इतिहास भी बताया कि इसका निर्माण सन् 1824 में किया गया। इस घाट पर महिलाओं को प्रिंसेप ने कच्ची मिट्टी से शिवलिंग बनाते और पूजते देखा है–यह भी उन्होंने लिखा है और बताया है की 'सावन माह में ऐसा किया जाता है'।

इन चित्रों के अतिरिक्त इस एल्बम में प्रिंसेप ने चार ऐसे चित्र भी दिए हैं जिनसे बनारस के जीवन के प्रति उनका लगाव स्पष्ट होता है। एक चित्र हिन्दू नर्तकियों का है। बहुत ही लयबद्ध चित्र है जिसकी टिप्पणी में उन्होंने नर्तकियों के वस्त्र पर भी विचार किया है जैसे उन्होंने लिखा है कि 'जंपर रंगीन सिल्क का और जरीदार होता है। दुपट्टा सिल्क के हल्के कपड़े का चाँदी के बार्डर वाला बनाया जाता है....। 'यह जानकारी भी प्रिंसेप ने दे दी है कि बनारस में होली पर ये नर्तकियाँ (तायेफा, कसबिन) काशी में स्थान-स्थान पर नृत्य करती हैं। एक चित्र प्रातः संगीत सभा का है जिसमें कई स्त्रियाँ भिन्न वेश भूषाओं में भिन्न वाद्य ले कर बैठी हैं। इन वाद्यों का परिचय प्रिंसेप ने दिया है–चौतारा, सरोद, दारा और सुरिंदा। एक बहुत ही कठिन चित्र ठठेरी बाज़ार का है। प्रिंसेप ने इस बाज़ार की सकरी गली को दूर तक चित्रित किया है जिसके दोनों ओर ऊँचे-ऊँचे मकानों का चित्रांकन है। विवरण के साथ उन्होंने यह बताया है कि 'इस गली के मकान कई मंजिले होते हैं जिनके साथ एक चबूतरा होता है, फाटक लगा होता है और नीचे दुकानें होती हैं'। प्रिंसेप ने ठठेरी बाज़ार में बर्तन की दुकानों का विशेष ज़िक्र किया है और 'लोटा' का नाम भी दिया है। उन्होंने यह भी जानकारी दे दी है कि–'यह गली चौक में खुलती है'। एलबम में एक चित्र ज्ञानवापी का भी है। ज्ञानवापी के चौतरफ़ा फैले क्षेत्र को देखकर लगता ही नहीं कि यह वही ज्ञानवापी कूप स्थल है जिसे हम बचपन से देखते पूजते आ रहे हैं।

इस एलबम में एक बहुत ही महत्वपूर्ण चित्र है–पुराने विश्वेश्वर मन्दिर का नक्शा। इस चित्र का कोई सानी नहीं है। इस चित्र से यह पता चलता है कि प्राचीन मन्दिर कितना भव्य रहा होगा। इसमें मूल महादेव मण्डप के चारों ओर आठ मण्डप दर्शाये गये हैं।

अन्य घाटों के चित्र भी इस एलबम में टिप्पणी के साथ संग्रहीत हैं। प्रिंसेप ने काशी की रामलीला को भी बहुत गहराई से समझा। विशेष रूप से उन्होंने चित्रकूट की रामलीला पर टिप्पणी की है। यह टिप्पणी उन्होंने चित्रकूट लीला की अन्तिम लीला 'भरत मिलाप' के चित्र के साथ की है। इस विवरण में जेम्स ने लीला स्थलों का भी परिचय दिया है जैसे ईश्वरगंगी, चित्रकूट, त्रिलोचन आदि और 'भरत मिलाप' लीला का पूरा शब्द चित्र खींचा है। इस विवरण में उन्होंने 'धुरिया राकस' का भी

नाम ले लिया है जिसने मुझे परम आह्लादित कर दिया क्योंकि धुर बचपन से ही मैं इसे बीस साल तक लगातार देखता रहा।

काशी का इतिहास और प्रिंसेप का एलबम बराबर देखता पढ़ता रहता हूँ। बनारस बार-बार उसांसें लेने लगता है। लगता ही नहीं कि बनारस मुझसे छूट गया।यह भान भी ये दोनों रचनाएँ करा देती हैं कि बनारस हमेशा से था और हमेशा रहेगा। ये किताबें और भीतर सँजोयी बनारस की स्मृतियाँ सब ने कभी लगने ही नहीं दिया कि बनारस से मेरा बिछोह हुआ हो। वह तो कभी बिसरा ही नहीं, कभी स्मृतियों के तार उसे झंकृत कर देते हैं तो कभी इन रचनाओं के शब्द-शब्द किसी नाद की अनुगूँज की तरह सुनायी पड़ने लगते हैं। हर बार बनारस जाना, इन झंकारों और नादों में कौंधते रहने वाले बनारस में ही तो जाना होता है। ये किताबें जो बनारस पर लिखी गयी हैं बनारस के 'बहुत कुछ' में से अजाने को देखने-समझने की ललक से रचा बनारस घनघोर रूप से मुझे अपनी ओर खींचता है। बनारस मेरे भीतर तिल-तिल विस्तार पाता रहता है—तिलभांडेश्वर की तरह। तिलभांडेश्वर महादेव का यह मन्दिर बंगाली टोला स्कूल की दाहिनी गली में है। बृहताकर शिवलिंग है जिसके दर्शन के लिए काफ़ी दूर से लिंग के चारों ओर परिक्रमा करनी पड़ती है। मान्यता है कि यह लिंग इतना बृहताकार इसलिए हो गया है कि यह प्रतिदिन एक-एक तिल कर के बढ़ता है, अपना विस्तार करता है। 'काशी का इतिहास' मेरे लिए हमेशा, जब भी पढ़ता हूँ, जीवन्त काशी का इतिहास बन जाता है। पता नहीं कैसे निर्जन और बेकाम ऐतिहासिक विवरण ख़ुद-ब-ख़ुद मेरा अन्तर पछोर कर थोथे की तरह उड़ा देता है और अपने हिस्से में गह कर 'तत्त-तत्त' को कहीं भीतर धरी मंजूषा में सिकड़ी लगाकर ताला बन्द कर देता है। जेम्स प्रिंसेप या ग्रीव्स या बर्नियर या बालमुकुन्द वर्मा, इतना ही क्यों कबीर, भारतेन्दु, रत्नाकर, रुद्र और उग्र...इन सब का लिखा मेरे भीतर सुरसुरी मचा देते हैं। इन्हें बारम्बार पढ़ता हूँ पर मन नहीं अघाता। बनारस में ईश्वरगंगी कुण्ड, नाग कुँआ और उन सभी मन्दिरों और घाटों पर भटका हूँ जिन्हें प्रिंसेप ने 'खींचा' है। ये चित्र और लेखनियाँ मुझे बनारस के उसी भटकाव में पहुँचा देते हैं। गली-मुहल्लों के नाम मुझे मात्र सूची नहीं लगते, मैं इनमें पहुँच जाता हूँ। चौक, गोदौलिया, मैदागिन में घूमने लग जाता हूँ। विश्वनाथ, भैरव, अन्नपूर्णा ये सब मेरे पास आ जाते हैं। न तो ये किताबें मेरे लिए किताब रह गयी हैं और न ही ये चित्र।ये सब मिलकर मेरे भीतर रचा 'बनारस' बन जाते हैं। कितनी बार तो जाकर बैठा हूँगा मणिकर्णिका घाट पर, कौन-सा ऐसा ग्रन्थ, कौन-सी ऐसी पुस्तक, कौन-सा ऐसा शास्त्र होगा जिसमें

मणिकर्णिका की महत्ता न गायी गयी हो। कई बार आत्मीयों की मिट्टी लेकर भी गया हूँ। बनारस में कम रहा सो ढेरों आत्मीयों को घाट तक न पहुँचा सका। न जाने क्यों इस घाट पर ऐसा अनुभव होता है कि यह लगातार ताप में रहते हुए भी एक ठंडा और शान्त घाट है। यहाँ तनिक देर भी बैठकर यह लगने लगता है कि मृत्यु भी यहाँ 'ओछव' (उत्सव)–महा उत्सव है। घाट ही घाट, एक दूसरे से लगे-लगे और इन घाटों की पथरीली सीढ़ियाँ जो सीधे गंगा में उतर जाती हैं और उसकी छुअन से सिहरती रहती हैं। ऐतिहासिक नगर कोई और होंगे बनारस सदैव से 'वर्तमान' रहा है और रहेगा। अपने अतीत को भी वर्तमान बनाता हुआ, उसमें जीता हुआ।

भितरी बनारस : तीन

घर-दुआर : हमार घर

घर-दुआर : हमार घर

बात अपने घर की-पड़ोस की करनी है। हमारे घर से लगा हुआ पत्थर के आँगन वाला एक कच्चा मकान था। हमारे घर से उधर जाने के लिए दरवाजा था। हमारी एक छत से उधर की छत पर जाने के लिए भी टिन की एक बड़ी खिड़की थी। हम जानते-मानते थे कि ये दोनों घर एक ही हैं। मेरा मकान तिमंजिला और पक्का था इसलिए उसे 'पक्की' और दूसरा मकान कच्चा था इसलिए उसे 'कच्ची' कहा जाता था। मेरे बचपन का बड़ा हिस्सा कच्ची में ही बीता है। साझा दरवाजे और खिड़की से आना-जाना भी सहल था। मुझे घनी याद है उधर वाली बुआ की, बुब्बुन बुआ। मैं उन्हें बुआ कहता था। सन से सफ़ेद बाल, झुर्रीदार चेहरा, पोपला मुह-रंग साफ़ था। मुझे बहुत सुन्दर लगती थीं। मुझे पाला ही उन्होंने। आती-जाती रहें। उधर उनके दो भाई रहते थे-बाबू जी (कालिका प्रसाद मुख्तार) और चच्चा (विंध्यवासिनी प्रसाद)। इन दोनों के छह-छह बच्चे थे, बेटे-बेटियाँ। मुख्तार साहब के बड़े बेटे के बच्चे मेरे समौरिया थे। चच्चा के एक बेटे मेरे सहपाठी थे, बच्चा। मुख्तार साहब की पत्नी को हम बड़की अम्मा कहते थे-दुबली-पतली और हंसमुख थीं। उनकी आँख की ज्योति कमजोर थी, धुंधला दिखता था, आवाज से पहचानतीं। चाची भी दुबली-पतली थीं, गाढ़े रंग की। बड़की भाभी थीं। मुख्तार साहब की बड़ी पतोहू जिनके एक बेटे बुच्चुल शुरू से मेरे साथ पढ़े। ये तीनों महिलायें भी मुझे बहुत दुलार करती थीं। 'कच्ची' में हमेशा गोबर की लिपाई की महक आती रहती थी। दो रसोइयाँ थीं, जब जाऊँ तो पकते-खाने की गमक और पिसते मसाले की गन्ध सुँघाई देती थी। अपने घर से सब कुछ अलग-अलग लगता था। इन दोनों घरों के सामने, मेरे घर के सदर दरवाजे पर बड़वा था जिसके आखीर में पक्की जगत का एक कुआँ था। हमारे घर का एक फाटक आगे गली में था। बाड़े के आखीर में दो ऊँचे खम्भे बने हुए थे-मिट्टी गारे के जिनके बीच से होकर भी बड़वा में पहुँचा जा सकता था। गली के साथ बड़वा

की पक्की चारदीवारी बंसी के घर तक चली गयी थी। हमारे सदर दरवाजे के सामने पूरे बाड़े का सामना करती हुई पत्थर की चार सीढ़ियाँ थीं। सीढ़ी के पहले कोने पर तीन दर वाला राम–जानकी का मन्दिर था। मन्दिर का एक दरवाजा गली में भी खुलता था, अगर उसे खोल दें तो छग्गू बाबू का मकान सरोतर दिखायी देता था। मन्दिर का यह द्वार खास मौकों पर ही खुलता था। सीढ़ी खत्म होती थी 'कच्ची' के पहले। सीढ़ी के उस ओर और इस गली वाले कोने पर रेलिंग लगी थी। ऐसी ही रेलिंग सदर दरवाजे के ऊपर वाली छत पर भी लगी हुई थी। रेलिंग के बाद थोड़ी खुली जगह छोड़ कर 'कच्ची' की तरफ़ काली जी का मन्दिर था। बड़वा का विस्तार डीएवी की सीमा तक था। कभी वहाँ कच्चे कमरे रहे होंगे, अब खण्डहर था। उसी खण्डहर में पीपल का एक घना पेड़ था। पीपल का एक पेड़ काली जी के मन्दिर के भीतर से भी उग आया था। यह भी ख़ूब छतनार था। जिसकी छाया 'कच्ची' वाली छत तक पहुँच जाती थी। काली जी के मन्दिर का एक दरवाजा सामने की बैठक से भी खुलता था। बैठक में तीन दरवाजे थे। बायें दरवाजे के सामने वाली दीवार में एक खिड़की खुली थी जिसमे से झुककर डीएवी में निकला जा सकता था। उधर भी दो दरवाजे और थे, महीन जाली से बन्द। बैठका से लगी एक छोटी–सी कोठरी थी। दाहिनी ओर घर का मुख्य दरवाजा था और भीतर छोटी सी सहन–सहन की बायीं ओर बुआ की कच्ची कोठरी थी। सहन के बीचोबीच एक ही दरवाजे वाला एक कमरा था। जिसका एक दरवाजा और दो खिड़कियाँ बड़वा की ओर खुलती थीं। यह चच्चा के बड़े बेटे विमला भइया का कमरा था। सामने छोटा–सा आंगन, दाहिने कोने पर छत पर जाने की सीढ़ी। ऊपर दाहिनी ओर छत जिस पर पहुँचने के लिए एक खिड़की हमारी रेलिंग वाली छत से जुड़ी थी। आंगन के साथ ही सीढ़ी से लगा एक टिन का दरवाजा भी था। सीढ़ी की बायीं ओर एक छोटी-सी छत थी जिसके नीचे भी एक कमरा था। सीढ़ी के बगल में, जिसे 'सौरी वाला कमरा' कहा जाता था क्योंकि इस परिवार के सभी बच्चे इसी कमरे में जन्म लेते थे। इस छोटी छत से दो सीढ़ी नीचे उतर कर एक पतली–सी छत थी। सीढ़ी उतर कर ठीक सामने एक छोटा–सा कच्चा कमरा था जिसकी खिड़की डीएवी में खुलती थी। इसके बाद एक बड़ा कमरा था। यह भी कच्चा। इसमें भी डीएवी की ओर एक खिड़की थी। इस कमरे के बायीं ओर से लकड़ी की एक चरमर करती सीढ़ी नीचे उतर जाती थी, आंगन के पार वाले कमरे में, जिसके तीन दरवाजे ओसारे में खुलते थे। ओसारे में दायीं ओर एक छोटा–सा कमरा था जो बुआ के कब्जे में था और बायीं ओर मुख्तार

साहब की कच्ची-सी रसोईं थी। इस ओसारे से आंगन में उतरें तो बायीं ओर चच्चा की कच्ची रसोईं थी जिसके कोने पर आंगन में ही एक नल लगा हुआ था और एक टंकी बनी थी। हम अपनी धूर छत से इस घर का एक–एक हिस्सा देख सकते थे। नीचे वाले साझा दरवाजे से लगा हुआ 'कच्ची' का उठउवा पाखाना था। इतने लोग। रह–रह कर बदबू का झोंका आता। अधिकतर हम इस दरवाजे को बन्द ही रखते। बाबू जी के कच्चे कमरे की एक विशेष–सी गन्ध मुझे आज भी याद है–कपड़ों, लकड़ी, खपरैल, बाँस-बल्ली, गद्दा–रज़ाई की सीलन भरी गन्ध जो सिर्फ़ उसी कमरे में बसती थी। बाहर से इस कमरे में घुसने पर यह गन्ध तुरन्त महसूस होती थी। मुझे बिलकुल अच्छा नहीं लगता था, उस कमरे में मैं कम ही जाता था।

हमारा घर बड़ा था। यह छग्गू बाबू की बगीची के बाद ही शुरू हो जाता था। जहाँ से शुरू होता था, वहीं से रेलिंग लगी हुई थी, खम्भों के बीच–बीच। वैसे ही खम्भे जैसे बड़वा में प्रवेश के लिये लगे थे लेकिन छोटे। फिर गेट था, गेट से घुसें तो बगीचा। बायीं ओर एक नल लगा था और पत्थर की तीन सीढ़ियाँ चढ़ कर ऊँची जगह थी। यह भी बगीचे का हिस्सा था। इसके बाद दो मकान बने हुए थे जो किराये पर थे। सामने पत्थर की तीन सीढ़ियाँ चढ़ कर लम्बा बरामदा और उससे लगी हुई बैठक थी। बैठक के तीनों दरवाजे हमेशा खुले रहते थे। पीछे बैठक का एक दरवाजा डीएवी में भी खुलता था जिसकी दोनों ओर दो बड़ी खिड़कियाँ थीं। खिड़कियाँ बरामदे की ओर भी थीं। बायीं ओर घर में प्रवेश के लिए दरवाजा था, फिर एक कमरा था, जो एक तरह से रास्ता ही था। फिर एक दरवाजा था। और भीतर तीन तरफ़ खम्भे वाले ओसारे और बीच में बड़ा आंगन था। पत्थर की पटियों और चारो ओर पत्थर की नालियों वाला। बरामदे के साथ–साथ कमरे थे। घुसते ही एक कमरा पापा का, फिर तीन द्वारों वाली तिनदुअरिया। सामने वाले बरामदे के साथ एक कमरा, फिर एक बड़ा कमरा और फिर एक छोटा–सा कमरा जिसमें 'कच्ची' में जाने के लिए दरवाजा लगा था। दूसरी ओर के बरामदे में एक कमरा था और एक खिड़की। इस कमरे के पीछे भी एक दरवाजा था जो बगीचे में खुलता था। इसके बगल में पाखाना था–एक बड़े कमरे के बराबर। बगल में नहाने का कमरा था जिसमें पत्थर की दो टंकियाँ बनी हुई थीं। आंगन के सामने भी एक कमरा था, यह भी रास्ता ही बन गया था जिसकी दूसरी ओर गहरा भारी सदर दरवाजा था और उसके बाद ऊपर रेलिंग वाली छत के बराबर एक बड़ा जंगला था जिसमें बाड़े की तरफ़, काली जी की तरफ़ और राम–जानकी मन्दिर की सीमा तक लकड़ी के फ्रेम में छड़ें लगायी गयी

थीं और बीचोबीच दो पल्लों वाला लकड़ी का जालीदार फाटक था। स्नानघर के बगल में ऊपर जाने की सीढ़ी थी। सीढ़ी की दायीं तरफ़ एक कमरा था जिसकी दो खिड़कियाँ और एक दरवाजा बगीचे की तरफ़ खुलते थे और एक दरवाजा रेलिंग वाली (राम-जानकी मन्दिर वाली) छत पर। सीढ़ी की बायीं ओर भंडरिया थी। दायें कमरे के सामने वाली छत खाली थी उसमें तुलसी का एक चौरा बना हुआ था। तिनदुअरिया के ऊपर उतना ही लम्बा एक कमरा था जिसका एक दरवाजा रसोईं में खुलता था। इन तीनों कमरों की एक–एक खिड़कियाँ डीएवी में खुलती थीं–छड़दार। बड़े कमरे के ऊपर आंगन की चौतरफ़ा मुंडेर में लोहे के खंभों और लकड़ी के फ्रेम में टिन जड़ी हुई थी। गर्मियों में हम तुलसी चौरा वाली खुली छत पर सोते। सामने काली जी वाला पीपल दिखायी देता था। बारिश आती तो हम अपनी खटिया टिन शेड में खींच लेते। तुलसी चौरा के बाद बगीचे की तरफ़ एक ऊँची दीवार खड़ी थी जिसके दोनों ओर से पत्थर की सीढ़ियाँ धूर छत पर चली जाती थीं। दायीं ओर की धूर छत का सामना बड़वा और नउआ टोलिया की ओर था। बायें सामने दोनों छोटे घर और छग्गू बाबू का घर दिखता था, दाहिने मास्टर साहब का घर। बायीं तरफ़ वाली छत के आखीर में एक टिन शेड वाली दुछत्ती बनी हुई थी। इस छत से सामने देखें तो पूरा कबीरमठ दिखायी देता था और उधर जनाना अस्पताल। कबीर मठ वाली गली से आने–जाने वाले लोग भी। दूसरे कोने से छग्गू चाचा, दीवान जी, गुदई महराज, देवदत्त लाल, रज्जू भइया, रामा जी इन सबके घर दिखायी देते थे। दुछत्ती के दरवाजे से निकल कर धूर छत का तीसरा हिस्सा था जिसकी दाहिनी मुंडेर पर खड़े हो जायें तो 'कच्ची' वाला पूरा घर दिखने लगता था। धूर छत की तीनों अंदरुनी मुंडेरों से हमारे घर का आंगन, बरामदे साफ़–साफ़ दिखते थे। धूर छत से उतरकर बायीं ओर वाली सीढ़ी के नीचे एक दवाजा था जो खुली छत पर पहुँचा देता था। इसे हम बैठक वाली छत कहते थे क्योंकि यह नीचे वाली बैठक के ऊपर बनी थी। इसकी एक मुंडेर से बगीचा और मास्टर साहब का घर देखा जा सकता था और दूसरी ओर की मुंडेर से सीताराम का पूरा घर दिखायी पड़ता था। इस छत के आखीर में एक फिसलऊँआ–सा बना था जिसके साथ एक दरवाजा लगा था। इसके बाद वाली सीढ़ी नीचे पहुँचा देती थी, दो छोटे घरों के सामने या बगीचे के ऊपरी हिस्से में। बैठक वाली छत के दरवाजे से पहली सीढ़ी पर उतरते ही बायीं ओर भी एक छोटा-सा दरवाजा था जो छोटे वाले एक मकान की छत पर पहुँचा देता था सीढ़ी से उतर कर बायीं ओर पहले एक छोटे मकान और फिर दूसरे छोटे मकान का दरवाजा था। इन दोनों मकान में किरायेदार रहते थे।

काशी मेरी प्रिया है। दूर रहो तो भी पास बुलाती है। पास रहो तो आलिंगन में ले लेती है। अपनी प्रिया के अनंत रूप मुझे दिपते दिखायी पड़ते रहते हैं। ऐसे समय आँखें ख़ुद ही मुँद जाती हैं कि प्रिय निकल कर कहीं अन्ते न चला जाय। ऋतुएँ बनारस में भी बदलती हैं। पर मेरे लिए अलगै दिखायी पड़ती हैं। ऋतुओं का ऐसा असर मेरे ऊपर फिर कभी कहीं नहीं पड़ा। मन मान नहीं रहा है कुछ चित्र खींचे बिना।

ग्रीष्म : छायौ रितु ग्रीषम कौ भीषण प्रचण्ड ताप

छायौ रितु ग्रीषम कौ भीषण प्रचण्ड ताप,
जाकी छाप सब छिति–मण्डल सही लगी।
कहै रतनाकर बयारि वारि सीरे कहूँ।।
पैयै एक रहै अहक यही लगी।।
करवट लै लै बरवट ही बिताई राति,
पलक लगाए हूँ न पलक रही लगी।
अबहीं सिरान्यौन सँताप कलही कौ फेरि,
ताप सौं तपाकर के तपन मही लगी।।

यह 'रत्नाकर' के ग्रीष्माष्टक का छन्द है। भीषण गर्मी पड़ती थी बनारस में। तभी तो बरसात आती तो सब बौरा जाते। सावन का मद छा जाता, लगता अमृत वर्षा हो रही है। परीक्षाओं के बाद गर्मी की छुट्टी हो जाती। गर्मी धीरे-धीरे चांपती। सूरज जलने लगता, जलाने लगता। हवा कहीं बिला जाती। किसी कल चैन नहीं। पंखे भी नहीं होते थे। हमारे यहाँ एक सीलिंग फैन पापा के कमरे में और एक तीन दुअरिया में लगा था। बस नीचे के हिस्से में। बहुत बाद में तो सभी कमरों में लग गया यहाँ तक कि खाने के कमरे में भी। 'कच्ची' में तो पंखा था ही नहीं। कई घरों में नहीं था। मास्टर साहब के घर में नहीं था, छग्गू चाचा के घर में नहीं था, नउआ टोलिया अहिराने के किसी घर में नहीं था...। 'बेना' के सहारे गर्मी के दिन कटते। दोपहरी में हम तीन दुअरिया में ही घुसे रहते। दो बड़ी चौकियाँ लगी थीं। चार-छह बाल्टी पानी डाल दिया जाता। पंखे की हवा में थोड़ी ठण्डक आ जाती। तीन दुअरिया के सामने आंगन की तरफ़ के खम्भों की ऊपरी दीवार पर यहाँ से वहाँ तक लोहे का पाइप लगा था जिस पर तिरपाल के परदे लगे थे। इन्हें दोपहर में गिरा दिया जाता था और शाम को मोड़-लपेट कर पाइप से बाँध दिया जाता था। पाँचवें-छठे दशक

की बात है यह। पड़ोस के मेरे कई मित्र खाना खाकर तीनदुअरिया में ही आ जाते। मैं 'कच्ची' में जाता तो पूरी देह चुनचुन करने लगती। सभी को अंधौरियाँ निकल आतीं। बड़े-बूढ़े बेने की डण्डी से पीठ की अंधौरियों को खबर-खबर खजुआते। यह फोड़े-फुँसियों का भी मौसम था। संझा को कोई ठण्डी चीज़ खाने-पीने की जुगत की जाती। आम भरपूर आया करता–लंगड़ा, चौसा, दशहरी और देसी चुसुआ, जामुन, भी आ जाते और फालसे भी। शहतूत और खिन्नी भी दिखने लगते। पके बेल भी आ जाते। इसका शरबत बनता। तरह-तरह के खरबूजे भी मिलने लगते। गर्मियों में आम प्रमुख फल था। आम ख़ूब खाये जाते। 'चुसुआ आम'बाल्टियों में भिगो दिया जाता। दिन भर में वे थोड़े ठण्डा जाते। फालसे का भी शरबत बनता।

कच्चे आम का पन्ना बनाया जाता। मिट्टी के चूल्हे की लकड़ियाँ खींचकर उनके अंगारों पर आम सरिया कर रख दिये जाते। थोड़े कोयले चिमटे से उठाकर आमों के ऊपर भी डाल दिये जाते। आम जलते अंगारों के बीच दब जाते। धीरे-धीरे उन पर चित्तियाँ पड़ने लगतीं–छिलकों के जलने से सोंधी अमियाई ख़ुशबू फैलने लगती। बीच-बीच में आमों की उलट-पलट की जाती। चाकू से गोद-गोद कर देखा परखा जाता। अब तक कच्चे आमों के टाइट छिलके ढीले पड़ चुके होते। उन्हें वैसे ही गरम-गरम छीला जाता। उनकी गर्मी हाथ झौंसाने वाली होती थी–गूदे तो गजब ढाते, कभी भूल से भी उंगली पड़ जायें तो 'फोटका' निकल आये। एक लोटे में पानी लेकर हाथ की उंगलियाँ भिगो-भिगो कर इन्हें सहा-सहा कर छीला जाता। गूदे वाला आम एक भगोने में डालते जाते। फिर आमों की संख्या के हिसाब से झंझर का ठण्डा-ठण्डा पानी भगोने में भर दिया जाता। थोड़ी देर में आम ठण्डे पड़ जाते। अब उन्हें पानी के भीतर ही हाथ से मसल-मसल कर घोला जाता। साफ़-साफ़ गुठलियाँ निकल आतीं उन्हें खंचिया में डाल दिया जाता। छिलकों को भी पानी में एक–एक करके डालकर अंगुली से काँछ–काँछ कर गूदे निकाल लिए जाते–कभी नाखूनों से 'करोना' भी पड़ता। हमारी महराजिन करछुल से दो-चार बूँद अपनी हथेली के पीछे टपका कर जीभ से चाटकर खटास का अन्दाजा लगातीं। कभी कहतीं–बहुत अच्छा खट्टा हौ, दाँत कोठ हो गयल, तनी और पानी डाले के पड़ी कभी कहतीं, अमवा कम खट्टा हौ तनी अमचूर डाले के पड़ी। खटास सटीक होती तो कपार हिलातीं कि सरोतर हौ। घोल में अब अन्दाजे से सफेद नमक, काला नमक पीसा भुना जीरा, चुटकी-चुटकी करके डाला जाता और हाथ से ख़ूब घोरा जाता फिर 'चिखाई' होती। जो तत्व कम होता डाला जाता।

अब रूई के फाहे में हींग की एक कनी रखकर 'लुड़िया' दी जाती। रुई की यह छोटी सी गोली चिमटे से पकड़कर आग के ख़ूब नज़दीक ले जाकर घुमाई जाती–रुई आग पकड़ लेती। उसे झटकार कर बुझा दिया जाता। फिर आँच दिखायी जाती, फिर बुझा दिया जाता। अब तक भुने हींग की हल्की-सी महक मिलने लगती थी। अब आख़िरी बार आँच दिखा–बुझाकर बाहर से भस्मीभूत हो चुकी रुई की गोली को चाकू की नोक के सहारे खोला जाता–हींग की जरी-बुती कनी दीख पड़ती। भगौने के घोल में चाकू के सहारे इसे 'खोदिया'कर पानी में टपका दिया जाता और पानी को करछुल से ख़ूब हिला-हिला कर हींग की कनी को ख़ूब रगड़ दिया जाता। जली-भुनी रुई भी पानी में डाल दी जाती। उसे भी करछुल से बार-बार दबाते कि उसमें भिनी हींग की ख़ुशबू भी 'पने' में बस जाय। पुदीना धनिया की पत्ती को बारीक-बारीक काटकर भगोने में डाल दिया जाता। बस, आम का पन्ना तैयार। एकदम चकाचक। गिलास में भरकर हमें मिलता। जैसे-जैसे पन्ना पेट में जाता तरावट महसूस होती लगता मानो दिन भर की तपी आँखों और खोपड़ी पर ठण्डा फाहा रख दिया गया हो।

गर्मियों में दोपहर भर पन्ना सड़कों पर भी जगह-जगह बिकता था। ख़ास-ख़ास मोड़ों, तिराहों, चौराहों पर कोई छाँव की जगह देखकर पन्ने वाले अपना ठेला खड़ा कर देते। ठेले पर दो बड़े-बड़े घड़े रहते, पन्ने भरे हुए। इन घड़ों को चौतरफ़ा लाल कपड़े से लपेट दिया जाता था। कपड़े को पानी का छींटा मार-मार कर गीला (ओदा) रखा जाता था। घड़े मिट्टी की परई से ढके होते थे। पन्ना निकालने के लिए लकड़ी की हैंडिल में नारियल का नपुआ ठुका होता था। परई हटाकर इसी 'नारियल करछुल' से पन्ना निकाला जाता था। निकालने के पहले पन्ने वाला इसी करछुल से पूरे मटके को 'हड़ोर' कर घुमा देता था कि नीचे जमा हुआ गूदा और जीरा आदि ठीक से पूरे पन्ने में 'सहिया' जाय। मिट्टी के पुरवे में यह परोसा जाता। पीजिए और कान-मुँह -सिर लपेटे,लू के थपेड़ों से बचते अपने काम पर चलिये। अब एक-दो घण्टे पना आपकी रक्षा करेगा।

बनारस खालिस चीजों में विश्वास करता है। इसलिए पन्ना उसका प्रिय पेय है–सब कुछ शुद्ध और सुथरा। गर्मियों में बनारस में लस्सी की भी बहार आ जाती। बनारसी जमकर लस्सी पीते हैं–अधसेरा पुरवा भरकर, ऊपर साढ़ी पौड़ती हुई। आज भी लंका पर पहलवान की, रामनगर की, बसन्त बहार की लस्सी मशहूर है। वैसे तो गर्मी में हर दूध दही की दुकान पर लस्सी मिल जाती है। ख़ूब चमचमाते गगरेनुमा फूल के बर्तन में लकड़ी की बड़ी-सी मथानी से लस्सी बिलोई जाती है। दही, चीनी, और गुलाबजल। बस। अब सिफ़त है दही की, मथाई की और चीनी गुलाबजल के

बैलेंस की कि आप कितने मशहूर होते हैं। बनारस के लोग नमकीन लस्सी (मट्ठा) या छाछ (बटरमिल्क) के कतई शौकीन नहीं हैं। दही में नमक, वे सोच भी नहीं सकते। बस दही बड़े की दहीं मे 'इचक' नमक चलता है, बनारसी मानते नहीं-इस दही में भी मिठास बसा देते हैं।

दिनों-दिन गर्मी अपना जलवा बढ़ा चढ़ाकर दिखाने लगती। गर्मी, उमस, लू सब रह-रहकर कचोटते। स्कूल कचहरी सब बन्द। दुपहरिया में कोई बाहर झांकता भी नहीं था। शाम की प्रतीक्षा रहती कि छत पर चला जाय या बाहर निकला जाय। फिर भी चैन कहाँ।

यही समय होता आम का अचार पड़ने का। हम विश्वेश्वर गंज की सट्टी से सैकड़ों के भाव (एक सैकड़ा: एक सौ बीस अदद) कच्चे आम बोरे में भरकर ले आते। रिक्शे के पायदान पर बोरा और रिक्शे पर हम। घर में बड़ा सा सरौता था–लकड़ी का। तीन इन्च ऊँचा, छः इन्च चौड़ा और एक फीट लम्बा लकड़ी का पट्टा। इसके एक सिरे पर बड़ा सा तेज फल वाला हँसुआ जैसा औजार लकड़ी के हैंडिल में घुसा हुआ। आम लकड़ी के पट्टे के बीचोबीच रख दिया जाता। यह जगह चोट खा-खा कर इतना 'गहिरा' गयी थी कि आम वहाँ फिट हो जाता था। फिर लोहे के औजार को मूठ से पकड़कर उठा लिया जाता और 'खचाक से' आम पर चोट की जाती। आम दो टुकड़े हो जाता–इसी तरह दो के चार और ज़रूरत पड़े तो चार के आठ टुकड़े कर दिये जाते। सरौता का फल इतना धारदार था कि आम के भीतर की कड़ी गुठली भी चिर जाती थी। ख़ूब बड़ी-सी कठवत में आम के ढेर सारे टुकड़े इकट्ठे हो जाते। इन पर मुट्ठी भर-भर कर हल्दी डाल जाती और दोनों हाथों से ख़ूब 'हड़ोर' दिया जाता। कठवत घाम में रख दिया जाता। अब मसाले तैयार होते-सौफ, लाल मिर्च और मेथी खरल में कूटी जाती। धनिया पाउडर, नमक और अमचूर को आम की मात्रा के हिसाब से मिलाकर इसमें ढेर सारी मंगरैल डाल दी जाती। अब कुटे हुए मासाले को इसमें मिला दिया जाता और हाथ से एकसार कर दिया जाता। एक बड़े थाल में मसाला तैयार हो जाता। कठवत के आम पर ये मसाले डालकर फिर हंड़ोरा जाता। कडुआ तेल डाल-डाल कर इसे लथपथ कर दिया जाता। यह काम तीन-चार स्त्रियाँ साथ-साथ करती थीं। किसी एक के बसका है भी नहीं यह काम। बनारस के नजदीक चुनार में चीनी मिट्टी के ख़ूब सामान बनते हैं। हिन्दी के अक्खड़, रचनाकार पाण्डेय बेचन शर्मा 'उग्र' चुनार के थे। उन्होंने अपने आत्मकथ्य 'अपनी खबर' में चुनार महात्म्य सुनाया है–अपनी विशिष्ट गद्यशैली में। 'अपनी खबर' आभिजात्य को उघाड़ कर या कहें उखाड़ कर रख देने वाली

कृति है। 'उग्र'बनारस की अक्खड़ प्रकृति के स्वनामधन्य रचनाकार थे। उग्र और तहस–नहस कर देने वाले। आभिजात्य के चिकने–चुपड़े पोषकों ने उनकी एक रचना 'चॉकलेट' पर अश्लीलता का आरोप लगाकर तब बड़ा बवण्डर खड़ा किया था। शिकायत गांधीजी तक पहुँचाई गयी। पर गांधीजी सयाने थे, उन्होंने रचना के मर्म को समझा और उसे अश्लील नहीं माना।

लंका

रामनगर

लस्सी का पुरवा

ठंढई घर

बनारसी ठंढई की दुकानें

तो इसी 'उग्र' के चुनार में चीनी मिट्टी के बड़े-बड़े 'कन्टर' बनते थे जिनका शरीर सफेद और मुँह तथा ढक्कन गाढ़े पीले रंग के होते थे। कठवत से लथपथ अचार अंजुरियों में उठा-उठा कर कन्टर में भर दिये जाते। मजे में कड़ुआ तेल ऊपर से डालकर मलमल के कपड़े से कन्टर का मुँह बाँध दिया जाता। ढकना सम्भाल कर रख दिया जाता। दिनभर ये कन्टर छत पर धूप खाते। शाम को इन्हें हटा लिया जाता। चार-पाँच दिन में कन्टर के आम मुलायम पड़ने लगते। दाल-भात के साथ हम इन्हें खाना शुरू कर देते। शुरू में आम का छिलका जरा 'कचकचाता' पर मसाले के साथ उसे चबाने में सुखद अनुभूति होती। दस-बारह दिन में अचार तैयार हो जाता। छिलका भी इतना मुलायम पड़ जाता कि अंगुली के हल्के से इशारे पर 'मिसा' कर चटनी बन जाता। बस भात दाल में सानिये और...। क्या याद आ गया है, गरम-गरम भात, रहर की पनछियहू हरदी नमक पड़ी दाल, दाल में पड़ा कच्चा देशी घी जो दाल की गर्मी से स्वत: टेघरता रहता। हम फूल की बारीदार थरिया की दूसरी तरफ़ पत्थर का एक छोटा-सा टुकड़ा रख देते। ऐसा करने से भात-दाल हमारी ओर रहते और अचार दूसरी ओर खाली जगह में। अचार का मसाला, बोकला, आम का गूदा दाल भात की तरफ़ सरकाते जाइये। सानते जाइये। खाते जाइये। स्कूल जाने के पहले हम दिनों दिन यही भोजन करते–चाहे जाड़ा हो गरमी हो या बरसात। कितना सादा और कैसा स्वाद भरा भोजन।

ठण्डई बनारस का विशेष पेय है। हिन्दी साहित्य के धुरंधर इसके रसिया थे– रामचन्द्र शुक्ल, अमृतलाल नागर, उग्र जी, और भी कई। हिन्दी के लिखित साहित्य में भी **भांग चर्चा** ख़ूब हुई है। गर्मी में कभी कभार हम घर पर भी ठण्डई बनाते थे। इसका सारा साज-समान गोलादीनानाथ में मिल जाता है। आप कहिये भर कि ठण्डई चाहिये तो पुड़िया बाँध के तैयार सामग्री दे दी जाती। इस सामग्री में सौफ, गुलाब के सूखे फूल, खरबूजे–तरबूजे के बीज और चिरौंजी मिले रहते हैं। इन्हें सिल पर ख़ूब महीन पीसा जाता है। हम इसमें थोड़ी भीगी हुई बादाम की गिरियाँ भी मिला देते। इन सबको पानी का छींटा दे-दे कर ख़ूब महीना पीसा जाता–एकदम मक्खन कर दिया जाता। यह लोंदा फूल के एक चमचमाते कटोरे में रख दिया जाता। सिल पर थोड़ा-थोड़ा पानी डालकर हथेली से काँछ–काँछ कर इसी कटोरे में उतार लिया जाता। भांग के ठेके से थोड़ी भांग आती। इसकी पत्तियों को खोंट कर हम सूप में पछोरते कि 'करकट' निकल जाय। फिर इन पत्तियों को एक बड़े कटोरे में डालकर तीन–चार पानी धोया जाता। पानी निचोड़–निचोड़ कर निथार दिया जाता। काली

मिर्च के दानों के साथ इसकी पिसाई होती थी–अब एक बाल्टी में गाय का कच्चा दूध आता, इसमें एक लोटा पानी भी मिला दिया जाता।

ठण्ढई की घोंटाई

पौव्वा भर मलाई डालकर हाथ से मीस-मीस कर इसमें घोर दिया जाता। कभी लंगड़ा आम के टुकड़े भी इसमें ख़ूब मीस कर मिला दिये जाते। दूध मलाई वाली ठण्डई ही सर्वप्रिय थी। बाल्टी में सौफ वाला लोंदा डाल दिया जाता। अच्छी ख़ुशबू आने लगती। दूध में थोड़ा गाढ़ापन भी आ जाता। अब इसमें चीनी मिलाकर ख़ूब घोरा जाता। मैं तो केंहुनी तक हाथ बाल्टी में डाल कर घोरता और लोंदे को अंगुलियों से फोड़–मसलकर दूध में एकसार कर देता। कहते हैं भंग ध्यान केन्द्रित करने में सहायक होती है–एकाग्र करने में। कल्पना शक्ति को भी ऊँची उड़ान देती है। बनारस में रहते हुए मुझे भी भंग प्रिय हो चली थी। पक्की महाल के मेरे कई मित्र ठण्डई बनाते थे तो मुझे न्योतते थे। गौदौलिया या बाँसफाटक की ओर जाना हुआ तो काशी ठण्डई घर,मिश्राम्बु या बादल ठण्डई के यहाँ 'छन जाते'। सुडियाँ पर भी एक प्रसिद्ध ठण्डई घर था। पक्की महाल की ओर जाना होता तो उनकी सेवा भी ली जाती। दुकानों पर ठण्डई अधसेरा पुरवा में दी जातीं थी। मलाई ऊपर से डालकर, केसर घुली पिस्ता-बादाम की कतरनें पड़ी और ख़ूब गाढ़ी इस ठण्डई का स्वाद शब्द नहीं बता सकते। चाहें तो इच्छानुसार भंग की गोली ले लें और एक घूंट ठण्डई के साथ गले के नीचे उतार दें।

काशी में भंग एक संस्कृति है। यह महादेव को भी प्रिय है। उन्हें चढ़ाई जाती है। बनारस में भंग का व्यापार अवैध नहीं है। इस पेय को सामाजिक स्वीकृति भी प्राप्त है। यह काशी के जीवन की पहचान है। भंग घोटने-छानने की एक ख़ास बनारसी प्रक्रिया है, लटका है जिसकी सर्वत्र चर्चा हुई है।

बनारस में एक फक्कड़, बेनाम से कवि हुए हैं विश्वंभर नाथ त्रिपाठी 'बड़े गुरु'। उनकी एक किताब है 'आज भी वही बनारस है'। इस किताब की भूमिका मेरे गुरुदेव डॉक्टर बच्चन सिंह ने लिखी है। किताब सन् 2007 में विश्वविद्यालय प्रकाशन, वाराणसी ने प्रकाशित की थी। गुरु व्यंग चित्रकार भी थे। इस किताब में अनेक व्यंग चित्र भी हैं। गुरु ने तो यह तक लिख दिया है कि *'असौं चान पर छानल जायी/ उहैं चउचक बूटी घोटायी'*। उन्होंने तो यह भी कह दिया था कि *'जे भंग भवानी क करे बुराई/ ओके मरिहैं कालिका माई'*। गुरुजी का 'भंगड़पन' चरमोत्कर्ष पर पहुँचा हुआ था। उनकी ये चार पंक्तियाँ पढ़िये जिसकी छन्द रचना एक प्रसिद्ध फिल्मी गीत से प्रभावित है–

कहीं जो एक बड़ा लोढ़ा विंध्याचल होता
तो सिलौटी दक्षिण भारत का अंचल होता

बंगाल की खाड़ी भी दुधिया से भरी होती
बचे भू-भाग पर बस भांग का जंगल होता

बनारस के अलावा मथुरा-वृंदावन में भी भंग की प्रथा है। भांग लखनऊ के चौक इलाके में भी चलती है और इलाहाबाद के लोकनाथ की गली में भी इसकी झलक मिल जाती है। लोकनाथ में भांग की आइसक्रीम मिलती है। बनारस में भांग की कुल्फी का भी चलन है जिसे 'स्पेशल' कहा जाता है। और 'मुनक्का का भी। इसे मुनक्का और भांग पीसकर मिश्री और मेवाँ के कतरों के साथ सानकर लड्डू बना लिया जाता है। चाँदी के वर्क में लपेटकर मिलता है। यह एक स्वादिष्ट मिठाई है।

भंग शिव का पेय है तो इसे पर्याप्त 'गिजा' की आवश्यकता पड़ती है। आप ही देखिए कि महादेव कितना-कितना दूध पी जाते हैं। 'गिजा' से अर्थ यहाँ 'तर माल' लें। बनारस में तर माल का बड़ा चलन है–मलाई पान, खीर कदम, गुलाब जामुन, मलाई चाप, चमचम, खोये की बर्फ़ियाँ। ये सब भांग के लिए गिजा हैं। भंग लेने के बाद इनका जमकर सेवन 'धुनकी' को गुलाबी कर देता है। अन्यथा बहुत परेशान भी कर सकता है–आप बेबस हो सकते हैं, बकझक करने लग सकते हैं, बेसबब हँसने लग सकते हैं या बेसुध भी हो सकते हैं।

बनारस की गर्मी असहनीय होती। पर अच्छा भी लगता। कई-नई बातें, चीजें देखने को मिलतीं। अलसाये माहौल में भी प्रफुल्लता की कुछ बूँदे टपकती रहतीं। जीवन का भी तो यही सत्य है। गर्मियों में आमों की बहार आ जाती, अभी तक ये न जाने कहाँ लुकाये रहते थे। अचानक, जामुन, फालसा, खिन्नी, शहतूत, लीची के दर्शन होते। खरबूजों–तरबूज़ों की धक्कमपेल मच जाती। पान की दुकानों की चौकियों पर पानों को गीले–गीले कपड़ों से ढाँप दिया जाता। चाय, पान और अन्य दुकानों के आगे भी दो बाँसों के ज़ोर पर कनातें छा दी जातीं। शाम को चबूतरों-छतों पर लोग पानी छींटते–छिड़कते दिखते। हम लोग दोनों समय नहाने की जुगत भिड़ाते। इन दिनों बाड़े वाले कुँए के भाग जाग जाते। परवल नेनुआ, कटहल, भिंडी, कुनरु, खीरा, ककड़ी, बाज़ार में पहुँच जाते। गर्मी में सब्जियों का संसार ही अलग होता। जाड़े की सब्जियों में इतनी विविधता नहीं होती थी–वही गोभी, मटर, टमाटर और नयका आलू। आम आ जाता तो आम-पुदीने की चटनी बनने लगती। दही-पुदीने का रायता थालियों में पहुँच जाता, कच्चे आम का नमक, हरा मरचा डालकर कूचा बनता। ककड़ी और खीरा खाने का ज़रूरी हिस्सा बन जाते। खीरा रेत कर रायता भी खाया जाता। हरी धनिया की भरमार रहती। आम के साथ उसके भी कई जोड़े बना कर चटनी–कूचा तैयार किये जाते। कच्चे आम का 'गुरम्भा' भी खाने को मिलने

लगता–गुरम्भा पचफ़ोरन और लाल मिरचे का तड़का देकर गुड में आम के टुकड़े डालकर पकाया जाता था। स्वाद के लिये इसमें अदरक के टुकड़े, किशमिश भी सम्मिलित कर दिये जाते थे। रोटी से खाने में गुरम्भा बहुत स्वादिष्ट लगता था। बर्फ़, चुस्की, आइसक्रीम वाले गली में आने लगते। झंझर-सुराही का समय आ जाता। हम छत पर सोते तब भी मुंडेर पर एक सुराही और गिलास रख दिये जाते थे। मिट्टी के बर्तन भी घरों में अपनी जगह बनाने लगते थे जैसे–परई, पुरवा, कसोरा और छोटे-छोटे मटके–मटकियाँ-गर्मियों में लोटे के आकार का मिट्टी का गड़ुआ भी मिलता था। हम ले आते, पानी भर कर रख दिया जाता। टोंटी में मुँह लगाकर पानी पीने का मजा ही कुछ और था। बाँस के बेने और पंखे निकल आते। घर की औरतें इनके किनारों पर रंग-बिरंगे कपड़े की पट्टी लगाकर सिल देतीं, ये ख़ूब सुन्दर दिखने लगते। पंखे की हैंडिल में बाँस की एक पुपली लगी होती थी जिसे हल्के हाथों से पकड़कर घुमाने पर चौतरफ़ा हवा मिलती थी। बेना की डण्डी चौड़ी और लम्बी होती थी जिसे बीच से पकड़ कर हाँकना पड़ता था। चेहरे पर, शरीर पर, जहाँ भी हवा चाहिये, उसके निकट करके बेना हाँकना होता था। दादी या महराजिन गर्मी भर बेना हाँकती रहतीं। वे सो भी जातीं तब भी बेने की डण्डी उनके हाथ में ही रहती। नींद में गर्मी चांपती तो उनका बेने वाला हाथ स्वत: डोलने लगता।

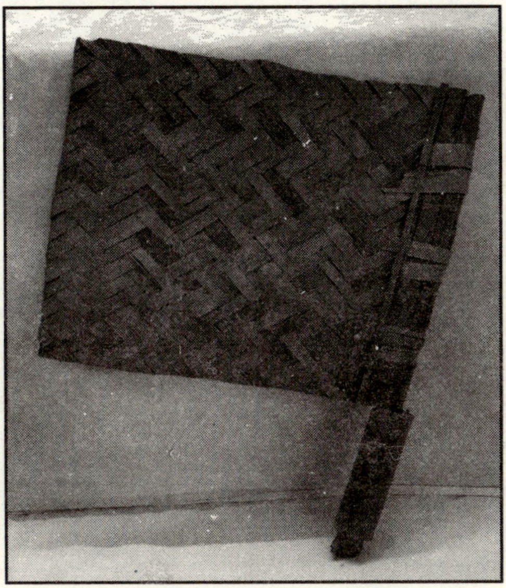

बेना

छत पर आकाश के नीचे सोने का अवसर गर्मी में ही मिलता था। छत पर शाम को ही हम कई बाल्टियाँ पानी छिड़क देते और खटिया-बिस्तर भी लगा दिया जाता कि गरम-गरम गद्दे चादर सोने के समय तक थोड़े ठण्डे पड़ जायें। सामने का पीपल एकदम चुप रहता। कभी पत्तों में खुड़खुड़ होती तो लगता कि शायद हवा चली। तनिक भी हवा चलती तो पसीने वाला शरीर ठण्डा–ठण्डा महसूस करने लगता। गर्मियों में गंजी-जांघिया-गमछा पहनने वालों की संख्या बढ़ जाती। अधिकतर लोग जांघिया-गंजी पहनकर ही सोते। गर्मियों में गमछा बड़ा काम देता। सिर और नाक तक लपेटकर लोग बाहर निकलते। कई लोग जांघिये की जगह गमछा ही लपेट लेते। शाम होते ही भरभरा कर लोग घरों से बाहर निकलते। गली में, चबूतरों पर, घर के दलान–ओसारे में आ जुटते। गर्मी कितना कुछ नया जताती थी–अंधौरी-फुंसी से परेशान लोग दिखने लगते थे, बिजली के पंखे के नीचे से हम हटने का नाम न लेते, बिजली चले जाने पर बड़ी कोफ़्त होती, जून खत्म होते-होते पानी बरसने की प्रतीक्षा होने लगती। दऊ से सम्बन्धित लोकोत्तियाँ और गीत कहे-सुने जाने लगते। खाते समय तड़ तड़ चूता पसीना, किसी शाम गंगा में बजड़ा यात्रा या उस पार जाकर जलक्रीड़ा, गर्मी के शगल बन जाते थे। हम गौरेया के नवजात बच्चों को जो घर के गुलम्बरों–कार्निसों पर बेदम पड़े रहते थे, उठाकर कहीं छाया वाली जगह पर रख आते थे। पक्षियों के लिए आंगन में पानी रख दिया जाता था। जैसे........। जैसे ....। जैसे ....।

ईश्वरगंगी का पोखरा

ईश्वरगंगी, यहीं पर 'घंडइल' लीला होती है जिसमें नाव से राम जानकी और लखन जी सरयू पार करते हैं।

गर्मी के दिनों में ईश्वरगंगी का पोखरा हमें बड़ी राहत देता। यह मेरे मन में बसा है तो शायद इसीलिए। संध्या को पोखरे पर पहुँचना नियम-सा बन गया था। वहीं मन्दिर वाले घाट पर हम दो-चार मित्र जा बैठते। कुण्ड का पानी धीरे-धीरे लहर–बहर करता रहता। हवा का कोई क्षीण-सा झोंका भी उसमें आलोड़न पैदा कर देता था–क्षण भर को। फिर सन्नाटा। वही मद्धम–लहरियाँ। आसपास इतने-इतने मन्दिर। घण्टी–शंख की आवाजें। लगे बनारस के किसी घाट पर बैठे हैं। अकेला होता तो यहाँ से उठकर कभी श्रद्धानन्द के घर चला जाता तो कभी सतीश के यहाँ जो गाँव से आया था और एक कमरा लेकर 'आदर्श' के सामने वाली गली में रहता था। दसवीं कक्षा से ही मेरा सहपाठी था। किसी-किसी दिन मन करता तो नवापुरा वाली पतली गली में जा पहुँचता। इतनी पतली कि उसमें अंधेरा-अंधेरा सा लगता। इसी गली में मेरे संगी-सहपाठी सुरेश, काशीनाथ और बनवारी रहते थे। यह गली एक लम्बे समय तक मेरी साथी रही, आज भी यह मुझसे छूटी नहीं है। इस गली से भीतर ही भीतर 'मृत्युंजय महादेव' निकला जा सकता था, तनिक आगे जाकर दाहिने घूमें तो हरिश्चन्द्र कॉलेज के पीछे मैदागिन पर पहुँच जाते थे। दाहिनी ओर एक और पतली

गली थी उसमें जाने पर फ़िल्म अभिनेता सुजीत कुमार का घर था। उस समय उनकी भोजपुरी फ़िल्म 'बिदेसिया' बनारस में धूम मचाये हुए थी जिसके सभी गाने बनारसी रंग में रंगे हुए थे–उसमें एक कजरी भी थी, एक चैती भी और एक बिरहा भी। दो नौटंकी के गीत भी थे और एक बनारसी बोली में कव्वाली भी थी। वास्तव में यह फ़िल्म कहने को भोजपुरी फ़िल्म थी लेकिन 'काशिका' में ही बनायी गयी थी। यह गली गजब की थी। सुजीत कुमार के घर से बायें चले जायें तो यह गली दारानगर के तीन अलग-अलग स्थानों पर निकलती थी। एक मौलवी साहब वाली गली के सामने, जो हमारे स्कूल में उर्दू के अध्यापक थे पर थे कायस्थ। दूसरी सड़क पर स्थित मन्दिर और कुँए के पास जिसमें हमारे गणित के अध्यापक तिवारी जी रहते थे। तीसरी गली से निकलें तो मृत्युंजय महादेव के पहले पहुँच जायेंगे।

इसी के आसपास पान की एक दुकान थी। गली से निकल कर एक ओर आमने-सामने मेरे दो सहपाठियों के घर थे–ओमप्रकाश और आनन्द। ओमप्रकाश का घर ख़ूब बड़े फाटक के अन्दर था, हवेलीनुमा। उसके पिता विश्वेरगंज के बड़े आढ़तिया थे। आनन्द के पिता वकील थे। आनन्द के घर की बगल से भी एक पतली गली जाती थी जिसमें पापा की बुआ के लड़के बच्चा चाचा रहते थे, वे पापा से थोड़े बड़े थे। चाची भी साथ रहती थीं। एक ही बेटी थी जो प्रसिद्ध लेखक सुरेशव्रत राय से ब्याही थी। बेटी-दमाद इलाहाबाद में रहते थे। मैं अक्सर उनके यहाँ जाता था। नागरी प्रचारिणी सभा के सामने और बनारस कोतवाली तथा विश्वेरगंज चौराहे के बीचोबीच स्थित 'बड़े डाकखाने' में वे काम करते थे। पहले रजिस्ट्री करनी हो तो बड़े डाकखाने ही जाना होता था। तार देना हो तो नीचीबाग़ के 'तारघर' में। ये दोनों भवन पुराने और भव्य थे। अभी भी उधर जाता हूँ तो दोनों भवनों को निहार लेता हूँ। तो ओमप्रकाश के घर के आगे थोड़ी ही दूर पर एक पान की दुकान थी। गर्मी में यहाँ बरफ भी बिकती थी।

हम अक्सर बरफ लेने जाते। वह दुकान के पीछे की तरफ़ बिछा गीला–गीला–सा बोरा हटाता। मझोले आकार के मेनहोल के ढक्कन जैसी एक 'ढाँप' हटाता। इसके नीचे बने गड्ढे में ऊपर-ऊपर धान की चोइयाँ, पुआल और भूसी ठुंसी रहतीं। इन्हें खसका कर वह गड़ढ़े में रखे बरफ के चार-छह टुकड़ों में से एक टुकड़ा निकाल कर दे देता। बरफ तोड़ कर नहीं देता था। लेना है तो पूरा टुकड़ा लीजिये। फिर वह चोइयाँ, पुआल को गड्ढे पर दबा कर ढाँप से ढँक देता। आठ आने–रुपये की बरफ बेचने के लिए इतना 'टिटिम्बा'। सच पूछिये तो बनारस ऐसा ही है। यह दुकान आज भी है। पता नहीं बरफ अब यहाँ बिकती है या नहीं। न बिकती होगी,'फ्रिजवा'

ने सब चौपट कर दिया है। नींबू की शिकंजी बन रही हो, सतुआ का शरबत बनना हो। दादा तो लोहे-लकड़ी वाली एक मशीन में आइसक्रीम भी जमाते थे। ऐसे में बरफ की ज़रूरत पड़ती थी। हम मोटे कपड़े का एक झोला लेकर डीएवी के गेट से निकलकर दारानगर पार करते हुए इस दुकान पर पहुँच जाते। उपरोक्त प्रक्रिया शुरू हो जाती। बरफ का टुकड़ा झोले में रखकर और उसे अच्छी तरह लपेट कर मैं जितना जल्दी-जल्दी हो सके, घर की ओर लपकता कि बरफ कम से कम गल सके। रास्ते भर बरफ का पानी रिस-रिस कर झोले से टपकता जाता। आज सोचता हूँ कि वह बरफवाला इतना कष्ट सहकर भला क्या बेच रहा था और मैं इतना कष्ट सहकर भला क्या बचा रहा था। सच मानिये इस घटना से मेरे मन में आज भी यह पैठा हुआ है कि छोटी-छोटी ख़ुशियाँ बाँटने और सहेजने का यह एक यत्न था। अब तो यह सुख ही मिट गया तो आनन्दभाव कहां से उपजे। ऐसा आनन्द जो आज भी सिहरा देता है। जैसे किसी संगतराश ने इसे मेरे अन्तर पर छेनी-हथौड़ी से खोद-खोद कर गहरा दिया हो,गहरे और गहरे। लग सकता है कि यह भी क्या दीवानापन है। एक तुच्छ-सी घटना पर इतना बवण्डर, पर सच मानिए मेरा प्रिय बनारस मेरे भीतर ऐसी ही न जाने कितनी तुच्छताओं के साथ भितरियाया हुआ है। करूँ तो क्या करूँ !

वर्षा : चहुँ दिसि दमके दामिनी, भीजै दास कबीर

पानी बरसे तो गरमी की ताप उतरने लगे–हल्के–हल्के। सारे रूप बदल जायें। मूरतें चमक उठें। बगीचे के पौधे धुल कर प्रकाशमय हो जायें। नारंगी और पारिजात के वृक्ष झूमते दिखें–नहा–नहा कर लहराते। दोनों की छोटी–छोटी पत्तियों से टुप–टप टपकती नन्हीं–मुन्नी बूँदें। कई पत्तियों पर तो यूँ ही अटकी हुई–मानों छोटे–छोटे पोत टंके हों। छोटी–छोटी पीली तितलियाँ आ चुकी रहतीं। जलती धरती के दिनों में ये न जाने कहाँ जा दुबकी थीं। अमूमन आठ जुलाई को स्कूल खुलते और इसी के आगे–पीछे घन घिरने लगते। गड़–गड़ धम का कोलाहल करते हुए–ख़ूब गाढ़े–गाढ़े होकर गगन में छाये रहते। इतने घने और मोटाये हुए कि उनसे डोला भी न जाता था।

हमारा आंगन आकाश के बीचोबीच था। छत की मुंडेरों से घिरा हुआ। दक्षिण वाली मुण्डेर पर लोहे के तीन पतले खम्भे मुण्डेर वाली बाँध पर गड़े थे जिन पर लकड़ी के मोटे धरनों की फ्रेम पर टीन छायी हुई थी–धरन का कुछ हिस्सा धूर छत वाली मुण्डेर के छज्जे के साथ पैवस्त था,उस ओर की टीन भी इस छज्जे की दीवार में फँसी हुई थी। लम्बा चौड़ा बयान था–नीचे वाले बरामदे के बराबर। हम गरमी भर पश्चिम वाली छत पर सोते। तुलसी चौरे की ओर हमारा सिरहाना रहता। रात में पानी बरसता तो टीन से टप–टुप, पट–पट की तीव्र ध्वनि सुनायी पड़ती। हम जाग उठते। खटियाँ एक के बाद एक टीन के नीचे खींच ली जातीं। पानी के तेज, मद्धिम होने का पता टीन-संगीत देता रहता। कभी पानी भी चरम पर होता और हवा भी। बौछार हमें भिगोने का यत्न करती–आधा गद्दा मैं मोड़ देता कि कहीं बोथा न हो जाय। खटिया तनिक और भीतर सरका लेता और एक्कै करवट सो रहता।

इस टीन शेड से धारो–धार पानी आँगन में गिरता था। टीन के मार्फत भी और सीधे आकाश से भी। आँगन के पत्थर पर पानी गिरने की पड़-पड़ बजती रहती। जो छत से भी सुनायी देती। पानी मंद पड़ता तो यह ध्वनि भी मंद पड़ने लगती।

एक क्षण ऐसा भी आता था कि सब शान्त हो जाता। फिर भी कहीं से कोई 'टिप' तो कहीं से कोई 'टुप' सुनायी पड़ती रहती। गरमी से तपी छतों का ताप निकल–निकल कर भागने लगता। कई बार तो लगता कि छत की ज़मीन से भाप जैसा कुछ उठ रहा है। ऐसे में पूरा वातावरण 'उमसा' जाता था। यह रुक–थम बारिश भोर की हवा को शीतल कर देती थी। इतनी कि अंटी ओढ़ना ज़रूरी हो जाता। बारिश की सुबह सुरमई–सुरमई होती। सूरज थक्का–थक्का बादलों के पीछे कहीं दुबक जाता–दादी कहतीं, दऊ आ गइलन अब सूरज भगवान लुकायल रहियेन। गीले–गीले गौरे–गौरैया बूंदें टपकाते कभी अपनी पूँछ फटकारते तो कभी पूरे शरीर को फुरफुरा कर पानी झाड़ देते। कौव्वे भी ऐसा ही करते दीखते, और गोला कबूतर भी। सबका हमारे घर की छतों, कमरों और दुछत्ती में बसेरा था।

घर के पीछे डीएवी के मैदान में पानी भर जाता। मैदान ऊँचा–थाला था इसलिए कहीं–कहीं घुटने–घुटने तक भी पानी रहता था। स्कूल की बाउन्ड्री के बाद जनाना अस्पताल की चार दीवारी से लगे मैदान में भी पानी भर जाता–पर छिछला, एड़ी तक या उससे तनिक ऊपर क्योंकि यह हिस्सा अपेक्षाकृत ऊँचा था। हम इसी छिछले पानी में छपर–छपर करते हुए स्कूल जाते। चट्टी हाथ में लेकर। बरगद के बाद वाले मैदान में भी छपकोइयाँ भर पानी भरता। घर के पिछवाड़े की ओर पानी ही पानी। रात में मेढकों की टर-टर शुरू हो जाती। तरह–तरह की टर्राहट–तेज–धीमी, कम अवधि की, तनिक ज़्यादा अवधि की, भारी हल्की, समवेत। यह जमा हुआ पानी सूखने लगता तो सुखाते पानी की गन्ध हमारे घर में भी पसर जाती–गीले घास की गन्ध, किचड़ाये मिट्टी की गन्ध और सुखाये पानी की गन्ध। फिर बरसात। फिर भराव। फिर सुखाव। फिर टप–टुप, पट–पट फिर पड़पड़। फिर गन्ध। यह सिलसिला चलता रहता।

तेज बारिश में जब हवा मिल जाती तो बौछारों का जमघट हो जाता। बरसता पानी बिखर–बिखर जाता। ऐसे में छर्र–छर्र की आवाज आती। हवा पानी के फरफराने से घर की बाहरी दीवारों पर फ़ौव्वारा–सा पड़ता रहता। कुछ ही दिन बाद इन दीवारों पर काई की परतें उगने लगतीं–एक अलहदा–सी गन्ध लिए। दीवारों के जोड़ पर पीपल के छोटे–छोटे पौधे उग आते। चूना पुती सफ़ेद मुण्डेरे काली–हरी होने लगतीं। ऐसे ही झिरझिराते पानी में बगीचे में लाल–लाल वीरबहूटियाँ घूमने आ जातीं। दो-चार को पकड़ कर हम डिबिया में रख लेते–कितनी सुन्दर, मुलायम, मखमली। बगीचे में केचुओं के घर भी बन जाते। मिट्टी की चिकनी–चिकनी बांबीनुमा संरचना ज़मीन पर यहाँ से वहाँ तक दिखायी देने लगती। केचुए टहलते मिलते।

मूसलाधार बारिश जब कई दिनों तक होती और बादलों का धूम–धड़ाका, कड़क–चमक का चक्र थमता नहीं था तो दादी कहा करतीं–अरे बप्पा हाथी डुबान पानी बरसत हौ–अर्थात ऐसा पानी कि उसके 'भराव' में हाथी भी डूब जाय। यह झमाझम चार-पाँच दिन चलती, कई पुराने लोग इसे 'हथिया नक्षत्र' कहते थे। कहीं जाना हो तो सिर्फ़ छाते का सहारा था। गलियों में पानी की लहरें, कहीं कीचड़–गोबर मिश्रित पानी का बहाव। किसी भी गली से होकर सड़क तक पहुँचने का मतलब था वैतरणी पार करना। शरीफ लोग तो निकलते ही न थे–पर हम इन्तज़ार करते कि सड़क का कोई काम निकले और हम इस वैतरणी को पार करें। मौका मिल भी जाता था। वापस आते तो पैर एकदम चमकता रहता, लगता यह तो आपना पैर ही नहीं है।

आँगन भर जाता। चारो तरफ़ की नालियाँ पानी से लबालब हो जातीं–एकदम साफ़ पारदर्शी चमकता हुआ पानी, आकाश से फूटा हुआ। आँगन में कागज की नावें तैरने लगतीं। एक ओर की नाली में नांव छोड़िये तो वह तैर कर तीनों तरफ़ की नालियों में घूम आती। इस दौरान कई बार स्कूल में 'रेनी डे' हो जाता–पानी बरसने की छुट्टी। शाम को कभी पकौड़ी बनती। यह माना जाता था कि बरसात के दिनों में पकौड़ी विशेष मजा देती है–आलू की, गोल–गोल छल्ले वाले प्याज की, बैगन की–जिसे 'मलगजा' कहते थे, हरी मिर्ची की, अजवाइन के पत्ते की .....। हम बरामदे में बैठकर पकौड़ियाँ खाते, तरह–तरह की वर्षा ध्वनियाँ सुनते हुए।

इन दिनों जब देखो न तब बिजली चली जाती थी। रात के अंधेरे में पानी की छमाछम डराती–सी लगती थी। मोमबत्ती, लालटेनें जल जातीं, बिजली की कड़क के साथ पानी की झड़ियाँ चमक–चमक जातीं। हवा से मोमबत्तियों की लौ मटक–मटक कर काँपती। हम तिनदुअरिया के सामने वाले ओसारे में बैठकर बरसात की छम–छम, झम–झम सुनते रहते। 'पराग' या 'नन्दन' लेकर लालटेन की झवांई रोशनी में अपने दीदे फोड़ते। डीएवी के वट और पीपल के दोनों घने पेड़ और इकलौते नीम बरसात में अपने रूप ही बदल लेते। धुले–पुँछे नहाए–नहाए से लगने लगते। कई चिड़ियाँ इनके पत्तों के नीचे दुबकी बैठी रहतीं। पानी हलकाता तो चिड़ियों का कलरव शुरू हो जाता वे ख़ुश लगती थीं। तपती गर्मी में इनकी चहचहाहट में यह शोख़ी सुन नहीं पड़ती थी। गली के कुत्ते भीगे–भीगे फिरते, एक जगह खड़े होकर अपना शरीर फटकारते और हमारे घर के चबूतरों, ओसारों या छज्जों की छाया में आ दुबकते। ये कुत्ते हमारे साथी थे–गेनीया मास्टर साहब के सदर दरवाजे की ड्योढ़ी के पार पहुँच जाती, कलुआ हमारे बाहरी ओसारे में आसन जमाता, हीरा 'कच्ची' के सदर में जा

बैठता। इनके ये बँधे घर थे। सुबह–शाम इन्हें इन्हीं घरों से रोटी मिलती–ये इनके अपने घर थे, सो बारिश में साधिकार ये अपनी नियत जगह छेंक लेते थे।

बरसात पूरा माहौल ही बदल देती थी। सावन छा जाता था। कजरी की 'अठपेजी चौपड़ियाँ' बेचने वाले गली के चक्कर लगाने लगते थे। गोवर्धन तो गले में हारमोनियम लटका कर आते, सरकारी नल पर या किसी घर के सामने एकाध कजरी सुना भी देते थे। उनके कन्धे से लटके झोले में चौपड़ियाँ होतीं। एक खुली चौपड़ी बायें हाथ में थामे और दाहिने हाथ की उँगलियाँ हारमोनियम पर फेरते हुए वे कजरी गाते थे। अच्छी आवाज थी, उनका गला कड़ेर था, भारी नहीं, तुर्श। गाते तो उनके गले की बायीं नस उभर आती थी। जादा बीड़ी पीने से उनके होंठ काले पड़ गये थे। सांवले, मझोले कद के थे। ढीला पाजामा और कमीज पहनते थे। उनका गाना सुनकर कई चौपड़ियाँ बिक जातीं। पापा जैसे लोग ख़ुश होकर उन्हें कुछ रूपये इनाम में भी दे देते। घर के लिए हम चौपड़ी लाते। हमारी बहनें और आस पड़ोस की लड़कियां इन्हें गातीं। रेलिंग वाली छत पर भी वैसा ही टिन शेड था जैसा भीतर ओसारे के ऊपर था। इसकी धरनों में दो झूले पड़ जाते। झूला झूलते हुए लड़कियाँ चौपड़ी की कुछ–कुछ लाइनें गातीं। पानी झिरझिर पड़ता रहता, सामने वाले पीपल के पत्ते सारंगी–सी बजाने लगते, टिन के ऊपर रिमझिम–रिमझिम की धुन बजती जाती। वातावरण नशीला हो जाता–ऊपर से कजरी के बोल और लय। कजरी की धुन अत्यन्त सरल होती है कोई भी गा सकता है। शब्द भी एकदम आसान, छोटे–छोटे छन्द जो जबान पर चढ़ जाते हैं। अधिकतर कजरियाँ श्रृंगारिक होतीं–वियोग और संयोग दोनों की। वर्षा ऋतु पर भी और भाई-बहन के प्रेम पर भी सुन्दर कजरियाँ सुनायी देती थीं। गोबरधन हमें चौका घाट में भी मिलते–दशहरे के दिन शाम को। चित्रकूट की रावणवध और दहन की लीला के दिन। लीला स्थल के आसपास कभी यहाँ तो कभी वहाँ खड़े होकर गाते। उन्हें घेर कर स्त्री–पुरुष खड़े हो जाते थे। वे बीच में खड़े होकर तान छेड़ते। ख़ूब चौपड़ियाँ बिकतीं। लीला शुरू होने के पहले तक गोबर्धन ही सबका मनोरंजन करते थे। गली में वे नंगे सिर आते थे पर मेले में उनके सिर पर बनारसी दुपलिया टोपी सजी रहती थी। इस टोपी में गोबरधन भी सजे–सजे लगते थे। बनारस के कवि रत्नाकर ने 'आष्टक' की रचना की है। प्रत्येक आष्टक में आठ–आठ छन्द हैं। इनमें राष्ट्र की महान विभूतियों पर भी आष्टक हैं जैसे शिवा जी, महाराणा प्रताप, रानी दुर्गावती आदि पर और ऋतुओं पर भी हैं जैसे वसन्ताष्टक, ग्रीष्माष्टक, वर्षाष्टक, शरदाष्टक, हेमंताष्टक और शिशिराष्टक। अद्‌भुत हैं ये छन्द। ऋतुओं के क्या-क्या चित्र खींचे हैं रत्नाकर जी ने। यह कोई 'बनारसी' ही कर सकता था। अपनी इस

चर्चा में उनके कम से कम एक–एक छन्द देता चलूँगा। अभी 'वर्षाष्टक' का एक छन्द दे रहा हूँ। यह कहने में संकोच नहीं कि वर्षा सम्बन्धी मेरी अनुभूतियों को इन छन्दो ने पर लगा दिये हैं। एक छन्द देख लीजिये फिर आगे बढ़ेंगे :

अमित अकार औ प्रकार के पयोद–पुंज,
छहरैं छबीले छिति छोरनि छए छए।
कहै रत्नाकर अनूप रूप–रंगनि के,
बदलत ढंग दृग देखत दए दए।।
विविध विनोद बारि–बूंदनि के ठानैं कहूँ,
पावक–प्रमोद कहूँ चपला चए चए।
निज मन-मोहन के मानौ मन मोहन कौं,
मदन खिलारी खेल खेलत नये नये।।

बनारस की बरसात में बढ़ी हुई गंगा को देखना, अलग ही अनुभव है। ऊपर वाली सीढ़ी को भी पार करके गंगा का पानी दशाश्वमेध की सट्टी वाली सड़क पर घुस आता और लहराने लगता। घाट से लगे मन्दिर आधा–तीहा डूब जाते। नीचे की एक भी सीढ़ी का अता–पता न रहता। राजघाट के पुल से गंगा का यह बढ़ाव घाट दर घाट देखा जा सकता था। हर बरसात में गंगा अपने भक्तों के पास तक आ पहुँचतीं। किसी साल वे काशी विश्वनाथ मन्दिर का भी रुख कर लेतीं। कभी तो मन्दिर की दहलीज तक पहुँच भी जातीं। हम गंगा की ये अठखेलियाँ अलग–अलग घाटों से देख आते। राजघाट के पुल से भी। अभी ऐसे ही मौसम में दशाश्वमेध गया था। सारी सीढ़ियाँ डूब चुकी थीं। घाटिये, नाऊ सब सट्टी वाली सड़क पर बैठे थे, चौकियाँ लगी थीं, मुण्डन–छेदन, पूजा–पाठ हो रहा था। शीतला जी का मन्दिर दाहिने झांक कर ही देखना पड़ रहा था। रेलिंग वाले शिव मन्दिर का 'कलश' भर दिख रहा था।बनारस में गंगा का यह रूप घाटों की दृश्यावली को एकदम बदल देता है। गंगा का मटमैला पानी नये प्रकार की श्रद्धा उत्पन्न करता है।

मेरे घर कबीर चौरा से यूनिवर्सिटी दूर थी। मैं अस्पताल वाली गली से सड़क पर आता। चार आने में 'आधा सवारी' रिक्शा करता। तब बनारस में एक सिस्टम था कि रिक्शे वाला आपसे पूछता था–आधा सवारी कि पूरा। आप कहें पूरा तो वह तुरन्त चल पड़ता था। अगर कहें 'आधा' तो वह आपको बैठा लेता था और आवाज लगाता था या पैदल आने–जाने वालों से पूछता था–आधा सवारी गौदौलिया। हम बायीं ओर सरक कर बैठते कि आने वाली सवारी दाहिनी ओर से रिक्शे पर बैठ सके।

श्री काशी हिन्दू विश्वविद्यालय
से पहले निर्मित काशी हिन्दू विश्वविद्यालय का आरम्भिक मुख्यद्वार। इस पर महामना का हिन्दी-प्रेम स्पष्ट दृष्टिगोचर
काशी हिन्दू विश्वविद्यालय 1938

काशी हिन्दू विश्वविद्यालय

BHARAT KALA BHAVAN

BHARAT KALA BHAVAN

आचार्य रामचन्द्र शुक्ल की मूर्ति

गोदौलिया की छोटकी (गिरजाघर) चौमुहानी

जल्दी ही दूसरी सवारी मिल जाती। रिक्शा चल देता–पियरी, बेनिया, नई सड़क होते हुए गौदौलिया की गिरजाघर चौमुहानी (छोटकी चौमुहानी) पर उतार देता। यहीं बायें गामा पान वाले की प्रसिद्ध दुकान थी। इसी के सामने से यूनिवर्सिटी की बस मिलती थी। तीस पैसे का टिकट था, बस सीधे चल कर बड़ी चौमुहानी से दाहिने घूम जाती। निशात सिनेमा पर तनिक रुकती। कुछ छात्र चढ़ते। फिर सीधा चलती–जंगमबाड़ी, बंगालीटोला, मदनपुरा, अस्सी, मुमुक्षु भवन और लंका। बीच में कोई चढ़ने को होता तो गति धीमी कर दी जाती, वैसे बनारस की सड़कों पर बस बहुत तेज चल भी नहीं पाती थी, लोग आराम से चढ़-उतर लेते थे। तब आँटो, ई आँटो न थे। बड़ी चौमुहानी पर घुड़साल के पास एक्का स्टैंड था। तब एक्के ख़ूब चलते थे। अधिकतर तीर्थ यात्री एक्के से ही बीएचयू के विश्वनाथ मन्दिर तक जाते थे। बस की हड़ताल में मैं भी दो चार बार एक्के से गया था। बेढब बनारसी की रम्य रचना है–'बनारसी एक्का' जिसमें उन्होनें बनारस के 'गहरे बाज इक्कों' की गाथा कही है। पापा हमेशा एक्का 'प्रीफर' करते थे। वे ये सुनाते भी थे कि जब वे बीएचयू से हिन्दी एम .ए. कर रहे थे,सन 1930-31 में तो घर से 'बँधी एक्के' से ही जाते थे। कभी-कभी उन्हें अपने रवीद्रपुरी वाले घर के सामने आचार्य रामचन्द्र शुक्ल खड़े दिख जाते थे तो उन्हें वे साथ बिठा लेते थे। शुक्ल जी उनके अध्यापक थे। आज उसी चौराहे पर 'आचार्य' की मूर्ति लगी है। लंका गेट पर थोड़ी देर बस रुकती फिर आदमक़द मालवीय जी की मूर्ति को पार कर के विश्वविद्यालय के द्वार में प्रवेश कर जाती। गेट से घुसते ही दाहिनी तरफ़ बीएचयू का अस्पताल दिखायी पड़ने लगता। थोड़ा आगे बढ़ने पर चौराहा था। चौराहे के बायीं ओर वीमेन्स कॉलेज गेट था। चौराहे से एक सड़क दाहिनी ओर भी जाती थी अस्पताल होते हुए जिस पर दूर–दूर तक एक के बाद एक छात्रावास थे। लेकिन बस सीधे निकल जाती और आगे पुनः दाहिनी ओर मुड़ी जो सड़क आती उस पर चल पड़ती। मुड़ते ही दाहिनी ओर यूनिवर्सिटी का बड़ा भेषज उद्यान है। आगे बढ़ने पर बायीं ओर फाइन आर्ट्स कॉलेज, भारत कलाभवन और इतिहास विभाग के सुन्दर परिसर थे। इन पर बस थोड़ा ठिठकती और जिसे उतरना होता, उतर जाता। और आगे बढ़ने पर आर्ट्स कॉलेज का चौराहा आ जाता, जहाँ हम उतर जाते। बस सीधे विश्वनाथ मन्दिर की ओर चली जाती। यहाँ उसे बैक करके खड़ा कर दिया जाता। धीरे–धीरे लोग उसमें बैठने लगते। मन्दिर के सामने टिन शेड में चाय, समोसा, लौंगलता की बड़ी दुकान थी। जो अब नहीं है। इसके सामने की खुली जगह में कुछ मेजें और बेंचे पड़ी रहती थीं। बस के ड्राइवर कण्डक्टर यहाँ चाय–पानी करते। सैलानियों की भी इस दुकान

पर भीड़ रहती। विद्यार्थी तो रहते ही थे। निकट ही यूनिवर्सिटी की अद्‌भुत गायकवाण लाइब्रेरी और बृहताकार सेंट्रल ऑफ़िस था जिसके कर्मचारी और इनमें आने–जाने वाले भी इस दुकान का सेवन करते।

वापसी में आर्ट्स कॉलेज के बाहर 'मैत्री जलपान गृह' (विद्यार्थियों के लिए बनायी गयी कैंटीन) के सामने से बस मिलती। कई बार हम टहलते हुए मन्दिर तक चले जाते। वहीं से चढ़ते क्योंकि यहाँ से बैठने की जगह मिल जाती थी। बस खचाखच भरी चलती। पूरी बस में ढेरों लोग खड़े भी रहते। फिर वही रूट। बाढ़ के दिनों में कभी-कभी हम गौदौलिया की बड़की चौमुहानी पर उतर कर दशाश्वमेध की ओर पैदल चले जाते–बाढ़ देखने। किसी दिन मन करता तो अस्सी पर उतर जाते और टहलते हुए अस्सी घाट चले जाते। वापस आकर अस्सी से बस पकड़ लेते। नहीं तो अस्सी से गौदौलिया का 'अद्धा रिक्शा' भी चवन्नी में मिल जाता था। ऐसे में तीस की जगह चालीस पैसे खर्च हो जाते–पन्द्रह पैसे मन्दिर से अस्सी तक के और चवन्नी अस्सी से गौदौलिया तक रिक्शा भाड़ा।

बरसात के दिनों में विश्वविद्यालय चमक उठता था। परिसर हजारों पेड़ों से आच्छादित है। इनकी अलग-अलग हरियाली हरीतिमा का संसार रच देती थी। भेषज उद्यान से गुज़रें तो वनस्पतियों की सुगन्ध महसूस होती थी। फाइन आर्ट्स के पिछवाड़े की जंगलनुमा जगह में अनेक मोर नाचने–गाने लगते। इस हरे–भरे स्थान में फाइन आर्ट्स के विद्यार्थियों ने जगह-जगह अनगढ़ पत्थर रख दिये थे–बैठने के लिए। बीच के समय में यहाँ ख़ूब चहल-पहल रहती। इन छात्रों ने पत्थर और सीमेंट की कई बनी–अधबनी मूर्तियाँ भी इस स्थान में इधर-उधर रख छोड़ी थीं। बारिश के पानी में नहाकर ये पत्थर और मूर्तियाँ निखर जाते। रास्ते भर विश्वविद्यालय परिसर में पेड़ों की मरमर सुनायी देती रहती। पत्तों से मोती जैसी बूंदें टपकतीं या टपकने को तैयार फिसलती दिखतीं। चिड़िया–चुनमुन चहचाहते फिरते–सैकड़ों–हजारों। भवनों छज्जों–मुँडेरों पर बसेरा डाले कई गोला कबूतर गीले–गीले बैठे मिलते। एकदम शान्त। कोई गुटरगूं नहीं। ऐसे मौसमों में हम आधी बाँह का स्वेटर निकाल लेते। कैंपस में रंगबिरंगी छतरियाँ दिखायी पड़ने लगतीं। हमारे जैसे मस्ताने भीगे-भीगे घूमते। बारिश तेज हो जाय तो कहीं लुक–छुक लें। हलकाते ही निकाल पड़ें। बस की खिड़कियों की रॉड पर भी पानी की बूंदें चुहचुहा आतीं–एक झालर–सी सज जाती। पूरी बरसात भर हजारहाँ चित्र बनते–मिटते। जैसे–लुका-छिपी का खेल हो। जैसे धरती और पानी छुआ छुऔवल खेल रहे हों। कबीर ने कहा था–*चहुँ दिसि दमकै दामिनी भीजै दास*

कबीर, अर्थ था कि काशी में अनंत ब्रह्म की ज्योति की झड़ी निरन्तर लगी रहती है जिसमें भींजकर प्रेम का परम आनन्द मिलता है। सच बनारस की बरसात हमें उस अनंत तक भी ले जाती थी। बनारस के ही बनारसी मिजाज वाले एक शायर नजीर बनारसी ने लिखा था–*बादल बरस रहा है बिजली चमक रही है/खिलवाड़ कर रहे हैं आपस में आग पानी।*

शिशिर : भानु की प्रभा है कै प्रभा है सीत भानु की

दीपावली से गुनगुनी ठण्ड शुरू हो जाती थी। हम लोग छत पर दिया रखने जाते तो हल्की-हल्की ठण्ड महसूस होती। घर में दीया-बाती करके दादा-भाभी शहर की रोशनी देखने जाते थे, पूरी बाँह का स्वेटर पहनकर, शॉल लपेटकर। मैं तो कभी नहीं गया। इस यात्रा का रूट यह था कि कबीरचौरा अस्पताल से रिक्शा लेकर लोहटिया, मैदागिना, बुलानाला, चौक, बाँस फाटक से होते हुए गोदौलिया चौमुहानी और फिर दायें मुड़कर नई सड़क, चेतगंज, लहुराबीर होते हुए मिडिल स्कूल पर यात्रा समाप्त हो जाती थी। इस तरह पूरे शहर में ये लोग दीवाली की रोशनी और धूमधाम देख आते थे। देर रात दीवाली की पूजा होती थी, भड़ेहर भरे जाते थे–तब तक काफ़ी ठण्ड हो जाती थी। कंबल निकल जाते थे। इन चारखाने वाले गांधी आश्रम के कंबलों पर मारकीन का कवर चढ़ा दिया जाता था। कुछ ही दिनों बाद रजाइयों की बारी आ जाती थी।

सबकी अलग-अलग आकार प्रकार और वजन की रजाइयाँ थीं। कुछ सालों में किसी रजाई की रूई पुरानी पड़ जाती, किसी की तगाई ढीली पड़ने से रूई घसक जाती तब रजाइयों के उपचार किये जाते। गोला दीनानाथ की शुरुआती चार-छह दुकानों पर रुई बिकती थी, आदमकद बड़े-बड़े बोरों में भरी रहती थी। रुई लेने जाते तो इन दुकानों के बाहर ही धुनिया बैठे होते थे। उनसे तय हो जाता कि वे धुनाई और तगाई क्या लेंगे या सेठ जी ही तय करा देते। हम दो बड़ी चादरें लेकर जाते थे जिनमें रुई बाँधकर धुनिया अपने सिर पर ढोकर घर तक ले आते थे। इनके कन्धे पर 'धनुकी' टँगीं रहती थी और हाथ में चिकनी पतली-सी डण्डी रहती थी। धनुकी की एक ओर चौकोर-सा लकड़ी का खाँचा कसा रहता था। यह खाँचा दो पतले टुकड़ों को जोड़कर बना होता था जिसके बीच से ख़ूब मोटी एक ताँत निकल कर इस खाँचे की मोटी डण्डी से खींचकर नीचे की ओर वैसे ही छोटे खाँचे में जकड़ कर

बाँधी होती थी। यह यन्त्र चार-पाँच फीट लम्बा होता था। रजाइयाँ खोल दी जातीं। पहले पुरानी रुई के थक्कों को धुना जाता। इनका ढेर लगा दिया जाता और धनुकी की ताँत इनसे सटाकर उन पर उंगलियों से टनकार पैदा की जाती। ताँत मे उठने वाली तरंगों से रुई छितराने लगती। फिर रुई को ऊपर से, नीचे से, दाएँ से, बायें से इसी तरह धुनिया धुनकते रहते। जब रुई एकदम फाहे की तरह बन जाती तो उसकी ढेरी ख़ूब बड़ी हो जाती। फिर इसी तरह नई रुई को धुना जाता। यह जल्दी ही धुन जाती। अब धुनिया नई पुरानी रुई को आधा-आधा कर देते और दोनों को मिलाकर हल्का-हल्का फिर धुन देते जिससे दोनों एक दूसरे में बस जातीं। फिर रजाई की नई फर्द को बैठक वाले बरामदे में बिछा दिया जाता।

मिट्‌टी की बोरसी

उस पर यह रुई डाल कर लम्बाई चौड़ाई में धुनिया सरिहा देते और फूली उठी हुई रुई को डण्डी से चौतरफ़ा मार-मार कर रजाई की मोटाई भर का बना देते। नीचे वाला कवर इसके ऊपर रख कर दोनों धुनिया अपनी अपनी रजाई को चारों ओर से सिल देते। इनकी सुई थोड़ी बड़ी और धागा थोड़ा मोटा होता था जिसे सूता कहा जाता था। इसके बाद रजाई की तगाई की जाती थी। तगाई की तैयारी में धुनिया रजाई पर लम्बाई चौड़ाई में खड़िया से तिरछी रेखाएं खींच देते थे। फिर जहाँ-जहाँ इन रेखाओं का जोड़ होता था वहाँ–वहाँ सुई को रजाई के आर-पार करके पाँच-छह बार ताग देते थे। अब रजाई की रुई तगाई के छोटे-छोटे फ्रेम में बँध जाती थी। अब धुनिया रजाई को डण्डी से यहाँ वहाँ, वहाँ यहाँ ख़ूब पीटते थे कि रुई कहीं ऊँचा थाला न रह जाये। इन रजाइयों को हम गदम्मड़ रज़ाई कहते थे। फिर वे इन्हें लपेट

देते और जहाँ कहिये ले जाकर रख देते थे। धुनिया अधिकतर मुसलमान होते थे। इस प्रक्रिया में दोनों धुनिया रुई के कणों से सफेद हो जाते थे। वे बगीचे में लगे नल पर जा कर ख़ूब अच्छी तरह अपना हाथ मुह-पैर धोते थे। अपने कपड़े झटकारते थे और यह कहकर जाते थे कि गद्दा वद्दा भरवाना हो तो हमें ही बुलाइयेगा और अपना नाम बता कर और मजूरी लेकर चले जाते थे। सभी घरों में रजाइयाँ ही ओढ़ी जाती थीं। पापा की रजाई में ज़्यादा रुई भराती थी, शायद चार किलो और हम लोगों की रजाई में कम, सम्भवत: तीन किलो। रजाइयाँ जाड़े को शरीर में घुसने नहीं देती थीं लेकिन यह था कि ओढ़ते समय ये बर्फ़ की तरह ठण्डी होती थीं और जब इसमें घुस जायें तो धीरे-धीरे गरम होने लगती थीं। धनुकी से एक लयबद्ध स्वर निकलता था–झाँय-झाँय, झुनझुन, झुनझुन झाँय-झाँय इस स्वर का सुन्दर प्रयोग मनोज कुमार ने अपनी फ़िल्म 'उपकार' में किया है। इस ध्वनि से उन्होंने भय की सृष्टि की है।

ठण्डा बढ़ते ही बोरसी और सिगड़ी निकल आती। बोरसी मिट्टी की मिलती थी, मोटी दीवार वाली–बड़े बाउल की तरह की। यह तीन अकार में आती थी-बहुत बड़ी, मध्यम और छोटी। हमारे यहाँ जो दर्जिन आती थीं वो अपने साथ घर से ही छोटकी बोरसी तापते हुये आती थीं।बोरसी इतनी मोटी मिट्टी की परत की बनती थी कि बाहर से बहुत गरम नहीं हो पाती थी। हम उसकी बाहरी परत पर हाथ रखकर भी हाथ सेंक लेते थे। बोरसी में कच्चा (लकड़ी का) कोयला और गोहरी के टुकड़े जलाये जाते थे। कड़ाके की ठण्ड में कमरे में भी बोरसी रख दी जाती। कुछ लोग अपनी खटिया के नीचे भी रख लेते। सिगड़ी लोहे की होती थी-थोड़ी बड़ी और ऊँची, गोड़ेदार। जिसकी दोनों तरफ़ लोहे की गोल पकड़ लगी रहती थी कि इसे उठाकर यहाँ से वहाँ धरा जा सके। सिगड़ी में पत्थर का कोयला जलाया जाता था और छोटी-छोटी चैलियाँ। जिस कमरे में यह घण्टे–दो घण्टे जलती थी, वह गर्म हो जाता था। हम इस आँच में मटर या चने का होरहा भून–भून कर खाते थे-क्या स्वाद आता था।

दीपावाली के पहले तक हम टिनशेड में सोते थे और इसी दिन हमारी चारपाईयाँ कमरे में लग जाती थीं। रुई का गद्दा बिछता,उस पर चादर, तकिया और पैताने पर रजाई तहा कर लगा दी जाती। इस टिन शेड से लगे बड़े कमरे में एक खिड़की थी, उसे अब बन्द कर दिया जाता। छोटी-सी खुली जगह और एक गली पार करते ही कबीर मठ था। वहाँ से अब आरती के स्वर साफ़ सुनायी पड़ने लगते थे। आरती के बाद मठ के सभी सन्त मिलकर झाँझ-मंजीरे पर कबीर के पद गाते थे। ये इतने स्पष्ट सुनायी पड़ते थे कि मुझे कण्ठस्थ हो गये थे।

जाड़ों की सुबह कोहरे से भरी होती थी। डीएवी का पूरा मैदान दिखायी ही नहीं पड़ता था। बरगद और पीपल के पेड़ बस अपना आभास देते थे। कबीर मठ वाले दो नीम के पेड़ों का भी यही हाल हो जाता था। कोहरे भरी ठण्ड को हमारी दादी कहती थीं कि 'कोहरिया ठण्डा' पड़त हौ। इस ठण्ड में हम सुबह हाथ मुँह धोते तो हाथ 'कठुआ' जाता। धूप कुछ राहत देती। पूरब की ओर धूप डीएवी वाले बरगद के पीछे से निकलती थी और सीधे हमारी छत पर पहुँच जाती थी–सबसे पहले धूर छत पर जाने वाली पत्थर की सीढ़ियों पर धूप अपना डेरा डालती तो हम इन्हीं सीढ़ियों पर जा बैठते। पढ़ाई भी इन्हीं सीढ़ियों पर बैठकर करते। एक सीढ़ी पर बैठ गये और एक सीढ़ी छोड़कर दूसरी पर किताब-कापी रख ली। जाड़े की छुट्टियों में इन्हीं सीढ़ियों पर बैठकर मैंने कई उपन्यास पढ़ डाले हैं–'गुनाहों का देवता', 'साहब बीवी गुलाम', 'बेगम मेरी विश्वास', 'अनामदास का पोथा'...। घर के बाक़ी हिस्सों में धूप देर में पहुँचती थी लेकिन यह छत और सीढ़ियाँ तो पूरी तरह धूपमय थीं। धूर छत भी धूप से नहा जाती थी। धूप में गरमाई आठ-नौ बजे के बाद ही आ पाती थी। हम स्कूल जाते तो कक्षा में काँपते रहते। कुछ बोलते तो मुँह से धुआ-सा निकलता। रीसेस में सब मैदान की ओर भागते कि थोड़ी देर धूप सेंक सकें।

जाड़ा दिन-ब-दिन बढ़ता ही जाता था। सारे ऊनी कपड़े बक्सों से निकाल लिए जाते। इन्हें भी धूप दिखानी पड़ती। 'धूप वाली' छत पर ही इन्हें खटिया पर डाल दिया जाता। ये दिन भर धूप खाते। मैं, जब तक बनारस में रहा, बहुत ज़्यादा ऊनी कपड़े कभी नहीं पहने। अधिकतर पूरी बाँह का स्वेटर। ठण्ड बढ़ी तो उसी के ऊपर ब्लेजर, यह एकलौता कोट मेरे पास था। कैनवस का जूता और मोजा। विश्वविद्यालय में गया तब मैंने नुमाइश से एक 'हीरोकट' कोट खरीदा था।

इसी ठण्ड में टाउनहॉल के मैदान में नुमाइश लगती थी–तीस नवम्बर से तीस दिसम्बर तक। नुमाइश में ख़ूब चहलकदमी होती। पापा तो अपना भारी-भरकम ओवरकोट और फर की टोपी पहन कर जाते थे। मैंने भी नुमाइश से ऊन की एक टोपी खरीदी थी–शौकिया। कॉलेज यूनिवर्सिटी में भी यह टोपी पहन कर गया हूँ। गाढ़े नीले रंग की थी,गोलाकार। दीवाली के बाद से ही मुहल्ले भर में स्वेटर बिन-बिन कर तैयार होने लगते थे। स्वेटर बिनने की सलाइयाँ मिलती थीं–आठ नम्बर, नौ नम्बर, दस नम्बर ... की। मोटा बिनना है कि महीन यह इन सलाइयों और ऊन पर निर्भर करता था। बुनाई का यह सारा सामान नीची बाग़ पर मिलता था। चार-पाँच दुकानें थीं–ऊन से भरी हुई। दुकानों के बाहर भी ऊन के बड़े-बड़े लच्छे टंगे रहते थे। बहुत बाद में मशीन से स्वेटर बुनने वाली कुछ दुकानें भी बनारस में खुलीं लेकिन चलीं

नहीं क्योंकि इनमें वह बात नहीं थी। महिलाएं तो फूल-पत्ती बुन देतीं। बार्डर बुन देतीं। तरह-तरह की डिजाइनें बुन देतीं और सबसे बड़ी बात यह कि वे बाँह गले, कमर और आगे पीछे के हिस्से का नाप ले–ले कर बुनाई को मानक बना देती थीं। हमारे घरों में ऊन के मोंजे भी बुन दिए जाते थे और शिशुओं की टोपी और स्वेटर भी। जाड़ों में बुनाई का दौर चलता था। सभी महिलाओं के हाथों में सलाइयाँ और ऊनका गोला होता था। सिनेमा हाँल में भी महिलायें स्वेटर बुनते दिख जाती थीं। मैदागिन पर टाउनहॉल के मैदान से लगे–लगे तिब्बती शरणाथियों की उनी कपड़ों की दुकानें पटरी पर ही लग जाती थीं। एक स्वेटर मैंने यहाँ से खरीदा था-सफेद रंग का था, सामने की ओर नीले रंग की दो पट्टियाँ बनी हुई थीं। ख़ूब मोटा स्वेटर था। गरम-गरम। तिब्बती शरणाथियों को स्थाई दुकानें अब बेनिया बाग़ में आवंटित कर दी गयी हैं। एक तरह की ऊनी कपड़ों की छोटी-सी प्रदर्शनी लग गयी है। इसी में शरणार्थी बाल-बच्चों के साथ रहते भी हैं। इस हिस्से में पत्थर की एक छतरी है जिसमें इन लोगों ने दलाई लामा की एक फोटो रख दी है। इस पर फूल माला चढ़ा रहता है।

जाड़ा बढ़ते ही बाज़ार में ख़ूब नई-नई सब्जियाँ आ जातीं। 'नयका आलू' आ जाता-छोटा भी और बड़ा भी। इस पर छिलके की जगह चोइयाँ–सी चिपकी होती। आलू को बोरे पर रगड़ दें तो यह हट जाती थी। नये आलू का स्वाद ही अलग होता था। छोटे वाले आलू का 'दमआलू' बनाया जाता और आधा-आधा काट कर सूखी या रसे की सब्जी भी। 'नयका आलू' थोड़े ही दिन रहता था। फिर गोभी आ जाती थी। बनारस में देसी गोभी मिलती थी। आसपास के गांवों से लाकर बेची जाती थी–छोटी-छोटी, एकदम मक्खन। इसके छोटे-छोटे टुकड़े सब्जी में तैरने लगते थे और रसे को बहुत स्वादिष्ट बना देते थे। गोभी के कई व्यंजन बनाये जाते थे-नमक–मिर्च में सूखी सब्जी, आलू-गोभी की लटपटी सब्जी,आलू-गोभी-मटर-टमाटर की रसेदार सब्जी और गोभी के पराठे। तब तक हरी मटर भी आ जाती–'नयकी छिम्मी'। शुरू में एकदम मीठी और मुलायम रहती। धीरे-धीरे दाने कड़े हो जाते। कड़े दानों को कूच कर 'निमोना' बनाया जाता–ख़ूब भून–भून कर मसालेदार। इसमें दो-चार कोहड़ौरियाँ भी डाल दी जातीं। हरे मटर की दाल भी बनायी जाती, हल्के–से मसाले में। मटर की पूड़ी भी बनती, घिसुआ भी और तल कर कचौड़ी जैसी भी। देसी टमाटर की भरमार हो जाती। हर चीज़ में पड़ने लगता-दाल में भी। कच्चा भी ख़ूब खाया जाता, सलाद बना कर। चोखा भी बन जाता और चटनी भी। जाड़े में शलजम भी आ जाते। इनकी अपनी ख़ुशबू होती थी। इसकी सब्जी बहुत स्वादिष्ट बनती थी। मूली और काली-लाल गाजर भी बाज़ार में भर जाते थे। मूली इतनी ताजा होती थी कि इसके

पत्तों का साग भी बना लिया जाता था। कच्ची मूली के टुकड़े काट कर या इसे रेत कर भी ख़ूब खाया जाता था। जाड़े में गाजर का हलुआ बनता था। रेती हुई गाजर को दूध में उबालकर हलुआ बनाया जाता था। इसमें थोड़ा खोवा डाल देते और कुछ मेवे भी। गाजर का हलुवा देसी घी में तैयार किया जाता। कड़ाके की ठण्ड के दिनों में ताजा-ताजा साग आ जाते थे–बथुआ, सोआ -पालक और चने का साग। सिर्फ़ ये जाड़े भर मिलते थे। ये मौसम अमरूदों का भी होता था।

जाड़े में नहाना बड़ी कबाहट का काम था। रूह काँप जाती। ठण्डे पानी से ही नहाना होता था। हम ज़ोर-ज़ोर से गाना गाकर नहाते। छुट्टी के दिन दो बाल्टी पानी सुबह ही छत पर ले जाकर रख देते। बारह–एक बजे तक पानी की ठण्डक थोड़ी मर जाती। छत पर ही धूप में बैठकर स्नान किया जाता। कभी कड़कते जाड़े के साथ पानी भी बरस जाता तो कभी तेज हवा चलने लगती। ऐसे में तो कयामत ही आ जाती। सब एक कमरे में घुस कर बोरसी या सिगड़ी के पास जमा हो जाते। कमरे से बाहर निकलना दूभर हो जाता। जाड़े में शादियाँ भी ख़ूब पड़ती थीं। जाड़ों की दावत में भोजन ख़ूब रुचता था। टाट-पट्टी का रिवाज था तो खाना खाने के दौरान चूतर एकदम ठण्डा हो जाता था। लेकिन जाड़े का अपना आनन्द था-आग से निकटता का आनन्द। खाने-पीने का सुख और तरह-तरह के व्यंजनों से मुलाकात। जाड़ों में मूँगफली का भी दौर–दौरा रहता। मूँगफली के ठेले लग जाते। गली में खोमचे वाले आ जाते। ठेले वाले लोहे की कड़ाही में बालू भरकर मूँगफली भूनते थे। भुनी मूँगफली की ढेरी पर वे एक हँडिया रख देते थे जिसमें जलता हुआ कोयला आधी हँडिया तक भरा होता था। हँडिया हटा कर उस जगह की गरम मूँगफली वे आपको दे देते थे। इस मौसम में 'पट्टियाँ' भी आ जातीं और नया गुड़ भी। इसी भयानक ठण्ड में 'खिचड़ी' भी आती-गुड़ और दानों का त्योंहार। बनारस में पच्चीस दिसम्बर या नया साल की बहुत धूम नहीं रहती थी। छुट्टी लम्बी होती थी–पच्चीस दिसम्बर से एक जनवरी तक। इस छुट्टी में हम सारनाथ, रामनगर या शिवपुर घूम आते थे। सब लोग जाते, पिकनिक-सी हो जाती।

बनारस का जाड़ा मुझे इसलिए भी याद आता है कि इसके अनेक रंग होते थे। जैसे-जैसे ठण्ड बढ़ती जाती, चीजें बदलती जातीं। कपड़े अधिक लदने लगते। व्यंजनों में नया रंग आने लगता। हरा भरा भोजन बढ़ जाता। धूप के कई रूप दिखायी पड़ते। कोहरा गहराता-घटता। चदरा-कंबल लपेटे लोग पहचान में न आते। चाय की दुकानों पर भीड़ लगने लगती। बरसात और गरमी की तुलना में कुछ भी हो जाड़ा अधिक

सुखद होता था। जाड़े की बनारस जैसी अनुभूति मुझे बनारस छूटने के बाद फिर कभी नहीं हुई। दिल्ली में जाड़े का माहौल ही नहीं बन पाता था। बस कपड़े बदल जाते थे। न नया आलू था,न बनारस जैसे व्यंजन। दक्षिण भारत में तो जाड़ा पड़ता ही नहीं था। यहाँ तो न रजाई की दरकार थी न ऊनी कपड़ों की। खाना-पीना सब गरमी या बरसात जैसा ही। अमरकंटक में जाड़ा तो पड़ता है लेकिन धूप की वे भंगिमाएँ नहीं दिखतीं। चौबीसों घण्टे का कोहरा भी नहीं नज़र आता। सब्जियाँ ज़रूर थोड़ी बदलती हैं लेकिन अब तो हर सब्जी हर मौसम में मिलने लगी है। न तो इनमें वह टटका स्वाद है, न वैसी ताजगी और न वैसी सुगंध। रजाई, बोरसी, सिगड़ी...... तो सपने की चीजें हो गयीं। मौसम के साथ जीने का चलन ही खत्म हो गया। मौसम के साथ जीने का मतलब था प्रकृति के साथ जीना। हीटर-ब्लोअर से जाड़ा मर सकता है, सहला नहीं सकता–इस समय मुझे कड़ाकी सर्दी में रजाई में गुड़मुड़िया कर सोने की याद आ रही है, पीठ की ओर से रजाई सरक गयी तो खींच कर उसे शरीर के साथ दबाने की भी। जाड़े की गुनगुनी धूप का सुख तो एक अरसे से नहीं उठाया। इन छोटी-छोटी वजहों से भी बनारस मेरे भीतर धँसा–ठुँसा बैठा रहता है।

भितरी बनारस : चार

गली-कूचे

गायघाट का मुहाना

भैरवनाथ की गली

हमको तो भायें हमारी गलियाँ

काशी गलियों की नगरी है। कुछ गलियों में हम चक्कर लगा भी चुके। पर काशी की गलियाँ अनंत हैं, अगोचर हैं और अर्थवान भी हैं। प्रत्येक गली का अपना समृद्ध संसार है–लुभावना और आकर्षक। इन गलियों में रम-रम कर मैं पला हूँ। जब याद आती हैं ये गलियाँ तो **रोम भये ठाढ़े** वाली स्थिति हो जाती है। काशी का सर्वस्व इन्हीं गलियों में है। जो इन गलियों में नहीं है, वह जानिए कि कहीं नहीं है। कौन है जो इन गलियों में नहीं बसता। सब के सब। अब और क्या कहें स्वयं बाबा विश्वनाथ भी। ढुंढिराज भी, भैरव भी, अन्नपूर्णा भी, कालिका भी और बिन्दु माधव भी। और हाँ गोपाल भी। बड़ा गणेश भी गली में ही विराजते हैं और माता संकठा भी। माँ कात्यायनी भी और मुख निर्मालिका भी। ललिता भी और योगिनियाँ भी। विघ्नविनायक भी और शनिदेव भी। अब बताइये और क्या कहा जाय। महाशिव सहित ये सब काशी को गली-गली प्रकाशित करते चलते हैं। काशी की गलियाँ इनके प्रकाश से जगमग रहती हैं और मगन भी। सच, ये गलियाँ काशी का प्रकाश केन्द्र हैं। ये प्रकाश-स्वर गलियों में घण्टी की मधुर ध्वनि से ध्वनित होते रहते हैं। ये गलियाँ इसीलिए फक्कड़ भी लगती हैं–इन ध्वनियों और अनुगूँजों में भूली हुई-सी। बिसार कर मुक्त होना ये हमें काशी की गलियाँ सिखाती हैं। भटका-भटका कर मंजिल तक पहुँचाती हैं। आप को शिथिल नहीं होने देतीं, जगाये रखती हैं। यही जागरण कबीर का जागरण है और यही जागरण है काशी के बड़े-बड़े सन्तों महात्माओं और ऋषियों का। सन्यासियों का। जिनके मठ मन्दिर भी इन्हीं गलियों में हैं। इन गलियों में इन सबका घन-घन नाद स्पष्ट सुनायी पड़ता रहता है। काशी की गलियाँ काशी माला की मोतियाँ हैं जिसकी मध्य मणि काशी विश्वनाथ गली है। बाक़ी सब उसके आस-पास सटी और चिपकी हैं। इसीलिए ये सब स्वयं भी प्रकाशित हैं और शिव के प्रकाश से भी।

काशी की गलियाँ बनारस की प्राकृतिक बनावट को भी उजागर करने वाली हैं। पूरी की पूरी काशी-संस्कृति बनारसी लटकों के साथ इन गलियों में रच बस गयी

है। ये गलियाँ अज्ञान रूपी अन्धकार को भी मिटाने वाली हैं। ज्ञान के पीठ भी इन्हीं गलियों में निवास करते हैं–वेद विद्यालयों, संस्कृत विद्यालयों, कर्मकाण्ड विद्यालयों की इन गलियों में भरमार है। प्रातः काशी के घाटों पर इन विद्यालयों के 'बटुकों' का वेदपाठ गूँजता है। शिव और विनायक दोनों ही विद्या के अधिपति हैं जो काशी में आकर स्थाई हो गये हैं। यहाँ विद्या के माध्यम से महाप्रकाश प्राप्त करने की दीक्षा दी जाती है। हमारे सन्यासियों ने सम्भवतः इसीलिए कहा था कि **ज्ञान द्वारा अज्ञान को दूर करना ही आध्यात्मिकता है**। काशी की गलियाँ इस आध्यात्म का प्रतीक भी हैं। काशी को इसीलिए **पुण्यमयी** भी कहा गया है। इसकी गलियों में आध्यात्मिक चेतना को जगाने वाले वे समस्त साधन उपलब्ध हैं जो पुण्य प्रदान करते हैं। इसीलिए काशी की गलियों की स्मृति छूटती नहीं-*अब कैसे छूटे राम रट लागी*।

हम कई गलियों की परिक्रमा कर चुके हैं। लेकिन इसके अलावा भी तो 'सैकड़न' गलियाँ हैं। बनारस जाता हूँ तो इनमें से कुछ गलियों के दर्शन भर हो जाते हैं। गलियों के किसी पुंज के मुहाने से गुज़रता हूँ तो भीतर की सब गलियाँ चित्रवत हो उठती हैं। किसी एक गली में जाना होता है तो अदबदा कर उससे लगी दो-चार गलियाँ छान लेता हूँ पर इससे प्यास कहाँ मिटती है। कितनी-कितनी गलियाँ यादों में हैं। बनारस की गलियाँ बराबर चित्त पर चढ़ी रहती हैं–*रहती हैं चित चढ़ी ही दिन रात तेरी सूरत।* **काशीपुरा से नारियल बाज़ार पहुँचने वाली गली,** जिसमें पीतल के बर्तनों, पम्प से लेकर ट्रैक्टर तक के कल-पुर्जे, चटाई पर्दों की कई-कई दुकानें हैं जो आगे चाट भण्डार और प्रसाद जी की दुकान से होकर चौक पहुँच जाती है। **काशीपुरा से राजा दरवाजा वाली गली,** जिसमें सुनारों की छोटी-छोटी दुकानें हैं, गहनों की मरम्मत, गुंथाई भी होती है। यह गली ठठेरी बाज़ार जाने वाली गली के ठीक सामने निकल जाती है, बीच में सड़क है। **नारियल बाज़ार से छत्ता तलेजाने वाली गली,** प्रसाद जी की दुकान के बाये से यह गली जाती है। ये कील-काटों की बहुत बड़ी मण्डी है। बड़ी-बड़ी इमारती कीलें, पेंच, लोहे के फ्रेम, न जाने कितने तरह का लोहे का इमारती सामान इस गली में मिलता है। पचासों दुकानें हैं। यह गली 'लोहाइन-लोहाइन' महकती है। **नारियल बाज़ार से हड़हा सराय होकर नई सड़क पहुँचाने वाली लम्बी गली** जिसमें तरह-तरह के सामानों की थोक मण्डियाँ हैं, क्राकरी की दुकानें हैं, मांसाहारी भोजन के ढाबे हैं। वारवनिताओं के कोठे हैं और क़िस्म-क़िस्म के कपड़ों के थोक-फुटकर विक्रेता हैं। ढेरों कटरे और उप गलियाँ हैं। इस गली में इतना रबजब है कि आप इसे पार कर जाते हैं और पता भी नहीं चलता। **बेनिया पार्क के पिछवाड़े से पियरी निकलने वाली टेढ़ी-मेढ़ी गली** जो आचार्य सीताराम चतुर्वेदी

के घर के पास से होते हुए पियरी चौकी पर निकल आती है। **लोहटिया से नख़ास पहुँचाने वाली गली** जिसमें कील-काटें, गर्डर, जालियाँ, टीन, सिक्कड़ें, तराज़ू, न जाने क्या-क्या बिकता है। दोनों ओर कई दुकानें हैं। यह गली जहाँ खुलती है वहाँ से काशीपुरा में प्रवेश कर सकते हैं। **लोहटिया से डीएवी गेट पहुँचाने वाली गली,** जो नवापुरा होते हुए डीएवी गेट या औसानगंज पहुँच जाती है। **बुलानाला से दुध विनायक पहुँचाने वाली गली,** जिसके बीच में सुड़ियाँ, चौखम्बा जैसे काशी के पुराने क्षेत्र आ जाते हैं। यहीं से एक गली मणिकर्णिका की ओर चली गयी है। **बुलानाले से कचौड़ी गली होते हुए विश्वनाथ गली पहुँचा देने वाली गली,** जाल जैसी बिछी जो एक ओर मुड़े तो विश्वनाथ गली में निकाल देती है और दूसरी ओर मुड़े तो खोवा गली होते हुए चौक पहुँचा देती है, वही मणिकर्णिका के प्रवेश मार्ग पर जहाँ मशहूर चाट वाले हैं। **भैरवनाथ से पंचगंगा घाट और फिर ठठेरी बाज़ार पहुँचा देने वाली गली।** यह पूरी गली भी रबजब वाली है। **ठठेरी बाज़ार के बाये बुलानाला पहुँचाने वाली गली** जिसमें छोटे-छोटे प्रेस हैं, बनारसी साड़ियों की आढ़ते हैं और छपाई का कागज बेचने वाली दुकानें है। **मणिकर्णिका घाट से बुलानाला पहुँचाने वाली गली** जो दायें-बायें घूमती हुई सड़क पर पहुँच जाती है। इसमें छोटी-छोटी दुकानें हैं-फोटो फ्रेम करने वालों की, पूजा का सामान बेचने वालों की, और भी कई। **गोलघर से कचौड़ी गली होते हुए विश्वनाथ मन्दिर पहुँचाने वाली गली** जिसमें लकड़ी और पत्थर का सामान बिकता है। पत्थर की मूर्तियाँ, चकला, शिवलिंग...और बनारस की शादियों में लगने वाली लकड़ी की चीजें जैसे हल्दी से रंगा रंगीन पीढ़ा लकड़ी का पेड़ नुमा ढाँचा, तरह-तरह के खिलौने, छोटे-छोटे 'ऐने' जो इस पर टांग दिए जाते हैं। **गोलघर से ही भैरवनाथ मन्दिर पहुँचाने वाली दो पतली गलियाँ** जिनमें मिठाई, दूध-दही, भैरव जी की तस्वीरें-चेहरा और पूजा का सामान बिकता है। इन गलियों से मन्दिर के पास निकलकर **एक सीधी गली जतनबर** की ओर चली गयी है। यही गली घूमते-घामते गायघाट पहुँच जाती है और बायें घूमकर विश्वनाथसाव की दुकान और फिर विशेश्वरगंज मण्डी के सामने। **दाहिनी ओर मछोडरी से भी एक जंजाल वाली गली** गायघाट पहुँचाती है। इसमें आज भी मुझे पूछ-पूछ कर ही जाना पड़ता है। **एक गली ठठेरी बाज़ार से भी मणिकर्णिका तक ले जाती है।** इसके प्रवेश पर पत्थर का एक गेट बना है। इसी गली के भीतर-भीतर सिंधिया घाट पहुँचाने वाली गली भी है। थोड़ा कट जायें तो संकठाघाट पहुँच जायेंगे, संकठा जीके मन्दिर पर। **यहाँ से दाहिने वाली गली** बहुत संकरी और घुमावदार है जो घुमाते-फिराते नीचीबाग़ पहुँचा देती

है। **भेलूपुर चौराहे से केदार जी के मन्दिर वाली गली** जाती है। बायें घूमकर चलते चलें तो यही गली काली जी की गली होते हुए दशाश्वमेध घाट पर निकाल देती है। अगर बीच-बीच में बायें घूमें तो आप पाण्डे हवेली, मदनपुरा, जंगमबाड़ी या निशात सिनेमा के पीछे से गोदौलिया के एक्का स्टैंड पर भी निकल सकते हैं।

ये तो मैंने आपसे उन गलियों की बात की जो मेरे मन-मिजाज में स्थिर हो चुकी हैं। बाक़ी तो इन गलियों के भीतर-भीतर घुमाने वाली कई गलियाँ हैं। मैं इनमें भटका भी हूँ लेकिन आपको और नहीं भटकाना चाहता। इन गलियों का मोड़-मोड़ और खमों-पेंच मुझे याद है। इनकी कई दुकानें मुझे याद हैं। उनसे मैंने क्रय-विक्रय किया है। अभी भी जाता हूँ और मौका मिलता है तो इन दुकानों पर जाता हूँ, चीजें खरीदता हूँ, यादों को जमाता हूँ–बनारसी पान की तरह। इन गलियों का हर क़िस्सा समझिये मेरा ही अफसाना है। इस समय आप से इनकी बात कर रहा हूँ तो जैसे मेरे भीतर मौंजें उछालें मार रही हैं। एक बात और है, अब जब भी मैं इन गलियों में जाता हूँ तो मेरी विचित्र दशा हो जाती है–देखता कुछ हूँ, ध्यान में कुछ होता है–पुरानी यादें ध्यान में करवटें लेने लगती हैं, कई लोग याद आने लगते हैं और कई वे प्रसंग भी जिनसे पीछा छुड़ा पाना सहज नहीं है। होली पर पेड़किया के लिए खोवा गली से खोवा ले आना, धनतेरस पर ठठेरी बाज़ार से बर्तन और मगदल खरीदना, विश्वनाथ गली तो जब न तब जाना होता ही–अब भी होता है। भैरव जी या विश्वनाथ जी से मिलनेउनकी गलियों में जाना। दुध विनायक, मणिकर्णिका, नेपाली खपड़ा के मित्रों से भेंट करने जाना। काली जी वाली गली से छेना लेने जाना और भी न जाने किस-किस गली से क्या-क्या ले आना। .... अब तो हालत यह है कि *तू ही आया नज़र जिधर देखा।*

ये गलियाँ मेरे बहुत निकट आईं जब मैंने बनारस में हिन्दी भाषा के वैविध्य पर अपने शोध कार्य के लिए सर्वेक्षण कार्य आरम्भ किया। इस **लघु भारत** में मुझे विभिन्न प्रान्तों के भाषा-भाषियों, मुसलमानों, महाजनों, आढ़तियों, घाटियों, खटिकों, तरह-तरह के छोटे-बड़े दुकानदारों से बातचीत करनी थी। इन गलियों के मित्र मेरी सहायता करते। लोगों से मिलाते। घर-परिवारों में ले जाते। मैं कुछ बातें नोट करता, कुछ एक बड़े से टेप रिकार्डर में रिकार्ड करता। इस कार्य ने मुझे बनारस में रचा दिया। वैसे मैं पहले से ही कुछ कम नहीं रचा बसा था इन गलियों में लेकिन अब काशी की जनता-जनार्दन का साक्षात्कार हुआ। मात्र उनके भाषा व्यवहार का ही नहीं, उनकी सोच का भी, उनके संस्कारों का भी, उनकी संस्कृति का भी और उनकी सामाजिक बुनावट का भी। गलियों की मार्फत बनारसी जीवन

भी तब मेरे भीतर पैठ गया। ऐसा पैठा कि उतरता ही नहीं। अब तो बरसों से यही हाल है कि हठ ठाने बैठा हूँ कि बनारस मेरे भीतर इसी तरह बसा रहे, जैसे मैं उसे देखता हूँ वैसा उसे कोई और न देख सके–

संकठा गली

कचौड़ी गली का मुहाना

पंचगंगा घाट जाने वाली गली

भैरवनाथ गली

नैना अन्तर आवतूँ, ज्योहीं नैन झंपेउँ।
ना हौं देखूँ और कूँ, ना तुझ देखन देउँ॥

गलियों की बात उठ गयी है तो साफ़-साफ़ बताता चलूँ कि बनारस की इन गलियों में ख़ास क्या-क्या मिलता है। जिन्हें यह 'ख़ास' पाना हैं उन्हें तो इन गलियों में भटकना ही होगा। गोल घर पर बनारसी साड़ी, जरी, रेशम और रेशम के धागे मिलेंगे। नख़ास की गली में इमारती लोहा, हरे बाँस (अन्तिम संस्कार के लिए टिकटी बनाने के लिए) ओर दावन (खटिया बीनने के लिए) सुतरी, रस्सी, लकड़ी के तख्ते-दरवाजे, चौखट, चूना पेंट लेने जाना ही पड़ता है। बाँस फाटक पर फूल मण्डी है। अधिक मात्रा में फूल-माला चाहिए तो आपको गली-गली यहाँ पहुँचना पड़ेगा। बहुत ही अच्छे बर्तनों, मिठाई और अचार-पापड़ के लिए पूरी ठठेरी गली पार करनी पड़ेगी। अच्छा खोवा खोवा गली में ही मिल सकता है जहाँ छोटे-छोटे दर की दुकानों में बड़ी-बड़ी परातों में खोवा के थक्के गीले कपड़े से ढक कर रखे रहते हैं–लगभग तीन पाव एक सेर के। चखकर लेने की सुविधा रहती है। ताजगी और शुद्धता में तो कोई सन्देह ही नहीं। काशीपुरा की गलियों में धातु के बर्तन, बताशा और पेठा मिलता है। गोला में तो आप जानते ही हैं मसाले की मण्डी है। दालमण्डी और हड़हा सराय वाली गली में कपड़ा-इत्र, प्लास्टिक का सामान, क्रॉकरी के साथ ही मांसाहारी व्यंजन भी उपलब्ध हैं। विश्वेश्वरगंज की गलियों दर गलियों में एक ओर गुड़-अनाज–घी-तेल की बड़ी बड़ी दुकाने हैं और आढ़ते हैं तो दूसरी ओर सब्जी-तरकारी की बहुत बड़ी सट्टी है। चौखम्बा की गली में साग-सब्जी, बेसन-चौरेठा, मैदा-सूजी और श्रेष्ठ मिठाइयाँ मिलती हैं। नारियल बाज़ार वाली गली में नारियल, तम्बाकू, इत्र, तबला और पतंग का सारा सामान मिल जाता है। विश्वनाथ गली में तो सभी कुछ उपलब्ध है–फूल-माला, पूजा का सामान, तरह-तरह की चूड़ियाँ, प्रसाधन, साड़ी-कपड़ा, लकड़ी के खिलौने, मिठाईयाँ सुपारी और भी बहुत कुछ। काली जी की गली शुद्ध पनीर और छेने की मिठाइयों, विशेष रूप से सन्देश और रसगुल्ला के लिए प्रसिद्ध है। औरंगाबाद की गलियों में पान के पत्तों की मण्डी है। यहाँ की दुकानों में पान 'ढोली' में मिलता है। एक ढोली में 200 पान होते हैं। गोलघर और ठठेरी बाज़ार से लगी गलियों में बनारसी साड़ियों की मंडिया और दुकानें हैं। कर्णघण्टा वाली गलियों में विवाह के कार्ड, मिठाई के लिए दफ्ती के डिब्बे और कागज का बहुत सा सामान मिलता है जैसे रजिस्टर, डायरी, नोटबुक आदि। बुलानाला से चौखम्बा जाने वाली गली में ठाकुर प्रसाद बुकसेलर की बड़ी दुकान है जिसमें धार्मिक साहित्य और व्रत-त्योहारों की छोटी-छोटी पुस्तिकाएं मिलती हैं। इनके यहाँ से प्रतिवर्ष एक 'पंचांग' भी छपता है (जिसमें पर्व-तिथियों की विस्तृत जानकारी दी जाती है।) यह पंचांग बहुत ही लोकप्रिय है।

बनारस की गलियाँ बहुरंगी हैं। ये केवल रास्ते नहीं हैं। इनमें बनारस की आत्मा धड़कती है। एक पुस्तक है 'बनारस' जिसके शीर्षक के साथ लिखा हुआ है **सचित्र ऐतिहासिक पुस्तक** और लेखक का नाम इस प्रकार दिया–*काशी निवासी बाबू बालमुकुन्द वर्मा द्वारा लिखित*। वर्मा जी के अनुसार यह पुस्तक बनारस आने वाले सभी **तीर्थ यात्रियों के लिए** लिखी गयी है कि उन्हें काशी आने पर कोई दिक़्क़त न हो। इस तरह की चर्चाएं या बनारस की गलियों की चर्चा कई विदेशी विद्वानों ने भी की है जिनमें शेरिंग, ग्रीव्ज़ और प्रिंसेप प्रमुख हैं। वर्मा जी की पुस्तक शेरिंग और ग्रीव्ज़ से काफ़ी प्रभावित है। मैं अपनी कहूँ तो वर्मा जी के बनारस की गलियों के विवरण पढ़कर मेरा कलेजा बल्लियों उछलने लगता है। उन्होंने बनारस के विभिन्न वार्डों के अन्तर्गत आने वाले मोहल्लों की सूची दी है। मैं तो इन मुहल्लों के नाम पढ़कर ही इनके गली कूँचों में पहुँच जाता हूँ। अनेक जाने-पहचाने मुहल्लों का ज़िक्र ही मुझे दीवाना बना देता है। इनमें से कई मुहल्ले-गलियाँ मेरे आत्मीय रहे हैं, और हैं–किसी में मेरी बुआ रहती थीं, किसी में चाचा, किन्हीं में मेरे सहपाठी-मित्र रहते थे तो किन्ही में दूर नजदीक के रिश्तेदार। इन्हीं में से एक गली में मेरा भी घर था जिसके इर्द-गिर्द ढेरों मोहल्ले, बस्तियाँ, गलियाँ और बाज़ार स्थित थे जिनमें से कुछ का विवरण देने का यत्न मैंने प्रारम्भ में किया है। मेरा मोहल्ला कबीरचौरा कई मायनों में अनूठा है। इसमें देश के सर्वश्रेष्ठ संगीतकार बसते हैं। कबीरमठ या 'कबीर की गादी' इसी मोहल्ले में है। भिन्न-भिन्न वर्गों के लोग इसमें निवास करते हैं। दो-दो बड़े अस्पताल इस मोहल्ले में हैं। मसाले की बड़ी मण्डी **गोला दीनानाथ** यहीं है। बनारस के प्राचीन दैनिक पत्र 'आज' का कार्यालय और प्रेस 'ज्ञानमण्डल' कबीरचौरा पर ही है। लोहे की बड़ी मण्डी 'लोहटिया' भी यहीं हैं। भारतेन्दु हरिश्चन्द्र द्वारा स्थापित नागरी नाटक मंडली का प्रेक्षागृह भी यहीं है ...। कहने को तो यह वार्डवार मुहल्लों की सूची भर है पर मेरे निमित्त यह मेरे भीतर बसी काशी की वह छवि बनाती है जिसके कूचे–दर-कूचे में जिंदगी है, लोग हैं, रास्तों में से निकले रास्ते हैं, सटे-चिपके मकान और उनमें रहनेवाले हैं, बाज़ार की चहल-पहल है। किसी कोने में खाली भंटा लिए बैठी एक कुंजड़िन है। किसी नुक्कड़ पर चाय की दुकान है। किसी मोड़ पर पानवाला बैठा है। कहीं धधकती भट्ठीपर दूध का कड़ाहा चढ़ा हुआ है। किसी चबूतरी पर फूल-माला लिए एक महिला बैठी है। किसी दुकान पर थाल-परात में मलाई-रबड़ी बिक रही है। किसी दुकान पर मिट्टी की 'कहथरी'में 'साढ़ी वाली' दही जमी रखी है....।

वर्मा जी ने लिखा है कि *इस समय (1924) बनारस म्यूनिसपैलिटी की सीमा आठ वार्डों में बटी हुई है*। उन्होंने इन वार्डों के नाम दिए हैं, किस मोहल्ले में कितने मकान हैं और उनमें कितने लोग रहते हैं। यह सब बातें बताई हैं। ऐसी सूचनाएं शेरिंग और प्रिंसेस की पुस्तकों में भी हैं। तब और आज के सन्दर्भ में वर्मा जी की सूचनाएं **तुलनात्मक अध्ययन** का रोचक आधार बन सकती हैं। यहाँ मैं वार्डवार सिर्फ़ उन मुहल्लों का नामोल्लेख कर रहा हूँ जिनमें मेरी 'गुज़रबसर' बरसों बरस रही है :

आदमपुरा : गायघाट, त्रिलोचन(महादेव), तेलियानाला, कायस्थटोला, प्रहलादघाट,राजघाट, घसियारी टोला, आदमपुरा, कोयला बाज़ार, नवापुरा।

कोतवाली : घासीटोला, पत्थरगली, कालभैरव, दुधविनायक, रामघाट, बुलानाला, सिद्धमाता, ब्रह्मपुरी, वृद्धकाल, राजमन्दिर, दारानगर, हरतीरथ, मछोदरी, कतुआपुरा, मैदागिन, बड़ा गणेश, भुतईइमली, मलदहिया, विश्वेश्वरगंज, करनघण्टा, ईश्वरगंगी, नख़ास, गोलादीनानाथ, नहरपुरा, औसानगंज, राजापुरा।

चौक : ज्ञानवापी, पाँचो पंड्या, लाहौरी टोला,नेपालीखपरा, कोतवालपुरा, कुंदीगढ़टोला, घुंघरानीगली, सेखसलीम का फाटक, रेशमकटरा, छत्तातला, सरायंहड़हा, काशीपुरा, राजादरवाजा, बुलानाला, पियरी खुर्द और कलाँ, भूलोटन (भुलेटन) हड़हा, सुड़िया, आसभैरव, रानीकुआं, कुंजगली, ठठेरी बाज़ार, कचौरीगली, ब्रह्मनाल, मणिकार्णिका घाट, नन्दनसाह (लेन) गढ़बासीटोला,बेनिया, हीरापुरा।

चेतगंज : काली महल, गोवर्धन की सराय, इंग्लिशिया लेन, बाग़बरियारसिंह, तेलियाना, **कबीर चौरा,** चन्दनशहीद, नई बस्ती, चेतगंज, पितरकुण्डा, लल्लापुरा, पिशाचमोचन, जगतगंज, तेलियाबाग़, राधोबीर (लहुरा) मलदहिया।

जैतपुरा : अलईपुरा, गोपालगंज, जैतपुरा, नवापुरा, धूपचंडी, चौकाघाट।

दशाश्वमेध : विश्वेश्वर नाथ, कालिका गली, सकरकंद गली, साक्षी विनायक, टेढ़ी नीम, हौज कटोरा, बड़ा देव, कोदई चौकी, दशाश्वमेध, मुंशी घाट, राणा महल, चौसट्टी घाट, पाण्डे घाट, गंगा महल, गणेश महाल, अगत्स्य कुण्डा, जंगमबाड़ी, मदनपुरा, पाण्डे हौली, रामापुरा, धर्मकूप, मीर घाट, मान मन्दिर, मिश्र पोखरा, लक्ष्मी कुण्ड, पान दरीबा, लक्सा, सिगरा, शिवपुरवा।

भेलूपुरा : अस्सी संगम, भदैनी, शिवाला, क्रीं कुण्ड, गौरीगंज, सोनारपुरा, तिलभड़ेसर, रेवड़ी तालाब, डौरियाबीर, भेलूपुरा, कमच्छा, खोजवां, दुर्गाकुण्ड।

सिकरौल : सिकरौल, छुप्पेपुर, चौकाघाट, घौसाबाद, अंधरा का पुल, नदेसर, राजा बाज़ार, खजुरी, बिठौरी महाल, हुकुलगंज, तेलियाबाग़।

वर्मा जी के इस विवरण में जितने मुहल्लों के नाम आये हैं उनमें ढेरों-ढेर गलियों का जाल बिछा हुआ है। गइया-गोरू घूमते मिलते हैं,ये हुरपेटते या चहेटते नहीं, बगलिया के निकल जाते हैं। कोई सिरफिरा फूं-फां करके डरा देता है। अभी हमने कुछ गलियों की बात की थी विशेषकर पक्की महाल की गलियों की-इनमें विश्वनाथ गली, कचौड़ी गली, ठठेरी गली, दाल मंडी गली, काल भैरव गली, कर्णघण्टा गली, गोलादीनानाथ गली, गोपाल मन्दिर गली, संकठा गली, पंचगंगा गली, नेपाली गली, त्रिलोचन महादेव गली, चौखंबा गली, मणिकर्णिका गली, कुंजगली, चित्र घण्टा गली-ये सब अनेक छोटी-छोटी गलियों के जुड़ाव से एक दूसरे से मिली हुई हैं। बनारस के एक कवि ने इन गलियों के बारे में कहा है:

इहाँ उहाँ दुई गलियन देखा। मति भ्रम मोरि कि आन बिसेखा॥
देखि गली हमहूँ अकुलानी। बनारसी देखि मधुर मुसकानी॥

इन मुहल्लों और इनकी गलियों का परिचय यहाँ दे देना आवश्यक समझता हूँ जिससे कि इन दोनों का सम्बन्ध पता लगे। सबकी तो टीका नहीं की जा सकती, संकेत भर दिया जा सकता है। यह ऐसे दे रहा हूँ कि पूरे बनारस के सम्पूर्ण इलाकों का प्रतिनिधि क्षेत्र इसमें आ जाय और इन्हें जोड़कर चलें तो इनके अलावा भी अन्य-अन्य मुहल्लों गलियों में पहुँच सकते हैं:

बंगाली टोला-दशाश्वमेध से काली जी की गली से दक्षिण दिशा की ओर बढ़ने पर यह मुहल्ला प्रारम्भ हो जाता है।

गणेश मुहाल-यह दशाश्वमेध क्षेत्र में है जो डेढ़सी का पुल, बाँस फाटक और ज्ञानवापी तक को जोड़ देता है।

त्रिलोकनाथ की गली-गोदौलिया से चौक जाने वाले मार्ग पर हौज कटोरा मोहल्ले की गली है जो भीतर-भीतर काशीपुरा पहुँचा देती है।

मान मन्दिर-यहमुहल्ला मीर घाट और दशाश्वमेध घाट के बीच में है। इसकी गली मान मन्दिर महल और वेधशाला तक ले जाती है।

साक्षी विनायक-डेढ़सीपुल से आगे विश्वनाथ गली में बढ़ने पर यह गली पड़ती है। इसमें गणेश का विशाल मन्दिर है।

कोतवालपुरा -यह गली बाँस फाटक से सीधे विश्वनाथ मन्दिर को ले जाती है। इस गली के दोनों ओर छोटी-छोटी दुकानें हैं। कोतवालपुरा के ही अन्तर्गत ऊँची-नीची ब्रम्हपुरी है। यह संकरी–सी गली चौक पहुँचा देती है।

नेपाली खपड़ा -मीर घाट मुहल्ले से कचौड़ी गली की ओर बढ़ने पर मध्य में यह मुहल्ला पड़ता है। इसी के पास की गली में ललिता घाट नामक स्थान है जहाँ लकड़ी का नक्काशीदार नेपाली मन्दिर है।

नीलकण्ठ-नेपाली खपड़ा से कुछ पहले दाहिनी ओर मुड़ने वाली गली को नीलकण्ठ मुहल्ला कहते हैं। इसी गली में नीलकण्ठेश्वर महादेव का प्राचीन मन्दिर है।

शिवनाथ सिंह का चौरा-यह स्थान नीलकण्ठ से ब्रह्मनाल की ओर चलने पर गली के बीचो-बीच पड़ता है। गली के मध्य में एक चबूतरा है, यही 'चौरा' है। शिवनाथ सिंह ऐतिहासिक व्यक्ति थे। इनका समय सन् 1790 माना गया है। 'बहती गंगा' में उग्र जी ने इनकी कथा लिखी है। 'काशी का इतिहास' में भी इनका विवरण है। इनकी वीरगाथा पर एक लावनी बहुत प्रसिद्ध है।

ब्रह्मनाल-कचौड़ी गली से मणिकर्णिका घाट जाने के मार्ग के मध्य में पड़ता है। काशीपुराण में इसे ब्रह्मनाड़ी का प्रतीक कहा गया है। पक्की महाल की यह प्राचीनतम गलियों में से एक है।

मणिकर्णिका-चौक से गली-गली चलने पर यह गली इसी घाट पर समाप्त होती है। इस घाट पर ही **महाश्मशान** है। घाट पर कई प्रसिद्ध प्राचीन मन्दिर भी हैं।

सिद्धेश्वरी महाल-चौक वार्ड में ब्रह्मनाल से यदि उत्तर की ओर बढ़ें तो संकठा देवी का मन्दिर है जिसके कुछ पहले सिद्धेश्वरी का मन्दिर है। इन्हीं के नाम पर इस गली मुहल्ले का नाम रखा गया है। यही गली संकठा घाट पहुँचा देती है।

देवनाथ पुरा-यह स्थान बंगाली टोला में है। दशाश्वमेध से काली जी की गली से केदार घाट जाने वाले मार्ग में यह है। यह इलाका मदनपुरा मुहल्ले से सटा हुआ है।

क्रिमी टोला-यह क्षेत्र शिवाला मुहल्ले से सटा हुआ है। **अघोरी कीनाराम** का स्थल यहीं पर है। यह क्षेत्र सड़क पर ही स्थित है। शिवाल पर ही **रत्नाकर उद्यान** है। कीनाराम स्थल से सीधे अस्सी, दुर्गाकुण्ड या लंका पहुँचा जा सकता है।

लोलार्क कुण्ड-शिवाला से आगे पढ़ने वाले मुहल्ले भदैनी और अस्सी के समीप यह मुहल्ला है। यहाँ सूर्य कुण्ड और सूर्य मन्दिर है। भाद्रपद मास में शुक्ल पक्ष की षष्ठी पर यहाँ बहुत बड़ा मेला लगता है।

अस्सी-यह काशी का प्राचीन और प्रसिद्ध इलाका है। यहीं अस्सी घाट है। इससे सटा हुआ तुलसी घाट है और दुर्गाकुण्ड और दुर्गामन्दिर इसके निकट हैं। पंचमन्दिर भी यहीं है। यह मुहल्ला भदैनी के आगे और नगवा के पहले पड़ता है।

नगवा-अस्सी से लंका जाने वाले मार्ग पर यह मुहल्ला पड़ता है। यह काशी का अन्तिम मुहल्ला है।

हरी केशव-यह भदैनी (भद्रवन) के पास के क्षेत्र में गलियों में बसा मुहल्ला है जिसकी गलियाँ तुलसी घाट तक चली जाती हैं। यहीं काशी की प्रसिद्ध कृष्ण लीला 'नाग नथैया' खेली जाती है।

नवाब की ड्योढ़ी-यह मुहल्ला दुर्गाकुण्ड तथा मानस मन्दिर के समीप है। आजकल इसे कबीर नगर कॉलोनी के रूप में बसा दिया गया है।

बेलवरिया-आज की रवींद्रपुरी कॉलोनी पहले बेलवरिया क्षेत्र ही था।

बजरडीहा (बज्रबीर)-भेलूपुर क्षेत्र के खोजवांमुहल्ले से पश्चिम की ओर यह नगर से दूर का एक मुहल्ला है। अब तो खोजवां एक बहुत बड़ा बाज़ार बन चुका है और बजरडीहा भी उसी से आ जुड़ा है।

कमच्छा (कामाक्षा)-भेलूपुर के आगे तथा गुरूबाग़ के पहले यह मुहल्ला पड़ता है। इसमें कामाख्या देवी और पंचमुखी हनुमान का प्रसिद्ध मन्दिर है।कमच्छा में ही कन्याओं के लिए 'वसन्त कन्या महाविद्यालय' स्थित है जिसके भवन में ही 'थियोसॉफिकल सोसायटी' का केन्द्र है।

छोटी गैबी-इसे महमूरगंज के नाम से भी जाना जाता है। यह मुहल्ला रथयात्रा चौराहे के कुछ पहले है, गुरुबाग़ से रथयात्रा जाने वाले मार्ग पर।

महमूरगंज-यह छोटी गैबी का विस्तार है। रथयात्रा चौराहे से मंडुवाडीह जाने वाले मार्ग के मध्य में यह स्थित है।

मंडुवाडीह (मांडवव्यआश्रम)-यह महमूरगंज से सटा हुआ है। वाराणसी इलाहाबाद मार्ग पर मंडुवाडीह स्टेशन भी है। यहाँ 'लोकोमोटिव वर्क्स' का बहुत बड़ा क्षेत्र है।

ड्योढ़िया बीर-रेवड़ी तालाब मुहल्ले के कुछ पहले छोटा-सा क्षेत्र है जिसमें 'बीर' का प्रसिद्ध मन्दिर है।

रेवड़ी तालाब (रेवा सर तीर्थ)-यह इलाका भेलूपुर तथा रामापुरा के मध्य स्थित है। यह बहुत पुराना क्षेत्र है। इसी क्षेत्र में बनारस का प्राचीनतम **जयनारायण स्कूल** स्थित है जिसकी चर्चा बनारस पर लिखने वाले सभी देशी-विदेशी विद्धानों ने की है।

लक्सा-यह मोहल्ला गोदौलिया से गुरूबाग़ जाने वाले मार्ग के मध्य में स्थित है। यहाँ से औरंगाबाद तक एक गली ले जाती है जिसमें कुम्हारों की बस्ती है।

जद्दूमण्डी-यह मुहल्ला लक्सा तथा औरंगाबाद की सीमा से सटा हुआ है।

औरंगाबाद-यह इलाका लक्सा से सोनिया मुहल्ले के मध्य में है।

सोनिया-औरंगाबाद से सिगरा की ओर चलने पर मध्य में यह मुहल्ला है जिसमें अब कई छोटी-छोटी कॉलोनियाँ बस गयी हैं।

सिद्धगिरीबाग़-औरंगाबाद से सिगरा की ओर चलने पर मध्य में दो मार्ग हैं-एक सोनिया की ओर जाता है और दूसरा सिद्धगिरीबाग़ की ओर।

पान दरीबा-यह औरंगाबाद के पास है। यहाँ पान और पान के सामान की बड़ी मण्डी है।

मिसिर पोखरा-यह इलाका गोदौलिया से लक्सा जाने वाले मार्ग के मध्य में पड़ता है। इसी के पीछे लक्ष्मी कुण्ड और लक्ष्मी जी का मन्दिर है।

कुंदी टोला-चौक की ओर से दाहिने बढ़ने पर दाल मण्डी से सटा हुआ यह मुहल्ला है। इसे कुंजी टोला भी कहते हैं। वार-वनिताओं के कोठे इस मुहल्ले में हैं।

हड़हा सराय (हाड़केश्वर)-चौक से दाल मण्डी वाली गली के मध्य में यह क्षेत्र है। यह प्रमुखत: बाज़ार क्षेत्र है।

फाटक शेख़ सलीम-बेनिया से नई सड़क चौराहे पहुँचने के पहले दायीं ओर एक बड़ा फाटक है–इससे लगा हुआ मुहल्ला, मुस्लिम बहुल। इसी मुहल्ले से सटा काली महाल और गोबरधन सराय मुहल्ले हैं। गोबरधन सराय में ही छायावाद के प्रमुख कवि जयशंकर 'प्रसाद' का घर है।

अब आपसे मैं उन मुहल्लों, स्थलों, क्षेत्रों का नामोल्लेख कर देता हूँ जिनका सन्दर्भ पहले अलग-अलग तरह से आ चुका है। इनमें है–बेनियाबाग़, चेतगंज, विश्वेश्वरगंज, चाउरछँटवा, बाग़ बरियार सिंह, पिशाचमोचन, मैदागिन, औसानगंज, कबीरचौरा, मछोदरी, जतनबर, गायघाट, अलईपुरा और जैतपुरा। अलईपुरा जाने वाले मार्ग पर और उसके समानान्तर पीली कोठी, गोलगड्डा और हनुमान फाटक मुहल्ले एक के बाद एक आते हैं। ये सभी मुस्लिम बहुल इलाके हैं।

काशी की इन गलियों में बड़ी चहल-पहल रहती है। इस सूची के कई मुहल्ले गली विहीन भी हैं लेकिन 'काशी वैभव' को समझने के लिए उनका महत्व भी कम नहीं है। सबसे बड़ी बात कि काशी के सभी क्षेत्र प्राचीन और किसी न किसी अध्यात्मिक सूत्र में बँधे हुए हैं। पक्की महाल की गलियों और उनसे सटे घाटों पर चटक रंग की बूटेदार धोतियाँ पहने और पूरी माँग में सेनुर भरे स्त्रियाँ ख़ूब दिखती हैं। गलियों को गुलजार करना इन्हीं से सम्भव हो पाता है। इन गलियों की दुकानें भी काशी-रंग में रंगी है–कब खुलेंगी, कब बन्द मिलेंगी, कुछ ठिकाना नहीं। इतनी

दूर गल्ली-गल्ली जाने के बाद दुकान बन्द मिलती तो हम अगोरते कि कब खुलेगी। चीजों की क़ीमत लगाते अर्थात कूतते, मोलभाव करते, मोलभाव के बाद मामला फरियाता। सुबह जाइये तो दुकानदार यह ज़रूर कहते कि *बोहनी का टाइम है, गलत दाम नहीं बतायेंगे*। बनारस की गलियों में गड़हा-गुड़ही तो रहता ही है। हम इन्हें फलांग जाते। अचानक देखते कि कोई गाय या सांड चोथ कर रहा है। कई बार गलियों में अक्सर टोटका किया हुआ मिल जाता। टोना-टोटका का बनारस में बहुत चलन है। शायद इसीलिए कि अनार्य संस्कृति भी यहाँ पनपती रही है। शिव की नगरी है। शिव सबको लेकर काशी चले आये। टोटका का बड़ा सामान्य स्वरूप है–आटे की एक छोटी सी मूरत, उसके सिर वाले हिस्से में सेनुर पुता हुआ, उसके इर्द-गिर्द करिया धागा लपेटा हुआ, उसके पास कटे निबुआ के दो टुकड़े रखे हुए। यह सब आटे से बने एक घेरे में। हमारी दादी कहती थीं कि *कहीं टोना-टोटका करल देखा जाय त ओके लांघे जिन, कतरियाके निकल जाये*। हम ऐसा ही करते। लेकिन थोड़ी देर रुककर इस प्रपंच को ध्यान से देखते। मेरे एक–दो मित्र तो उसका नींबू उठा लेते कि दाल में गार के खाइब। धीरे-धीरे हमारा भय भी इससे कम होता गया। बनारस की गली-बाज़ारों में बैंड बाजा वालों, पालकी-नालकी वालों या बिजली की सजावट वाले दुकानदारों को बयाना देना होता, यानी एडवांस। हम बयाना दे आते। विश्वनाथ गली से कचौड़ी गली वाले रास्ते में पहले बाँस की खपच्चियों की छोटी-छोटी झाँपियाँ और बड़े-बड़े झाँपे मिलते थे। हमारे घरों में शादी विवाह के बाद या बच्चा होने पर या मायके से नई बहू के आने पर कुछ सामान आता था या बनवाया जाता था। इनमें खुरमा, सूखी बुनिया, लड्डू और खाजा मुख्य थे। अपनी ख़ुशी बाँटने के लिए आसपास के घरों में 'बैना' भेजा जाता था। यह बैना छोटी झाँपियों में भर दिया जाता था जिसे नाउन एक बड़े खाँचें में भरकर घर-घर दे आती थी। बड़ा झाँपा विदाई के समय लड़की के साथ जाता और जब वह चौथी पर आती तो फिर कई झांपो (पाँच,सात,ग्यारह) में यह सामान उसके साथ भेजा जाता। इन गलियों में निछद्दम बैठने की बड़ी सुविधा है। हर घर के बाहर चौतरा है। चलते-चलते हंफरी छूट गयी तो चौतरे पर बैठ जाइए। गलियों में अनगिनत मन्दिर हैं। मत्था टेकते, हाथ जोड़ते आगे बढ़ना होता।

शिव प्रसाद मिश्र 'रूद्र काशिकेय' की एक पुस्तक है 'बहती गंगा'(सन 1967: राधा कृष्ण प्रकाशन)। इसके एक अध्याय का नाम है 'अल्ला तेरी महजिद अव्वल बनी' जिसमें बनारस के गदर का चित्र है। अंग्रेज़ों के अत्याचार का भी। बनारस का

एक अंग्रेज़ अधिकारी लन्दन में बैठे एक मित्र को पत्र लिखता है। इस पत्र में बनारसी मन-मिजाज को थहाने वाली एक घटना भी दी गयी है। वह लिखता है कि–*यहाँ की गलियाँ बड़ी ही तंग, गन्दी और चक्करदार हैं*। आगे चलकर उसने यह भी लिखा कि *एक अंग्रेज़ अफसर इन गलियों में अकेले ही सैर करने निकला तो एक दुकान पर जलेबी छनती देखकर ठिठक गया कि हलवाई ने छनौटे से कस कर एक हाथ रसीद कर दिया। उस समय तो अंग्रेज़ जान बचाकर निकल भागा। पर बाद में जब वह सिपाहियों के साथ हलवाई को सबक सिखाने के लिए गलियों के चक्रव्यूह में घुसा तो उस गली को न पहचान सका और बौखलाया, झुंझलाया वापस लौट गया*। तो *ऐसा महीन जंजाल है काशी की गलियों का। जेम्स प्रिंसेप (सन् 1820) के हवाले से 'काशी का इतिहास' (डॉक्टर मोतीचन्द्र: 1962) में उद्धरित है किबनारस सच्चे अर्थों में शहर है-विस्तृत फैला हुआ और पक्की ईंटों का बना हुआ। पावन गंगा के तटों के भव्य घाट अद्वितीय हैं। इस शहर का वर्णन शब्दों से कहीं ज़्यादा कुछ रेखाचित्र कर सकेंगे। इसकी संकरी गलियों, कूचों, रंग-बिरंगे भवनों–इन सबको साकार करने में यह रेखाचित्र कहीं ज़्यादा सक्षम होंगे*। प्रिंसेप ने इस तरह के रेखाचित्र स्वयं तैयार किये और उन्हें सन् 1830 और 1833 में एकत्रित करके 'बनारस इलस्ट्रेटेड इन ए सीरीज ऑफ़ ड्राइंग्स' में प्रकाशित किया।

अब थोड़ी बात काशी के गली-मुहल्लों में बसे जीवन और अध्यात्म पर भी कर ली जाय। काशी के साथ जो दो नाम जुड़े हैं–'आनन्दवन' और 'महाश्मशान' इनके आलोक में काशी को दो तरह से देखा जाय। एक का सम्बन्ध महाश्मशान की दृष्टि से मणिकार्णिका घाट और गलियों से है और दूसरे का उन गलियों से जिनमें दक्षिण भारत के लोग निवास करते हैं। यह उनका 'आनन्दवन' है। यह तो सभी कहते हैं कि 'काशी ही नहीं काशी की एक-एक गली मुक्ति रूपिणी है। काशी के महर्षि और संस्कृति वेत्ता करपात्री जी महराज कहा करते थे कि *काशी की गलियों की आध्यात्मिक चेतना को समझना इसलिए भी आवश्यक है कि यह साधना स्थलियाँ है जिनमें ज्ञान, भक्ति और वैराग्य का मिश्रण है और इसीलिए काशी कर्मयोग, भक्तियोग और ज्ञानयोग की संगम स्थली रही है*। वैराग्य और ज्ञान के संस्कार ने ही 'काशी भाव' को उस धरातल पर पहुँचा दिया है जहाँ यह स्वीकृत है कि *मृत्यु भी मंगल है*। 'शिव महापुराण' में स्वयं महादेव ने जीवों को सम्बोधित करते हुए अपना उद्‌बोधन दिया है। आध्यात्म का हर स्तर इस उद्‌बोधन में सम्मिलित है। इसे पूरा-पूरा देना या इस पर सम्पूर्णता में विमर्श करना यहाँ अभीष्ट नहीं है।

उतने पर ही ध्यान दें जिनसे जीवन और मृत्यु का रहस्य खुल जाता है और महाश्मशान तारक मन्त्र का माध्यम बन जाता है। काशी की गलियाँ इस अन्तिम यात्रा का साक्षी बनती हैं। लोग साक्षी बनते हैं। शव यात्रा जाती देखकर बनारस के लोग सिर पर दाहिना हाथ रख लेते हैं या मिट्टी को प्रणाम करते हैं। दुख नहीं मोद, विलाप नहीं प्रार्थना कि *निश्चिंत होकर जाओ, तारणहार की नगरी में अवश्य मुक्ति पाओगे*। शिव का उद्बोधन मृत्यु ही नहीं जीवन के रहस्य भी खोलता है। दोनों अभिन्न हैं–यह शिव से बेहतर भला कौन जानता है। उद्बोधन संक्षेप में इस प्रकार है–*तुम लोग विषय वासना से दूर रहकर नीरुप स्व-स्वरूप को मनन करते हुए परा गति को प्राप्त करो। हे जीवों! तुम्हारे साथ सुहृद बाँधव चिपके हुए हैं। तुम्हारे अन्तिम समय में इनमें से एक भी तुम्हारा साथ देने वाला नहीं। तुम्हें अपने स्वरूप के साथ ही जाना होगा। उस स्वरूप का चिन्तन-मनन करने का सतत अभ्यास करो। जैसा कि मैं अपने स्वरूप में रहकर इस आनन्दवन में तांडव कर रहा हूँ, वैसा तुम भी उपासना एवं साधना से अपने स्वरूप को जानने की चेष्टा करो। हे जीवों! इस महाश्मशान में तुम्हारे पार्थिव शरीर के साथ आकर जलते हुए शरीर को देखते हुए बन्धु-बाँधव आदि लौट जाते हैं* **लेकिन मैं राम को तुम्हारे साथ कर देता हूँ, उनके साथ तुम सतत रमण करते हुए आनन्द से आन्दोलित रहो। हे जीवों! राम मन्त्र तुम्हारा तारक है** *किन्तु उस मन्त्र को लेने के योग्य अपने को पहले से ही बना लो। यद्यपि सांसारिक विषय तुम्हें अपनी ओर आकर्षित करते रहेंगे, अपने वशीभूत कर तुम्हारे स्वरूप को बिगाड़ेंगे लेकिन तुम विषयों को अपने वश में करने हेतु 'विषयी'–परतत्व के साथ सम्पर्क रखो। वह परतत्व अन्यत्र दूसरी जगह कहीं नहीं है, तुम्हारे हृदय कमल में बसा हुआ है। उसके साथ सम्पर्क बनाओ।*

काशी में अन्तिम यात्रा के समय 'राम नाम सत्य है' का उद्घोष करते हुए लोग महाश्मशान तक पहुँचते हैं या 'मिट्टी' को पहुँचाते हैं। शिव के उक्त उद्बोधन का यह साकार स्वरूप है। शिव ने यह कहा है कि **मैं राम को तुम्हारे साथ कर देता हूँ** और यह भी कि **राम मन्त्र ही तुम्हारा तारक है**। यह बात समझ में आ गयी तो जानिए काशी का गहरा भाव बोध भी समझ में आ गया। 'आनन्द' का अर्थ भी खुल गया और परतत्व के साथ सम्पर्क का मार्ग भी।

काशी में शव यात्रा अलग ही होती है। कोई अनजाना देखे तो अचकचा जाये। कई तो सिटपिटा जायें। सजी-धजी टिकटी फूल-मालाओं से लदी। अगर किसी वृद्ध या वृद्धा की मिट्टी हुई तो सिक्का, धान का लावा लुटाते लोग। मुझे याद है, पहले वयोवृद्धों की शवयात्रा में आगे-आगे शहनाई भी बजती चलती थी। अबीर और

बुक्का भी उड़ाया जाता था। आप रिक्शे पर जा रहे हैं और आप से सटकर मिट्टी निकल रही है। दाहिना हाथ अपने सिर पर फेर कर जाने वाले को विदाई दे दीजिए। बस। पैदल जा रहे हैं, मिट्टी बगल से चली जा रही है, पूछा कौन है, बताया गया, हाथ जोड़कर नमस्कार कीजिए। कबीर चौरा चौमुहानी वाली सड़क पर दिन-रात शवयात्राएं गुज़रती थीं। यही रास्ता था–जालपा देवी वाली सड़क से काशीपुरा होते हुए चौक और फिर सीधे मणिकर्णिका घाट वाली गली में जाने का। हम आदी हो चुके थे, बचपन से ही। रात में हम छत पर या कमरे में सोते तो सन्नाटे में 'राम नाम सत्य है' की आवाज सुनायी पड़ती रहती। मणिकर्णिका घाटवाली गली पर एक बोर्ड भी लगा है–*मणिकार्णिका घाट /श्मशान घाट*। अब वहाँ एक बड़ा द्वार भी बना दिया गया है। फिर पतले-संकरे मार्ग पार करते हुए घाट का मुहाना आ जाता है। यहाँ से 'राम नाम सत्य है' का उद्घोष बुलन्द हो जाता है कि घाट तक सुनायी दे जाये। आगे थोड़ी सी गली है फिर हल्के से ढलान के बाद एक चौड़ी विस्तीर्ण सीढ़ी पर चिता स्थल है। एक ओर **मिट्टियाँ** धर दी जाती हैं। मुँह में गंगाजल डाला जाता है और चिता सजनी शुरू होती है। घोष अब तक शान्त हो चुका होता है। लेकिन तभी दूसरा, तीसरा, चौथा घोष सुनायी देने लगता है। *मसान को यह बताते हुए कि-हम आ रहे हैं–भूत भावन के क्षेत्र में, इस प्रकृति के एक अंश की वह काया कन्धों पर लिए जिसे यहाँ मोक्ष मिलेगा-उसका साक्षी बनने। लोग इर्द-गिर्द फैल जाते हैं अन्ततः चिता प्रज्वलित कर दी जाती है*।

कबीरचौरा पर सोमनाथ की दुकान वाले चौराहे पर बैठे-बैठे हमने न जाने कितने शव जाते हुए देखे हैं। कई के साथ मैले–कुचैले ग्रामीण-भगही, ऊँची धोती, मारकीन की पगड़ी....पहने। चार-छह लोगों के कन्धों पर लकड़ी के कुन्दे,घाट पर लकड़ी का जो भी खर्चा बच जाय। कोई भूसे की बड़ी सी गाँठ लादे। किसी के हाथ में देसी घी का ढक्कनदार पात्र, तो कोई झोले में धान का लावा भरे लुटाता हुआ। **एक मटमैली-सी शव यात्रा**। गवर्नमेंट गर्ल्स स्कूल के सामने वाला कब्रिस्तान दूर से आनेवाली मिट्टी का विश्राम स्थल बनता। हमने आते-जाते कितनी ही बार कब्रिस्तान की चबूतरेनुमा फर्श पर टिकठी रखकर ग्रामीणों सुस्ताते देखा है। कबीर चौरा से यात्रा जालपा देवी वाली सड़क पर मुड़ जाती और फिर मेरे लिए अदृश्य हो जाती। राम नाम सत्य है, की ध्वनि कुछ देर तक सुनायी पड़ती रहती।

काशी की गलियों में मृत्यु का आनन्द है तो जीवन का आनन्द भी कम नहीं है। जीवन का आनन्द यहाँ गंगा की धारा की तरह बहता है। बनारस में सारा भारत बसता है। मैं 'दकिनिया काशी' का जीवन चित्र खींचने का यत्न करूँगा। दक्षिण भारत का काशीपर बड़ा स्नेह भी है और अधिकार भी। दक्षिण भारत के एक महात्मा

जिनका जन्म तिनेवली में हुआ था केदारेश्वर मन्दिर के महात्मा थे। आज भी यह प्रसिद्ध मन्दिर **कुमार स्वामी की 'गद्दी'** के सुप्रबन्ध में है। यह इतिहासबद्ध है कि महाराज विजयानगरम् कई दाक्षिणात्यों को काशी लाये। बनारस का टाउन हॉल, भेलूपुर अस्पताल, कारमाइकल लाइब्रेरी का भवन, वाटर वर्क्स की भूमि, यह सब विजयनगर साम्राज्य की कीर्ति हैं काशी में। कर्नाटक, केरल, तमिलनाडु और आन्ध्र प्रदेश के अनेक निवासी न जाने कब से काशी में आकर बस गये हैं। काशी के हनुमान घाट, केदार घाट और ललिता घाट से जुड़े मुहल्लों में बहुतायत से रहते हैं। हनुमान घाट पर हनुमान का प्राचीन मन्दिर है, केदार घाट पर केदारेश्वर का–जिसके मन्दिर से लगी घाट पर जाने वाली सीढ़ी सबसे ऊँची है और ललिता घाट पर ललिता देवी का मन्दिर है।

मैं दक्षिण भारत में अनेक वर्षों तक रहा हूँ और यह महसूस किया है कि दक्षिण भारतीयों का कर्मकाण्ड अनुष्ठान और विधि विधान पर अटूट विश्वास है। दक्षिण भारत का युवा वर्ग भी इन पर श्रद्धा रखता है। इनके अनुसार आचरण करता है। दक्षिण भारत में रहकर ही मैंने राहुकाल, तिथि निर्धारण और पूजा-पाठ की भव्यता को जाना-पहचाना। पूजायें अक्षरश: शास्त्रोक्त ढंग से ही की जाती हैं। नैवेद्य, पुष्प, घृत, चन्दन.... के जो विधान किसी देवता या देवी के लिए हमारे पुराणों में बताये गये हैं उनका अक्षरश: पालन किया जाता है। चेन्नई में हमारी संस्था के साथ ही लगा हुआ विनायक मन्दिर है जिसमें प्रतिवर्ष अन्नदान होता है। कलश यात्रा निकलती है और एक हजार एक शंखों में दूध और जल भरकर अभिषेक किया जाता है। यह दीर्घकालिक अनुष्ठान होता है। ऐसा सब कहीं होता है। हर मन्दिर में होता है। तिरुच्ची, मदुरई, तिरुपति, बृहदेश्वर, पद्मनाभ आदि मन्दिरों में तो अनुष्ठानों की समय-सारणी बनी हुई है। इनमें से कई में मुण्डन, विवाह आदि के संस्कार भी ढंग से कराये जाते हैं।

दक्षिण भारतीयों के घर और घर के बाहर की सफाई बनारस की इन गलियों में भी स्पष्ट दिखायी देती है–अन्य गलियों से भिन्न। मुझे अनुभव है कि दाक्षिणात्यों के पूजागृह अत्यन्त स्वच्छ होते हैं। प्रवेश द्वार के बाहर मुग्गु/कोलम (रंगोली) भोर में ही द्वार को पानी से धोकर बनायी जाती है। यह रंगोली चावल के चूर्ण, रंग सने आटे से बनायी जाती है। बनारस की इन गलियों में भी आपको द्वारों पर रंगोली बनी दिख जायेंगी। दक्षिण भारत में भोजन (सापड़म्) की विधि विशिष्ट होती है। सामान्यत: घरों में और इन गलियों के दक्षिण भारतीय ढाबों में एक क्रम से भोजन करने-कराने का विधान है। सबसे पहले केले के पत्ते पर सांभर के साथ चावल परोसा जाता है। दूसरे क्रम में चावल के साथ रसम तथा तीसरे क्रम में चावल के साथ मोर

(अर्थात दही या छाछ)। नियमित भोजन में कोई एक सब्जी, चटनी और नमक रहता है। दही से चावल खाते समय इस नमक का उपयोग किया जाता है। मैंने दक्षिण भारत में अनेक दावते खायी हैं–सबसे पहले केले का आधा कटा पता आपके सामने रख दिया जाता है और एक गिलास पानी। पानी से पत्ते को स्वयं स्वच्छता से साफ़ करके पानी नीचे गिरा देते हैं। सबसे पहले नमक परोसा जाता है। उसके बाद पत्ते के दाहिनी ओर कोने पर पायसम (खीर) परोसी जाती है फिर क्रमश: पच्चड़ी (दही का बना गाढ़ा रायता), खीर की बगल में परसकर क्रमश: सब्जियाँ, करी, अविलय, कूट, आमैबडै आदि परोसते हैं। इन सबके बाद गरमा गरम भात पत्ते के बीचो-बीच परोसा जाता है। चावल के ऊपर घी डाल दिया जाता है और भोजन प्रारम्भ होता है। मीठी खीर से प्रारम्भ करते हैं। अब चावल के ऊपर ही गरम सांभर डाल दिया जाता है। इसे खाना शुरू करते ही 'अप्पलाम' (कुरकुरे तले हुए उड़द के सादा पापड़) दिए जाते हैं। अन्य सब्जियों के लिए पूछ-पूछ कर परोसते रहते हैं। दूसरे क्रम में फिर भात परोसा जाता है। इस बार भात के ऊपर रसम डाली जाती है (रसम इमली या टमाटर की बनती है, सूप जैसी) इसके बाद कुछ विशेष व्यंजन परोसे जाते हैं थोड़ा-सा पुलियोदरै (मूँगफली, दालें और मसाले मिलाकर बनाया गया चावल) और ज़ंगरी (कोई मिठाई) अधिकतर बालूशाही या बूंदी का लड्डू। अन्त में 'मोर सादम' (दही भात) के साथ भोजन की समाप्ति होती है। यदि भात दही से गाढ़ा हो जाये तो उस पर पानी छिड़ककर ढीला कर लिया जाता है।

दक्षिण भारत में भोजन परोसने की कला भी विशेष है। सभी वस्तुओं के लिए करछुल होते हैं। दक्षिण भारत में चम्मच का रिवाज नहीं हैं। सभी हाथ से ही खाते हैं। दक्षिण भारत में अनेक पर्व त्यौहार मनाए जाते हैं–इन्हें तमिल, तेलुगू तथा मलयालम भाषा में 'पांड़िगै' और कन्नड़ में 'हव्वा' कहते हैं अर्थात विशेष दिवस। इन सभी भाषाओं में पर्व को 'उत्सवम' तथा मेले को 'जात्रे' कहा जाता है। पूरे दक्षिण में मेष संक्रान्ति नववर्षारम्भ का बहुत महत्व है चारों राज्यों में यह मनाया जाता है। कहीं इसे उगादि कहते हैं तो कहीं विशु। तमिलनाडु में इस दिन पंचांग की पूजा की जाती है। इस पर्व पर नीम के कसैले फूलों का विशेष महत्व है। इन्हें आम, गुड़, नमक और हरी मिर्च के साथ मिलाकर पच्चड़ी (चटनी) बनायी जाती है। कर्नाटक में मैंने देखा कि **रथ सप्तमी** का महत्व है। इस दिन सूर्य का रथ उत्तरायण की ओर होता है, ऐसी मान्यता है। इस दिन दूध में उबालकर पायसम का भोग लगाया जाता है। काशी में बसे कर्नाटक के लोग इस पर्व को धूमधाम से मनाते हैं। **कृष्ण जन्माष्टमी** भी दक्षिण भारत का विशिष्ट पर्व है। इस दिन अनेक व्यंजन बनाए जाते हैं। विष्णु (कृष्ण) के चक्र का प्रतीक एक व्यंजन बनता है जिसे मुरकु (मुरकुल) कहते हैं।यह चावल के

आटे से बनता है–जलेबी जैसा। इस समय पापड़ी भी बनती है और तरह-तरह के सेव भी। काशी के **हनुमान घाट पर जन्माष्टमी** का भव्य उत्सव होता है।

काशी में नवरात्रि में ललिता देवी (राजराजेश्वरी) का श्रृंगार किया जाता है। दक्षिण भारत में नवरात्रि के नौ दिनों सीढ़ीनुमा ढांचे पर खिलौने सजाये जाते हैं। ललिता देवी के मन्दिर में चारों तरफ़ पीतल के बड़े-बड़े कई बत्तियों वाले दीप जलायें जाते हैं। देवी का श्रृंगार फूलों से किया जाता है। यह पर्व सुहागिनों और कुमारी कन्याओं का है। पूरी नवरात्रि राजराजेश्वरी के मन्दिर में भक्तों का ताँता लगा रहता है। देवी को शक्कर की मीठी पोंगल,वड़े तथा भीगे चने या घुघरी का भोग चढ़ता है। **मकर संक्रान्ति या पोंगल** का पर्व काशी में प्रचलित हो गया है। पीतल या मिट्टी की हांडी में चावल और मूंग की खिचड़ी पकाई जाती है। दक्षिण भारतीय लोग गंगा स्नान और सूर्य पूजन करते हैं। दीपावली (नरकासुर वध) तथा कार्तिक पूर्णिमा के पर्व भी प्रचलित हैं। काशी की गलियाँ भारत के समस्त पर्व त्योहारों की बरसों से साक्षी रही हैं।

बनारस का बंगाली समुदाय दुर्गापूजा और सरस्वती पूजा (बसन्त पंचमी) धूम से मनाता है। इन दोनों पर्वों पर पूरा नगर आनन्दमग्न हो जाता है।नौरात्र में जगह-जगह महिषासुर मर्दिनी की भव्य मूर्तियां लग जाती हैं। बंगाली बहुल मुहल्लों में इनकी शोभा निराली होती है। गोदौलिया की छोटी चौमुहानी पर *हरसुन्दरी धर्मशाला* और दो बंगाली कोठियों में परम्परागत ढंग से आरती पूजन होता है। घण्टा और डफ की एकतान ध्वनि पर लोहबान के बड़े-बड़े पात्रों को नचा-घुमा कर पूजा अर्चना की जाती है–अवर्णनीय। आगे काशी विश्वनाथ मन्दिर के प्रवेश द्वार के सामने वाली गली में एक बड़ी बंगाली कोठी है, उसमें भी भक्ति भाव से पूजा अर्चना की जाती है। और आगे काली जी वाली गली में भी कुछ बंगाली परिवार और बंगाली क्लब मूर्तियाँ स्थापित करते हैं। अब तो पूरे शहर में दुर्गा के पंडाल लगने लगे जिनमें परम्परा का निर्वाह कम और प्रदर्शन अधिक होता है लेकिन जंगमबाड़ी, पाण्डे हवेली और सोनारपुरा इलाके में बंगाली समुदाय ने इसे अक्षुन्न रखा है।

इसी प्रकार जंगमबाड़ी में बंगाली टोला विद्यालय के प्रांगण में (पाण्डे हवेली) तथा इस मार्ग पर बंगाली परिवार के भवनों में सरस्वती की छोटी-छोटी प्रतिमाएँ स्थापित की जाती हैं। हम विश्वविद्यालय से आते-जाते सोनारपुरा पर उतर जाते और इनके दर्शन करते। झक सफेद कुर्ता-धोती में पुरुष और लाल पाड़ की सफेद या पीली साड़ियाँ पहने महिलाएं दर्शन पूजन करते दिखते थे। सरस्वती माँ को गेंदे का फूल चढ़ाया जाता था और पंचदीप से उनकी आरती की जाती थी।

काशी के गुजराती और मारवाड़ी समूहों में 'गणगौर' का पर्व मनाया जाता है।

इसमें स्त्रियों की भूमिका महत्वपूर्ण होती है। काशी अनूठी नगरी है और यहाँ की गलियाँ और भी अनूठी हैं। इन गलियों के जीवन और पर्व–तिथियों के प्रति इनकी आस्था देखकर स्पष्ट भान हो जाता है कि इस परिवर्तनशील संसार में बनारस की रौनक और शोभा हर तरह के परिवर्तनों से सुरक्षित है।

गोपाल मन्दिर का प्रवेश द्वार

कोहबर का चित्र

सम्भवत: इसीलिए पूरे विश्व में बनारस की प्रतिष्ठा बहुत बड़ी है। इसकी ऊँचाई और बड़ाई तक हमारी कल्पना भी नहीं पहुँच सकती।

काशी की गलियाँ इस क्षेत्र की लोक कला की संरक्षिका भी हैं। आपको गली के भीतरी मुहल्लों के भवनों पर अनेक चित्र मिल जायेंगे। ये चित्र गलियों में स्थित कई मन्दिरों की दीवारों पर भी अंकित हैं। पंचगंगा घाट के **बिन्दु माधव मन्दिर** के भीतर की दीवारों पर पौराणिक प्रसंगों के अनेक चित्र उकेरे हुए हैं।ये चित्र बहुत पुराने हैं।इसी तरह **बटुक भैरव मन्दिर** (कमच्छा) **बागेश्वरी मन्दिर** (जैतपुरा) और कैलाश मन्दिर (कमच्छा)की दीवारों पर भी पुराने चित्र देखे जा सकते हैं। एक महत्वपूर्ण कार्य *रामनरेश त्रिपाठी जी* ने किया कि उन्होंने हिन्दी, संस्कृत और उर्दू की श्रेष्ठ कविताओं का संकलन *कविता कौमुदी* के नाम से पाँच अलग-अलग भागों में या खण्डों में कर दिया। 'कविता कौमुदी' का भाग पाँच*ग्राम गीतों* का संकलन है। इसमें त्रिपाठी जी ने एक अधूरा और अति प्राचीन 'कोहबर गीत' दिया है। उसे देखा जाय और विचार किया जाय कि लोक शैली में भित्ति चित्र रचने की परम्परा कितनी प्राचीन है और कितनी कलात्मक भी। यह गीत सास-बहू के संवाद के रूप में है। यह भोजपुरी गीत है।

मचियहि बैठीं पुरखिन रानी पूछैं बिटिया पतोह,तौ इहै नवा कोहबर।

कहंवां लिखौं सासू पुरइनि रे कहंवां लिखौं बंसवार,यक ओरी लिखौ बहुअरि पुरइनि रे, यक ओरी लिखौ बंसवार,तौ इहै नवा कोहबर। कहंवां लिखौं सासू सुग्गा मैना रे ढूरत सुग्गा मैना लिखु, तौ इहै नवा कोहबर। दनवाँ चुगत गवरैया लिखो रे गैया लिखो बछ्वा लगाय, तौ इहै नवा कोहबर।कलसा लिहे चेरिया लौंड़ी लिखो रे ब्राह्मन पोथी लिहे हाथ, तौ इहै नवा कोहबर। गैया दुहत अहिरा छौंड़ा लिखो रे दहिया बेंचत अहिरिन धेरि, तौ इहै नवा कोहबर।आरी आरी वेली के फूल लिखो रे और लिखो पनवारि, तौ इहै नवा कोहबर। झुपसन अमली फरत लिखो रे अमवा घवधवन लाग, तौ इहै नवा कोहबर।

इस तरह के पौराणिक चित्र बनारस की गलियों के प्राचीन मन्दिरों में देखे जा सकते हैं। चौखम्भा के **गोपाल मन्दिर** में पूरी की पूरी दीवार पर सुन्दर हाथियों (हाथी के ही आकार के) और चोबदारों के चित्र बने हुए हैं। यह भवन हवेलीनुमा है। भवन के बरामदों की दीवारों की ऊपरी पट्टी पर सुन्दर बेलबूटे चित्रित हैं।

भैरव नाथ के मन्दिर के सामने एक शिव मन्दिर है। उसकी दीवारों पर गणेश के अत्यन्त नयनाभिराम चित्र बने हुए हैं। ठठेरी बाज़ार के **हनुमान मन्दिर** के सामने

की दीवार पर भी शिव पार्वती का चित्र है। बनारस की गलियों में घूमिये तो आपको उत्तम चित्रकारी के ढेरों नमूने मिल जायेंगे।

ठठेरी गली के एक छोटे से मन्दिर की दीवार पर हनुमान जी का चित्र

इन गलियों के पुराने और पत्थर के मकानों के बाहरी हिस्से पर कहीं रंग-बिरंगे फूलों वाले फूलदान (गमला) चित्रित दिख जायेंगे। किसी प्रवेश द्वार के दोनों ओर हाथी अंकित मिलेंगे। किसी प्रवेश द्वार के दोनों ओर चोबदार खड़े मिलेंगे। काशी के प्रत्येक 'अखाड़े' में दीवार पर शिव जी, हनुमान जी या गणेश का चित्र अवश्य बनाया जाता है। इन दीवारों पर पहलवानों के चित्र भी मिलते हैं–मुगदर भाजते हुए, गदा फेरते हुए, ताल ठोकते हुए ....। काशी की गलियों के सभी मकानों के मुख्य द्वार के ऊपर गणेश और रिद्धि-सिद्धि के चित्र उकेरे दिखते हैं। **संकट मोचन मन्दिर** की ऊपरी दीवार पर जहाँ से दर्शन होता है गणेश और रिद्धि-सिद्धि का बहुत सुन्दर चित्र पत्थर पर उकेरा गया है और बड़ी ही कलात्मकता के साथ इसे रंगा गया है। इस चित्र में गणेश के दोनों ओर खड़ी रिद्धि-सिद्धि के हाथों में चंवर भी है।

दीपावली पर हमारे घरों में दीवार पर चित्र बनाए जाते थे, जिसे हमारी दादी *चित्र लिखना* कहती थीं। एक बहुत कलात्मक चौखटे के भीतर कुछ आकृतियाँ बनायी जाती थीं। चित्र लिखने का रंग कच्चे दूध, गोंद और बुकनी वाले रंग को मिलाकर

बनाया जाता था–कई रंग। इस फ्रेम में दो भड़ेहर,एक चौपड़, कुछ कौड़ियाँ, भूल-भुलैया, तुलसी का चौरा और चाँद-सूरज अंकित किये जाते थे। दादी बार-बार कहती रहतीं कि–**पुतरी भी उरेहा**, मतलब रिद्धि-सिद्धि का भी चित्र बनाओ। एक स्थान पर इन्हें भी बना दिया जाता, वहीं जहाँ गणेश लक्ष्मी का चित्र बनता था। हमारे घरों में कोहबर (कौतुक गृह) में भी चित्र बनाए जाते थे। आज जिन्हें हम चित्रकला की लोक शैली कहते हैं, कोहबर चित्र उनका उत्कृष्ट उदाहरण हैं। ये चित्र केवल गेरू रंग से बनाये जाते थे, सफेद दीवार पर। एक कमल का फूल, हंस या तोते का जोड़ा, एक मोर, एक चिड़िया, एक कलश, चाँद-सूरज और एक नाव खेने के पतवार के साथ। काशी की गली-गली में चित्रकला की यह परम्परा आज भी जीवित है। विवाह के घरों में प्रवेश द्वार पर (सदर दरवाजा) गणेश जी *लिखवाये* जाते थे। गणेश जी का चित्र बनवाया जाता था। हमारे यहाँ डीएवी के गेट पर कुछ कुम्हार परिवार भी रहते थे। नवापुरा में गली के भीतर नाटक का पर्दा बनाने वाले कलाकार थे। इन्हें बुला लिया जाता। ये आकर भित्तिचित्र बना देते और गणेश जी लिख देते। गणेश जी के एक ओर वे **शुभ** लिख देते दूसरी ओर **लाभ**।

बनारस और इसके आसपास के इलाकों मिर्जापुर, विजयगढ़, राजपुर,अहरौरा में शैलचित्रों की बड़ी संख्या मिली है। इनमें मानव जीवन, आखेट, सज्जा आदि के चित्र अंकित हैं। मुझे इन आकृतियों से जो उल्लेखनीय संकेत मिलता है वह यह है कि इन शैलचित्रों की आकृतियाँ ही कोहबर घर में अंकित की जाती हैं जिनकी रेखाएँ सरल और आकृतियाँ गतिशील होती हैं। पशु-पक्षी और स्त्री-पुरुष की आकृतियाँ भी लोक शैली में ढलकर काशी के जीवन में उतर आयी हैं।

बनारस की गलियाँ भारतीय परम्परा और सभ्यता से ओतप्रोत है। काशी के घाटों के निर्माण में महाराष्ट्र, आन्ध्र प्रदेश, मध्य प्रदेश और राजस्थान का विशेष योगदान है। काशी की गलियों के भवनों मन्दिरों पर भी इन प्रान्तों के स्थापत्य का स्पष्ट प्रभाव दिखायी पड़ता है। भारत को जानना हो तो काशी की गलियाँ आपको कभी भी निराश नहीं करेंगी। अपनी पुस्तक *वोल्गा से गंगा* तक में महापण्डित राहुल सांकृत्यायन ने लिखा है कि *काशी ज्ञान प्रकाशी है और इसके प्रमाण पग-पगपर काशी की गलियों में मिल जाते हैं*। राहुल जी ने यह भी संकेत किया है कि काशी के अनेक नाम भी उसके विभिन्न गुणों के द्योतक हैं। ये समस्त गुण काशी की गलियों में समाए हुए हैं। काशी के नामों में से कुछ नाम हैं–सुदर्शन, पुष्पवती, रम्मनगर, अलर्कपुरी, आनन्द कानन जो काशी के रूप और गुण का स्वत: प्रतीक हैं। अन्य कई नाम भी हैं लेकिन वे काशी को 'मोक्षधाम' वाले अर्थ से सम्बद्ध करते हैं जैसे

अविमुक्त धाम, रूद्रवास, मोक्ष प्रकाशिका, महाश्मशान आदि। राहुल जी ने काशी के कुछ मुहल्लों के पुराने नामों को भी काशी के सौन्दर्य और मोहकता के सन्दर्भ में देखा है–शिवगिरि (सिगरा), दारुवन (दारानगर), मिश्र पुष्कर (मिसिर पोखरा) विलोकपन (बुलानाला)।

इसमें सन्देह नहीं कि बनारस को जानना हो तो हमें यहाँ के लोगों, घरानों, हवेलियों, मन्दिरों, घाटों, गलियों की खाक छाननी होगी। काशी के अधिकांश घराने, हवेलियाँ, मन्दिर इन्हीं गलियों में हैं। इन गलियों के बाहर कुछ नहीं है। काशी की गलियाँ **छोटे भारत** का दर्शन कराती हैं तो यहाँ के लोग भीतरी काशी को अपना अलग ही स्वरुप प्रदान करते हैं जैसे–साधु, पंडे, घाटिये, साड़ी के दलाल, मल्लाह, यादव बन्धु और वे लोग जो भिन्न व्यवसाय करते हैं, मज़दूरी और मेहनत करते हैं। बनारस की गलियाँ इन सबके आ जुटने से नित नवीन रहती हैं। अद्वितीयता इन गलियों की प्रकृति है। इनके भीतर एक चमत्कार है। सबसे बड़ी बात कि इन गलियों में *काशी-दर्शन* के समस्त रहस्य उद्घाटित हैं। बनारस की गलियाँ केवल हाट बाज़ार नहीं, प्राणों को स्पंदित करने वाली वीथिकाएँ हैं।

भितरी बनारस : पाँच

हंसा करो पुरातन बात

यादें और यादें और यादें

काशी से मेरे परम मित्र डॉ. जीतेन्द्र प्रसाद मिश्र एक मासिक पत्रिका निकालते हैं–'सोच विचार'। भाई मिश्र जी मेरे मुहल्ले कबीरचौरा के निकट के ईश्वरगंगी मुहल्ले में निवास करते हैं। ये दोनों मुहल्ले मेरी यादों का अमोल हिस्सा हैं। 'सोच विचार' के नौ अंक काशी केन्द्रित निकाले गये हैं। काशी अंक-2 (जुलाई 2011) में डॉ. भानुशंकर मेहता का एक लेख छपा था जिसने चेन्नई में रहते हुए मुझे बनारस के ठेठ महौल में पहुँचा दिया था। ऐसा लगने लगा था कि भानुशंकर जी मेरे 'साहेब' हैं जिन्होंने मेरी चुनरी को काशी के कुसुमी रंग में रंग डाला है–*साहेब है रँगरेज चुनरी मेरी रंग डारी*। मेहता जी के इस लेख का शीर्षक है–*हजार पहल का हीरा : काशी*। जिसकी शुरुआत होती है, इन शब्दों के साथ-काशी हीरा है–हजार पहल वाला। सच, काशी के कितने रंग हैं। कटाव के कितने कोण हैं। और जब काशी के इन अठपहलू सरूप पर सूर्य की प्रथम किरणें पड़ती हैं तो इसकी इन्द्रधनुषी छवियाँ थिरक-थिरक उठती हैं–गोपीकृष्ण के उठाए झूमर की तरह–सिद्धेश्वरी-गिरिजा की तान या मुरकियों की तरह....। काशी के हर पहल का रंग निराला और आभा भी निराली। इसी लेख में उन्होंने काशी के विद्वानों, सन्त महात्माओं, फकीरों की और इसी सन्त श्रेणी में कबीर, रैदास, तुलसी, नानक, औघड़नाथ, कीनाराम, तैलंग स्वामी, भास्करानन्द, रामकृष्ण परमहंस...की तान भी छेड़ी है। बनारस पर कुछ भी लिखा मिल जाये, पढ़ कर मैं 'बउरा' जाता हूँ। यह लेख पढ़ कर तो मेरी भितरी काया मदमत्त हो कर नाचने लगी-*नाचु रे मेरे मन मत्त होय*। काशी मत्त नगरी है। शिव ने अथाह मद इसके कण–कण में मीस-मीस कर पैवस्त कर दिया है कुछ इस तरह कि यहाँ सब जीव 'मधवा' के मद में चूर दिखते हैं।

मुझे याद है, पूरे शरीर में भभूत पोते; चेहरे पर भी-कौपीनधारी साधु की-एक हाथ में कमण्डल, एक में छोटा-सा त्रिशूल। जटाजूट, सिर पर जूड़े की तरह कई तह

कर के लपेटा हुआ। अभी किरण भी पूरी तरह न फूटी रहती कि वे कबीरचौरा की गलियों में प्रकट होते-नित्य, नियमित। बुलन्द आवाज़ में गाते चलते-*ख़ुश रहे तेरी नगरी रे बाबा.... चिड़िया रैन बसेरा रे बाबा*। वे कहीं, किसी के द्वार पर रुक कर भिक्षा नहीं माँगते थे-अपनी मस्ती में चलते चले जाते थे। कन्धे पर टंगी गांठ बाँधी थैली। सिर्फ़ आटा स्वीकार करते थे। जिसे देना हो उन्हें पिछियाता चले, उनका मार्ग रोक कर उन्हें प्रणाम करे तो वे क्षण भर को ठिठक जाँय, थैली में भिक्षा डाल दी जाय। मैंने बचपन में न जाने कितनी बार उन्हें पिछियाया है। उनके भर की सामग्री पूरी होते ही वे थैली का मुँह एक सुतरी से बाँध देते। लोग समझ जाते कि 'अवधूत जी के अब भिच्छा न चाही'। उनकी टेर जारी रहती। फिर दूर होते-होते खो जाती-ऐसी टेर जिसमें आशीष भी थी और चेतावनी भी। हम ख़ुश रहें–हमारी 'नगरी' ख़ुश रहे जिसमें सिर्फ़ मनुष्य ही नहीं परिन्दे-चरिन्दे, कीट-पतंगे, जलचर सभी रहते हैं। वनस्पतियाँ उगती हैं-फल-फूल, शाक-सब्जियाँ पैदा होती हैं...यह पूरी नगरी ख़ुश रहे। पर यह जान लो कि यह नगरी तुम्हें हमेशा के लिए नहीं मिल गयी है, तुम्हारा तो उसमें उसी तरह बसेरा है जैसे किसी चिड़िया का रैन बसेरा होता है-रात में वह इस बसेरे में आश्रय लेती है और मुँह अंधेरे ही उड़ जाती है। दो पंक्तियों की टेर में अवधूत हमें क्या-क्या सिखा गये। वे सिखा गये कि हमारी काया में हमारी आत्मा या प्राण एक चिड़िया है जिसने अल्पकाल के लिए इस काया रूपी बसेरे में अपना वास बनाया है। आज भी मेरे मन के अतल में अवधूत की यह वाणी बजती रहती है। उनकी मूरत भीतर कहीं बहुत भीतर बसी हुई है। मेरे लिए उनकी अमिटता काशी की छवियों की तरह ही है, जो छुड़ाए नहीं छूटती।

बनारस ने मुझे न जाने क्या-क्या बताया-सिखाया और जनाया है। एक और बाबा जी थे। अवधूत जी से रूप-रंग में एकदम निराले। आयु भी अधिक नहीं थी–पचास-पचपन वर्ष की। गौर वर्ण, कन्धे तक फैले खुले केश। स्वच्छ माथे पर वैष्णवी तिलक। सफेद धोती कमर से बँधी हुई और काया पर जनेऊ। ये करीब दस बजे आते। नियमित नहीं, अवकाश के दिनों में यानी दो-दो चार-चार दिन का अंझा दे कर। इनकी आवाज तेज पर मधुर थी। एक ख़ास लय में बोलते या कहें गाते चलते-राम-राम कान्हा-कान्हा। चार-पाँच बार गा चुकते तो दाहिने हाथ की घण्टी को कुछ क्षण टुनटुना देते। उनकी इच्छा पर था कि किसी एक द्वार पर रुक जाते। इसका अर्थ होता कि आज वे उसी घर का आतिथ्य स्वीकारेंगे। इन्हें न जाने किस आधार पर हमलोग 'चैतन्य मुनि' कहने लगे थे। तत्काल घर का आंगन झाड़–धो कर उनके लिए आसनी बिछा दी जाती। पूड़ी तली जाने लगती। आलू–कोहड़ा की

तरकारी बन जाती। एक कटोरे में दही और उसके ऊपर चीनी। मैं भाग कर सड़क की दुकान से खोये की बरफी ले आता। इस बीच वे घर के सदस्यों से बतियाते रहते। आस-पड़ोस की महिलाएँ भी आ जुटतीं, उनका चरण स्पर्श करतीं। वे सबको चीन्हते थे क्योंकि सभी घरों में वे अपनी जूठन गिराते रहते थे। अपनी बातचीत में वे अधिकतर कृष्ण की कोई लीला सुनाते–भाव विभोर हो कर। इस लीला गान में वे सूर-मीरा के पदों की पंक्तियाँ भी गूंथ देते। वाणी का ऐसा प्रभाव मैंने आजतक महसूस नहीं किया। किसी स्थल पर तो लोग रोने भी लगते थे। फिर वे प्रसाद ग्रहण करते। उनका हाथ-मुँह घर का मुखिया लोटे में जल ले कर धुलवाता। उनकी थाली तब तक हटा दी जाती। वे पुन: आ कर आसनी पर विराजते। मन्दिर से घण्टी और अगरबत्ती आ जाती। अगरबत्ती का लहराता धुआं और सुगन्धि फैलने लगती। स्त्री-पुरुष हाथ जोड़ कर बैठ जाते और चैतन्य मुनि भी। वे अपने मधुर कण्ठ से गान शुरू करते-श्री कृष्ण गोविन्द हरे मुरारे, हे नाथ नारायण वासुदेवा। एक बार वे स्वयं गाते। दूसरी बार यह समवेत कीर्तन बन जाता। वे थपोड़ी बजा-बजा कर कीर्तन करते थे। उनके साथ सभी की थापोड़ियाँ बजने लगती थीं। कीर्तन की पूरी अवधि में उनके नेत्र मुंदे रहते थे, वे भीतर कहीं लीन हो जाते थे। क्रमश: सब लीन हो जाते थे।

बनारस की ऐसी कई स्मृतियों ने मुझे इस सत्य का साक्षात्कार बचपन में ही करा दिया था कि-*साधो एक रूप सब माहिं*।

अजीब शहर है बनारस। जो इसमें रमे वही जाने। ऐसे ही प्रकरणों से बनारस अपने को 'पहचनवाता' है। पहचान लीजिए तो ठीक अन्यथा आप बनारस के ठेगें पर। हमारा मुहल्ला कबीरचौरा भी इसी तरह का गढ़ा हुआ है जिसके माध्यम से बनारस अपने को पहचनवाता है। मृत्युंजय महादेव इसके निकट आ कर बस गये। ईश्वरगंगी का पुण्य तीर्थ इसकी बगल में प्रवाहित हो गया। पुराने हनुमान आ कर जम गये। शीतला माता ने अपना झण्डा गाड़ दिया। और कबीर तो यहीं डट गये, उठे ही नहीं। इधर–उधर से भटक कर सारे संगीत महारथियों ने कबीरचौरा में आ कर 'बनारस घराना' आबाद कर दिया। चित्रगुप्त के वंशज 'चित्रांश' ठसाठस भर गये। गोपालक अहीरों ने इसे वृंदावन बना दिया। जितना निराला बनारस उतना ही कबीरचौरा। बनारस तो भीतर धँसा ही हुआ है, कबीरचौरा को मैंने अपने भीतर बाँध रखा है–*बाँधि लिहिलै जतन से अँचरे में*। चलिए कबीरचौरा का और इस बहाने काशी का भ्रमण किया जाये। हृदय-आत्मा पर गुदा गोदना बहुत गहरा होता है। इसका रंग भी बहुत गाड़ा होता है। वैसा ही गाढ़ा जैसे कि विवाह के घरों में दीवारों पर बनाये गये फूलदानों, बैल-हाथी, द्वारपाल और हौदा-राजा का रंग होता है, गाढ़ा, चटक

और महकदार। जैसे दीपावली के भड़ेहर का रंग। चढ़ता है तो उतरता ही नहीं। ऐसे न जाने कितने अमृत कुण्ड काशी की गलियों में भरे पड़े हैं। हर गली-कूँचे में अमृत का वास है–*जहाँ तहाँ अमृत का बासा*। ऐसा ही एक अमृत कुण्ड है कबीरचौरा। यह बनारस के मुहल्लों का सरताज है जिसका कोई जोड़ नहीं। यह बात बनारस के और महालों में रहने वाले भी मानते हैं। कबीरचौरा कई बातों से सरनाम है।

आज प्रेस के बाहर चिपका आज अख़बार पढ़ते हुए बनारसी

ज्ञानमण्डल प्रेस

लोहटिया की एक दुकान

एक तो बनारस को फक्कड़ता, अक्खड़ता की पट्टी पढ़ाने वाले कबीर यहाँ रहे। कबीर की गादी इसी महाल में है–कबीर साहेब का मठ। गुरुपरब पर पंजाब से ढेर के ढेर 'भगत' यहाँ आते, माथा टेकने। उस दिन कबीर मठ अलग ही रूप धर लेता। हम देखने जाते। सजे-धजे सिख-सिखनियाँ दीख पड़ते। सब गोला बना कर नानक और कबीर के भजन गाते, बनारसी लय से बिलकुल अलहदा लय में। दोपहर में भण्डारा होता। पूड़ी-तरकारी, लड्डू। पाँत बिछ जाती। मठ के भीतर की चौड़ी पट्टी पर दोनों ओर टाट-पट्टी बिछा दी जाती। जेंवण होता। हम भी घुस कर पाँत में बैठ जाते। गरम-गरम पूड़ी-तरकारी, वह स्वाद तो भूलता ही नहीं। इसी मुहल्ले में औघड़नाथ की तकिया भी है। पहुँचे हुए औघड़ माने जाते हैं। इनके कुँए का जल अमृत तुल्य है। आस-पास के महालों के किसी नवजात को सूखा रोग हो जाये, किसी महिला पर मिरगी चढ़ने लगे, कोई मरद बकझक करने लगे तो लोग उसे ले कर भागते थे 'तकिया' की ओर। इसी मुहल्ले में बरवा तरे एक ऊँची चौकी पर चारदीवारी से घिरा हुआ पिसनहरिया कुआँ है। इसका जल भी चमत्कारी है। कबीरचौरा चौमुहानी पर दो बड़े सरकारी अस्पताल हैं–एक जनाना, एक मर्दाना। चौराहे के इर्दगिर्द पचासन दवा की दुकानें हैं। लम्बी-संकरी गली में दूर तक फैली मसालों की मण्डी है–गोला दीनानाथ, जो बनारस में ही नहीं पूर्वांचल के छोटे

शहरों-कस्बों–शिवपुर, बाबतपुर, औड़िहार, गाजीपुर, जौनपुर, चुनार, मिर्जापुर तक में 'गोला' के नाम से मशहूर है। आगे बढ़ें तो ज्ञानमण्डल का भवन है, जहाँ से ऐतिहासिक दैनिक अखबार 'आज' निकलता है। इसी से सट कर लोहे के सामान की ख़ूब बड़ी वर्कशॉप लोहटिया इसी मुहल्ले के मुहाने पर है। अस्पताल के पीछे बड़े मैदान से लगे तीन कॉलेज हैं–दयानन्द इंटर कॉलेज, दयानन्द पी.जी. कॉलेज और आदर्श सेवा विद्यालय। इसी मैदान के एक छोर पर मेरा पुश्तैनी मकान है जिसका पिछवाड़ा इन कालेजों के मैदान से लगा हुआ है। हमारी बैठक का पिछला दरवाजा भी इसी मैदान में खुलता है, या सहूलियत के लिए कभी खोल दिया गया था। दरवाजे से निकलने पर सामने ऊँची चारदीवारी है जो अर्ध चन्द्राकार रूप ले कर कबीरमठ तक चली गयी है–बीच में थोड़ी चौड़ी गली और डीएवी वाली चारदीवारी के समानान्तर मठ की ऊँची दीवार। इन चारदीवारियों से लगे बनारस के नामचीन संगीतकारों के घर। डीएवी वाली चारदीवारी खत्म होने के बाद थोड़ा आगे बायें मुड़ कर हनुमान प्रसाद-गोपाल प्रसाद मिश्र का मकान (राजन-साजन मिश्र के पिता और चाचा)। मैदान के एक पार यह घर है और एक्र पार हमारा। हम अपनी-अपनी छत पर खड़े हो कर एक दूसरे के घर को देख सकते थे और कबीर मठ को भी। मठ वाली चारदीवारी के साथ लगा था तबला सम्राट पण्डित सामता प्रसाद (गुदई महाराज) का घर पीले-रंग में रंगा हुआ। डीएवी वाली चारदीवारी दाहिने घूम कर हमारे घर के उस कोने पर जुड़ जाती थी जहाँ से बैठक का पिछला दरवाजा खुलता था। इस दाहिने बयान पर तीन घरों का पिछवाड़ा था-एक मेरे परम मित्र रज्जू भइया के घर का जिसकी तीन खिड़कियाँ डीएवी की ओर खुली रहती थीं। इसी से चिपका हुआ घर डीडीएल मास्टर का था, जिसकी दीवार में बीचोबीच एक खिड़की खुली हुई थी, इन घरों का मुहाना गुदई महाराज के घर की तरफ़ खुलता था। देवदत्त लाल (श्रीवास्तव) स्कूल में मेरे अध्यापक थे। कई वर्षों तक उन्होंने मुझे अंग्रेज़ी पढ़ाई। इनके घर से सट कर सीताराम 'गन्धरप' का घर था। सीताराम सारंगी वादक थे। मेरे बचपन में वे एक छोटी-सी दुकान करने लगे थे। उनके तीन लड़के दुर्गा, उमा और विजय अलग-अलग काम करने लगे। सीताराम ने हमारे घर के पीछे वाले हिस्से को खुला रख छोड़ा था। उनकी एक कच्ची कोठरी का चरमर करता हुआ दरवाजा इस खुली जगह में खुलता था। दुर्गा लोटा घिसने का काम करते थे, उनके आंगन, ओसारे और इस मैदान में कई लोग एक कर-कर करती मशीन पर मटियाले लोटे घिस–घिस कर चमकाते रहते-लोटा चमक कर खिल उठता। दुर्गा भयंकर पक्षी प्रेमी थे। जाड़े के दिनों में वे अपने तीतर–बटेरों के पिंजरे ले कर चारदीवारी कूद जाते और

डीएवी के मैदान में उन्हें चुगने के लिए छोड़ देते। चांव-चांव, चीं–चीं का शोर मच जाता। छोटी–छोटी रंगबिरंगी चुनमुन चिड़ियों के पिंजड़े वे अपनी वाली खुली जगह में यहाँ–वहाँ रख देते कि वे नन्ही-मुन्नी धूप सेक सकें। हम इन्हें अपने बैठक की खिड़की से देख और सुन सकते थे। मैं अपने बचपन में घण्टों इस खिड़की पर बैठा रहता था। पापा की कचहरी चलती रहती थी। मैं कई बार दुर्गा के साथ बाँसफाटक के घण्टाघर पर चिड़िया बाज़ार गया हूँ। तारघर के सामने की दुकानों के पीछे एक खुली जगह में यह बाज़ार लगता था। ढेरों प्रकार की चिड़ियाँ, कबूतर कलरव करते रहते थे। मोल-भाव होता। झिक-झिक होती। दुर्गा एक–दो पक्षी खरीद कर ले आते। रास्ते भर वे इनका गुणगान करते रहते–उनके पंजों का, उनकी चोंच का, उनके परों का, उनकी आँखों का.... इन सबकी उन्हे गहरी पहचान थी। मैं भी परिन्दों-चरिन्दों के गुण-लक्षण और व्यवहार को पहचानने लगा था। बाद में साहित्य पढ़ते समय यह कच्चा ज्ञान मेरे बहुत काम आया।

सीताराम के घर की मेरी यादें अत्यन्त सघन हैं। वे हमारे 'पहले पड़ोसी' थे। चरमराते दरवाजे वाला कमरा उनके कच्चे आंगन में खुलता था जिसकी बाईं ओर एक कच्चा लकड़ी के तीन खम्भों वाला दालान था। जिससे हो कर लकड़ी और मिट्टी से बनी एक हिलती-डुलती लचकती सीढ़ी ऊपर चली गयी थी। ऊपर खुला हिस्सा था, खपरैल से छाया हुआ जो हमारी छत से साफ़ दिखायी देता था। एकाध बंसहटा, कुछ बिस्तरे और थोड़े अगड़म-बगड़म सामान इस दुछत्ती में धरे दिखायी देते।

नक्खास के बाँसवाले

कबीर चौरा अस्पताल के बगल की गली जो कबीर मठ तक चली जाती है।

कबीर चौरा की सड़क जो आगे 'ज्ञान मण्डल' और लोहटिया तक चली जाती है चित्र में नागरी नाटक मण्डली का गेट और बरामदा दिखायी दे रहा है।

कबीरचौरा, काशी का एक विस्तीर्ण इलाका है। सड़क से नापें तो बरवा तरे से पिपलानी कटरा, वहाँ से झंडा तले, झंडा तले से चौमुहानी, चौमुहानी से मरदाना अस्पताल, अस्पताल के सामने गोला और आगे लोहटिया, कबीरचौरा मुहल्ला इतना फैला हुआ है कि इसकी अलग-अलग सीमाएँ बनारस के अलग-अलग नामी मुहल्लों

को छूती हैं। एक ओर नाटी इमली-ईश्वरगंगी को दूसरी ओर दारानगर-औसानगंज को। एक ओर बड़ा गणेश को, दूसरी ओर नक्ख़ास को। एक ओर पियरी को, दूसरी ओर बाग़ बरियार सिंह को। एक ओर जगतगंज को, दूसरी ओर रामकटोरा को। हम इन सारे मुहल्लों को अपना ही समझते थे। ये लगते भी हमें अपने-अपने-से थे। अपने-अपने-से तो आसपास के कई और मुहल्ले भी लगते थे, लगते हैं। ये सब मेरे 'भीतरी इलाके' में रचे-पगे हैं-दारानगर से लगा नवापुरा, लोहटिया और नख़ास से लगा काशीपुरा और कर्णघण्टा, लोहटिया से लगा मैदागिन, मैदागिन से लगा विश्वेश्वरगंज, नाटी ईमली से लगा चौकाघाट, ईश्वरगंगी से लगा जैतपुरा, कब्रिस्तान से लगा चौछटवा, चौछटवा से लगा चेतगंज, पियरी से लगा बेनिया, बेनिया से लगा काली महाल, पिसनहरिया से लगा बौलियाबाग़....। ये सारा इलाका हमारे लिए हमारा ही घर आंगन था। इनमें बसने वाले ढेरों-ढेर लोग नाते-रिश्तेदार थे, मित्र थे, सहपाठी थे, हमारे अध्यापक थे और कितनी ही दुकानें और दुकानदार थे।

कबीरचौरा इन सारे सड़क मार्गों से लगी गलियों में बसता है। ठसाठस मकान, एक दूसरे से चपके–चंपे। दो घरों की दीवारों के बीच साँस लेने भर की भी जगह नहीं। छतें भी सटी-सटो कि चाहें तो फलांग कर दूसरे की छत पर पहुँच जायें। एक गली हमारे घर की ओर बरवातरे से घुसती थी, दूसरी सुपना वाली गली से, पिपलानी कटरा के सामने से जिसे बाद में 'कण्ठे महाराज मार्ग' नाम दे दिया गया। गली का एक छोटा-सा मुहाना बरवातरे के बाद भी था, राजनन्दन लाल वकील के मकान के बाईं ओर से और दूसरा उनका मकान खत्म होने पर-तनिक बायें कट कर। कण्ठे महराज चमत्कारी तबला वादक थे। किशन महराज उन्हीं के भतीजे थे। मैंने अपने बचपन में कण्ठे महराज को देखा है। उनके मसहरी लगे पलंग को भी जिस पर वे लुंगी बनियान में ताव से बैठे मिलते थे। किशन महराज के पुत्र पूरन महराज मेरे सहपाठी थे इसलिए इस घर में मेरा ख़ूब आना-जाना था। पूरन की दादी मुझे बहुत मानती थीं। मैं पहुँचता खेलकूद में लग जाता, और दादी हलुआ बनाने में। फूल के कटोरे में हलुआ मिलता, हम धूर छत की सीढ़ियों पर बैठ कर चाभते। राजनन्दन लाल बड़े मातबर वकील थे। इन्हें भी मैंने देखा है। लहीम-शहीम, गोरे-चिट्टे। आज उनका पूरा परिवार ही 'जजी' में है, शायद एक बहू भी। बरवातरे और सुपना की गली के बीच में लबे-सड़क ऊँची चौकी पर उनका भव्य मकान है। हम बचपन में होली की शाम को जब बिरादरी मिलन के लिए निकलते तो उनके यहाँ सबसे जानदार जलपान मिलता। हम रास्ते में किसी के घर कुछ नहीं खाते थे कि उनके

यहाँ पहुँच कर जम के झोरेंगे। आगे बढ़ कर एक मुहाना और था जो भीतर घुसने पर दाहिने मुड़ता था और जनाना अस्पताल वाली गली में हाथी वाली कोठी की बगल में निकलता था। उसके भी पहले अगर दाहिने घूम जायें तो उसी गली से आयुर्वेद कॉलेज के पिछवाड़े पहुँच जाते थे। मुख्य गली बायें मुड़ती थी, जनाने अस्पताल वाली गली। और लीजिए पहुँच गये कबीरचौरा चौमुहानी वाली सड़क पर।

मुहल्ले की ये सभी गलियाँ भीतर-भीतर दायें-बायें घूमतीं और एक-दूसरे को काटती गलियों का जाल-सा बुनती हैं। इसी के आख़िरी कोने पर हमारा घर है। घर के सामने से जाने वाली गली में नउआ टोलिया है—नाइयों के चार-पाँच घर। इसी गली में दो घर अहीरों के भी हैं—एक बंसी और रामू का अर्थात नाना और नाती का। बंसी कारीगर थे इमारत के। रामू चाँदी के वर्क कूटने का काम करते थे। बंसी थोड़ा 'खिसके हुए' थे। अपने-आप से बतियाते, हँसते-मुस्कुराते लेकिन थे समझदार। हमारे यहाँ दशहरे से ही लग जाते और दीवाली आते-आते घर भर की, अन्दर-बाहर से चूना-पुताई कर डालते—अकेले। बाज़ार जा कर चूना ले आना, उसे बड़े से हौदे में बुताना, खुली जूट ला कर उसकी बड़ी सुन्दर और टिकाऊ कूंचियाँ बनाना-ये सारे काम वे बड़ी कुशलता से करते थे। मुझसे बहुत प्रसन्न रहते क्योंकि मैं उनकी बीड़ी-चाय का पूरा ख़्याल रखता था। फिर बंसी नहीं रहे।

कड़ाकी सर्दियों के दिन थे, सुबह अपने घर के सामने धूप में बैठे थे। मैं निकला तो हाथ के इशारे से मुझे बुलाया, बोले—'कलिया रोटी खायके मन करत हौ'। मैं घर आया, जिसमें गोश्त आता था वह झोला उठाया। सड़क पर गया। सदन मियाँ की दुकान से आधा किलो मीट ले आया। ख़ुद पकाया-तीखा और मसालेदार। महराजिन से चार रोटियाँ बनवाईं। एक भगोने में गोश्त और छोटी थरिया में रोटी ले कर उनके घर पहुँचा, कोठरी में कंबल ओढ़े बैठे थे। मेरा प्रबन्ध देख कर उनकी आँखें चमक उठीं। मेरे सामने ही उन्होंने धीरे-धीरे खाना शुरू किया। वैसा तृप्त चेहरा मैंने आजतक कहीं, कभी नहीं देखा। वापस आ गया। दूसरे दिन दोपहर के पहले ही बंसी नहीं रहे। मैं किशोर था। इसके पहले कभी मसान नहीं गया था। पापा मेरा और बंसी का स्नेह सम्बन्ध समझते थे। उन्होंने जाने दिया। मुहल्ले और आसपास के मुहल्लों के यादव जुटे थे। लगभग सभी मेरे परिचित थे। मैं पहली बार बंसी के साथ मणिकर्णिका घाट गया था। बंसी की याद अक्सर आती है और कुछ घटता चला जाता है मुझमें या मेरे भीतर कहीं।

इस गली के दूसरे अहीर कनछेदी थे। कसे शरीर के, पहलवानी भी करते थे। कान में बुंदा पहनते थे तो हमें अजीब लगता था। अत्यन्त सज्जन। उनकी पत्नी भी

दिन-रात मेहनत करती थीं। संकरी गली में उनकी गाय-भैंसे बँधी रहतीं, वे गोबर काछतीं, गायों को नहलातीं और घर का भी सब काम करतीं। उनका शरीर भी गठा हुआ था, मज़बूत। नकछेदी की लड़की की शादी हमारे ही घर से हुई। हमारे सामने के बगीचे में मड़वा गड़ गया और बाराती बैठके में ठहर गये। बैठक में दरी-गद्दा बिछा दिया गया था। बारात भी हमारे ही दरवाजे आई। रात का भोजन बगीचे के ऊपर वाले हिस्से में हुआ, पंगत में। दूसरे दिन सुबह मिट्टी की प्लेट में चार मिठाइयाँ और नमकीन का जलपान बँटा। मैं ताकता-झाँकता पहुँचा तो कनछेदी ने अपने हाथ से मुझे प्लेट दे कर अपने सामने बिठा कर खिलाया। तब मैं पाँच–सात साल का रहा होऊँगा लेकिन स्मृतियाँ उम्र देख कर भीतर नहीं बसती, वे तो दिल में पता नहीं कब कैसे घुस कर बैठ जाती है और इस तरह की यादें जीवन के अन्त तक दबी–दुबकी वहीं घुसी बैठी रहती हैं, निकलती ही नहीं। ये यादें दिल को ख़ुश करती हैं। ढेरों लोगों को आसपास उपस्थित कर देती हैं–वो दिल में घुस रहे हैं, औ दिल बाग़-बाग़ है।

बंसी और कनछेदी इसी तरह मेरे दिल में घुसते रहे हैं। इसी गली में बायें घूम कर अर्थात कनछेदी के घर की बगल से चौड़े से चबूतरे पर विश्वनाथ और काशी दर्जी रहते थे। जिनकी अस्पताल वाली गली से बाहर निकलते ही सड़क के पार ऊँची-सी दुकान थी। दुकान में पहुँचने के लिए तीन पट्टों वाली लकड़ी की सीढ़ी लगी थी जिस पर बहुत संभल कर चढ़ना-उतरना होता था। काशी की भौजाई, विश्वनाथ प्रसाद की पत्नी को हम 'दर्जिन' कहते थे। तुरपाई कर-कर के उनकी आँखों की जोत मन्द पड़ गयी थी। बाद के दिनों में वे हमारे यहाँ बर्तन माँजती थीं। जाड़े के दिनों में वे मोटी गाढ़े की चादर सिर से ले कर पूरे शरीर में लपेट लेती थीं और न जाने किस विधि से गले के पास एक गाँठ भी लगा लेती थीं। पापा ने उन्हें एक बार अपना पुराना ऊनी कोट दे दिया था। उसे पहनती थीं लेकिन उसके ऊपर चदरा ज़रूर लपेट लेती थीं। तब राखी से बर्तन मँजते थे। ऊपर जाने वाली सीढ़ी के सामने आंगन के एक कोने पर बैठ कर वे बर्तन माँजतीं। मैं चौथी सीढ़ी पर बैठ जाता। उन्हें अच्छा लगता। ख़ूब बातें करतीं। अच्छी बातें। उनका मन एकदम साफ़ था–न क्लेश न कटुता। उन्हीं से मैंने जाना की 'बखिया' और 'तुरपन' का क्या अर्थ होता है, लहंगा, शरारा, सलवार और पेटीकोट में क्या भेद होता है और कौन-सा कपड़ा सीते समय किस तरह के धागे का उपयोग उत्तम होता है। विश्वनाथ प्रसाद की भी वे ढेरों बातें करतीं, उनके सिलाई कौशल का भी कि वे कलीदार मर्दाने कुरते बहुत सुन्दर सिलते हैं। बाद में विश्वनाथ प्रसाद भी अंधे हो गये। घर के बाहरी

बैठके में खाट पर बैठे रहते। काशी के घर के बगल में उनसे भी ऊँचे चबूतरे पर लल्लू सरदार का घर था। लल्लू सरदार आला दर्जे के मिस्त्री थे–बड़े अकड़बाज, टनकदार आवाज वाले। उनकी बीबी भी ख़ूब लम्बी-तगड़ी थीं, नाक में बड़ी-सी बुलाक पहने रहती थीं। लल्लू सरदार के दो बेटे थे–छेदी, मुझसे थोड़े बड़े और बेदी मेरे समौरिया। इनके घर के भीतर बाड़े जैसी खुली जगह थी जिसमें दस पन्द्रह गाय-भैंस बँधी रहती थी। छेदी-बेदी 'बँधनी' पर घर-घर दूध देने जाते थे और बाद में गाय-भैंसों का झुण्ड लेकर उन्हें चराने ले जाते थे।

गली के इस हिस्से के बाक़ी घर कायस्थों के थे–एक तो मेरा ही, सामने मास्टर ज्वाला प्रसाद का, बगल में कालिका प्रसाद मुख्तार और उनके छोटे भाई विंध्यवासिनी प्रसाद का। दोनों के परिवार बाल-बच्चों से भरे हुए। इनका घर मेरे घर से सटा हुआ था। आना-जाना और पारिवारिकता थी। हमारे घर की बाईं सीमा पर बबुल्ली और छग्गू मुंशी की बगीची थी, बगीची और गली की दूसरी ओर उनका मकान था। उनके मकान से गली बायें मुड़ जाती थी। त्रिमुहानी पर सरकारी नल था। सरकारी नल के सामने चबूतरे पर तन्नू,पुट्टन और भोंदू का घर था और उनसे लगा हुआ मुंशी विश्वनाथ प्रसाद और शम्भू प्रसाद का। इनकी बगल में एक कायस्थ दर्जी का घर था–भरत का। और उसके बाद वही लल्लू सरदार और दर्जिन वाला घर आ जाता था। ये सभी घर मेरे देखे जाने थे और इनमें मेरा निसंकोच आना-जाना था। हमारे घर से दाहिने ओर वाली गली जो छग्गू चाचा के घर के सामने से गुज़रती थी,से आगे बढ़ने पर दीवान जी का घर था। बड़ा और पक्का। इनके कई भाई थे और उनके कई-कई बच्चे थे। दीवान जी लम्बी दाढ़ी रखते थे और कबीरमठ का हिसाब-किताब देखते थे। उनके घर के सामने गली छोटे-से मैदान का रूप ले लेती थी। इसी ओर डीडीएल, रज्जू भैया और सीताराम के घर का सामना खुलता था। पहले सीताराम के घर का सामना पड़ता था–एकदम कोने पर जिसमें एक सड़हा-सा दरवाजा लगा हुआ था जिसे ज़ोर से धक्का मार दीजिए तो चरमरा कर गिर जाये, पर किसी तरह लटका हुआ था। दरवाजे के बाद एक छोटी-सी चबूतरी थी जिस पर आगे की थोड़ी जगह छोड़ कर पीछे की ओर एक कोठरी थी। इसी कोठरी में वृद्ध सीताराम लेमनचूस, पाचक की पुड़िया, खुले बिस्कुट, कपड़ा फींचने का 'सस्तहुआ' साबुन और इसी तरह की अलाय-बलाय चीजें ले कर बैठते थे। यह हमारे बचपन की प्रिय दुकान थी। सीताराम बहुत दुलार से बोलते थे। सामने दीवार पर उनकी खोलबन्द सारंगी टंगी रहती थी।

सद्‌गुरु कबीर की मूल गादी का प्रवेश द्वार

गली के इस खुले मैदान के सामने गुदई महाराज का बैठका था। बैठक की दीवार पर उनका नाम संगमरमर की पटिया पर लिखा कर लगा हुआ था। रात में जब वे रियाज करते तो तबले की ठनक साफ़ हमारे घर तक सुनायी देती थी। गुदई महाराज काली भक्त थे। सुदर्शन थे। पढ़े लिखे न थे। अपनी चिट्ठियाँ पढ़वाने मुझ जैसे लड़कों को बुलवा भेजते। उनके पास बड़े-बड़े लोगों की चिट्ठियाँ आती थीं। फिल्मी दुनिया के संगीतकारों की, आकाशवाणी की, कलकत्ता, मुंबई, पटना की सांस्कृतिक संस्थाओं की। इनका जवाब भी हम लिखते और लिफाफे या अन्तदेर्शीय पर पते भी। दो-तीन घण्टे के इस श्रम के लिए वे अपनी टेंट से निकाल कर एक चवन्नी देते और ढेरों आशीर्वाद। उनके भाई सुधई महाराज भी अच्छा तबला बजाते थे पर प्रसिद्ध नहीं हुए। गुदई महाराज के बैठके से लगी एक छोटी-सी गली दाहिनी ओर मुड़कर बन्द हो जाती थी। इस गली में दो कायस्थ परिवार रहते थे–मेरे मित्र सुरेश का परिवार और पापा के मित्र रामाजी का परिवार। रामा जी का घर बड़ा था। सामने बाड़ा भी था। इसी बाड़े में दीवान जी के घर का सदर दरवाजा खुलता था।

अब हम वही कबीरमठ वाली गली में आ गये हैं और मठ और डीएवी की चारदीवारी के साथ-साथ चल रहे हैं। पहले बायें फिर दाहिने और फिर बायें घूमने पर कबीर मठ का ऊँचा चौरस और लम्बा चबूतरा दिखायी पड़ने लगता है–थोड़ी ही दूर पर जिसके बीचो-बीच मठ का प्रवेश द्वार है।

दूसरी ओर का चबूतरा खत्म होने पर दायें घूमने पर बाईं ओर मठ का छात्रावास है। फिर दोनों तरफ़ मठ के ही खेत हैं। अब दाहिनी ओर से सड़क तक पत्थर की ईट बिछी जो गली जाती है–यही सुपना वाली गली है जो सीधी जाकर कण्ठे महाराज मार्ग पर खुलती है। इसी गली से बीचों-बीच एक गली दाहिने घूम गयी है–इसमें बाद में हलेंगे। पहले फिर वही कबीर मठ के चौतरे के आख़िरी छोर पर पहुँचते हैं। दाहिने एक गली जाती है इसमें दो-तीन यादव परिवार रहते हैं। विश्वनाथ सरदार इनमें प्रमुख हैं। सड़क पर इनकी चलती हुई चाय की दुकान थी। आज भी है, लड़के-पोते बैठते हैं। यह गली चलती हुई नहीं है, वैसे यह पीछे-पीछे या भीतर-भीतर मुहल्ले के कई हिस्सों से जुड़ी हुई है। अब चबूतरे से बाईं ओर घूम जायें और सीधे चलें तो बाईं ओर ही प्रसिद्ध गायक बन्धु राजन-साजन मिश्र के घर का सदर दरवाजा है। उनके बाद प्रसिद्ध ध्रुपद गायक स्वर्गीय हरिशंकर जी का मकान है। इस मकान के सामने बच्चे लाल यादव का घर है ये तीन-चार भाई थे। बच्चे लाल बी॰ ए॰ तक पढ़े भी। मेरे साथ उनकी यारी थी। उनके छोटे भाई ने भी पढ़ाई की और क्रिकेट के खेल में

महारत हासिल की, यू. पी. खेले। हरिशंकर जी के मकान के बाद दाहिने नुक्कड़ पर लोकई महाराज का घर है, ऊँची चौकी पर बना हुआ। बाईं ओर एक छोटी-सी मस्जिद है। मस्जिद से लगा हुआ प्रसिद्ध शास्त्रीय गायिका सिध्देश्वरी देवी का ऊँचा मकान है। इसी से लगकर डीएवी का बड़ा गेट है जिस पर खड़े होकर सामने देखें तो मैदान के पार मेरे घर का पिछवाड़ा दिखायी पड़ता है।

अब दाहिनी ओर चलिए। लोकई महाराज के घर के सामने से। उनके मकान के सामने जनाना अस्पताल का पिछला गेट है जो बहुत कम खुलता है। सिद्धेश्वरी देवी के मकान के सामने अस्पताल की नर्सों का किचन है। अधिकतर नर्सें केरल से आती हैं। उनके लिए भोजन बनता है। हम अधिकतर गलियों-गलियों न घूमकर इसी रास्ते से घर जाते थे तो भूख बढ़ा देने वाले व्यंजनों की सुगन्ध आती थी। मैं गली में लगी किचन की जालीदार खिड़की पर नाक सटाकर भीतर के रसोइयों से पूछता–'का भैया का बनत हौ, बड़ा महकत हौ'। वह हँस कर कभी बताता अण्डा करी, कभी बताता आलू परवल की सब्जी तो कभी बताता कलियाँ गोश्त या मछरी। हमें स्वाद मिल जाता। इस गेट के साथ-साथ जनाना अस्पताल की चारदीवारी शुरू हो जाती। वैसे ये चारदीवारी डीएवी के मैदान से भी दाहिनी ओर दूर तक खिंची हुई थी। पूरी गली में बँधी हुई गाय-भैंसें,नाद-भूसा, खरी-कराई और गोबर। कन्हैया और छक्कन अहीर का साम्राज्य। दोनों भाई, पर पटी नहीं। छक्कन अलग हो गये और लोकई और मस्जिद के सामने वाली जगह पर अपनी गाय-भैंसें बाँध लीं। जनाना अस्पताल वाले गेट पर नादें लग गयीं क्योंकि उसे तो खुलाना नहीं था। कन्हैया के घर से पहले दाहिनी ओर एक नेपाली का घर है जिसमें दो-चार अहीर परिवार किराए पर रहते हैं। इसमें से एक परिवार महादेव का शाम को चौमुहानी के पास चाट का ठेला लगाता।

आप दो-तीन बजे गुज़रें तो इनकी कार्रवाई देख सकते थे। बड़े से सदर दरवाजे के भीतर चौड़े-से दालान में घर की औरतें और बच्चे बैठे मिलते। कुछ औरतें आलू की टिक्की बना कर परात में रख रही होतीं। एक औरत तैयार छोले को ऊँची बारी की बरात में निकाल कर उसे एक सार कर रही होती। एक-दो बच्चियाँ एक बड़े भगोने में कलछुल से दही फेंटती दिखतीं। एक महिला मिट्टी के छोटे-छोटे कसोरों में अलग-अलग मसाले भरती। कोई बाल्टी में भीगे बड़ों को निचोड़ निकाल कर एक परात में धरती जाती और ख़ुद महादेव स्टील के छोटे ड्रम में गोलगप्पे का पानी बनाने के कार्य में जुटे दिखते। मैं खड़ा हो जाता। महादेव के साथ थोड़ी गपशप होती। वे मुझसे दस साल बड़े होंगे। मैं जब उनके यहाँ चाट खाता तो वे मेरा विशेष ध्यान रखते। घर की महिलाओं का हाथ लगा होता इसलिए महादेव की चाट के

स्वाद का कोई जवाब नहीं था। इस समय भी उनकी चाट का स्वाद मेरी जिह्वा पर थिरकने लग गया है। इसके बाद कन्हैया सरदार का घर, घर भीतर-भीतर दूर तक चला गया है। इसके रस्ते में भी गाय-भैंसें बँधी रहतीं–मनुष्य और पशु साथ-साथ रहते। एक-दूसरे को पहचानते। इतना पक्का प्रशिक्षण कि आने-जाने वालों को सींग तक नहीं लगाते, मारना तो दूर की बात है। कन्हैया सरदार के घर के बाहर अस्पताल की दीवार से लगकर दूर तक गाय-भैसे बँधी रहती–एक के बाद एक।

गली भर में ढेरों गोबर की ढेरियाँ। फैले हुए गोबर को अहीरनें लग्घा लगी झाड़ू से काछती रहतीं। अस्पताल की पूरी दीवार पर छक्कन से लेकर कन्हैया सरदार तक गोल-गोल चिपरी पथी रहती। कन्हैया के बाद ठाकुर सिद्धेश्वरी प्रसाद का पक्का मकान। सिद्धेश्वरी प्रसाद वकील थे और साहित्यकार भी। अच्छा लिखते थे। अखबारों में छपते भी थे। उनके पुत्र भी हमारे साथी थे। बीएचयू में भी हम साथ थे, वे लॉ कर रहे थे। बाद में वह भी वकील बने। बहुत ही सुशील और व्यवहारिक। उसके बाद ऊँचे चबूतरे पर नन्दू का घर था। नन्दू मुझसे दो-तीन साल बड़े होंगे। पक्के बनारसी थे। मौजी और मस्त बातें करने वाले। मेरा उनका लम्बा साथ रहा। कम उम्र में ही उन्होंने सड़क पर एक पान की दुकान खोल ली। ख़ूब चलती थी। अच्छा पान लगाते थे। फिर न जाने क्या हुआ कि उन्होंने अपनी दुकान एक दवा फरोश के लिए छोड़ दी, मैंने पूछा तो बोले कि 'छोड़े बदे बहुत माल देले हौ'। फिर देखा कि नन्दू अपनी उसी दुकान के सामने चाट का ठेला लगाने लगे। मतलब पूरे 'कलाकार' थे। यादव थे पर गाय-भैंस के झमेले में नहीं पड़े। पान और चाट बेचने लगे। चाट भी उत्तम बनाते थे। मेरी भतीजी का विवाह हुआ तो शाम को जनवासे में चाट का इंतजाम उन्हीं का था। सालों बाद मुझे देखकर नन्दू परम प्रसन्न हो गये। गलबहियाँ डाल दीं। अधिकतर बाराती मेरे परिचित थे। सब सकते में थे। लेकिन हम दोनों अपनी दुनिया में खो चुके थे। अपने हाथ से भर-बनाकर नन्दू ने मुझे चार गोलगप्पे खिलाए। इसरार करते रहे कि मैं टिकिया भी खा लूँ, पपड़ी खा लूँ या और कुछ।

नन्दू के बाद हाथी वाली कोठी आती है। लम्बी-चौड़ी ख़ूबसूरत। इस घर से मेरा और पापा का भी घनिष्ठ सम्बन्ध था। पापा के वरिष्ठ वकील बाबू श्यामसुन्दर लाल क्रिमिनल मामलों के ख्यातनाम वकील थे। यह कोठी उन्होंने बड़े प्रेम से बनायी थी। दो हाथियों वाले गेट से घुसते ही बहुत बड़ा पक्का आंगन था–पत्थर जड़ा हुआ। बाईं ओर चार दर की बहुत बड़ी बैठक थी जिसके पहले खम्भेदार आकर्षक बरामदा था। हॉल के कार्निसों पर नक्काशी थी। एक दीवार पर बहुत सुन्दर बड़ा चित्र भी पेंट किया गया था। इस बैठक का एक दरवाजा गली की ओर भी खुलता था और दूसरा

बैठक के अन्त में दूसरी तरफ़–दोनों आमने-सामने। गली वाले दरवाजे के दूसरी ओर दो आदमकद आईने लगे हुए थे, फ्रेम किये हुए। दूसरी ओर के दरवाजे के बाहर एक छोटा-सा बगीचा था जिसके बीचो-बीच संगमरमर का कलात्मक फौव्वारा लगा हुआ था। शाम को जब वे बैठक में बैठते और उनके मुवक्किल आते तो दोनों दरवा़जे खोल दिए जाते।अब बगीचे और फौव्वारे का अक्स उन दोनों आइनो पर उतर आता। हाथी वाली कोठी के बाद एक गली दाहिनी ओर मुड़ी हुई है जो भीतर ही भीतर जाकर विश्वनाथ सरदार वाली गली तक पहुँचा देती है। इस गली के शुरू में कुछ कायस्थ परिवार थे जिनमें एक प्रोफ़ेसर थे बीएचयू में। बाईं ओर घूम कर यह गली थोड़ी आगे से आयुर्वेद कॉलेज के पिछवाड़े पहुँच जाती थी। सीधे निकल जायें तो यह सड़क पर पहुँच जाती थी, बाज़ारों की चहल-पहल में।

अस्पताल वाली गली के अन्त में दाहिनी ओर डॉक्टर गिरीश सहाय के घर का बड़ा गेट था। भीतर एक बड़े मैदान के बाद उनका बंगला था। गेट से घुसकर बाईं ओर उनका दवाखाना था जिसमें वे सुबह और शाम को मरीज देखते थे। ठाठ वाली जगह थी। ख़ूब बड़ी मेज, बड़ी ऊँची गद्देदार कुर्सी, खिड़कियों पर पर्दे और टेबल पर बहुत सुन्दर ढंग से सजी हुई चीजें-कलमदान, नुस्खा लिखने के पैड, आकर्षक पेपरवेट, दो क्रॉस किये हुए भारत के झंडे और सिगार का एक ख़ूबसूरत लकड़ी का डिब्बा। वे सिगार पीते थे। बीएचयू के मेडिकल कॉलेज में प्रोफ़ेसर थे, बहुत ही साफ़्ट स्पोकन, सौम्य और स्टाइलिश। सूट-टाई में लैस। पापा को बहुत मानते थे। उनके साथ हँस–बोल भी लेते थे। मैं बहुत छुटपन से पापा के साथ उनके यहाँ जाता था। कई बार बीमार होकर भी गया। अपने बगल के स्टील के स्टूल पर बिठाकर आले से सब देखते, जीभ निकलवाते, ज़ोर-ज़ोर से सांस लेने को कहते और पीठ पर एक-दो धमक्के लगाते। एक बार बोले कि तुम लगता है गर्मी की दोपहर में बाहर जाकर खेलते हो। मैं चकरा गया कि इन्हें कैसे मालूम हुआ। मुस्कुराने लगे। पापा से बोले इसे बाहर मत निकलने दीजिए, आजकल लू चल रही है इसलिए इसका पेट बिगड़ गया है। उन्होंने दवा लिख दी। उनकी इस डिस्पेंसरी से होकर एक दरवाजा था जो एक गैलरी में खुलता था। दाहिनी तरफ़ एक कमरे में उनका कम्पाउण्डर बैठता था। मुझे याद है, एकदम बचपन में इस्माइल उनके कम्पाउण्डर थे और फिर बनवारी। उनके नुस्खे के अनुसार दवा बनती। तब दो-तीन तरह की टिकियाँ कूंच-घोल कर हल्की-सी मिठास लिए तीखा-सा मिक्सचर तैयार किया जाता था, भयंकर। एक खुराक पीते ही ब्रह्मांड घूम जाये। हम नाक बन्द करके किसी तरह गटक जाते। यह घोल कांच की चिपटी शीशी में भर दिया जाता था और उस पर कागज काटकर

खुराक के निशान चिपका दिए जाते थे। एक शीशी में दवा की मारकता के हिसाब से चार या छह खुराकें होती थीं।

डॉक्टर गिरीश सहाय के यहाँ होली मिलन भी बहुत 'एरिस्टोक्रेटिक' होता था। पापा आदि बुजुर्ग तो इनके बंगले के ड्राइंग रूम में चले जाते। बाक़ी लोग खुले मैदान में रह जाते जहाँ चादर बिछी बड़ी टेबल पर पेड़किया आदि के साथ ही केक, बहुत ही मज़ेदार नमकीन और कई तरह के बिस्कुट भी होते। दो बड़े टोंटीदार ड्रमों में चाय और कॉफी अलग टेबल पर रखी रहती जिसकी बगल में एक टेबल पर ढेरों कप और प्लेटें लगी रहतीं। हर प्लेट में कप उलट कर रखा होता। यह होली यात्रा का हमारा आखरी पड़ाव रहता था। ज़ोरदार शुरुआत राजनन्दन लाल के यहाँ से होती थी और भव्य समापन डॉक्टर गिरीश सहाय के यहाँ। ये यादें किसी माशूका की याद से कम नहीं हैं। ये हमेशा मुझे जगाए रखती हैं। आशिक़ सोता भी कहाँ है, वह भी बनारस का आशिक़ !–आसिक हो कर सोना क्या रे। घर-मोहल्ले की यादें या कहे बचपन की यादें या कहें बनारस की यादें झड़ी की तरह पल-पल भिगोती रहती हैं-ऐसी हल्की-हल्की फुहार कि तरबतर हो कर नहीं, शरीर और आँखों पर उसकी सिहरन के साथ भींजा जाये। सच कहूँ इसमें भींज कर मुझे न जाने कैसा अलौकिक आनन्द मिलता है।

गिरीश सहाय के बाद फिर वही आयुर्वेद विद्यालय वाली गली। बस आप आ गये कबीरचौरा चौमुहानी वाली सड़क पर-बायें देखिए, पक्की चौमुहानी खड़ी है। ठीक चौमुहानी के सामने जनाना अस्पताल का मुख्य फाटक है। दाहिने मुड़कर चलते चलेंगे तो सड़क के दोनों ओर की दुकानों को पार करते हुए आप कण्ठे महाराज मार्ग वाली गली के चौराहे पर आ जायेंगे जिसे *पिपलानी कटरा चौराहा* कहा जाता है। ख़ूब चौड़ा चौराहा है। अब तो इसके बीचोबीच एक गोल

घेरा बनाकर ऊँचाई पर सन्तों के साथ खंजड़ी बजाते हुए कबीर की आदमकद मूर्तियाँ लगा दी गयी हैं। जैसा कि आप जान चुके हैं कण्ठे महाराज मार्ग से सीधा जाकर आप कबीरमठ पहुँच जाते हैं। इसी सड़क पर बायें बहुत पुराना मिडिल स्कूल है, इसकी चारदीवारी दिखेगी और ढेरों कमरों और दालान वाला भवन भी। सड़क से ही बच्चों की चांव-चांव सुनायी देती है। इसी सड़क पर बायें थोड़ी दूर जाकर दाहिने मुड़ेंगे तो दाहिनी ओर ही मिडिल स्कूल का फाटक है। यह ख़ूब खुली हुई जगह है जिससे थोड़ा भीतर घुसकर औघड़नाथ की तकिया है–काफ़ी ऊँचाई पर जो चारों ओर से ऊँची दीवार से घिरी है ओर जिसकी एक ओर छोटा-सा फाटक लगा है। फाटक से लगी सीढ़ियाँ तकिया पर पहुँचा देती हैं। मिडिल स्कूल के सामने नागरी

नाटक मण्डली है, उसका गेट। इसकी स्थापना भारतेन्दु हरिश्चन्द्र ने की थी। अब तो यह बहुत बड़ा सुसज्जित प्रेक्षागृह बन गया है–मुरालीलाल मेहता प्रेक्षागृह। काशी की अधिकांश सांस्कृतिक गतिविधियाँ यहीं होती हैं। मैं इसमें तब से नाटक आदि देखता आया हूँ जब यहाँ एक बड़ा-सा मैदान था टिन की कुर्सियाँ लग जाती थीं। तीन ओर से घिरा हुआ मंच था।

अब चलें कबीर मठ के बगल वाली गली में, जिसे हम छोड़ आये थे–बायें से घुसते ही प्रसिद्ध *बोल सम्राट* पाण्डे महाराज का घर है जिसका पिछला दरवाजा इस गली में खुलता है–थोड़ा आगे एक गली बायें मुड़कर किशन महाराज के घर की ओर चली गयी है। बायीं ओर उनका ऊँचा सुन्दर मकान है और उसका छोटा-सा गेट। यही गली राजनन्दन लाल वकील के घर के पहले वाले मुहाने पर खुलती है। इस गली में न मुड़ कर सीधे चले चलिए तो आपके साथ कबीरमठ की ऊँची चारदीवारी भी चलती है, इसके बाद गली एकदम संकरी हो जाती है। यहाँ तक आप रिक्शे से आ सकते हैं। इसके आगे रिक्शा नहीं जा सकता। संकरी गली के एक ओर रामू साव की दुकान थी और उसके ठीक सामने पत्थर की पटिया जड़े ऊँचे चबूतरे पर आदर्श सेवा विद्यालय के संस्कृत अध्यापक पण्डित जी का मकान था। थोड़ा आगे बाईं ओर कायस्थ होमियोपैथ का छोटा-सा घर है। इनका लड़का सुरेंद्र मेरे साथ पढ़ता था। शाम के समय ये ग़रीब-गुरबों को मुफ्त दवा देते थे। इनसे लगा हुआ घर पण्डित बैजनाथ मिश्र का है। ये सारंगी के उस्ताद थे। धोती-कुर्ता पहनते थे। बाल और भौं सब सफेद थे। पापा के पास आते रहते थे क्योंकि दोनों ने मिलकर एक संगीत सभा और एक रामकथा मंच बना रखा था। कथा मिश्र जी के घर के सामने ही *तिरमुहानी* पर चौकी का दोमंजिला मंच बनाकर रात में कही जाती थी। सामने वाली गली और बाईं वाली गली पर चौकियाँ बिछ जाती थीं। बड़े-बड़े कथावाचक आते थे। पूरे मोहल्ले में जगह-जगह और सड़क पर भी दोनों तरफ़ बरवातरे और पिपलानी कटरा तक भोंपू लगा दिए जाते थे। यह सारा आयोजन बैजनाथ जी बहुत सुन्दर ढंग से करते थे। सभी बड़े कलाकारों के साथ मैंने उनका सारंगी वादन सुना है। पण्डित जी के घर के साथ ही इस गली का एक हिस्सा बायें घूम जाता है और दूसरा सीधे चला जाता है। इन्हीं दोनों पर चौकियाँ लगती थीं। अभी तो हम बायें चलें, सीधे वाले रास्ते पर बाद में आयेंगे। तो बायें शुरू में ही बिहारी का मकान है जो मुझसे एक साल सीनियर थे। पिता वकील थे। इनकी बैठक के दोनों दरवाजे गली में खुलते थे। बिहारी के ठीक सामने ठाकुर साहब के घर का फाटक था। बिहारी के घर से लगकर ऊँचाई पर एक खुली जगह थी जिसकी बायीं ओर उनके घर का

सदर दरवाजा खुलता था। खुली जगह के अन्त में हनुमान जी का मन्दिर था मन्दिर वाली खुली जगह से बायें कोने पर बेचू और सेतू साव के घर का दरवाजा था।

मैदान में ही चौकी पर सुबह बेचू साव की दुकान लगती थी। बेचू साव और उनके पुत्र बंडुल साव चौकी पर बैठ जाते थे। चौकी के बाद लगी दो भट्ठियों पर आलू भरी छोटी कचौड़ी, जलेबी और चने की नमक-मिर्च वाली घुघरी दोनों मिलकर बनाते थे। मैं अक्सर सुबह-सुबह जाता था। किसी दिन तो बहुत जल्दी चला जाता था कि देख सकूँ कि ये चीजें कैसे बनती हैं। एक भट्ठी पर कड़ाहे में आलू उबल रहा होता, दूसरी पर बंडुल साव घुघरी बना रहे होते। ठोंगे से निकालकर नमक डालते, काली मिर्च बुरकते और 'पलटा' से चलाते रहते। फिर दोनों मिलकर आलू छीलते, मसलते उसमें कुछ मसाले मिलाते। बंडुल साव छोटी-छोटी लोइयाँ बेलते और बेचू साव उसमें आलू का यह मिश्रण भरकर कचौड़ियाँ बनाकर लोहे की एक ट्रे में रखते जाते। अब दो कड़ाहे चढ़ जाते। एक में कचौड़ी छनने लगती और एक में जलेबी। बेचू साव कचौड़ी छानते थे, तब तक लेने वाले आ चुके होते। गरम-गरम कचौड़ियाँ निकलते ही बिकती जातीं। उधर बंडुल साव भी भगौने में रखे घोल को एक छेददार पोटली में डालकर बड़े कौशल से छिछले कड़ाहे में तलकर शीरे में डालते जाते। गरम-गरम जलेबियाँ भी तुरत-फुरत बिकती जातीं। मेरी चीजें बड़े दोनों में सावधानी से रखकर बंडुल साव मुझे दे देते। जितनी देर चीजें बनती,मैं बिहारी के सदर दरवाजे की सीढ़ी पर बैठा रहता और बंडुलसाव मुझसे इधर-उधर की बातें करते रहते। वे न जाने क्यों मुझसे खड़ी बोली में ही बात करते थे। किसी दिन ज़्यादा मात्रा में चीजें लेता तो पूछते कि कौन आया है? कब तक रहेगा? अगर कोई ख़ास मेहमान आया होता जैसे बड़े मामा, जीजा या इलाहाबाद वाली बुआ तो किसी दिन वो गाजर का हलवा, बालूशाही या बेसन का लड्डू विशेष रूप से उनके लिए बना कर रखते थे और सुबह जाने पर मुझे दे देते थे। बेचू साव बहुत कम बोलते थे हँसने की बात पर भी बस थोड़ा सा हँस देते थे। मुस्कुराने की बात पर तनिक मुस्कुरा देते थे। घर के गली वाले कोने की दीवार में एक खिड़की भी खुलती थी। यहाँ से निकल कर लगे हुए चबूतरे पर चढ़ जायें तो एक दरवाजा था।

इसी कमरे में बेचू सावके भाई सेतू साव की किराने की दुकान थी। खिड़की के पास वाले कोने पर वे गद्दी रख कर बैठते थे। उनके सामने ही नजदीक में डालडा, तेल, शुद्ध घी, नारियल तेल, कडुवा तेल के सोलह-सोलह किलो वाले टिन लाइन से रखे रहते थे और इसके पीछे दाल, चावल और अन्य अनाजों की मुँह खुली बोरियाँ रखी रहती थीं। छोटा-मोटा सामान आप खिड़की में से भी ले सकते थे। सेतू साव

बहुत धीरज से सब काम करते थे। तेल-घी के हर टिन में मुड़े हुए कई वजन के नपुए फंसे रहते थे। उन्हीं से निकालकर वे चीजें दे देते थे। उनकी पत्नी भी उनका हाथ बँटाती थीं। सेतू साव वृद्ध थे, कमर भी थोड़ी झुक गयी थी लेकिन धीरे-धीरे सब काम कर लेते थे। सेतू साव वाले चबूतरे के ठीक सामने फुद्दी लाला का ऊँचे चबूतरे पर मकान था जिसके बाहरी बरामदे में तीन खम्भे लगे हुए थे। इस मकान से भी मेरा और परिवार का सम्बन्ध था। मन्दिर के ठीक सामने से भी एक गली भीतर जाती थी जिसमें दो घर कायस्थों के थे। सीधे चलने पर यह उसी किशन महाराज वाली गली से मिल जाती थी। सेतू साव से सीधे चलकर फिर एक गली बायें मुड़ती है जिसमें सितारा देवी का मकान है। बनारस की नृत्य परम्परा का इसे मन्दिर भी कह सकते हैं जिसमें एक से एक कलाकार पैदा हुए। कुमकुम, पद्मा खन्ना, गोपीकृष्ण सब इसी घर में प्रशिक्षित हुए। इसी से सटा हुआ पाण्डे महाराज के घर का सदर दरवाजा है जिसका पिछवाड़े वाला दरवाजा आप देख चुके हैं। सितारा देवी वाली गली भी किशन महाराज वाली गली में जा मिलती है। इस गली के सामने ही हिन्दी के प्रसिद्ध कवि–आलोचक विजयदेव नारायण साही के मकान का फाटक है।

थोड़ा आगे बढ़ने पर बायीं और गुलबिया की दुकान थी–एक दुबली पतली विधवा कूबड़ महिला, बड़ी जीवट वाली। उसने भी एक छोटी-सी किराने की दुकान खोल रखी थी। यह दुकान भी ठीक-ठाक चलती थी। गुलबिया बड़ी व्यवहार कुशल थीं। दुकान की सभी चीजें बहुत करीने से रखती थीं। एक ऊँचे से पीढ़े पर बैठती थीं क्योंकि उनका कद बहुत छोटा था। इनकी दुकान के बाद फिर एक गली बायेँ मुड़ जाती थी जिसमें मेरे कई सहपाठी मित्र रहते थे। इसमें घुसते ही बायीं ओर कक्कू का घर था–महेन्द्र सहाय, जो तीसरी कक्षा से ही बराबर मेरे साथ पढ़े, भुजंग काले। पढ़ाई में तेज थे। इनके पिता हरवंश सहाय पहले कम्पाउण्डर थे और जब बनारस में हैजा फैला तो उन्होंने निडर होकर लोगों की सेवा की और ख़ूब पैसा कमाया। घर के बाहरी कमरे में अपनी डिस्पेंसरी खोल ली। हँसमुख और शान्त व्यक्ति थे। ये भी 'मिक्सचर' बनाते थे। इनकी डिस्पेंसरी में घुसते ही टेक वाली तीन बेंचें लगी हुई थीं और सामने इनकी मेज-कुर्सी लगी थी। घुसते ही दरवाजे के साथ दीवार में उन्होंने एक चौड़ी पटिया बनवा दी थी जिस पर दवाइयों के डिब्बे शीशियाँ, खरल आदि सब रखे रहते थे। खड़े होकर आराम से सब काम किया जा सकता था। दवाई बहुत कड़वी देते थे। उनकी शीशी देखकर ही रूह काँप जाती थी। असर पक्का करती थी, हम उनके मिक्सचर को 'रामबाण' कहा करते थे। इसी गली के आगे भी मेरे एक मित्र रहते थे–अनिल कुमार (लुरु) इनके पिता मंगला प्रसाद नगरपालिका में काम

करते थे। यह गली राजनन्दन लाल के घर के एकदम पिछवाड़े से होती हुई पिपलानी कटरा के पास सड़क पर निकल जाती थी। इस गली में भी मेरे ढेरों परिचित निवास करते थे। अब सेतू साव से सीधे चलें, गलियों में न मुड़ें तो बायें ऊँची चौकी पर बरामदे वाला बाबू भुवनेश्वरी प्रसाद का मकान था। बरामदे से लगी उनकी कचहरी थी। तीन दर की। इसमें भी बेंचों की दो-तीन लाइन लगी रहती थी और एक ओर ख़ुद टेबल-कुर्सी पर, 'मय हुक्का' वकील साहब विराजते थे। बनारस के नामचीन वकीलों में थे। उनके घर के सामने उनके भाई सिद्धेश्वरी प्रसाद का बन्द-बन्द-सा बड़ा मकान था। वे जज थे। इलाहाबाद, लखनऊ, कानपुर में ही ज़्यादा रहे। इस घर की देखभाल भी भुवनेश्वरी प्रसाद करते थे। मेरे परम मित्र अज्जू भइया के ये मौसा थे–सगे। मैंने देखा है दोनों बहनों की शक्ल लगभग एक-सी थी। सिद्धेश्वरी प्रसाद के मकान के आगे बाईं तरफ़ बहुत ऊँचाई पर एक कुँआ था और उसी से लगी चारदीवारी से घिरा मैदान। लीजिए आप पहुँच गये बरवातरे-दाहिने देखिए, पिसनहरिया कुँआ दिखायी देगा–चाहें तो यही दाहिनी सड़क पकड़कर नाटी इमली या ईश्वरगंगी चले जाइये या और आगे बढ़ते-बढ़ते डीएवी पहुँच जाइये और इच्छा हो तो बायें से डीएवी के मैदान में घुस जाइये।

बरवातरे वाली गली जो पिसनहरियाँ कुआ पर निकल जाती है

नाटी इमली बड़ा प्रसिद्ध इलाक़ा है। जब आप बरवातरे की ओर से आते हैं तो आगे बढ़ते हुए एक सड़क बायें मुड़ जाती है और नाटी इमली पहुँच जाती है। यहाँ एक बड़ा-सा मैदान है जिसके एक किनारे पर मंच-सा बना हुआ है, दो तरफ़ सीढ़ियाँ लगी हुई हैं। इसी मैदान में और इसी मंच पर काशी की प्रसिद्ध रामलीला, चित्रकूट की रामलीला का 'भरत मिलाप' होता है–दशहरे के दूसरे दिन, इसे 'नाटी इमली का भरत मिलाप' भी कहते हैं। यह भी लक्खी मेला है। ईश्वरगंगी की काशी में बड़ी महत्ता है। इसके कुण्ड की भी और कुण्ड के चारों तरफ़ स्थापित छोटे-छोटे मन्दिरों की भी। ये सभी मन्दिर पौराणिक महत्व के हैं। इसी कुण्ड के पास कई मठ और अखाड़े भी हैं। मेरा तो यह प्रिय स्थल रहा है क्योंकि इस इलाके में भी मेरे कई मित्र रहते हैं। इस कुण्ड पर ही चित्रकूट की रामलीला का केवट प्रसंग संपन्न होता है। लोक में यह 'घंडईल' के नाम से प्रसिद्ध है। हमारे घरों में इसे 'राम घरनैल' कहा जाता था। यह लीला प्रतिवर्ष *आश्विन कृष्ण त्रयोदशी* को होती है। डीएवी के गेट से यही रास्ता सीधा जाकर लोहटिया पर निकल जाता है और अगर गेट के सामने से चले जायें तो मृत्युंजय महादेव के मन्दिर पहुँच जायेंगे। ख़ैर अभी तो हम पिसनहरिया कुँआ पर खड़े हैं। यहाँ से तनिक बायें घूम कर आप बौलियाबाग़, रामकटोरा होते हुए जगतगंज या थोड़ा बायें कटकर लहुराबीर पहुँच सकते हैं।

अभी रुक जाइए, पहले चलते हैं बैजनाथ मिश्र जी के घर से सीधा जाने वाली गली में जहाँ से हम इधर निकल आये थे। मिश्र जी के सामने या कहें बरवातरे वाली गली के सामने ऊँचा-सा चबूतरा है जिस पर मुझे याद है खदेरु बैठते थे। एक चादर पर ढेरों अटरम-पटरम चीजें रखकर बेचते थे। उनकी दुकान हम बच्चों के लिए सबसे अच्छी दुकान थी। सीटी लेनी हो, गुब्बारा लेना हो, गेंद लेनी हो, पतंग लेनी हो,नख लेना हो या तरह-तरह की लेमनचूस लेनी हो तो गली में बस खदेरु ही थे। खदेरु नारायण साव के सगे भाई थे। नारायण साव अभी आयेंगे। तो इस चबूतरे से लगा एक छोटा-सा घर था जिसके बाहरी कमरे का दरवाजा गली की ओर खुलता था–पहली मंजिल पर बैठकर ऊँचाई से जग का मुजरा लीजिए। बायें वह पीला मकान जिसमें बहुत पहले कवि सर्वेश्वर दयाल सक्सेना रहा करते थे। मेरे बड़े भाई से उनका अच्छा परिचय था। आगे एक हल्के-से मोड़ पर दामोदर और नाटे की दुकान थी-पान-सिगरेट की। बाहर दुकान और भीतर रहने के कमरे। नाटे से लगी हुई शिव मन्दिर की दीवार, मन्दिर बाईं ओर ऊँचे चबूतरे पर। इस दीवार में एक छेद था जिससे मन्दिर का अभिषेक जल बहता रहता था। लोग आते जाते उंगुली से इसे ले कर माथे चढ़ाते। ऊँचे चबूतरे से लगा पण्डित भोला महाराज का घर था, काशी के

प्रकाण्ड कर्मकाण्डी थे। 'भरत मिलाप' की लीला में भी इनकी प्रमुख भूमिका रहती थी। राम-जानकी के विमान पर इन्हें तुलसी दल लुटाते देख कर हम बहुत प्रसन्न हो जाते थे। इसी चबूतरे-से लगे एक कमरे में पहले नारायण साव रहते थे। वे कहीं काम भी करते थे लेकिन सुबह एक भट्ठी पर आलू-चने की रसदार-सी घुघरी बना कर बेचते थे। बाद में वे चाट भी बेचने लगे। अब आप पहुँच गये हैं छग्गू बाबू के घर वाली त्रिमुहानी पर-अब आपके दाहिने छग्गू चाचा हैं,

मठ के भीतर स्थित बीजक मन्दिर

सामने तन्नू-पुट्टन, बायें अज्जू भइया। अज्जू भइया के घर के सामने ही सरकारी नल था। आगे बढ़ कर तनिक बायें घूमिए तो छग्गू बाबू की बगीची और इसके बाद शुरू हो जाती है हमारे घर की लोहे की रेलिंग लगी सीमा।

मेरे लिए मेरे कस्बाई मन का प्रतिबिम्ब है–कबीरचौरा जिसकी एक-एक रुह मेरी पहचानी हुई है। भाँत-भाँत के लोग। गलियों के संकरे-सिमटे संकुल। छोटे-बड़े, कच्चे-पक्के मकानों में रहते लोग। चबूतरों पर अड़ी जमाते, सरकारी नल पर नहाते-धोते, बेचू साव, नारायण साव, रामू साव के यहाँ खाते-पीते और तरह-तरह के काम करते लोग। कितना परिश्रम, कितनी जद्दोजहद, जब समझ आई तो कबीरचौरा ने श्रम का मोल भी समझाया। लोगों के नज़दीक तो बचपन से ही था, बाद में इनका

दुख-दर्द भी समझ में आने लगा। कलाकार सीताराम लेमनचूस-पाचक क्यों बेचने लगे। उनकी सारंगी दीवार पर कैसे टंग गयी। उनके बेटे ने सारंगी न सीख कर लोटा-गिलास खरादने का काम क्यों अपना लिया। खदेरु कहाँ से आ कर एक निर्जन चबूतरे पर बैठ कर बच्चों का 'सुख साज' बेचने लगे। किस कोठरी में रहते हैं खदेरु, मैंने देखा है। नारायण साव एक दुकान पर जांगर पेरने के बाद भी सुबह-सुबह घुघरी बना कर बेचने को क्यों मजबूर हैं। अकेली गुलबिया का साहस भी अब मुझे झिंझोड़ने लगा था। तीनों तरफ़ से सड़क पर निकल जाइए, कितने-कितने लोग मेहनत करते दिख जाते। तीन-तीन तो मोची थे। इनमें से एक लंगड़े थे। झंडातले बैठते थे। कोई साइकिल में पंचर लगा रहा है, कोई बोझा ढो रहा है, कोई सग्गड़ खींच रहा है। ये सभी लोग हमारे ही गली-मुहल्लों में रहने वाले थे। लेकिन एक बात थी, हालात इन्हें तोड़ नहीं पाये थे। इनकी बातचीत में बनारसी खनक, मस्ती और बेफिक्री का भाव दमकता रहता था। ये सब जीवन का आनन्द समझते थे। एक लड्डू खरीद कर पानी पी लिया, एक बीड़ा पान जमा लिया, एक बीड़ी धौंक ली, अद्धा चाय पी ली। हमारे तईं ये तुच्छ-सी चीजें इनके लिए आनन्द का स्रोत थीं और हैं। अपनी जवानी से मैंने बनारस को इस नज़रिए से भी देखा है—बहुत नज़दीक से। इन लोगों के साथ उठा-बैठा हूँ। इनसे बतकही लड़ाई है। इनकी मानसिक शक्ति को प्रणाम किया है और जब मौका मिला इनके साथ खड़ा हुआ हूँ।

गोपी ब्रदर्स, कबीर चौरा

मेरा परिवार इन सबके साथ था। मेरे पिता का आदर इस पूरे क्षेत्र में इसीलिए था कि वे आम आदमी के दर्द को समझते थे। मैं देखता था रामू साव अधेड़ उम्र

में भोर से ही पत्थर का कोयला तोड़ रहे हैं। भट्ठी सुलगा रहे हैं। मैदा सान रहे हैं। पकाने के सब सामान धो-धर रहे हैं। पका रहे हैं। गर्मी की उमसाई सुबहों में एक उटंगी धोती पहने शरीर से झर-झर पसीना बहाते।

रामू साव हमारे घर के सदस्य थे। हमारे घर के कामकाज में वे ही भोजन बनाते थे। हफ्ता-दस दिन पहले से ही आ कर भट्ठा लगा जाते। लड्डू, खुरमा, बुंदिया, सेव, दालमोट तैयार करने लगते, जलपान के लिए। पापा से तो वे मित्रवत बातें करते थे, हँसी-मज़ाक भी। पापा इनकी बातों का ख़ूब मजा लेते थे। दशहरा, दीवाली, होली पर, भरत मिलाप पर भी वो उसी भुनेश्वरी प्रसाद के आगे कुँए वाले चबूतरे पर मिठाई की दुकान लगाते थे। मिठाई अपने किसी परिचित हलवाई के यहाँ से बनवा कर लाते थे। ज़रूरत भर का पैसा घर आकर ले जाते थे। एक दिन पापा वराण्डे में बैठे थे। रामू साव अक्सर आ कर वहीं सीढ़ियों पर बैठ कर बतियाते। उस दिन बोले कि–*वकील साहब सब लोग तेरही में लड्डू खिलावलन। हम तोहरे तेरही में मालपुआ बनाइब।* पापा अलफ हो गये। यह रामू साव की सरलता थी। पापा भी बूझते थे। बाद में जो मिलता हँस कर उससे कहते कि रमुआ बदमाश ऐसा कह रहा था। पापा के पहले ही रामू साव चले गये। उनकी यह इच्छा भी उन्हीं के साथ चली गयी। मैं हैदराबाद से बनारस पहुँचा तो पता चला। मैं उनकी दुकान की ओर गया। उसी कोठरी में वे रहते भी थे। कोठरी में ताला पड़ा था लेकिन बाहर उनकी भट्ठी अधटूटी दशा में वहीं थी। कुछ देर मैं पण्डित जी के चबूतरे पर बैठा रहा। कौन आ रहा है कौन जा रहा है, उन क्षणों में कुछ बुझाई नहीं रहा था। रामू साव को याद करते हुए पापा की तेरही में हमने मालपुआ बनवाया था।

कबीरचौरा ही में हमने रियाज करते कथक बन्धुओं को देखा है। और मुहल्लों को यह सौभाग्य प्राप्त नहीं है। कहीं तबला थिरक रहा है। कहीं सारंगी गा रही है। कहीं से ध्रुपद-धमार की तानें गूँजती चली आ रही हैं। कहीं से घुंघरूओं की झंकार और तबले की थाप साथ-साथ तड़प रही है। पूरा नाट्यशास्त्र कबीरचौरा में घटित होता है। कितनी मेहनत करते थे ये लोग। मश्क करते अहीर-अखाड़े की चिकनी मिट्टी सर्वांग पोते हुए। गाय-भैंसों की सेवा करते हुए। दूध दुहते और *बँधी पर* पहुँचाते हुए। एक अंगोछा और गंजी पहने पुष्ट-बलिष्ट यादव बन्धु। पान की दुकान चलाते बरई या अन्य जाति के भी लोग। ये सब मुहल्ले के स्थाई बाशिन्दे थे। इनके परिवार थे। इनकी स्त्रियाँ थीं। खनकदार स्वरों में लोकगीत और पूजागीत गाने वाली। कुछ खटिक परिवार भी थे, सब्जी बेचते थे। एक रंगरेज परिवार भी था। बरवातरे भट्ठी लगा कर औरत-मर्द दोनों बड़े-बड़े हौदों में बाँस के सहारे कपड़ा उलटते-पलटते

दिख जाते। एक सिंधी की भी दुकान थी-समोसा मिठाई की। इनका समोसा आज भी प्रसिद्ध है। इनके साथ तो हमारे बचपन की कितनी यादें जुड़ी हुई हैं–'गोपी ब्रदर्स' की। यह दुकान भी झंडातले है-चलती हुई।

सुपना वाली गली (कण्ठे महराज मार्ग) यहाँ से भी कबीर मठ पहुँच सकते हैं।

शाम को इनके यहाँ प्याज की करारी पकौड़ियाँ भी बनतीं, समोसा भी रहता और बेसन में लपेट कर छाना हुआ आलूचाप (चप) भी। बचपन में हम गोपी से पकौड़ी का चूरा देने को कहते। यह कम पैसे में अधिक मिल जाता था और कुरकुराहट में लाजवाब होता था। कभी सुबह सड़क पर जाना हुआ तो हम उनसे जलेबी के टुकड़े खरीद लेते। इनकी बिक्री ज़्यादा थी इसलिए जलेबी के थाल से टुकड़े किनारे कर के वे एक कनस्तर में डालते जाते। उसी कनस्तर से निकाल कर हमें दे देते। ये टुकड़े भी बड़े करारे होते थे, इसीलिए तो टूट जाते थे।

बनारस मुझसे न जाने कब से आकर चिपक गया है, सट गया है। समझ में नहीं आता। मैं देखता हूँ अपने परिचितों में औरों के साथ तो ऐसा नहीं हुआ। अगर यह मान लूँ कि बनारस से बाहर चले जाने पर यह कैफियत होती है तो यह भी ठीक नहीं है क्योंकि मेरे जाने में कई बनारस के लोग हैं जो बाहर-बाहर रहे हैं। उनसे बातचीत कर के भी यह नहीं लगता कि उनके भीतर कहीं बनारस जीता है या वे बनारस को जीते हैं। जो बनारस में निरन्तर रह रहे हैं उनको भी मैंने बनारस के लिए इतना 'पगलाया हुआ' कभी नहीं पाया है।

तीनों तरफ़ की सड़कों से अलग-अलग समय पर कितने ही फेरी वाले इन गलियों में घर-घर फिरते। जाड़ों में सुबह-सुबह मक्खन वाला, मलइया वाला, बथुआ और चने के साग वाली महिलायें। जाड़ों में ही अमरूद आते। ये सब अलग-अलग तरह की आवाजें लगाते। गर्मी में जामुन, फालसा बेचने वाले और सभी मौसमों में मखनिया दही, मूँगफली, पट्टी और बंबइया मिठाई वाले। गर्मियों की जामुन को बेचने वाले 'फरेना जामुन' पुकार कर बेचते। इसी समय खिन्नी, खरबुज्जा और बड़हर भी आ जाते। जाड़ों में ओस की बूँद से सने पालक-सोआ, सरसों के साग देखने में बहुत सुन्दर लगते। इनके तराजू खड़कने, एक पलड़े के ऊपर तक भरे गये साग को दबा-दबा कर तौलने और सागों की ताजी-ताजी ख़ुशबू मुझे आज भी याद है। याद तो मुझे फालसा, जामुन और अमरूद में पड़ने वाले 'नौरतन नमक' की महक भी है। पता नहीं क्या-क्या मिला कर यह नमक बनता। मिट्टी के लोटे में जामुन या फालसा तौल कर डाल दिया जाता, फिर यह मसाला। बायीं हथेली से लोटे का मुँह तोप कर और दाहिनी हथेली से उसकी पेंदी को पकड़ कर ज़ोर-ज़ोर से हिलाया जाता। ये फल आधे-तिहाई फट जाते, मसाला इनमें सीझ जाता... *अब का बरनौं*। मुझे मूँगफली के साथ कागज की पुड़िया में मिलने वाले चटाकेदार 'सुलेमानी नमक' की भी याद है। अब लगता है कि इसमें शायद सफेद नमक, सेंधा नमक, काला नमक, भुना जीरा और थोड़ा-सा मिर्च पाउडर मिला कर बनाया जाता होगा। इस फेरी में सब्जी वालों की भी आवाजाही होती-दिन भर। दीवाली के पहले कुछ बर्तन वाले भी आ जाते क्योंकि धनतेरस पर पूजा के लिए नये बर्तनों की सभी को आवश्यकता होती थी। गालिब की तरह ही मुझे भी यह कहने का मन हो रहा है कि *बनारस मेरे ध्यान में फूलों से भरा एक नगर* है। मैं अपनी बात कहूँ तो इन फूलों की सुगन्ध को महसूस करने के भी मेरे अन्तर में ढेरों रास्ते हैं। लेकिन इन्हें अपनी आत्मा में बसाने का एक ही रास्ता है कि पूरे बगीचे को ही अपने भीतर रोप दिया जाये क्योंकि बनारस की बात करते समय कौन-सी सुगन्ध किधर से आयेगी यह अनुमान करना कतई सम्भव नहीं। सुगन्ध की पहचान होनी चाहिए। केवल बनारस की मौज-मस्ती ही 'पूरा बनारस' नहीं है। बनारस के किसी एक मुहल्ले का कल्पनाजनित खाका खींच दें तो यह भी पूरा बनारस नहीं है। केवल घाट मन्दिर भी बनारस नहीं है और न सिर्फ़ बनारस का खानपान ही। ये और ऐसी न जाने कितनी सुगन्धियाँ, कितने पुष्प समन्वित हो कर बनारस को बनाते हैं। ये सब एक-दूसरे से जुड़े हुए हैं, गुंथे हुए हैं। एक सुगन्धि दूसरी का पता देती है। किसी ने कहा है कि बनारस की अपनी गन्ध है। वह तो है। लेकिन मुझे लगता है कि बनारस के हर इलाके की एक गन्ध है-अपनी

गन्ध, निजी गन्ध और विशिष्ट गन्ध। बनारस की ढेरों सुवास ने भी बनारस के लिए मुझे 'बौरहवा' बना कर छोड़ दिया है।

बनारस की अन्य गलियों की भाँति ही कबीरचौरा की भी गलियाँ हैं, जिन्हें मैंने आपसे 'छनवा' दिया। बिना 'छाने' भी बनारस की पहचान कठिन है। सड़क पर से बनारस नहीं चीन्हा जायेगा। गलियों में धँसना पड़ेगा–गलियों-कूचों में। मैं आपको दोनों में ही ले गया। आप निश्चित ही दायें-बायें, बायें-दायें से थोड़े व्याकुल भी हुए होंगे, पर क्या करूँ आपको बनारस के एक मुहल्ले की गलियों में धँसाने के लिए इसके अलावा कोई चारा कोई रास्ता भी नहीं है। चलिए अभी दूसरी ओर भी जाना है। दूसरी ओर जाने से पहले बनारस की गलियों के बारे में *भैया जी बनारसी* की ये पंक्तियाँ आपको तनिक भरोसा देंगी :

संकरी अगम गुहा गह्वर सी दुर्गम दुर्ग छली
सूरज की जो छांह न पावे ऐसी अलत तली
गली नहीं यह शायद लैला की होगी उंगली
अथवा काव्य नायिका की यह कमर सुघर पतली

भैया जी की ये पंक्तियाँ जब भी पढ़ता हूँ मुझे बेहाल कर देती हैं। इस समय भी आपसे बस इतना ही कहूँगा कि–*साथी कुछ भी हाल न पूछो*।

सम्पूर्णानन्द संस्कृत विश्वविद्यालय

सम्पूर्णानन्द संस्कृत विश्वविद्यालय

गली-परिक्रमा और बनारसी रंग-ढंग

एक अरसे पहले बनारस गया तो जियरा आसपास की गलियों में घुसने के लिए मचलने लगा। अज्जू भइया के साथ कार्यक्रम तय हो गया। मैंने एक डायरी उठाई और उनके साथ चल दिया। यह गली यात्रा हमने पिपलानी कटरा से शुरू की। नागरी नाटक मण्डली (स्थापित सन् 1909) के सामने से होते हुए हम मिडिल स्कूल गेट पहुँच गये। इन सब से आप परिचित हो चुके हैं। आगे भी आपकी जानी-बूझी कुछ गलियाँ आयेंगी लेकिन एक अलग रंग और मिजाज में। हम घुस गये मिडिल स्कूल के गेट के सामने की खुली जगह से आगे बढ़ कर छोटी-सी संकरी गली में। इसे पार कर के जब दूसरी वाली यानी–'तकिया वाली' खुली जगह में पहुँचे तो मुझे बाईं तरफ़ एक गली दिख गयी। इस गली का तो ध्यान ही उतर गया था। हम पहले इसी में चले गये। यह गली 'गोपी ब्रदर्स' के बगल में निकल जाती है। इसमें घुसने पर पहले यादव जी लोगों की छोटी-सी मक्खन की फैक्टरी है। यहाँ *मक्खनिया दही* और देसी घी भी मिल जाता है। आगे पत्थर के ईंटों वाला ख़ूब खुला-सा स्थान है जिसमें एक ओर लकड़ी की अड़ार है और दूसरी ओर कच्ची-पक्की भड़भूजे की दुकान। कभी इस हिस्से पर हम अक्सर ही जाते थे, कभी मक्खन लेने तो कभी दाना भुजवाने। भड़भूजे का भट्ठा बहुत बड़ा था-दो तरफ़। दीवाली के समय ढेरों दाने भुने जाते और दुकान के सामने ही चादर बिछा कर उनकी ढेरियाँ लगा दी जातीं, बेचने के लिए-जोन्हरी का लावा, लाई, धान का लावा और चूड़ा ख़ूब बिकते। दीवाली पर धान के लावे और जोन्हरी के लावे की बड़ी महत्ता है बनारस में। धान के लावे की ज़रूरत तो धनतेरस के दिन से ही पड़ने लगती है। जोन्हरी का लावा भड़ेहर में भरा जाता है। फिर हम वहीं वापस पहुँच गये-औघड़नाथ की तकिया पर जहाँ *वासुकीनाथ महादेव* का मन्दिर भी है। तकिया तो बीचो-बीच है। उसकी दाहिनी ओर सामने गली भर की जगह छोड़ कर बलराम उपाध्याय जी का घर है। बिना किसी चौकी के,

गली से लगा हुआ दरवाजा। उपाध्याय जी बड़े सुसंस्कृत व्यक्ति थे। पापा से बड़े थे। पापा उनके परम प्रिय थे। वे बनारस में भी जज रहे और फिर इलाहाबाद हाई कोर्ट में भी। आख़िर में वे सम्पूर्णानन्द संस्कृत विश्वविद्यालय के कुलपति भी बने। अच्छी कद-काठी के। बड़ी सौम्य मूरत थी। कपड़े बहुत चुन कर पहनते थे। बढ़िया धोती। मौसम के हिसाब से ऊनी, सूती, रेशमी कुर्ते और शाल-दुशाला। छड़ी ले कर चलते थे। उस समय छड़ी असमर्थता में ही नहीं, लोग शौकिया भी ले कर चलते थे-एक से एक आन-बान की छड़ियाँ। छड़ी व्यक्ति का रुतबा भी बताती थी-कोई नक्काशी वाली, कोई शीशम के लकड़ी की, मोटी चिकनी चमकदार तो कोई पतली लेकिन कलात्मक हत्थे वाली तो कोई बाँस की भी। पापा के पास ही तीन-चार तरह की छड़ियाँ थीं। उपाध्याय जी अक्सर हमारे यहाँ आ जाते, शाम को। कभी पापा उनके यहाँ चले जाते। उनकी आवाज भी बहुत परिष्कृत थी। काशिका भी ख़ूब बोलते थे। मैं भी कभी कोई सन्देशा ले कर उनके यहाँ जाता था। बहुत समय बाद यह घर देखा। उनके तीन-चार बेटे थे-एक तो हाई कोर्ट में जज भी हुए। एक भोला बाबू थे। एक हन्नू बाबू, एक नंगू बाबू। पहले इसी तरह के नाम बचपन में रख दिए जाते थे, बुढ़ापे तक ये अपने परिचितों आत्मीयों में इसी नाम से जाने-पहचाने जाते थे-भोले बाबू, चुन्नू बाबू, मुन्ने बाबू। इनका असली नाम, 'स्कूल वाला' तो कोई जानता ही न था। तकिया के दाहिनी ओर रामस्वरूप जी का घर दिखा। जब मैं स्कूल की बहुत छोटी कक्षाओं में था तब रामस्वरूप जी उप-प्राचार्य थे। प्राचार्य थे सीताराम जी। सीताराम जी भव्य मूर्ति थे। शेरवानी-चूड़ीदार पायजामा और शेरवानी के कपड़े ही की टोपी, बढ़िया जूता कसे हुए। जबकि रामस्वरूप जी एकदम साधारण–मामूली-सी धोती, सामान्य-सा कुर्ता, एकदम मामूली चप्पल। छोटे कद के थे, रंग भी सांवले से दबा हुआ ही था। खिचड़ी-से बाल और एक साधारण-सा चश्मा। मेरे स्कूल में रहते हुए ही वे प्राचार्य भी हो गये थे। मृदुभाषी थे। मुझे तो उन्होंने पढ़ाया नहीं लेकिन यह सबको पता था कि रामस्वरूप जी बहुत अच्छा पढ़ाते हैं। पैदल ही आते-जाते। मैंने उन्हें वाचाल कभी नहीं देखा। उत्सव-समारोह में भी वे अपनी संयत आवाज में थोड़ी-सी बात कह कर चुपा जाते थे। छोटा-सा उनका यह घर देख कर मैं भाव-विभोर हो गया था। ये तकिया के इर्दगिर्द का पूरा इलाका उपाध्याय जी का ही था। उनके छोटे-बड़े घरों में कई लोग आज भी किराये पर रहते हैं। तकिया से सीधे आगे जाने पर *दूधनाथ अखाड़ा और मठ* दिखा। बहुत प्राचीन अखाड़ा है। इसी के निकट एक मठ है जिसे सिद्धपीठ माना जाता है। तकिया की परिक्रमा कर के सामने बढ़ने

पर जो गली आती है वह सत्यनारायण प्रसाद वकील के घर तक पहुँचा देती है-पापा के परम मित्र, सहपाठी और यार। दोनों एक दूसरे को 'तुम' कह कर बात करते। बहुत बड़े वकील थे। इनकी भी कचहरी वैसी ही थी, भुवनेश्वरी प्रसाद जैसी-बाहर की बैठक में। तीन-चार सीढ़ियाँ चढ़ कर बैठक थी। भीतर ही भीतर मकान था, बड़ा मकान था। खुली जगह भी थी। गाय पाले हुए थे। मैं अक्सर उनके यहाँ जाता। ऊपर सीढ़ी चढ़ कर रहवासी हिस्से में भी जाता। उनकी पत्नी-बेटी सब बड़े स्नेहिल थे। पापा गये तब वे जीवित थे। बहुत स्वस्थ नहीं थे। शाम को घर आये थे। थोड़ी देर ही बैठ सके, रो-गा कर चले गये। पापा कहा करते थे कि *सत्यनारायण बात-बात में रोने लगता है। इसका गला भर आता है* उनका चेहरा भी बड़ा संवेदनशील लगता था।

घर के सामने पहुँचे तो सब कुछ बदला हुआ था। दशकों बाद आया था। उधर जाने की कभी ज़रूरत ही नहीं पड़ी। ये तो मन की हुलास मुझे यहाँ खींच लाई। चबूतरा बैठक सब हट गया था। बहुत बड़ा गेट लगा हुआ मकान बन गया था। वकील साहब के घर के सामने एक पतली-सी ढालनुमा गली नीचे उतर गयी है। इस गली में कुछ मुस्लिम परिवार रहते हैं। यह बस्ती खत्म होने पर ढाल चढ़नी पड़ती है जो कब्रिस्तान में आ कर खुलती है। ढाल न चढ़ कर बस्ती से ही बायें मुड़ जायें तो *हनुमान मन्दिर* के पास पहुँच जायेंगे। वकील साहब के यहाँ से आगे बढ़ने पर एक बड़ी बस्ती आती है। अच्छी बनी हुई है। छोटे-छोटे पक्के मकान हैं। इसे 'पंडाना' कहते हैं। यह काशी के महापात्रों की बस्ती है। यह अन्तिम क्रियाएँ कराने वाले ब्राह्मण हैं जिन्हें काशी में महापातर कहा जाता है, सम्मानित किया जाता है, जो महान पात्र हैं। इनकी कार्यस्थली पिशाचमोचन है। जहाँ मृत्यु के बाद दस दिनों तक नित्यप्रति पूजन और पिंडदान आदि किये जाते हैं। पिशाचमोचन की कथा बड़ी अद्भुत है-पौराणिक भी है और कर्मकाण्डी भी।

तो बस्ती वाले बायें मोड़ से बायें चलते हुए ही हम बाग़ बरियार सिंह पहुँच गये। भीतर ही भीतर चलते-चलते मेरी बुआ का घर आ गया। हम गली-गली ही, एक गली से निकल कर दूसरी होते हुए चेतगंज चौराहे पर आ गये। इसी स्थान पर काशी की प्रसिद्ध चेतगंज की रामलीला का मंच लगता है जिस पर करवा चौथ को 'नक्कटैया' की लीला होती है और आधी रात से भोर तक 'लाघ' और 'चौकियाँ' निकलती हैं। यह भी काशी का लक्खी मेला है। मैंने यूँ ही बाईं तरफ़ देखा कि वो बड़ी-सी बताशे वाली दुकान है कि नहीं, वो थी। उतनी ही बड़ी। छोटे-बड़े बताशों, लाची दाना और गट्टा से भरी हुई। कबीरचौरा वाली सड़क पर भी; वही मिडिल

स्कूल की गली वाले नुक्कड़ पर राम जी बताशा वाले की दुकान थी, छोटी-सी। कभी बन्द रहती कभी खुली। तो हम गली-गली चेतगंज की इसी दुकान से बताशा या लाची दाना ले आते। हमारे राम मन्दिर में नित्य इसी का भोग चढ़ता था।

तकिया, बाग़ बरियार सिंह, पंडाना इनसे लगा-जुड़ा गलियों का एक वृहत संकुल है। इस संकुल में छोटी पियरी, बड़ी पियरी, चेतगंज, कबीर चौरा, बाग़ बरियार सिंह जैसे बड़े-बड़े मुहल्ले एक दूसरे से जुड़ जाते हैं गलियाँ इन्हें अलग नहीं होने देतीं। अब हम आगे बढ़े ही थे कि गौड़ जी का मकान आ गया-*कृष्णदेव प्रसाद गौड़*। हिन्दी के हास्य कवि 'बेढब बनारसी'। ये भी डीएवी के प्रिंसिपल थे। अंग्रेज़ी पढ़ाते थे। मेरे स्कूल पहुँचने से पहले ही अवकाश प्राप्त कर चुके थे। स्कूल में आमन्त्रित किये जाते थे। बहुत कुछ लिखा है गौड़ जी ने, हास्य ही नहीं बहुत गम्भीर चीज़ें भी जैसे 'ग़ालिब की कविता'। लोग बताते हैं कि वे बड़े गम्भीर और अनुशासन प्रिय थे। यहाँ से निकल कर हम चलते-चलते बड़ी पियरी आ गये। अब यहाँ से दाहिने जायेंगे तो बेनिया पहुँच जायेंगे और बायें जायेंगे तो कबीरचौरा चौमुहानी। काशी की गलियों को मैं *माला-मार्ग* मानता हूँ। ये माला की तरह फैली भी हुई हैं और एक-दूसरे से गुंथी हुई भी। अभी कई महालों की गलियों की बात मुझे करनी है। अभी तो बस आपको मानसिक रूप से तैयार कर रहा हूँ। इसी को बनारसी बोली में 'घेरियाना' कहते हैं। मैंने आपको घेरिया लिया है।

अब इसके ठीक सामने सड़क पार करें तो पियरी की पुलिस चौकी है, दाहिनी तरफ़। बाईं तरफ़ कुछ दुकानें हैं। बीच से गली है। अगर इस गली में घुस गये तो यह भुलेटन निकल जाती है। अज्जू भइया ने पूछा कि भुलेटन तक चलेंगे? ये गली सीधी-सीधी चली गयी है इसलिए मन नहीं हुआ। लेकिन यह गली मेरे लिए दो तरह से बड़े महत्व की रही है। एक तो मेरी बुआ के भतीजे कांधू भइया, (घर का नाम कन्हैया का तद्भव वैसे पूरा नाम गौरी शंकर श्रीवास्तव था) इसी गली में रहते थे। बायीं तरफ़ इस घर का दरवाजा एकदम गली पर ही था। दरवाजे से घुसें तो दायीं तरफ़ सीढ़ी थी और ऊपर कुछ कमरे जिसमें वे रहते थे। तब इनके बच्चे बहुत ही छोटे थे और मैं भी। आगे बढ़ कर दाहिनी तरफ़ एक लम्बा-चौड़ा चबूतरा था। उस पर एक के बाद एक चार-छह कमरे बने हुए थे। इन्हीं में से एक कमरे में हमारे घर में भोजन बनाने वाली महराजिन रहती थीं। कभी बीमार होतीं तो उनका हाल-चाल लेने, कोई सन्देशा देने, कोई काम सौंपने को होता तो मैं उनके यहाँ जाता। तो हम इस गली में नहीं गये। थोड़ी दूर आगे बढ़े तो नींबू लादे एक ठेले वाला दिखायी

पड़ गया। वह पाँच रुपये का तीन देने को कह रहा था। अज्जू भइया ने उससे ख़ूब हुज्जत की। ये पाँच रुपये में चार देने को कहते रहे। शुद्ध काशिका में। एक नींबू के लिए यह मोल-तोल होना और सुनना बनारस में ही सम्भव है-एक ओर से सफाई दी जा रही है कि चार नींबू क्यों नहीं दिया जा सकता। दूसरा पक्ष कह रहा है कि अभी कल ही तो लिया था। वो नींबू की तारीफ़ कर रहा है। ऐसा नींबू पाँच रुपये में चार मिल ही नहीं सकता। इधर ये कह रहे हैं कि मैं ला कर दिखा सकता हूँ इससे भी उम्दा नींबू। वह कहता है कि अरे आप बड़े आदमी हैं आपको क्या फ़र्क़ पड़ता है। ये कह रहे हैं कि बड़े आदमी हैं तो क्या लूट लोगे! इतनी चकचक के बाद भी सौदा पटा नहीं। ठेला आगे बढ़ गया तो मुझसे झींकने लगे कि 'हम सट्टी से सैकड़ा के भाव ली आइला, एकअक रुपये का पड़ता है'

पियरी से कबीरचौरा की ओर आगे बढ़ने पर हम बायीं ओर की एक गली में घुस गये जिसमें मेरे कई मित्र रहते हैं, आज भी। इस गली से आगे चले जायें तो आप बलराम उपाध्याय के घर या तकिया पहुँच जायेंगे। लेकिन हमने कुछ दरवाजे खटखटाए। श्रीराम के, रवि के, अजय चतुर्वेदी के। श्री राम स्कूल के साथी थे। बीच-बीच में हम मिलते भी रहे। वे भोजन कर रहे थे। उनकी बगल में ही रवि का मकान है। बीएचयू में मेरे सीनियर थे। वकालत पास की थी। न जाने क्या हुआ उनकी आँखें कमजोर होती चली गयीं और फिर बुझ गयीं। जब मैं चेन्नई में था तब उन्होंने फोन किया था कि शंकर नेत्रालय में दिखाना चाहते हैं। मैंने सब इंतजाम कर दिया। वहीं पास में ही एक कमरा उन्हें मिल गया था। पर बात बनी नहीं। वह भी घर पर नहीं थे पता चला कि बगल में जो हनुमान अखाड़ा है वहाँ मिलेंगे। हम गली से निकल कर मुख्य मार्ग पर आ गये। उसी से लगा हुआ यह अखाड़ा है। अखाड़े में बाल हनुमान की मूर्ति है जिसकी वार्षिक पूजा की जा रही थी। रवि वहीं थे। व्हील चेयर पर। उन्हें नेत्रहीन देख कर बहुत तकलीफ हुई। छात्र जीवन में वे हर तरह से सक्रिय थे। खेलकूद में, नाटक मंच में और बदमाशियों में भी। अखाड़े में एक ओर भोजन पक रहा था। स्त्री-पुरुष जुटे थे। हनुमान जी की पत्थर की मूर्ति मन्दिर के बाहर रख दी गयी थी। अभी रंगी नहीं गयी थी, सो अजीब लग रही थी। पूजा की प्रक्रिया में ही रंगी जायेगी। अभिषेक के लिए एक बाल्टी में दूध और शहद घोल कर रखा हुआ था। यह अच्छा ही हुआ। बहुत दिनों बाद बनारस के किसी अखाड़े को भीतर से देख रहा था और वह भी पूजा-अर्चन के समय।

फिर हम श्रीराम की प्रतीक्षा न कर के दायें-बायें होते हुए अजय चतुर्वेदी के

यहाँ पहुँच गये। घर की मरम्मत करवा रहे थे। थोड़े कृषित भी थे। इन्हीं के पहले वाली गली में हमारे गुरु हनुमान प्रसाद शर्मा का भी घर है जो मनु शर्मा के नाम से ख्यातलब्ध कथाकार हुए। जब हमने उनका घर देखा तब तक वे दिवंगत हो चुके थे। उनके घर के ऊपरी हिस्से में एक स्कूल चल रहा था। अजय ढेरों बातें करते रहे। वे बनारस प्रेमी हैं। अखबारों-पत्रिकाओं में बनारस पर लिखते भी रहते हैं। बनारसी मौज वाले जीव हैं। उनके साथ घण्टों बात की जा सकती है। वे बनारस की पत्रकारिता पर बतियाते रहे और साहित्यकारों पर भी। मैं उन्हें छेड़ता रहा। बनारसी लोकगीतों की भी मैंने उनसे बात की। उन्होंने एक बहुत अच्छी बात कही कि अब बनारस में लोग शादी-विवाह के समय दीवारों पर चित्र नहीं बनवाते इसलिए जो परिवार ये चित्र बनाते थे, वे सब कोई और धंधा करने लगे हैं। ये भीत्ति चित्र बनारस की आड़ी-तिरछी गलियों में रास्ता बताने का जरिया हुआ करते थे। और मुझसे काशिका में कहने लगे कि *कोई हमरे दुआरी पर आ के पूछे लगे कि भइया फलाने क घर केहर हौ। त कहें, बस दहिने घूम जा, दू तीन घर छोड़ के बायें जौने घरे के दिवार पर हाथी, चोबदार, सुग्गा बनल हौ, वही घर हौ-अबहिन पिछला महिन्ना ही ओनके इहाँ लड़की क बिआह भयल हौ न?* फिर बोले-वह प्रसन्न मुद्रा में आगे बढ़ जाता। वास्तव में अजय जी का कहना एकदम ठीक है कि कई परम्पराएँ हमने अनजाने में ही छोड़ दी हैं।

अजय की पुरानी आदत है कि कोई भी ख़ास बात कह कर वे दोनों हाथ जोड़कर गर्दन थोड़ी झुका कर ख़ुद ही कृतज्ञ होते हुए आपकी ओर कुछ क्षण देखते रहते हैं कि आप भी उनकी बात की ताकीद कर दें। ऐसी कई प्यारी बनारसी अदाएँ अजय में हैं। उनका सम्बन्ध आचार्य सीताराम चतुर्वेदी के परिवार से है। वे बनारस के साहित्यकारों की संगत में रहे हैं–बेधड़क बनारसी, राजेश्वर आचार्य, धर्मशील चतुर्वेदी आदि। तो उनके भीतर काशी दृष्टि अच्छे से विकसित हुई है। अपने बिस्तर के किनारे उन्होंने एक छोटी-सी मेज पर पान का तामझाम रख छोड़ा था। बोले एक पान हमारे हाथ से खाइए। बैठ कर बड़े प्रेम से उन्होंने पान बनाया और खिलाया। दो-तीन तरह का जर्दा रखे हुए थे और मुझसे कहा-के आके कौन-सा सुर्ती माँगे ए बदे सब रख लेहले हई। उनका तो मन था कि हम लोग बैठें। देर हो गयी थी। हम दोनों भुखाए हुए थे। हमने वहीं से उल्टी राह ली। सड़क मार्ग से गोदौलिया पहुँचे और अय्यरर्स कैफे में दोसा, बड़ा सब खाया गया। साढ़े चार बज रहे थे। यह परिक्रमा

का पहला पड़ाव था। दूसरा पड़ाव हम कल पार करेंगे। अब आप घेरा गये हैं, आप को छोड़ेंगे नहीं, साथ ले चलेंगे, कल भी।

दूसरे दिन की परिक्रमा हमने बरवातरे से शुरू की। पिसनहरिया कुँए से सीधे चलते हुए बायें की गली में घुस गये। घूमते ही ईश्वरगंगी का पोखरा है। चारों ओर छोटे-छोटे मन्दिरों का जमघट। पानी से लबालब था कुण्ड। कुण्ड के एक ओर *बाबा लोटादास का मठ* है। करीब बीस सीढ़ियाँ चढ़ कर। काशी के महान औघड़ कीनाराम के शिष्य थे लोटादास। उनके चमत्कार की न जाने कितनी कहानियाँ हम बचपन से सुनते आ रहे थे। कुण्ड के तीन तरफ़ गलियों का घेरा है जिनमें घनी बस्तियाँ बसती हैं। कुण्ड के पास के मन्दिर अति प्राचीन है–कोई महाबीरी रंग में रंगा है, कोई सफेद रंग से पुता है तो कोई 'माई के लाल रंग में' चमक रहा है–शिव, भवानी, शीतला, हनुमान और राम जानकी के मन्दिर। मन्दिर पुराने हैं इसलिए मूर्तियाँ भी अत्यन्त मनोरम और कला का नमूना हैं।

कुण्ड के उस ओर की एक गली में घुसते ही बायीं ओर मेरे मित्र जितेन्द्रनाथ मिश्र का घर है। घर के कोने पर उनकी छोटी-सी बैठक है। एक चौकी लगी हुई है, एक मेज और दो-तीन कुर्सियाँ। बैठक की दीवारों में बनी आलमारियों में किताबें-पत्रिकाएँ ठसी हुईं। वे डीएवी कॉलेज में हिन्दी के प्राध्यापक थे। हाल ही में रिटायर हो गये। चौकी पर बैठे मिले। कुछ लिख-पढ़ रहे थे। मेज पर पान-पत्ते का सामान रखा था। काशी के हिन्दी जगत में पान का ख़ूब चलन है। उनसे गाँधी और हिन्दी पर बात शुरू हुई। इसी बहाने पन्त, मैथिलीशरण गुप्त, बच्चन, सियारामशरण गुप्त, वियोगी हरि जैसे अनेकों की रचनाओं पर चर्चा होने लगी और बात 'पहला गिरमिटिया' तक जा पहुँची। मैंने भी दक्षिण भारत हिन्दी प्रचार सभा, मद्रास और गाँधी पर बात की। मिश्र जी 'सोच विचार' मासिक पत्रिका निकालते हैं।

हम चाय-वाय पी कर बाहर निकले। वे दाहिनी की जगह बायें घूम गये। दाहिने मुड़ते तो हम फिर वही पहुँच जाते जहाँ से हम कुण्ड की ओर घुसे थे और घुसते ही जहाँ एक घना पीपल का पेड़ है। बायीं गली से निकले तो हम औसानगंज आ गये। अब अगर हम बायें मुड़ते तो जैतपुरा होते हुए अलईपुरा पहुँच जाते-बनारस सिटी स्टेशन। जैतपुरा से अलईपुरा के पूरे रास्ते में मुसलमानों की घनी बस्ती है, निम्नवर्ग के बुनकर मुसलमान। औसान सिंह का काशी के इतिहास में बड़ा महत्व है। उनकी बहुत बड़ी कोठी इस मुहल्ले में है, महल की तरह। इतिहास यह है कि जब बनारस के राजा चेतसिंह को इसलिए राज्य नहीं मिला कि वे पिता की दूसरी कुजात पत्नी

के पुत्र थे तो संघर्ष की स्थिति आ गयी। उनके पिता के भांजे और दामाद राज्य हथियाने के लोभ में आ गये, षड्यन्त्र शुरू हो गया। तब राज्य के दीवान औसान सिंह ने चेतसिंह की मदद की और उन्हें गद्दी दिलवाई। यह सारी घटना मोतीचन्द्र के 'काशी का इतिहास' में वर्णित है। इस घटना को ले कर शिवप्रसाद मिश्र 'रूद्र काशिकेय' ने अपनी पुस्तक 'गंगा मैया' में भी मनभावन गद्य लिखा है जिसका शीर्षक है 'गाइए गणपति जगबन्दन'।

अभी एक दिलकश बात याद आ गयी है। भरत मिलाप के समय यह प्रथा है कि राजा बनारस मिलन स्थल पर हाथी पर बैठ कर आते हैं-बहुत सुन्दर हौदा, चंवर डुलाते चोबदार। और भी कई हाथी और घोड़ों पर उनके सिपाही। मिलाप के बाद जब विमान यात्रा चलती है तो राजा बनारस का काफिला आगे-आगे चलता है और पीछे सैकड़ों यादव बन्धुओं के कन्धों पर हालता-डोलता विमान जिस पर चारों भाई, जानकी माता, हनुमान, अंगद, सुग्रीव और हमारे 'भोला महाराज' विराजमान रहते हैं। राम-जानकी सिंहासन पर और शेष सब खड़े हुए। जब यह यात्रा आगे बढ़ती है तो औसनगंज वाली इस सड़क से भी गुज़रती है। राजा बनारस को काशीवासी शिवसरूप मानते हैं और लगभग दो मील लम्बी इस यात्रा में सड़क पर साथ चल रहे और दोनों ओर के चबूतरो-छतों पर लदे लोग अपने सामने से राजा साहब के हाथी को देखते ही 'हर हर महादेव' का नारा बुलन्द कर देते हैं। औसानगंज के मोड़ पर ही डीएवी वाले गेट के सामने राजा औसानगंज की कोठी की बड़ी-सी बालकनी है जिस पर उनके वंशज और एक-दो बुजुर्ग सदस्य भी कुर्सी लगा कर बैठे रहते हैं। हाथी और विमान बिल्कुल उस बालकनी से सट कर निकलते हैं हमारे एक मित्र हैं रज्जू भइया, वही जिनका घर गुदई महाराज के घर के ठीक सामने है; तो एक बार जब हम भीड़ के साथ सड़क से गुज़र रहे थे तो रज्जू भइया बोले कि देखा औसानसिंघवा क खानदान बैठल हौ। ई सब सोचत होहिहैं कि हमहीं एनके राजा बनउली। हमार बाप-दादा अगर ख़ुदै राज बन गयल होतन त आज हमहीं हाथी पर निकलित। आउर सब बनरसिया हमके देख कै 'हर हर महादेव' क नारा लगउतन। कहना यह है कि राजा बनारस से सम्बन्धित घटनाओं से बनारस का जन-जन परिचित है।

तो मैं कह रहा था कि हम बायें नहीं मुड़े, दाहिने मुड़ गये। नुक्कड़ की दुकान पर मिश्र जी ने मुझे पान खिलाया। एक फर्लांग बाद ही वह बालकनी दिखने लगी। मिश्र जी को कहीं जाना था। वह सीधे लोहटिया जाने वाली सड़क पर आगे बढ़ गये। हम दाहिने मुड़ गये। ईश्वरगंगी की ओर। रास्ते भर राजा औसानगंज के एक मंजिला

कमरे लाइन से बने हुए हैं। ये कोठारियाँ हैं, पक्की। इसमें ढेरों गृहस्थियाँ बसी हुई हैं। कोई बीड़ी-सिगरेट की दुकान खोले हुए है। कोई पत्थर की सिल, चकला और कठवत आदि बेचता है। किसी ने कोठरी में ही लोहे के चिमटा, छनौटा की दुकान बना ली है। कोई कोठरी के बाहर छोटी-सी भट्ठी लगा कर समोसे बनाता है। एक-दो कुम्हार भी हैं। मिट्टी के बरतन, बोरसी और कहथरी बनाने वाले। दो-चार धोबी भी हैं जिनकी कोठरी के सामने एक-दो गदहे बँधे रहते हैं। इन्हीं में से एक धोबी मूरत हमारे यहाँ के कपड़े धोते थे। वे या उनकी बीबी आते, कपड़े निकाले जाते, उन्हें कॉपी में लिख लिया जाता और फिर एक गन्दी चादर में ही कपड़े गठिया कर वे ले जाते। धो कर लाते तो कपड़ों का मिलान कॉपी की सूची से कर लिया जाता। मूरत और उनकी पत्नी कपड़ों की गिनती **कोड़ी** में करते थे। एक कोड़ी बीस अदद की होती थी।

अब हम आदर्श सेवा विद्यालय के प्रवेश द्वार पर पहुँच गये-कमलाकर चौबे आदर्श सेवा विद्यालय। इस द्वार के पहले पंद्रह-बीस सीढ़ियाँ चढ़ कर *जितेश्वर महादेव* का मन्दिर है। अत्यन्त भव्य। चित्रकूट की रामलीला के प्रथम दिन इसी मन्दिर में मुकुट पूजा की जाती है। इस मन्दिर के पहले एक ढूहे पर *बाघेश्वर* विराजते हैं। यह पत्थर के एक बहुत बड़े बाघ की मूर्ति है। बहुत ही सुन्दर। स्कूली दिनों में हम यहाँ अक्सर पहुँच जाते। ढूहे पर खेलते-कूदते। अब बाघेश्वर को सींकचों सं घेर कर सींकचों का ही एक दरवाजा लगा दिया गया है। ढूहे से लगा हुआ एक मठ भी है : पातालपुरी मठ। इसके अनेक पौराणिक सन्दर्भ हैं।

इस सड़क के एक ओर आदर्श विद्यालय की पत्थर की दीवार है और दूसरी ओर दो-तीन कोठियाँ हैं जिनकी बड़ी कलात्मक खम्भेदार बालकनियाँ सड़क की ओर खुलती हैं। आदर्श के भवन की दीवार खत्म होने पर इसका खेल का मैदान दिखायी पड़ने लगता है जिसमें एक बड़ा गेट लगा हुआ है। यहाँ खड़े होने पर सामने दूर-दूर मेरे घर की छत भी दिखायी देती थी। कोठियों के बाद दहिने मुड़ कर ईश्वरगंगी कॉलोनी है, इसी में दूसरा-तीसरा मकान मेरे मित्र श्रद्धानन्द का है। कायस्थ हैं। इनके पिता डॉ. सम्पूर्णानन्द ने दसवीं से बारहवीं तक मुझे हिन्दी पढ़ाई थी। घर में ही नीचे एक छोटा-सा प्रेस है-सीमा प्रेस। जब गुरुजी थे तो इस प्रेस से अनेक श्रेष्ठ कृतियाँ प्रकाशित हुई थीं। अब अधिकतर इसमें स्टेश्नरी के सामान, रसीद और डायरियाँ छपती हैं। हम श्रद्धानन्द के घर पहुँच गये। बता उनको पहले ही दिया था। वे घर पर ही मिले। ठण्ड के दिन थे उन्होंने चूड़ा-मटर बनवा रखा था।

जाड़े के दिनों में चूड़ा-मटर काशी का प्रिय जलपान है। इसे बड़े करीने से बनाया भी जाता है। बनारस की कई नामी चाट की दुकानों का चूड़ा-मटर सरनाम है। अब हम तीनों बनारसी रंग में रंग चुके थे। पहले शुरू हो गयी पुरानी कंट्रोल की दुकान की बात जो श्रद्धानन्द के घर वाली सड़क पर ठीक सामने ही हुआ करती थी-एक चबूतरे पर। दो दर की दुकान थी। दोनों कमरे में गेहूँ, चावल, चीनी के बोरे भरे रहते थे। हर परिवार का एक कार्ड बनता था और सदस्यों की गिनती के हिसाब से गेहूँ, चावल या चीनी मिलती थी। खुले बाज़ार से ये चीजें काफ़ी सस्ती होती थीं। भीड़ लगी रहती थी, कभी-कभी तो लाइन भी, विशेषरूप से तब जिन दिनों में चीनी 'बँटती' थी। चीनी की बड़ी किल्लत रहती थी। होली-दीवाली पर प्रति व्यक्ति अलग से चीनी ली जा सकती थी। हम देर तक इस चीनी प्रकरण पर ही बात करते रहे। सब अपने-अपने अनुभव सुनाते रहे। मजा आ गया। श्रद्धानन्द ने ईश्वरगंगी के कई क़िस्से सुनाए। स्कूली दिनों में मेरे साथ उन्होंने ईश्वरगंगी क्षेत्र में जो घुमक्कड़ियाँ की थीं, उसकी भी याद की गयी, मैं घी डालता रहा। और तपता रहा।

कमरे में गुरु जी की तस्वीर लगी थी। सन 2013 में वे नहीं रहे। इसके पहले जब मैं जाता तो वे बगल के कमरे में बिस्तर पर बैठे मिलते। उनके पैरों में बहुत तकलीफ थी। एक नाई घर पर आ कर उनके पैरों की कड़ुवा तेल से सहार-सहार कर मालिश करता। मैं पर्दा हटा कर झांकता तो वे ज़ोर से मुस्कुराते–हँसते-मुस्कुराते कम थे। गुरु गम्भीर। हालचाल लेते। पापा को याद करते। उनकी भी बातें कीं हम लोगों ने।

हम चले। कंट्रोल के बाद बीबी जी वाली बालकनी दिख गयी। यह लम्बी खम्भेदार बालकनी है। बहुत छुटपन से हम सपरिवार जा कर यहीं बैठ कर भरत-मिलाप की विमान यात्रा देखते थे। बीबी जी बहुत सम्भ्रान्त महिला थीं। बड़ा ज़मींदार परिवार था। उनकी कोठी का आरम्भ पिसनहरिया कुँआ के सामने से हो जाता था। तीन-चार सीढ़ी चढ़ कर एक दरवाजा था। अन्दर घुसें तो बहुत बड़ा बगीचा मेहंदी की झाड़ से घेरा हुआ और बीच में फूल-पौधे। दूसरी तरफ़ कोठी थी। खम्भों वाला विस्तीर्ण बरामदा था। मेरे घर पर जो अहिरिन दादी रहती थीं और जिन्होंने मेरा पालन-पोषण किया, उन्हें बीबी जी बहुत मानती थीं। तो भरत-मिलाप वाले दिन दादी दोपहर के भोजन के बाद ही जा कर इस बालकनी में अपनी दरी बिछा आती थीं। तीन बजे तक हम सब बच्चे, मेरी बहनें, पड़ोस की चाची-मामियाँ सब पहुँच जाते। बीबी जी बरामदे में अपनी आरामकुर्सी पर बैठी मिलतीं। सबको देख कर ख़ुश होतीं, सबका हाल-चाल पूछतीं। हम वो पूरा बगीचा पार कर के, आठ-दस सीढ़ियाँ चढ़ कर कोठी

जैसे ही विस्तीर्ण ओसारे को पार कर के इस बालकनी में पहुँच जाते। नीचे सड़क पर लोगों की आवाजाही होती रहती। समय के साथ भीड़ बढ़ने लगती। तरह-तरह के खेल-खिलौने सामान बेचने वाले फेरियाँ लगाने लगते-टिन की छोटी-छोटी रंगीन बाल्टियाँ, कागज के पंखे, कागज के फूल और गुलदस्ते, कागज के ही बने हुए बड़े ख़ूबसूरत शमादान जिन्हें दीवार पर टांगने के लिए दो हुक लगे रहते, टिन की छोटी-छोटी तलवारें, तीर-धनुष, हनुमान और गणेश जी के मुखौटे...। इनके साथ ही मूँगफली, चनाजोरगरम, भुने चने बेचने वाले-कागज के पतले-पतले ठोंगों में ये चीजें बिकती थीं। हम घर से एक डलिया ले जाते थे जिसमें सुतली बँधी रहती। जो सामान लेना हो उसे आवाज दी जाती, दाम पूछा जाता और उतना पैसा डोलची में रखकर सुतरी ढील दी जाती। वह पैसा उठा कर सामान रख देता और हम डोलची ऊपर खींच लेते। करीब चार-सवा चार बजे राजा साहब का काफिला नाटी इमली के मंच की ओर जाता हुआ हमारे सामने से गुज़रता। हम सब 'हर हर महादेव' के नारे लगाते। सड़क पर चहल-पहल वैसी ही रहती। यह लीला बहुत संक्षिप्त अवधि की होती है और इसका समय निश्चित होता है इसलिए थोड़े अन्तराल के बाद ही राजा साहब की सवारी और विमान हमारे सामने से निकलते। हम उन्हें दूर तक, जितेश्वर महादेव के मन्दिर तक यानी जहाँ तक वे दिखायी पड़ते थे, बालकनी से झांक-झांक कर देखते रहते फिर वापस चल पड़ते। बरवातरे की एक पटरी पर, बीबी जी के दरवाजे के बाद लगे सरकारी नल से ही खिलौनों की दुकानें सजी मिलतीं। हम कुछ खिलौने खरीदते। मिट्टी के खिलौने।

बीबी जी वाली बालकनी टूट-फूट चुकी थी। खम्भों-दीवारों के पत्तर उखड़ गये थे। मैं देर तक उसे देखता रहा। श्रद्धानन्द ने बताया कि बहुत जल्दी ही यहाँ एक नया भवन बन जायेगा। बीबी जी के पुराने दरवाजे से लगा जो बड़ा बगीचा था वहाँ भी बड़ी-बड़ी इमारतें खड़ी हो गयी थीं–फ्लैट्स। बीवी जी की बगीची के सामने दाल की मिल थी जिसकी दीवार सीधे-सीधे नाटी इमली वाले मोड़ तक चली जाती थी और इधर पिसनहरिया कुँआ से रामकटोरा वाली रोड पर भी फैली हुई थी। इस ओर बहुत ऊँचे चबूतरे पर छह बड़े-बड़े दो पल्ले के दरवाजों वाला एक हॉल था जो वैसे तो बन्द रहता था। पर जन्माष्टमी के दिन ये सभी दरवाजे खोल दिए जाते थे और पूरे हॉल में कृष्ण लीलाओं की बड़ी सुन्दर झांकी सजती थी। कितनी सुन्दर मूरतें-सब मिट्टी की। बहुत बड़ा झूला, हॉल के बीचोबीच में रखा हुआ जिसके

खम्भों और झूलो पर रंग-बिरंगे चौकोर शीशे जड़े हुए। बत्ती-झालर लगी हुई। कहीं पहाड़, कहीं जंगल, कहीं यमुना नदी, कहीं फुहारे। हम देखते ही रह जाते। अब दाल वाली मिल भी अपार्टमेंट्स में बदल चुकी है। दोनों तरफ़ और बीबी जी वाले हिस्से में भी बड़े-बड़े स्टोर्स और ब्यूटी पार्लर खुल गये हैं। यह सड़क जगर-मगर करती है। न जाने क्यों मुझे यह बदला-बदला बनारस अच्छा नहीं लगता। झटका-सा देता है-मानो *मन बसिया बनारस* की छवि को किसी ने दरका दिया हो। कोई वट वृक्ष जैसे धराशाही हो गया हो। मेरे ऐसा सोचने भर से भला होता भी क्या है।

आगे चले तो हमें रिक्शा मिल गया। हम दोनों बैठ गये। दस ही कदम पर पिसनहरिया कुँआ आ गया। कुँए की जगत के चारों खम्भे सड़क से ही दिखायी पड़ने लगे। कुँए के ऊपर लटका बड़ा-सा घण्टा दीवारों के पीछे से झांक रहा था। इसे बचपन में हम अचरज से देखते थे कि घण्टा इतना बड़ा भी हो सकता है। थोड़ी सांत्वना मिली कि बनारस में ऐसा बहुत कुछ बचा है जो मेरे मन में बसा हुआ है। मुझे भगवानपुर जाना था। अज्जू भइया बरवातरे उतर गये। रिक्शा मुझे ले उड़ा–अकेले। मैंने कस कर दोनों ओर से उसकी गद्दी को पकड़ लिया था। जितेन्द्र जी की दी हुई पुस्तकें और पत्रिकाएँ मेरे साथ थीं, उन्हें भी सम्भालना था। लहुराबीर होते हुए आगे बढ़ा तो दाहिने लक्ष्मी कुण्ड वाला रास्ता दिख गया। इसमें घुस कर आगे चलें तो बड़े कुण्ड के साथ लक्ष्मी जी का प्राचीन मन्दिर है जिसमें उनकी स्वर्ण प्रतिमा विराजती है। इस कुण्ड पर एक बड़ा मेला भी लगता है जिसे 'सोरहिया का मेला' कहते हैं। सोलह दिन तक चलता है। मेले में मिट्टी की लक्ष्मी जी की मूर्तियाँ भी मिलती हैं और सुन्दर चेहरा भी। गोदौलिया से छह सीटर पकड़ कर आगे की यात्रा शुरू की। लेकिन मेरा अन्तर पूरे समय पियरी, बड़ी पियरी, ईश्वरगंगी, चेतगंज, औसानगंज की गलियों में ही विचरण करता रहा।

तीसरे दिन दो बार कबीरचौरा से गुज़रना हुआ। अब इस मुहल्ले में रहना नहीं हो पाता। घर छोड़ना पड़ा है। पर कबीरचौरा मुझे नहीं छोड़ता। जाता हूँ घर। बड़े भाई रहते हैं। और जब जाता हूँ तो बहुत कुछ घटता चला जाता है मुझमें। सुबह गीता और अनु के साथ गया था कबीरचौरा, उन्हें वहीं भड़भूजे के पास छोड़ कर विश्वनाथ सरदार की दुकान, मिडिल स्कूल की चारदीवारी और नागरी नाटक मण्डली को पार करते हुए *कण्ठे महाराज मार्ग* (सुपना की गली) के मुहाने पर पहुँच गया। फोन किया। अज्जू भइया घर से निकल चुके थे। थोड़ी ही देर में आ गये। और हमारी गली यात्रा पुनः शुरू हुई। लगभग पचास साल पीछे की धुंधली छायाएँ

लहराने लगीं। बनारस की गलियों में बहुत कुछ नहीं बदला है–सिवाय इसके कि कई मकान तोड़-ताड़ कर नई चाल के बनवा लिए गये हैं, एक मंजिले मकान दो-तीन मंजिले बन गये हैं। किसी में गेट लग गया है तो कहीं चारदीवारी खिंच गयी है। हम भीतर ही भीतर चक्कर लगाते रहे। फिर सड़क पर निकल आये। चौमुहनी की ओर जाते समय बाईं ओर की पटरी पर अग्रवाल साहब की दुकान दिख गयी, वह अपनी दुकान पर बैठे थे। देखने में बहुत सुन्दर आदमी थे। गले से बोलते थे-भसर भसर। पापा रोज़ शाम को इनकी दुकान पर जा कर बैठते थे। जनरल मर्चेंट की दुकान थी। तेल, साबुन, मंजन इन्हीं के यहाँ से आता था। मैं मिलने चला गया तो स्टूल पर बैठा लिया, ढेरों बातें कीं। मुझे याद आ गया और मैंने उनसे कहा भी कि होली के दिन वे पीतल की ख़ूब बड़ी-सी पिचकारी ले कर आते थे। उनके साथ का कोई एक बाल्टी में गाढ़ा रंग घोरे पीछे-पीछे चलता था। थोड़ा-थोड़ा कर के वे सबके ऊपर पिचकारी से रंग डालते जाते थे। पिचकारी क्या थी, सुरसा का मुँह था जिसमें सेरों रंग समा जाता था। हम अचरज से उनकी पिचकारी को देखा करते। मैंने पूछा तो बोले वो पिचकारी अभी भी उनके पास है लेकिन उसे उठाना बवाल हो गया है। मोती पान वाले भी दिखे। जब भी कबीरचौरा जाता हूँ एक बार इनके हाथ का पान ज़रूर खाता हूँ। नागरी नाटक मण्डली के बरामदे में बैठते हैं। पहले इनकी दुकान सड़क के उस पार 'मण्डली' के सामने ही थी। अत्यन्त स्वादिष्ट पान लगाते हैं। मण्डली के गेट के बाद वाले बरामदे में दाँत के डॉक्टर घिलडियाल साहब की दुकान है। एकदम दुबले-पतले, चेहरा भी उतना ही दुबला, माहिर थे। काम न होता तो बरामदे ही में एक कुर्सी डाल कर बैठे रहते। चौमुहानी के पास जनाना अस्पताल के सामने 'अपनी पान की दुकान' पर सोमनाथ भी बैठे दिखे, कनटोप लगाए बैठे थे। सोमनाथ की दुकान पर मैंने न जाने कितनी बैठकियाँ की हैं। एक तरफ़ वो बैठते थे बीच में पान की चमचमाती चौकी रहती थी और दूसरी तरफ़ थोड़ी-सी जगह थी। मैं इसी जगह पर जम जाता। कितने लोग आते। कितनी तरह के। कितनी-कितनी बातें छिड़ती। सभी परिचित मित्र। आनन्द की लहर-बहर हो जाती। जहाँ मैं बैठता था। उस जगह से लगे-लगे भैया की दुकान का दरवाजा था, सिन्हा साहब का। दवा की दुकान थी। यह दुकान नुक्कड़ पर है। घुमाव के बाद भी भैया की दुकान का एक दरवाजा है। यही सड़क पियरी बेनिया की ओर चली जाती है। भैया बैठे थे, एकदम बुढ़ा गये हैं। बड़ी-सी दुकान छोटी हो गयी है। मिनरल वाटर, चिप्स और 'हल्दीराम' भी बेचने लगे हैं। मैं सामने वाले दरवाजे से भीतर चला गया। वही पुरानी स्टूल धरी हुई थी, बैठ गया। सामने के काउण्टर पर मैंने सहारे के लिए अपना दाहिना हाथ

रख लिया था जिस पर वह बराबर अपना हाथ रखे रहे। इनके परिवार से हमारे गहरे सम्बन्ध थे, पिता जी से भी। अतीत गूँजता रहा। शहर का नक्शा बदलता है तो न जाने कितना कुछ आप-से-आप बदलने लगता है। दवा की बड़ी-बड़ी दुकानें। तरह-तरह के प्रलोभन, अस्पतालों और डॉक्टरों से साँठ-गाँठ वाले समय में भैया जैसे सरल दुकानदार की चले भी तो कैसे!

जनाना अस्पताल की चारदीवारी तोड़ दी गयी है। सड़क से ही भीतर का सर्वांग दिखने लगा है जो इसके पहले ऊँची और मज़बूत दीवार के पीछे पर्दापोश रहता था। नया बहुमंजिला भवन बन रहा है। भीतर मिट्टी-गारा ले जाने के लिए ही दीवार तोड़ी गयी है-*नर्स कक्ष, दवा कक्ष, बाहरी मरीज, स्त्री रोग* यहाँ से वहाँ तक अस्पताल भवन की मुख्य दीवारों पर लिखे-सड़क से ही पढ़े जा पा रहे हैं। हम दोनों भाइयों की पैदाइश इसी अस्पताल में हुई थी। जनरल वार्डों वाले दो मंजिला भवन के बाद प्राइवेट वार्ड के कुछ कमरे हैं। हर कमरा एक स्वतन्त्र इकाई है–कमरा, कमरे में ही बाथरूम, बाहर एक वराण्डा और वराण्डे के सामने पत्थर जड़ी खुली जगह जिसके एक कोने में छोटी-सी रसोईं। इन्हीं में से किसी में मेरे भांजे का भी जन्म हुआ था। इन वार्डों के साथ ही एक लम्बी गैलरी जाती है जिसके अन्त में ऑपरेशन थियेटर है। इन प्राइवेट वार्डों की झलक छक्कन सरदार वाले हमेशा बन्द गेट से भी मिल जाती है।

हम पैदल-पैदल चल कर पियरी वाली गलियों से निकलते हुए चेतगंज पहुँच गये। पियरी मुहल्ले के भीतर से चेतगंज पर तीन-चार गलियाँ निकलती हैं, अलग-अलग नुक्कड़ों पर। हम जिस गली से निकले वहाँ से सड़क पार कर के ठीक सामने वाली गली में घुस कर लल्लापुरा पहुँचा जा सकता है। यह मुस्लिम बहुल इलाका है। दोनों ओर बस्तियाँ ही बस्तियाँ। हम इसी में हल गये। दशकों बाद इस गली में प्रवेश हुआ था। एक जगह खुला-सा स्थान आया और मुझे सब याद आने लगा। खुली जगह से लगा तालाब भी दिख गया। मानों मैं स्वर्ग में पहुँच गया था। हम वहीं तालाब के किनारे बैठ गये। खुले मैदान में बच्चे पतंग उड़ा रहे थे। उनकी आवाजें कान में बज रही थीं, पर मैं तो कहीं और था।

पापा को बहुत पहले से कब्ज की शिकायत रहती थी। बहुत समय तक उन्होंने एक हकीम से भी इलाज करवाया था। वो अंधे हकीम लल्लापुरा में ही रहते थे-हम इसी गली से उनके यहाँ कई बार गये हैं। हकीम साहब नब्ज़ देख कर रोग भाँप लेते थे। उनके बेटे उनके पास ही बैठते थे जिनसे वे दवा का नुस्खा बताते जाते थे। हकीम साहब बातें बड़ी लजीज़ करते थे। बातचीत चलती रहती कि दवा आ जाती।

बड़ी सुन्दर-सी चमकीली डिबिया में अवलेह। कागज़ की पुड़िया में चूरन और कुछ काली-भूरी गोलियाँ भी। अवलेह एक उंगली से थोड़ा चाट कर दूध पीना होता था। चूरन रात में और गोलियाँ दिन के भोजन के बाद लेनी होती थीं। एक-दो बार मैंने भी चुपके से थोड़ा-सा अवलेह चाट कर देखा, बहुत स्वादिष्ट होता था-और चूरन भी। बड़ा मुहल्ला है लल्लापुरा। हम इसके कूचे-कूचे में भटकते रहे। इन गलियों में जिधर देखिए लोग मेहनत करते हुए दिखायी पड़ते हैं-कोई चाय बना रहा है, कोई पकौड़ियाँ तल रहा है, कोई सामान ढो रहा है, कोई सब्जी बेच रहा है, कोई नाली साफ़ कर रहा है, कोई झाड़ू लगा रहा है, कोई भट्ठी सुलगा रहा है, कोई रिक्शा खींच रहा है तो कोई सग्गड़। कोई सिर पर भारी बोझा उठाए–'हटा भैया, बचा भैया' कहता चला जा रहा है, कोई पतंग बेच रहा है, कोई बाँस-बल्ली सरिया रहा है, कोई लोहे की छड़ें काट रहा है ...। बनारस की इन गलियों में असली जिंदगी आबाद है। मेहनतकश मस्त-मलंगों की दुनिया। गमछा गंजी पहने, मामूली पैंट और गन्दी कमीज पहने, मटमैली धोती-लुगरी लपेटे मर्द-औरतों का संसार। कई मर्द तो उघारे बदन भी।

इन गलियों में इधर-उधर से आती आवाजें फब्तियाँ बनारसी रंग को जमा देती हैं। सामान बेचने वालों की कितनी आवाजें टकराती रहती हैं इन गलियों में-'आलू हौ। गोभी हौ, भंटा हौ। आदी हौ।' 'आलू दस रुपया क तीन किलो, टमाटर दू किलो', 'छिम्मी दस रुपया किलो।' 'लहसुन ला, धनिया ला, मरचा ला, निबुआ ला...।' मुझे बनारस गन्धों का ही नहीं ध्वनियों का भी सम्पन्न नगर लगता है।

इस ध्वनि संसार को एक अलग तरह से आपके सामने रखता हूँ, संवाद के माध्यम से। लल्लापुरा की गली से वापस निकले तो मुझे लगा कि मेरे दाढ़ी-बाल काफ़ी बढ़ गये हैं। अज्जू भइया की दाढ़ी भी बढ़ी हुई थी। हम पास के ही एक सैलून में घुस गये। सैलून की बेंच पर तीन-चार लोग बैठे थे, एक-दो खड़े भी थे। बनारस में पान की दुकान और सैलून बतकही का अच्छा अड्डा होते हैं। पान वाला पान लगाने में जुटा रहता है। ये लोग अपनी बतकही से उसका मन लगाए रहते हैं। सैलून का नाई भी अपने काम में एकाग्र लगा रहता है। ये लोग आपस में और उससे भी बात करते हुए एकरस काम में रस घोल देते हैं। सैलून में ऊँचाई पर एक छोटा-सा टीवी भी लगा हुआ था। टीवी चल रहा था। भारत-इंग्लैंड का वन डे मैच 'लाइव' हो रहा था। भारत खेल रहा था, आख़िरी कुछ ओवर बाक़ी थे। अब यह सामूहिक संवाद देखिए। हम दोनों कपड़ों में लपेट दिए गये थे। मेरे सिर और दाढ़ी पर मशीन चल रही थी और अज्जू भैया की दाढ़ी पर उस्तरा। हम दोनों और हम दोनों के नाई भी इस संवाद में शामिल हैं–

अबकी पटकी ज़रूर इंडिया ई सारन के।
ला बेटा बचावा छक्का,
का छक्का लग गयल? (नाई)
आउर, का देखा बलरवा, ऊ करियवा बनरन मतिन दाँत
निपोरत हौ।
अब का होई दाँत निपोरे से, अभइन तक सरवा बहुत
अइंठत रहल, एक विकेट पउले रहल न।
चउआ हौ सरऊ! तिसरका अम्पायर से का पूछत हौवे,
अन्हरायल हउवे का। देखात नाहीं?
पगला गयेल हौ अउर का (नाई)
अब छक्का मारी तब चियारे दाँत।
ला, तू कहला अउर मार देहलेस छक्का।
रहुलवा बड़ा तगड़ा खेलला आख़िर में।
नया लौंडा आयल हौ, करारा खेलला।
एक सौ अठहत्तर बन गयल, दू सौ पहुँचा दे बेटा त खेल
रोमांचक हो जाय।
देखा ई त रोक देहलस, रने नाहिं बने देत
हउअन सारे।
कब तक रोकिहन, घबड़ा जिन अब तोड़ैया शुरू होई।
ला हो गयल, एक सौ पंचानबे
एक ओवर बचल हौ, दु सौ त डकेके चाही।
उ त डकी जाई
एक सौ सत्तानबे
जिया राजा
तीन गेंदा बचल हौ, बलरवा सरवा खौंखियावल हौ
चउआ मार देत त मजा आ जात
बा भैया का बोलला, सबेरे मक्खन खइले रहला का।
चूतियापन्ती जिन बतियावा, मार देहलेस चउआ
हो गयल दू सौ एक।
फिर मार दे बेटा चउआ
चला दू सौ एक पर करारा भिड़ंत होई

ओह, रोक देहलस, बलवे के ऊप्पर भहरा गयल

कै रन लेलन सब?

एक रन

बाह, दू सौ दू हो गयल

अब दू सौ तीन बनावेके पड़ी गोरकन के, ई का बनैहें;

जीत जाब हम

हमें जल्दी थी। हम सैलून से बाहर आ गये। घर आये तो पता चला कि भारत ने इंग्लैंड को एक सौ सत्ताइस रन पर 'ऑल आउट' कर दिया था। चहल, अमित मिश्रा और युवराज सिंह ने विकेट लिए, एक से एक बढ़िया कैच लिए गये। सच कहूँ मुझे बहुत अफ़सोस हुआ कि ऐसी भी क्या जल्दी थी। काश मैं रुक जाता और मैच का यह रोमांचक भाग सैलून में चल रही कमेंटरी के साथ देख-सुन पाता। अब तो बस कल्पना ही कर सकता हूँ। आप भी चाहें तो कर सकते हैं। तो यह था बनारसी रंग और ध्वनि रस का एक नमूना।

हमने सड़क पार की और दाहिनी ओर की एक संकरी गली में प्रवेश कर गये। दाएँ-बाएँ चकराते हम बुआ के घर के सामने निकल आये। लोहे का गेट गल कर ज़मीन में धँस गया है। घर वैसा ही दिख रहा है लेकिन बुझा-बुझा उदास-उदास। हम गली के बाहर निकल आये जहाँ बाहर ही सरकारी नल है। बायीं ओर ही फिर एक पतली गली है जो चेतगंज चौमुहानी पर निकल जाती है। सामने चलते जायें तो एक बार दाएं और एक बार बाएँ घूम कर कब्रिस्तान के पास निकल आयेंगे। बड़ा चक्कर हौ भइया। कोई अनजाना हो तो इसी में बौड़ियाता ही रह जाये। हम कब्रिस्तान की सामने वाली गली में चले आये, हनुमान मन्दिर के सामने वाली गली में-जो गवर्नमेंट गर्ल्स कॉलेज की पिछली दीवार के साथ-साथ बरवातरे निकल आती है। और फिर पिसनहरिया कुंआ से बाएँ घूम कर रामकटोरा की ओर चल पड़े। लहरी प्रेस टूट रहा है-हिन्दी के लोकप्रिय अय्यारी उपन्यास के प्रणेता देवकीनन्दन खत्री का प्रेस, इनके पोते हमारे बड़े मित्र थे। काशी विद्यापीठ में अध्यापक थे। नया भवन बन रहा है। इसके आगे अवध बिहारी लाल वकील का घर वैसे का वैसा है। यह गेट लगा हुआ नये डिजाइन का मकान है। अवधबिहारी लाल वकील बड़े शान्त व्यक्ति थे। मुंशी प्रेमचंद जैसी चौड़ी मूँछें रखते थे। घर भी आते-जाते थे। उनके पुत्र भी वकील हैं। रामकटोरा के तिराहे पर एक साबुन फैक्टरी थी जो अब टूट कर होटल बन गया है। इस सड़क पर कई नये मकान बन गये हैं। सड़क पार कर के वह बरामदेदार पुरानी बिल्डिंग बची हुई है जिसमें चूना, बालू, सीमेंट बेचने वालों की बड़े-बड़े दर की

दुकानें हैं, काशी की दरक मुझे साफ़ दिखायी पड़ने लगी है-पर किया क्या जाये इसे ही तो विकास प्रक्रिया कहते हैं। पीछे बदलाव की गति बहुत धीमी थी, सो दिखती नहीं थी-इतनी साफ़ नहीं दिखती थी। अब यह तेज हुई है तो न देखने पर भी दिखने लगी है। चाहे कितने भी हथौड़े चला लीजिए बनारस की गलियों में 'काशीपन' अब तलक धड़क रहा है—इसके आम लोगों के दिल में और मेहनतकश लोगों में और यह भी कहूँ कि मेरी उम्र के बनारसियों में।

ख़ास बात यह है कि मेरे भीतर बसी काशी कबीरचौरा, पियरी, चेतगंज, बाग़बरियार सिंह, ईश्वरगंगी, औसानगंज, जैतपुरा, दारानगर, लल्लापुरा... में आज भी मचलती सुनायी दे जाती है। इसे ही महसूस करने के लिए मैंने यह गली परिक्रमा की थी। मुझे निराशा तो हुई पर 'घोर' नहीं। बनारस का मूल तत्व सुरक्षित है, मैं अपनी ओर से ही कहूँ तो साठ साल से। कितनी ही बातें संस्कारों से हस्तान्तरित हुई हैं, कई जीवनचर्या से तो कई खान-पान, व्यवहार की आदतों से। अगर ऐसा है तो ये सारे बदलाव और भौतिकता की आंधी 'बनारसी' के ठेंगे पर। लगभग सारा का सारा बचा है। और इसीलिए पूरी दुनिया को बनारस एक पुरातन नगरी के रूप में अपनी ओर खींचता है। मुझे तो एक बार भी यह नहीं लगता कि कोई आंधी चल गयी हो या कि सब कुछ तहस-नहस हो गया हो। हाँ, एक खँरोच सी ज़रूर लगी है। ऐसी खँरोचें बनारस को लगती रही हैं, पर कोई स्थायी प्रभाव इन सबका उस पर कभी नहीं पड़ा है। और यही 'अप्रभावित बनारस' ही तो है जो चुंबक की तरह मुझे अपनी तरफ़ खींचता है। ऐसहिं खींचत रहे भइया, जब तक हम हई।

बनारस की इन ठेठ बस्तियों-गलियों का मुझे एक अलग ही सौन्दर्यशास्त्र दिखायी देता है, अनूठा सौन्दर्यशास्त्र। आवागमन, रहन-सहन, बात-ब्यौहार, भोजन-पानी सब उघरा-उघरा। उन्मुक्त। खुलेपन पर पर्दे पड़ने लगे हैं, पर इनकी क्या बिसात, ये बहुत झीने हैं और कुछ लोगों के पास ही हैं ये परदे। जैसा कि मैंने कहा कि काशी का एक सौन्दर्य है इसकी गन्ध का-लोहटिया में लोहे की, ठठेरी बाज़ार में पितरी की या शुद्ध घी में बसी मिठाइयों की, रेशम कटरा में पतंग और तबलों पर लगने वाले चमड़े-मसालों की, गोलादीनानाथ में मिर्च-मसालों की, जिसमें से आप गुज़रें तो लाल मिर्च की गन्ध से लगातार छींके बिना आप बच नहीं सकते, मन्दिरों से उठती फूल, अगरबत्ती, तेल, बाती, दूध, बिल्वपत्र की मिली जुली गन्ध, फूल की मण्डी में फूलों की और संकट मोचन में तुलसीदल की। और भी न जाने कितने प्रकार की गन्ध ही गन्ध।

एक सौन्दर्य बनारस के वस्त्रों का भी है। एकदम अपना-गमछा-गंजी, लुंगी-गंजी, धोती-सिलिक का कुर्ता, धोती-कुर्ता-चदरा, महिलाओं में माँग भर सेनुर, बड़ी-सी बिन्दी, गहरे रंग की धोतियाँ, दोनों हाथों में दर्जन-दर्जन चूड़ियाँ। इन सबको देखकर ही लग जाता है कि आप बनारस में हैं।

एक सौन्दर्य पान का है–मगही, देसी, जगनाथी, कलकतिया। पान के सामानों की पूरी मण्डी है, पान दरीबा। एक से एक मशहूर दुकानें हैं, हर क्षेत्र में हर गली में। एक सौन्दर्य है खान-पान का, चूड़ामटर, मगदल, गाजर का हलुआ, बालूशाही, लौंगलता, मोतीचूर, तिरंगी बरफी, मालपुआ, उम्दा चाट, कचौड़ी-तरकारी, जलेबी जलेबा... का। एक सौन्दर्य है साधारण का–सरल, सहज, बहता हुआ, मौज-मस्ती का। एक सौन्दर्य मुझे बनारस की बोली काशिका में दिखता है, फब्तियों का, गालियों का, भाषा के माध्यम से खिंचाई का, अभिव्यक्तियों का। एक सौन्दर्य बनारस की विशेष कलाकारी का भी है-साड़ियों का, लकड़ी के खिलौनों का, मिट्टी के खिलौनों का, पीतल-ताँबे के बर्तनों का, बनारस में सौन्दर्य विद्वता का और हिन्दी के गौरव का भी ठसाठस भरा हुआ है। बनारस की ठेठ चीजों का अपना सौन्दर्य है–गमछा, लंगोट, चोखा-बाटी, मलाई पूड़ी और मलइयो का। चौखंबा चेनुआ, विसेसरगंज, दसासमेध की सट्टियों का, छोटी-छोटी दुकानों का, जो कहीं कोने में, कहीं अँतरे में, कहीं सरोतर विराजमान हैं। इनमें पतंग की, पान की, दाना-दुनका की, दोने-पत्तों की, परचून की, पूजा के सामान की। पुरवा–कसोरा, दीया दियरी, झंझर–सुराही की। सिल-लोढ़ा, चकला-बेलना की। मथनी, चूहेदानी ,सिकड़ी ताला की...। बनारस का एक सौन्दर्य पटरी पर बिकने वाले भोज्य पदार्थों का भी है–गादा, चने की घुघरी, चाट, टिक्की, चूरन, पाचक। एक सौन्दर्य भांग और ठण्डई की दुकानों का भी है। इनमें से कई बहुत पुरानी हैं। नुक्कड़ों, तिमुहानियों, चौमुहानियों की दुनिया का अपना सौन्दर्य है तो सरकारी कलों (नलो) पर जुटते लोगों का अपना। खानपान की ही बात करें तो बनारस में लंगड़ा आम, मकोय, बेर, फालसा,खिन्नी, शहतूत, सिंघाड़ा, जामुन, लिसोड़ा का फूल, कटहरी, रामनगरहवा भंटा का सौन्दर्य भी कुछ कम नहीं हैं। बनारस का एक सौन्दर्य यहाँ के बुनकर भी पैदा करते हैं। ताने-बाने का फैलाव और इस बुनावट में छोटे-छोटे बच्चों की भूमिका को आप देख कर ही समझ सकते हैं। मदनपुरा, गोविन्दपुरा, गोलघर की साड़ी की दुकानों का अपना सौन्दर्य है जो दो सम्प्रदायों की एकता (हिन्दू-मुस्लिम) का बेहतरीन दृष्टान्त है। बनारस के सौन्दर्य में वैद्यकी, ज्योतिष और तन्त्र मन्त्र के धुरंधरों ने अपार वृद्धि की है। इस सौन्दर्य में अखाड़े, तकिया, मजारें और मकबरे भी चार चांद लगाते हैं। बनारस का एक गवई

सौन्दर्य भी है–पाण्डेपुर, आशापुर, लमही, सारनाथ, शिवपुर आदि का। एक सौन्दर्य कबीर, रैदास और तुलसी के इलाकों में पैठने पर भी जाग्रत होता है। और इन सबके ऊपर बनारस की सड़कों पर छोटे-छोटे मन्दिरों का, जो बनारसियों के लिए किसी बड़े मन्दिर से कम नहीं हैं। इनके अलावा मृत्युंजय महादेव, जालपा देवी, नौ दुर्गा, नौ गौरी, बारह ज्योतिर्लिंग छप्पन विनायकों, आठ भैरवों और अनगिनत महादेव के मन्दिर बनारस के सौन्दर्य का परचम हैं। कुछ भी कहिए बनारसी गालियों का भी अपना सौन्दर्य है–दरपेंच गलियों का। ये गालियाँ बनारस की निजता से सम्पन्न हैं इसलिए इनका सौन्दर्य विलक्षण है। भाषिक अभिव्यजना में रंजकता के लिए ये गालियाँ बनारसी भाषा व्यवहार में अर्थ की न जाने कितनी छवियाँ घोर-मट्ठा करके मिला देती हैं।

बनारस का एक सौन्दर्य नये बनारस का भी है। छिछला ही सही, पर इसका भी अपना इतिहास है–सिविल लाइंस, कैंटूनमेंट, इंगलिसिया लाइन, क्लार्क्स होटल, होटल दि पेरिस वाला बनारस। कलक्टरी, कचहरी, आईएएस, आईपीएस और जजों के बंगलों वाला बनारस। चर्चों और अंग्रेज़ी स्कूलों वाला बनारस। खुली-चौड़ी सड़क, पार्क–चौराहों, गेस्ट हाउस, होटलों वाला सजाधजा बनारस। अर्थात वरुणा के उस पार वाला बनारस। इन सब के बिना बनारस का सौन्दर्यशास्त्र न तो रचा जा सकता है और न ही बनारस के अपरिमित सौन्दर्य को पहचाना जा सकता है। बनारस एक अलंगा या एक रंगा नहीं है। कोई मामूली बात थोड़े ही है। यह महादेव शिव का आनन्दवन है-उनकी अपनी नगरी, उन्हीं की बसाई हुई और उन्हीं के अपने त्रिशूल पर बसी हुई। तो शिव की तरह ही बनारस के रंग भी निराले हैं। बनारस बहुवेशधारी है–महादेव की तरह। वैसा ही फक्कड़ भी है और निसंग भी। ये सारे रंग बनारस की गालियों में बह-बह कर घुलमिल गये हैं।

(4)

इस परिक्रमा का मंतव्य यही है कि–बनारस का मतलब है कि सब भूल कर इसमें पैठिए। इसके एक एक सौन्दर्य को तजबीजिए। उसमें रमिये। रस लीजिए। डुबकी लगा लीजिए। बेमन से बनारस को देखेंगे तो मट्टी मिलेगी। इसमें धँस जायेंगे तो परमानन्द। अपने आसपास की आवाजें सुनिए। गन्ध महसूस कीजिए। बनारस की सहजता को पकड़ने का यत्न कीजिए। आम लोगों की मशकत और उनके चेहरे की शान्ति को पढ़िए...। आपको लगने लगेगा कि ये सभी सहज साधना कर रहे हैं। बनारस इसी तरह देखा जाने वाला नगर है। तरंगायित भंग की तरह ही बनारस की

छनाई-घोंटाई भी इन गलियों में बिचरने से ही हो सकती है–सिर्फ़ और सिर्फ़ इसी तरह। तभी मन मतवाला हो सकेगा। बनारस की आत्मा इन्हीं गलियों में रम कर पहचानी जा सकती है। ये गलियाँ *प्रेम के मारग* की तरह संकरी हैं जिनमें सीस को भुंई पर धर कर ही घुसना होता है। ज्ञान की गठरी का सारा बोझा उतार कर। बनारस बोध का नहीं भाव का नगर है। इस भाव सागर में पौड़ना होता है। पौड़ेंगे तो बनारस अपने को उघार कर आपके सामने धर देगा–न तो कुछ छिपायेगा और न दुरायेगा। काशी तो उन्मुक्त है ही, आपको भी उन्मुक्त कर देगी। बनारस रमण की नगरी है। ऊपर-ऊपर से यहाँ कुछ नहीं दिखता, भीतर रमना होता है। तभी तो यह आनन्दवन है। इसकी गलियों में आनन्द की वर्षा होती है। शिव भी दिखायी पड़ते हैं और उसके गण भी। लोकाचार उतना ही, जितने की ज़रूरत है। इसलिए कोई बनावट नहीं। एक अलग तरह का वैविध्य। दृश्य यहाँ हर पल बदलते रहते हैं इसलिए काफ़ी चैतन्य रहना पड़ता है। बनारस गाफिलों के लिए नहीं, चैतन्यों के लिए है। हर पल कुछ मनोरम दिख जाता है, कुछ मनोहर सुनायी पड़ जाता है। अनेकानेक परम्पराएँ करवट लेती, साँस लेती महसूस होती हैं। बनारस महादेव की नगरी है, यह नहीं भूलना चाहिए। बाबा विश्वनाथ का निवास केवल काशी विश्वनाथ मन्दिर के भीतर ही नहीं है। वे इसकी गलियों, घाटों, कुण्डों के आस-पास रचे हुए हैं। यह महादेव की परम मोहक लीला स्थली है। एक ओर वे माता अन्नपूर्णा से भिक्षा ग्रहण करते हैं तो दूसरी ओर तारक मन्त्र देकर मृतात्माओं को तार भी देते हैं। वे अपने लिंग में गंगाजल, दूध और बिल्व पत्र से स्नान करके शान्ति की प्रतिमूर्ति बने विराजते हैं तो मणिकर्णिका पर भूत-पिशाचों के साथ चिता भस्म की होली भी खेलते हैं। बनारस का यही भाव बन चुका है। शिव की नगरी से यदि आप सजी-संवरी, कटी-छँटी, कोर-पलक दुरुस्त होने की उम्मीद करेंगे तो बनारस आपको उठा कर पटक देगा।

बनारस शिव को प्रिय ही इसलिए है कि यह अनगढ़ है, अजीब है, औघड़ है और अनूठा है। यह सब बनारस में है और बनारस इस सब में है। अन्य नगरों की तरह बनारस को नहीं समझा जा सकता। शिव की तरह ही बनारस की ये गलियाँ भी अपनी तीसरी आँख बन्द किये समाधिस्थ रहती हैं। हजारों लोग इन से गुज़रते हैं। गाय और नन्दी भी। भैरव की सवारी श्वान और संकट मोचक हनुमान के प्रिय वानर गलियों-चौपालों में घूमते रहते हैं। ये गलियाँ सबको आश्रय देती हैं। सबका ध्यान रखती हैं। संकरी गली में आते-जाते इन पशुओं से कतरा कर निकल जाना हर बनारसी जानता है। हम लोग तो गाय-बैलों के पुट्ठे भी थपथपा देते थे और वे थोड़ा बगल हो जाते थे। समाधि में भी ये गलियाँ परम जाग्रत हैं। सदैव खिली-खिली। इन

बन्द-पतली गलियों के अंधेरे में भी प्रकाश ही प्रकाश फैला हुआ है। देखने वाली आंखें चाहिए। इस नगर को अनेक कारणों से पुराणों से लेकर अब तक प्रकाश का नगर माना गया है। शिव प्रकाशमान परमब्रह्म हैं-ऐसे प्रकाश स्तंभ जिसकी ऊँचाई और गहराई ब्रह्मा और विष्णु नापने चले थे और थाह न पा सके। इतना प्रकाश की आंखें मिचमिचा जायें-घोर आकर्षण का प्रकाशन। अनगढ़ता का आकर्षण, जैसा कि शिव का असली सौन्दर्य है। तो भला इन गलियों को सिंगार-पटार की क्या ज़रूरत। कभी नहीं पड़ी। जब आनन्दवन थी काशी तब भी यह ऊँची-नीची थी, वनाच्छादित और घनघोर, महाश्मशान यहाँ अवस्थित था। सब कुछ भयंकर। शिव कोई नगरी बसायेंगे तो ऐसा ही होगा। वह छेनी-हथौड़ी मार-मार के थोड़े ही सुन्दर बनेगी। शिव ने भी क्या नगरी बसाई कि जहाँ वे भस्म का श्रृंगार करके रम सकें प्रेम से भांग-धतूरे का सेवन कर सकें और महाश्मशान में विचर सकें। कहना यह है कि जिन्हें चकाचौंधी चमक चाहिए, नकली श्रृंगार चाहिए और बनावटी व्यवहार चाहिए, वे कहीं अन्यत्र जायें-बनारस और उसकी गलियाँ उनके लिए नहीं हैं। वीतरागी गलियाँ हैं ये। धूनी रमा कर पसरी हैं इसलिए इन्हें अपने भीतर होकर और अपने भीतर करके देखना होता है। हम तो बचपन से देख रहे हैं कि इन गलियों में लगी ईंटें उबड़-खाबड़ हैं, गोबर-कीचड़ भी मिल जाता है कि लांघ-कूदकर निकलना होता है। कोई ईंट अपनी जड़ छोड़ चुकी होती है, उसके नीचे कीचड़ जमा हो जाता है, अगर गलती से भी उस पर पैर पड़ गया फच्च से काला पदार्थ अधोवस्त्र के पांयचे को रंग देता है। कहीं ईंटें उखड़ी हैं तो कहीं कूड़े का अम्बार भी है। जैसा कि कहा गाय-साँड भी मिल जाते हैं और कुत्ते-बन्दर भी, बनारस में इनकी फिकर नहीं की जाती, न जाने कितने विदेशी निर्विकार भाव से इनमें टहरान मारते हैं। महानगरों के हमारे मित्र इन पर नाक-भौं सिकोड़ते हैं, निन्दा करते हैं। मैं मुस्कुरा कर उन्हें बख्श देता हूँ कि इनसे क्या कहा जाये, ये अपनी ज्ञान की गठरी उतार नहीं पाये हैं। शीश उतार कर धरती पर रखना तो इन्हें आता ही नहीं। ये नहीं जानते कि बनारस में शिव का वास है जिन्हें 'चिक्कनपन' तनिकौ नहीं भाता। ये वह नगरी है जो दो बनारसी अंगोंछों पर रेशम के थान के थान वार सकती है। किसमें बूता है इतना और किसका कलेजा है ऐसा।

इस तरह दूर-दूर रहकर बनारस थोड़े न पहचाना जायेगा। बनारस में रमिये तो जानिए कि इन गलियों में क्या-क्या नहीं मिलता कड़ाहों में औंटाया चकाचक दूध, अमृत तुल्य रबड़ी-मलाई, दिव्य मिष्ठान, फलाहार का सामान, फलाहारी नमकीन मिठाइयाँ। इन्हीं गलियों में आपको उम्दा सत्तू, बेसन, मैदा, सूजी मिल जायेंगे, पैकेट बन्द नहीं खुले हुए। ये दुकानें अति प्राचीन हैं इनके पास तीन-चार तरह के सत्तू,

पाँच-छह तरह का बेसन, मैदा, सूजी, मिलते हैं। शादी-विवाह में काशीवासी भी और गाँव-गिरांव के लोग इन्हीं दुकानों से सामान ले जाते हैं-लड्डू बनाने का बेसन अलग है तो बुनिया बनाने का अलग कढ़ी बनाने का अलग तो मूछी बनाने का अलग। पकौड़ी बनाने का अलग है तो हलुवा बनाने का अलग। आपको चौचक अचार, पापड़, बड़ियाँ चाहिए तो इन गलियों में दुकानों की लाइन लगी है–कोई दशाश्वमेध पर है, कोई ठठेरी बाज़ार में तो कोई मणिकर्णिका पर। पान-पत्ता, ताजी-सब्जियाँ, पूजा-पाठ का सामान, बनारसी सिल्क और साड़ियाँ सब इन्हीं गलियों से प्राप्त होते हैं ...। कहना यह है कि काशी भोग के बीच निरासक्त जीती है। चाहे पहनती न हो लेकिन खाती वह बहुत अच्छा है-यह ऐसा स्वर्गिक संगीत है जो आठो पहर बजता ही रहता है। उत्कृष्ट। यह याद रखें कि काशी का मूल राग वीतराग है। यही राग बनारस की गलियों का स्थायी नाद है। कर्णप्रिय-भोग और मोक्ष के मार्ग पर गुँजायमान।

शिव भी अजीबे हैं–काशी में आकर बसे तो अपने सारे रंग उन्होंने इसकी गलियों में बखेर दिए। 'बनारसी' भी ऐसा है कि हर साल रंग भरी एकादशी को शिव को ही रंग डालता है–शिव मानो अपने ही रंग में रंग जाते हैं, आपादममस्तक। उन्होंने बनारस की गलियों में अपना फक्कड़िया रंग भी छींट दिया है। इस तरह छींटा है कि शिव और सुन्दर का गाढ़ा समन्वय बन गया है। इसलिए बनारस की गलियों में रंगों का अभाव नहीं है–इन्द्रधनुषी रंग कितने-कितने-*मस्ती का रंग, वैराग्य का रंग, अध्यात्म का रंग, आस्तेय का रंग, सन्तोष का रंग, मृत्यु के उत्सव का रंग, तन को उघाड़े कर मन को साधने का रंग, एक में अनेक रंग मिलाने का रंग और अनेक रंगों में अपना रंग घोलने का रंग।* वैसे भी पूरी काशी भस्मी रंग में रंगी हुई है। भैरव के मन्दिर में माथे चढ़ाने वाले भभूत के रंग में। औघड़ कीनाराम के यहाँ भी भभूत माथे पर मलने के लिए मिलती है। धूसर। राख। और खुरदुरी। कहीं कोई लालित्य नहीं, चमक नहीं, चिकनाई नहीं-रंगाभास तक नहीं। पर जैसे काशी के सारे रंग इसी में उतर गये हों तभी तो सजता ऐसे है मानों जनम-मरण के तमाम रंग और रहस्य माथे पर धर दिये गये हों। यह भभूत लगती है तो माथा खरखरा जाता है। गरम-गरम-सा आभास होता है। चन्दन-चर्चित शीतलता नहीं, शिवत्व का ताप।

सजना या श्रृंगार तो सही अर्थों में कोई काशी से सीखे। सजावट, जो है भी और नहीं भी है या अभी है और अभी नहीं-जैसे घण्टे-घड़ियाल की ध्वनियाँ जो अभी हैं और अभी नहीं। विशेष बात यह है कि जिसकी अनुगूंज बनी रहती है जब तक आप संभाल सकें तब तक। यही सनातन सजावट वास्तव में काशी की सज्जा है, काशी है। काशी को जानना हो तो उसके इस 'सजाव' की पहचान करनी होगी। इसका एक रंग

समन्वय का भी है। शिव यहाँ आसन जमाये डटे हैं पर 'स्पेस' उन्होंने सबके लिए छोड़ रखी है-गोपाल के लिए (गोपाल मन्दिर), हनुमान के लिए (संकट मोचन), विष्णु के लिए (बिन्दु माधव का मन्दिर), भैरव के लिए (अष्ट भैरव के मन्दिर), शनिदेव के लिए (शनिदेव का मन्दिर), विनायक के लिए (छप्पन विनायकों के मन्दिर), नौ दुर्गा और गौरियों के लिए। बुद्ध (सारनाथ), पार्श्वनाथ (भेलूपुर) और कीनाराम के लिए भी काशी में आदरणीय स्थल हैं। भैरव के गणों, 'बीर' के भी नगर भर में स्थल हैं। काशी में ये सभी शिवमय हो जाते हैं। सबके भीतर से अनहद की गूंज नि:सृत होती है। पर्व-त्यौहारों में ये सब लोगरंग में रंग जाते हैं। काशी का लोक इन्हें भी शिव रंग में रंग डालता है। और जो लोक का हो गया, वह तो काशी में शिव का हो ही गया। इसमें भला क्या सन्देह। होता हो तो जाइये बिला जाइये किसी राजमार्ग पर जिसके चारों रास्ते न जाने कहाँ और किधर ले जाते हैं। काशी का रुख करने का तो आप साहस भी न करें। काशी सबको एक रास्ते पर ले आती है। इन्हें एहर-ओहर भटकाती नहीं। भटके हुओं को बनारस चेता देता है कि-एहर झांके भी जिन।

(5)

एक बार फिर चलें गलियों की ओर। आज हम पिसनहरिया कुँआ से होकर नाटी इमली वाली सड़क पर मुड़ने का सोच कर चले थे। न मुड़ते तो बीबी जी वाली बालकनी, श्रद्धानन्द के घर, आदर्श विद्यालय... वाली सड़क पर चले जाते और औसानगंज निकल जाते। जहाँ यह रास्ता मुड़ता है उसके सामने एक बहुत ही छोटी-सी मस्जिद है, खण्डहर होती हुई जिसके दो पल्ले के दरवाजे की ड्योढ़ी में कुण्डी-ताला लगा रहता है। बनारसी मानते हैं कि सन्त कबीरदास ने कबीरचौरा के चारो तरफ़ छह मस्जिदें बनवाई थीं। इससे यह अनुमान होता है कि उनके मुस्लिम अनुयायी काफ़ी थे। एक तो यही कोने वाली मस्जिद है। एक बरवातरे रंगरेज के पास थोड़ी ऊँचाई पर है। तीसरी पिपलानी कटरा से कब्रिस्तान वाली सड़क पर मुड़ते ही दाहिनी तरफ़ है। चौथी छक्कन अहीर के सामने सिद्धेश्वरी देवी के मकान से सटी हुई है जो चौतरफ़ा घिरी है। इसमें एक छोटा-सा दरवाजा भी लगा है। पाँचवी के बाहरी हिस्से में सदन मियां की गोश्त की दुकान है। बगल के एक दरवाजे से मस्जिद के भीतर जाया जा सकता है। छठवीं मस्जिद लोहटिया से औसानगंज की ओर आगे बढ़ने पर है।

मस्जिद के सामने से हम नाटी इमली जाने वाले रास्ते पर आगे बढ़े। दोनों और पुराने बड़े-बड़े भवनों की दीवारें हैं। दाहिनी तरफ़ की दीवार के साथ मुड़ते ही इसी तरह के एक भवन में डाकखाने का पुराना बड़ा गेट है। मेरे एक परिचित सोना बाबू

इसी डाकखाने में काम करते थे। बाद में मेरी बुआ की एक लड़की (शशि जिज्जी) का विवाह इनके छोटे भाई से हुआ जो वकील हैं। सोना बाबू काशी रंगमंच के बड़े नाट्य निर्देशक और अभिनेता थे। 'श्री नाट्यम' संस्था के लिए काम करते थे। उनका बड़ा समूह था जिसमें मेरे भी कई मित्र सम्मिलित थे–राजेंद्र उपाध्याय, राजेश वर्मा, गौरी शंकर...। सीधे चलने पर भरत मिलाप स्थल आ गया। अब हम मंच के पास खड़े हैं। बायें जायें तो जगत गंज पहुँच जायेंगे, रामकटोरा होते हुए-जहाँ हम जा चुके हैं, दूसरे रास्ते से, इसी सड़क पर चित्रकूट रामलीला की दो लीलाएं खेली जाती हैं-एक लकड़ी के अड़ार और छोटे-से तालाब के किनारे पीपल के पेड़ के नीचे-कौव्वामरान, जिसमें कागा जयंत का राम ने नेत्रबेध किया था। पीपल के नीचे चबूतरे पर राम-सीता बैठ जाते हैं, लक्ष्मण पीछे खड़े हैं कि एक आदमी काला वस्त्र पहने और कौवे का चेहरा लगाये वहाँ आता है। सीता के पांव में चोंच मार देता है। राम क्रोध में आकर उसकी एक आंख तीर से बेध देते हैं। मैंने न जाने कितनी बार यह लीला देखी होगी। दूसरी लीला साबुन फैक्ट्री (जो अब होटल है) के निकट सड़क पर ही होती थी-धुरिया राकस की लीला। इस लीला में राम, लक्ष्मण और जानकी एक ओर से आते हैं, उनके पीछे कई लोग चँवर डुलाते चलते थे। दूसरी ओर से काला लबादा ओढ़े कपड़े का ही नकाबनुमा चेहरे पर पहने कन्धे पर झोला लटकाए एक राक्षस उछलता-कूदता, चिल्लाता अट्ठहास करता वहाँ आ जाता है और अपने झोले से धूल निकाल-निकाल कर तीनों मूरतों की ओर फेंकने लगता है। राम-लखन तीर-धनुष साध लेते हैं। दाएं से बाएं, बाएं से दाएं एक दूसरे को काटते हुए चहलकदमी करते हैं। उधर राक्षस धूल फेंके जा रहा है। कभी-कभी वह धूल सड़क के दोनों ओर खड़े भक्तों की ओर भी फेंक देता है। जब वह ऐसा करता तो हम चिहुँक जाते।

अगर दाहिने मुड़ जायें तो ईश्वरगंगी पहुँच जायेंगे। श्रद्धानन्द जी की कॉलोनी में-एकदम उल्टी तरफ़ से। हम इन दोनों और गये और फिर वहीं मंच के पास वापस आकर सीधे चले। इस रास्ते पर थोड़ी ही दूर पर मेरी अहिरिन दादी के पुत्र बेचन का घर था। थोड़ी ऊँचाई पर कई सीढ़ियाँ चढ़कर उनका द्वार आता था। अन्दर जायें तो एक ओर बाड़ा था जिसमें गाय भैंसें बँधी रहती थीं और दूसरी ओर मकान बना था-पक्का-दो तीन कमरे नीचे, दो-तीन कमरे ऊपर। तब बेचन हमारे यहाँ दूध देने भी आते थे। इसी बहाने थोड़ी देर अपनी माँ से बतिया लेते। उनके तीन बेटे थे-कन्हैया गोपाल और नन्दलाल। सच में बेचन गोपालक थे। तीनों बेटों का नाम गोपालक कृष्ण के नाम पर रखा था। मैं उस घर को हसरत से देखते हुए आगे बढ़ गया। रज्जू भइया

मुझसे दादी और गोपाल, नन्दलाल आदि की बातें करते रहे कि इन सबने चाय, दूध, मिठाई की दुकानें खोल ली हैं। हम सीधे चलते चले गये। यह रास्ता चौका घाट पर निकलता है। पानी की टंकी के पास। बीच में कॉटन मिल का बहुत बड़ा परिसर पड़ता है। ऊँची बाउंड्री से घिरा हुआ। अब यह बहुत बड़ी कॉलोनी बन गयी है। मिल जब 'लिक्विडेशन' में थी तो कोर्ट की तरफ़ से पापा इसके लिक्विडेटर बनाए गये थे। मिल के बिकने तक बने रहे। मेज, कुर्सी, पंखा, अलमारी सब नीलाम किये जाते। मैं तब युवा हो चुका था। हम भी नीलामी देखने जाते। एक बहुत बड़ा दो डैने वाला टेबल फैन हमलोगों ने भी लिया था जिसे चला दीजिए तो आंधी आ जाये। बहुत समय तक उसने साथ दिया फिर उसके पीछे लगी किंग-साइज मोटर बिगड़ गयी, बनारस भर में कोई उसे बना न सका।

अब हम पानी की टंकी पर निकल आये। इस यात्रा में रज्जू भैया हमारे साथ थे पानी की टंकी से अगर बायें सीधे चले जायें तो कैंट स्टेशन पहुँच जायेंगे ओर दाएँ चलें तो अलईपुरा (सिटी स्टेशन) होते हुए राजघाट, पड़ाव तक पहुँच जायेंगे। थोड़ा आगे जाकर तनिक बाएं कट जायें तो यहाँ एक बड़ी लकड़ी की अड़ार है जिसके सामने एक बड़ा-सा मैदान है। इसी मैदान में चित्रकूट की रामलीला का दशहरा होता है। यह संस्कृत यूनिवर्सिटी का पिछवाड़ा है। बायें कटकर सीधे चलते चले जाँय तो संस्कृत यूनिवर्सिटी के साथ-साथ चलते हुए जगतगंज पहुँच जायेंगे और आधा मील आगे निकल जायें तो उसी साबुन फैक्ट्री (रामकटोरा) वाली सड़क पर आ पहुँचेंगे। बनारस की ये सड़कें, गलियाँ, रास्ते मेरे मानस पर नक्शे की तरह छपे हुए हैं। बरसों बाद इनकी पुनः परिक्रमा कर के अतुलित आह्लाद मिला। कहीं भी रहूँ अक्सर मैं अपनी यादों के सहारे इनमें से किसी गली, सड़क या रास्ते को नाप आता हूँ-एक तरह का सुकून-सा मिल जाता है।

(6)

यह गली यात्रा तरंगायित करने वाली रही। कहीं भी रहूँ बनारस की किसी न किसी गली की याद चिहुँक उठती है। कितनी बार सत्यनारायण प्रसाद वकील के यहाँ गया हूँ, दौड़ते-दनदनाते हुए। स्मृतियों का कोई ठिकाना नहीं, धुंधली और झीनी बनी भीतर हिलती-डुलती रहती हैं। इन्हीं धुंधले अक्सों को साफ़ करने निकला था इन दिनों। इस यात्रा में कितने बिसरे लोग सामने आ पड़े। कैसा-कैसा तो लगा। बनारस मेरी स्मृतियों का स्थाई हिस्सा है। स्मृति जो कभी सालती है, कलपाती है और कभी मन में हूक-सी उठाती है। कौन गिन सकता है भला। न जाने कितने क्षणों, घड़ियों,

पलों..., कितने महीनों, बरसों को जिनमें बनारस मेरी नस-रग में बहता रहा है, चाहे बनारस में बिताए 25 वर्ष हों या उससे बिछड़ने के बाद के चालीस-पैंतालीस साल। न जाने कैसा रिश्ता है कि बनारस का दीदार हर घड़ी, हर पल होता रहता है। अकथ तिश्नगी छाई रहती है–

हट गये पर भी तआल्लुक ये है मयखाने से
मेरे हिस्से की छलक जाती है पैमाने से

बनारस के सारे रूप रंग मेरे भीतर गहरिया गये हैं। स्मृतियाँ कभी एक ओर खींच ले जाती हैं तो कभी-किसी दूसरी ओर। ये सिलसिला टूटता ही नहीं। मेरे भीतरी जगत का चिर स्थाई साथी है बनारस। न यह मुझे छोड़ता है। न मैं इसे। मेरे भीतर बनारस की एक जीती-जागती, चलती-फिरती 'गैलरी' बसी हुई है-जब जरा गर्दन झुकाई देख ली। बनारस से बिछोह ने मुझे उसके और निकट ला दिया है। 'वियोग' ने क्या अजीब 'संयोग' रचा है।

अक्सर मेरे पुरबिया मित्र मुझसे पूछते हैं-तोहार त बनारस छूट गयल। कोई पूछ बैठता है कि कभी बनारस जाते हैं या नहीं। कोई सुपढ़ हुआ तो शालीनता से पूछ लेता है-बनारस तो जाना होता होगा। आशय इन सारे कथनों का एक ही होता है कि अब तो तुम बनारस के रहे नहीं। मन तो करता है कि इन्हें हुरिया दूँ। कितने नादान हैं ये। क्या बनारस में रहकर ही बनारस साथ हो पाता है। इन्हें नहीं पता कि जो मजा इन्तज़ार में है... वह विसाल-ए-यार में कहाँ। विरह में तो माशूक और भी भितरिया जाता है। उसकी एक-एक अदा का सूक्ष्मावतार होने लगता है–खुली पलकों में भी और बन्द पलकों में भी। मेरी यही दशा है। तो क्या इतना आसान है कि कोई कह सके कि-तुम्हारा तो छूट गया बनारस या तुम तो छिटक गये बनारस से।

बहुत मन होता है कि एक बार गोला दीनानाथ के भीतर से होते हुए काशीपुरा के रास्ते चौक की ढाल पर निकला जाये। कभी चौक थाने से घुसकर नई सड़क पहुँचा जाये। मन है एक बार लोहटिया बड़ा गणेश से नख़ास होते हुए राजा दरवाजा जाने का। कभी बड़ा गणेश की पीछे की गलियों से निकलकर मृत्युंजय महादेव तक की यात्रा करने का भी मन है-पैदल-पैदल। हां, पियरी वाली गली से गुज़र कर जालपा देवी तक भी तो जाना है। कितनी-कितनी हसरतें हैं। बनारस में यही एक बुराई है कि यह छोड़ता नहीं है। कपारे पर चढ़कर नाचता है। नचाता है-ता थैया ता थैया। मेरे लिए यह 'काशी लास्य' है।

अद्भुत अपूर्व संयोग

एक बार बनारस में था तो बेटी-दामाद, नतिनें सब साथ निकले। मैंने ही उकसाया था। एक ई-रिक्शा किया गया, 'संकटमोचन' पहुँचे-पट बन्द था। कोई बात नहीं। बजरंगबली की संकट मोचनी छवि तो मन में बसी हुई है। मन्दिर का पूरा प्रांगण भाव मय है-पीत परिसर। खंबेदार ओसारा। सैकड़ों सिंदूर चर्चित हनुमान चालीसाओं का ढेर। ओसारे की परिक्रमा। मूर्ति के पीछे की दीवार पर माथा टेकने की जगह। इसी दीवार पर संगमरमर पर उत्कीर्ण सुन्दरकाण्ड का पाँचवा प्रकरण। दाहिने घूमकर मन्दिर का दाहिना शटर-सिंदूर से पुता हुआ। वहीं एक बड़े तसले में भरा सिंदूर और गरी तेल फेंट कर तैयार किया गया महाबीरी टीका। बायें खुला आंगन। दाहिने एक बड़ी जगह पर बड़ा-सा कुंआ-ठीक हनुमान जी की मूर्ति के सामने। भीड़ हो तो लोग इस कुंए की जगत पर खड़े होकर भी दर्शन कर लेते हैं। जगत बड़ी है इसलिए दूसरी-तीसरी ओर इस पर देर तक बैठा भी जा सकता है। हनुमान चालीसा उठा लीजिए। ओसारे में या जगत पर चढ़कर कहीं निरल्ले में बैठ जाइए और बाँचिए। चालीसा याद हो तो आंख बन्द करके यूं ही पाठ कर लीजिए। हनुमान मन्दिर के सामने एक बड़ा द्वार राम-लक्ष्मण-जानकी का मन्दिर। राम की मूर्ति काले पत्थर की है, शेष दोनों की श्वेत। बड़ी सात्विक मूरतें हैं-बस निहारते रहिए। बड़ा विलक्षण है यह संकट मोचन मन्दिर, जहाँ पहले भक्त का दर्शन किया जाता है और फिर भगवान का।

राम मन्दिर में प्रवेश करने पर मन्दिर का गोपुरम है। यहीं से बाएँ पाँच-छह सीढ़ियाँ उतरकर मन्दिर की परिक्रमा होती है। परिक्रमा पूरी होने पर मन्दिर की बाईं ओर लम्बा बरामदा साथ लगा हुआ है जहाँ राम कथा या कीर्तन चलता रहता है। राम मन्दिर से निकल कर सामने की तरफ़ की जगत पर एक बहुत बड़ा हंडा गड़ा हुआ है। बचपन में जब आना होता था तो पीने का पानी कुंए से खींचकर इसी हंडे में भर दिया जाता था। वहीं जगत पर ही गड़ुआ बाल्टी लेकर एक पण्डित जी बैठते

थे। थोड़ा निहुर कर चुल्लू बना लीजिए वे गड़ुवा थोड़ा-सा झुका देते थे, पानी पी लीजिए। बनारस में सधुक्कड़ी बाल्टियाँ बहुत मिलती हैं। ये छोटी-पतली सी होती हैं। जिनमें लोटा-डेढ़ लोटा पानी आता है। साधु-फकीर इसे लेकर घूमते हैं। रास्ते में प्यास लगी तो किसी कुंए पर रुक गये, किसी पानी भरते से इस 'बाल्टिया' में पानी भरवा लिया, जगत पर भी ऐसी नन्ही-नन्ही कई बाल्टियाँ रखी रहती थीं। आप चाहें तो उठा लें। पण्डित जी बड़ी बल्टी से उसमें एक लोटा पानी डाल देंगे, आप पी लें। अब पानी फूल वाले की बगल में जो जगह है वहाँ पिलाया जाता है। बाल्टी-बाल्टी भरकर पानी वहाँ ले जाया जाता है और टोंटी वाले गड़ुए से लोगों को पिलाया जाता है। यह जगह कुछ ऊँची है इसलिए अधिक निहुरना नहीं पड़ता-ठंढा, मीठा पानी। हनुमान जी को चढ़ाए गये विशेष 'संकट मोचनी लड्डू' का प्रसाद ग्रहण करने के बाद तो इस पानी का प्रभाव और स्वभाव अनूठा हो जाता है। लड्डू भी इस मन्दिर की तरह ही निराला है-बेसन, देसी घी और दरदरी मिश्रीनुमा शक्कर के मेल से तैयार किया गया। इसकी सुगन्ध अनमोल है। प्रसाद चढ़ाने पर पुजारी जी इसके ऊपर तुलसी के दल डाल देते हैं तो उसकी सुगन्ध और भी अनमोल बन जाती है। यह जल्दी खराब नहीं होता। महीनों जस का तस रहता है। थोड़ी प्रतीक्षा के बाद ही पट खुल गये और दिव्य दर्शन भी हो गया। भीड़ अधिक नहीं थी।

अब एक भाव प्रसंग। दर्शन के बाद परिक्रमा करके महावीरी टीका लगाया गया। न जाने कब कैसे सिंदूर मेरे कोट की कफ पर और बाँह पर भी लग गया था-जबकि उसके इन जगहों पर लगने की कोई वजह नहीं थी। भीतर सामने ही खिलौनों की दुकान है। मेरी नतिनी सूर्या हनुमान की आकृति लेने के लिए मचलने लगी। हम पेड़ के नीचे लगी इस दुकान पर पहुँच गये। खिलौने वाले ने मेरे कोट पर टीके का रंग और मुझे उसे छुड़ाने का प्रयत्न करते हुए देखा तो काशिका में बोला कि आप पर महाबीर जी की किरपा हो गयी है जिस पर वे मोहा जाते हैं, ऐसे ही उस पर अपना रंग पोत देते हैं। सुनकर मैं उसे एकटक देखता ही रह गया। एकदम लीन हो चुका था। कैसा आनन्द था इस भाव का कि-*पासहि बसत हजूर*।

मन्दिर के सीधे द्वार से भी बाहर निकला जा सकता है। एक पुराना रास्ता भी है। पहले हम उसी से आते-जाते थे क्योंकि तब यह प्रवेश द्वार नहीं बना था। पुराना रास्ता महेंद्रवी छात्रावास के सामने गली में मुड़कर है। इस गली में भी फूल माला प्रसाद की प्राचीन दुकानें हैं। दाहिने दो-सीढ़ी चढ़कर प्रवेश करें तो पक्की सड़क है जो दोनों ओर के घनघोर जंगल से होकर गुज़रती है। थोड़ा चलिए तो दाहिने ही

मन्दिर दिखने लगता है-अपने पीछे वाले हिस्से के साथ। अब यह पुराना रास्ता कम उपयोग में आने लगा है लेकिन कई नेमी दर्शनार्थी इसी रास्ते को पकड़ते हैं।

दुर्गा मंदिर

दुर्गा मन्दिर और माँ जगदम्बे

गोलघर

बनारसी साड़ी के बुनकर

संकटमोचन से हम दुर्गा मन्दिर आ गये। लगा माँ हमारी ही प्रतीक्षा में थीं। बिल्कुल खाली बैठी थीं। दिव्यदर्शन हुआ, देर तक। सूर्या ने उसी समय 'जय जय जय महिषासुरमर्दिनी...' सीखा था। कहने पर हाथ जोड़कर गाने लगी। बहुत छोटी थी। पुजारी जी अचरज में पड़ गये। मन्दिर परिसर बहुत बड़ा है। प्रांगण में ही हनुमान, काली, कल्कि, विनायक आदि विराजते हैं। बाईं ओर दो चार सीढ़ियाँ चढ़कर ओसारे में पहुँचे तो उसकी दीवार में लगे छड़दार दरवाजों से दुर्गाकुण्ड दिखायी देता है। मन्दिर के प्रांगण में कई पुजारी बैठे रहते हैं, पाठ करते रहते हैं। यज्ञ वेदी पर यज्ञ होते रहते हैं। माँ ने एक आध्यात्मिक संसार की ही सृष्टि कर दी है।

पुनः ई-रिक्शा किया गया। भेलूपुर चौराहे से सोनारपुर, पाण्डे हवेली, जंगमबाड़ी, गोदौलिया, बाँसफाटक, ज्ञानवापी और चौक होते हुए गोलघर पहुँच कर हमने रिक्शा छोड़ दिया। गोलघर बनारसी साड़ी की पुरानी सट्टी है। संध्या को सट्टी जुटती है। मुस्लिम जुलाहे दफ्ती के लम्बे-लम्बे डिब्बों में साड़ियां लेकर आते हैं। ग्राहक भी पहुँच जाते हैं। वहीं मोल-भाव होता है साड़ियों की खरीद-फरोख्त होती है। जुलाहों और गद्दीदारों की जो बातचीत होती है वह कूट भाषा में होती है कि ग्राहक समझ न सकें। इस कूट भाषा पर काशी हिन्दू विश्वविद्यालय के अंग्रेज़ी विभाग के प्रोफ़ेसर राजाराम महरोत्रा ने एक पुस्तक भी अंग्रेज़ी में लिखी थी, सुना तब बहुत टंटा मचा था।

गोलघर पार करके सामने एक बहुत पतली गली है। यह गली 'दाब कर' हम बाएँ मुड़ गये और भैरव जी के मन्दिर पहुँच गये। पता चला मन्दिर तीन बजे खुलेगा। भूखे थे सब, मुझे अचानक विश्वनाथ साव याद आ गये। बहुत प्राचीन दुकान है उनकी-छोटी-सी पर प्रसिद्ध। हम जतनबर वाली गली में घुसकर बाएँ मुड़े और पहुँच गये इस मशहूर दुकान पर। इस समय मेरी पुरानी स्मृतियों ने बड़ा काम किया। कचौड़ी-तरकारी तो तब तक बनना बन्द हो चुका था-चूड़ा-मटर, समोसा-छोला एक-एक पत्ता खाया गया। फिर मीठे की बारी आई-किसी ने रसगुल्ला खाया, किसी ने 'बिनडोला गुलाब जामुन' किसी ने रसमलाई, किसी ने खीरमोहन। सब तृप्त होकर मन्दिर पहुँचे। बहुत भीड़-भक्कड़ था, लाइन लगी थी। हमने चबूतरे पर से दर्शन किया।

ज्ञानवापी के लिए फट से ई-रिक्शा मिल गया। तुरन्त पहुँच गये। सीढ़ियों से नीचे उतर कर मोबाइल आदि रख दिया गया। बाबा विश्वनाथ से मिलने बाईं तरफ़ वाले रास्ते पर आगे बढ़े। पीपल के पेड़ के नीचे वाले हनुमान के भी दर्शन हुए, आगे चलकर ज्ञानवापी के पास बैठे भव्य आकार नन्दी के भी। अपने दामाद को सब बताता रहा। दर्शन बिना किसी रूकावट के हुआ। बच्चे साथ थे। सबके साथ संकटमोचन, दुर्गा जी, भैरवनाथ और काशी विश्वनाथ के दर्शन करके मुझे कैसा-कैसा तो लग रहा था। इन सब ईशों ने यह अवसर दिया कि यह दुर्लभ जिन दिन जीवन में आया। किसे धन्य कहूँ अपने पूर्व जन्म के कृत्यों को, ईश्वर की कृपा को या बनारस के प्रति अपने अगाध प्रेम को।

वापसी बाँसफाटक निकलने वाली गली से हुई। निकलने के पहले मलइयो की दुकान दिख गयी। दो कुल्हड़ लेकर सबने 'शेयर' किया। आगे 'काशी ठण्डई घर' आ गया। ठण्डई पीने की चाह भी पूरी हुई। बड़ी पुरानी दुकान है। ख़ूब मेवा केसर डाल कर केसरिया ठण्डई बनती है। बाल्टे में भर कर रखी रहती है। कुल्हड़ में दी जाती है। भांग अलग से एक स्टील के डिब्बे में रहती है चाहें तो ले लें। दुकान का नवीकरण हो रहा था। नीची भी हो गयी है। सिंदूरी रंग भी नहीं था, पूछा तो बताया गया कि जल्दी ही सब रंग-रंगा जायेगा। पुनः ई-रिक्शा मिल गया। कन्हैया चित्र मन्दिर, गोदौलिया की बड़की चौमुहानी, निशात सिनेमा, जंगमबाड़ी, पाण्डे हवेली, मदनपुरा, सोनारपुरा, भदैनी, अस्सी, लंका पार करके रविदास द्वार से केशव पान भण्डार के सामने से होते हुए हम भगवानपुर पहुँच गये। दिन भर लग गया था पर तन और मन दोनों एकदम शान्त थे।

भितरी बनारस : छह

बनारस का 'रस'

कीर्तन मण्डली

मिट्टी के खरगोश

मिट्टी की चिड़ियाँ

मूर्तिकार

खिलौने : खिलौने मिट्टी के घर में वो ले के आता है

बनारस पचरंगा शहर है। कब कौन सा रंग माथे चढ़ेगा, ठिकाना नहीं है। कभी ठठेरी बाज़ार रंगने लगता है तो कभी नारियल बाज़ार। कभी जगतगंज बझा लेता है तो कभी दारानगर। कभी काली महाल दाब लेता है तो कभी सराय गोवर्धन। कभी पियरी चांपती है तो कभी चेतगंज। कभी अस्सी भटकाती है तो कभी कबीर चौरा....।

न मिठाइयाँ पीछा छोड़ती हैं और न ही अन्य व्यंजन। लकड़ी और मिट्टी के खिलौने तो पीछा ही नहीं छोड़ते। मेलों, पर्व त्यौहारों का तो बनारस में अन्त ही नहीं। यह सब घेरियाते रहते हैं। घाट अपनी ही सुधि बिसरवा देते हैं। पान है कि जीह्वा पर चढ़ा रहता है। कैसे-कैसे मुझे बाँधे हुए है बनारस। कृष्ण ने ऊधौ से ठीक ही कहा था कि-*ऊधौ मोंहें ब्रज बिसरत नाहीं।* ब्रज कृष्ण के रोम-रोम में निवास करता था। कुण्डली मारे बनारस मेरे भीतर बैठा है–रह-रह कर मसकता है और करवटियाता है–घुसुर-घुसुर, पुसुर-पुसुर।

कहीं भी आ जाय बनारस का नाम, चपका लेता है। अब दूर रह कर और भी आ सटा है। अब तो वही हाल है कि–*पहले भी रुख पर तेरे तिल था मगर कातिल न था।* अब बनारस और भी कातिल हो गया है मेरे लिये। मतवाला बनाये रखता है। तृप्ति ही नहीं होने देता। बार-बार यह कहने को मन ललकता है– देहु *कलाली एक पियाला, ऐसा अवधू है मतवाला।* बनारस प्याले पर प्याला पिलाता जाता है। बेसुध कर देता है। इसी लीनता को चैतन्य करने का प्रयत्न करता हूँ।

नजीर अकबराबादी ने जिंदगी की छोटी-छोटी हलचलों पर कई गजलें लिखी हैं। वे लोक के शायर थे–मेलों पर लिखते हैं, त्योहारों पर लिखते हैं, तीतर बटेर की लड़ाई पर लिखते हैं, शराब नोशी पर लिखते हैं.....। उन्होंने खिलौनों पर भी लिखा है। दीपावली पर मिट्टी के खिलौनों की खरीद-फरोख्त चल रही है–

कोई कहे है इस हाथी का बोलो क्या लोगे
ये दो जो घोड़े हैं इनका भी क्या भला लोगे
कोई कहे है कि इस बैल का टका लोगे.... ।

काशी में मिट्टी के खिलौनों का बहुत मान है। इसका इतिहास भी अति प्राचीन है। **रायकृष्ण दास** द्वारा काशी हिन्दू विश्वविद्यालय में स्थापित 'भारत कला भवन' में काशी में बने मिट्टी के खिलौनों की एक दीर्घा भी है। राजघाट के उत्खनन से ईसा पूर्व 800 की मिट्टी की मूर्तियाँ प्राप्त हुई हैं। **जातक कथाओं** में भी काशी के कुंभकारों का उल्लेख है। मौर्य एवं कुषाणकाल की मूर्तियों में पुरुष, स्त्री एवं पशुओं की आकृतियाँ मिलती हैं। इनका व्यापक उल्लेख काशी के पुरातत्ववेत्ताओं ने किया है। गुप्त काल में यह कला अपने चरम पर थी। वाद्य यन्त्रों के साथ गाते-बजाते हुए बालक, दम्पति, हाथी-घोड़े पर सवार और तोता-चिड़िया इस काल के मिलते हैं। चीनी यात्री **ह्वेनसांग** ने भी मृण्भांडों का ज़िक्र किया है। मिट्टी की मूर्तियों की यह कला बनारस में आज ही सुरक्षित है। बनारस का कोई भी त्यौहार इनके बिना पूरा नहीं होता। बनारस ऐसा एकमात्र शहर है जहाँ प्रत्येक त्यौहार के लिए **विशिष्ट** प्रकार के मिट्टी के खिलौनों का निर्माण होता है।

दीपावली पर गणेश-लक्ष्मी की मूर्ति मिलती है–विलक्षण। इसका शिल्प ही अलग है। दोनों अलग-अलग चौकियों पर बैठे हुए। सिंदूरी रंग से इन्हें रंगा जाता है। सिर के पीछे एक सुनहरा मुकुटनुमा प्रभामण्डल निर्मित किया जाता है जिसमें दायें से बायें तक लोहे के तार गोद कर मिट्टी की घुंडिया बना दी जाती हैं।

ललई छठ की घरिया और चिड़ियाँ

गणेश चौथ के गणेश

गणेश-लक्ष्मी

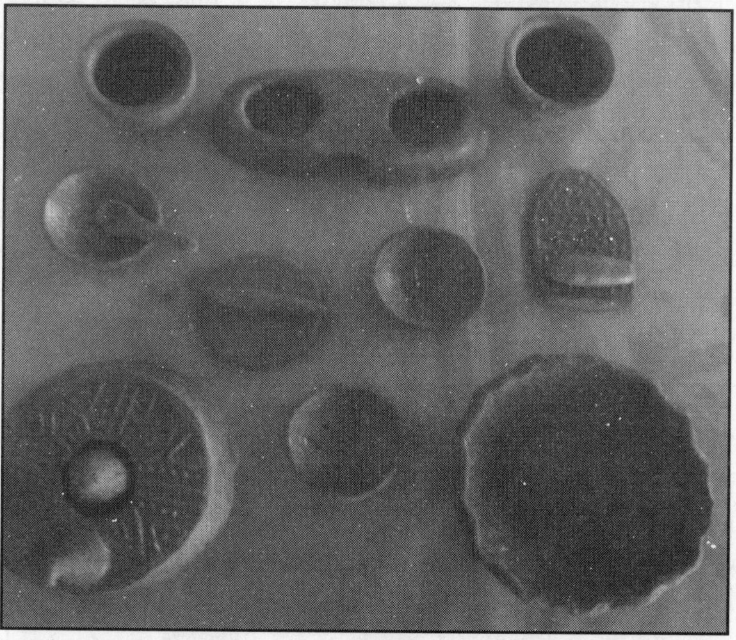

मेलों में गृहस्थी का सामान : चूल्हा, चक्की, सिलबट्‌टा, चकला-बेलन, बटुली, कटोरी, चम्मच और कठवत

छोटी घुंडियों के बीच में एक तनिक बड़ी आम के आकार की आकृति होती है। छोटे हिस्सों को सुनहले रंग से और बड़े वाले को भी सुनहले रंग से रंग कर

उसके केन्द्र में लाल या हरा रंग लगा दिया जाता है। **धनतेरस** के दिन इन दोनों की पूजा घर-घर में होती है। दोनों गणेश चौथों पर इस तरह के केवल गणेश मिलते हैं, लक्ष्मी जी साथ नहीं होतीं। ये मूर्तियाँ भिन्न-भिन्न आकारों की होती है, बहुत छोटी से बहुत बड़ी तक।

इसी तरह **लक्ष्मी कुण्ड के मेले में** लक्ष्मी जी की सुन्दर मूर्ति और मिट्टी का चेहरा मिलता है। लोग घर लाकर मूर्ति की पूजा करते हैं। ये दोनों बहुत ही सुन्दर होते हैं-बड़ी-बड़ी आँखें, तिलक, गौर वर्ण और सलोना चेहरा। **जन्माष्टमी** के दो दिन पहले एक पर्व मनाया जाता है **ललई छठ**। इस दिन जल के निकट पूजा की जाती है। इस पूजा के लिए मिट्टी की चिड़िया और छोटी-छोटी घरिया मिलती हैं। चिड़िया अलग-अलग भी होती है और मिट्टी के गोल चकले पर एक साथ चार बैठी हुईं भी। ये एकदम लोक शैली में बिना किसी आडंबर के बनायी जाती हैं, बस जैसे हाथ से ही सोहरा-सोहरा कर मिट्टी को चिड़िया बना दिया जाता हो। अब तो इन्हें भिन्न रंगों में रंगा भी जाने लगा है नहीं तो पहले ये पक्की मिट्टी के रंग में ही मिलती थीं। घरिया भी छोटी-छोटी पर कलात्मक होती है। इसके मुँह पर हल्की-सी गड़ारी भी होती है। इसी में तिन्नी का भुना चावल और महुआ रख कर चढ़ाया जाता है।

हमारे घरों में जन्माष्टमी पर झांकी सजती थी। एक दिन पहले से ही चोकर-भूसी-बालू अलग-अलग रंगों में रंगी जाने लगती। हमारे राम-जानकी मन्दिर के सामने वाली जगह में ज़मीन पर बिछी चादर पर इन अलग-अलग रंगों के गोल-चौकोर-तिकोने आधार बना दिए जाते और चादर का सुन्दर बॉर्डर भी। इन आधारों पर मिट्टी की छवियाँ रखी जातीं। ये खिलौने लक्सा चौमुहानी पर दाहिने औरंगाबाद पहुँचा देने वाली गली में बनते थे। इस गली में इन्हें बनाने वाले 'प्रजापतियों' की पूरी बस्ती है। बाक़ी समय ये गणेश-लक्ष्मी और लक्ष्मी जी की मूरत और चेहरे बनाते हैं। मेले-ठेलों के लिए ये तरह-तरह के खिलौने भी बनाते हैं। हमारे घर में कृष्ण-लीला से सम्बन्धित ये सारे खिलौने थे। अभी भी बनते हैं–**राधा कृष्ण की जुगल जोड़ी**। एक गाय और एक बछड़े के साथ त्रिभंगी मुद्रा में बंसी बजाते कृष्ण-ये तीनों अलग-अलग मिलते हैं जिन्हें झांकी में किसी एक आधार पर एक साथ स्थापित कर दिया जाता है, घुटने के बल बैठे **श्री कृष्ण गाय का दूध निकालते हुए**-यह भी दो खिलौने होते। झांकी में कृष्ण को गाय के थन के पास बैठा दिया जाता। **होली की झांकी** के लिए कृष्ण और राधा पिचकारी लिए हुए मिलते।

श्री कृष्ण जन्माष्टमी की झाँकी के कुछ खिलौने

झांकी में इन्हें थोड़ी-थोड़ी दूर पर रखा जाता, लगता वे एक दूसरे को पिचकारी से रंग रहे हैं। **पूतना वध** के खिलौने में ख़ूब बड़ी-सी, बड़े-बड़े दाँतों वाली चित्त लेटी पूतना मिलती जिसकी छाती से लोहे का एक तार बाहर निकला रहता था। बहुत छोटे-से कृष्ण मिलते, घुटनों के बल नीचे मुँह झुकाये। कृष्ण के पेट में एक छेद रहता, यह छेद पूतना वाले तार में फिट कर दिया जाता तो लगता शिशु कृष्ण पूतना का स्तनपान कर रहे हैं। **वस्त्र हरण** के खिलौने बड़ी जगह घेरते थे क्योंकि इसमें तने और पत्तियों सहित कदंब का एक वृक्ष होता था जिसकी एक डाल पर छोटे से कृष्ण बैठे होते थे।

नीचे स्तन के भी ऊपर वाले हिस्से से बनी गोपियाँ होती थीं। इस छवि का 'आधार' नीले रंग का बनाया जाता था ताकि लगे कि गोपियाँ जल के भीतर हैं। **देवकी और वासुदेव की मूर्तियाँ** हथकड़ी लगाये हुए मिलतीं—पूरी आकृति, दोनों खड़े हैं। हम घर में दफ्ती के डिब्बे थोड़ी-थोड़ी दूर से काट कर जेल बना देते जिसे गेरुआ रंग से पोत दिया जाता और सफेद खड़िया से उस पर चौकोर-चौकोर घेरे बनाये जाते कि लगे कि जेल पत्थर की है। इसके पीछे वासुदेव देवकी खड़े कर दिए जाते थे। एक छवि होती थी **वासुदेव** की जिनके सिर पर एक डलिया में बिल्कुल नन्हे-से कृष्ण लेटे हुए रहते थे। इसके लिए नागछत्र अलग से मिलता था। आधार पर दोनों को व्यवस्थित कर दिया जाता था। यह आधार भी नीले रंग का होता था। **माखनचोरी** वाली झांकी भी बड़ी होती थी। इसका एक हिस्सा होता था कि लोहे की एक पतली छड़ पर तीन-चार छोटी-छोटी हंडिया लटकी रहती थीं जिनका मुँह सफेद रंगा रहता था, लगता था कि उसमें मक्खन भरा है। इस छड़ का 'बेस' मिट्टी का रहता था। कृष्ण होते थे दायां हाथ उठाए हुए एक गोप के कन्धे पर बैठे। इस हिस्से को मटकियों के नजदीक रख दिया जाता। इसके साथ ही ग्वालों की दो छवियाँ मिलती जिन्हें आसपास खड़ा कर दिया जाता।

बाद में इन छवियों के साथ और भी बहुत कुछ सजाया जाने लगा जैसे चौराहा और उस पर खड़ा ट्रैफिक पुलिस, चौराहा एकदम गोदौलिया के चौराहे की तरह, ऊपर गोल, बीच में खंबा और नीचे गोल चौकी। भिश्ती, घासवाली, मछलीवाली, पण्डित जी, बन्दूकधारी सिपाही, एक हाथ में किताब लिए मास्टर साहब और भी कई। बन्दूकधारी सिपाही कई लिए जाते और उन्हें आधार पर लाइन से सजाया जाता मानों कोई पलटन हो। जहाँ भिश्ती रखा जाता उस आधार पर दूसरे रंग से एक सड़क सी बना दी जाती, लगता कि वह सड़क पर पानी छिड़क रहा है। घासवाली, मछलीवाली, पण्डित जी, मास्टर साहब एक बड़े आधार पर रखे जाते। इस पर भी

एक सड़क बना दी जाती। इस सड़क पर ही इन्हें थोड़ी-थोड़ी दूर पर रख दिया जाता। झांकी के आखीर में ऊँचाई पर एक झूला रखा जाता। यह झूला लकड़ी का होता है, नीचे आधार, चार खम्भे और इनके ऊपर एक मन्दिरनुमा हिस्सा। इन सब पर छोटे-बड़े शीशे जड़े रहते। ये झूले विश्वनाथ गली में लकड़ी के खिलौनों की दुकान पर मिलते थे-हर आकार के।

बनारस मेलों का नगर है। **सावन के सोमवारों** में दुर्गा जी पर मेला लगता है। लक्ष्मी कुण्ड पर **सोरहिया का मेला** लगता है जो सोलह दिन तक चलता है। रथयात्रा चौमुहानी पर **जगन्नाथ जी का रथ** रखा जाता है। यह मेला भी कई दिन का होता है। बनारस में दिवाली पर भी मिट्टी के खिलौनों का चलन है। दशहरा और भरत-मिलाप पर भी ये खिलौने ख़ूब बिकते हैं। अन्य कई त्यौहारों पर भी मिट्टी के खिलौने लोकप्रिय हैं। बनारस में मिट्टी के खिलौने मेलों-ठेलों का माहौल बनाते हैं। बनारस के लोग इन्हें अनिवार्यत: लेते हैं, घर ले जाते हैं, सजाते हैं और पूरे साल इनके साथ रहते हैं। अगले साल फिर नये खिलौने आ जाते हैं। पुराने खिलौने हट जाते हैं या टूट चुके होते हैं। प्रेमचन्द ने अपनी कहानी 'ईदगाह' में इन मिट्टी के खिलौनों का हाल बड़े ही मनोरंजक ढंग से कहा है।

इन मेलों में कई खिलौने तो बहुत ही लोकप्रिय थे-दीवार पर टांगने के लिए आमने-सामने मुँह किये हुए दो बड़े-बड़े सुग्गे, कई साइज के बबुआ, गाय, घोड़ा, हाथी, खरगोश, हिरण, शेर, कुश्ती लड़ते दो पहलवान, संगीत मण्डली, चेहरे और रसोईं का सामान जिसमें एक सिल लोढ़ा होता, दो बटलोई, एक मिट्टी का चूल्हा, एक मूसल, एक चलनी और छोटे-छोटे एक दो कलछुल और तश्तरियाँ। ये पूरा 'सेट' एक साथ मिलता था।

भड़ेहर

लाई-चूड़ा की दुकान

दीपावली पूजन के लिए दीवार पर उकेरा गया चित्र

मिट्टी के ये खिलौने हमारे घर के पास औसानगंज में भी बनाए जाते थे–डीएवी गेट पर। हमने इनकी बनायी-रंगाई बहुत नजदीक से देखी है। हमारे घर पर एक कहारिन आती थी, पोतनी मिट्टी ले कर जिससे रसोईं के चूल्हे और फर्श लीपी जाती थी। रसोइयों की फर्श पहले सामान्यत: कच्ची ही रखी जाती थी जिससे कि स्वच्छता बनी रहे। हर रोज पोतनी मिट्टी से लिपाई के बाद रसोईं अलग ही गन्ध देने लगती थी–सोंधी-सोंधी।

बनारस में मिट्टी के खिलौने लक्सा के अलावा भी कई क्षेत्रों में बनाए जाते थे जैसे रेवड़ी तालाब, सोनारपुरा, सोनिया आदि। बनारस के कुम्हार खिलौनों के अलावा मृण्पात्र भी बनाते हैं। कुल्हड़ (पुरवा) की बनारस में काफ़ी खपत है–चाय, दूध, दही, लस्सी यहाँ तक कि रसगुल्ला, गुलाब जामुन भी मिट्टी के कुल्हड़ या हंडिया में दिए जाते हैं। कुल्लड़ कई आकार में आते हैं बहुत छोटे से ले कर आधा सेर तक के। बनारस में पानी भी कुल्हड़ में ही पीया जाता है। झंझर-सुराही तो हैं ही। बड़े-बड़े मटके भी हैं और छोटी-बड़ी हंडिया भी। परई, कसोरा, दीया, दियरी, काजर पारने की घण्टी और चिलम भी कुम्हार बनाते हैं। **धनतेरस** से ही दीया-दियरी की ज़रूरत घर-घर में पड़ने लगती है। दीवाली तक इनकी धूम रहती है। वैसे भी

बनारस में पूरे साल घरों में जो व्रत-त्यौहार होते हैं उनमें कसोरा और दीया के बिना काम नहीं चलता। कसोरे में अक्षत, जौ, तिल आदि रख दिए जाते हैं और दीयों में रोरी, चन्दन, हल्दी। पूजा के बाद चरणामृत दीया में ही दिया जाता है। हलुआ, पंजीरी आदि दोने में या कसोरे में। तो मिट्टी के बर्तनों और खिलौनों की दुनिया बनारस में पूरे साल आबाद रहती है।

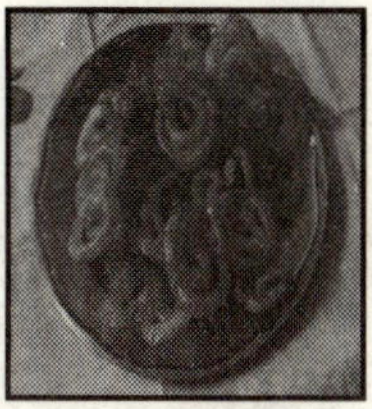

आहार व्यवहार : जेवंत नाहिं अघाइ कोई हिय बरु जात सिरात

यह ' पद्मावत ' की पंक्ति है। मलिक मोहम्मद जायसी ने **बादशाह भोज खण्ड** में तरह-तरह के व्यंजनों को बनाने की तैयारी और विधि का एकाधिक छन्दों में विवरण दिया है। एक से एक शाकाहारी, मांसाहारी व्यंजन हैं। जायसी ने ' जेवनार ' का विवरण भी दिया है। गोस्वामी तुलसीदास ने भी ' मानस ' और ' जानकी मंगल' में राम विवाह के समय के जेवनार का वर्णन किया है लेकिन व्यंजनों का वर्णन नहीं किया है–वे इतना ही कह कर रह गये कि अनेक प्रकार के व्यंजन थे और बहुत स्वादिष्ट थे। बनारसी रंग में यहाँ के खानपान का रंग भी घुला हुआ है। भानुशंकर मेहता ने बनारसियों को ' खाने-पीने का सौखीन ' कहा है। सच कहा है। बनारस मौसम और पर्व-त्यौहारों के अनुसार खाता-पीता है। कितने-कितने तो व्यंजन हैं–सरल भी और जटिल भी। जाड़े में चूड़ा-मटर, गाजर का हलवा, मूंग का हलवा, मगदल और मालपुआ के दिन आते हैं। गर्मी में परवल की मिठाई, सन्तरे की बर्फ़ी, सतुए का शरबत, पन्ना, आमरस, और हरी-हरी तरकारियों की बाहर आ जाती है। बरसात में गरमा-गरम व्यंजन खाये जाते हैं जिनमें मलगजा, पिट्ठी की कचौड़ी, फुट्टा की पूड़ी, रिकवच और ' धोखा ' खाने का मजा मिलता है। ठण्ड में हरी मटर और 'होरहा' ख़ूब आ जाता है। मटर की घुघरी, निमोना और टिक्की बनने लगती है। 'होरहा' तो गजब ही ढा देता है–तीन तरह का मिलता है, महिनका, मझोला और मोटा। कच्चा भी अच्छा लगता है, सब्जी में भी पड़ जाता है और घुघरी के रूप में भी खाया जाता है। कई घरों में तो इसकी बर्फ़ी भी बना ली जाती है। गर्मियों में दही से बना सामान ' उप्पर ' हो जाता है–कढ़ी रायता, मूंग के दही बड़े और छेने की मिठाइयाँ, जिनकी बनारस में बहुतायत है–एक से बढ़ कर एक। बनारस का मौसम कचर-पचर होता है इसलिए भुने-तले व्यंजन बनारस पसन्द करता है–तरह-तरह की

पकौड़ियाँ, उम्दा देसी घी के समोसे, टिक्कियाँ और छोटी आलू भरी कचौड़ी। चने की घुघरी भी बरसात में पसन्द की जाती है।

पर्व-त्यौहार और संस्कारों में भी बनारस का भोजन संस्कार प्रबल है। जाड़े में **मकर सक्रान्ति** आ जाती है। इस समय बाज़ार में गोभी-मटर का अंबार लगा होता है। बनारस में इस दिन लोग **तहरी** खाते हैं–मसालों के साथ पुलावनुमा चावल में गोभी-आलू-मटर डाल कर तहरी पकाई जाती है। बनारसी इस पर्व को **खिचड़ी** भी कहते हैं। इस दिन खिचड़ी भी बनती हैं, ज़्यादातर उर्द की दाल और चावल की जिसे शुद्ध घी से तर कर के खाया जाता है। इसके बाद आ जाती है **बसन्त पंचमी** जिसमें 'पक्का खाना' खाने का चलन है–पूड़ी-कचौड़ी, तरकारी, मिठाई। खिचड़ी पर दाना-दूनी के ढेरों व्यंजन बनाये जाते हैं–तिल और गुड़ मिलाकर लड्डू, लाई या चूड़े का ढुंढा, तिल मूँगफली या चने की दाल की पट्टी......। **होली पर** भी 'पक्का खाना' बनता है। कई घरों में **पुआ** और **गुलगुला** भी बनाया जाता है। हम कायस्थों के यहाँ होली के दिन गोशत या मुर्गी पकाने का भी चलन है। होली पर घर में ही गुझिया (पेड़किया), खुरमा भी बनाये जाते हैं और शाम को जो लोग मिलने आते हैं उन्हें खिलाया जाता है। गर्मी में **सतुआ सक्रान्ति** आती है तब सत्तू खाया जाता है और सत्तू से बने व्यंजन-जैसे बाटी, फुटहरी या लिट्टी। **गणेश चौथ** पर गुड़ मिला कर काली तिल के लड्डू बनाये जाते हैं। गणेश जी को यही चढ़ता है। मोतीचूर या दलबेसन के लड्डू भी चढ़ते हैं। इस दिन बड़ा गणेश के मन्दिर में छप्पन भोग परोसा जाता है–तरह-तरह की मिठाइयाँ और नमकीन। सब बनारसी रंग और ढंग की।

एक संस्मरण है पण्डित सीताराम चतुर्वेदी का 'श्री जयशंकर प्रसाद' जिसमें उन्होंने यह लिखा है कि **प्रसाद जी में बनारसीपन कूट-कूट कर भरा था, वे बड़े हंसमुख थे। हँस-हँस कर बातें करते थे**। लाला भगवानदीन **राजा दरवाजा** मुहल्ले में रहते थे। बाबू श्यामसुन्दर दास **हौज कटोरा** में, **बेनिया बाग़** के किनारे पर गोपाल राम 'गहमरी' का निवास था, **बड़ी पियरी** पर कृष्ण देव प्रसाद गौड़ 'बेढब बनारसी' रहते थे और **बेनिया बाग़** के उत्तर में प्रेमचन्द रहते थे। आचार्य चतुर्वेदी जी ने यह भी लिखा है कि ये सभी साहित्यकार सुबह-सबेरे बेनिया बाग़ में टहरान मारते थे, चक्कर लगाते थे। अब एक महत्वपूर्ण बात पण्डित सीताराम चतुर्वेदी के इस लेख से, जिसका सम्बन्ध काशी के आहार-व्यवहार से है कि 'प्रसाद जी वर्ष में एक दो बार अपने यहाँ इन साहित्यकारों को बुला कर अपने हाथ से बना कर **चिउड़ा मटर** खिलाते थे, और वह भी कंजूसी के साथ नहीं–**जीमो मन भर, छोड़ो मत कन भर**। उसके साथ एक चटनी बनाते थे, वह क्या थी कहा नहीं जा

सकता'। बनारस में चटनियाँ कई प्रकार की बनती हैं–घर-घर में। आम-पुदीने की, धनिया मरचा की, धनिया लहसुन की, धनिया करौंदा की, धनिया और कच्ची इमली की, पकी इमली और पियाज की, छुहारे और सोंठ वाली मीठी चटनी, पचरतन चटनी, टमाटर-धनिया-लहसुन की खट्टी चटनी, टमाटर और गुड़ की मीठी चटनी, आम की 'रेतुआ' या 'घिसुआ' चटनी... चटनी ही चटनी। रोटी से, पराठे से, चावल-दाल के साथ, पूड़ी-कचौड़ी के साथ समोसे के साथ इन्हें खाया-खिलाया जाता है। बनारस के हलवाई भी मौसम के हिसाब से इनमें से कई चटनियाँ बनाते हैं। चाट वाले भी।

बनारस इतने पर ही नहीं मानता। हमारे घरों में तरकारियाँ तो बनती थीं पर अक्सर बना करती थी पनही तरकारी–टमाटर-आलू की, जिसमें और कुछ नहीं पड़ता था। मेथी-लहसुन में छौंक कर पका ली जाती थी, एक प्रकार से टमाटर के सूप में आलू। इसे नाश्ते में भी खाया जाता और वैसे भी ठण्ड के दिनों में यह गरम-गरम तरकारी बहुत सुहाती थी। खिचड़ी की तरह ही **चने की दाल का खिचड़ा** बनता था–अति स्वादिष्ट। सत्तू के दिनों में **मकुनी** भी बनती थी। आटे में नमक, अजवाइन थोड़े मसाले मिलाकर सत्तू सान लिया जाता और आंटे की लोई में भर-बेल कर तवे पर घिस लिया जाता कि अधिक घी न लगाना पड़े। कई पर्वों पर भी और लड़के के विवाह में बारात जाने के बाद **फुट्टा की पूड़ी** बनती। बारात चली जाती तो स्त्रियाँ घर में ही रह जातीं। आस-पड़ोस की स्त्रियाँ भी बारात जाने के बाद आ जुटतीं और 'नकटा' होता। भोजन के समय उन्हें फुट्टा की पूड़ी, आलू की सूखी सब्जी और कोई अचार दिया जाता। चने की दाल को भिगो कर उसे जीरे-मसाले में पकाकर पीस लिया जाता और फिर आटे में भरकर बड़ी-बड़ी पूड़ियाँ घिस कर बनायी जातीं इतनी बड़ी कि एक पूड़ी के ऊपर खा पाना सम्भव न होता था। बनारस के भोजन में पापड़ भी महत्वपूर्ण है–मूंग, उरदी और आलू के पापड़, बनारस के बाज़ार में ख़ूब बिकते हैं जिन्हें भून या तल कर भोजन के साथ खाया जाता है। बनारस में एक कहावत कही जाती है-*खिचड़ी के चार यार, घी पापड़ दही अचार।* क्या सन्तुलन है। ऐसा सन्तुलन बनारस के समस्त खाद्य व्यवहार में दिखायी देता है। किस व्यंजन के साथ क्या खाना है अर्थात कौन किसका जोड़ीदार है, यह बनारसियों से अधिक भली-भाँति और कोई नहीं जानता।

बनारस में **मुंगौड़ी, कोहड़ौरी और तिलौरी** भी बहुत लोकप्रिय है। तिलौरी तल कर, ऊपर से थोड़ा नमक छिड़क कर खाई जाती है, ख़ासकर जाड़े के दिनों में। मुंगौड़ी तो किसी भी सब्जी में डाल दीजिए। ये बिना मसाले की नन्ही-नन्ही मूंग की बड़ियाँ होती हैं–आलू के साथ बना लीजिये, लौकी के साथ बना लीजिए स्वाद

बढ़ जाता है। कोहड़ौरी थोड़ी बड़ी होती है, ख़ूब मसालेदार। हमारे घरों में कोहड़ौरी ' डाली ' भी जाती थी। रात में ही बाल्टियों में उरद की बिना छिलके वाली दाल भिगो दी जाती। सुबह से ही महराजिन, दर्जिन और दादी आंगन में बैठकर सिल पर पीसतीं। एक ओर मसाला तैयार होता-खरल में कूट-कूट कर। सारे गरम मसाले और धनिया। पिसी दाल कठवत में डाल दी जाती। कोहड़ौरी में रकसुआ कोहड़ा पड़ता था-सफेद वाला। इसे टुकड़ों में काट छील कर कद्‌दूकस कर लिया जाता था। इस कोहड़े में पानी बहुत होता है जिसे निथार-निथार कर दाल के अनुपात में कठवत में डाल दिया जाता फिर मसाले डाल दिए जाते। और फिर ढेर सारी हरी धनिया और हरी मिर्च दरदरा कूट कर मिला दी जाती। फिर तो महिलाएँ इसे हाथ से मिलातीं और ख़ूब फेंटतीं। अब सफेद पीठी का रंग ही बदल जाता। ऊपर छत पर तुलसी चौरा के पास खरहरी खटिया पर कोहड़ौरी पड़ती। खटिया पर डालने की तरकीब भी अलग थी। हथेली में अन्दाजे से पीठी ले कर अंगूठे और अंगुलियों को जोड़ कर कलाई को घुमाते हुए इसे खाट पर गिराया जाता ऐसा करने से कोहड़ौरी अन्दर से पोली बनती थी, सीधे डाल दें तो ठस हो जायेंगी। कोहड़ौरी पड़ने के बाद एक कटोरी भर पीठी बचा ली जाती थी। थोड़ा पानी डालकर कठवत में लगी पीठी को कांछ-कांछ कर एक भगौने में इकट्‌ठा कर लिया जाता था। यह घोल सा होता था। ज़रूरत हो तो इसमें थोड़ा पानी और मिला दें नहीं तो इसे एक बटलोही में अन्तरित कर के चूल्हे पर चढ़ा दिया जाता था और हल्का-सा उबाल आने पर कटोरी वाली पीठी को अंगूठे और दो अंगुलियों की सहायता से छोटे-छोटे टुकड़ों में टपका दिया जाता था। एक उबाल के बाद यह घोल गाढ़ा होने लगता था। ज़रूरत के अनुसार उसमें थोड़ा नमक और पानी डाल कर ढक दिया जाता था। थोड़ी ही देर में यह ' उरद की कढ़ी ' तैयार हो जाती थी, एकदम चटकदार और झन्नाटेदार। इसे चावल के साथ सान कर खाने में परम आनन्द मिलता था। इस व्यंजन को 'डुबकी' कहते थे। बनारस में अमावट का भी बड़ा चलन है। आम के मौसम में तो घर में भी लोग **चुसुआ आम** से अमावट बना लेते थे। बाज़ार में भी अमावट ख़ूब बिकती है। बनारस में काले रंग की भी अमावट मिलती है–एकदम खट्‌टी, थोड़ी कड़ी-कडी सी। इसे चीर-चीर कर खाना पड़ता है। इसकी चटनी भी बनती है। अमावट को पानी में भिगोकर पीस लिया जाता है और इसमें धनिया-मिरचा कतर कर मिला लिया जाता है। पूड़ी-पराठे के साथ यह चटनी बहुत स्वादिष्ट लगती है।

एक साक्षात्कार की बात यहाँ करूँ जिसे मैंने हाल ही में पढ़ा। भानुशंकर मेहता का साक्षात्कार है, शीर्षक है '**मैं कौन हूँ?**'। इस प्रश्न के उत्तर में डॉ. मेहता ने

जवाब दिया है कि वे बनारसी हैं और ' बनारसीपन ' की परिभाषा इन शब्दों में की 'बनारसीपन आत्ममुग्धता का भाव है आत्मा को परमात्मा का अंश मानना और उसे पूरी मस्ती में वर्तमान में जीना ही बनारसीपन है। गंगा स्नान, कचौड़ी-जलेबी का जलपान, पान की गिलौरी, भांग-बूटी और दो जोड़ी गमछा बनारस के परमानन्द का उदाहरण है। बनारसी खान-पान में भी आत्ममुग्धता का यह भाव भिना हुआ है अर्थात हम तृप्त हों तभी तो परमात्मा भी तृप्त होगा'। एक प्रश्न साक्षात्कार में यह भी किया गया कि डॉ. मेहता को कौन-से खाद्य पदार्थ प्रिय हैं। उन्होंने जो जवाब दिया वह एक काशी-मर्मज्ञ और बनारसीपन से लैस व्यक्ति का बयान है जिसमें बनारस के 'रस' का कुल का कुल सवाद समाया हुआ है। उत्तर देखिये–'मुझे कई पेय पदार्थ अच्छे लगते हैं। ख़ासकर पंचामृत। दूध की चाय, तरबूज का शर्बत, बेल का शर्बत, अमरस और कसेरु का शर्बत। भोजन में मुझे बेसन की कढ़ी बहुत पसन्द है। उबले आटे की जीरा मिली रोटी, बिना छिलके की परवल की सब्जी, गरम-गरम दाल, मटर चूड़ा, सेवड़ा, भरवाँ परवल, मूली के पत्तों की ताजी सब्जी, मूंग की बरफी, बनारसी कचौड़ी, और जलेबी।' ये लगभग सभी बनारसियों की भोजन-आदत है। दो-चार व्यंजन जुड़ या घट सकते हैं। डॉ. मेहता को भरवाँ परवल पसन्द है। बनारस में **भरवाँ बैंगन** और **भरवाँ करेले** भी बनाये जाते हैं। हमारे घर में **मूली के साग** में मूली की छोटी-छोटी कतरनें भी डाल दी जाती थीं।

डॉ. भानुशंकर मेहता बनारस के मशहूर पैथोलॉजिस्ट थे। गोदौलिया की छोटी चौमुहानी से लक्सा की ओर जाते समय शुरू में ही उनकी लैब थी। वे बनारस के संस्कृति-पुरुष थे। नागरी नाटक मण्डली में कोई भी कार्यक्रम होता, वे अवश्य उपस्थित रहते। नाटक के बहुत शौकीन थे। बनारस की रंग-परम्परा पर उन्होंने बहुत सार्थक लिखा है। एक पुस्तक उनकी गंगा पर भी है 'धन-धन मातु गंग' और एक पुस्तक तो अद्‌भुत है 'घोड़े पै हौदा हाथी पर जीन' जिसमें उन्होंने बनारस के **बनारसी रंग के गद्य** का नाट्य रूपांतर किया है। एक पुस्तक उनकी काशी पर भी है–'सो काशी सेइअ कस न' यह पुस्तक भी अद्‌भुत से कम नहीं है। नागरी नाटक मण्डली में मिलते-जुलते वे मुझे पहचाने लगे थे। फिर मैं काशी से चला गया। कई वर्षों बाद बनारस के महात्मा गाँधी काशी विद्यापीठ में मैं दक्षिण भारत के हिन्दी सेवियों को लेकर आया था। दक्षिण के चारों राज्यों के डेढ़-दो सौ हिन्दी प्रेमी बनारस पहुँचे थे। दक्षिण भारत में काशी तीर्थ का बहुत सम्मान है। बड़ा सम्मेलन हुआ। तब प्रो. एस. एस. कुशवाहा काशी विद्यापीठ के कुलपति थे–मुझे अत्यन्त स्नेह करते थे। उद्‌घाटन सत्र में काशी की कुछ विभूतियों को दक्षिण भारत हिन्दी प्रचार सभा, मद्रास की ओर

से सम्मानित करने का भी कार्यक्रम था जिसमें पण्डित किशन महाराज, सुश्री गिरिजा देवी, प्रो. रिंपोछे और डॉ. मेहता को भी सम्मानित किया गया था। मैंने स्वागत भाषण दिया और बताया कि उत्तर दक्षिण के बीच में एक मज़बूत सेतु का निर्माण अनिवार्य है और यह काम हिन्दी भाषा ही कर सकती है। सम्मान कार्यक्रम हो गया। तीन दिन का सम्मेलन था। दूसरे दिन भी डॉ. मेहता आये और मुझे खोजते हुए मुझसे मिले। अपने सर्वोदयी झोले से अपनी चार किताबें निकाल कर मुझे दीं। मैं भाव-विभोर था। उन्हें तो हम ईश्वर-तुल्य देखते आ रहे थे। मैंने चरण स्पर्श किया। हम सभा कक्ष में आकर बैठ गये। बहुत मधुर स्वर में बोलते थे डॉ. साहब। बहुत ख़ूबसूरत भी थे। बातचीत में मैंने एक सम्बन्ध और जोड़ दिया कि उनकी छोटी बहन डॉ. कमलिनी मेहता ने काशी हिन्दू विश्वविद्यालय में एम.ए. की कक्षाओं में मुझे पढ़ाया था। बहुत प्रसन्न हुए। एक-दो बार और भेंट हुई फिर वे नहीं रहे। मेरी इच्छा है कि बनारस के कम से कम पन्द्रह रचनाकारों की एक-एक पुस्तक ले कर कुछ लिखूँ जिनसे बनारस की छवि को साहित्यिक प्रांजलता भी मिल जाय। निश्चित ही इसमें डॉ. भानुशंकर मेहता की एक पुस्तक अवश्य शामिल होगी।

मुझे याद है कि बनारस में **महीन होरहा** बड़ा महँगा मिलता था। थोड़े से घी में जीरा डालकर कल्हार भर दीजिए इसका स्वाद खिल उठता था। मीठी मुलायम मटर का भी यही हाल था। बनारस में इसे 'छिम्मी' कहा जाता है। यहाँ गाय के थन को भी छिम्मी कहते हैं, सम्भवत: आकार साम्य के कारण मटर को भी यह नाम दे दिया गया हो। बनारस में **मुलायम भुट्टा** भी चाव से खाया जाता है। बरसात के दिनों में यह आता। जगह-जगह अंगारे जला कर भूनने वाले बैठ जाते। भुट्टे का 'बोकला' छील कर नाखून से दबा-दबा कर हम देखते कि मुलायम है कि नहीं। मुलायम हो तो दाने से दूध-सा निकल आता था। जाड़ों में **ईख का रस** बिकने लगता। चौराहों-तिराहों पर रस पेरने वाले आ खड़े होते। हमारी गली में भी रसवाला आता था, रस का घड़ा सिर पर उठाये। उस घड़े के ऊपर ही एक हंडिया में दही रहती थी और नपुआ। हम गिलास में रस लेते तो वह उसी **नपुए** से थोड़ी-सी दही उस में डाल देता। स्वाद दोबाला हो जाता। इसी समय **गुड़ की राब** तैयार होती थी। मैं इस बेला में सुरेश के साथ उसके गांव चला जाता। दो-तीन दिन रहता। उसके घर के सामने बड़े-बड़े कड़ाहों में रस उबाला जाता और पतली गाढ़ी राब पत्ते पर गरम-गरम डाल दी जाती। कैसा स्वर्गिक आनन्द, क्या किसी चॉकलेट में होगा। जाड़े के दिनों में ही **आंवले का मुरब्बा** खाया जाता। यह मुरब्बा अचार-पापड़ वालों के यहाँ ख़ूब मिलता है।

बहुत अच्छा माना जाता है। जब हम छोटे थे और परीक्षा देने जाते थे तो पापा अपने कमरे की आलमारी में रखे कंटर से निकाल कर एक मुरब्बा मुझे खाने को देते थे। मुरब्बा खा कर पानी पीयें तो देर तक मन मस्तिष्क ठण्डा-ठण्डा लगता रहता है।

वैसे तो **खीर** अक्सर बनती लेकिन शरद पूर्णिमा पर अवश्य बनती। चाँद निकलते ही खीर का खुला पात्र हम धूर छत पर रख आते और सुबह ले आते। जलपान के समय उसे थोड़ा-थोड़ा खाया जाता–कैसी शीतलता-चावल के दाने-दाने में समायी हुई। हमारे बगीचे में नारंगी का भी एक पेड़ था, चेतगंज में बुआ के यहाँ तो ख़ूब बड़ा पेड़ था। दोनों में ख़ूब नारंगी फलती। नींबू की तरह ही **नारंगी का भी अचार** डाला जाता। नारंगी नींबू जैसी खट्टी नहीं होती इसलिए इसको हम वैसे भी खा जाते -–खटमिट्ठा-खट्मिट्ठा। दादी नींबू का भी अचार डालती थीं। न जाने कैसे डालती थीं कि हर नींबू अलग-अलग रहता था और उन पर नमक की परत जमी रहती थी। खाल बहुत मुलायम नहीं होती थी, तोड़ने पर हाथ में आ जाती थी। दाल भात के साथ यह अचार भी बहुत मजा देता। जब हमें या किसी को भी दो-चार दिन तक बुखार रह जाता और ठीक होने पर मुँह का स्वाद बिगड़ा-बिगड़ा लगता तो इसी अचार का एक टुकड़ा हमें चुभलाने के लिए दिया जाता। जबान शुद्ध हो जाती। इस सूखे नमक जड़े अचार को हम **निमकी** कहते थे। गरमी में विशेषकर लंगड़ा आम और टपकुआ (चुसुआ) आम का सेवन होता तो जाड़े में अमरूद का। बनारस में **चिरईगांव** का अमरुद बड़ा प्रसिद्ध था। यह पका होता लेकिन एकदम कड़ा, काटें तो कट-कट की आवाज होती लेकिन एकदम मीठा। इसे हम 'गरीवाला अमरुद' कहते थे।

बनारस में विशेष रुप से फल-सब्जियों को फसल के स्थान के नाम से उत्तमता का प्रमाण पत्र दिया जाता था जैसे बंबइया केला, नागपुरी सन्तरा, चिरईगांव का अमरूद, जौनपुरी खरबूजा, लखनऊ का दशहरी, पूने की प्याज, रामनगर का भंटा...। बेचने वाले भी यही नाम ले ले कर आवाज लगाते। गरमी और ठण्ड में कुछ फल विशिष्ट आते जैसे चकोतरा (बड़ा नींबू), अमरख, मकोय, लीची, खिन्नी, शहतूत...।

बनारस में कच्चे कटहल का भी अचार बनाया जाता है। यह सब्जी का काम देता है। अचारों का सरताज। इसमें मसाले अलग तरह के पड़ते हैं। इसे तेल भी बहुत चाहिये और देखभाल भी। कच्चे कटहल के कई व्यंजन बनारस में लोकप्रिय हैं–कटहल की ख़ूब मसालेदार सब्जी घी में भिना-भिना कर पकायी जाती है। कटहल को उबाल-पीस कर उसके कबाब भी बना लिये जाते हैं। कटहल के कोफ्ते भी अच्छे

बनते हैं। हमारे यहाँ शादियों में भी **कटहल का कोफ्ता** खिलाया जाता था। उबले हुए कटहल को ख़ूब महीन पीस कर उसमें बेसन और मसाला मिला कर मिश्रण बना लिया जाता था फिर 'रस्से' का मसाला तैयार कर के इस मिश्रण के गोल-गोल चिकने-चिकने लड्डू के आकार के तले हुए गोले इस 'रस्से' में डाल दिये जाते थे और कसोरे में दो-दो गोली परोसी जाती थी।

काशी खण्ड में कहीं-कहीं भोजन और 'भोग' की चर्चा मिलती है कि 'प्रसाद' में शिव को क्या पसन्द है, विनायक को क्या प्रिय है, विष्णु को क्या भोग चढ़ाना चाहिए........। इसी के चलते बनारस के कई मन्दिरों-अन्नपूर्णा जी, बड़ा गणेश, भैरवनाथ, गोपाल मन्दिर में किसी विशेष तिथि पर 'अन्नकूट' का आयोजन होता है जिसमें यावत व्यंजन भोग रूप में चढ़ाये जाते हैं और हजारों भक्त 'अन्नकूट' का दर्शन करने पहुँचते हैं। डॉ. मोतीचन्द्र ने अपनी पुस्तक 'काशी का इतिहास' प्रथम संस्करण सन्1962/2003 में गाहड़वाल युग (ग्यारवीं बारहवीं शताब्दी) में काशी के आहार व्यंजनों का जो विवरण दिया है उसका एक अंश यहाँ प्रस्तुत कर रहा हूँ। ये सारे विवरण उस काल के एक प्रसिद्ध ग्रन्थ 'उक्ति व्यक्ति प्रकरण' में आये हैं। इस अंश में बार-बार 'रांधना' और 'इंधण-पाणि' जुटाना की चर्चा हुई है-भोजन बनाने की तैयारी की क्योंकि भोजन बनाना हो तो रांधना भी पड़ेगा और पकाना हो तो ईंधन और पानी जुटाना भी आवश्यक है। इस ऐतिहासिक प्रसंग में एक व्यक्ति दूसरे से पूछता है कि–काह जेंवित आच्छ? आज तुमने क्या भोजन ग्रहण किया। इसका उत्तर देता है–घिए सांकरे सेऊँ सातु अर्थात मैंने घी शक्कर के साथ सत्तू भोजन में ग्रहण किया है। यह उल्लेख भी आता है कि तब प्रधान खाद्य चावल था। पूड़ी भी प्रिय थी-पोली पाचम। जैसा कि ऊपर के संवाद से स्पष्ट है कि **सतुआ तब** प्रिय खाद्य था। **सत्तू का पिंड** (सातु वान त पुणि सान), **पुआ** (पुपहः) भी लोकप्रिय था और **खिचड़ी** और **खीर** भी प्रिय आहार थे। उस समय भी काशी में चना-चबैना बहुत पसन्द किया जाता था-भारतेन्दु की प्रसिद्ध पंक्ति भी है– *चना चबैना गंग जल जो पुरवै करतार, कासी कबहुँ न छोड़िये बिस्वनाथ दरबार।* गाहड़वाल युग में मिठाइयाँ भी लोकप्रिय थी–'मीठ जेवण माँग' से पता चलता है कि खाने के साथ अगर मिठाइयाँ मिल जाती थीं तो फिर क्या कहना था।

इस विवरण में मांसाहारी व्यंजनों की भी चर्चा है–' जालें लागें पाली ढांकां हांड़ी मांसु चुड़ ' तात्पर्य यह है कि आग लगने पर ढक्कन से हांड़ी ढांक देने से मांस चुरता है। एक स्थान पर 'चूकें मांसु चुड़ाव' भी आता है अर्थात चूक दे कर मांस पकाने की तब कोई विधि प्रचलित थी। इसी प्रकरण में मांसाहारी भोजन की

उत्तमता भी बखानी गयी है–'भातं मांसं लोण घिवु एतवने केवलें भखागि गलगलाव' अर्थात भात, मांस, नमक और घी इनके निवालों से भूख एकदम उद्दीप्त हो उठती है। सींक कबाब की भी बात आई है–'सलाई मांसु गुह'।

'उक्ति व्यक्ति प्रकरण' के विस्तृत सन्दर्भ 'काशी का इतिहास' में दिए गये हैं। इसमें कुछ बहुत ही रोचक हैं। पिता और पुत्र का एक संवाद है। पिता पुत्र को भोजन की सामग्री लाने के लिए बाज़ार जाने का आदेश देता है तो पुत्र उससे मुद्रा देने को कहता है। तब पिता ने पुत्र से कहा–'अरे, जनाने घर में जा, वहाँ एक लकड़ी की संदूक है, उसके अन्दर चांदी की पेटी है, उसके भीतर सोने-चांदी के सिक्कों की पोटली है। उसमें से दो चांदी के सिक्के ले कर बाज़ार जाना। **चौखम्बा बाज़ार** जाकर **माधव जी की हॉट** में उनके पैसे भुना कर जो वस्तुएँ खरीदनी हो खरीद लेना।'

पुत्र प्रश्न करता है कि क्या-क्या खरीदना है। पिता उत्तर देते हैं कि 'पहले बनिये की दुकान पर जाकर ढाई सेर घी खरीदना, उसका दाम आधा रुपया होगा। सफेद शक्कर खरीदना, पूरन पोली के लिए चने की दाल खरीदना। हींग, जीरा, पिसी हल्दी, सुपारी, लौंग, जायफल, जावित्री खरीदना। खैर (कत्था) खरीदना मत भूलना। कपूर, कस्तूरी, केसर, गोरोचन, खस और दसांग धूप खरीद लेना। वहाँ से आगे बढ़कर कपड़छान आटा असली होने के वायदे पर खरीद कर धुंआस और चौरेठा खरीदना। फिर जो साग मिले उन्हें खरीद लेना।'

पुत्र ने फिर प्रश्न किया-कौन-कौन से साग खरीदने हैं, बताइए। पिता ने बताया कि पहले सूरन खरीदना, फिर सफेद और लाल कंदा, ककड़ी, बुद्बुद्का। सरसों, कोंहड़ा, पीला कोंहड़ा, परोवर, भंटा, कुंदरू, परवल, करैला और कटहल खरीदना। उसके आगे **अन्नपूर्णा पर** जा कर पक्के और कच्चे केले, केले की गाँफ और फूल खरीदना। कहीं से पके-पके मगही पान ले लेना। उधर से लौटकर **काल भैरव की बाज़ार** से जहाँ बहुत सारे साग मिलते हैं पहले मेथी का साग खरीदना, बाद में जैसे चौलाई, पोई, चकवड़ (पंवार) और वृहतीफल (बन भंटा) लाल और सफेद कंदे के पत्ते। अरे, इमली मत भूलना। अदरक तथा केले के पत्ते लाना।

उक्त विवरण में घी, आटा, मसालों और साग-सब्जियों के नाम आये हैं। यह भी आया है कि बनारस में कौन-सी चीज़ किस गली-महाल में मिलेगी। आज भी बनारस में आहार की अनेक वस्तुएँ अलग-अलग गलियों और मुहल्लों में मिलती हैं। ये सब प्राचीन दुकानें हैं जिन की शुद्धता पर कोई भी बनारसवासी सन्देह नहीं करता। व्यापारी भी अपनी साख को सुरक्षित रखता है। **प्रकरण** में भोजन कराने

और परोसने का भी सुन्दर विवरण है। विवरण इस प्रकार है–

सबके सामने बड़े केले के पत्ते और दो-दो दोने रख दिए गये। भोजन परोसा गया। पत्ते पर कच्चा आम, इमली, नींबू, कबक, नारंगी, बेल, आमला, ककड़ी, गूलर, शिवा, (हड़), करीर तथा अदरक इत्यादि परोसे गये। इसके बाद बैंगन, तरबूज, करेला, कोंहड़ा, लौकी, केला, घृतकोशातकी (घीया तरोई), कटहल, शिग्रु, परवल, कुंदरू, उरवारक, तेंदू राजमाष, ककड़ी, गजदंत, फल, गोरस ककड़ी, सुखावास कुलक, करकोटकी, (खेकसा ककोड़ा) परसे गये। राजाबु, बार्हत, कठिल्लक, कर्करु, चित्रा, श्रेयसी तथा कंद में सूरन, आलू, मूली, रतालु, पिंड कंद, अरवी और पोथिका थे। शाकों में साकिनी, वास्तुक (बथुआ), उपोदका, चक्रवर्त, मूली, आलू, अगस्त्य (पोई), कुरंट, मिश्रेयाभाव, समाष्ठिला, दद्रुध्न (चकवड़), वृद्धदारु, श्रीहस्तिनी, हिवसा, तंडुलीयक (चौरई), कदलीस्तंभ, कदली पुष्प थे।

इनमें से लगभग सभी साक-सब्जियाँ आज भी बनारस में मिलती हैं और घरों में पकाई जाती हैं। **सूरन काशी** में दीवाली के आसपास आता है। दो प्रकार का-एक देसी और एक बंबईया, देसी सूरन आकार में बहुत बड़ा नहीं होता और उस पर ढेरों ' पुत्तियाँ ' निकली होती हैं। बंबईया सूरन बड़ा भी होता है और चिकना भी। बनारस में देसी सूरन की माँग अधिक होती है। यह ख़ूब गर (गला) काटता है। इसका कोई व्यंजन बनाने से पहले इसे हर्रे के साथ उबाल लिया जाता है जिससे कि गला काटने की इसकी शक्ति क्षीण हो जाती है। **काशी की यह मान्यता है** कि दीपावली की रात के भोजन में अनिवार्य रूप से सूरन का सेवन करना चाहिये, ऐसा न करने पर अगला जन्म छछूंदर का होगा। दीपावली पर हर घर में सूरन की सब्जी बनती है। सूरन की सब्जी में तेल-मसाला ज़्यादा लगता है। इसे सूखा-सूखा और लटपटा बनाया जाता है। सूरन का चोखा भी बनारस में बनता है। अभी भी जाड़ों में **सफेद और लाल** दोनों प्रकार के **कंदे** ख़ूब बिकते हैं। कंदा भून-छील कर भी

खा लिया जाता है। सोंधा और मीठा लगता है। कंदे का हलवा भी बनारस में बनाया जाता है। **गणेश चौथ** पर भी उबला कंदा गणेश जी को चढ़ता है जिसके टुकड़े हमें प्रसाद रूप में मिलते थे। ठण्ड के ही दिनों में **सरसों का साग, बथुआ** और **मेथी** आ जाते थे। कच्चा केला, केले की गाछ और फूल बनारस के **बंगाली समुदाय** में ख़ूब खाये जाते हैं। दशाश्वमेध की सट्टी में ये ख़ूब बिकते भी हैं क्योंकि दशाश्वमेध घाट से लगी हुई काली जी वाली गली में सैकड़ों बंगाली परिवार निवास करते हैं। बनारस में **भंटा भी दो तरह** का मिलता है-लम्बा और गोल। लम्बे भंटे की सब्जी या कलौंजी बनायी जाती है और गोल भंटे का चोखा। **कोहड़ा** काशी की अतिप्रिय तरकारी है। शुभ कार्यों में जेवनार के समय आलू-कोहड़े की सूखी सब्जी अवश्य परोसी जाती है। मैं जब तक बनारस में था, कैटरिंग की व्यवस्था नाममात्र को पनपी थी। घरों में हलवाई बैठता था। तब पीले कोहड़े और आलू की सब्जी बनती थी। पीला कोहड़ा आकार में बहुत बड़ा होता है–छह-आठ किलो तक का भी। परवल, करेला, कटहल जैसी तरकारियाँ बनारस में अलग-अलग तरीक़े से पकाई जाती हैं।

इस प्रकरण में आगे भोजन कराते समय व्यंजनों की बारी आती है जिसमें भोजन और मिष्ठान का सुन्दर समन्वय है–

घी में तले करैले, भन्टे, कठिल्लक, निष्पाव, राजमाष, बृहती (बन भंटा), सेम, वन्ध्या की कचौरियाँ परसी गयीं। दही भात, उड़द भात, खट्टा भात, घी भात, सिद्धार्थ मिष्ठान्न, तिल मिष्ठान और माषमिष्ठान्न परोस कर पत्तों के बीच भात परोस दिया गया और फिर अरहर, मूंग, उड़द, राजमाष, चना, कुलथी और बाल (निष्पाव) की डाली परसी गयीं। तदनंतर दूध में पकी तरह-तरह की दलिया तथा तिन्नी और चावल की खीरें परोसी गयीं। इसके बाद प्रत्येक अभ्यागत को घी में तले दो-दो पापड़ परसे गये। कढ़ी और पेय छाछ, आंवला, इमली, अनार दाने के रस और मिर्च के रस से बने थे। अन्त में भैंस का दही परोस कर बहुत प्रकार के पक्वान्न परोसे गये यथा उड़द बड़ा, चने का बड़ा, चूरमे के लड्डू, पूरी, लड्डू, तिल के लड्डू, पूये, हलुआ (पिष्ठका) और अनरसा। इस सब

के बाद ताजे घी और दूध की बारी आयी। ये सब पदार्थ स्त्रियाँ बार-बार परस रही थीं।

बनारस में **कचौरियाँ** मूलतः उर्द की बनती हैं। कचौड़ी-तरकारी का नाश्ता बनारस का प्रिय जलपान है–जलेबी के साथ। बनारस में आलू भर कर छोटी-छोटी कचौरियाँ भी बनायी जाती हैं। माष मिष्ठान्न (मगदल) केवल बनारस में ही बनता है। **धनतेरस** पर मगदल की माँग बढ़ जाती है वैसे भी **पक्के बनारसी** घर में मगदल रखते हैं और खा कर पानी पीते हैं। **चने की दाल** बनारस में ख़ास मौकों पर बनायी जाती है। **छठी** या विवाह के दूसरे दिन **भात-भोज** में और **हरदी-मटमगरा** के कच्चे खाने में गाढ़ी-गाढ़ी चने की दाल बनती है और कसोरे में परोसी जाती है। दाल के कसोरे में ढेर-सा शुद्ध घी डाल दिया जाता है। विवाह के अवसर पर यादवों के विवाह के एक दिन पहले 'भत्तवान' होता है-दिन का भोजन, जिसमें चने की दाल और भात परोसा जाता है। इसके साथ दूध और चावल की खीर पुरवे में दी जाती है। सुबह से ही दो भट्ठे लग जाते हैं। एक भट्टे पर बड़ा सा हंडा चढ़ जाता है जिसमें चने की दाल तैयार होती है और एक बड़े कड़ाहे में दूध चढ़ा दिया जाता है जो 'औंटता' रहता है। एक-एक बल्टा दूध प्रत्येक यादव परिवार से आता है। खीर में चावल की मात्रा अत्यल्प होती है। दूध थोड़ा गाढ़ा हो जाता है–पीला-पीला। इसे पीना पड़ता है। चने की दाल को बहुत से मसाले डाल कर पकाया जाता है। इसमें थोड़ा गुड़ भी डालते हैं। जब दाल गल जाती है तो इसे बहुत बड़े-बड़े लोहे के करछुलों से घोंटा और हड़ोरा जाता है। अत्यन्त स्वादिष्ट चने की दाल तैयार हो जाती है। मैंने अपने अहीर मित्रों के यहाँ अनेक बार 'भत्तवान' का भोजन किया है। मेरी पालनहार दादी अहिरिन थीं। यादव समाज के घर-घर में उनका बहुत सम्मान था। हमारे मुहल्ले में कई यादव परिवार बसते थे। मैं बचपन से ही दादी के साथ 'भत्तवान' में जाता था। पापा को यह दाल बहुत पसन्द थी। दादी एक छोटी बटलोई लेकर जातीं और वापसी में उसमें दाल भरवा लातीं। उड़द की दाल भी ख़ास मौकों पर बनती है। बनारस में 'केंवटी' की दाल भी पकाई जाती है-कई दालों को एक साथ मिला कर। पापड़ तो आज भी लोकप्रिय है ही और **कढ़ी** भी। जिस पेय छाछ की बात उक्त प्रकरण में की गयी है उसे पढ़ कर मुझे अपने घर की दावतों में बनने वाले **रायते का** ध्यान आ गया। यह रायता दही का बनता है लेकिन एकदम ' पनघुघ्घा '। इसमें या तो थोड़े लौकी के उबले छल्ले या छोटी-छोटी बेसन की बुंदिया बहुत कम मात्रा में डाल दी जातीं। इस रायते में नमक, जीरा, काला नमक तो पड़ता ही, लाल मिर्च की बुकनी भी डाल दी जाती और ऊपर से कच्चा कड़ुवा तेल (सरसों का तेल)। यह रायता

अत्यन्त झन्नाटेदार होता। भोजन के बाद इसे लोग कसोरा भर-भर कर कई-कई बार पीते। यह पाचक का काम भी करता। बड़े तो घरों में बनते ही हैं। कच्चे खाने वाली दावत में तो अवश्य ही।

उपरोक्त जेंवण गृहस्थ के घर का था। एक प्रसिद्ध ग्रन्थ 'गीर्वाण वांग मंजरी' (सन्दर्भ काशी का इतिहास) में पण्डित जी, (ब्राह्मण) के घर के जेंवण का वर्णन इन शब्दों में किया गया है–

पण्डित जी ने अपनी स्त्री से कहा-अरी पहले सब पात्रों को घी से मांज दे और फिर भोजन परोस। पत्नी ने जल्दी-जल्दी परोसना शुरू किया। पहले नमक परोस कर बाद में सलोने शाक परसे तथा आम, नींबू, अदरक, सूरन, हड़, बैर, बैंगन, करौंदा, मूली, बाँसकट और बनभंटा के अचार। फूट, लौकी, केले के फूल तथा गाफ के कचूमर परसे। फिर करैले और गाजर आदि के शाक परसे। इसके बाद शुद्ध उड़द के बड़े, मेथी बड़े, कोहंड़ौरी, आम बड़ी, कोहड़े के बीज की बड़ी, पापड़, दही बड़ा और किसमिसी बड़े परोसे गये। इसके बाद शुद्ध चने के दाल से बने दही और घी से संस्कृत लाडू वटिका आई। इसके बाद मेथी कूट आया। इन सबके बीच ख़ूब महीन चावल का भात परोसा गया, इसके ऊपर शुद्ध अरहर की दाल। इसके बाद उसने अनेक तरह के भक्ष्य पदार्थ जैसे पूरण पोली, माँडे के लड्डू घी के पके उड़द के बड़े, अनरसा, दही-पूरी, पूरी, फेनी, चीलड़े, घी के बने मालपुए, पापड़, चीनी भरी लुचुई, लड्डू, तिलवा, मूंग और आटे के लड्डू तथा पेड़े आदि परसे। खीरों में गेहूँ से बनी सात तरह की खीर, चावल और तिन्नी की खीर थी। उसके ऊपर उसने शुद्ध सफेद शक्कर डाल दिये तथा घी से सब दोने भर दिये। उसके बाद चटपटे क्वाथ परोसे और उसके पास मिर्च रख दिया।

कोहँड़ौरी और बिजौरी

पण्डित जी का भोजन थोड़ा विशिष्ट है लेकिन बनारस में आज भी सभी अचार खाये जाते हैं। सूरन का भी। मूली, टमाटर के कचूमर भी बनने लगे हैं और प्याज-लहसुन-अदरक के भी। कोहँड़ौरी की बात हम कर चुके हैं। **कोहँड़े के बीज की बड़ी** की बात रह गयी थी। वह भी कर ली जाय। कोहँड़ौरी बनाते समय कोहँड़े के बीज अलग कर दिए जाते थे। बाद में इन्हें कठवत में डाल कर तनिक नमक मसाला मिला दिया जाता था। इन बीजों में कोहँड़ौरी वाली पीठी डाल कर ख़ूब सान दिया जाता था फिर चिपरी की तरह इसे छोटा-छोटा खरहरी खटिया पर तीन उंगलियों के ज़ोर से साट दिया जाता था। ये अमूमन मठरी के आकार के होते थे। ठण्ड और बरसात के दिनों में इन्हें तेल में छान कर खाया जाता था। इन्हें 'बिजौरी' कहते थे। अरहर की दाल बनारस में पूरे वर्ष खायी जाती है। सिर्फ़ थोड़ी-सी हल्दी और नमक डाल कर इसे पका लिया जाता है। पकने के बाद जीरा, लहसुन, हींग से इसे छौंक लिया जाता था। मुझे याद है पीतल के ख़ूब भारी कलछुल में देसी घी डाल कर चूल्हे से कुछ अंगारे आगे खींच कर उस पर रख दिया जाता। जब घी कड़कड़ाने लगता तो उसमें जीरा-लहसुन डाल दिया जाता, हींग अन्त में डाली जाती। ये सब तत्व पहुँचते ही सुगन्धि फैल जाती। लहसुन-जीरा लाल होते ही कलछुल दाल में उतार दिया जाता। छनछन-छनछन की आवाज होती। दाल को ख़ूब चला कर ढकना लगा दिया जाता। हम इसे गरमा-गरम ही भात के साथ खाते। बहुत होता तो कोई अचार ले लेते।

बनारस में चाट भी बहुत उत्कृष्ट कोटि की मिलती है। शाम होते-होते जगह-जगह चाट के ठेले लग जाते हैं। अधिकतर ठेले सरल होते हैं—गोलगप्पा-छोला-पानी और

एक बड़े तवे पर आलू की टिकिया। किसी के यहाँ भी खाइये, सब उत्तम। कुछ ठेले विशिष्ट भी होते। हमें पता रहता था कि नवापुरा चला जाय लोहटिया या रामकटोरा। विशिष्ट ठेले वाले तवे पर टिक्की के साथ समोसा भी रखते थे। एक भगौने में दही बड़ा भी रहता था और तवे पर ही कुछ गुदगर टमाटर रखे होते थे। ऐसे ही टमाटरों से एक भगौना भी भरा रहता था। 'टमाटर' भी बनारसी चाट का ख़ास व्यंजन है। दो-चार टमाटर ले कर तवे के बीचों-बीच डाल दिए जाते। फिर इन्हें लोहे के पलटे से गोद-गोद कर फोड़ दिया जाता। ऊपर से थोड़ा घी टपका दिया जाता। यह क्रिया तब तक चलती रहती है जब तक कि टमाटर पकने की कगार पर नहीं आ जाते। अब इन पर उबली मटर डाल दी जाती है और फिर पलटे से इन्हें दायें-बायें किया जाता है। थोड़ा घी और डाल दिया जाता है और थोड़ा पानी भी और एक-दो टिक्की भी। पलटे से चला-चला कर इसे पेस्ट कर दिया जाता है। टमाटर प्रमुख होता है, शेष चीजें गौण। फिर इसमें मसाले बुरक दिए जाते हैं और नमक भी। एक कुल्हड़ में दो गोलगप्पे तोड़ कर नीचे डाल दिया जाता है। फिर पलटे से ही यह पेस्ट ले कर आधा पुरवा भर दिया जाता है। फिर दो गोलगप्पे तोड़ कर डाल दिये जाते हैं। और पुनः इस पदार्थ से कुल्लड़ को भर दिया जाता है। ऊपर से मजे में मूली, अदरक, हरी धनिया का कूचा डाल दिया जाता है और लकड़ी का चम्मच लगा कर कुल्हड़ दे दिया जाता है। ख़ूब गरम-गरम यह चाट सहा-सहा कर खायी जाती है।

बन्द दुकान सुँघनी साहू (प्रसाद जी) की है

नारियल बाजार

बनारस में चाट की तीन दुकानें बहुत मशहूर है-एक **बाँस फाटक** पर, तार घर के सामने वाली गली के नुक्कड़ पर-न्यू काशी चाट भण्डार। एक **चौक से मणिकर्णिका घाट** की और बायें मुड़ने वाली गली के नुक्कड़ पर मन्दिर से लगी हुई। और तीसरी चौक थाने के पिछवाड़े **नारियल बाज़ार** में जहाँ पास ही में प्रसाद जी की 'सुंघनी साहू' वाली दुकान आज भी है। थाने के पीछे की ऊँची दीवार के साथ यह गली चलती है। चौक चौमुहानी से दाहिने घूम कर इस गली में प्रवेश होता है। सीधे चले जायें तो दालमण्डी और हड़हा सराय होते हुए नई सड़क चौमुहानी पर निकल जायेंगे। बायें मुड़ जायें तो पतंग और तबले वाली दुकानों को पार करते हुए चौक के चित्रा सिनेमा के पिछवाड़े से होते हुए बाँस फाटक निकल जायेंगे जहाँ से सड़क पार करके ठीक सामने विश्वनाथ मन्दिर तक पहुँचा देने वाली गली है। दाहिने मुड़ने पर चौक थाने की दीवार की दूसरी तरफ़ नारियल की दुकानें हैं। इसी पंक्ति में प्रसाद जी वाली दुकान भी है। यहाँ थोड़ी-सी खुली जगह है सामने बनारस के प्रसिद्ध जरी-गोटा वाले 'नारायण के दास' की दुकान है। इसी दुकान से दाहिने एक गली चली जाती है जिसमें दाहिने ही काशी चाट भण्डार है। एकदम छोटी-सी दुकान। गली से लगी हुई चौकी जिस पर सामान रखा हुआ। गली में ही बनी हुई भट्‌ठी और भीतर एक संकरी-सी जगह में एक टेबुल और तीन बेंचें जिस पर पाँच-सात लोग बैठ सकते हैं। यह चाट सर्वश्रेष्ठ है। इनका चूड़ा-मटर भी प्रसिद्ध है। ' टमाटर ' भी। दही बड़ा भी और बड़े और गरम-गरम गुलाब जामुन भी-गोलगप्पा तो है ही। गली में खड़े होकर भी लोग चाट खाते हैं। यह दुकान शाम के पाँच बजे खुलती है और आठ-साढ़े आठ बजे तक बन्द हो जाती है। सब माल सफा।

काशी के मेलों में भी खाने-पीने की अलग-अलग चीजें मिलती हैं। ये केवल इन्हीं मेलों में बिकती है और इसी दिन इसे खाया भी जाता है। **ज्येष्ठ महीने के पहले रविवार** को नगर के 'बड़ी बाज़ार' में **गाजी मियाँ का मेला** लगता है। उनकी बारात निकलती है। हर साल। क्योंकि विवाह अगले साल के लिए टाल दिया जाता है। इस मेले में 'खजुली' नामक मिठाई बिकती है जो खाजे की तरह होती है लेकिन उससे बहुत छोटी और खस्ता। बनारस में यह जनश्रुति है कि इस दिन आंधी-पानी ज़रूर आता है। और ये अक्सर आते भी हैं। हम आपस में कहते थे कि आज पानी बरसी। बनारस में **रथ यात्रा का मेला** भी लगता है, रथयात्रा चौमुहानी पर कृष्ण, बलराम और सुभद्रा की लकड़ी की मूर्तियाँ एक बड़े-से रथ पर बिराजती हैं। रथ यात्रा के दिन इस मेले में तरह-तरह के मिट्‌टी के खिलौनों की भी ख़ूब बिक्री होती है। इस

दिन **नानखटाई** का सेवन किया जाता है। पूरे मेले में ठेलों पर नानखटाई के तंदूर लग जाते हैं। गरम-गरम नानखटाइयों का स्वाद ही कुछ और है। यह मैदे, चीनी और घी-दूध के मेल से बनायी जाती है बिस्कुट के आकार की लेकिन फूली-फूली सी। एकदम खस्ता–मुँह में घुल जाने वाली। दशहरा और भरत मिलाप दोनों मेलो में **चूड़ा और रेवड़ी** बिकती है-कच्चा पतला चूड़ा और तिल चिपकी छोटी-छोटी रेवड़ियाँ।

गुलगप्पा और पपड़ी

टमाटर

ठेले पर चाट

ठेले पर चाय की चुस्की

चाट की मशहूर दुकान

लंका पर कचौड़ी-जलेबी की दादी की मशहूर दुकान। चित्र में दादी भी दिखाई दे रहीं हैं जो अब नहीं रहीं।

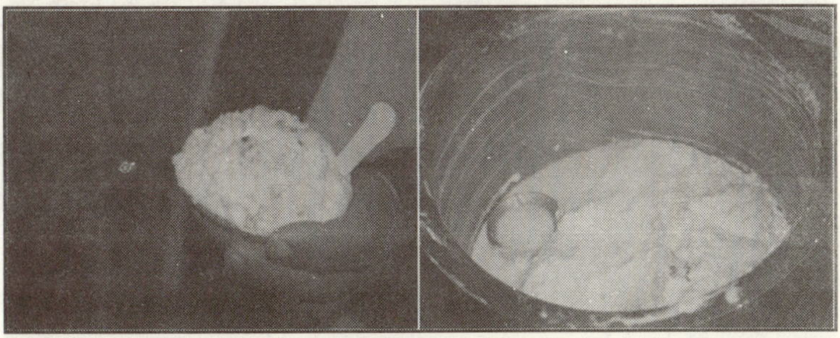

बनारस की मशहूर मलइयो इसे ठंढ के दिनों में बनाया जाता है। रातभर केसरिया दूध को ओस में रख दिया जाता है, सुबह मथने से जो झाग बनता है वही मलइयो है।

मधुर जलपान एवं बनारस की प्राचीन मिठाई की दुकान राम भंडार का मिठाई का डब्बा

थोड़ा चूड़ा मुँह में डालकर एक-दो रेवड़ियाँ भी खा ली जाती हैं। दोनों मिलकर मुँह में अनूठा-सा स्वाद पैदा कर देते हैं।

मुझे बनारस की खाने-पीने की चीजों की कई दुकानें याद है। मेरे मुहल्ले कबीर चौरा में **सिंधी की दुकान** (गोपी ब्रदर्स) समोसे के लिए प्रसिद्ध थी, आज भी है। लोहटिया में **लक्ष्मण भण्डार** के मालपुए का कोई जवाब नहीं। जब बनारस जाता हूँ तो इसी दुकान से मालपुआ लेकर आता हूँ। **बेनिया पार्क** के गेट के बाहर पीपल के पेड़ के नीचे उसकी जगत पर न जाने कितने तरह की पकौड़ियाँ बनती थीं-गोभी की, प्याज की, आलू के कतरों की, बैंगन की, हरी मिर्च की...। भीड़ लगी रहती थी। **नमकीन की** एक छोटी-सी दुकान **ठठेरी बाज़ार** में हैं–घुसते ही दाहिनी तरफ़। एक बड़ी-सी दुकान के नीचे छोटी-सी जगह में यह दुकान बनी हुई है। इसके यहाँ से आप चूड़ा-मूँगफली की नमकीन, नमकीन चूड़ा, केवल मूँगफली, छिलके वाले और बिना छिलके वाले चने, बेसन के सेव और चने की दालमोट ले सकते हैं। सब एक नम्बर के। यह दुकान अभी भी है। ठठेरी बाज़ार जाने पर अगर यह खुली दिख जाती है तो दो-चार नमकीनें ले लेता हूँ। **चौखम्बा महाल** में गोपाल मन्दिर के थोड़ा पहले भारतेन्दु भवन की ओर से जाते समय ऊँचाई पर एक दर की एक दुकान है-दूध, रबड़ी, मलाई की। यहाँ मलाई पूड़ी मिलती है। मलाई की परतें जमा-जमा कर तैयार की गयी मीठी पूड़ियाँ, जिन्हें आराम से हाथ में ले कर खाया जा सकता है, ये टूटती या बहती नहीं। बनारस में मलाई पूड़ी की यह इकलौती दुकान है। और कहीं भी मलाई पूड़ी नहीं मिलती। मलाई की अन्य मिठाईयाँ भले ही मिल जायें। समोसा **राधा चित्र मन्दिर** के नीचे के बरामदे में बहुत अच्छा मिलता है। वैसे समोसा अब बनारस में कई बड़ी मिठाई की दुकानों में भी मिलने लगा है, लेकिन वह बात कहाँ। पट्टी और गजक की दुकानें पियरी, भेलूपुरा और सोनारपुरा पर है, मानक दुकानें। **कोहड़ा पाक** की बड़ी दुकान **काशीपुरा** में है। यहाँ काशी का मशहूर **गुड़हवा सेव** भी थोक में बनता है और उसे यहाँ से ले कर खोमचे वाले बनारस भर में बेचते हैं। यह बेसन का मोटा सेव होता है जिसे गुड़ की चाशनी में पाग दिया जाता है। अचार, पापड़, बड़ी, मुंगौड़ी की कई शुद्धता की गारंटी वाली दुकानें बनारस में है। दो बड़ी दुकाने ठठेरी बाज़ार में हैं जिनके यहाँ के आचार-पापड़ महिलाएँ बनाती हैं। एक दुकान सिंधी की है-सीताराम पापड़ भण्डार, दशाश्वमेध पर, चितरंजन पार्क से लगी हुई एक बड़ी गुमटी में। चितरंजन पार्क के दोनों ओर की दीवारों के साथ ऐसी

ढेरों दुकानें हैं जिसमें भांत-भांत के सामान मिलते हैं। एक दुकान सरदार जी की है, **मणिकर्णिका पर**। उनकी दुकान से सामने की वह गली दिखायी पड़ती है जहाँ से थोड़ी ही दूर पर श्मशान घाट है। सरदार जी के यहाँ से अचार-पापड़ लेते-लेते ही आठ-दस ' मिट्टियाँ ' बगल से निकल जाती हैं। एक दुकान **कचौड़ी गली के मुहाने** पर ठाकुर प्रसाद बुकसेलर के सामने है। ठठेरी बाज़ार वालों की एक दुकान **सेंट्रल हिन्दू स्कूल** के सामने भी है। कचौड़ी गली में दोनों ओर कचौड़ी, तरकारी, मिठाई की कई दुकानें हैं जिसमें अन्दर बैठने की भी जगह है। यह गली घाट से बिल्कुल लगी हुई है। गांव-देहात से जो लोग मिट्टी ले कर आते हैं वे अन्तिम संस्कार के बाद इन्हीं दुकानों में खाते-पीते हैं।

कबीर चौरा के मर्दाना अस्पताल के सामने ऊँचे चबूतरे पर दवा की कई दुकानें हैं, गोला दीनानाथ तक। इस चबूतरे के साथ लगी पटरी पर तीन-चार औरतें बैठती हैं। आलमोनियम के बड़े-बड़े थाल में **फुट्टा की पुड़ियाँ** रख कर। यह थाल एक सिगड़ी के ऊपर धरा रहता है जिससे कि पूड़ियाँ गरम रहें। ये मह़िलायें इन्हें उलटती-पलटती रहती हैं। सिगड़ी की आँच एकदम धीमी रखी जाती है। एक भगौने में एकदम सूखी सब्जी रहती है या कोई चटनी।

ठठेरी बाजार वाली नमकीन की दुकान

दशाश्वमेध पर विश्वनाथ गली में प्रवेश का द्वार

अस्पताल में आस-पास के कस्बों-गांवों से जो लोग मरीज ले कर आते हैं वे पटरी पर ही एक ' नम्बरिया ईंट ' पर बैठ कर भोजन कर लेते हैं। यह पूरी-सब्जी या चटनी बहुत स्वादिष्ट होती है और सस्ती भी। दो-चार बार मैंने इसे खाया भी है। इसी तरह **बनारस हिन्दू विश्वविद्यालय** अस्पताल के बाहर मालवीय जी की

मूर्ति के दाहिने दूर तक कई ठेले खड़े रहते हैं। इन ठेलों पर बाटी-चोखा बिकता है। सत्तू भरी हुई या सादा बाटियाँ इन्हें **लिट्टी** भी कहते हैं। इसके साथ आलू-बैंगन का चोखा। ये ठेले भी गांव-देहात से आने वाले मरीजों के सम्बन्धियों के लिए ही लगते हैं। दो ठेलों को मिला कर एक दुकान **रामकटोरा** पर भी लगती है, छोटे वाले पार्क के साथ सटा कर। इस पर गोले आकार की **आलू भरी खस्ता कचौड़ी और चने की रस दार घुघरी** मिलती है। एक दोने में दो कचौड़ियाँ रख कर उन्हें फोड़ दिया जाता है और उस पर एक कलछुल घुघरी डाल दी जाती है। इसी तरह की एक बहुत बड़ी दुकान **विश्वेश्वर गंज चौराहे** से **भैरवनाथ मन्दिर** जाने वाली गली में भी है। आते-जाते दर्शनार्थी यहाँ जलपान कर लेते हैं। बनारस में सुबह-सवेरे कचौड़ी-तरकारी और जलेबी के कई ठेले लग जाते हैं, विशेषकर काशी विश्वनाथ मन्दिर से लेकर रत्नाकर पार्क तक के इलाके में।

दशाश्वमेध पर विश्वनाथ मन्दिर जाने वाली विश्वनाथ गली में घुसते ही दोनों और **फलाहारी मिठाई और नमकीन** की दो दुकानें हैं। इनके यहाँ सिंघाड़े के आटे का सेव, सेव-मूँगफली का मिश्रण और खोवे की मिठाइयाँ मिलती हैं। मखाने की नमकीन भी ये बेचते हैं। विश्वनाथ गली के प्रवेश द्वार से दशाश्वमेध की ओर थोड़ा आगे बढ़ते ही दाहिनी ओर दो रेस्टरां जैसे ढाबे हैं। पटरी पर भट्ठी लगाकर जलेबी-कचौड़ी छनती है। इनके यहाँ दक्षिण भारतीय जलपान और दही, रबड़ी, मलाई, मिठाइयाँ भी अच्छी क्वालिटी की मिलती हैं। टेबुल और बेंचनुमा कुर्सियों पर बैठने की भी व्यवस्था है। बनारस में मसालों की एक बड़ी मण्डी है गोला दीनानाथ, बहुत ही बड़ी। अच्छा बेसन, चौरेठा, सूजी, मैदा, ठठेरी बाज़ार में मिलता है और साक-सब्जियाँ बनारस की पुरानी सट्टियों में, जिनमें चौखम्बा, दशाश्वमेध, विश्वेश्वरगंज, खोजवां, सुन्दरपुर और चनुआ की सट्टियाँ सब्जियों से ठसाठस भरी रहती हैं।

बनारस में मिठाई की दुकानें भी एक से बढ़कर एक हैं। कुछ तो सौ-डेढ़ सौ साल पुरानी हैं, जैसे **ठठेरी बाज़ार में राम भण्डार** या **गोवर्धन सराय में मधुर जलपान**। **लहुराबीर** पर **गोपाल स्वीट हाउस** और **बसन्त बहार** हैं। **क्षीर सागर** भेलूपुर चौराहे और रविंद्रपुरी कॉलोनी में है, अब इसका भी बहुत नाम हो गया है। ठठेरी बाज़ार में **श्री राम भण्डार** बहुत बड़ी दुकान है। यह मिठाइयों का नवाचार भी करते हैं। इनका **मलाई पान** अद्‌भुत होता है। मलाई की पतली-सी परत में थोड़ा-सा कतरा मेवा और नन्ही-नन्ही बूंदी रख कर मलाई की पतली परत को पान की तरह लपेट दिया जाता है। इनका मेवे का लड्डू भी जायकेदार होता है। यह हरी बूंदी का

बनता है। बूंदी तो नाम भर को होती है। मेवा प्रमुख होता है-देसी घी मे तला हुआ मेवा। इसी तरह की **कई छेने की मिठाइयाँ** भी श्री राम भण्डार की विशिष्ट हैं। बनारस की इन सभी दुकानों पर **तिरंगी बरफी** भी मिलती है। यह भी सिर्फ़ बनारस में बनती है। केसर के साथ ऊपरी हिस्सा, काजू के साथ बीच का हिस्सा और पिस्ते के साथ नीचे का हिस्सा बनाया जाता है। खाने पर इनमें से तीन-तीन स्वाद निकलते हैं। बड़ी-बड़ी चमचम, ख़ूब बड़ा खीरमोहन, बड़ा गुलाब जामुन और काला जाम-इनका कोई सानी नहीं। इनके अलावा अनेक प्रकार की बर्फ़ियाँ भी बनारस में बनती हैं और बड़े आकार के स्पंजी रसगुल्ले भी। ठठेरी बाज़ार में दो और मिठाई की दुकानें हैं अब एक दुकान चौखम्बा और मणिकर्णिका के बीच में कुछ वर्षों से खुल गयी है अन्नपूर्णा स्वीट्स। बहुत बड़ी दुकान है। ये मेवों से भी तरह-तरह की मिठाइयाँ बनाते हैं। **विश्वेश्वरगंज** में **विश्वनाथ साव** तो हैं ही, एक बड़ी-सी दुकान **श्रीदेवी स्वीट्स** नदेसर पर भी है, बहुत पुरानी नहीं है लेकिन अपनी गुणवत्ता के कारण चल निकली है। **सुन्दरपुर रोड पर** भी मिठाई की एक अच्छी दुकान है, **बंगाल स्वीट्स**। वैसे तो बनारस की गली-गली में मिठाई की दुकानें हैं। हर मुहल्ले में हैं। ये भी किसी से कम नहीं हैं। इनकी मिठाइयों में भी बनारसी स्वाद रचा-बसा है। भैरवनाथ के पास, बाँस फाटक से विश्वनाथ मन्दिर जाने वाली गली में, चौखम्बा में, पंचगंगा घाट पर छोटी-छोटी दुकानें भी छेने की श्रेष्ठ मिठाइयाँ बनाती हैं।

बनारस में ठांव-ठांव पर दूध, दही, मलाई, रबड़ी की दुकानें हैं। अधिकतर ये दुकाने यादव बन्धुओं की हैं। बनारस इन चीजों का शौकीन है। मलाई-रबड़ी अमूमन शाम को मिलती है, दिन भर तो इन्हें तैयार किया जाता है। सड़क के किनारे की दुकानों पर आप रबड़ी बनते हुए देख भी सकते हैं–बड़े-से कड़ाहे में दूध खौलता रहता है। पंखी से उस पर हवा करते जाते हैं तो दूध की सतह पर मलाई पड़ने लगती है। लोहे की एक सींक से इसे कड़ाही के ऊपरी खाली तले पर हर तरफ़ ' मारा जाता ' है। यह प्रक्रिया घण्टों चलती है। कढ़ाई पर छींटी गयी मलाई एक के ऊपर एक जमती रहती है। प्रक्रिया पूरी होने पर एक चोखीले पलटे से इसे धीरे-धीरे ' करो कर ' फूल की एक थरिया में निकाल लिया जाता है। अब इसमें कड़ाही से थोड़ा गाढ़ा-गाढ़ा दूध ले कर मिला दिया जाता है और थाली को हल्का-हल्का ' डोला दिया ' जाता है। एकाध घण्टे में ये दोनों एक रस होकर थिर हो जाते हैं।

बनारस में बेंत का बना एक डमरुनुमा स्टैंड रस्सी से बाँधकर अपने कन्धे से लटकाये फेरी वाले सिर पर एक बड़ा थाल 'गुड़ेरी' पर रख कर छोटी-छोटी खाद्य वस्तुएँ बेचते हैं। नगर की ख़ास-ख़ास जगहों पर ये स्टैंड पर थाल रख कर खड़े

दिखायी देते हैं। ये फेरी वाले **चनाजोर गरम** बेचते हैं जिस के ढेर के ऊपर एक मिट्टी का लोटा रखा रहता है जिसमें कच्चे कोयले के अंगारे जलते रहते हैं। चना जोर का इतना हिस्सा गरम-गरम हो जाता है। इसे चौकोर कागज के टुकड़े पर थोड़े-से मसाले बुरक कर और नींबू निचोड़ कर दिया जाता है। ठण्ड के दिनों में मूँगफली भी फेरियों पर निकलती है। मूँगफलो तौल कर दी जाती है इसलिये मूँगफली के ऊपर एक छोटी-सी तराजू रखी रहती है और थाल के एक किनारे पचास ग्राम, सौ ग्राम के बटखरे। यह तराजू पीतल की होती है। फेरी वालों से लोग थोड़ा-थोड़ा ही खरीदते हैं इसलिए बड़े बटखरे ये नहीं रखते, कोई एक पाव लेगा तो मूँगफली दो बार में तोली जायेंगी, एक बार सौ ग्राम, एक बार डेढ़ सौ ग्राम। फेरी में **पट्टी और गुड़हवा सेव** भी बिकता है-तोल कर। कुछ घाटों पर 'मूड़ी चना' के फेरी वाले भी खड़े रहते हैं। स्टील के एक बर्तन में अधिक लाई, थोड़ा चना, नमक सहित पिसे कुछ मसाले और शीशी में कड़ुवा तेल भरा रहता है जिसके ढक्कन में एक छेद होता है। इस ढक्कन से मूड़ी-चना में तेल झटक कर ज़ोर-ज़ोर से हिला दिया जाता है। अब इसमें महीन प्याज, हरी मिर्च, हरी धनिया के कतरे ऊपर से डाल कर एक बार फिर डिब्बे को हिला दिया जाता है। यह कागज के चोंगे में दिया जाता है। कड़ू तेल की तेजी इसे खाते समय नाक में घुस जाती है।

घाट पर 'गादा' वाला

'गादा'

जाड़ों में बनारस में 'गादा' ख़ूब बिकता है। फेरी वाला लोहे के थाल के बीच में एक छोटी-सी सिगड़ी और कड़ाही रखे रहता है। झोले में उसके पास कच्चा कोयला भी रहता है। पूरे थाल में भीगी हुई हरी मटर या सफेद मटर भरी रहती है। जिसमें से किसी एक को वह खरीददार की इच्छानुसार निश्चित माप में तौल कर कड़ाही में डाल देता है और पलटे से चलाता है। इसके लिए आपको थोड़ी प्रतीक्षा करनी पड़ती है। थोड़ी ही देर में मटर भुनी-भुनी-सी हो जाती है और फिर इसमें मसाले, प्याज के कतरे आदि डाल कर नींबू निचोड़ दिया जाता है। जाड़ों में गादा खाना बहुत रुचता है। गर्मियों में फेरी वाले जामुन या फालसा बेचते हैं। इनके पास भी पीतल वाली तराजू होती है।

बनारस में खान-पान का अन्त ही नहीं है, जैसा चाहिये मिल जाता है-अमीर ग़रीब सबके लिये। वैसे तो बनारस में रेस्टूरेंट का चलन कम ही रहा है। यावत सामान जब गली-कूचों, ठेलों, फेरी वालों से मिल जाता है तो फिर इनकी ज़रूरत ही क्या है। धीरे-धीरे इनका प्रचलन बढ़ा है। मुझे याद है जब तक मैं बनारस में था तब तक गोदौलिया पर एक कटरे के भीतर **अय्यर्स कैफे** हुआ करता था। इसमें मैं बचपन में भी गया हूँ। तमिलनाडु के अय्यर साहब ने इसकी स्थापना की थी। छोटा-सा कैफे है। तीन-चार टेबुलें लगी हैं–दस-बारह लोगों के बैठने की जगह।

दाहिनी और लकड़ी का पुराना काउंटर है और भीतर की ओर रसोईंघर। इनके यहाँ टिपिकल दक्षिण भारतीय दोसा, इडली, बड़ा, उत्तपम और फिल्टर कॉफी मिलती है। अभी पिछले दिनों हम गये थे तो मैंने और पत्नी ने यहाँ दोसा खाया था-वही स्वाद, दशकों पुराना। अय्यर्स कैफे की दही और चने की दाल की पानी नुमा चटनी बहुत स्वादिष्ट होती है। बनारस में इस तरह के तो रेस्टोरेंट और भी है-**लंका पर केरला कैफे** और भेलूपुरा पर **केरला रेस्टूरेंट**। अपने छात्र जीवन में लंका वाले कैफे में मैंने कई बार खाया-पिया है। मेरे एक मित्र हैं ,पंजाबी, उनके पिता टमाटर और कोहड़े का सॉस बनाते थे। अपने मित्र के साथ मैं बनारस के रेस्टूरेंटों में जाता था। भेलूपुरा वाले केरला रेस्टूरेंट की 'फ्राइड इडली' अपने तरह की अकेली है। इडली के ऊपर टमाटर, प्याज, अदरक का तड़का लगा सांबर डाल दिया जाता है। एक समय लहुराबीर पर बसन्त बहार का डोसा बहुत मशहूर था। इसे देसी घी से बनाया जाता था और इसके भीतर के 'भरवां' में ख़ूब मेवे पड़े होते थे। बैठ कर खाने की यह अच्छी जगह थी। अय्यरर्स कैफे के सामने सड़क पार कर के जो गली जाती है उसमें **केसरी जलपान** बाद में खुला जो दक्षिण भारतीय व्यंजन के साथ-साथ चाट, समोसे, लस्सी, कूल ड्रिंक भी बेचने लगा था। केसरी ख़ूब चलता था।

बनारस में ढाबे कई हैं। बनारस स्टेशन के सामने कई ढाबे हैं और उसके पीछे वाली गली में भी। इनमें पूरा भोजन भी मिल जाता है और नाश्ते का सामान भी। ऐसे ढाबे चेतगंज, मालवीय मार्केट, गोदौलिया, कबीर चौरा, ललिता सिनेमा और लंका पर भी हैं। पहले बनारस में 'पॉश' रेस्टूरेंट नहीं थे-एक प्रकाश टाकीज के बगल में था, एक दीपक टाकीज के अन्दर (कोनामे), लहुराबीर का क्वालिटी बाद में बन्द हो गया। गोदौलिया पर एक छोटा-सा रेस्टोरेंट था, एक पुरानी हवेली के पत्थर के गेट के भीतर। अब तो ऐसे कई रेस्टूरेंट खुल गये हैं-लंका पर, रवींद्रपुरी कॉलोनी में, सिगरा पर, रथयात्रा चौमुहानी पर, नदेसर पर अर्थात उन जगहों पर जो आधुनिक बनारस का हिस्सा हैं। बनारस में ऐसे भी कई छोटे-छोटे ढाबे हैं जहाँ ऑमलेट, ब्रेड और चाय मिलती है। **कबीर चौरा पर चूहड़मल** की ऐसी दुकान है। ऐसी दुकानें जगतगंज और स्टेशन के सामने भी हैं। आजकल तो ठेलों पर भी ये चीजें बिकने लगी हैं, देखते-देखते उबला अंडा बहुत लोकप्रिय हो गया है। पर ये सब ठाँठी बनारस का प्रतिनिधित्व नहीं करते।

अब तो शादी-विवाह का भोजन एकरस हो गया है। ठेके पर बनता है, एक ही रूप रंग और स्वाद का। पर पहले और अब भी अधिकतर घरों में छट्ठी, बरही और

भात के भोजन में चने की दाल, कढ़ी, बरा, रोटी, भात, दो तरकारियाँ, दही, कूचा और चटनी परोसे जाते हैं। इनके साथ कोई एक मिठाई रहती है अधिकतर गुलाब जामुन या लड्डू। तिलक या विवाह के रात्रि भोज में पूड़ी, कचौड़ी, सूखी सब्जी (आलू कोहड़ा या आलू-भंटा-साग), रसेदार सब्जी (आलू कटहल, आलू परवल, कटहल का कोफ्ता मखाना डाल कर और.... आलू-गोभी-मटर-टमाटर) परोसी जाती थी। उनके साथ इमली गुड़ की मीठी पचमेल चटनी, मूली का कूचा, रायता (लौकी बूंदी का), पापड़ और पचमेल मिठाई भी खिलाई जाती थी। भोजों में पत्तल और मिट्टी के पुरवा, कसोरा और तश्तरी का उपयोग होता था। पानी के लिए पीतल के जग, सूखी सब्जी, कूचा, चटनी के लिए **चौघड़िया,** पापड़-पूड़ी के लिए खंचिया, रसेदार सब्जी और रायता के लिए बाल्टी कलछुल परोसने के लिए प्रचलित थे। बनारस में मृत्यु संस्कारों का बहुत महत्व है। दस दिन के बाद दसवां होता है, पिशाच मोचन पर। इन दस दिनों के निर्धारित कर्मकाण्ड हैं। तेरह दिनों के बाद 'तेरहवी' पर भोज होता है-दिन में **ब्राह्मण भोज** और रात्रि में **बिरादरी भोज**। इनमें भी भोजन पूड़ी कचौड़ी वाला ही होता है लेकिन इसमें पापड़, पचमेल मिठाई, रायता और कूचा नहीं परसे जाते, सिर्फ़ कोई एक मिठाई खिलायी जाती है, ज़्यादातर लड्डू। साग-सब्जी में प्याज-लहसुन का प्रयोग नहीं किया जाता। बनारस में आहार-व्यवहार की बात उठी है तो मुझे एक-दो प्रसंग याद आ गये हैं। किसी भी घर में हलवाई बैठता तो गांव-देहात से आये किसी अनुभवी बुजुर्ग को उसका दायित्व सौंप दिया जाता। हलवाई के निकट ही उसकी कुर्सी या खटिया लगवा दी जाती। हमारे यहाँ भी और कई कायस्थ परिवारों में **रामू चाचा** यह दायित्व प्रेम से उठाते थे। रामू चाचा बड़ी बुआ वाले फूफा के रिश्तेदार थे। उनके एक भाई भी थे-नन्हें चाचा। पियरी पर दोनों का मोती का कारखाना था। प्लास्टिक और कांच की छोटी-बड़ी रंग-बिरंगी मोतियाँ। मशीनें लगी थीं। सेर के हिसाब से व्यापारी ले जाते थे। तो रामू चाचा हलवाई खाने में बैठ जाते-धोती कुर्ते में। उनके लिए पान भेजते रहिये।

मेरे नाना भी इस काम में माहिर थे। मैंने तो उन्हें देखा नहीं, मामा, मौसी और पापा बताते थे। नाना इलाहाबाद में रहते थे। **भोज व्यवस्था** में उनकी इतनी रुचि थी कि उन्होंने एक छोटी-सी पुस्तिका भी लिख कर छपवा ली थी। नाना प्रसिद्ध वकील थे। इलाहाबाद की कायस्थ पाठशाला के संस्थापकों में थे। रईस थे। लेकिन रुचि का क्या कहिये। इस पुस्तिका में उन्होंने गरमी और जाड़े में कौन-सा व्यंजन बनाने में कौन-सा सामान कितना लगेगा यह लिखा था। इसमें सौ आदमियों के हिसाब से

विवरण दिया गया था कि आटा कितना लगेगा, घी कितना लगेगा, सब्जियाँ कितनी लगेंगी, लड्डू के लिए बेसन कितना लगेगा, मसाले कितने लगेंगे, आदि-आदि। इसी तरह इसमें कच्चे खाने का विवरण भी था कि भात के लिए चावल कितना लगेगा, चने की दाल कितनी लगेंगी, कढ़ी के लिए बेसन कितना लगेगा, दही बड़े के लिए दही और उड़द कितनी लगेंगी, सब्जियाँ कितनी लगेगी, शुद्ध घी कितना लगेगा, इत्यादि। यह पुस्तिका नाना ने इलाहाबाद के घर-घर में बँटवा दी थीं। जहाँ चाहते वहाँ ख़ुद भी बैठ कर भोजन बनवा देते। मैंने अपनी माँ को भी नहीं देखा। वह नाना की योग्य पुत्री थीं। उनकी एक डायरी थी जो बहुत दिनों तक हमारे घर में रही, शायद आज भी हो, जिसमें तरह-तरह के अचार, कोहड़ौरी, मुंगौरी, पापड़ और चिप्स आदि बनाने की विधियाँ और लगने वाले सामान की माप दी गयी थी। हमने जो अचार, कोहड़ौरी बनने का विवरण पहले लिखा है, उसमें इसी डायरी की मदद ली जाती थी। इसमें मिरचे के अचार की भी विधि दी हुई थी।

जाड़ो में बनारस में अचार वाला लाल-लाल मोटा मिरचा मिलने लगता है। इसके डण्डी वाला हिस्सा टोपी की तरह काट कर अलग कर दिया जाता था। चाकू से करो-करो कर मिर्च के बीज किसी बरतन में निकाल दिये जाते। अब खरल में मसाला कूट-पीस कर उसमें खड़ी मंगरैल, सौंफ आदि मिला कर हल्का-हल्का तेल डाल कर ऐसा कर लिया जाता था कि इस मिश्रण को ठूँस-ठूँस कर मिरचे के इस खोल में भरा जा सके। फिर इन मिरचों को सरिया-सरिया कर कन्टर में सजा दिया जाता और ऊपर से कड़ुवा तेल डाल दिया जाता। फिर इसे धूप में रख कर संस्कारित किया जाता। दाल-भात के साथ यह अचार बहुत भाता। अब तो यह बाज़ार में भी बिकने लगा है। पर वह बात कहाँ। हमारे बड़े भाई बताते थे कि मेरी माँ के साथ कई नये व्यंजन बनारस पहुँचे गये थे, हमारे घर में। इनमें बेसन के कई व्यंजन थे और एक मिठाई भी थी–**मिट्ठी**। मिट्ठी गुझिया की तरह ही बनायी जाती थी लेकिन गोल। दो गोल-गोल पूरियों के बीच हलुवा जैसा कोई तत्व भर कर किनारों को 'गोंठ' कर छान लिया जाता था। भरने वाला तत्व गुड़ से बनता था, मेवेदार। यह रवादार होता था। ख़ासियत इस **भरवां** में थी-गुझिया की तरह नहीं कि खोवा भर दिया, सूजी भर दी। ऐसा ही एक विशिष्ट व्यंजन **बेसन की पोपली** थी। बेसन का थोड़ा ढीला आटा गूंथ कर बेल लिया जाता और उसकी कानी उंगली बराबर पोपलियाँ बनाकर काट ली जातीं। इन पोपलियों को घी में तल लिया जाता और मसाला भून कर उसमें डाल दिया जाता। मसाला पोपली में भी प्रवेश कर जाता, इसे चूस-चूस कर यूँ ही खाइये, रोटी के साथ खाइये, चावल के साथ खाइये–लाजवाब। मौसी बताती थीं कि

लोग मांसाहारी भोजन छोड़कर इसे खाते थे। नानी इसे बनाने की विशेषज्ञ थीं। बेसन के अनेक व्यंजन हमारे घरों में बनते थे। एक लोककथा है कि जब औरंगज़ेब ने शाहजहाँ को कैद में डाल दिया और उनसे कहा कि आप खाने के लिए कोई एक अनाज और करने के लिए कोई एक काम चुन सकते हैं। तो शाहजहाँ ने कहा–'खाने को चना और पढ़ाने को लड़के' अर्थात चने से अनेक व्यंजन बन सकते हैं-खड़े चने से भी और चने के बेसन से भी। इन व्यंजनों के हमारे घरों में कितने नाम हैं, कितने स्वाद हैं लेकिन इन्हें अब कौन जाने और कौन बनाये।

बनारस में खानपान एक परम्परा है। कब, क्या, कैसे खाना-पीना है यह बनारस जानता है। शीर्षक में जायसी की जो पंक्ति दी गयी है उसका भावार्थ यह है कि–'खाते हुए कोई अघाता न था, मन भले ही तृप्त हो जाय' बनारस के व्यंजनों से भी पेट तो भर जाता है पर मन नहीं भरता। बनारस अपने पूरे अस्तित्व और अस्तित्व के हर कोण पर तो निराला नगर है ही अपने खान-पान-व्यवहार में भी कम निराला नहीं है।

पान पत्ता : ताम्बूलस्य सखो त्रयोदश गुणा: स्वर्गेअपि ते दुर्लभा:

बनारस में पान संस्कृति भी है, जीवन पद्धति भी और भयंकर आदत भी। बनारस में रहते हुए मैं भी पान का विकट प्रेमी था। हमारे घरों में पीतल का पनडब्बा होता था। बड़ा-सा जिसमें कुण्डी लगी होती थी और ऊपरी सिरे पर पकड़ने के लिए बहुत ही कलात्मक हत्था। पनडब्बे में तांबे के चार छोटे-छोटे डिब्बे होते थे जिनमें से दो में तांबे का ही पलटा जैसी छोटी सलाई होती थी। इन दोनों में चूना और कत्था रखा रहता था। एक में कटी सुपारी और एक में सुर्ती। पनडब्बे के इस हिस्से के ऊपर पीतल की प्लेट जैसी फिट हो जाती थी जिस पर गीले कपड़े में लपेट कर पान रख दिया जाता था इसीलिए पनडब्बे का ढक्कन उठा हुआ बनाया जाता था कि पान सुरक्षित रहें। हमारी बड़ी बुआ भी पान खाती थीं। उनका पीतल का पनडब्बा बहुत बड़ा-सा था जो उनके पलंग के पास एक मेज पर रखा रहता था। बुआ की कमर में तकलीफ रहती थी इसलिए वे चलने-फिरने से बचती थीं। पलंग पर थोड़ा खिसक कर वे पनडब्बा खोलती थीं। बुआ सुर्ती नहीं खाती थीं। इलाहाबाद में हमारी छोटी बुआ थीं। उनके पास मझोले आकार का चाँदी का पनडब्बा था। इसमें चाँदी की ही डिब्बियाँ और सलाई थी। छोटी बुआ तंबाकू खाती थीं। यह एक लम्बी-सी ढक्कनदार शीशी में भरी रहती थी-छोटी काली गोलियाँ। बुआ पान लगा कर खातीं और शीशी से हथेली पर चार गोलियाँ लेकर मुँह में डाल लेतीं। इस तंबाकू की ख़ुशबू बहुत अच्छी होती, बुआ बातचीत करतीं तो यह सुगन्धि कमरे भर में फैल जाती। उधर वाली बुआ के पास भी पनडब्बा था और मेरे कई परिचित मित्रों के घर में भी यह रहता था। हमारे गुरु और हिन्दी के प्रसिद्ध उपन्यासकार शिव प्रसाद सिंह भी पनडब्बा रखते थे। कई लोग चाँदी की एक चौकोर डिबिया भी रखते थे जिसमें पान के चार छः बीड़े लगा कर और कपड़े में लपेट कर रख लिए जाते थे। डिबिया के एक ओर डेढ़-दो इंच

चौड़ी एक ढक्कनदार डिबिया जड़ी होती थी। इस ढक्कन की छोटी-सी घुंडी अंगुली से ऊपर ढकेलें तो पट्ट से खुल जाती। इसके दो खाने होते थे-एक में सुपारी और एक में सुर्ती रख ली जाती। पापा के पास भी ऐसी डिबिया थी। कहीं बाहर जाते तो जेब में रख लेते। धीरे-धीरे मैं भी पान खाने लगा और फिर इसका रसिया हो गया।

छांगुर की दुकान

मोती की दुकान

मधुर जलपान के सामने वाली दुकान

केशवताम्बुलभंडार
नगवाँ रोड
लंका,वाराणसी

पं: मदनगोपालमिश्र
ताम्बूल गृह

तांबूलम् समर्पयामि

अब चलिये आपको बनारस की **मेरी यादों में बसी** पान की दुकानों की परिक्रमा करा दूँ। प्रारम्भ घर से ही करता हूँ। शिव मन्दिर के बाद दामोदर की दुकान थी, उसके घर के बाहर के कमरे में। दरवाजे के एक ओर पान की चौकी रहती थी और दूसरी ओर **दामोदर** पीढ़े पर बैठते थे। बीच में पान का सब सामान रहता था और पलास के पत्तों की डण्डी। बरवातरे वाली गली के उस पार एक ऊँचे खम्भेदार चबूतरे पर **भगत** की दुकान थी। बरामदे से लगे कमरे में ही भगत रहते भी थे। इधर दूर-दूर तक पान की और कोई दुकान नहीं थी इसलिए भगत की चल जाती थी जबकि उनका पान कुछ ख़ास नहीं होता था। आगे बढ़ें तो राजनन्दन लाल वकील के आगे **छांगुर** की दुकान थी। इनके बायें हाथ के अंगूठे में एक पुत्ती जैसी छोटी-सी अंगुली निकली हुई थी। इसमें नाखून भी था। दीवार में सटा लकड़ी और टिन का यह डिब्बा था। एक ओर छांगुर बैठ कर पान लगाते थे। बीच में चौकी। दूसरी तरफ़ भी थोड़ी-सी जगह जिस पर एक आदमी बैठ सकता था। इसके बाद आगे नागरी नाटक मण्डली के सामने **मोती की दुकान** थी। इनका पान बहुत अच्छा था। बाद में मोती की दुकान नागरी नाटक मण्डली के बरामदे में आ गयी। कबीर चौरा की ओर बढ़ें तो मिडिल स्कूल वाले रास्ते के बाद विश्वनाथ सरदार की चाय की दुकान के बगल में **लंगड़ की** दुकान थी। थोड़ी ऊँचाई पर। लंगड़ अधेड़ से व्यक्ति थे जिनका एक पैर पतला-सा था। उनके भाई भी थे मूरत।

वह भी दुकान पर बैठते थे। लंगड़ का पान भी बहुत अच्छा था, ख़ूब भीड़ रहती थी। इनका कत्था गाढ़ा होता था और सुरती भी बहुत ज़ोरदार। आगे चौराहे तक पान की कोई दुकान नहीं थी। जनाना अस्पताल के सामने **सोमनाथ की** दुकान थी जिनसे आप मिल चुके हैं। दूसरी ओर जहाँ गोदौलिया जाने वाले रिक्शे खड़े होते थे, **शम्भू की** दुकान थी। शम्भू की सुरती एकदम महीन होती थी, औरों से अलग। उधर मर्दाना अस्पताल, लोहटिया, मैदागिन तक कोई ख़ास पान की दुकान नहीं थी। इधर चौराहे से गोदौलिया की ओर चलें तो **पियरी पुलिस चौकी** के पहले एक दुकान थी, अच्छी थी। आगे फिर बेनिया पार्क, नई सड़क और गोदौलिया चौराहे तक पान की कोई उल्लेखनीय दुकान नहीं थी। गोदौलिया की छोटी चौमुहानी के ठीक बाद बायीं ओर **गामा की दुकान** थी जहाँ बीएचयू वाली बस खड़ी होती थी। अपने समय की सरनाम दुकान थी, भीड़ लगी रहती थी। नम्बर लगाना पड़ता था। फिर बन्द हो गयी। बड़ी चौमुहानी से लेकर दशाश्वमेध तक पान की दुकानें नहीं थी। एक दुकान **विश्वनाथ गली के सामने** थी, मशहूर। आज भी है। अब **चौक** की ओर चलिये तो एकदम मुहाने पर ही एक छोटी-सी दुकान थी जिस पर धोती-कुर्ता और दुपल्ली टोपी में एक सज्जन बैठते थे। उनकी दुकान में फ़िल्म अभिनेत्री राजश्री की बड़ी-सी फोटो लगी थी। वे बनारसी गालियाँ देने में सिद्धहस्त थे। आसपास की दुकानों के लोग जब पान खाने आते तो उन्हें गरियाने के लिए उकसाते और वे झड़ी लगा देते। आगे बढ़ें तो **केसीएम के बाद मधुर जलपान** के सामने दो नीची दुकानें थी। बहुत ही उम्दा पान। अब भी इधर आता हूँ तो इनका पान अवश्य खाता हूँ। अब आगे बाँसफाटक, ज्ञानवापी तक कोई दुकान नहीं थी। **चित्रा सिनेमा** के भीतर **मदन गुरु की दुकान** थी, एकदम स्वर्गिक पान बनाने वाले, अभी भी है। अब आगे **ठठेरी बाज़ार के मुहाने पर** एक दुकान है, प्रसिद्ध। बहुत ही अच्छा पान। आगे बढ़िये तो अब नीचीबाग़, बुलानाला, मैदागिन तक कोई विशेष पान की दुकान नहीं है। सामने चले जाइये तो **मृत्युंजय महादेव के पास** एक दुकान है द्वितीय श्रेणी की। इधर विश्वेश्वर गंज चौमुहानी के सामने **भैरवनाथ वाली गली के नुक्कड़** पर एक पुरानी दुकान है, अच्छी। अब फिर गोदौलिया लौट आइए। उधर यूनिवर्सिटी की ओर चलें तो सभी मामूली पान की दुकानें हैं। नामी दुकान **अस्सी चौराहे** पर है, पीपल के पेड़ के नीचे। फिर बढ़िये तो अब सीधे लंका पर ही एक नामचीन दुकान **केशव ताम्बूल भण्डार** है। इस समय बनारस में इनसे श्रेष्ठ पान कहीं नहीं मिलता।

उधर गोदौलिया छोटी चौमुहानी से लक्सा तक और इधर भी कमच्छा से लक्सा तक पान की कोई उल्लेखनीय दुकान नहीं है। **लक्सा चौमुहानी पर** एक दिव्य दुकान है। अब **रथयात्रा चौमुहानी** के आगे भी **केशव ताम्बूल भण्डार** ने अपनी एक दुकान खोल ली है। नई सड़क से लहुराबीर की ओर चलिये तो फिर मामूली दुकानें हैं। लहुराबीर पर एक दुकान **प्रकाश टाकीज के सामने** है जो द्वितीय श्रेणी में आ जाती है। स्टेशन की तरफ़ और स्टेशन तक सब गुमटी वाली पान की दुकानें हैं, बस यूँ ही-सी। जगतगंज चौरस्ते पर एक पुरानी दुकान है, द्वितीय श्रेणी में आ सकती है। आगे तेलियाबाग़ और आगे नदेसर तक सब मामूली दुकाने हैं। **नदेसर के आख़िर में कृष्णा पान भण्डार** 'केशव' के टक्कर की दुकान है। एक दुकान **दुर्गाकुण्ड जाने वाली सड़क पर मुड़कट्टा बाबा** से सटी हुई भी है, गुमटी में ही, पर बहुत अच्छा पान। अब पता नहीं है भी या नहीं, मैंने ध्यान नहीं दिया। एक छोटी-सी पान की दुकान **संकट मोचन मन्दिर** के भीतर भी है। इसका पान भी अच्छा होता है। एक मशहूर दुकान **ठठेरी बाज़ार के भीतर भारतेन्दु भवन** के पास भी है, कटरा से लगी हुई। बहुत ही उत्कृष्ट कोटि का पान। पक्की महाल की चारों तरफ़ की ढेरों गलियों में कई पान की दुकानें हैं। लगभग सभी अच्छी हैं। खा कर आपको सुख मिलता है। ऐसा नहीं लगता कि **मुँह खराब हो गयल**।

पान दरीबा

बनारस में पान सत्कार का भी माध्यम है। इसीलिए पानदान का चलन और पान की इतनी दुकानें हैं। पान की शौकीनी तो बनारस में है ही। यही शौकीनी बनारस को और यहाँ के लोगों को अच्छे पान की ओर खींचती है। अच्छे पान का मतलब बनारस के उम्दा पनवाड़ी समझते हैं। पहले तो पान के पत्ते को ही ले लें–जगन्नाथी, मगही और देसी। पत्तों को तैयार करने वाले दो मुहल्ले काशी में हैं-**औरंगाबाद और पान दरीबा**। पत्तों को तैयार करने की प्रक्रिया को काशी में पान 'कमाना' कहते हैं। **सोमनाथ** बताते थे कि देसी पान के पत्तों को 'कमा' कर मगही बना दिया जाता है।

बनारस में पान की दुकानों पर हर चीज़ साफ़-सुथरी चमकती हुई रहती है-पान की चौकी, सुनहले या रुपहले चद्दर से मढ़ी हुई। सुपारी और चूना रखने के चमकते फूल के कटोरे। कत्थे की सुन्दर सलोनी फूल की लुटिया। पान पर सफेद महीन मलमल, एकदम स्वच्छ-ढंकने के लिये। बनारस की अधिकांश पान की दुकानों पर एक आईना भी लगा होता है-एकदम चमाचम। चौकी पर रखा पान निकाला जाता है, दोनों ओर से उसे गीले कपड़े से पोंछ लिया जाता है और तब एक के बाद एक उस पर पहले कत्था, एक कोने पर थोड़ा चूना और बीच में दो दाना सुपाड़ी डाल कर बहुत ख़ूबसूरती से तिकोना लपेट लिया जाता है और पत्ते में उसी की डण्डी से गोद कर और पत्ते पर ही सुरती, सुपारी और एक कोने पर थोड़ा-सा चूना लगा कर दे दिया जाता है-पत्ता खोलिये पान खाइये, अपने हिसाब से सुर्ती-सुपारी लीजिए और थोड़ा-सा चूना चाट लीजिये। बनारसी पान बहुत सम्भाल कर मुँह में रखना होता है। चूना चाटने की भी बनारसी विधि है। थोड़ा-सा चूना दायें हाथ की तर्जनी की नोक पर लेकर नीचे के सामने वाले दाँतो के पीछे कांछ दिया जाता है।

बनारस का हर पान वाला यह कोशिश करता है कि वह उम्दा से उम्दा सुर्ती बना सके। बनारस में डिबिया वाला जर्दा नहीं चलता जिसके नम्बर होते हैं। मैंने हैदराबाद में जा कर पहली बार रत्ना 300 और बाबा 120 का नाम सुना। बनारस में सादी सुर्ती चलती है जिसे बनारसी 'सादी पत्ती' कहते हैं। सादी पत्ती बनाने की पूरी प्रक्रिया मैंने सोमनाथ की दुकान पर देखी है। मिट्टी के एक बड़े कसोरे में सुर्ती को पानी से ख़ूब धो लेते हैं–चार-पाँच पानी। हर बार सुर्ती को निथारा जाता है। इस प्रकार निथार-निथार कर उसका सारा गर्द-गुबार निकाल दिया जाता है। फिर साफ़ कपड़े पर इसे फैला कर दोनों हाथों से मल-मल कर भुरभुरा किया जाता है। उसमें छोटी इलायची का महीन पाउडर, एक छोटी-सी खरल में महीन पिसी पिपरमिंट,

बरास मिलाकर ख़ूब मिलाया जाता है–रगड़-रगड़ कर। फिर सुर्ती के ढेर पर एक कटोरी में गुलाब-जल ले कर उँगली से यहाँ वहाँ छिड़काव किया जाता है। थोड़ी देर ऐसे ही छोड़ कर इसे फिर रगड़-रगड़ कर मिलाया जाता है और कटोरे में भर दिया जाता है। मैंने ऐसी ताजा-टटका सुर्ती न जाने कितनी बार खाई है।

बनारस में गीली सुपारी खाने का रिवाज है। सुपारी के टुकड़ों को पानी में देर तक भिगोकर निथार लिया जाता है। दो पानी धो लेने के बाद इसे कई घण्टे छोड़ दिया जाता है। सुपाड़ी जब भीन जाती है तो उसे कई बार पानी से धोया जाता है फिर उसे कपड़े पर डाल कर सूखने के लिए छोड़ दिया जाता है। अब तक सुपारी एकदम मुलायम हो चुकी होती है। मैंने पान कई शहरों में खाये लेकिन गीली सुपारी का प्रयोग मुझे कहीं नहीं दिखा। कच्ची सुपारी के साथ तो पान का मजा ही बिगड़ जाता है। इसीलिये तो धीरे-धीरे कर के मेरा पान छूट ही गया। अब बनारस पहुँच कर ही पान की साध पूरी करता हूँ। **केशव, कृष्णा, लक्सा, ठठेरी बाज़ार** वालों में से किसी को नहीं छोड़ता। केशव से तो बँधवा कर भी चलता हूँ। रास्ते भर भी आनन्द रहता है और ऐसा हिसाब रखता हूँ कि दो चौघड़ा घर तक भी पहुँच जाय। ला कर फ्रिज में रख देता हूँ। चार दिन इसका सुख उठाता हूँ फिर निल बटा सन्नाटा।

बनारस में कई लोग धुंआधार और लगातार पान खाते हैं। ठोंगे बँधते हैं, चौघड़ों के। चौघड़े में दो पान एक साथ बाँध दिये जाते हैं। पत्ते की पीठ पर बीड़ा रख कर पत्ते को चारों ओर से मोड़ कर 'खरिका' गोद दिया जाता है। 'खरिका' सनई की सींक को छील कर उसे सरौते से छोटे-छोटे टुकड़ों में काट कर बेचा जाता है। बनारस में दोना-पत्तल पत्तों को इसी सींक से जोड़-जोड़ कर बनाया जाता है। पान की दुकानों पर और फूल-माला बेचने वालों की दुकानों पर खरिका की ख़ूब खपत होती है। बनारस में खाने-पीने के बर्ताव में कई तरह के पत्तों का उपयोग किया जाता है–महुआ, बरगद और पलास। इन पत्तों के बंडल बेचते गंवई स्त्री-पुरुष (अधिकतर मुसहर) कबीरचौरा, पान दरीबा, चेतगंज, काली महाल, बिसेसर गंज के बाज़ारों में नित्य दिखायी पड़ते हैं। दो सौ पत्तों का एक बंडल होता है। इसी तरह सुर्ती-चूना-सुपारी भी लपेट दी जाती है, इन्हें पत्ते की सीधी ओर रख कर बाँधा जाता है कि पीठ वाला हिस्सा ऊपर रहे और पहचान बनी रहे कि पान किस चौघड़े में है और सुर्ती-सुपाड़ी किसमें। कई तंबोली पत्तों के इस बदलाव को न अपना कर पान वाले चौघड़े में एक 'खरिका' और सुर्ती-सुपाड़ी वाले में दो 'खरिका' खोंसने की पद्धति अपनाते हैं। बनारस में पान के साथ किवाम का चलन न के बराबर है। इससे

पान का मूल बनारसी स्वाद लुप्त हो जाता है इसलिए कोई इसे पसन्द नहीं करता।

बनारस में हिन्दी और संस्कृत के अध्यापकों में पान लोकप्रिय हैं। एक तरह से पान के साथ हिन्दी और संस्कृत भाषा की पहचान ही जुड़ गयी है। मेरे हिन्दी के गुरुओं में शितिकण्ठ मिश्र पान के शौकीन थे। शिवप्रसाद सिंह, बच्चन सिंह, विजय शंकर मल्ल, श्यामसुन्दर शुक्ल, करुणापति त्रिपाठी भी पान दबाये रहते थे। पण्डित विद्यानिवास मिश्र भी भोजनादि के बाद पान खाते थे। डीएवी स्कूल के हमारे प्राचार्य सुधाकर पाण्डेय, जो नागरी प्रचारिणी सभा के लम्बे समय तक मन्त्री थे और साहित्यकार भी, उनके दोनों कल्लों में पान जमा रहता था। संस्कृत विश्वविद्यालय के सभी आचार्य पान सेवन करते थे। नामवर सिंह भी पान के परम रसिया थे। जब हैदराबाद आते तो मैं किसी अच्छी दुकान से उनके लिए चार-छह पान बँधवा कर ले जाता। दिल्ली में भी उनके घर जाता तो पान ले जाता। पान देख कर उनका चेहरा खिल जाता। तुरन्त एक पान जमा लेते।

बनारस में पान खाया या चबाया नहीं जाता, **जमाया** या **घुलाया** जाता है। इस घुलाने में कत्थे का बड़ा योगदान होता है। बनारस में कत्था भी हर दुकानदार अपने तौर तरीक़े से बनाता है। कत्थे की टिकिया मिलती है—गुलाबी-गुलाबी-सी जिसे पानी में भिगो दिया जाता है। फिर इन्हें उठा-उठा कर कत्थे वाले लोटे में डाल कर कत्थे वाली डण्डी से चलाया जाता है। करीब आधा लोटा यह पेस्ट तैयार हो जाता है। अब इसमें पिसी इलायची और पिपरमेंट डाल कर अच्छी तरह मिला दिया जाता है और हल्का-हल्का पानी डालते हुए इसे चलाते रहते हैं। धीरे-धीरे कत्था पौना लोटे तक गाढ़ा-गाढ़ा तैयार हो जाता है जिसमें गुलाबजल या केवड़ाजल डाल कर मजे में घोर दिया जाता है। बनारस में कत्था अच्छी मात्रा में पान पर लगाया जाता है तभी तो यह घुल पाता है। पान का बीड़ा दाहिने कल्ले में लोग जमा लेते हैं और फिर सुर्ती-सुपाड़ी को पान के साथ ही सेट कर के चूना चाट लेते हैं। जमा हुआ पान धीरे-धीरे घुलने लगता है। पहली बारी इसकी ढेर सारी पानी जैसी पीक बनती है जिसे थूक दिया जाता है। अब मुँह में तत्व-तत्व रह जाता है जो धीरे-धीरे घुलता रहता है और रस देता रहता है—बूँद-बूँद रिस कर। इसीलिये बनारसी पान बनारसी ढंग से खाना भी सीखना पड़ता है। पक्का बनारसी पान खा कर बोलना भी सीखता है कि घुला हुआ पान बाहर न छलके। पर यह काम इतना आसान नहीं है। आपका पान चौचक घुला है और आपके दो परिचित दुकान पर पहुँच जाते हैं। उनका पान लग रहा है। उनकी बतकही रोचक होती जा रही है। आपका जियरा बतियाने को हुलस

रहा है। आप कभी कभार मुँह उठा-उठा कर बोलते भी हैं पर दो-चार शब्द बोलने में ही करेजा फट जाता है। खुल कर बतिया भी नहीं पा रहे हैं। आजिज़ आ कर आप पीक की पिचकारी बना कर फर्र से नाली में थूक देते हैं। अब जमेगी बतकही-पान त लगी रहा है, दुसरा जम जायेगा-जे थुकवउलेस वही पइसा देई।

पान के घुलाव से 'गटई' से ले कर मुख तक सुवासित हो जाता है। बनारसी पान का रंग और ढंग अपना ही है। **अनूठा है जो और कहीं नहीं मिलता**। बनारस से मैं पहले-पहल दिल्ली गया था। बनारसी पान मुँह लगा हुआ था। दिल्ली के मॉडल टाउन में रहता था। मॉडल टाउन-तीन के निकट रेगुना रेस्टोरेंट के पास एक पान की दुकान खोज निकाली। अजीब ही तरीक़ा था। यहाँ पान के पत्ते को बीच से आधा-आधा काट देते हैं। इसी अधपत्ते पर नाममात्र का कत्था और चूना लगा कर एक सुपारी डाल कर बहुत ही बेतरतीब ढंग से मोड़ कर दे देते हैं। दिल्ली में पान जोड़े में मिलता है। मैं एक-एक कर के दो बार में खाता। पीली पत्ती मिलती जो मुँह में बसती ही नहीं थी। मुँह कड़ुवा-सा जाता था। तभी से मैंने पान छोड़ दिया। हैदराबाद पहुँचा तो वहाँ पान-संस्कृति दिखी। जगह-जगह दुकाने थीं। यहाँ के मुसलमानों में पान लोकप्रिय था। कई दुकानें बड़ी मशहूर भी थी जैसे एबिड्स पर राम कृष्ण थिएटर के सामने, किंग कोठी पर और कई बड़े रेस्टूरेंट के बाहर वाली सजी-धजी दुकानें। बनारस की तरह ही हैदराबाद में भी पग-पग पर पान की दुकानें और गुमटियाँ थीं–अच्छा-बुरा पान लगाने वाली। एक दुकान ख़ैरताबाद में भी थी, मेरी संस्था के निकट, अच्छों में शामिल। मैं अक्सर वहाँ पान खाता। हैदराबाद में पान बनाने का तरीक़ा अलग ही था। ख़ूब मुलायम-मुलायम और छोटे-छोटे पान के दो पत्तों को एक साथ साट कर उन पर कत्था लगा देते और कत्थे को उंगली से घिस-घिस कर पूरे पत्ते पर फैला देते-दो मिनट उसे चौकी पर रख दिया जाता और पानी जैसे चूने का छींटा मार दिया जाता। हैदराबाद की सुपारी बहुत ही छोटी-छोटी कटी होती थी, बिन-भीगी, जिन्हें अच्छी मात्रा में पान में डाल कर पान को चोंगे की तरह मोड़ कर उसके ऊपर का भाग गोंठ कर बन्द कर दिया जाता था। सुरती लेनी हो तो नम्बर के हिसाब से पत्ते पर ही छिड़क दी जाती थी। कत्था अच्छा होता था इसलिए इस पान को सहा जा सकता था। पर कड़ी-कड़ी सुपाड़ी और बेस्वाद बाज़ारु तंबाकू के कारण मुझसे यह भी नहीं चला फिर छूट गया। अब पता चली बनारस के पान की लज्जत। इन से अच्छे पान तो बनारस की गुमटियों में भी मिल जाते थे। पान मैंने बंबई में भी खाया है, गोवा में भी, धारवाड़ में भी और चेन्नई में भी-पान के नाम पर इन्हें खा लें तो ठीक, अन्यथा पान वाला कोई भी ' सगुण ' इनमें नहीं मिलता। 'बनारसी पान' में

'बनारसी' एक विशेषण भी है तथा कलात्मक गुणवत्ता का प्रतीक भी।

बनारस की पान संस्कृति में पान का पुराण भी है और इतिहास भी। कहीं-कहीं तो पान आध्यात्म का भी रूप ले लेता है। मैंने कहीं यह पढ़ा तो झूम उठा था कि **पान शिव-शक्ति का लीला विलास है, चूना शिव-तत्व का तेज और कत्था शक्ति का तेज है।** शायद बनारस में पान इसी रूप में देखा, जमाया और घुलाया जाता हो कि शक्ति और शिव का बोध होता रहे, उनका तेज और सौन्दर्य मुख में बसता रहे, 'जमा' रहे और घुलता रहे।

अब पुराण इतिहास की बात करें। बनारस के अत्यन्त लोकप्रिय दैनिक पत्र 'सन्मार्ग' का **वाराणसी विशेषांक** सन 1986 में निकाला गया था। बहुत ही सुन्दर अंक, जिसमें काशी और बनारस दोनों पान की तरह ही घुलमिल कर जमाये गये हैं। संग्रहणीय अंक है। इसके किसी लेख में यह बात उभारी गयी है कि काशी संस्कृतियों का संगम है। भारत के सभी प्रान्तों के लोग यहाँ बसते हैं। काशी ने ढेरों देवी-देवताओं के साथ-साथ इन्हें भी अपने पाश में बाँध रखा है। यह भी उल्लेख आया है कि हिन्दू अनुष्ठानों में चन्दन, फूल और भोग की परम्परा काशी को द्रविड़ो से मिली तथा सिंदूर, हल्दी, पान, सुपारी निषादों या ऑस्ट्रिक/ कोल से।

यह बड़ा रोचक इतिहास है कि भारतीय द्रविड़ों को निषादों ने बुद्ध से भी बहुत पहले पान का प्रयोग करना सिखा दिया था। उत्तर भारत में यह **बुद्ध काल** से प्रारम्भ हुआ। काशी के प्रत्येक शुभ संस्कार में तांबूल का अपूर्व स्थान है। हमारे घरों में भी सत्यनारायण की पूजा हो, गणेश की या चित्रगुप्त की अथवा मुण्डन, उपनयन और विवाह के अवसरों पर की जाने वाली पूजा, तो हम सुनते थे कि पहले पण्डित जी नैवेद्यं समर्पयामि कहकर स्थापित विग्रह को भोग अपर्ण कराते थे और इसके ठीक बाद कहते थे **तांबूलं समर्पयामि** और पूजा करने वाला यजमान पान के एक पत्ते पर पुंगी फल रखकर देवता को अर्पित कर देता था। यह भी उल्लेख मिलता है कि नागों के राजा उदयन को उनके विवाह के अवसर पर जो उपहार दिये गये थे उनमें **नागवल्ली लता** भी थी। धीरे-धीरे पान सांस्कृतिक आनन्द, आतिथ्य और मुखशुद्धि का माध्यम बनता चला गया। आर्यों ने इसे पाद-पद्मों पर चढ़ाना प्रारम्भ किया। मुझे लगता है कि यही काशी में पान-प्रचलन का रहस्य है। धीरे-धीरे यह अनुष्ठानों का अंग बनता गया और इतना प्रबल होता गया कि काशी की पूरी संस्कृति ही पान-केन्द्रित बन गयी। इस संस्कृति ने काशी में एक पान-आचरण ही निर्मित कर दिया। कोई हमें पान देता है तो हम बहुत झुक कर उसे ग्रहण करते हैं। पान के बीड़े को पहले माथे लगाते हैं, तब उसे मुख में रखते हैं। मैं अभी भी केशव या कृष्णा

या किसी भी दुकान पर पान लेता हूँ तो माथे लगाता हूँ। जो इसका रहस्य समझते हैं वे पान वाले भी आपकी ओर श्रद्धा से देखते हैं। **केशव पान भण्डार** के दोनों भाइयों से मेरा परिचय इसी सूत्र से बना और बढ़ा। मुझे यह बराबर लगता है कि पान का घुलाना मात्र ही पान खाने की कला नहीं है। धीरे-धीरे माधुर्य का आस्वादन करना है। मात्र आस्वादन ही नहीं भारत की सांस्कृतिक परम्परा से अपने को जोड़ना भी है–समन्वित संस्कृति से जिसमें आर्य, द्रविड़, निषाद, किरात सब सम्मिलित हैं। वास्तव में पान का यह माधुर्य, भारतीयता का माधुर्य है और इसका आस्वादन भी भारतीयता का आस्वादन है।

इस लेख में पान की आध्यात्मिकता को भी बताया गया है कि तांबूल शिव शक्ति-युक्त प्रत्यक्ष विग्रह है। ज्ञान, इच्छा और क्रिया रूप में यह जगत त्रिधा विभक्त है-यह भारतीय आध्यात्म का मूल है। पान के पत्ते में यही त्रिकोण दिखायी देता है। यह उस शक्ति का प्रतीक है जिसने स्थूल जगत में नारी कलेवर धारण किया है। नीचे से दीर्घ और ऊपर से सूक्ष्म पुंगी फल शिव तत्व है। खदिर राग (कत्था) शक्ति का तेज है। सुआ चूर्ण (चूना) शिव तत्व का तेज है। इसलिये यह माना जाय कि तांबूल वटिका (बीड़ा) तेजोमय जगत के स्मरण का पुंज है। आचार्य हजारी प्रसाद द्विवेदी ने अपनी प्रसिद्ध पुस्तक 'कबीर' की प्रस्तावना में इस आध्यात्म को और भी खोल दिया है कि 'नाद' से प्रकाश होता है और प्रकाश का ही व्यक्त रूप महा बिन्दु है। यह बिन्दु तीन प्रकार का होता है–इच्छा, ज्ञान और क्रिया। इसे सन्त-योगी कभी सूर्य, चन्द्र और अग्नि कहते हैं तो कभी ब्रह्मा, विष्णु और शिव भी कहते हैं। अब आप देखें तो काशी का पान आध्यात्म और भी गहरा जाता है।

कहना यह है कि काशी की संस्कृति की तरह ही यहाँ की पान-संस्कृति भी पवित्र एवं उदात्त है। यही पवित्रता हमें काशी की पान की दुकानों पर भी दिखायी पड़ती है। सब कुछ सुन्दर और स्वच्छ। पान कमाने से लेकर लगाने, जमाने और घुलाने तक कलात्मकता का सौन्दर्य। मेरी मानें तो यह सृष्टि की सुन्दरता है। पान को काट कर जैसे-तैसे मोड़ कर कैसे भी बाँध-बना कर प्रस्तुत करना इस अखण्ड सौन्दर्य को विकृत करने के अलावा और कुछ नहीं है। काशी बन्धन मुक्त है। वह पान के हर पदार्थ को भी बन्धनों से मुक्त करती है। वे जिस रूप में है, उन्हें उससे भिन्न बना देती है। इस मुक्तता को गढ़ा जाता है। इसीलिए काशी में पान का निर्माण और सेवन दोनों कला है। काशी न तो किसी प्रकार का फँसाव स्वीकार करती है और न ही किसी को फँसने देती है। पान आनन्द लोक का स्रष्टा है, फँसाता नहीं

मुक्त करता है। बन्धनों से भी और उस व्यवहार-आचरण से भी जो पान के अभाव में शुष्क बने पड़े रहते हैं। शुष्कता को तरंगायित कर देना ही काशी की पान-संस्कृति का आशय है। समूचा काव्यार्थ कि-पान संस्कृति ग्रहण करो पर किसी अंश से बंधो मत।

इस लिहाज़ से नज़ीर बनारसी की इन पंक्तियों पर मेरा कचाका विश्वास है- *अपनी नगरी तो है तिरलोक से न्यारी नगरी।*

पतंग, परेता, नख

तीज त्यौहार: यहाँ पे यारों कितने तरह के हैं त्यौहार

बनारस के त्यौहारों का कोई जवाब नहीं। यहाँ के सभी त्यौहारों की एक लौकिक छवि है। काशी का सम्पूर्ण लोक इसमें समा जाता है। पूरा **काशी लोक** इनसे आ जुड़ता है, कितने लोगों की रोजी-रोटी का आधार बन जाते हैं ये त्यौहार। एक कहावत आम है कि **काशी में सात वार में नौ त्यौहार मनाये जाते हैं**। यहाँ मैं छोटे-छोटे त्यौहारों की बात करूँगा-मकर संक्रान्ति जिसे काशी में 'खिचड़ी' कहा जाता है, बसन्त पंचमी, नाग पंचमी जो काशी में 'नाग पचइयाँ' है और सावन के सोमवार की। वैसे इस पुस्तक में काशी के कई त्यौहारों का सन्दर्भ पहले भी आ गया है। लोक आधार के साथ इनका पौराणिक आधार भी है। काशी इन दोनों को अपने त्यौहारों के साथ मथ देने में माहिर है। इन त्यौहारों पर खान-पान, फलाहार और 'भोग' की एकदम ठेठ ' बनारसी ' व्यवस्था होती है-कहीं काले तिल के लड्डू, कभी 'फरा', कभी सिंघाड़े या कुटू के आटे के व्यंजन और तरह-तरह के चढ़ावे और भोग।

'खिचड़ी' एक बड़ा त्यौहार है। इस दिन सूर्य उत्तरायण होता है। खिचड़ी पर काशी में सूर्योदय से पहले ही गंगा स्नान का विधान है। लोग अन्नदान करते हैं। नये-नये आये गुड़ और अन्न (लावा, चूड़ा, जोन्हरी, तिल, मूँगफली) के लड्डू, ढुंढा और पट्टी का सेवन करते हैं। हमारे यहाँ खिचड़ी पर और दीपावली पर भी महिलाएँ अन्न के भूजों को ले कर कई गीत भी गाती थीं। उनमें से एक गीत की पंक्ति मुझे अभी तक याद है-*जोन्हरी के लावा जइसे जुहिया के फुलवा*। मुझे जोन्हरी का लावा बहुत रुचता था, शायद इसीलिए यह पंक्ति मेरे भीतर कहीं अटक गयी है। एक और आचरण भी अटक गया है-स्नान कर के 'खिचड़ी छूना'। एक थाल में थोड़ी दाल, उसकी बगल में चावल, दो-चार भेली गुड़, एक छोटी-सी कटोरी में देसी घी, दो-चार आलू, हल्दी की गाँठ, तिल के लड्डू और कुछ सिक्के रख दिये जाते थे। स्नान के बाद एक-एक कर के घर के सभी सदस्य अपने-अपने हिस्से की 'खिचड़ी'

को छू देते थे फिर उन्हें आपस में मिला दिया जाता था। अब यह पण्डित जी के लिए 'सीधा' बन जाता था। हमारे पण्डित जी मिसरी पण्डित, नउआ टोलिया की ओर जाने वाली गली के नुक्कड़ पर ही रहते थे, एकदम निकट। बस मास्टर साहब का घर छोड़ कर। मैं 'सीधा' का थाल ले कर उनके यहाँ चला जाता। पण्डिताइन दो-तीन कनस्तर लेकर बैठी रहतीं। थाल ले कर वे चावल, चावल की कनस्तर में, दाल, दाल के और गुड़, गुड़ के में डाल देतीं। और आलू खंचिया में। लड्डू थरिया में धर दिये जाते। मिसरी पण्डित का एक पैर थोड़ा कमजोर था, लंगड़ा कर चलते थे। कई मनचले उन्हें ' लंगड़ ' पण्डित भी कहते थे। पण्डित जी हमारे कुल पुरोहित थे–**सत्यनारायण की, चित्रगुप्त की पूजा करवाते**। **रक्षाबन्धन** के दिन आ कर 'येन बद्धो बली राजा...' का उच्चारण कर के कलावा बाँधते। **दीपावली** के दिन आकर द्वार के गणेश की पूजा कर जाते। पितृपक्ष के पूरे पक्ष में आ कर प्रतिदिन पिंडदान करा जाते और जिस दिन पितरों की तिथि होती उस दिन भोजन भी ग्रहण करते। विवाह तो कराते ही-पंचांग बांच कर साइत निकालते। हर पूजा के लिए पूजन-सामग्री की सूची बनवाते। पूजा मंडप के पास बैठ कर स्वयं घी के दीये तैयार करते, एक दीये में रोरी घोरते, एक में हल्दी। हल्ला कर-कर के पूजा का सामान जुटवाते। मिसरी पण्डित हमारे परिवार के सदस्य जैसे थे। खिचड़ी के दिन कई लोग पीला वस्त्र भी पहनते थे।

हमारे लिए 'खिचड़ी' का एक ख़ास मजा भी था-पतंगबाजी का। घर पर धूर छत के दोनों ओर और बैठक वाली छत से भी मेरे पड़ोसी मित्र पतंग उड़ाते। पतंगबाजी सुबह से ही शुरू हो जाती है। पतंग उड़ाने के लिए दो तरह के 'परेते' आते थे-एक छोटा परेता और एक थप्पे वाला बड़ा परेता जो बाँस की खपच्चियों से नढ़ा होता था। इन पर 'नख' लपेट दिया जाता। बाज़ार में तरह-तरह की नख मिलती। दो-चार बार हमने घर पर ही नख बनाने का उपक्रम किया। हम बाज़ार से डोरे की रील ले आते। चावल की लुगदी में सरेस और थोड़ा-सा पिसा शीशा मिला कर एक डिब्बे में रख लिया जाता। अब बड़े परेते पर सादी डोरी लपेट कर एक मित्र छत के एक कोने पर खड़ा हो जाता और दूसरा डोरे का थोड़ा-सा हिस्सा अपने परेते में लपेट कर दूसरे कोने पर। दोनों डोरा तान कर रखते। अब एक चौपत्थे कपड़े पर थोड़ी-सी लुगदी रख कर एक मित्र तने धागे से लगा कर दो-तीन बार इधर से उधर डोरी पर रगड़ता और दूसरी तरफ़ वाला धीरे-धीरे इसे लपेटता जाता। नया धागा निकलता जाता और धीरे-धीरे इसी प्रक्रिया से नख तैयार हो जाता। यह नख सस्ता भी पड़ता था पेंच काटने में बहुत कारगर होता था। पतंगे भी दो प्रकार की होती थी-गुड्डा और

गुड्डी। गुड्डा तनिक बड़े आकार का होता था जिसके किनारों पर धागा सिला रहता था। गुड्डी आकार में छोटी होती थी। इसके किनारे खुले होते थे। पूरे बनारस में इन पतंगों के अलग-अलग नाम प्रचलित थे। एक कोटि होती थी एक ही रंग के पतंगों की–काली, लाली, हरियरी, पीली, नीली, सफेदा.... । और दूसरी डिजाइन वाली, जैसे तिरंगी जिसमें तीन रंग के कागज लगे होते थे, अद्धी जिस का आधा हिस्सा एक रंग का और आधा दूसरे रंग का होता था, बद्धी जिसका अधिकांश एक रंग का होता था और एक पट्टी भर दूसरे रंग की, गिलासा जिसमें एक रंग की पूरी पतंग के ऊपरी हिस्से में दूसरे रंग का एक लम्बवत कागज चिपका रहता था, धारा जिसमें चार-पाँच रंग की धारियाँ होती थी, लट्टू जिसके ऊपरी सिरे पर अलग रंग की गोलाकार काट होती थी, चाँद-तारा जिसमें पतंग के एक और अर्धचन्द्र और एक ओर एक तारे की आकृति अलग रंग के कागज की चिपकायी रहती थी, बेलन-इसमें पूरी पतंग के बीच में आदि से अन्त तक दूसरे रंग की एक लाइन बनी होती थी।

बनारस में पतंगें और पतंग का सामान बहुलायत से तीन जगह मिलता है–**यमुना पिक्चर पैलेस के सामने वाली गली** के कई घरों में पतंगें बनायी जाती हैं। थोक में बिकती हैं और छोटी-छोटी दुकानों पर पहुँच जाती हैं। **दालमण्डी** में पतंग, परेता और नख की कई दुकानें हैं। इनके यहाँ सादी डोरी भी मिल जाती है। दुकानदार कहते थे कि दो सूत का धागा चाहिए, तीन सूत का या चार सूत का। इनके यहाँ 'लाख' भी मिलता था। घर पर 'मंझा' बनाना हो तो मज़बूती के लिए थोड़ी-सी 'लाख' टेघरा कर मिश्रण में मिला दी जातीं थी। पतंग उड़ाना, लड़ाना और काटना एक कला है।

पहले पतंग का 'कन्ना' साधा जाता है। पतंग के ऊपरी और निचले हिस्से में थोड़ी जगह छोड़ कर 'सीधी कमानी' के दोनों ओर दो-दो छेद कर दिए जाते। ऊपर और नीचे के हिस्से की दूरी एक 'बित्ता' रखी जाती थी। इन छेदों में धागा डाल कर कस दिया जाता और फिर दोनों तरफ़ से आने वाले धागों को गठिया दिया जाता था। कन्ना साधने के बाद उसकी जाँच होती थी कि सन्तुलन ठीक बना है कि नहीं। पतंग को घूमने-मुड़ने में कोई कठिनाई तो न होगी। फिर पतंग के इस हिस्से को नख के साथ बाँध दिया जाता। एक आदमी पतंग ले कर छत के दूसरे हिस्से पर चला जाता और वहाँ से पतंग के दोनों कान पकड़ कर 'छोड़इया' देता। बस, पतंग हवा में लहराने लगती। फिर तो परेता ढीलते जाइए और पतंग आगे बढ़ती जायेगी, 'पिलतीं' जायेगी। कभी कोई पतंग यहाँ-वहाँ से फट जाये तो उसे भात से साट लिया जाता। पेंच लड़ाने में **खींच देने** और **ढील देने** का बहुत महत्व था। दूसरी पतंग

के फेटे में घुस कर खींच मारना तो किसी-किसी गहरे पतंगबाज को ही आता था। पेंचा लड़ाना और दूसरे की पतंग काट देना-इससे बड़ा कोई आनन्द नहीं था। कन्ना से कट गयल, गुड्डी तन गयल हौ, गुड्डा कनियात हौ, बक काटा हौ-जैसी अनेक अभिव्यक्तियाँ मुझे मेरे पतंग प्रेम ने सिखायी हैं।

पूरे आकाश में दिन भर पतंगों का हुजूम लगा रहता। कितनी उड़तीं, कितनी ही कटतीं। कोई गिनती नहीं। कटी पतंगें लूटी जातीं। डीएवी के मैदान में यहाँ से वहाँ तक बच्चों की भगदड़ मची रहती। कोई हाथ में लग्घा ले कर भी दौड़ता रहता कि पतंग की नख उसमें फँसा ले।

हमारे मुहल्ले में खिचड़ी के दिन बड़े-बड़े लोग परेता ले कर अपनी छतों पर चढ़ आते थे। इनमें प्रसिद्ध तबला वादक पण्डित किशन महराज भी एक थे। उनका घर हमारे घर से बहुत पीछे था लेकिन वे वहाँ से अपना बड़का गुड्डा ढील कर डीएवी तक ले आते थे और घूम-घूम कर पेंच लड़ाते थे। छोटी-मोटी गुड्डियाँ तो उनकी जद में आकर ही कट जाती थीं। उनका परेता भीमकाय था। वे एक-दो घण्टे पतंग उड़ाते और तहलका मचा कर चले जाते। इसी तरह आईटीओ साहब, कमिश्नर साहब भी छतों पर चढ़ आते। ये दोनों भी माहिर थे। ये गुड्डा भी बहुत सुन्दर-सुन्दर खोज कर लाते थे। इन लोगों की पतंगे कटती तो लूटने वालों में होड़ लग जाती। काशी में खिचड़ी को यह पतंगोत्सव आनन्दोत्सव में बदल देता है। आकाश दिखता ही नहीं, बस पतंगें ही पतंगें। हमारी छत से दूर-दूर तक दिखायी देता था कि मुहल्ले की कोई छत खाली नहीं है। दूसरी तरफ़ दारानगर के उस पार भी हम देख पाते थे। उधर के आकाश में दारानगर, जैतपुरा, नवापुरा, मृत्युंजय महादेव से उड़ने वाली पतंगों का जमघट लगा रहता।

स्वादिष्ट खिचड़ी खाईये, मस्त तहरी ग्रहण कीजिए, पतंगबाजी के दौरान भी ढुंढा-तिलवा खाते रहिए। स्नान, खिचड़ी छूना, सिद्धा पहुँचाना, मन में पवित्रता का भाव भर देते। सब नया-नया लगने लगता था-बाहर भी और भीतर भी। पूरे वर्ष खिचड़ी की याद बनी रहती।

बसन्त पंचमी विशेष त्यौहार था। इस दिन से जाड़ा कुनकुना होने लगता था। बसन्त पंचमी इसलिए भी आनन्द देती थी कि इस दिन हमें पीले-पीले कपड़े पहनने का मौका मिलता था। एक दिन पहले ही बाल्टे में पीला रंग और थोड़ी-सी हरदी घोर कर उसमें सबके सफेद कुरता पायजामा रंग दिये जाते। स्त्रियों की सफेद धोतियाँ भी रंगी जाती। पीले कपड़े धारण कर के बहुत अच्छा लगता–बदला-बदला। मन्दिर

में पण्डित जी पूजा कराने आते। गेंदे के फूल की बहार रहती। मन्दिर के छोटे-से चबूतरे पर गेंदे की पंखुड़ियाँ फैला कर बिछा दी जातीं। पण्डित जी हम सबको केसर का टीका लगा कर कलावा बाँध देते। हम अपने कई बंगाली मित्रों से मिलने जाते। उनके यहाँ सूजी के हलवे का प्रसाद मिलता। बसन्त पंचमी को ही **बनारस हिन्दू विश्वविद्यालय का स्थापना दिवस** है। जब मैं विश्वविद्यालय में था तो हम स्थापना स्थल तक जाते। वहाँ भव्य पूजा होती। विश्वविद्यालय से हमें पीले रंग की गाँधी टोपी दी जाती। घर पर कच्चा खाना और बखीर (गुड़ में बना मीठा चावल) बनती थी। बसन्त पंचमी के दिन ही होलिका की स्थापना की जाती। हमारे मुहल्ले में सरकारी कल (नल) के पास तन्नू-पुट्टन के घर के सामने होलिका गाड़ी जाती। हम लोग आसपास से रेंड़ की झाड़ें तोड़ कर लाते। होली तक ये सूख जातीं। होलिका की स्थापना भी पण्डित जी पूजा के साथ कराते। अब हमारे माथे पर अबीर-गुलाल भी सज जाता। बसन्त पंचमी से ही लोगों के कपड़ों पर रंग दिखायी देने लगता। कोई परिचित होता तो हम पूछते–'का भइया ससुरारी गयल रहला'।

बड़े गुरु का छोटे गुरु का नाग लो भाई नाग लो

होली का माहौल बनने लगता। होली तो बनारस की ख़ास है ही। पटका-पटकी भी होती है और नरिया में चब्भो भी दिया जाता है। लोग एक-दूसरे को रंग लगाते ही नहीं, हचक के पोत भी देते। कपारे में भी रंग डाल देते। पिचकारी का रंग तो पड़ता ही रहता। रंगा मुँह लिए जाने लोग भी पहचाने न जाते। हमारा समूह एक गुट बना कर

दस-साढ़े दस बजे तक अपने इष्ट-मित्रों से मिलने निकल पड़ता–हम बौलियाबाग़, रामकटोरा, दारानगर, जैतपुरा, नवापुरा के चक्कर लगा आते। वापस आ कर कुँए पर नहाया जाता। रंग छूटता ही न था। कपारे का रंग बह-बह कर कुँए की जगत को भी रंग देता। रंग छूटने में कई दिन लग जाते। शाम को नये कपड़े पहनकर बिरादरी यात्रा शुरू होती। शाम की होली अबीर-गुलाल की सूखी होली होती थी। नये सफेद कपड़े लाल हो जाते थे।

गर्मी में भी कुछ पर्व आते, सतुआ सक्रान्ति जैसे। सावन के आरम्भ में 'नाग पचइयाँ' आती। नाग पंचमी हमारे लिए बड़ा त्यौहार था। हमारे स्कूल में छुट्टी होती। नाग कूप (जैतपुरा) पर मेला लगता। नाग कूप का प्राचीन नाम **कर्कोटक नाग तीर्थ** है। नाग पंचमी श्रावण शुक्ला पंचमी को मनाई जाती है। इस दिन हमारे घर के प्रत्येक कमरे के दरवाजे और सदर दरवाजे पर भी एक दीये में दूध, उसके पास थोड़ा-सा धान का लावा और दो तिनका दूब रख दी जाती। सवेरे से ही महुअर बजाते सपेरे एक पेटारी में सर्प लिए द्वार-द्वार घूमते और पेटारी का ढक्कन खोल कर नाग दर्शन कराते। अपनी मुट्ठी को वो कुण्डली मारे सर्प के मुँह पर घुमाते तो वह अपने फन खोल देता–दर्शन हो जाता। सवेरे से ही नाग-चित्र ले कर किशोर बच्चे 'बड़े गुरु का, छोटे गुरु का नाग लो, भाई नाग लो' की आवाज बुलन्द करते हुए गुज़रते थे। काशी में यह भी मान्यता है कि 'बड़े गुरु' व्याकरणाचार्य पाणिनि का और 'छोटे गुरु' पाणिनि के टीकाकार पतंजलि का नाम है जिनका सामान्य काशीवासी भी नागपंचमी के दिन स्मरण करता है।

काशी में **पतंजलि** को **शेषनाग का अवतार** माना जाता है। नाग-चित्र चिकने कागज पर छपे होते थे जिन पर नीचे प्रिंटिंग प्रेस का भी नाम दिया रहता था। दो सांप आमने-सामने मुँह किये हुए और उनके बीच में दूध का कटोरा, कुण्डली मारकर बैठे फन काढ़े नाग, वसुदेव नवजात कृष्ण को डलिया में ले जा रहे हैं, छत्र बनाये नाग, नाग नथइया का चित्र, दूध के कनक कटोरे से दूध पीते दो नाग, गले में नाग की माला धारण किये हुए शिव..... न जाने कितने चित्र, कितने प्रकार के–आकर्षक। इन्हें बच्चों से खरीद लिया जाता, घर के प्रवेश द्वार पर दोनों ओर इन्हें चिपका कर पूजा की जाती–दूध, लावा चढ़ाया जाता, तिलक किया जाता।

पुराणों और उपनिषदों में काशी के प्राचीनतम देवों में यक्ष और नाग की चर्चा मिलती है। यक्ष तो अथर्ववेद काल में ही उर्वरता और वीर्यवत्ता के प्रतीक बन चुके थे। यह भी दर्ज है कि भारत में मूर्तिकला यक्षों की ही देन है। भारत के सभी प्रसिद्ध संग्रहालयों में यक्ष की पाषाण मूर्तियाँ बहुतायत से मिलती हैं–शिल्पगत भिन्नता के

साथ। यक्ष, किन्नर, गन्धर्व, भूत-पिशाच और नाग ये सब भारत की प्राचीन जातियाँ हैं, इस बात की पुष्टि **डॉ. वासुदेव शरण अग्रवाल** ने भी की है। उन्होंने यह भी बताया है कि *आरण्यक संस्कृति को नागर सभ्यता तक पहुँचाने का श्रेय नागों को ही है*। **महाभारत** में **जनमेजय के नाग-यज्ञ** की विस्तृत कथा दी गयी है जिसमें नागवंशों का भी विवरण है और उनकी शक्ति तथा सामर्थ्य का भी। **काशी खण्ड** में अनेक स्थलों पर यह उल्लेख आता है कि काशी प्रारम्भ से ही अर्थात अस्तित्व में आने के साथ ही यक्ष और नाग संस्कृति की साक्षी बनी रही है। यक्षों के पूजा स्थल 'बीर' या 'चौरा' कहलाते थे जिनकी बड़ी संख्या आज भी काशी के प्रत्येक क्षेत्र में फैली हुई है।

अखाड़ा

नाग पंचमी का सम्बन्ध काशी में स्वभावत: **शिव और हनुमान** से भी सम्बद्ध है। प्राचीन ग्रन्थों में यह उल्लेख मिलता है कि **शंकर के गण कुश्तीबाज थे**। काशी में हनुमान जी को अखाड़ों का अधिपति माना जाता है। काशी में नाग पंचमी के दिन **कुश्ती और दंगल का** आयोजन जगह-जगह होता है। हमारे यहाँ डीएवी के मैदान में यह आयोजन होता था जिसमें कबीरचौरा, पियरी, दारानगर, नवापुरा के एक से एक यादव पहलवान जुटते थे। हमारे मुहल्ले में दूध-दही की एक छोटी-सी दुकान थी–सरकारी नल से थोड़ा आगे, कच्ची-सी। इस दुकान पर 'बुढ़ऊ' बैठते थे। पहलवानी के उस्ताद थे। हमेशा अखाड़े की मिट्टी पोते दीख पड़ते थे। उनका एक कान टूटा हुआ था। काशी में सिद्धस्त पहलवानों का एक कान तोड़ दिया जाता था। उनके भतीजे शिवमूरत का भी एक कान टूटा हुआ था। शिवमूरत वजनी मुकदर और गदा बड़ी आसानी से भांज लेते थे। नाग पंचमी के दिन वे भी अपना कौशल दिखाते थे। इसी तरह भैरव, बेदी और मेरे कई समवयस्क यादव मित्र नियमित अखाड़े जाते थे। दण्ड-बैठक पहलवानों का अनिवार्य अभ्यास है। इनकी गिनती की जाती है कि कौन एक बार में कितने दण्ड या बैठक लगा सकता है। इसके अतिरिक्त जोड़ी फेरना, गदा फेरना, नाल उठाना, गरनाल उठाना, डंबल फेरना, मलखम्ब करना, नम्बरिया ईंटा हाथ से तोड़ना और ढेकली करना भी नियमित अभ्यास हैं। ढेकली में हाथ के बल शरीर का पूरा भार कलाई पर दे कर दोनों पैरों को ऊपर उठा कर के कलाइयों को दायें-बायें मारा जाता है अर्थात एक कलाई उठाना और फिर अखाड़े की मिट्टी पर दे मारना। फिर दूसरी उठाना और दे मारना।

काशी में कई घाटों पर और मुहल्लों में अखाड़े हैं। कई तो बहुत पुराने हैं। पहलवानी करना हँसी-खेल नहीं है। काशी में यह सम्पन्न यादव बन्धुओं से सध पाता है क्योंकि कुश्ती-व्यायाम करने वाले इन पहलवानों को स्वास्थ्यवर्धक आहार की आवश्यकता पड़ती है–दूध, बादाम, मलाई, भीगा चना और मेवे का सेवन नियमित करना होता है। नाग पंचमी के दिन हमें यादव बन्धुओं का शौर्य प्रदर्शन देखने को मिलता था। कुश्ती की प्रतियोगिता होती थी और मुकदर-गदा फेरने की भी-विजेता को पुरस्कार दिए जाते। काशी के अखाड़े बल-स्थल के मन्दिर हैं जहाँ नियम, स्वच्छता, आहार, ब्रह्मचर्य, भक्ति, अनुशासन, अभ्यास और नैतिक मूल्यों का पालन करना होता है। कुश्ती और अभ्यास वास्तव में काया और चेतना का मेल करते हैं। शक्ति सम्पन्न होते हुए भी मैंने अपने किसी पहलवान यादव बन्धु को

कभी क्रोध करते या उत्तेजित होते नहीं देखा। उनकी काया में श्रद्धा और अनुशासन 'बेझर' गये दीखते। सात-आठ वर्ष की आयु से ही अभ्यास प्रारम्भ होता है इसलिए अखाड़े के समस्त आचरण पहलवानों में आत्मसात हो जाते हैं। अखाड़े में पहलवान लंगोट धारण करते हैं, शेष शरीर खुला रहता है। अभ्यास करने या प्रतियोगिता में भाग लेने के पहले ये अपने गुरु का चरण स्पर्श करते हैं। अखाड़े की मिट्टी छू कर माथे लगाते हैं क्योंकि अखाड़े से अधिक पवित्र स्थल इनके लिए कोई और नहीं है। कुश्ती में दोनों पहलवानों का आमने-सामने खड़े होना, खम ठोंकना, हाथ में मिट्टी लगाकर ठोंक-ठोंक कर झाड़ना-ये क्रियायें देख कर ही दर्शकों में उत्साह की लहर दौड़ जाती। कुश्ती शुरू हो जाती और दांव-पेंच लगने लगते। जिनके अलग-अलग नाम हैं और इन्हें लगाने की विधियाँ हैं। नाग पंचमी के दिन काशी में अखाड़ों की सफाई और सफेदी की जाती है।

नाग पंचमी का यह उत्साह बनारस के प्रत्येक अखाड़े में दिखायी देता है। अखाड़े का ओसारा महाबीरी रंग से रंग दिया जाता है। अखाड़े के निकट तिकोना महाबीरी झंडा गाड़ दिया जाता है और हनुमान जी के मन्दिर को सजा दिया जाता है, उनका श्रृंगार किया जाता है। मैंने पियरी, मणिकर्णिका, ईश्वर गंगी और औघड़नाथ की तकिया के अखाड़ों को नजदीक से देखा है। इनकी दीवारों पर हनुमान, शिव और गरुड़ के चित्र अंकित मिलते हैं। रथयात्रा के मेले में पहलवानी के खिलौने भी मिलते हैं-वही आमने-सामने खड़े दो पहलवान, एक-दूसरे का दोनों हाथ पकड़ कर बल कूतते पहलवान, एक झुके हुए पहलवान के ऊपर दूसरा पहलवान यानी धोबियापाट दांव की तैयारी। अधिकांश अखाड़ों में पीपल का एक वृक्ष भी रहता है। काशी के पहलवान 'धूर' को अपना आभूषण मानते हैं। बनारस की मिट्टी की ताकत का भान हमें 'नाग पचइयाँ' करा देती।

नाग पंचमी का एक सुख हमें गोधूलि में मिलता जब 'गुड़िया' का पर्व सम्पन्न किया जाता। मलमल का कपड़ा पीला रंग कर उसके टुकड़े कर लिए जाते। टुकड़े को चुनिया कर बीच से धागा बाँध दिया जाता। अब ऊपर-नीचे के दो हिस्से बन जाते। ऊपर के हिस्से के आधे से ज़्यादा भाग को एक छोटे-से कपड़े के टुकड़े में लपेट कर बाँध दिया जाता। यह गुड़िया का सिर बन जाता। किसी भी रंग से उसके ऊपर बाल बना दिए जाते और आँख, नाक, मुँह। फिर कपड़े की ही पतली पट्टियाँ सिर के पीछे दोनो और लगा कर सिल दी जातीं–ये चोटी बन जाती। सुन्दर-सी गुड़िया तैयार हो जाती-चार बजे के आस पास हम सब निकलते।

मन्दिर और दो शिवलिंग

किसी पेड़ की डाल से झड़ियाँ तोड़ लेते। एक डोलची में गुड़ियाँ रख ली जातीं। एक भीड़-सी ईश्वरगंगी के पोखरे पर पहुँचती। दादी साथ होतीं। हम पोखरे की सीढ़ियाँ उतरते। लड़कियाँ गुड़ियाँ पानी में फेंकती और लड़के छड़ी से उसे पीटते। इतना कि वे पानी में बह जातीं या डूब जातीं। मेरे घर में नाग पंचमी को 'गुड़िया' भी कहते थे। गुड़िया के लिए ख़ूब छोटी-छोटी पूड़ियाँ और आटे का हलुवा बनाया जाता। हर गुड़िया के साथ एक पूड़ी पर थोड़ा-सा हलुवा रख कर उन्हें बहाया जाता। मुझे पापा ने बताया कि गुड़िया का त्योहार बनारस का उत्सव नहीं है। यह इलाहाबाद से मेरी माँ के साथ बनारस आया था। उन्होंने अपने और आस-पड़ोस के बच्चों के साथ इसे कबीरचौरा में शुरू कर दिया। कुछ भी हो हमारे लिए 'गुड़िया' नाग पंचमी को एक नया आयाम दे देती।

नाग पंचमी के साथ ही काशी में **सावन का मेला** प्रारम्भ हो जाता। सावन के सोमवारों पर सारनाथ में **सारंगनाथ का मेला** लगता। **मंगलवारों को** दुर्गा कुण्ड पर और **रविवारों को** भैरव जी पर। सावन में काशी में मेले-त्यौहारों की बौछार आ जाती। सजावट, श्रृंगार, झांकियों और मौज-मस्ती का सावन। नगर भर के दुर्गा मन्दिर सज जाते। सारनाथ उत्सव नगरी बन जाता। सारनाथ में सारंगनाथ महादेव का प्राचीन मन्दिर है, सारनाथ स्टेशन से ही दिखायी देता है। मन्दिर ऊँचाई पर है–दस-बारह सीढ़ियाँ चढ़ कर। मन्दिर के सामने एक कुण्ड है जिसमें एक पोरसा भर पानी होता होगा। **इस मन्दिर में एक ही 'करघे' में दो शिवलिंग हैं**–एक शिव के साले सारंग ऋषि का और दूसरा स्वयं बाबा विश्वनाथ का। इस मन्दिर के सम्बन्ध में काशी में अनेक दंतकथाएँ प्रचलित हैं। हम लोग सपरिवार अपने कुछ मित्रों और पड़ोसियों के साथ किसी एक सोमवार को सारनाथ जाते थे। लहुराबीर से बस पकड़ कर या एक्का लेकर। सारनाथ का मेला धुर गंवई मेला है। हम गाँव-गाँव होकर जाते। पाण्डेपुर, आशापुर.... खेत, गाँव, पनघट, इनार। सारनाथ बौद्ध केन्द्र है। बनारस से आठ किलोमीटर की दूरी पर। तब न तो मूलगन्ध कुटी विहार घेरा हुआ था और न ही धमेक स्तूप। हम मृगदाव के भीतर कमलताल तक जा सकते थे। मूलगन्ध कुटी विहार का बौद्ध मन्दिर अत्यन्त भव्य है। इस मन्दिर के भीतर की दीवारों पर बुद्ध के जीवन के चित्र उकेरे हुए हैं। मन्दिर में नीरव शान्ति रहती है, वैसी ही शान्ति आपको मिलती भी है। मन्दिर के दाहिनी ओर उपदेश वाली जगह है-बोधि वृक्ष के साथ। अब उस जगह पर पाँचों शिष्यों की मूर्तियाँ बन गयी हैं जिनके सामने बुद्ध उच्च आसन पर बैठे हैं। यह पूरा स्थल कलात्मक दीवारों से घेर दिया गया है। सारनाथ में तिब्बत,

जापान और चीन के भी बौद्ध मन्दिर हैं–भिन्न-भिन्न आकार-प्रकार के। तिब्बती मन्दिर में बहुत बड़े, ऊपर की दीवार को छूते हुए बुद्ध, जापानी मन्दिर में सुनहले रंग के छोटे-से और चीनी मन्दिर में काले पत्थर के। अब तो सारनाथ खचाखच भर गया है। विहार के सामने दुकानों और रेस्तरां की भीड़ लग गयी है। कालोनियाँ बस गयी हैं। पहले एक ही ढाबेनुमा होटल था, अब और भी आ गये हैं। पहले वाले ने भी अपना रूप बदल लिया है।

अब बात मेले की करें। सारनाथ में सावन पर्व 'निछद्दम' में आनन्द लेने का पर्व था। सारंगनाथ मन्दिर के पीछे, बिड़ला धर्मशाला के पीछे, धमेक स्तूप के पिछवाड़े ख़ूब खुली जगहें और ढेरों वृक्ष थे। मेला मुख्य मन्दिर के सामने जमता था। सरल ग्रामीणों की रेलमपेल रहती। महिलाएँ मूल रंगों की धोती में और पुरुष साधारण वस्त्रों में। युवतियों-महिलाओं की अल्हड़ता देखते ही बनती। शहरों ने स्त्री के इस अल्हड़ स्वभाव को चूस लिया है। हम सारंगनाथ के मन्दिर के पीछे किसी पेड़ के नीचे खुली जगह तलाश लेते। सींक वाली झाड़ू से मिट्टी का ढोंका, कंकड़ और धूर बुहार दी जाती। दो-चार कुत्ते मंडराने लगते, उन्हें दुर-दुर कर के खेदा जाता। साथ लाई दरियाँ पेड़ों के नीचे बिछा दी जातीं, चादरें बिछा दी जातीं। तकिया भी लग जाता। मसाले, आटा, दाल, नमक, सतुआ और सब्जियाँ भी हम साथ ले जाते। सब्जियों में गोल बैंगन, आलू, टमाटर, हरी मिर्च, हरा धनिया, अदरक, लहसुन, लहसुन का सागा, प्याज का सागा, मतलब **हरा मसाला** रहता। सारनाथ के बाज़ार में गोहरा-गोहरी, मिट्टी के बर्तन, दोना-पत्तल सब आसानी से मिल जाता था। खाने-पीने का कुछ घटे तो वह भी। पापा और उनके हमउम्र एक दरी पर ताश जमा देते। बाक़ी सब भोजन तैयार करने में लग जाते। ईंटों को जोड़ कर एक चूल्हा बनाया जाता। चैला-चैली दुकान से आ जातीं। इस दुकान से हम मिट्टी की बड़ी हंडिया, बटलोही और ठिलिया (छोटा घड़ा) और कुछ कसोरे और परई खरीद लाते। चूल्हे में आग दहकाई जाती और हंडिया में अदहन चढ़ा दिया जाता। छोटी सिल पर लोढ़े से हल्दी दरकच कर अदहन में डाल दी जाती तब तक अदहन उबलने लगता था। अब धो-धा कर उसमें दाल चढ़ा दी जाती और हंडिया को परई से ढक दिया जाता। दाल खदबदाने लगती। हल्दी की मादक गन्ध उठने लगती। अदहन की बुदबुदाहट सुनायी भी देने लगती–बुड़बुड़-बुड़बुड़। ढक्कन हटा कर नमक और थोड़ी-सी मिर्ची की बुकनी डाल दी जाती और पुन: ढक दिया जाता। चैली की मद्धिम आँच पर अरहर की दाल चुरती रहती–खदबद-खदबद।

दूसरी तरफ़ एक परात में आटा सनने लगता। ख़ूब दाब-गूंथ कर उलट-पलट कर, पानी का छींटा मार-मार कर। कोई सतुई का मिश्रण तैयार करने में लग जाता। सतुआ का संस्कार। सतुआ में हरी मिर्च के कतरे, हरी धनिया, लहसुन, लहसुन का कतरा सागा मिला कर मीस-मीस कर मींजा जाता। फिर नमक, लाल मिर्च के अचार का मसाला मिला कर मसला जाता। मिश्रण की थोड़ी-सी फंकी लगा कर स्वाद परखा जाता। अब भुर-भुरे से सतुए में दो-चार अंजुरी कड़ुवा तेल मिला कर हाथों से ख़ूब मसक दिया जाता-भरावन तैयार। गुंथे आटे की लोइयाँ काट कर उन्हें हाथों

से गड़ोरिया कर यह मिश्रण भर दिया जाता और गोलिया दिया जाता-भरवां बाटी या भंवरियाँ अब सिंकने को तैयार हो जातीं।

अब गोहरा-गोहरी का 'अहरा' लगता। गोहरियों को सलीके से एक-दूसरे के साथ बीच में जगह बनाते हुए सेट किया जाता। अब इसमें आग लगा दी जाती। गोंइठे जल्दी ही दहकने लगते और फिर उनके भीतर से छोटी-छोटी लाल-पीली आँच लहकने लगती। जब गोंइठे धधक जाते तो तनिक-सी हवा से भी चिनगी उड़ने लगती। थोड़े-से गोंइठों को हम चैली से खींच-पीट पर आग की एक बेड-सी बना देते जिस पर एक के बाद एक ' भंवरियाँ ' (बाटियाँ) तहिया कर रख दी जातीं। बाक़ी गोंइठे चिमटे से उठा कर इनके ऊपर डाल कर फोड़ दिए जाते। अब भंवरियों के नीचे भी आँच होती और ऊपर भी। थोड़ी-थोड़ी देर पर हम इन्हें उलटते-पलटते रहते। अब तक लाल-लाल आँच राख में बदलने लग जाती थी। राख को जगह-जगह से सरका कर उस हिस्से की तैयार बाटियों को उस जगह से हटा लिया जाता था। बाटी पक गयी है इसका पता उस पर पड़ी चित्तियों से लगता था। कम से कम दो-तीन बार अहरा लगाना पड़ता। इस काम में बहुत समय नहीं लगता था। सारी बाटियाँ तैयार हो जातीं तो उन्हें एक अंगोछे में डाल कर दो लोग ख़ूब हिलाते कि आपस में टकरा-टकरा कर बाटियों पर जमी राख छँट जाती। इन्हें बीन-बीन कर दूसरे गमछे पर रखते जाते। एक भगोने में देसी घी टेघरा कर एक-एक बाटी घी में डुबो-डुबो कर एक परात में सजाते जाते–चिकनी, चित्तीदार और गमकती भंवरियाँ।

दाल भी अब तक मुलायम पड़ गयी होती और पानी या नमक डालने की ज़रूरत हो तो डाल दिया जाता। अहरा की पुरानी राख पर कुछ नये गोहरे रख दिए जाते और धधक जाने पर इन्हें भी फोड़ कर फैला लिया जाता। इसके आधे हिस्से पर बैंगन-टमाटर और आधे हिस्से पर आलू सरिया दिए जाते। बैंगन को दो-चार जगह से चीरे लगा कर उसके अन्दर लहसुन-हरी मिर्च भर दी जाती और इन्हें जलती गोहरियों से ढक दिया जाता। गोहरी घसका-घसका कर इन्हें पलटते रहना पड़ता था। टमाटर पहले भुन जाते, उन्हें आग से हटा लिया जाता। बैंगन-आलू को चाकू से गोद-गोद कर देखना पड़ता। जब तीनों चीजें भुन जातीं तो बड़ी अच्छी ख़ुशबू फैल जाती। तीनों को एक-एक पत्तल पर रख दिया जाता और तीन लोग इन्हें छीलने-मसलने के काम में लग जाते। इन जलते-भभकते पदार्थों को बहुत सहा-सहा कर छीलना होता था। हम ठिलिया में ठण्डा पानी अपने पास रख लेते और हाथ भिगो-भिगो कर छिलाई करते। अब ये तीनों पदार्थ एक तसलेनुमा बर्तन में डाल कर पौने या कलछुल से

इतना दबाये-रगड़े और लताड़े जाते कि इनका भुरता बन जाता। अब इसमें नमक, कतरा लहसुन, हरी धनिया, हरी मिर्ची और सागा डाल कर ख़ूब मिलाया जाता। अन्दाज से कड़ुवा तेल डाला जाता और अब तक ठण्डे हो चुके मिश्रण की हाथ से मिसाई शुरू होती। एक गुट गाजर, मूली, प्याज, टमाटर का सलाद तैयार कर देता। हम घर से उसिना हुआ काला चना भी ले जाते थे। चूल्हे पर एक हंडिया चढ़ा कर उसकी घुघरी बना लेते। भोजन तैयार होते-होते तीन-साढ़े तीन बज जाता। दो-दो बाटी और चोखा पत्तल पर और दाल कसोरे में परस दी जाती। दाल में वही बाटी डुबोने वाला घी थोड़ा-थोड़ा डाल दिया जाता। बस 'बहरी अलंग' का भोजन शुरू-खुले में आकाश के नीचे, वृक्ष की छाया तले। भरवां बाटी के साथ कुछ सादी बाटियाँ भी सेंक ली जाती थीं। इन्हें तोड़ मसल कर एक पत्तल पर रख दिया जाता। इसमें देसी घी और चीनी मिला कर चूरमा तैयार हो जाता। यह भोजन के बाद का ' मधुरम ' था। सौ टका देसी भोजन। सावन में और वह भी सारनाथ के मेले में इसे जेवने का आनन्द ही कुछ और था।

अब तक लखेदे कुत्ते भी आ चुके होते। बाटियाँ तो बची ही होतीं। उन्हें भी खिला दी जातीं। भोजन के पहले एक-एक दो-दो कर के हम सारंगनाथ का दर्शन कर आते। भोजन के बाद पूरे जगह की सफाई की जाती। फिर झाड़ू लगती। हंडिया, पुरवा, कसोरा, पत्तल सब कहीं दूर जा कर हम फेंक आते।

सावन का यह मेला समूह-भोज के साथ ही समूह में भोजन पकाने का भी एक उत्तम प्रशिक्षण देने वाला होता था। सतुआ बनाने वाला दाल बनाने वाले पर निगाह रखता, सलाद काटने वाला बाटी भरने वाले पर, चोखे का सामान भूंजने वाला अहरा लगाने वाले पर। सब एक दूसरे पर चौकस नज़र रखते। दाल की तारीफ़ होती तो दाल बनाने वाला गदगदा जाता, चोखे की सराहना तो दो-तीन लोगों को प्रसन्न कर देती, बाटी के जायके की बढ़ाई कइयों के चेहरे पर मुस्कान ला देती। हम सब थोड़ी देर पेड़ों के नीचे आराम करते। वापस ले जाने वाले सामान सहेजते और मस्त चाल से वापसी के लिए चल पड़ते।

सारनाथ बचपन से ही मुझे लुभाता रहा है। हम लोग अक्सर यहाँ जाते। कोई बाहर से आ जाता तो उसे लेकर भी। सारनाथ का चप्पा-चप्पा मेरी स्मृति में हमेशा बसा रहा। सावन के मेले में तो कभी नागा हुआ ही नहीं। एक-दो बार भोजन की तैयारी के समय ही पानी भी बरसा। थोड़ी देर के लिए सब खरमण्डल हो गया। पेड़ों के नीचे दुबकना पड़ा। एक बात कह दूँ कि इस तरह के बहरी अलंग के कार्यक्रम में

बनारसी गमछा बड़े काम का सिद्ध होता है। पैंट उतार दीजिए और गमछा लपेट कर काम में जुटिये। बाटी झाड़ लीजिए। भीग गये हैं तो काया पोंछ लीजिए और गमछा निचोड़ कर पेड़ की डाली पर पसार दीजिए। सारंगनाथ मन्दिर के पीछे वाला स्थान बहुत रमणीक था। यह बौद्ध मन्दिरों से भी बहुत दूर नहीं था। सारंगनाथ पूरे समय सामने रहते। हम वापस आते तब भी सावन का मेला हमारे साथ चलता। लोग एक दूसरे से पूछते-बताते कि कौन कब गया था, क्या किया। सावन में सारनाथ बनारस को गाँवों से जोड़ देता था। गंवई चीजें हम खरीद कर लाते।

मैं हमेशा मेले में जा कर कागज की रंग-बिरंगी दो 'फिरहरियाँ' ले आता था। ये सनई में लगी कागज की बनी गड़ारी होती थी। तनिक हवा लगते ही फुरफुर-फुरफुर नाचने लगती। मैं ला कर इन्हें दो पेड़ों की खोड़रों या उखड़ी-सी छाल में खोंस देता। ये पूरे समय फुरफुराती रहतीं। सब इनका आनन्द लेते। गाँव के बच्चे इन्हें बड़ी हसरत से देखा करते। वापसी में जो सबसे नन्हे बच्चे होते उन्हें मैं फिरहरी दे देता। रास्ते भर उन बच्चों के चेहरे की प्रफुल्लता भी मेरे साथ चलती रहती।

फिर तो काशी में मेलो और रामलीलाओं का रेला लग जाता। तभी आ जाता नवरात्र। दुर्गा के नौ रूपों के दर्शन का उत्सव। काशी शक्तिमय हो जाती और फिर आ जाती दीपावली। पाँच दिन का त्योहार-धनतेरस से ले कर भइयादूज तक। दीपावली अनंत ख़ुशियाँ ले कर आती। दीवाली के एक दिन पहले 'दलिद्दर' भगाया जाता। पुराना सूप बजा-बजा कर उसे दूर गली तक हम खदेड़ आते। दीपावली दीया-दियरी, खिलौनों का त्योहार है। काशी में दोनों हाथ में और सिर पर दीया धारे मिट्टी की ग्वालिनें मिलती हैं। ख़ूब रंग-बिरंगे भड़ेहर बिकते हैं। चीनी की पशु-पक्षियों के आकार की मिठाइयाँ हर कहीं दिखायी पड़ने लगती हैं। दाना-दूनी का अंबार लग जाता है। सूरज डूबते न डूबते घर भर में ख़ासकर बाहरी मुण्डेरों पर दीप मालिकाएँ सजा दी जातीं और अंधेरा होने से पहले ही उन्हें प्रज्वलित कर दिया जाता।

भइयादूज हमारे लिए विशेष त्योहार था जिसे यम द्वितीया भी कहा जाता और गोवर्धन पूजा भी। दीवाली की रात दीवार पर बनाये गये भित्ति चित्र के सामने दोनों, चना और चीनी की मिठाई से भड़ेहर भरे जाते। भाई दूज के दिन आंगन में पूजा की जाती। गोबर की चौखट्टा मेड़ बना कर उसके भीतर गोबर से ही चाँद, सुरूज, तालाब, भाट, भटियारिन, बिमान, चूल्हा, कंघी, साँप इत्यादि रच दिये जाते। फिर स्त्रियाँ-लड़कियाँ दूज की कथा कहती-सुनतीं। गोबर के चौखटे के बीचो-बीच एक समतल पत्थर रख दिया जाता और उस पर गूम भटकोइयाँ, ऐपन-सिंदूर से सजी रुई की माला, चना-मिठाई रख कर एक-एक कर के स्त्रियाँ मूसर से इसे कूचतीं और

चौखट्टा लांघ जातीं। जब बहनें भाइयों को मिठाई खिलातीं तो सबसे पहले तिलक लगा कर यही कुटी हुई मिठाई खिलाई जाती और फिर अन्य चीजें।

फिर मन्दिर में हम चित्रगुप्त जी की पूजा करने जाते। काशी में चित्रगुप्त जी का एक सुन्दर चित्र मिलता है। इस चित्र में बीचो-बीच चित्रगुप्त जी महाराज आसन पर विराजमान हैं और उनके एक ओर चार और दूसरी ओर आठ बेटे खड़े हैं, नीचे उनकी दोनों पत्नियां बैठी हैं। इस चित्र की ही पूजा की जाती है और गणेश की भी। पण्डित जी चित्रगुप्त की कथा भी सुनाते। यह कथा छपी-छपाई ठाकुर प्रसाद बुकसेलर के यहाँ मिल भी जाती थी। कई लोग उसे ला कर स्वयं ही पूजा कर लेते थे। रोरी-नारा लग-बँध जाते। इसके बाद मिठाई खाने-खिलाने का कार्यक्रम चलता।

इस दिन मेरी बड़ी बुआ चेतगंज से आती थीं। जब सुहागिन थीं तब से मुझे याद है। ख़ूब सजधज कर आती थीं। बनारसी साड़ी, सारे आभूषण पहने और माथे पर बड़ा-सा सुहाग टीका लगाये। उनके साथ एक ढका थाल लिए उनकी महराजिन आती थी। इस थाल में पापा की पसन्द के यावत् व्यंजन रहते थे। बुआ इन्हें अपने नौकर श्याम को भेज कर बनारस भर से मंगवाती थीं। इसमें **मधुर जलपान** के मेवे के लड्डू और समोसे होते थे। **जलयोग** का रसगुल्ला होता था। **राम भण्डार** का खीर मोहन और महीन हरे सेव की मेवे वाली नमकीन होती थी। बढ़िया पान होता था।

ओसारे में पापा के साथ हम भी बैठ जाते। दबा कर खाते। बचपन में ये चीज़ें खाने का अवसर हमें भैयादूज के दिन ही मिल पाता था। इसके पहले एक थाली मंगा कर बुआ ये सारी चीजें थोड़ी-थोड़ी उसमें निकाल लेती थीं–चार लड्डू, दो खीर मोहन, दो रसगुल्ले, नमकीन और चार समोसे..... । निरन्तर वे पापा को असीसती जातीं। अपनी माँ और भावज को याद कर-कर के रोतीं। फिर वे 'कच्ची' में चली जातीं। पीछे-पीछे थाली लिए महराजिन और मैं। वहाँ बाबूजी और चच्चा उनकी प्रतीक्षा में रहते। उनको भी ओसारे में बैठा कर बुआ मिठाई खिलातीं। फूफा नहीं रहे, उसके बाद भी बुआ आती रहीं, ख़ूब सुन्दर क्रीम रंग की सिल्क की साड़ी पहनकर। बुआ बहुत सुन्दर थीं। धीरे-धीरे वे कृषित होती गयीं। फिर मैं और पापा चेतगंज जाने लगे। श्याम कहीं चले गये। बुआ के लिए पापा की पसन्द की मिठाई-नमकीन मंगाना कठिन हो गया। समय भी बदल गया था। अब किसी को भेज कर पास के हलवाई से ही वे मिठाइयाँ और नमकीन मंगवा लेतीं। उनका मन कचोटता। बुआ और पापा आपस में ब्रज भाषा में बतियाते थे। हलवाई की प्रशंसा करतीं कि वो बालूशाही बहुत अच्छी बनाता है, उसकी इमरती तो तुरन्ते बिक जाती है, इसके जैसा सेव तो इधर मिलता ही नहीं.... पापा हँस-हँस कर सुनते रहते। उन्हें मिठाई वैसे भी बहुत पसन्द नहीं थी, ठेठ बनारसी मिठाइयाँ मिलें तभी वह चाव से खाते थे। लेकिन बुआ का मुँह देख कर वे बालूशाही, इमरती, बड़े-बड़े समोसे सब प्रेम से खा लेते थे। मुझे तो कोई फ़र्क़ पड़ता नहीं था। मैं कब पीछे हटता। दो-तीन दिन बाद इलाहाबाद से छोटी बुआ किसी के हाथ मिठाई का एक डिब्बा भिजवातीं जिसमें कुटी मिठाई की एक पुड़िया भी रहती थी और एक पुड़िया में रोरी और चावल। डिब्बा खोला जाता। सब मिठाईयाँ अपने बासीपन की गवाही देती थीं। फूफा कमिश्नर थे। मान-जान था। दीवाली पर लोग मिठाइयाँ दे जाते होंगे। पापा कहते ये सब **नज़राने की मिठाईयाँ** हैं। कोई मिठाई थोड़ी-सी तोड़ कर खा लेते। इस दिन कच्चा खाना बनता। कई बार बुआ के साथ उनका पूरा परिवार आ जाता। सब हमारे यहाँ ही खाना खाते।

बनारस के त्यौहारों की अनंत छवियाँ मुझे बेसुध किये रहती हैं। इनके मर्म तक और कोई नहीं पहुँच सकता। ये जल के गुणों की तरह मेरे भीतर लहर चुके हैं, इतने भित्तर तक कि इनके बिना मानुस और चून उबर ही नहीं सकते। मेरे तो उबरने का प्रश्न ही नहीं। इन्हीं में गोतियाता रहता हूँ।

भितरी बनारस : सात

बनासर के अपने निखालिस ढब

लोक-संगीत : रंग बरसे मोरे अंगनवा में

लोकगीत और संगीत का काशी गढ़ है। एक ओर शास्त्रीय संगीत में बनारसी घराने की भारत भर में धाक है तो दूसरी ओर लोकजीवन को स्वर देने वाले लोक गीत और संगीत का भी काशी समृद्ध खजाना है। काशी में अनेक पर्वों पर मन्दिरों में लोक संगीत की धूम मचती है। यहाँ ऋतुएँ भी लोक गीतों का आधार हैं और शुभ संस्कार भी। ये गीत ग्रामीण जीवन और ग्रामीण चेतना का सुन्दर प्रतिबिम्ब हैं। ये झोपड़ी के गीत हैं जिनमें शास्त्रीय संगीत के वाद्य नहीं, एकतारा, ढोलक, खंजड़ी, करताल, गगरी–थाली, मंजीरा और कुछ न हुआ तो 'थपोड़ी' बजती है। इन गीतों में वाणी की डोर सदैव तनी रहती है। स्वर जगे रहते हैं और भाव हौले-हौले नृत्य करते हैं। काशी के पण्डित कृष्णदेव उपाध्याय ने भोजपुरी गीतों पर बहुत काम किया है, इनका संपादन किया है और इन्हें वर्गीकृत किया है–संस्कार गीत, ऋतु गीत, उत्सव-पर्व और त्यौहार के गीत, दिनचर्या के गीत, श्रम गीत, पूजा गीत, नृत्य गीत, राष्ट्रीय-स्वदेशी गीत, आराधना गीत, ...। भोजपुरी क्षेत्र में ये गीत कहाँ नहीं हैं। जहाँ जीवन है वहीं ये जीवन गीत हैं। इन गीतों में खेत-खलिहान गाते हैं, फसलें गाती हैं, ऋतुएँ गाती हैं और गाते हैं पारिवारिक सम्बन्ध। जीवन से इन गीतों का अद्वैत सम्बन्ध है। महात्मा गाँधी ने भी कहा था कि 'ग्राम्य गीत भारतीय गाँवों के जीवन का सच्चा चित्र हैं।'

भोजपुरी भाषा पूर्वी उत्तर प्रदेश और बिहार के बड़े हिस्से में बोली जाती है। कहा जाता है कि इसका नाम बिहार के एक कस्बाई नगर भोजपुर के नाम पर पड़ा है। यह व्यापक प्रयोग क्षेत्र की बोली है इसलिए इसके अन्य नाम भी प्रचलित हैं। बनारस से लगे क्षेत्रों में इसे पूरबी बोली या पुरबी कहा जाता है। कबीर ने भी मेरी बोली पुरबिया कह कर इस ओर संकेत किया है। एक नाम इसका बनारस शहर के नाम पर भी पड़ा है–बनारसी बोली जिसे राहुल जी ने 'काशिका' नाम दिया था। काशिका का आविर्भाव काल यदि कबीर से भी मानें तो यह सिद्ध हो जाता है कि

सन् 1455 तक काशी क्षेत्र में 'काशिका' ने अपना साहित्यिक स्वरूप निर्मित कर लिया था। आचार्य रामचन्द्र शुक्ल, डॉ. हजारीप्रसाद द्विवेदी आदि ने कबीर की भाषा में काशिका के तत्वों को देखने का यत्न किया था। बाद में डॉ. शुकदेव सिंह और मैंने भी इस दिशा में कुछ काम किया। इसका तात्पर्य यह भी है कि कबीरदास के समय लोक में काशिका का प्रबल प्रचलन रहा होगा।

सामान्यत: कबीर की रचनाओं में काशिका का प्रयोग देखने वालों ने इसे 'भोजपुरी' ही कहा है और उनकी कुछ रचनाओं में ही काशिका का प्रयोग इंगित किया है–

जैसे : *कौन ठगवा नगरिया लूटल हो।*

चन्दन काठ कऽ बनल खटोलवा, तापर दुलहिन सूतल हो।।

***

तोर हीरा हेराइल बा किंचड़े में।

दास कबीर ए हीरा के परखैं, बाँधि लिहलैं जतन से अँचरे में।।

कबीर के अनेक पदों में कभी उनके शब्द प्रयोगों की, तो कभी वाक्य रचनाओं की अन्तर्धारा के रूप में काशिका यहाँ वहाँ समायी हुई है। कबीर लम्बे समय तक काशी में रहे-काशी के एक प्राचीन मुहल्ले कबीर चौरा में। लोगों के सम्पर्क में रहे। उनका पूरा जीवन काशिका के प्रयोग क्षेत्र के बीच बीता तो उनकी रचनाओं में काशिका का पर्याप्त पुट तो आना ही आना था। इसे सूक्ष्मता से जाँचने-परखने की आवश्यकता है। हजारी प्रसाद द्विवेदी ने उनकी भाषा में अनेक भाषाओं–बोलियों के सम्मिश्रण को देखते हुए ही कबीर की भाषा को 'सधुक्कड़ी' कहा। तो देखना यह है कि कबीर की सधुक्कड़ी में काशिका का क्या स्थान है। उनके कुछ पदों से काशिका के क्रिया रूपों को यहाँ निकाल कर देखा जा रहा है। यह प्रचलित भाषा वैज्ञानिक सिद्धान्त है कि किसी भाषा की पहचान में उसके क्रिया रूप का केन्द्रीय महत्व होता है। कबीर के पदों में हमें–घूँघट ओढ़े भसकत जाय, काम तजे ते क्रोध न जाई, होत आंनद दीप बरत है, ऐंचत तार मरोरत खूँटी निकसत राग हजूरे का, उठत बैठत कबहूँ न बिसरै, तनिकौ नाहिं डेराई, दाढ़ी बढ़ाय जोगी होई गैले बकरा, तोर हीरा हेराइल बा किचड़े में, हम गौने जैबे, सीखे-सुने-पढ़े का होई, सूतल रहली मैं नींद भरि हो पिया दिहलैं जगाय, बहुरि न ऐबे एही नगरवा।

इस प्रकार के अनेक क्रिया प्रयोग कबीर में बिखरे पड़े हैं। शब्द स्तर पर तो कबीर बनारसी बोली के ठेठ शब्दों का जम कर प्रयोग करते हैं। उनके कुछ प्रचलित शब्द प्रयोगों को ही देख लें–नैहर, भतार, खसम, बौरापन, बिलाई, उजरी, गहिर, खस्सी, चेला, आदि। कबीर के यहाँ काशिका में बहुवचन रूप बनाने वाले प्रत्ययों का एकवचन के रूप में भी ख़ूब प्रयोग मिलता है। काशिका में यह सामान्य प्रयोग पद्धति है जैसे नगरिया, डोलिया, अटरिया, किनरिया, डगरिया, किवरिया, झोपरिया आदि। इसी प्रकार काशिका में हीनता या आत्मीयता का भाव दर्शाने के लिए शब्द के साथ–वा प्रत्यय सम्बद्ध किया जाता है, कबीर में इनकी भी बहुतायत है जैसे फकीरवा, मधवा, घुँघटवा, देसवा, कलेसवा, गौर-गनेसवा, इत्यादि। संस्कृत शब्दों के

बनारसीकरण या तद्भवीकरण से तो कबीर की रचनाएँ भरी पड़ी हैं। कुछ उदाहरण देख लिए जायें–बिसराम, परकास, सरवन, पिरथी, तरवर, बर्न, उपाई, इत्यादि। कबीर ने अपनी भाषा को पुरबिया ऐसे ही नहीं कह दिया है। काशी क्षेत्र के लोकगीतों में भी इन प्रयोगों का प्रचलन मिलता है। कबीर ने भी तो इन्हें लोक से ही ग्रहण किया होगा।

सन्त कवि रैदास भी काशीवासी थे। काशी में लंका पर रैदास द्वार है जिससे प्रवेश कर के सीधे–गंगा तट पर स्थित रैदास पार्क में पहुँचा जा सकता है। मेरे प्रिय गुरू डॉ. शुकदेव सिंह कबीर और रैदास के रसिया थे। सन्त साहित्य या वंचित वर्ग द्वारा रचित साहित्य की सही दीक्षा मुझे उन्हीं से प्राप्त हुई। उनके संपादन में राधा कृष्ण प्रकाशन से सन् 2003 में एक पुस्तक आई 'रैदास बानी'। रैदास बड़े भाव भीने सन्त थे। रैदास में भी बनारसी बोली के तत्व मिल जाते हैं। कुछ पंक्तियाँ देखी जायें-*अब कछु मरम विचारा हो हरि, कोई और हि होई, सन्त रूप मनु धरिहैं, ऐसी भगति न होई रे भाई,मनवा न मरहिं, जनम अकारथ जात,बोलत-बोलत बढ़ै बियाधी, बय बीते पछितात,*आज की काशिका में भी प्रयुक्त कई शब्द रैदास के यहाँ आये हैं जैसे–*जिन करिहौ महाराज, अउर कोउ दूसर,कहाँ लगुँ धोऊँ, कवने हेतु,गठावैं पनहीं, इतराइ चलै, थोथा जिन पछोंरो रे, अनते रहै,*फोकट सारा जनम गंवानो, *खटुकरम, बेबखत आदि।*

कहना यह है कि काशी के दोनों सन्त कवियों में बनारसी बोली का जो रूप रचा बसा है उसी ने इस भाषा के लोक गीतों को प्रभावी रूप रंग देने में भी बड़ी भूमिका निभाई है। यह साहित्यिक तथ्य है कि कबीर के पुत्र कमाल दास और उनके शिष्य धरम दास ने काशी में रह कर भोजपुरी में रचनाएँ की थीं। यह भी कहा जा सकता है कि पूरे मध्यकाल में काशी में जो सन्त साहित्य रचा गया, उसके निर्माण में 'पुरबिया' का बड़ा योगदान था।

भोजपुरी/काशिका का आधुनिक काल 19 वीं शताब्दी के चौथे भाग या चरण से माना जा सकता है जिसे हम भारतेन्दु युग के नाम से जानते हैं। भारतेन्दु के कई नाटकों में ('प्रेम जोगिनी') कुछ पात्र काशिका बोलते हैं, वही बनारसी बोली जिसे आज भी काशी में बोला जाता है। भारतेन्दु की कई कविताएँ जो उनके नाटकों में हैं, उन पर काशिका की स्पष्ट छाप है। वैसे तो भारतेन्दु ब्रज भाषा में कविताएँ लिखते थे लेकिन अपने नाटकों में उन्होंने कविता और संवाद दोनों के माध्यम से काशिका की ठेठ शब्दावली और अभिव्यक्तियों का उपयुक्त ढंग से प्रयोग किया है।

काशिका के ठेठ रूप में लिखने वाले एक कवि भारतेन्दु युग में ही हुए जिनका नाम तेग अली था। वे अपने नाम के साथ 'तेग' तखल्लुस लगाते थे। उनकी रचना 'बदमाश दर्पण' (1895) भारत जीवन प्रेस काशी से प्रकाशित हुई थी जिसका पुन: प्रकाशन सन् 2002 में विश्वविद्यालय प्रकाशन, वाराणसी ने किया है। इसकी भाषा पूर्णतया बनारसी भोजपुरी है। इसकी विषय-वस्तु मूलत: श्रृंगार प्रधान है जिसमें बनारसी गुंडई, बहरी अलंग, भंग-बूटी, खान-पान, जुआ–चौपड़ तथा इश्क़ मिजाजी और मस्ती के पठनीय 'पाठ' भी रचा-बसा दिए गये हैं। ये रचनाएँ काशिका में लिखी गयी गजलें हैं। इन गज़लों में से कुछ के एक-एक शेर यहाँ दिए जा रहे हैं :

धैके कोदो तूं करेजा पै दरऽ लऽ बरबस।
ई हमन्नन के भला काहे मुआवत बाटऽ।।

---------*--------

खराई होई बजल आठ चाभ लऽ हलुवा।
हमें तऽ सतुआ चबेना तयार बटलै बा।।

---------*--------

कहाँ तू जालऽ छनै बूटी चलके बैठक में।
रजा फकत बा धतूरा बहरी ओर।।

---------*---------

कुस्ती लड़ा के मल् तोहें राजा बनायीला।
खोदीला बइठका में अखाड़ा तोरे बदे।।

--------*----------

गुण्डन से तोरे गल्ली में देखीला रात दिन।
मुक्की चलत तऽ रोज भनाभन बा आजकाल।।

---------*---------

चाभ के पान महाबीरी कऽ टीका देके।
मल के देही में अतर साँझी बेरा चल आवऽ।।

--------*---------

कुरता औ धोती टोपी दुपट्टा देवारी में।
बनवाय देइहैं 'तेग', झलाझल तोरे बदे।।

--------*---------

नद्दी किनारे जाईला भोरे नहाईला।
सहुआ के नित अखाड़े में कुस्ती लड़ाईला।।

तेग अली से शुरू हुई काशिका में रचना की परम्परा बहुत तेजी से आगे बढ़ी। भोजपुरी लोकगीतों के अध्येताओं की यह मान्यता है कि सन् 1900 से 1925 तक का समय बनारसी कजलियों (कजरी) का उन्नत समय था। इस दौरान कजरी के अखाड़े सजते थे। काशी के अनेक प्रकाशक कजरी-संग्रह छापते थे। जिनमें ठाकुर प्रसाद गुप्त बुक सेलर का महती योगदान रहा है। आज भी इनके यहाँ से कजरी-संग्रह प्राप्त किये जा सकते हैं। बाबू देवकी नन्दन खत्री का लहरी प्रेम भी कजरियाँ छापता था। भारत जीवन प्रेस भी कजरी प्रकाशन के लिए प्रसिद्ध था। आज भी हमें सावन दर्पण, मिर्जापुरी कजरी, सावन का सवाल, सावन का गुलदस्ता जैसी छोटी-छोटी

बीसियों पुस्तकें काशी में मिल जाती हैं। मेरे किशोर जीवन में सावन के दिनों में हारमोनिय लटकाये एक सज्जन गली-गली घूम कर कजरी की ये पुस्तिकाएँ बेचते थे। हमारी तिरमुहानी पर खड़े हो कर इन्हें गाते भी थे। ये ही सज्जन हमें सारनाथ के सावन मेले में भी मिल जाते थे। काशी में यह कथन सबकी जबान पर रहता था–*दसमी रामनगर की भारी, कजरी मिर्जापुर सरनाम।* कजरी छन्द के अन्त में कुछ टेकें लगती हैं। ये टेकें ही कजरी की पहचान हैं–*ना, रे हरी, साँवरिया, साँवर गोरिया की टेक।* रुद्र काशिकेय ने अपनी पुस्तक 'बहती गंगा' का एक पाठ काशी के गुण्डे दाता नागर पर लिखा है जिनका अनुराग काशी की एक वेश्या के साथ हो गया था। नागर को 'काला पानी' की सजा मिलती है। उन्हें नाव से ले जाया जा रहा है। तब वह कसबिन यह कजरी गाती है। यह एक करूण कथा है जिसमें 'रूद्र' ने इस करूण कजरी को भी रचा दिया है। इस पाठ का शीर्षक है–'नागर नैया जाला काले पनिया रे हरी'। अब इसकी पूरी पंक्तियाँ पढ़िये–

अरे रामा, नागर नैया जाला काले पनिया रे हरी
सबकर नैया जाला कासी हो बिसेसर रामा
नागर नैया जाला काले पनिया रे हरी
घरवा में रोवैं नागर माई बहिनियाँ रामा
सेजिया पै रोवै बारी धनिया रे हरी
खुँटिया पै रोवै नागर ढाल तरवरिया रामा
नारघाट पर रोवै कसबिनियाँ रे हरी
जो मैं जनत्यूँ नागर जइबा काले पनियाँ रामा
तोरे पसवाँ चलि अवत्यूँ बिन गवनवाँ रे हरी

काशी में कई कजरियाँ मैंने सावन के महीने में आस-पड़ोस की स्त्रियों से सुनी हैं। इनमें संयोग और वियोग श्रृंगार के स्वर अधिकतर गुंथे होते थे। एक कजरी थी–'झुलवा झूलें राधा प्यारी संग में कृष्ण मुरारी रे हरी'। यह मस्त कजरी थी, पूरा वृंदावन प्रस्तुत हो जाता था। दूसरी कजरी की एक पंक्ति थी–'बाबू नाहीं कइलें गवनवा रे हरी'। यह कजरी विवाह के बाद दुलहिन के वियोग और मिलन की कसक को अभिव्यक्त करने वाली थी। पहले विवाह के बाद बिटिया मायके में ही रह जाती थी बाद में गौना होता था तब वह ससुराल जाती थी। कभी-कभी गौने की यह अवधि बहुत लम्बी भी हो जाती थी। बाल विवाह अधिक होते थे तो गौना युवती होने के बाद ही किया जाता था। वधू की लालसायें जगने लगतीं। उन्हीं लालसाओं

को यह कजरी शब्द देती है। तीसरी कजरी की पंक्ति भी वियोग की है जिसमें पति परदेस चला गया है और पत्नी उसकी प्रतीक्षा कर-कर के थक गयी है। यह कजरी भी बहुत कारूणिक है–'जोहते दुखाले दूनो अखियां रे हरी'। चौथी कजरी संयोग के उल्हास की है। वधू ससुराल से मैके आई है। इतराई-इतराई फिरती है। सखियाँ हास-परिहास करती हैं।

काशी–मिर्जापुर के लोकगीत विमर्श में विद्वानों ने अनेक लोक गायकों के नाम भी दिए हैं। जेम्स प्रिंसेप ने अपनी पुस्तक में बनारस के छोटे-छोटे मन्दिरों के बहुतायत की चर्चा करते हुए यह कहा है कि ये मन्दिर वर्ष में एक बार बनारसियों के आकर्षण का केन्द्र बनते हैं। तब इनका श्रृंगार किया जाता है। बिरहा और कजली के दंगल होते हैं और दर्शन किया जाता है–There are innumerable temples in Benares, that its difficult to Keep them all going, and most of Them have to be content to be publicly noticed once a year or so.जेम्स प्रिंसेप को सम्भवत: यह पता नहीं था कि काशी के ये छोटे-छोटे मन्दिर उस इलाके के लोगों द्वारा सिर माथे पर धरे जाते हैं। नित्य इनकी सफाई-धुलाई होती है, फूल-माला चढ़ती है, दीप-धूप बारे जाते हैं और आते–जाते लोग इन्हें माथा नवाते गुज़रते हैं। हमारे मुहल्ले में ही इस तरह के कई मन्दिर हैं जिनकी नित्य पूजा अर्चना होती है। इनके पूजा गीत अलग ही हैं।

कजली अलग ही छन्द शिल्प का गीत है। इसे हम 'मेघ गीत' या 'बदरा गीत' भी कहते थे। सावन में ही बादल भी बरसते और कजरी का पर्व भी आता। श्रावण से ले कर भाद्रपद के कृष्ण पक्ष की तृतीया तक कजरी पर्व की काशी में धूम रहती है। गर्मियों में तपती धरती का ताप झेलने के बाद जब घनघोर घटाएँ घिरती हैं तो लोग मदमस्त हो जाते हैं मानो बादलों से जल नहीं मद बरस रहा हो। बरखा की ये लड़ियाँ और झड़ियाँ उनके अन्तर तक को हरसा-सरसा और परसा देती हैं। स्त्रियों का आनन्द तो पार ही नहीं पाता। चैत से आषाढ़ तक घर और खेत के कामों में खटने का तपता अनुभव अब मिट जाता है। स्वेद का स्वाद बदल जाता है।

भारत में मेघ काव्य का लोकप्रिय प्रतिमान रहा है। अत्यन्त प्राचीन समय से। जो देश कृषि प्रधान हो वहाँ तो घन-घटा और फुहारों का महत्व होना ही है। भारत में जीवन-रस का पर्याय हैं मेघ जो धरती में प्रेम रोपते हैं और अन्न उपजाते हैं। वर्षा ऋतु समझिए साक्षात अन्नपूर्णा हैं। वाल्मीकि रामायण में जब प्रवर्षण गिरि पर वर्षा होती है तो राम का विरह तप्त हृदय तनिक ढांढस पाता है लेकिन उतने ही बल से ये घन-घटायें और जल बिन्दु बिछोह की वेदना को बढ़ा भी देते हैं। आज भी

कजरी में संयोग-वियोग श्रृंगार का भाव सर्वप्रमुख है। वियोग की पीड़ा को बरखा शतगुना कर देती है और संयोग को उनमत्त प्रेम का प्रतीक बना देती है। वर्षा वर्णन 'मृच्छकटिकम्' में भी आता है। 'मेघदूत' तो पूरा का पूरा मेघ काव्य ही है। सूर भी या कहें सम्पूर्ण कृष्ण काव्य ही बरखा में भी ख़ूब भींजता है। राधा-कृष्ण के प्रेम को घन-घटायें झकझोर देती हैं। जहाँ घन भी हो और घनश्याम भी वहाँ सोचिए संयोगी प्रेम की क्या दशा होती होगी। कैसा उत्कर्ष होता होगा। काशी, मिर्जापुर की अनेक कजरियाँ राधा-कृष्ण को ही सम्बोधित हैं, विशेषकर झूला गीत। कजरी मेघलीला का गान है। मन के उछाह का उत्कर्ष है। वियोग और संयोग की इतनी मादकता अन्यत्र किसी गीत में नहीं मिलती। सम्भ्रान्त काव्य तो इस उन्मत्तता की कल्पना भी नहीं कर सकता।

कजरी के शब्द तौल-तौल कर रखे जाते हैं। शब्दों की सरलता इनका प्राण है और भावों की तरलता इनकी आत्मा। कजरी की लय, ताल और धुन भावगत होते हैं। इनके गायन में नन्हें-नन्हें मोड़ आते हैं, पेंच आते हैं, गिराव और उठान आते हैं। सब कुछ मारक और बेधक। कोई एक स्त्री कजली के स्वरों को उठाती है और दूसरी स्त्रियाँ उसमें अपने-अपने स्वर कढ़ाती हैं। कजरी सरल और सुगढ़ है इसलिए उसकी विषय वस्तु भी विविध रंगी है–बादलों की तरह, काले, सांवरे, गोरे। डॉ. भानुशंकर मेहता ने काशी के लोकगीतों की छटा का बहुत ख़ूबसूरत रेखांकन किया है। उन्होंने लिखा है कि-'कजलियाँ लोक जन की आत्मा की मधुरतम पुकार हैं। वर्षा के विविध रूपों के वर्णन, वर्षा ऋतु में अन्धकार का वर्णन, घनघोर घटा के विविध रूपों का वर्णन, बूँदों और रिमझिम का वर्णन, विरह-मनुहार और उत्कट प्रेम का वर्णन तथा कृष्ण की ब्रजलीला का वर्णन कजरी के माध्यम से लोक भीने मानस की अनुभूतियों को कल्पना और अभिव्यक्ति के ऐसे मेल से बुन देती हैं कि आंनद सागर हिलोरें लेने लगता है।'

कजरी के विषय में यह भी उल्लेखनीय है कि समाज में आने वाले किसी भी परिवर्तन को इन्होंने अपनी आँखों से ओझल नहीं होने दिया है। एक ओर तो ऐसी कजरियाँ हैं, और प्रचुर मात्रा में हैं कि–

पिया मेंहदी मंगा दऽ मोतीझील से,
जा के साइकील से ना
पिया मेंहदी लिया के
छोटकी ननदी से पिसा के,

अपने हाथ से लगा दऽ कांटा-कील से
जा के ..... ना

या

अरे रामा घिरी घटा घनघोर बलम नहीं आये रे हरी.... ।

दूसरी ओर स्वराज आन्दोलन को ले कर अनेक कजरियाँ मिलती हैं जैसे- *हमको मंगा दो बालम खद्दर की चूनरिया/बिदेसी जिन ले आओ बलमू* या *चरखा कातो मानो गांधी जी की बतिया/बिपतिया कटि जैहैं ननदी*। एक विद्वान ने दो विशेष कजरियों का भी ज़िक्र किया है। बहुत रोचक है। बनारस में आये बदलावों की ओर इस तरह की कजरियाँ संकेत करती हैं। जब पहले-पहल बनारस में रिक्शा आया तो यह कजरी गायी जाने लगी–*रेकसा चलल बनारस में कलकतिया चाल बाय/अबहीं पहिला साल बाय ना* और जब बिजली आई तो यह कजरी गाई गयी–*बिजली लगल शहर काशी, अब तो गुलजार बाय, रोशन शहर बजार बाय ना*। अब एक कजरी के कुछ अंश जो काशी–मिर्जापुर की कजरी का सर्वाधिक प्रिय विषय है–घटा प्रसंग :

करै बदरा किलोल, और मोती अनमोल
रस धीरे-धीरे बरसे अगनवां में
भई बदरी सयान, चली साधि के कमान
बान हींचहीं चिमोर दरपनवा में
बुन्नी पड़ै झीन-झीन, जिया करै लेहीं बीन
चीन्ह खीचैलै बिजरी असमनवाँ में
बउछार क सितार, झनकार तार-तार
बार-बार कहूँ उभरै अयनवाँ में

यहाँ यह भी कह दिया जाय कि आधुनिक हिन्दी साहित्य में भी बरखा-बुन्नी कवियों का प्रिय विषय रहा है। भारतेन्दु ने अपने नाटक 'सत्य हरिश्चन्द्र' में श्मशान घाट पर हो रही वर्षा का वर्णन किया है। ऐसा ही वर्णन रत्नाकर के छन्दबद्ध 'हरिश्चन्द्र' काव्य में भी आया है। भीषण वर्षा और उसकी भयावहता। श्मशान की नीरवता, दग्ध चिताएँ, पीपल का वृक्ष और उस पर टँगे घण्ट सब कैसे-कैसे दिखायी पड़ रहे हैं। काव्य कला की पराकाष्ठा हैं ये दोनों रचनाएँ। छायावाद के चारों प्रमुख कवियों–प्रसाद, पंत, महादेवी और निराला ने बादल और वर्षा पर अनेक कविताएँ लिखी हैं–इनके शान्त और विप्लवी दोनों रूपों पर। निराला और महादेवी ने बादल, वर्षा, पावस और सावन पर सर्वाधिक गीत लिखे हैं–35-40 तक। इनमें निराला का

जलद के प्रति, बादल राग शीर्षक से छह गीत, बादल छाये, जिधर देखिये श्याम विराजे, बादल गरजो, वर्षा, बादल, आये घन पावस के जैसी कविताएँ तो पूरी तरह 'कजरी' वाले भावों से आप्लावित है। महादेवी की *मेह बरसने वाला है, बादल, घटा घिरती रही, घन बनूँ वर दो मुझे प्रिय, नहिं कारे न ऊदे न गर्जन हारे* 'कजरी' भाव के लिए देखी जा सकती हैं। पंत ने *पर्वत प्रदेश में पावस, वर्षा गीत, काले बादल, सावन, कृष्ण घन, मेघों के पर्वत* जैसी कविताओं में वर्षा ऋतु में धरती और प्रकृति की सुन्दरता को देखा है। प्रसाद ने, अचरज होता है कि काशी में रह कर भी वर्षा पर उतने गीत नहीं लिखे–'कामायनी' में *उनको देख कौन रोया* में, 'झरना' में *रूप और पावस प्रभात में,* 'आँसू' में *जो घनीभूत पीड़ा* में तथा 'लहर' के *आह रे, वह अधीर यौवन* में वर्षा को अपनाया है। कम ही सही पर प्रसाद ने पावस और सावन को मानवीय अनुभूति का सहचर बना कर अलग ही ढंग से बरता है।

मैंने काशी में रहते हुए सैकड़ों ग्राम गीत सुने हैं। घर–गली-मुहल्लों और मन्दिरों में। इनमें 'माई' का गीत सर्व प्रचलित था। काशी में 'माई' की ठइयाँ कदम-कदम पर हैं। माई के गीत घर पर भी ख़ूब गाये जाते थे। इन्हीं अक्सर सुने माता गीतों की कुछ पंक्तियाँ यहाँ दे रहा हूँ–*तेरो नाम सुनि आई राजेश्वरी माई/मइया के द्वारे एक अंधा पुकारे,देहु नयन घर जाई, राजेश्वरी माई/मइया के द्वारे एक बांझिन पुकारे,देहु बालक घर जाई, राजेश्वरी माई,* यह गीत ऐसे ही चलता रहता। अलग-अलग गुहार की जाती और गीत के अन्त में आता कि माई ने सबकी मनोकामना पूरी कर दी। दूसरा माई गीत माता की मनुहार का है। लाख बुलाने पर भी वे आ नहीं रही हैं। गुहार का उनके ऊपर कोई असर नहीं पड़ रहा है तो उन्हें मनाने का मार्ग भी यह गीत दिखाता है–*कहाँ गयीं महारानी मनाय लाओ.... पूरब दिशा से मैया चुनरी मंगायो/पूरब पटने से किनारी मनाय लाओ/चुनरी पहिन मैया अंगना बिराजैं/चमचम चमके किनारी मनाय लाओ* इस गीत के साथ वाली ढोलक की थाप और मंजीरे की टुनटुन की ध्वनियाँ मेरी स्मृति का अमिट हिस्सा हैं। तीसरे गीत में माता विंध्यवासिनी (विंध्याचल) का महात्मय है जिसमें माँ के स्थान की महिमा गाई गयी है और फिर एक–एक कर के परिवार के छोटे से बड़े सदस्यों का नाम ले कर माता को चढ़ावा चढ़ाया जाता है। यह गीत बड़ी देर तक चलता क्योंकि बस नाम जोड़ कर पंक्ति उसके साथ लगा दी जाती–*कमला गरज रहीं परबत पर माला लिए खड़ा माली/तोरे अगवाड़े नौबत बाजे माता/पिछवाड़े बाजे डंका, कमला गरज..../जब देखो तब भीड़ भवन में/कबहुँ न देखा भवन खाली, कमला गरज..../यात्री चढ़ावैं बेलपातरी/दिलीप सिंह चढ़ावैं रूपैया*

डाली, कमला गरज.... । इसी तरह शिशु जन्म पर सोहर, ललई छठ और ज्यूतिया पर पूजा गीत कितनी-कितनी बार मैंने सुने हैं। परम्परागत सोहर तो गाये ही जाते थे स्त्रियाँ उस समय के लोकप्रिय फ़िल्म गीतों की धुन पर भी सोहर रचती-गाती थीं–एक प्रसिद्ध गीत था 'इक परदेसी मेरा दिल ले गया जाते-जाते मीठा-मीठा ग़म दे गया'। इसकी धुन पर सोहर गढ़ा गया था– *नन्हा-मुन्ना बच्चा मेरे घर में आ गया/घर में दीपक का उजाला हो गया/सासु जो आई देवता मनाने/देवता मनाई वो तो हार नेग माँगे/हार को गढ़वाने में सवेरा हो गया* यह गीत भी इसी तरह जिठानी, ननद, देवरानी, बुआ .... से जोड़ कर आगे बढ़ता जाता, कोई कुण्डल माँगता, कोई कंगन, कोई अंगूठी माँगता तो कोई कान का बाला। इसी तरह के सोहर मन डोले मेरा तन डोले, तुम्हीं हो माता पिता तुम्हीं हो जैसी धुनों पर रच कर गाये जाते थे।

परम्परागत सोहर गीतों में कागा का गीत बहुत प्रचलित था। जिसमें जन्म से पहले कागा से यह विनती की जाती थी कि वह घर-घर और थान-थान जा कर प्रार्थना करे कि बच्चे का जन्म सकुशल हो जाय। कुछ गीतों में गर्भिणी की खाने-पीने की इच्छाओं का वर्णन रहता तो कुछ में ननद भौजाई की छेड़छाड़ का। शिशु जन्म के बाद बधावा गीत सोहर की लय में गाये जाते। गीतों में नाउन के हठ का भी प्रसंग आता। छठी पूजन के सोहर गीत होते। पालना, मिसाई, दाँत निकलने के गीत भी बच्चे के जन्म के समय ही गाये जाते। इस तरह के गीत 'सूर सागर' में बड़ी संख्या में आये हैं। वात्सल्य भावना से परिपूरित सूर के ये पद भी हमारे घरों में गाये जाते थे। लोकगीत संग्रहों में तो सोहर गीत संकलित हैं ही।

विवाह में लोकगीतों की भरमार हो जाती। इनमें गणेश वंदना के भी गीत थे। नेवता भेजने के भी, हरदी-मटमंगरा के भी, मातृपूजा के भी, इमली घोंटाई के भी, उरदी छुआई के भी और बाँस रोपनी के भी। विवाह के इन छोटे-छोटे संस्कारों पर ये गीत आंनद की परत चढ़ा देते थे। हमारे यहाँ परिछन के भी गीत थे, सेन्दुर दान के भी, भांवर के भी। कोहबर के गीत तो हास-परिहास का पूरा संसार ही रच देते थे। भात के अवसर पर जेवनार और गारी गीत सभी सुनना चाहते थे ...। अनंत गीत, अनेक स्वर, अनूठे भाव और प्रफुल्ल वातावरण के गीत। इसमें नहछू गीत भी शामिल थे। गोस्वामी तुलसीदास ने 'रामलला नहछू' नाम से एक काव्य लिखा है। नहछू एक संस्कार है जिसमें वर के पैरों के नख को लोटे भरे पानी से छुआ दिया जाता है। फिर यही लोटा भर पानी वधू के घर जाता है और इसे जल में मिला कर उसे विवाह संस्कार से पहले स्नान कराया जाता है। हमारे घरों में बारात निकलने से

पहले सभी के–स्त्री-पुरुष दोनों के पांव रंगे जाते हैं। नाइन यह काम करती है। इस अवसर पर भी नहछू गीत गाये जाते हैं।

काशी में होली पर कबीरा और फाग गाने की भी परम्परा है। इनके अलावा बिरहा, चैती और बिदेसिया गीत तो लोक संगीत का सिरमौर ही बने हुए हैं। भोजपुरी के शिखर रचनाकार भिखारी ठाकुर ने बिदेसिया गीतों की रचना कर के इसे जनप्रिय बना दिया था। बिदेसिया प्रवासी युवकों और उनके घर-परिवार की पीड़ा के गीत हैं, विशेषकर उसकी पत्नी के। ये करूण गीत होते हैं। बिरहा एकल और सामूहिक दोनों रूपों में गाया जाता है। इसकी विषय वस्तु भिन्न-भिन्न होती है। काशी में बिरहा के छन्द गाते समय ही बना कर प्रस्तुत करने वाले गायक भी रहे हैं। इसके दंगल भी होते हैं। दो समूह आमने-सामने बैठ कर सवाल-जवाब करते हैं।

मैंने काशी में आल्हा भी सुने हैं और झूमर भी। और बारहमासा भी। नकटा के रात्रि जागरण के गीत भी सुने हैं जिसे 'रतजगा' कहते थे। फाग तो सुने ही और लावनियाँ भी। बनारस लोकगीतों के साथ ही जीता है। जैसे मन्दिरों के बिना, गलियों के बिना, आहार-व्यवहार के बिना बनारस को जानना कठिन है वैसे ही लोकगीतों के बिना भी बनारस की पहचान असम्भव है। बनारस में 'चैती' का भी बोलबाला रहता था। होली खत्म होती है और अगले दिन ही चैत्र आ जाता है। सावन के बहुरंगी उल्हास के बाद मौसम करवट लेता है। भीनी-भीनी गरमी का एहसास होने लगता है। हवा से भी ठण्डी खुनक आँखें चुराने लगती है। बनारस में कजरी फाग और चैती का गायन यहाँ के बड़े-बड़े शास्त्रीय गायक भी करते हैं। लोक संगीत का यह रूप काशी में उपशास्त्रीय संगीत के साँचे में ढल गया है। हमारे मुहल्ले में ही महादेव प्रसाद मिश्र, हरिशंकर मिश्र को मैंने कजरी, चैती गाते सुना है। बाद में गिरिजा देवी, बागेश्वरी देवी, सिद्धेश्वरी देवी और इनकी बेटी सविता देवी ने इस उपशास्त्रीय विधा को ऊँचाई प्रदान की। हल्का-सा शास्त्रीय रागों का पुट तो इनमें दिया गया लेकिन अत्यन्त सावधानी के साथ कि लोक धुनों और लय की मूल शैली बची रहे।

चैती नायिका प्रधान गीत शैली है। गायिकाओं का स्वर चैती को खिला देता है। गायिका का स्वर थोड़ा ठहरा हुआ और भारीपन लिए हो तब तो सोने में सुहागा हो जाता है। इसीलिए गिरिजा देवी और सिद्धेश्वरी देवी जब चैती गाती थीं तब इसकी धज ही कुछ और हो जाती थी। कजरी की भांति ही चैती भी संयोग और वियोग अर्थात श्रृंगार के दोनों पक्षों की अभिव्यंजना का गीत है। चैती इन दोनों भावनाओं को आकाश में पहुँचा देती है। बनारसी चैती सुन कर आपको इस आकाश मार्ग से नीचे उतरने में बहुत समय लगता है। चैती रच जाती है आपके भीतर। रुद्र काशिकेय

ने 'बहती गंगा के एक पाठ का नाम चैती की भी एक पंक्ति पर रखा है–*एहि ठइयां झुलनी हेरानी हो रामा'*। कथा बड़ी मार्मिक है। एक अधेड़ वेश्या और युवक के प्रेम की। युवक सुराजी हो जाता है। वेश्या के ढेरों आशिक़ हैं। वह युवक को अपने पास आने से बरजती भी है, पर युवक मुग्ध है। एक दिन वह खादी की एक धोती ले जा कर स्त्री को देता है। भीतर कहीं प्रेम उधर भी धँसा हुआ है। पता चलता है कि युवक को घेर-घार कर टाउन हॉंल के मैदान में पुलिस ने गोली मार दी है। स्त्री को पता चलता है। वह उसी धोती से अपने आँसू पोंछती है। धोती का एक कोना काजर से रंग जाता है। पुलिस का दारोगा क्रूर है। उसे जब इस 'इश्क़' का पता चलता है तो वह तय करता है कि वेश्या को बुला कर टाउन हॉल के मैदान में उसका गाना सुना जाय। और विक्षिप्त सी प्रेमिका यह चैती गाती है–*एहि ठइयां झुलनी हेरानी हो रामा,/ अब कहाँ ढूँढ़ूँ.../ देवरा से पूछलिं, ननदिया से पुछलिं/ सैंया से पूछत, लजा गइलि रामा...* ।इस प्रकार के शब्द जब स्वर बद्ध होते हैं और सिद्धहस्त गले से गाये जाते हैं तो चैती का भावार्थ मर्मान्तिक बन जाता है। रुद्र काशिकेय ने 'चइत की निंदिया जिया अलसाने' शीर्षक से भी एक पाठ रचा है। विप्रलंभ की अनेक स्थितियाँ चैती में व्यक्त मिलती हैं–*सूतल निंदिया जगावे हो रामा/कोइलि तोर बोलिया।* और संयोग भी व्यक्त होता है–*सेज चढ़त डर लागै हो रामा,/ पायल बाजे, सास ननद घर जागे हो रामा।* चैतियों में प्रकृति गमगम गमकती है। मौसम ग्रीष्म से मिलने जा रहा होता है लेकिन प्रकृति का आलम यह है कि वह फलने-फूलने को बौराई हुई है। प्रकृति की उत्फुल्लता को चैती भाव-प्रवण छन्दों में हमारे एकदम पास ला कर खड़ा कर देती है–*चैत मास अमवा बौरले, फरेले टिकोरवा,/ डार पात भइले मतवरवा हो राम, महुआ चूएला गगरिया हो रामा, झुहुरि-झुहुरि बोले निबिया क पतिया,/ लचकि-लचकि डोले डरिया हो रामा।* प्रकृति के ऐसे चित्र चैती में एक प्रकार की सुंगध बिखेर देते हैं। प्रकृति के प्रति लोक की हुलास भी इनमें स्वर पाती है।

मैंने नागरी नाटक मण्डली के आगे झंडातले पर पीपल के पेड़ के नीचे बैठी और अपने पार्श्व में बीर को बैठाये 'माई' के श्रृंगार पर अनेक पूजा गीत सुने हैं। काशी में ये गीत मुड़कट्टा बाबा, बीर और माई के 'थानों' पर विशेष अवसरों पर आज भी सुने जा सकते हैं। इन गीतों का स्थानीय रंग अत्यन्त गाढ़ा होता है। एक गीत की कुछ पंक्तियाँ देखी जायें :

बीर, तोहरे सरनवा,
फूल-माला अत्तर चढ़वलीं

कइलिं बिनती चरनवाँ
बेदिया पूजवलिं मानता मनलीं
मेवा मिठाई लकु मनवां

इन गीतों में बीर बाबा का डंका भी बजता है। 'सुरूज' के गीत भी गाये जाते हैं, मुड़कट्टा बाबा का बखान गाया जाता है, भवानी को जगाते हैं, माई का दरबार कैसे सजा है इसका वर्णन किया जाता है। माई को चुनरी चढ़ाने के गीत गाये जाते हैं, उनसे गुहार की जाती है। इन गीतों में अन्य मुहल्लों के बीरों, जगदम्बाओं और बड़े देवों का भी स्मरण किया जाता है। इन ठेठ गीतों में आपको गायघाय, ठठेरी गली, अनपुन्ना माई, भोले बाबा, भैरो, संकट मोचन का महात्म्य भी मिल जायेगा और घाटों, कुण्डों और शक्तिपाठों का उल्लेख भी। कहने को ये पूजा गीत ढोलक-मंजीरे पर गाये जाने वाले बेसधे सुरों के गीत हैं लेकिन इनके भीतर काशी के जन-मन की आध्यात्मिक भूमि लोक-रंजित हो कर एक विशिष्ट प्रकार का रस-बोध कराती है। ऐसा रस जिसमें आभिजात्य का लेश मात्र भी नहीं होता। सब कुछ सपाट-सीधा और खरहरा।

एक बात छोटी-सी और। जन्म और विवाह के बाद, कभी मुण्डन के बाद भी स्त्री-पुरुष और बच्चों का हुजूम बधावा गाते हुए गंगा मैया का आशीर्वाद लेने जाता है। काशी में यह बधावा–दृश्य बहुत आम है। पियरी की गाँठ बाँधे वर-वधू चले जा रहे हैं उघारे पैर। किसी महिला की गोद में नवजात है तो कभी मूड़ मुड़ाए अल्पायु बच्चे। काशी में मुण्डन एक वर्ष से तीन वर्ष की आयु के अन्दर करा देने का विधान है। मुख्य बात यह है कि इस गंगा यात्रा में महिलाएँ सोहर या कोई विवाह गीत गाती चलती हैं। काशी के शहनाई सम्राट उस्ताद बिस्मिल्ला खाँ ने इनकी दो-चार धुनों को अपनी शहनाई में भी उतार दिया था। वे इनमें से किसी एक को मंच से भी प्रस्तुत करते थे। इस हुजूम के आगे-आगे दो शहनाई वादक और उनकी संगत करने वाला एक 'ढपिया' (दो छोटे-छोटे तबले जैसे वाद्यों को कपड़े से बाँध कर और उसे कन्धे पर लटका कर पेट के पास स्थापित कर के बजाते हुए) चलता था। कभी स्त्रियाँ गीत का मुखड़ा गातीं और शहनाई उसे अपने स्वरों में उतार देती और कभी शहनाई अन्तरा बजाती और स्त्रियाँ उस ध्वनि को शब्द दे देतीं। ऐसा माधुर्य बनारस में झमझम कर के बरसता है, और सब कहीं तो सूखा पड़ गया है।

पूरे पूर्वांचल में, भोजपुरी क्षेत्र में विवाह के अवसर पर 'गारी' गाने का रिवाज है। विवाह के दूसरे दिन 'भात' के समय जब वर पक्ष भोजन कर रहा होता है तो वधू

पक्ष की स्त्रियाँ उन्हें सुना-सुना कर 'गारी' गाती हैं जिसमें वर पक्ष के सभी सदस्यों को पदनाम (समधी-समधिन, जेठ-जिठानी, देवर–देवरानी, ननद-ननदोई, मामा-मामी, मौसा-मौसी, बुआ-फूफा .....) ले ले कर गरियाया जाता है। 'गारी' गीत ढोलक पर सामूहिक रूप में गाये जाते हैं। गोस्वामी तुलसीदास ने राम-जानकी के विवाह संस्कार पर 'जानकी मंगल' की रचना की है तथा शिव-पार्वती के विवाह संस्कार का उन्होंने 'पार्वती मंगल' में गान किया है। 'जानकी मंगल' में जेवनार (भोज) का चित्र खींचते हुए तुलसी बाबा ने लिखा है कि–

चहुँ प्रकार जेवनार भई बहु भाँतिन्ह।
भोजन करत अवधपति सहित बरातिन्ह।।
देहिं गारि बर नारि नाम लै दुहूँ दिसि।
जेंवत बढ़ेउ अनन्द, सोहावनि सो निसि।।

इसी प्रकार 'पार्वती मंगल' में भी तुलसीदास ने गारी गीत का प्रसंग प्रस्तुत किया है–

भई जेवनार बहोरि बुलाइ सकल सुर।
बैठाए गिरिराज धरम-धरनी-धुर।।
परूसन लगे सुवार, बिबुध जन सेवहिं।
देहिं गारि बर नारि मोद मन भेवहिं।।

लोग कहते हैं कि पूर्वांचल में विवाह के संस्कार आज तलक तुलसीदास की इन दोनों रचनाओं के आधार पर ही किये-कराए जाते हैं। इस पर भी विचार करना चाहिए कि लोक में व्याप्त विवाह के संस्कारों को तुलसीदास ने अपने आस-पास के लोक जीवन से ग्रहण कर के अपनी इन रचनाओं में काव्यमय रूप दे दिया हो। यह तो निर्विवाद है कि लोक गीतों का संसार पूर्वांचल के गाँव-गिराँव तक इतना फैला हुआ रहा है कि उनका प्रभाव लोक बोलियों में लिखने वाले तुलसीदास जैसे रचनाकारों पर पड़ना स्वाभाविक ही माना जायेगा।

बनारसी साहित्य : कलम ज़मीन के ऊपर औ ढब बनारस का

बनारस में लिखा गया साहित्य मुझे दशकों से अपनी ओर खींचता रहा है। ऐसा साहित्य जो अपने पैर हमेशा ज़मीन पर गड़ाये रखता है तथा अपने 'कहन' में बनारसी गुणों को 'हलोड़-हलोड़' कर मिला देता है। बनारस के ढब को साहित्य में उतार देना सहज नहीं है। बनारस में रमे-जमे रचनाकारों ने ऐसा करके दिखाया। मुझे साफ़ दिखायी देता है कि बनारस की साहित्यिक परम्परा में 'बनारसीपन' अपनी पूर्णता में अभिव्यक्त है। वैसे मुझे जिस किसी के साथ भी 'बनारसी' विशेषण लगा दिख जाता है मैं उस ओर खसकने लगता हूँ। बनारसी गमछा हो, लंगोटा हो, पान हो, मिठाई हो, गलियाँ हों या चाहे बनारसी घाट-मन्दिर। या साहित्य। या भाषा। मुझे बनारस के अधिकतर साहित्यकार 'गुरू' श्रेणी के आभासित होते हैं। बनारसी सन्दर्भ में गुरू के अनेक अभिधार्थ हैं। 'बनारसी' शब्द में ही मस्ती, अनूठापन, गर्व, गौरव के जो भाव पैठे हुए हैं या बनारसियों की अक्खड़ता, फक्कड़ता और झक्कड़ता के जो गुण समा गये हैं ये सब बनारसी भाषा में भी और बनारसी हिन्दी साहित्य में भी गटई तक भरे हुए हैं।

कई आलोचकों ने यह माना है कि हास्य-व्यंग्य की 'लग्गी' को बनारस ने ही परवान चढ़ाया। यह भी स्वीकार किया जा चुका है कि कबीर बड़े व्यंग्यकार थे। भारतेन्दु तो हास्य-व्यंग्य के प्रवर्तक ही कहे जायेंगे। हिन्दी भाषा के शुरुआती दौर में ही उन्होंने हिन्दी को 'नई चाल' में ढाल दिया था। इस 'ढलाव' में भारतेन्दु की हास्य-व्यंग्य लेखन प्रतिभा का कम हाथ नहीं है, जहाँ अभिव्यंजना कटाक्ष पर टिकी थी और कथ्य यथार्थ की भूमि पर खड़ा था। उन्होंने काशी में ऐसे रचनाकारों का एक 'मण्डल' ही बना डाला। कैसे-कैसे रचनाकार पैदा हुए जिनकी 'चुटकियों' का असर कपारे पर चढ़ कर नाचने लगता है-बालकृष्ण भट्ट हों, प्रताप नारायण मिश्र

हों, प्रेमघन, अंबिकादत्त व्यास, बाल मुकुंद गुप्त या जगन्नाथ दास रत्नाकर हों। इनमें से चाहे कोई मूल बनारस का रहा हो या न रहा हो, उसने अपनी लेखनी में बनारसी स्याही भरी-ऐसी स्याही जिसमें चटक-मटक, लोच-लचक और शब्द-शब्द में मारक कसक घुली थी। भाषा को इन लोगों ने बहा दिया। वो नाचने लगी, मचलने लगी, फुदकने लगी, थिरकने लगी। न जाने कैसा जादू हुआ कि तब तक पैंया-पैंया चलने वाली भाषा ये सब करने लगी।

हजारी प्रसाद द्विवेदी ने अपनी पुस्तक 'कबीर' में लिखा है कि कबीर अपनी भाषा को 'रगेदा' दे देते थे। यह रगेदा क्या है इस पर विचार करना चाहिए। भाषा को रगड़ देना, ऐसे-वैसे नहीं, चौतरफ़ा-कि उसकी सारी मैल निकल जाये, वो चमक उठे, ऐसी कि उसमें दूसरी-दूसरी भाषाएँ भी अपना चेहरा देख सकें। भारतेन्दु और भारतेन्दु मण्डल ने यही किया। ये सब कबीर की राह पर चले। इन्होंने रगेद-रगेद कर हिन्दी भाषा को माँज डाला और घोषणा कर दी कि-हिन्दी नई चाल में ढली। इस नई चाल की हिन्दी को देखना हो तो भारतेन्दु के नाटक पर्याप्त होंगे। वे 'अंधेर-नगरी' प्रहसन लिखते हैं जिसका बनारसी रंग एकदम चोखा है। 'सत्य हरिश्चन्द्र' की हिन्दी काशी के संस्कार की हिन्दी है।

सत्य हरिश्चन्द्र के काशी आगमन के समय जब पाप नगर छोड़ कर भागने की फिराक में है तो उस समय के उसके एकालाप का एक-एक शब्द नगीने से जड़ा हुआ है और ऐसा मज़ेदार वातावरण सृजित करता है, जैसा बस भारतेन्दु ही कर सकते थे। 'प्रेम जोगिनी' नाटिका, जो अधूरी ही रह गयी, तो काशी के जीवन और काशी में संवाद का एक नमूना ही है। भिन्न-भिन्न वर्गों-प्रान्तों के लोगों के भाषा व्यवहार, काशी की महिमा और उसकी सीमाओं को भारतेन्दु ने हिन्दी की उसी फड़कती छवि के साथ उघाड़ दिया है। उनके पास एक ओर निहायत ही चुस्त और मुहावरेदार भाषा का भण्डार था तो दूसरी ओर काशिका के शब्दों की सरसता और रवानी भी थी। उपहास और व्यंग्य भारतेन्दु का सरमाया था। हास्य और व्यंग्य की जो धारा सदा से काशी के बात–ब्यौहार में बहती रही थी उसे भारतेन्दु ने अपने रचना पाठ में बड़ी ख़ूबसूरती से उतार दिया। अधिक नहीं यहाँ बस बालमुकुन्द गुप्त के एक लम्बे निबन्ध 'बुढ़वा मंगल' का संकेत करूँगा जिसमें काशी की इस मिट चुकी परम्परा का जीवन्त रेखाचित्र है। मैंने 'बुढ़वा मंगल' क्या था और कैसा था, यह निबन्ध पढ़ कर ही जाना। इतना लम्बा निबन्ध है कि कोई ठस रचनाकार लिखता तो पढ़ना दूभर हो जाता। यहाँ तो पंक्ति-पंक्ति में माधुर्य। प्रसंगों की जानदार अभिव्यक्ति। ऐसे-ऐसे हास्य पुट से भरे विवरण कि क्या कहा जाय।

मुझे पाण्डेय बेचन शर्मा 'उग्र' और 'रुद्र काशिकेय' भी बरसों से लुभाते चले आ रहे हैं। इन दोनों की एक-एक पुस्तक ने मेरे लिए बनारसी लेखन का आदर्श खड़ा कर दिया है। दोनों ही बहुत बड़ी किताबें नहीं हैं। 'उग्र' जी की 'अपनी खबर' और रुद्र काशिकेय की 'बहती गंगा' (1967)। 'बहती गंगा' तो बनारस का इतिहास भी है, उसकी संस्कृति का गवाह भी और बनारसी त्रिगुणों का खुला बयान भी। यह रचना बनारस के गली-कूचों, चौक-चौबारों पर भी ले जाती है। बनारसी बोली भी इसमें जम कर प्रयुक्त हुई है। यह रचना मानों बनारसी साहित्य का कीर्तिस्तंभ है। काशी के साहित्य का कोई भी मापदण्ड बनाएँ इस रचना में वह उपस्थित मिलेगा।

'उग्र' जी ने बनारस और मिर्जापुर के बीच बसे चुनार की दबंगई और अक्खड़ता को 'अपनी खबर' में सिद्ध कर दिया है। ऐसी स्पष्टवादिता। इतनी निस्संगता। इस तरह की अभिव्यंजना। मार्मिकता की धारा में पौड़ता तिलमिलाने वाला यथार्थ है यह कृति। ये दोनों रचनाएँ बनारसी साहित्य की रचनात्मकता का प्रकाश-स्तंभ हैं। बनारस की मस्ती, फक्कड़ता और विनोदप्रियता के दर्शन अन्नपूर्णानन्द वर्मा की रचनाएँ कराती हैं। अब ये सारी की सारी 'अन्नपूर्णानन्द रचनावली' में संकलित कर दी गयी हैं, जो ले जा कर मुझे बनारस में पटक आती हैं। शुद्ध हास्य। शुद्ध विनोद। एक से बढ़ कर एक बदमाशियाँ, टाँग खिंचाई, परस्पर की लाग-डॉट। ऐसा इसमें सर्वस्व है जो सौ टका 'बनारसी' है।

अन्नपूर्णानन्द जी की ये रचनाएँ बनारस की आत्मा को पकड़ने वाली हैं–उसके आनन्द भाव को। 'बनारसीपन' जीने की एक कला है तो इसीलिए कि उसमें हँसी-ठहाकों के लिए पर्याप्त स्थान है। चुहल, हँसी और ठहाका बनारस की जीवन शैली में सदा से उपस्थित रहे हैं। इसे ही 'बेढब बनारसी' ने तरह-तरह से आवाज दी-कविताएँ लिख कर, उपन्यास लिख कर और हास्य निबन्ध लिख कर। 'बेढब' की कलम का जादू यह था कि वे हास्य की रेखाएँ भी खींचते थे और कहीं इस पर व्यंग्य का रंग भी चढ़ा देते थे। बनारस की बात भी उन्होंने ख़ूब की है-यहाँ की गलियों की, लोगों की, जलेबी और पुरवा की और लंगड़ा आम की। उनकी तीन पुस्तकें मुझे इसलिए पसन्द है कि ये घुमा-घुमा कर अनेक कोणों से बनारस को देखती हैं। 'बनारसी एक्का' बनारस के रइसों और उनकी मनोवृत्तियों को दर्शाता है और सामन्ती व्यवस्था के चोंचलों पर कड़ा प्रहार भी करता है। यह सब न भी होता तो यह रचना बनारस के अतीत के एक हिस्से को उजागर करने वाली रचना के रूप में तो आदर पाती ही। 'टनाटन' शुद्ध हास्य-रचना है जिसमें तिकड़मों, छीछालेदर और घपोड़पंथी के प्रसंगों को एक कथा सूत्र में लपेट कर टनाटन बना दिया गया है। यह रचना बनारस के भीतर बसी जीवन्त और बेफिक्र जीवन शैली को भी साधे रहती है। 'लफटंट पिगसन की डायरी' में 'बेढक' ने एक विदेशी की नज़र से बनारस को देखा है जिसके लिए बनारस की हर चीज़ अनूठी और कौतुकपूर्ण है। इस रचना का कमाल यह है कि इसमें भरपूर हास्य के साथ-साथ ब्रिटिश शासन पर भरपूर वार किया गया है–मखमल में जूता लपेट कर। कमाल की रचना है।

बनारस में हास्य-व्यंग्य लेखन की दीक्षा इन रचनाकारों को कबीर और भारतेन्दु से मिली है। कोई किसी से कम नहीं। 'बेधड़क बनारसी' भी मेरे प्रिय कवि हैं।

जिन्होंने रूबाइयाँ की तर्ज पर 'हंसाइयाँ' लिख डालीं और इसकी भूमिका में कहा कि जो हँसी ला दे वह हंसाई। उन्होंने चार-चार पंक्तियों के 'चौके' अपने काव्य संग्रह 'किचकिच' के लिए रचे। बेधड़क जी की बात चली तो उन्होंने एक जगह बनारस में हास्य-व्यंग्य की निर्मल धारा के क्रमशः सूखते जाने की प्रक्रिया को देखते हुए अत्यन्त पीड़ा के साथ लिखा था कि–'आज बनारस में रुद्र जी नहीं हैं, चोंच जी भी नहीं हैं। हम लोगों की महफिल सूनी है। बनारस की गलियों में हास्य और व्यंग्य के वे ठहाके नहीं सुनायी पड़ते। पाँच में से हम और भैया जी ही बचे हैं। हमें डर है कि कहीं बनारस का हास्य रस समाप्त न हो जाय। अगर बनारस में मनहूसियत छायी तो यहाँ की पूरी संस्कृति ही मर जायेगी।' 'बेधड़क' जी का असली नाम पण्डित काशीनाथ उपाध्याय 'भ्रमर' था। जैसे 'बेढब' का नाम कृष्णदेव प्रसाद गौड़ या 'चोंच' का नाम कांतानाथ पाण्डेय था।

बेधड़क बनारसी की तरह से भैया जी बनारसी भी बड़े सिद्धहस्त हास्य-व्यंग्य रचनाकार थे। इनका हास्य बड़ा सन्तुलित है जो कभी भी हास्यास्पद नहीं होता। इनके हास्य में बड़ी सतर्कता और संयम बरता जाता था कि आप मुस्कुरा भर सकते हैं। कहीं ये उस हास्य में प्रबुद्धता भी मिला देते थे। ये बनारसी लेखन में एक अलग तरह की छन्नी ले कर आये जिससे छानते तो यह बनारस को ही थे लेकिन अपने तरीक़े से। इस सावधानी से कि बनारस का रस कहीं आवश्यकता से अधिक गाढ़ा न हो जाय या कुछ पनीला न बन जाये। भैया जी बनारसी का एक स्तंभ बनारस में बहुत लोकप्रिय था। दैनिक 'आज' में रोज छपता था-'राम झरोखे', जिस पर बैठ कर वे जग का मुजरा लेते थे। विषयों की कोई कमी नहीं थी। जो जैसा उनके झरोखे से दिखा, उन्होंने लिखा। इतना लोकप्रिय किसी अखबार का शायद ही कोई स्तंभ हुआ होगा। मुझे चार नाम और परेशान कर रहे हैं-कौतुक बनारसी, कैस बनारसी, चकाचक बनारसी और चोंच। कौतुक बनारसी की लगभग सभी रचनाएँ मैंने अपने स्कूली जीवन में पढ़ ली थीं। इनकी सभी रचनाओं का नाम 'क' अक्षर से होता था-कलम कुल्हाड़ा, कौवा रोर, करमकल्ला, कलम की कमाई और किचकिच। इस तरह के 'ऊलजलूल' हास्य लेखन की सशक्ता परम्परा बनारस और सिर्फ़ बनारस में रही है। 'क़ैस' का नाम शिवमूरत लाल था जो गज़ल शैली में गम्भीर और हास्य दोनों प्रकार का लेखन करते थे। 'चकाचक बनारसी' काशिका में लिखते थे। सायंकाल बनारस में एक आठ पृष्ठ का दैनिक पत्र छप कर आता था-'गाण्डीव'। आम लोगों में बहुत लोकप्रिय दैनिक पत्र था यह। इसमें प्रतिदिन चकाचक बनारसी

की एक रचना छपती थी-बनारस पर या बनारसीपन पर। उन्होंने पंडों–पुजारियों पर भी इसमें लिखा, रस्ता जाम पर भी, महँगाई पर भी, लंगड़ा आम पर भी और जो पर्व जब आये तो उन पर भी। काशिका पर गज़ब का नियन्त्रण। काशी में होली के दिन शाम को एक हास्य कवि सम्मेलन हुआ करता था। चकाचक बनारसी इसके आयोजक, संचालक हुआ करते थे। यह एक परम्परागत कार्यक्रम था। पहले यह अस्सी चौराहे पर होता था, बाद में दशाश्वमेध घाट पर होने लगा। बनारस भर के हास्य कवियों के साथ शंभूनाथ सिंह, ठाकुर प्रसाद सिंह, गणेश सिंह 'मानव', भोजपुरी कवि 'राहगीर', और भी कई इसमें शामिल होते थे। हास्य-व्यंग्य की प्रबलता रहती थी। शील-अश्लील में भी बहुत भेद नहीं किया जाता था। इस समय एक स्मारिका भी प्रकाशित होती थी, सम्भवतः उसका नाम 'काशिका' ही था।

बनारस का साहित्य हास्य-व्यंग्य का ही प्रतिनिधि साहित्य नहीं है, सोच-विचार और सामाजिक सरोकारों का साहित्य भी है। कबीर की ही बात करें तो वे निरे व्यंग्यकार ही नहीं थे। गम्भीर दार्शनिक और समाजवेत्ता भी थे, इतने गहरे कि उन्हें उनके समस्त आलोचकों ने 'समाज सुधारक' के आसन पर भी बैठा दिया। गोस्वामी तुलसीदास तो मूक जनता की वाणी ही बन कर आये। यह कहना ज़रूरी नहीं है कि उनकी अनेक रचनाओं का प्रणयन काशी में ही हुआ। विलक्षण थे गोसाई जी। 'विनय पत्रिका' लिखनी हुई तो काशी के गोपाल मन्दिर में जा कर कुटिया बना ली। उनके 'मानस' ने गिरती हुई हिन्दू भाव धारा को जीवनदान दिया।

इतिहास में यह उल्लिखित है कि काशीराज अनेक कवियों को प्रश्रय देते थे। कई कवियों के नाम आये हैं। शिवप्रसाद 'सितारे हिंद' महाराज ईश्वरीप्रसाद नारायण सिंह के परम मित्र थे। काशी के साहित्य प्रकरण में दीनदयाल गिरी का भी नाम आता है जो सन् 1859 में गायघाट पर जन्मे थे। आचार्य रामचन्द्र शुक्ल ने 'हिन्दी साहित्य का इतिहास' में लिखा है कि–'इनकी-सी अन्योक्तियाँ हिन्दी के और किसी कवि की नहीं हुईं। उनका भाषा पर बहुत ही अच्छा अधिकार था। इनकी-सी परिष्कृत, स्वच्छ और सुव्यवस्थित भाषा बहुत थोड़े कवियों की है।' शुक्ल जी के 'अन्योक्ति' शब्द पर ध्यान दिया जाये तो बनारस के साहित्य में काशी रस का अनुमान भी किया जा सकता है। आम बोल-चाल में भी बनारसी कहता कुछ और है और अर्थ कुछ और ही निकलता है। काशी के आरम्भिक साहित्य में अन्योक्तियों की भरमार है। एक थे बाबू गोपालचन्द जो गिरधरदास नाम से कविता करते थे। आप भारतेन्दु हरिश्चन्द्र के पिता थे। अपने पिता के बारे में भारतेन्दु ने ये दो पंक्तियाँ भी लिखी हैं-*जिन श्री गिरधरदास नैं रचे ग्रन्थ चालीस/ ता सुत श्री हरिश्चन्द्र को को न नवावै*

सीस ? काशी में भारतेन्दु युग हिन्दी साहित्य के उत्थान का युग था। विविध वर्णी साहित्य, जिसमें बनारस का दिल धड़-धड़ कर के धड़कता था। इस खेवे के बाद बड़े बखेड़े हुए। अंगरेज सेवार की तरह फैल गये। अंग्रेज़ी भाषा कपारे चढ़ने लगी। हिन्दी भाषा को अँतरे में बाँध दिया गया। भारतीय संस्कृति की निम्नता को सरेआम उजागर किया जाने लगा। बड़े-बड़े खटराग खड़े हुए। भारतेन्दु युग इनसे भी लड़ा। प्रांजल खड़ी बोली अभी बन रही थी। आचार्य महावीर प्रसाद द्विवेदी ने सरस्वती के माध्यम से खड़ी बोली के मानकीकरण का बीड़ा उठा लिया था अर्थात खड़ी बोली मैदान में उतर चुकी थी और अपनी खड़खड़ाहट से लोगों के कान खड़े कर रही थी। ऐसे ही समय में हिन्दी के संकट मोचक बन कर हरिऔध और प्रसाद काशी की साहित्य भूमि पर आ कूदे। बनारस में खड़ी बोली साहित्य का सिक्का चलने लगा। प्रसाद जी ने तो कमाल ही कर दिया। ऐसा प्रांजल बना दिया खड़ी बोली को कि 'भेदियों' की नानी मर गयी। चन्द्रगुप्त, स्कन्दगुप्त, मुद्राराक्षस जैसे नाटक और आँसू, झरना और कामायनी जैसा काव्य सामने ला कर उन्होंने बनारसी अन्दाज में ताल ठोंक दिया था। प्रसाद अनुकरणीय बने। बनारस की आत्मा को भी उन्होंने कुरेदा और 'आकाशदीप' और 'गुंडा' जैसी कहानियाँ लिखीं। प्रसाद पूरे बनारसी थे। वे शैव मत और रहस्यवाद की पिटारी भी खोल रहे थे, भारतीय इतिहास में घुस कर हमें अपने धाकड़पने की भी याद दिला रहे थे और बनारसी मन-मिजाज की मिजाजपुर्सी भी कर रहे थे।

कविता के क्षेत्र में प्रसाद ने लहर-बहर मचायी तो काशी में उपन्यास के क्षेत्र में भी बड़े-बड़े कमाल हुए। पहले देवकीनन्दन खत्री आ धमके और हिन्दी में अनेक अय्यारी उपन्यास लिख मारे। आम जन में इन उपन्यासों ने अपनी जगह बनायी, हिन्दी का प्रचार भी बढ़ा और सम्मान भी। फिर उदय हुआ किशोरीलाल गोस्वामी का जिन्होंने रोचक शैली में अनेक उपन्यास लिखे। कुछ पर अश्लीलता का भी आरोप लगा। पर वे अक्खड़ थे, लिखते गये। गोस्वामी जी के उपन्यासों में हिन्दी का बहुत सुन्दर रूप प्रकट हुआ है। कहानी कैसे सुनायी जाती है, यह बात वे जानते थे। अपने पाठक से हुंकारी भी भरवाते थे और उसे अपने साथ ले कर चलते थे। प्रसाद जी ने भी उपन्यास पर हाथ आजमाये और बनारसी रंग के तीन उपन्यास हमें दिए–तितली, कंकाल और इंदुमती। 'हंस' में इनकी सराहनापूर्ण समीक्षाएँ भी तब छपीं। अब इसके बाद तो उपन्यास सम्राट प्रेमचन्द ही आ गये–लमही गाँव के निवासी। गाँव को उन्होंने पूरा पढ़ लिया और उसे इस तरह लिखा कि कहा जाने लगा कि अगर उत्तर भारत

के गंवई जीवन को जानना है तो प्रेमचन्द को पढ़ लीजिए। प्रेमचन्द ने हिन्दी गद्य को न जाने कितने रंगों में रंग दिया।

प्रेमचंद के गाँव लमही जाते हुए पाण्डेयपुर चौराहे पर लगी प्रेमचंद की प्रतिमा

प्रेमचन्द उपन्यास सम्राट तो थे ही, मुहावरा सम्राट भी थे। उनके जितने मुहावरे और लोकोक्तियाँ शायद पूरे हिन्दी गद्य साहित्य को खंगालने से भी न मिलेंगी। मुहावरेदानी और बात-बात में लोकोक्ति भिड़ा देना काशी में बतकही का हिस्सा है। तो प्रेमचन्द की अभिव्यंजना प्रवाहित हो गयी। पठनीयता को पाठक की रचनाधर्मिता से जोड़ने का बड़ा काम प्रेमचन्द ने किया। पाठक उन्हें सिर्फ़ पढ़ने नहीं, उन्हें पढ़ कर

कुछ रचने भी लगे। वे ख़ुद को उनके उपन्यासों कहानियों में देखने लगे। 'रंगभूमि' और 'गोदान' इस दृष्टि से शिखर रचनाएँ हैं। 'ईदगाह', 'गुल्ली डंडा', 'रामलीला', 'नशा', 'कफन', 'बूढ़ी काकी' जैसी कहानियों को जब मैं पढ़ता हूँ तो बनारस मेरे भीतर जाग जाता है। 'ईदगाह' पढ़ूँ तो मुझे लगने लगता है कि जो टोली ईदगाह की ओर चली है वह लमही गाँव से चली है और कचहरी होते हुए शायद नदेसर वाले ईदगाह जा रही है। मेले में बिकते मिट्टी के खिलौने मुझे न जाने किस लोक में ले जाते हैं। हमें स्कूल में यह कहानी पढ़ाई गयी थी। हम सीधे इससे 'रिलेट' कर लेते थे। ऐसे ही आगे की कक्षाओं में, छठीं, सातवीं-आठवीं में 'रामलीला', 'गुल्ली डंडा', 'बड़े भाई साहब' पढ़ाई गयी। ये कहानियाँ पढ़ कर हम अपने जीवन में उतर जाते। 'रामलीला' कहानी हमें 'चित्रकूट' की उन लीलाओं की ओर खींच ले जाती जिन्हें हम बार-बार प्रति वर्ष देखते आ रहे थे। 'गुल्ली डंडा' हमारे प्रिय खेल को तो दर्शाती ही थी, उसमें गुच्ची, टांड़, पदाना जैसे शब्द-प्रयोग पढ़ कर ख़ुद हम भी डीएवी के मैदान में पहुँच जाते थे।

अभी मैं लमही गया था। प्रेमचन्द का घर देखा। इस बार थोड़ी सफेदी भी हो गयी थी। घर के सामने कुँआ और फिर आगे एक खुला मैदान था। मुझे लगा कि प्रेमचन्द ने गुल्ली डंडा इसी मैदान में खेला होगा या अपनी खिड़की से बच्चों को खेलते देखा होगा। बूढ़ी काकी हलवाई-खाने की, पूड़ी-कचौड़ी की ख़ुशबू की, तरकारी-चटनी-रायता के स्वाद की बात करती है तो हमें अपने घर-परिवार में पहुँचा देती हैं। बूढ़ी काकी की क्षुधा, पकवानों की उनकी कल्पना और उन्हें पाने की उनकी आतुरता आज भी मेरी आँखें भिगो देती है। तो प्रेमचन्द पाठक से अपना रिश्ता बनाने वाले कथाकार हुए। मुझे याद है दक्षिण भारत में जिससे पूछिए वही प्रेमचन्द का थोड़ा-बहुत कथा साहित्य अवश्य पढ़े हुआ था। प्रेमचन्द भारतीय भाषाओं में ख़ूब अनूदित भी हुए हैं तो लोगों ने तमिल, तेलुगू, कन्नड़, मलयालम में उनके अनुवाद भी पढ़ रखे हैं। विदेश में मैंने देखा कि हर उस विश्वविद्यालय में जहाँ हिन्दी पढ़ाई जाती है, तीसरे वर्ष के शिक्षार्थियों को प्रेमचन्द की एक-दो कहानियाँ ज़रूर पढ़ाई जाती हैं। प्रेमचन्द ने हिन्दी कथा साहित्य का ही नहीं, काशी में साहित्य लेखन का भी झंडा बुलन्द कर दिया। उनके समय में भी कई उपन्यासकार काशी में उभरे और उनके बाद भी। शिवप्रसाद सिंह और काशीनाथ सिंह का नाम यहाँ ले सकता हूँ। शिव प्रसाद सिंह ने 'अलग अलग वैतरणी' (सन् 1967) और 'गली आगे मुड़ती है' (सन् 1974) लिख कर काशी की उन नस-नाड़ियों की पड़ताल की जिनमें से हो कर काशी रस बहता है। इस रस को भंग करने वाले तत्वों की ओर भी उन्होंने

संकेत किया जिसमें पूरे बनारस की बदलती मनोवृत्तियाँ हमारे सामने आईं। फिर उनका एक बड़ा ही बृहदाकार उपन्यास सामने आया 'नीला चाँद' (सन् 1988)। जिसमें उन्होंने सन् 1060 से ले कर पूरी ग्यारहवीं शताब्दी तक की काशी को देखा है। बहुत विस्तृत फलक है इस उपन्यास का, कुछ-कुछ वैसा ही जैसा हज़ारी प्रसाद द्विवेदी की 'बाणभट्ट की आत्मकथा' का। चन्देलों, गहड़वालों और कलचुरियों के शासन काल की काशी का यह उपन्यास साक्षी बना है। सैंकड़ों पात्र, नृपति, विभिन्न जातियों के लोग, यानी मामूली जुझारू पात्रों की लम्बी कतार है इस उपन्यास में। मुझे इस उपन्यास का यह हिस्सा अथवा जहाँ-जहाँ ये प्रसंग आये हैं, बाँधते रहे हैं-इसमें रामचन्द्र केवट हैं, सूरज गोंड हैं, भरत डोम हैं, बब्बर नट हैं .....। बनारस का बनारसीपन शिव प्रसाद सिंह ने इन्हीं पात्रों के माध्यम से पसारा है। पूरा बनारस इसमें छाया हुआ है जो इस बात का भी संकेत है कि काशी के आम जीवन का ढर्रा वही है जो सदियों पहले था। सब कुछ सुरक्षित। यही तो आकर्षण है बनारस का। इस उपन्यास में तीर्थ-पुरोहित, पंडे, घाटिए, महापात्र, नापित, फूल विक्रेता, ग्वाले, सब आते हैं-काशी का ज़रूरी हिस्सा बन कर। काशी का प्राकृतिक वर्णन भी बहुत सुन्दर हुआ है। अनेक वृक्षों के नाम आये हैं। पुष्प और लताओं के नाम आये हैं। काशिका का भी प्रयोग हुआ है। शिवप्रसाद सिंह जी मेरे गुरु थे। मुझे बहुत मानते भी थे। आख़िरी समय में भी मैं उनसे मिला था, उनके घर जा कर। काशी की उत्कृष्ट कथा परम्परा को शिवप्रसाद जी ने उत्कर्ष दिया। मेरे दूसरे गुरु काशीनाथ सिंह ने भी एक अलग तरीक़े से ऐसा ही काम किया-'काशी का अस्सी' में, जिसमें बनारस के प्राचीनतम मोहल्ले अस्सी के माध्यम से उन्होंने बदलती और टुच्ची होती जा रही काशी की दुखती रगों पर हाथ रखा है। उन्होंने यह ठीक किया है कि इस उपन्यास को उन्होंने खण्डों में बांटा है और हर खण्ड का शीर्षक कबीर की एक पंक्ति पर दिया है। सच मानिये कबीर की तरह ही काशीनाथ सिंह ने बनारस के 'घाव' को सहलाया नहीं बल्कि दबा-दबा कर उसकी पीप-मवाद निकाल दी है। 'नीला चाँद' का कथा पुरुष काशी है तो 'काशी का अस्सी' का अस्सी मुहल्ला।

ये तो उन रचनाओं की बात हुई जिन्होंने मुझे बनारस की रसरी से बाँधे रखा है। ऐसे न जाने कितने रचनाकार मुझे मतवाला किये रहते हैं। आचार्य रामचन्द्र शुक्ल का 'इतिहास' भी मुझे, गम्भीर होते हुए भी; बनारसी मद पिलाता रहता है। वे अनेक स्थलों पर चुटीले भी हुए हैं और कस-कस के उन्होंने व्यंग्य बाण भी छोड़े हैं। बाबू श्यामसुन्दर दास, कहते हैं, गम्भीर जीव थे और उनका लेखन भी बड़ा गम्भीर था।

कलागुरु
केदारशर्मा
के
व्यंग्य-चित्रों
में
काशी
डॉ० धीरेन्द्रनाथ सिंह

मैं उनकी 'साहित्यालोचन' और 'भाषाविज्ञान' पुस्तक का आशिक़ रहा हूँ और हूँ। चलिए उनके बारे में और क्या कहूँ लेकिन एक तो यह कह दूँ कि जब मेरे पिताजी ने काशी हिन्दू विश्वविद्यालय से हिन्दी में एम. ए. किया (1930-1931) तब 'बाबू साहब' विभागाध्यक्ष थे। उनके अध्यापक थे-पण्डित रामचन्द्र शुक्ल, पीतांबर दत्त बड़थ्वाल और हरिऔध जी। सहपाठी थे श्याम नारायण पाण्डे और जगन्नाथ प्रसाद शर्मा। यह गाथा लिखने लगूँ तो 'समुन्दर सोख' हो जायेगा। हमलोग जब स्कूल में पढ़ते थे तो हिन्दी के प्रश्नपत्र में एक निबन्ध लिखने को कहा जाता था जिसमें अमूमन अन्य विषयों के साथ बनारस के किसी एक साहित्यकार जैसे प्रेमचन्द, बाबू श्यामसुन्दर दास, प्रसाद जी या रामचन्द्र शुक्ल पर भी लिखना होता था। अन्य निबन्धों के साथ इनमें से किसी एक का नाम होता था। मुझे अच्छी तरह याद है कि बाबू श्यामसुन्दर दास पर जब हम निबन्ध तैयार करते तो हम उनसे सम्बन्धित दो दोहे भी रटते थे जिन्हें निबन्ध के अन्त में रख देना होता था। आप देखिए हिन्दी साहित्य का तब कैसा माहौल रहा होगा कि इनमें से एक दोहे की रचना मैथिलीशरण गुप्त ने की थी और दूसरे की आचार्य महावीर प्रसाद द्विवेदी ने। दोनों दोहे ये हैं–

मातृ भाषा के हुए जो विगत वर्ष पचास
नाम उनका एक ही है श्यामसुन्दर दास (मैथिलीशरण गुप्त)
मातृ भाषा के प्रचारक विमल बी.ए. पास।
सौम्य शील निधान बाबू श्यामसुन्दर दास।। (महावीर प्रसाद द्विवेदी)

अब चलते-चलते केदार शर्मा 'गुरु' (व्यंग्य चित्रकार और कवि) की एक कविता काशी में बहरी अलंग की मौज मस्ती पर देख लें। जिसका शीर्षक है 'असौं चान पर छानल जाई'

चौचक उहैं घोटाई बूटी / जे जे चली मजा ऊ लूटी
चला, चल के आपन जान बचाईं / कब तक सतुआ सानल जाई
सुनले हई हवा बा बढ़िया / चलै पड़ी संघे ले हंडिया
ओके अपने साथ न रक्खब / जे अदमी होई गड़बड़िया
पहिले समझल जानल जाई / लगी उहैं पर साफ़ा–पानी
छनी उहैं पर फुंकी उहैं पर / साथ रही जे कहना मानी
दुसरे कऽ नऽ मानल जाई / सुनत हई बा उहाँ निरल्ला
शोर-ओर हड़कम्प न हल्ला / चलके सब तजबीजल जाई
अउर आदमी जगह न छेंके / चलीं चलऽ सिल लुढ़िया ले के

सीधा पानी रही साथ में / उहैं ताव से लिट्टी सेंके
आपन तम्बू तानल जाई /
निपटल जाई दिव्य दनादन / रंग सरोत्तर बान्हल जाई

बनारस का साहित्यिक परिदृश्य इतना गहरा और व्यापक है और मुझ में समाया है कि क्या और कितना लिखा जाये। नागरी प्रचारिणी सभा रह गयी। काशी की पत्रकारिता और पत्रकार छूट गये। काशी का रंगमंच भी नहीं आ सका। वे भी रह गये जिन्होंने बनारस या काशी पर किताबें लिखी हैं। पर ये सब मेरे भीतर अटके हुए हैं और कहीं न कहीं, कभी-न-कभी ये छटपटा कर बाहर निकलेंगे ही और आपके सामने खड़े हो जायेंगे।

NIYAMA
TABLA
MAKER

शास्त्रीय संगीत : कुछ तबले खड़के रंग भरे

मेरी आँख बनारस के कबीरचौरा मुहल्ले में खुली। संगीत के घनघोर उपासकों का मुहल्ला है कबीरचौरा। गली के उस ओर जगत प्रसिद्ध तबला वादक पण्डित सामता प्रसाद मिश्र उर्फ़ गुदई महराज का मकान था। हम अपनी छत से ज़ोर से बोलें और उधर से उनकी छत से कोई उतनी ही ज़ोर से बोले तो बातचीत हो सकती थी। गुदई महराज के तीन पुत्र, कोई एक–दो साल बड़ा तो कोई एक-दो साल छोटा, मेरे संगी-साथी थे–कैलाश, शिव शंकर और रवि। उनके सबसे बड़े बेटे कुमार लाल श्रेष्ठ तबला वादक थे। मुझ पर बड़ा स्नेह रखते थे, अग्रज की तरह। रात में नौ बजे के बाद से ग्यारह बजे तक गुदई महराज अपने बाहरी बैठके के सब खिड़की-दरवाज़े खोल कर रियाज़ करते थे। उनका यह रियाज़ मैंने बरसों रोज़-ब-रोज़ सुना है। तबले की क्या ठनक और कैसी लय–कोई जवाब ही नहीं। यह सौभाग्य मुझे मिला था। बनारस घराने के धुंआधार संगीत कलाकार–सब जैसे कबीरचौरा के ही गली-कूचों में आ बसे थे। किन-किन का नाम लूँ। गुदई महराज और उनके छोटे भाई सुधई महराज, बेटे कुमार लाल। कण्ठे महराज, किशन महराज और उनके पुत्र पूरन, जो मेरे सहपाठी थे। गोपाल प्रसाद, हनुमान प्रसाद और हनुमान चच्चा के पुत्र राजन-साजन मिश्र, राजन मिश्र कॉलेज में मेरे साथ थे। सिद्धेश्वरी देवी, गिरिजा देवी, पण्डित, बैजनाथ मिश्र और उनके पुत्र कामेश्वर नाथ मिश्र जिन्होंने काशी की संगीत परम्परा पर एक बड़ी ही सारगर्भित पुस्तक भी लिखी है और जिसका प्रकाशन विश्वविद्यालय प्रकाशन ने किया है। कामेश्वर भैया भी मुझे बहुत प्यार देते रहे हैं। पिछले वर्ष मैं बनारस गया था। भरत मिलाप देखने जा रहा था तो वे ईश्वरगंगी वाली सड़क के एक चबूतरे पर बैठे हुए मिले। वापसी की विमान यात्रा देखने के लिए बैठे थे। कामेश्वर भैया की पुस्तक यह बताती है कि काशी ने शास्त्रीय संगीतकारों को अपनी ओर खींचा। मिर्ज़ापुर के सारंगी वादक पहले काशी की एक तहसील

भदोही में आ कर बसे फिर वहाँ से बनारस आ गये। कथक नृत्याचार्य कालिका प्रसाद हंडिया से काशी चले आये। पण्डित सुखदेव महाराज नेपाल से काशी आये। इन कलाकारों के निरन्तर आगमन से बनारस का कबीरचौरा मुहल्ला कलाकारों से पट गया। इसी मुहल्ले में मेरी परवरिश हुई और संगीत मेरी नस–रग में दौड़ने लगा।

काशी और कबीरचौरा मुहल्ला दोनों में संगीत की सुरसरि बहती है। हमने देखा कि यहाँ चैती, कजरी, बिरहा की लहरे हैं। दादरा, टप्पा, ध्रुपद और धमार के नद हैं। होरी का रंग है। पुजइया और बधइया में शहनाई का स्वर गूँजता है। तबला, सितार और सारंगी की सुरगंगा बहती है। यह मान्यता है और शिव महापुराण में सन्दर्भ भी आता है कि काशी में नटराज नर्तन करते हैं। यह भी कि पार्वती काशी में अनोखे रूप में लास्यमयी हो जाती हैं क्योंकि यह नगरी शिव ने उन्हीं के लिए बसायी जिसमें बसकर जगदम्बा को परम आनन्द मिलता है। काशी में गंगा भी भिन्न भूषा में लहराती, मचलती और तरंगायित होती हैं। गंगा भी यहाँ निरन्तर अपने मद्धम-मद्धम स्वर में गाती हैं–कलकल, कलकल।

पद्मश्री पण्डित किशन महाराज

बनारस शास्त्रीय और उपशास्त्रीय संगीत का गढ़ है। काशी का कथक वर्ग अपना सम्बन्ध गन्धर्वों और किन्नरों से जोड़ता है। यह तो काशी खण्ड में भी कई बार उल्लेख आया है और अन्य पुराणों में भी कि जहाँ कहीं शुभ-कार्य होते हैं वहाँ गन्धर्व और किन्नर आ कर संगीत लहरी बिखेरते हैं। शिव विवाह में भी ये उपस्थित हैं। राम विवाह में भी और विनायक के विवाह में भी। ये दोनों जातियाँ अत्यन्त प्राचीन हैं जिनका सम्बन्ध संगीत, नृत्य, वाद्य-वादन और गायन से रहा है। शिवमहापुराण में इन्हें देवताओं की एक शाखा माना गया है। काशी खण्ड में एक कथा आती है कि कुबेर ने महादेव की घोर तपस्या की। तब महादेव ने उन्हें यक्ष-किन्नर आदि पर आधिपत्य और धनेश्वर होने का वर प्रदान किया। यह मान लिया जाये कि किन्नेश्वर शब्द कुबेर का ही व्यंजक है–किन्नरों के ईश्वर। यह भी उल्लिखित है कि नटेश्वर शिव के नैकट्य में रहने की लालसा से यक्ष और किन्नर काशी में आ कर बस गये। भरत मुनि के 'नाट्यशास्त्र' में भी गन्धर्वलोक का सन्दर्भ आया है जिसमें यह कहा गया है कि संगीत एवं नाट्यशास्त्र में जो पारंगत हैं वे ही इस 'लोक' में स्थान पा सकते हैं। हम लोग बचपन से ही अपने कथक मित्रों को 'गन्धरप' (गन्धर्व) कहा करते थे। इस तरह की कथाएँ हमें कण्ठे महराज और गुदई महराज ने भी सुनायी थीं। काशी की गणिकाओं पर तो बहुत काम किया गया है। कालक्रम के साथ उनकी प्रसिद्धि और कला-कौशल का बखान किया गया है। काशी में कथक वर्ग कबीराचौरा, पिसनहरिया कुँआ, नवापुरा, पियरी और रामापुरा में निवास करता है। सर्वाधिक कबीरचौरा में। कबीरचौरा संगीत साधकों का मुहल्ला है।

पद्मश्री पण्डित किशन महाराज ने काशी को संगीत की जननी कहा है–'संगीत की जननी है काशी' इस शीर्षक से उनका एक लेख भी कही पढ़ा था, शायद 'सन्मार्ग' के वाराणसी अंक में। तब तक मुझे नहीं मालूम था कि 'किशन चच्चा' लिखते भी हैं। एक बात और कहनी है कि हमारे मुहल्ले के ये कलाकार सिर्फ़ बनारसी संगीत परम्परा के ही संरक्षक नहीं हैं, 'बनारसीपन' के भी संरक्षक हैं। मैं जितनों को जानता हूँ सभी बनारसी बोली ही बोलते हैं–पूरे ठसके के साथ। मैंने इन्हें खड़ी बोली बोलते कभी नहीं सुना–चाहे वे गुदई महराज हों, किशन महराज, हनुमान मिश्र जी या बैजनाथ मिश्र। 'काशिका' इनके मुँह में सजती भी बहुत थी। घर-गली में लुंगी-कुरता का पहनावा। कन्धे पर अंगौछा। मुँह में पान। कार्यक्रम के लिए निकलते तो किनारी वाली धोती, चकाचक सिलिक का कुर्ता और अंगवस्त्र, शॉल या बंडी–मौसम के अनुसार धारण किये हुए। अधिकतर कथक बन्धु 'देखनउक' थे–गोरे–चिट्टे, अच्छी कद-काठी के और कई तो बहुत ही सुन्दर भी जैसे पण्डित किशन महराज।

किशन महराज के लेख में बनारस की संगीत पंरपरा का आकलन है–घरानों के आधार पर। बनारस घराना की अपनी कई विशिष्टताएँ हैं। ग्वालियर या लखनऊ घराने का तबला, सारंगी या गायन सुन कर आप बनारस घराने की कलाकारी सुनें तो यह अन्तर स्पष्ट दिखायी देने लगता है। इस लेख में चच्चा ने यह पहले ही कह दिया है कि इसकी बहुत–सी बातें उन्हें कण्ठे महराज ने मुँहजबानी बताई थीं। यह जान कर मैं गदगद हो गया था क्योंकि मैं इन दोनों से पर्याप्त परिचित था। गुदई महराज, किशन महराज, बैजनाथ मिश्र और हनुमान मिश्र आदि के घर की ड्योढ़ियाँ भी मैंने डांकी है। यह लेख मेरे लिए अमृत तुल्य है–जीवनी देने वाला, जीवन देने वाला। इनमें से लगभग सभी को (जो मेरे समक्ष थे), मैं जानता हूँ। बार-बार इन्हें सुना है। मेल-भेंट तो नित्य ही हो जाती थी। इस लेख में बात सोलहवीं शताब्दी से प्रारम्भ होती है। पण्डित दिलराम जी मिश्र का ज़िक्र आता है जिनकी वंश परम्परा में आगे चल कर मनोहर मिश्र और हरीप्रसाद मिश्र हुए जिन्हें काशी में 'प्रसिद्धू-मनोहर' के नाम से ख्याति मिली। प्रसिद्ध जी (हरीप्रसाद मिश्र) के दो पुत्र हुए–शिव सहाय और राम सेवक। दोनों की याद करते हुए आज भी कथक बिरादरी के लोग नतमस्तक हो जाते हैं। राम सेवक जी 'ध्रुपद' और 'ख़्याल' में पारंगत थे। वीणा, सितार और तबला के भी विद्वान थे। इन्हें बनारस घराना 'लय-भास्कर' कहता था। इनके दो पुत्र शिवा–पशुपति ने अपने पिता और चाचा के नाम को चार चाँद लगा दिए।

काशी का दूसरा ख्यातनाम घराना पण्डित शिवदास जी और पण्डित प्रयाग जी का था। वीणा वादन और गायन में दोनों दक्ष थे। दोनों ही काशी नरेश ईश्वरीप्रसाद नारायण सिंह (सन् 1835-89) के दरबारी गायक भी थे। प्रयाग जी के पुत्र मिठाई लाल ने अत्यल्प आयु से ही अपनी प्रतिभा दिखा दी। इनका गायन सुन कर लोग कहते थे कि लगता है कि इनके गले में हड्डी ही नहीं है। किशन महाराज ने इनकी शिष्य परम्परा का ज़िक्र भी किया हैं, जिनमें बड़े-बड़े नाम हैं–वीणावादक भी, सितार वादक भी, सारंगी वादक भी तथा हुस्नाबाई और बड़ी मोती बाई जैसी गायिकाएँ भी जिन्होंने एक समय पूरे पूर्वांचल को सिर पर उठा रखा था। इस समय इस वंश परम्परा में जालपा प्रसाद मिश्र विद्वान गायक माने जाते हैं। जालपा जी से भी मेरा निकट सम्बन्ध रहा है। मेरे घर के काली मन्दिर में नियमित पूजन करने आते थे। संस्कृत विश्वविद्यालय में वे गायन के आचार्य थे। अत्यन्त सुशील और मृदुभाषी। बहुत कम बोलते थे। मिलें तो बस हाल-चाल पूछ लें। मैंने इनका गायन अनेकों बार सुना है।

काशी का तीसरा गायक घराना पण्डित लक्ष्मीराम जी का था। इनकी चौथी पीढ़ी में पण्डित शिवनन्दन मिश्र हुए जिनके पुत्र पण्डित बड़े रामदास ने डंका बजा दिया

(जन्मः सन् 1877)। उन्होंने शिक्षा अपने श्वसुर पण्डित जयकर्ण मिश्र से प्राप्त की जो ध्रुपद के नायक कहे जाते थे। पण्डित रामदास जैसा कलाकार दुर्लभ है। इनके हज़ारों शिष्य हुए। जिनमें से मैं अपने परिचितों के ही नाम यहाँ लूँगा—पण्डित महादेव मिश्र, सिद्धेश्वरी देवी और जालपा प्रसाद मिश्र। इस समय काशी के धुँआधार गायक पण्डित अमरनाथ, पण्डित पशुपति नाथ और राजन-साजन मिश्र को इन्हीं की शिष्य परम्परा का माना जा सकता है क्योंकि ये सब बड़े रामदास जी के शिष्यों के शिष्य हैं। रामदास जी के भतीजे पण्डित हरीशंकर मिश्र ध्रुपद-धम्मार गायकी के शीर्ष स्तंभ थे। इन्हें मैंने देखा है। पण्डित गोपाल मिश्र के थोड़ा ही आगे इनका घर था। वृद्ध थे। गली की ओर इनका बैठका था। शाम को दोनों द्वार खुले रहते थे। बैठक में गद्दी पर मिश्र जी और एक-दो शिष्य रियाज करते थे। गली से निकलिए तो लगे कि बादल गरज रहे हैं। इन्हीं की शिष्य परम्परा में सारंगी सम्राट पण्डित गोपाल मिश्र का नाम आता है जो राजन-साजन मिश्र के चाचा भी थे और गुरू भी।

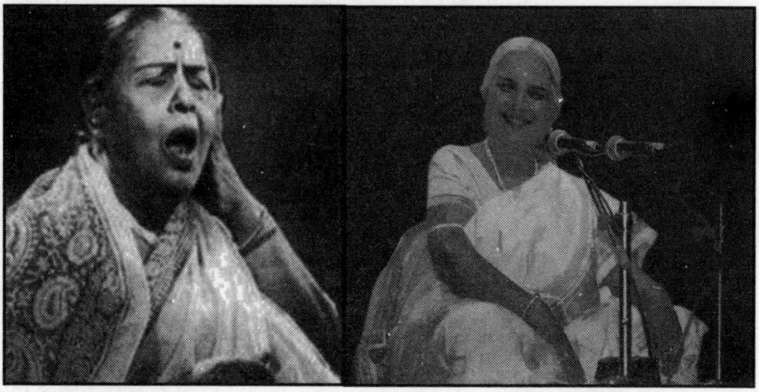

सिद्धेश्वरी देवी **गिरिजा देवी**

काशी की गायन परम्परा में पण्डित छोटे रामदास का नाम भी हम सुनते चले आये थे। इनका जन्म सन् 1889 में हुआ था। पिता थे प्रसिद्ध गायक कन्हैया लाल मिश्र। शिक्षा इन्हें अपने नाना से मिली जो प्रसिद्धू-मनोहर के शिष्य थे, पण्डित ठाकुर प्रसाद मिश्र। नाना कुशल सारंगी वादक थे। उन्होंने 'छोटे जी' को सितार, दिलरूबा और सारंगी में सिद्धहस्त बना दिया। फिर इन्होंने गायन का अभ्यास किया और ठुमरी, होली, चैती अद्‌भुत स्वर में गाने लगे। इन्हें टप्पा का बादशाह कहा जाता था। इसी के आसपास पण्डित श्रीचन्द्र मिश्र (सन् 1914) तबला वादक हुए। इनके पिता प्रसिद्ध तबला वादक थे। मिश्र जी 'ख़्याल' और 'बन्दिश' के श्रेष्ठ गायक थे।

इनके शिष्यों में गिरिजा देवी का नाम प्रसिद्ध है। पिसनहरिया कुँआ से नाटी इमली जाने वाले मार्ग पर रहती थीं। विलक्षण प्रतिभा थी। इन्हें कई बार सुना। इनके साथ पण्डित हनुमान मिश्र सारंगी बजाते थे (राजन-साजन मिश्र के पिता)।

काशी की गायन परम्परा अत्यन्त समृद्ध है। इसे सुन-सुन कर हम बड़े हुए। इनकी स्वर-लहरियाँ मेरे भीतर बस गयी हैं। अभी भी जब-तब इन्हें सुन लेता हूँ। बनारस के कई मित्र इनकी पुरानी रिकॉर्डिंग के अंश मुझे भेजते रहते हैं। मेरे पास इनके सीडी भी हैं। इस गायन में ध्रुपद, टप्पा और ख़्याल गायन शैली अपने उरूज पर होती है। कई गायकों ने ठुमरी में महारत हासिल की जिसके पुरोधा माने गये पण्डित जगदीप मिश्र जिनके विषय में पण्डित किशन महराज ने लिखा है कि वे गवैया नहीं गाने के पैगम्बर थे। रूला देते थे। ठुमरी परम्परा में काशी ने कई रत्न दिए। इनमें राम प्रसाद मिश्र का नाम (जन्मः सन् 1901) स्वर्णाक्षरों में अंकित है। बचपन से ही गायन में इनकी निपुणता को देख कर पण्डित बड़े रामदास मिश्र ने इन्हें इनके पिता से माँग लिया और इनकी प्रतिभा को परवान चढ़ा दिया। काशी की ठुमरी को इन्होंने नये बोल दिए, सादगी दी और अदायगी के नये ढब दिए। आमो–ख़ास में इनकी ठुमरी ने जादू जगा दिया। मैं अपनी कहूँ तो आगे चल कर गिरिजा देवी ने भी यही काम किया जिन्होंने ठुमरी शैली को पूर्ण रूपेण काशी के रंग में रंग कर जनप्रिय बना दिया और अब इसे बनारसी ठुमरी कहा जाने लगा। गिरिजा जी उसका पर्याय बन गयीं। ठुमरी में रस भरने का काम सिद्धेश्वरी देवी ने किया। ठुमरी में उन्होंने 'बोल-बनाव' का ऐसा सौन्दर्य फैलाया कि ठुमरी सीधे लोगों के दिल में उतर गयी।

बनारस घराने का तबला वादन में भी उत्कृष्ट स्थान है। काशी में इसके पुरोधा राम सहाय जी (सन् 1797) माने जाते हैं। तबला वादक इनका नाम लेते समय दोनों हाथों से दोनों कानों का स्पर्श करते हैं। इनके पिता ने इन्हें तबला की शिक्षा दी। नौ साल की उम्र में इन्होंने एक संगीत कार्यक्रम में तबला वादन किया। इनके हाथ की मिठास ने लोगों को मन्त्रमुग्ध कर दिया। छोटे थे तभी से इन्हें सम्मान मिलने लगा। लखनऊ के उस्ताद मोंदू खाँ ने बारह वर्ष के राम सहाय को उनके पिता से माँग लिया और इन्हें तबले में पारंगत कर दिया। क़िस्सा है कि सन् 1814 में गाज़ीउद्दीन हैदर नवाब बने तब संगीत की बड़ी महफिल हुई जिसमें राम सहाय जी ने स्वतन्त्र तबला बजाया–आठ घण्टे लगातार। वे लखनऊ में अपना जलवा दिखा रहे थे और काशीवासी उनका तबला सुनने को तरस रहे थे। उनका नाम तो फैल ही चुका था। तब राजा उदित नारायण सिंह के निवेदन पर वे काशी आये और राम नगर के किले

में महाराज और जनता जनार्दन के बीच छह घण्टे तक तबला बजाया। राम सहाय जी तबला नहीं बजाते थे, भगवान की पूजा करते थे। काशी के संगीतकारों ने उनसे प्रार्थना की कि वे काशी के कुछ बालकों को अपना शिष्य बना लें। वे तैयार हो गये और कबीरचौरा मुहल्ले के कुछ युवकों को अपना शिष्यतत्व प्रदान किया। पण्डित किशन महराज ने लिखा है कि–'ये काफ़ी स्पष्ट और बड़ी शहजोर स्वर में तबला बजाते थे-दायां टनटना कर, फरफरा कर और बायां भुंभकारी भरते हुए।' उनके तबले ने ही काशी के तबले को 'बनारसबाज' का नाम दिलवाया और बनारसी तबला वादन की एक अलहदा शैली ही विकसित हो गयी। मुहल्ले के अनेक शिष्यों में इनके एक शिष्य थे प्रताप जी (प्रतप्पू)। किशन महराज जी ने लिखा है कि 'एक जलसे में थोड़ी तनातनी हो गयी। प्रतप्पू जी ताव में आ गये और ऐसा तबला बजाया कि मानों स्वयं काली पैंतरा बदलते हुए खड्ग-खप्पर लिए नाचती आ रही हैं।' इन्हीं सिद्ध और महान तबला वादक के प्रपौत्र थे पण्डित सामता प्रसाद उर्फ़ गुदई महराज जिनका तबला प्रतप्पू जी की तरह ही ठनकता और टनकता था और उनका बायां भी उसी तरह भुंभकारी भरता था। मुझे इस समय एक गीत याद आ रहा है, 'नाचे मन मोरा मगन तिक दा धीगी धीगी' (फ़िल्म : मेरी सूरत तेरी आंखें, संगीत सचिन देव बर्मन) जिसमें गुदई चच्चा के तबले की यह टनकार और भुंभकार स्पष्ट सुनी जा सकती है। दायें तबले की टंकार सुननी हो तो फ़िल्म 'गाइड' (संगीत : सचिन देव बर्मन) में लता के गाये गीत 'पिया तोसे नैना लागे रे...' में सुनी जा सकती है। मैं तो उन्हें रोज ही सुनता था। कार्यक्रमों में भी सुनता ही था। किसी बड़े कलाकार की संगत में या स्वतन्त्र तबला भी। वे ख़ुद सुनाते थे कि एक बार जब वे रूस से तबला बजा कर उठे तो लोग उनके दाहिने हाथ की जाँच करने लगे। लोगों ने आग्रह किया कि हाथ का एक्स-रे करा लिया जाय। उन्हें विश्वास ही नहीं हो रहा था कि मानव उँगलियाँ तबले से इस तरह की 'टनकार' निकाल सकती हैं। पण्डित जी उन्हें समझाते रहे और फिर उनका मन रखने के लिए इन्होंने एक्स-रे करवा लिया। लोगों के मन में भाव था कि शायद इनकी उँगलियों की शल्य चिकित्सा कर के उसमें लोहे के तार फिट कर दिए गये हैं। दूसरे दिन वहाँ के अखबारों में गुदई महराज के इस कौशल पर अनेक लेख छप गये। उनकी बैठक में पद्मश्री और पद्मभूषण सम्मान फ्रेम में मढ़े लगे थे और कई चित्र भी जिनमें वे कहीं डॉ. राजेन्द्र प्रसाद के साथ खड़े हैं, कहीं लाल बहादुर शास्त्री के साथ और कहीं फ़िल्म कलाकारों के साथ। ये चित्र देख कर हम प्रफुल्लित हो जाते थे।

इस लेख में पण्डित किशन महराज ने काशी की संगीत परम्परा का अद्यतन काल तक का खाका खींचा है। गायकों में उन्होंने रंगनाथ मिश्र और विजय शंकर का नाम लिया है। तबला वादकों में मदन लाल मिश्र, गोपाल लाल मिश्र और प्रकाश महराज की चर्चा की है। उन्होंने भगवती सहाय जी के पुत्रों की भी चर्चा की है। इनमें से शारदा प्रसाद जी ने बहुत नाम पैदा किया। शारदा प्रसाद जी काशी के तबला वादक परिवार के थे। इनके पूर्वजों में बलदेव सहाय और दुर्गा सहाय थे। इसी परिवार में फिर देवी सहाय और भगवती सहाय भी हुए जिनके चार पुत्रों में से शारदा जी एक थे। उनका घर विश्वनाथ सरदार वाली गली में आगे था जहाँ डॉ. गिरीश सहाय के बगल वाली गली से हो कर भी पहुँचा जा सकता था। वे लखनऊ के भातखण्डे संगीत महाविद्यालय में तबला के प्रचार्य थे, बनारस आते रहते। हमारी उनसे भेंट सोमनाथ की पान की दुकान पर होती। लखनऊ के क़िस्से सुनाते। एक समय मैं भी, दसवीं कक्षा तक संगीत पढ़ने के बाद 'भातखण्डे' जाना चाहता था। ख़ैर ऐसा न हुआ। मैं उनसे तरह-तरह की जिज्ञासाएँ करता। वे बहुत सुदर्शन व्यक्तित्व के धनी थे, बहुत ही सुन्दर, बनारस आते तो बनारसी में ही बोलते। एकदम सफेद धोती-कुर्ता पहनते थे। एक छोटा-सा चन्दन का टीका उनके माथे पर सजा रहता था। मैंने उन्हें कई बार सुना। उनका तबला बहुत तीव्र गति से बजता था। दनदना-दनदना के वे सम पर आते थे। गज़ब का कौशल था उनके हाथों में।

पद्मभूषण पं. सामता प्रसाद उर्फ़ गुदई महराज (हमारे चच्चा)

काशी में पण्डित बलदेव सहाय का बहुत नाम था। मामा-फूफा के रिश्ते से ये और कण्ठे महराज भाई-भाई थे। बलदेव जी की मृत्यु जल्दी हो गयी। उनके दो बेटों का भार कण्ठे महराज ने अपने ऊपर ले लिया और इन्हें शिक्षा-दीक्षा दी। दो बेटों में से भगवती सहाय के पुत्र थे शारदा सहाय जी जिन्हें कण्ठे महराज ने तबले की शिक्षा दी। कण्ठे महराज की शिष्य परम्परा में कई तबला वादक हुए। इन्हीं में से एक थे पण्डित किशन महराज।

काशी की कथक नृत्य परम्परा भी विशिष्ट है। तबला सम्राट पण्डित राम सहाय के अनुज पण्डित जानकी सहाय नृत्य कला की ओर गये। कथक को इन्होंने सूक्ष्म-सूक्ष्म गतियाँ प्रदान कीं। लास्य और भाव को नये सन्दर्भ दिए। घुंघरूओं के सन्तुलन को और उनकी तेज-मद्धम गति को साधने की पद्धतियाँ विकसित कीं। फिर तो कई नर्तक काशी में प्रसिद्ध हुए। इनमें से एक थे नानक प्रसाद (ननकू लाल) जो नेपाल चले गये थे। इन्हीं से शुकदेव प्रसाद मिश्र (शुकरे बाबा) ने नृत्य की शिक्षा ली थी। शुकरे बाबा ने अपनी तीन कन्याओं-अलकनन्दा, तारा और सितारा को नृत्य प्रवीण बनाया। बाद में तारा देवी के पुत्र गोपी कृष्ण की दीक्षा शुरू हुई। शुकरे बाबा ने उन्हें ताण्डव सम्राट बना दिया। इनकी शिष्य परम्परा सुदीर्घ रही। माधव कृष्ण और मोहन कृष्ण गोपीकृष्ण के भाई थे। मधु मिश्रा और लोकनाथ (लोकई) भी इनके शिष्य थे। मधु मिश्रा का नृत्य मैंने देखा है। लोकनाथ का घर छक्कन अहीर के सामने है। वे हमारे यहाँ मन्दिर में आ कर भी विशेष अवसरों पर नृत्य करते थे। कभी-कभी उनके साथ उनके मित्र ओंकारू भी आ जाते और दोनों राधा-कृष्ण बन कर समा बाँध देते। क्रमशः वे शीर्ष पर पहुँचे और बहुत नाम कमाया।

दुर्लभ चित्र

(ये चित्र कबीर चौरा निवासी स्व. पं. अमरनाथ मिश्र जी के परिवार से उनके छोटे पुत्र गुणी सितारवादक पं. नीरज अमरनाथ मिश्र के सौजन्य से प्राप्त हुए हैं)

स्व. पं. अमरनाथ मिश्र जी, स्वर साधते हुए

पं. किशन महराज तबले पर संगत करते हुए।

तबले पर पं. शारदा सहाय

बाएँ से तबले पर पं. छोटेलाल मिश्र और दाएँ पं. अमरनाथ मिश्र जी के बड़े पुत्र पं. रामशंकर मिश्र शहनाई वादन करते हुए।

काशी या कबीरचौरा की संगीत परम्परा में सारंगी का बड़ा नाम है। इसमें सबसे पहले पण्डित तमाखू जी का नाम आता है जो नेपाल दरबार में थे। फिर काशी आ गये। काशी की सारंगी का भी अपना रंग है–बनारसी रंग। अनेक सारंगी वादक हुए-सुमेर नाथ मिश्र, शंभूनाथ मिश्र, शीतल मिश्र और भी अन्य कई। गणेश मिश्र टप्पा बजाने में माहिर थे। स्वर्गीय गोपाल मिश्र सारंगी सम्राट थे। मैंने इन्हें देखा है, सुना है। पण्डित बैजनाथ मिश्र और पण्डित हनुमान मिश्र सारंगी में काशी के गौरव माने जाते हैं। बैजनाथ मिश्र के परिवार से हमारे घनिष्ठ सम्बन्ध थे। वे वही बरवातरे जाने वाली गली के नुक्कड़ पर रहते थे। उनकी बैठक से सारंगी के स्वर आते रहते थे। उनके बाल-भौंह सब सफेद थे। उन्होंने एक राम कथा मंच भी बनाया था। पापा उसके अध्यक्ष थे। घर आते-जाते रहते। उनके पिता शंभूनाथ मिश्र और चाचा सरजू प्रसाद भी सारंगी वादक थे। मैंने गिरिजा देवी के साथ इन्हें सारंगी बजाते हुए कई बार सुना है। इनके बड़े पुत्र कामेश्वर मिश्र की मैंने बात की। इनके दूसरे पुत्र धर्मनाथ जिन्हें हम धरमू कहते थे, मेरे समवयस्क थे या थोड़े बड़े होंगे। धरमू हारमोनियम भी अच्छा बजाते थे और सारंगी भी। सितार में कबीर चौरा के पं. अमरनाथ मिश्र जी विश्वख्यात हुए उनके पुत्र पं. नीरज अमरनाथ मिश्र युवा सितार वादकों में श्रेष्ठ हैं उनके बड़े पुत्र पं. रामशंकर मिश्र शहनाई वादन में सिद्धहस्त हैं।

काशी की शाहनाई भी ख़ास है। बिस्मिल्ला खाँ की शहनाई विश्व प्रसिद्ध हुई। इनके साथ ही अली बख्श मियाँ और विलायतू मियाँ का नाम आता है जो इनके गुरू थे। बिस्मिल्ला खाँ ने शहनाई को सम्मान दिलाया। वे गंगा के घाट पर भोरहरे पहुँच जाते और रियाज़ करते। कितनी-कितनी बार सुना है उन्हें। अच्छा सुर लग जाये तो शहनाई मुँह से निकाल कर बड़ा मोहक मुस्काते थे। उतनी देर उनका संगी सुर सम्भाले रहता था। तबला और ढपिया वादकों को बीच-बीच में 'वाह क्या बात है' कह कर उकसाते। बहुत पहले मुझे याद है, शायद 'धर्मयुग' में उस्ताद बिस्मिल्ला खाँ का एक इंटरव्यू छपा था। बातचीत की थी डॉ. सुरेशव्रत राय ने जो दारा नगर निवासी मेरे बच्चा-चच्चा के दामाद थे। यह बातचीत बड़ी ज़ायकेदार थी। बिस्मिल्ला खाँ बड़ी बेबाक़ी से और मज़ा ले–ले कर बात करते थे, एकदम बनारसी ढब से। उनसे पूछा गया कि आप कहीं बनारस के पॉश इलाके में क्यों नहीं रहते और यह भी कि शास्त्रीय संगीत धीरे-धीरे कमज़ोर क्यों हो रहा है। इन दोनों सवालों का जो जवाब खाँ साहब ने दिया वह अभी पेश करूँगा, पहले यह कि खाँ साहब नई सड़क चौमुहानी के पहले एक पतली गली में कोने के सामान्य से मकान में रहते थे। यह गली दाहिने कट कर हड़हा सराय पहुँचा देती थी। ठेठ मुसलमानी मुहल्ला था। उनकी

कई तस्वीरें दिखती है कि वे चारखाने की तहमद लगाये और गंजी पहने बैठे हैं–पान जमाये हुए। इन दोनों प्रश्नों का उनका मिला-जुला जवाब सुनिये-'अगर मैं पक्के मकान को छोड़ कर आपके लिए उससे कहीं ज़्यादा जगह वाले कच्चे मकान में रहने की सलाह दूँ, अपने कच्चे घड़े को आपके बढ़िया पक्के घड़े से अदला-बदली करने की कोशिश करूँ तो आपका अपने ऊपर काबू पाना मुश्किल हो जायेगा ..... कच्चे कान वालों, कच्ची बात, कच्चे फलों की कोई पूछ नहीं होती। ..... लेकिन यह अजीब बात है कि गाने–बजाने के मामले में हम 'पक्के' से बिदकते हैं।'

बनारस का संगीत बनारस छूटने के इतने बरसों बाद भी मेरी रगों में मचलता है। इसकी स्वर–लहरी मुझे जब न तब आलोड़ित करती रहती है। कबीरचौरा में इन कलाकारों के घर–द्वार मेरी आँखों के सामने नाचते हैं। जो संगीतकार अब नहीं रहे वे भी इन गलियों में टहलते-घूमते दिखायी पड़ते रहते हैं। ये सब मुझे अक्सर छांगुर पान वाले की दुकान पर खड़े दिख जाते हैं। संगीत सभाएँ, लगता है कि मैं उनमें आज भी बैठा हुआ हूँ। गुदई महराज, किशन महराज, गोपाल मिश्र, सिद्धेश्वरी देवी, बैजनाथ मिश्र और न जाने कितनों के बातचीत के लहजे मेरे भीतर लय की तरह बहते हैं। कबीरचौरा के संगीत माहौल ने मेरे व्यक्तित्व में न जाने कितना और क्या-क्या जोड़ कर मुझे सम्पन्न बनाया। इस संगीत रूपी तबले की रंग भरी खड़क मुझे रह-रह कर सुनायी पड़ती रहती है।

बनारसी बोली : एक टेढ़ सादगी में एक सीध बांकपन में

बनारस अभिव्यंजनाओं का शहर है। बात भारतेन्दु से शुरू की जाय। कबीर की भाषा में 'काशिका' के तत्वों पर थोड़ी बात की जा चुकी है। भारतेन्दु व्यावहारिक भाषाविद् थे। उन्होंने कविताएं तो ब्रज भाषा में लिखीं लेकिन गद्य खड़ी बोली में लिखा। कविता की ब्रज भाषा में भी भारतेन्दु ने परिष्कार किया, हल्का-सा उसे खड़ी बोली की ओर भी ले गये और उसमें बनारसी बोली का रस भी घोला। उन्होंने प्राचीन, अल्प प्रचलित और असंप्रेषणीय शब्दों को अपनी कविता से बाहर कर दिया और 'भारतेन्दु मण्डल' के रचनाकारों को भी ऐसा करने के लिए प्रेरित किया। वे सर्वप्रचलित, मधुर तथा बोधगम्य शब्दों को कविता में ले आये। इस प्रकार काशिका के कई शब्द भी उनकी रचनाओं में स्थान पा गये और बनारसी ढंग की अभिव्यंजना को उन्होंने परोक्ष रूप से शामिल कर लिया। उनके समय में व्यंग्यात्मक ढंग से चोट करते हुए और हास्य की चाशनी घोलकर बात कहने के ढब की बड़ी आवश्यकता थी। कहीं कबीर की तरह सीधी चोट भी करनी पड़ती थी। ये सब कर पाने में बनारस की परम्परा में पली-पुसी भाषिक अभिव्यंजना ने भारतेन्दु का भरपूर साथ दिया। विदेशी सामान के 'आवन' से देश की दुर्दशा हो रही थी जिसका भंडाफोड़ भारतेन्दु ने कबीरी अन्दाज में ललकार कर किया-

वस्त्र, काँच, कागज, कलम, चित्र, खिलौने आदि।
आवत सब परदेस सौं नितहि जहाजिन लादि।।

भारतेन्दु ने अमीर खुसरो के काव्य शिल्प में प्रचलित पहेलियों और मुकरियों को नया अन्दाज दे दिया। इसका तात्पर्य यह है कि भारतेन्दु का पूरा विश्वास काव्य की लोक शैली पर था। इन दोनों शैलियों को उन्होंने हास्य और व्यंग में डुबो कर अंग्रेज़ों के षडयन्त्र से सम्बद्ध कर दिया वह भी अत्यन्त रोचक ढंग से। स्वाभाविक

है कि ये पहेलियाँ लोगों कि जबान पर चढ़, गयीं जैसे कि यह पहेली-

भीरत-भीतर सब रस चूसे।
हंसि-हंसि कै तन-मन-धन मूसै।।
जाहिर बातन में अति तेज।
क्यों सखि साजन नहिं अंगरेज।।

यहाँ 'साजन' और 'अंगरेज' का जो जोड़ बिठाया गया है वह लोक की कौतुक वृत्ति से बना है। यह कौतुक वृत्ति बनारसियों में कूट-कूट कर भरी हुई है। कौतुक की भांति ही प्रहसन को भी भारतेन्दु ने जगह दी। किसी का मज़ाक बना देना, तड़िया के निकाल जाना, खोटी-खोटी सुना देना और सुना के टसक जाना-बनारसी अभिव्यंजना की विशेष शैली है। इस शैली को भारतेन्दु ने अपने एकमात्र 'प्रहसन' 'अंधेर नागरी' (जिसका पूरा नाम 'अंधेर नागरी चौपट राजा : टके सेर भाजी टके सेर खाजा' : सन् 1938 है) में बेतरह इस्तेमाल किया है। यह सभी जगह अंकित है कि भारतेन्दु मन-मौजी व्यक्ति थे। उनके स्वभाव में मनोविनोद भरा हुआ था। 'अंधेर नागरी' ही नहीं 'वैदिकी हिंसा हिंसा न भवति' (जिसे नाटक या चाहें तो प्रहसन भी कहा जा सकता है (सन् 1930), में भी उनकी यह मनोविनोद की वृत्ति उभर कर दिखायी देती है। भारतेन्दु पर श्री पुरुषोत्तम दास मोदी की पुस्तक में भारतेन्दु के व्यक्तित्व में हास्य-व्यंग्य के प्रकरणों पर प्रकाश डाला गया है। अपनी इस प्रवृत्ति को उन्होंने अपने लेखन में भी जिलाए रखा है। आपको ध्यान होगा 'सत्य हरिश्चन्द्र' का वह प्रसंग जिसमें पाप बौड़ियाता घूम रहा है, भारतेन्दु की विनोदवृत्ति से ही रचित है। उनके कई लेखों में भी उनकी यह वृत्ति दिखायी पड़ती है। भारतेन्दु का व्यक्तित्व ही रंगीला था। 'भारतेन्दु हरिश्चन्द्र' नामक एक पुस्तक प्रकाशन विभाग, सूचना और प्रसारण मन्त्रालय ने सन् 1969 में प्रकाशित की है जिसमें एक छोटा-सा आलेख 'भारतेन्दु के पत्र' शीर्षक से लिखा गया है जिसमें उनके मनोरंजक पत्र दिए गये हैं। इनमें से एक पत्र उनकी विनोद प्रियता का द्योतक है जिसमें रेल में उनका साबका एक अंगरेज के साथ पड़ गया था। पत्र इस प्रकार है-'राह में रेल पे कुछ कष्ट हुआ क्योंकि सैकेंड क्लास में तीन–चार अंगरेज थे। बस उनमें अकेला जिमि दसनन मंह जीभ बिचारी को कष्ट हुआ ही चाहे। जैसे उनको पान-सुपारी की पचापच से नफरत, वैसे ही इधर चुरट के धूम से। बरसात हो रही थी, एक साहब सोये हुए थे। रात में पानी की बौछार भीतर आई। साहब ने जानकर पूछा-यह पानी क्या आपने बहाया। (पेशाब किया हैव यू मेड वाटर) मैंने कहा-मैंने नहीं भगवान ने (नॉट आई बट गॉड)। यह पत्र भारतेन्दु की बनारसी आत्मा का जीता-जागता प्रमाण है। इसी आलेख में भारतेन्दु की

रंगीनी का भी एक विवरण है कि *वे अलग-अलग दिन अलग-अलग रंग के कागज पर पत्र लिखते थे जिनके ऊपर उस दिन का महत्व बताने वाले संस्कृत श्लोक या उनकी स्वरचित पंक्तियाँ छपी रहती थीं। वे पंक्तियाँ देने का अवकाश नहीं है, बस यह जान लिया जाय कि वे रविवार को गुलाबी रंग का, सोमवार को सफ़ेद रंग का, मंगल को लाल रंग का, बुध को हरे रंग का, गुरुवार और शुक्रवार को पुनः सफेद रंग का और शनिवार को नीले रंग का कागज प्रयोग में लाते थे।*

भारतेन्दु की भाषा में जो रवानी है वह बनारसी बोली के लय-तान से ही बनी है। जो लटके भारतेन्दु की भाषा में हैं वह बनारस की ही देन है। भारतेन्दु की प्रतिभा विरल थी। वे लोक भाषा और लोक साहित्य की कद्र करते थे, इसके अनेक प्रमाण मिल जायेंगे। इसीलिए उनकी भाषा में लोक रंग है और इसीलिए उन्होंने बनारसी लोक काव्य शैलियों-ठुमरी, कहरवा, चैती कजली, लावनी, बिरहा और गज़लें वगैरह में स्वयं लिखा तथा औरों से लिखवाया। वे भली–भाँति जानते थे कि लोगों की भाषा और उनकी काव्य चेतना को अपना कर ही जनप्रिय बना जा सकता है। उनकी रचनाओं में विशेषकर नाटकों और प्रहसनों में बोलचाल की गंवारी भाषा का रस गले तक भरा हुआ है। उनके पास एक बड़ी ही सशक्त चुस्त और मुहावरेदार भाषा थी। इनका भण्डार था। वे भिन्न स्रोतों के शब्दों और अभिव्यक्तियों को भी

इस प्रकार अपने पाठों में सन्निवेशित करते थे कि उनकी भाषा तेज और बहती हुई भाषा का रूप धारण कर लेती थी। अब हम 'अंधेरे नगरी' के पाठ की ओर चलते हैं। प्रहसन के शुरुआती निर्देश में वे 'शिष्यों' के स्थान पर 'चेलों' शब्द का प्रयोग करते हैं। कबीर भी करते थे। बनारस के परिवेश में चेला बहुत ही प्रचलित और बहुविध अभिव्यक्त शब्द है जिसके संयोग से गुरु-चेला भी बनता है, चेलागिरि भी और चेलापना भी। आगे महंत जी अपने चेले से कहते हैं कि–'देख कुछ भिक्षा-उच्छा मिले तो ठाकुर जी को भोग लगै।' बनारस में इस तरह के शब्द-संयोग भाषा प्रयोग का अंग हैं जैसे नद्दी-ओद्दी, घाट-ओट, बजार-ओजार, साड़ी-ओड़ी, धोती-ओती इत्यादि। बनारस में पूजा विधि के सन्दर्भ में भगवान, ईश्वर आदि शब्दों का नहीं 'ठाकुर जी' का प्रयोग ही होता है। इस भोग विधि पर प्रेमचन्द की एक व्यंग्यात्मक कहानी भी है जिसका शीर्षक ही है 'बाबा जी का भोग'। चेला अपने गुरु को उत्तर देते समय एक तकिया कलाम का प्रयोग करता है-'जो है सो'। जिसे पढ़कर मुझे अपनी 'कच्ची' वाली बुआ की याद आ गयी-बुब्बुन बुआ, जिनका तकिया कलाम था-जौन हौ तौन। उनका नाम ही यही पड़ गया था। उनकी पीठ पीछे सभी उनका सन्दर्भ 'जौन हौ तौन बुआ' कह कर देते थे। गुरु फिर एक बनारसी शब्द का प्रयोग करते हैं-'कुछ सीधा-सामग्री मिले।' किसी और प्रसंग में हम यह देख चुके हैं कि बनारस में पर्व-त्योहारों पर ब्राह्मणों को सीधा-सामग्री दी जाती है।

प्रहसन के दूसरे अंक का स्थान बाज़ार है। इसमें तरह-तरह की वस्तुएँ बिक रही हैं। गुरु-चेला भिक्षा की आस में इस बाज़ार में आते हैं। कबाब वाला कबाब बेच रहा है, आवाज लगा-लगा कर। वह इन्हें गरमा-गरम मसालेदार तो कह ही रहा है, यह भी कह रहा है–'चौरासी मसाला-बहत्तर आँच का'। बनारस में बहत्तर बड़ा ही अभिव्यंजक अंक है। अनेक सन्दर्भों में यह घुस आता है–*बहत्तर खटकरम कइली, बहत्तरन बार ओनके इहाँ गइली, हमसे बहत्तर क आंकड़ा मत बतियावा, बहत्तर नखड़ा देखउलन।* अब आते हैं घासीराम, चनाजोर गरम वाले। बनारस में चनाजोर गरम चटकारा लेने के लिए बहुत लोकप्रिय पदार्थ है। यह चने को छिलके सहित उबालकर और दानों को कूचकर छान लिया जाता है और देते समय इन पर चटपटा मसाला बुरक कर दिया जाता है–कागज के ठोंगे में। बनारस में यह गली-घरों, गलियों-सड़कों सब जगह मिल जाता है–ठेलों पर और खोंमचों पर। इन पंक्तियों में भारतेन्दु की विनोद प्रियता हर कहीं खिलखिला रही है। घासीराम कहते हैं कि उनकी झोली में उनकी दुकान है। उनका चनाजोर गरम चुरमुर-चुरमुर बोलता है। उनका

चना बनारस की प्रसिद्ध वेश्यायें भी खाती हैं। उनका चना बंगाली भी खाते हैं और मियाँ जुलाहे भी। और फिर पंक्ति आती है–

चना हाकिम सब जो खाते
सब पर दूना टिकस लगाते।

खाने के सन्दर्भ में चुरमुर-चुरमुर जैसे शब्द बनारस की खाने की चीजों के साथ जोड़कर प्रयुक्त होते हैं जैसे-कड़र-कड़र (रेवड़ी आदि के लिए), कचर-कचर (मूली, खीरा आदि के लिए), चपर-चपर (किसी गाढ़ी रसेदार चीज़ के लिए जैसे छोला) इत्यादि। 'टिकस' शब्द भी शुद्ध बनारसी है। अँग्रेजी शब्द टिकट का बनारसी तद्भव। हम सिनेमा का टिकस निकालते थे, गाड़ी का टिकस खरीदते थे, नुमाइश में टिकस के लिए लाइन लगाते थे। बिना टिकस, टिकस बाबू हमारी जबान पर थे और इसका बड़ा अभिव्यंजक प्रयोग भी हम करते थे, अलग-अलग तरह से-जा नहा आवा, नहाये क कौनो टिकस थोड़ो लगला। यहाँ भारतेन्दु ने इसका 'टैक्स' के तद्भव रूप में प्रयोग किया है।

नारंगी वाली आवाज लगाकर नारंगी की अनेक प्रजातियाँ बेच रही है। बनारस में यह चलन है कि फल-सब्जी बेचने वाला यह भी आवाज लगता है कि वह वस्तु कहाँ की उपज है। क्योंकि स्थान उस वस्तु की गुणवत्ता की गारंटी होता है। तो नारंगी वाली आवाज लगा रही है-सिलहट की, बुटवल की, रामबाग़ की, आनन्दबाग़ की नारंगी। इनके गुण भी बता रही है कि कंवला नींबू, मीठा नींबू...। (बनारस में 'कागदी नींबू' की आवाज मैंने न जाने कितनी बार सुनी है अर्थात वह नींबू जिसका छिलका कागज कि तरह पतला हो।) भारतेन्दु का हलवाई तो बनारस की सभी मिठाइयाँ बेच रहा है, समोसा-कचौड़ी-दालमोट और पकौड़ी भी। उसकी जलेबियाँ गरमा-गरम हैं। वह इमरती, लड्डू, गुलाब जामुन, खुरमा, बुँदिया, बरफी, पेड़ा, हलुआ, मोहन भोग सब बेच रहा है, आवाज लगा-लगा कर। वह कचौड़ी के लिए कहता है–मोयनदार कचौड़ी कचाका, हलुआ के लिए-नरम चभाका, गुलाब जामुन के लिए कहता है–चासनी में चभाचभ, और लड्डू के लिए-घी में गरक, चीनी में तरातर। मैं तो बस इतना ही कह सकता हूँ कि कचाका, चभाका, चभाचभ, तरातर का प्रयोग हम कितनी तरह से करते आये हैं। 'कचाका' वैसे तो मुलायम का अर्थ देता है लेकिन बनारस में आपको कचाका भीड़, कचाका मारपीट (अर्थात आधिक्य) का भी प्रयोग सुनने को मिल जायेगा। 'चभाचभ' किसी द्रव्य में डुबा-डुबा कर तर करने की क्रिया को कहते हैं। जलेबी, गुलाब जामुन, लौंग लता इन सबको शीरे में पलटे से उलट-पलट कर चभाचभ किया जाता है। 'चभाका', अर्थात जिसे तर किया

जा चुका है। सम्भवत: इसी से निकला हुआ बनारस में एक प्रयोग भी चलता है 'चभ्भो देना' जिसका अर्थ है किसी को पकड़कर बार-बार पानी में डुबाना। हलवाई के पास रेवड़ी 'कड़ाका' भी है और पापड़ 'पड़ाका' भी। यह ध्यान देने की बात है कि चनाजोर, नारंगी, मिठाइयाँ सब इस बाज़ार में टके सेर बिक रहे हैं। आगे बाज़ार में अन्य वस्तुएँ भी बिक रही हैं।

चनुआ की सट्टी

सब्जी एक कुंजड़िन बेच रही है। बनारस में कुंजड़िन ही सब्जी बेचती है। कहीं एक घटना का ज़िक्र है कि तरकारी की सट्टी में पण्डित जी सब्जी खरीदने गये। उन्होंने तौल को लेकर कुंजड़िन को कुछ 'जद-बद' कह दिया। कुंजड़िन भी तउआ गयी। आस-पास भीड़ लग गयी। जैसा कि बनारस की आदत है लोगों ने दोनों को 'लहका दिया'। तय हुआ कि जो गरियाने में हरा देगा वह जीत जायेगा और हारने वाले को .... करना पड़ेगा। प्रतियोगिता हुई। कुंजड़िन जीत गयी। बनारस में गरियाना भी बहुविध सम्प्रेषण का हिस्सा है। भारतेन्दु ने 'प्रेम जोगनी' में कहीं-कहीं इसकी झलक दी है। अब देखिए कि कुंजड़िन कौन सी तरकारियाँ कैसे-कैसे बेच रही है। पहले वह सागों का नाम लेकर आवाज लगाती है-सोआ, पालक, चौराई, बथुआ, करेमू, मेथी, नोनिया, कुलफ़ा, कसारी, चना और सरसों। मुझे याद है कबीर चौरा की गलियों में चना केसारी के साग की आवाज लगते हुए ग्रामीण महिलाएं आती थीं। चना-केसारी का साग कच्चा भी खाया जाता था। यह ठण्ड के दिनों में मिलता था। चने के साग को 'खोंट-खोंट' कर खाते थे, पत्तियाँ अलग करके। फिर खड़ा नमक, हरा मरचा सिल पर दरदरा पीस लिया जाता था। एक 'गस्सा' साग पान की तरह मुँह में रख कर ऊपर से यह चरपरी चटनी चाट ली जाती था। भोजन के बाद जाड़े की धूप में

बैठकर इसे खाते। कभी-कभी करेमू का साग भी बनता। बथुआ सबको बहुत प्रिय था। यह भी ठंढ के दिनों में मिलता। इसे भी 'खोंटने' में बहुत रियाज करना पड़ता। बथुए का दही में रायता भी बन जाता, भर कर कचौड़ी भी, भरता भी और साग भी। कुंजड़िन मरचा भी बेच रही है-हरा मरचा। सर्व प्रिय। हर चीज़ में पड़ता-चटनी में, सब्जियों में घुघरी में, भरता में ....। आकार में थोड़े बड़े हरे मरचे की कलौंजी (भरवां) भी बनायी जाती। भोजन के साथ इसे सी-सी करके कच्चा भी खाया जाता। सब्जियों में बैंगन, लौआ, कोहड़ा, आलू, अरुई, बंडा, नेनुआ, सूरन, राम तरोई और मुरई का नाम आया है। साथ ही आदी, लहसुन, पियाज और टिकोरा का भी।

'लौआ' गोल होता है, समझिए गोल लौकी, इसे बनारस में 'कदुआ' भी कहते हैं। हम लोगों के यहाँ अरुई की सब्जी कई तरह से बनती थी-एक तो इसे छील-छाल का पतला-पतला काटकर कड़कड़ाते तेल में लाल-लाल तल लिया जाता था और मसाले छिड़क कर खाया जाता था-कुरकुरी अरुई। एक सफ़ेद-सफ़ेद अरुई बनती थी। अरुई को उबाल-छीलकर दो-दो टुकड़े में काट लिया जाता और मंगरैल का तड़का लगाकर थोड़े से तेल में इसे नमक डालकर कल्हार लेते। यह अरुई रोटी या पूड़ी के साथ बहुत अच्छी लगती थी। कभी-कभी अरुई की रसेदार सब्जी भी बनायी जाती थी, इसको राई के मसाले में बनाया जाता था इसका 'रस्सा' लसदार होता। हम जिंदगी भर प्याज को 'पियाज' ही बोलते रहे। कुंजड़िन फालसा, खिन्नी, आम, अमरूद भी बेच रही है और निबुआ, मटर और होरहा भी। मुझे कैसा मोद मिलता है यह 'पाठ' पढ़ कर लिख नहीं सकता। नीबू भी हम कभी नहीं बोले, 'निबुआ' ही बोले। इस सब्जी वाली के बहाने एक पंक्ति भारतेन्दु ने अपनी विनोद प्रियता के साथ ब्रिटिश शासन और हम हिन्दुस्तानियों की फितरत पर चोट करने वाली भी लिख दी है-ले हिन्दुस्तान का मेवा फूट और बैर। उन्होंने बेर के फल को 'बैर' कह कर ब्रिटिश साम्राज्य के उस षड्यन्त्र को खोल दिया है जो वह बनारस की हिन्दू-मुसलमान आबादी के बीच पैदा करके अपनी स्वार्थ सिद्धि करता था। 'फूट' भी एक फल है, खरबूजे जैसा। छोटे आकार का।

फिर एक मुग़ल आता है। वह मेवे बेच रहा है-बादाम, पिस्ते, अखरोट, मुनक्का, किशमिश, चिलगोजा ...। मुग़ल की आवाज में भी भारतेन्दु ने अपनी आवाज मिला दी है और हिन्दुस्तानियों की बुज़दिली और कमजोरी पर करारी चोट की है। मुग़ल आवाज लगाता है-आमारा ऐसा मुल्क जिसमें अंगरेज का भी दाँत कट्टा ओ गया। ..., हिंदोस्तान का आदमी लकलक। अमारे यहाँ का आदमी बुंबुक-बुंबुक। 'लकलक'

बनारस का एक प्रचलित शब्द है जो दुबला-पतला या कमजोर का अर्थ देता है। ख़ूब प्रयोग किया जाता है।

पाचक वाला अपने चूरन की तारीफ़ करते हुए उसे पचनोला, मसालेदार बताता है। यह भी कहता है कि-अमलबेत (आमड़ा) का चूरन श्रेष्ठ होता है।फिर वह बड़ी चालाकी से या कहें भारतेन्दु की बनारसी अभिव्यंजना में चूरन को अंग्रेज़ों का पर्याय बना देता है-चूरन जब से हिंद में आया। इसका धन बल सभी घटाया। और फिर इस पाचक वाले के माध्यम से भारतेन्दु ने ब्रिटिश राज में फैले भ्रष्टाचार और अत्याचार की कलई खोल दी है-

चूरन अमले सब जो खावैं। दूनी रिश्वत तुरत पचावैं, चूरन पुलिसवाले खाते सब कानून हजम कर जाते, चूरन साहेब लोग जो खाता सारा हिंद हजम कर जाता।

यह भारतेन्दु की ही महिमा है और उनके बनारसी ढब की भी कि बाज़ार में एक 'जात वाला' भी आता है। कोष्ठक में भारतेन्दु जी ने 'जातवाला' के लिए 'ब्राह्मण' लिखा है। बाज़ार में जात भी टके सेर बिक रही है। ब्रिटिश राज में जो धुआँधार धर्म परिवर्तन किया जा रहा था, भारतेन्दु ने इस बाज़ार के बहाने उस पर टिप्पणी की है। इसका पहला ही वाक्य है कि-एक टका दो, हम अपनी जात बेचते हैं। और फिर यह कि 'टके के वास्ते ब्राह्मण से मुसलमान, टके के वास्ते हिन्दू से क्रिस्तान'। धन का लोभ देकर धर्म परिवर्तन की जो हवा देश भर में फैली थी उसे बात की बात में भारतेन्दु ने कबीर के अन्दाज में नंगा कर दिया है। बनिया भी बैठा है बाज़ार में जो आटा, दाल, लकड़ी, नमक, घी, चीनी, मसाला, चावल सब टके सेर बेच रहा है।

इसके पहले यह बता दूँ कि बहुत समय तक बनारस में 'खड़ा' नमक ही मिलता था, बहुत सस्ता। मैंने दो आना किलो नमक खरीदा है। यह बोरे में आता था। तराजू का एक पलड़ा बोरे में घुसाकर नमक निकाला और फिर तौला जाता था। घी दोनों उपलब्ध थे-देसी और डालडा। डालडा की पूछ कम थी। बहुत हौले-हौले हमारे घरों में घुसा-पीले रंग का गोलाकार डिब्बा आता था जिसपर 'डालडा' लिखा रहता था और खजूर का एक पेड़ अंकित रहता था। दो किलो और पाँच किलो का टिन आता था। टिन के ऊपरी भाग में एक ढक्कन लगा रहता था जिसे खोलें तो एक चमकीली पत्ती लगी रहती थी जिसे चाकू से काटकर निकाल दिया जाता था और फिर ढक्कन लगा दिया जाता था। शुद्ध घी को हम लोग 'बुटवल का घी' कहते थे, न जाने क्यों। मसाले की तो मण्डी ही थी घर के पास-गोला दीनानाथ। चावल कई क़िस्म के आते थे। माधोराय बाग़ के आगे और लोहटिया से पहले, ठीक आज प्रेस के सामने महाजन की दुकान थी। ख़ूब लम्बी, गोदामनुमा। जिसमें यहाँ से वहाँ तक

तरह-तरह के चावलों, दालों, चना के बोरे लाइन से लगे रहते थे। चार-पाँच तरह के गेहूँ की ढेरियाँ एक ओर लगी रहती थीं, चावल कई तरह के जैसे अरवा , भुजिया, दालचीनी, काला नमक, देहरादूनी। 'अरवा' है तो तीन-चार क़िस्म का, 'दालचीनी' है तो तीन-चार क़िस्म का। इनके दामों में थोड़ा-थोड़ा फ़र्क़ होता था। दस पैसा से चार आना किलो तक का। गेंहू के दाम में दस-दस पैसे का अन्तर होता था। अस्सी पैसे से लेकर एक रुपए दस पैसे किलो तक। महाजन बता देते कि कौन सा लेना चाहिए। इसी तरह दालें कई क़िस्म की होती थीं। अलग-अलग दाम वाली। हम महाजन से ही पूछ लेते। 'अंधेर नागरी' में सम्भवत: दूसरे पढ़ने वालों को यह सब न दिखे। पढ़ते समय मैं इसके कथानक, व्यंग्य, विनोद आदि से कहीं दूर चला जाता हूँ। इस प्रहसन में मैं बनारस को खोजता हूँ और वह मुझसे हहा हहा कर मिलता है।

चेला बाज़ार में घूम-घूम कर भाव पूछ रहा है। पाता है कि सब कुछ टके सेर है और आनन्दित होता है। नगरी का नाम पूछता है तो बताया जाता है-अंधेर नगरी। उसे पता चलता है कि राजा का नाम चौपट राजा है और फिर वह इस प्रहसन के पूरे शीर्षक को-'अंधेर ....., खाजा' गाता हुआ मस्त हो जाता है। भारतेन्दु ने लिखा है-'बगल बजाता है'। बगल बजाना बनारस में ही सम्भव है। प्रसन्नता के क्षणों में या किसी छोटी-सी बात में दूसरों को हराकर हमने भी बगले बजायी हैं। इसमें बाएँ हाथ की हथेली को चुल्लूनुमा बना कर दाहिनी काँख पर रखकर बाँह को ज़ोर-ज़ोर से ऊपर-नीचे किया जाता है जिससे फुर-फर की आवाज निकलती है। कहाँ-कहाँ पहुँचे हैं भारतेन्दु। बनारस-बनारस की बोली और बनारसी व्यवहार इन सबको उन्होंने जायकेदार ठण्डई की तरह घोंट कर पी डाला था और पाठकों को भी पिला दिया। गोबरधन दास के शब्द उधार लूँ तो–'वाह वाह बड़ा आनन्द है।' हलवाई उसे बताता है कि इस नागरी की चाल यही है। चेला कहता है कि भिक्षा माँगकर वह सात पैसे लाया है। साढ़े तीन सेर मिठाई खरीद लेता है। प्रसन्न होता है कि गुरु चेला दोनों छक जायेंगे। छक कर खाना या छकना 'गटई तक' खाने का पर्याय है। सामान्य भाषा में कहें तो मन भर कर खाना, जिसमें अर्थ रंजकता का कोई स्थान नहीं।

तीसरे अंक में गुरु-चेला की भेंट होती है। चेला उसे बताता है कि साढ़े तीन सेर मिठाई लाया हूँ, टके सेर के हिसाब से। पुरानी तौल सेर, पाव और छटाँक की होती थी। और छोटी तौलें भी होतो थी। बहुत बहुमूल्य वस्तुएँ तौलने के लिए-तोला, माशा, रत्ती। बनारस में पसेरी भी चलता था, पाँच सेर के लिए। अब भी चलता है। सट्टी में प्याज, आलू, आम आदि पसेरी के भाव भी बिकते हैं। बटखरे आधा सेर (अधसेरा), एक पाव (पौवा) और छटाँक (छटंकी) आते थे आधा पाव का भी बटखरा होता था

जिसका कोई बनारसी नाम नहीं था। बनारसी बोली में 'अढ़इया' शब्द भी प्रचलित था, अढ़ाई सेर के लिए। गुरु चेले को बरजते हैं कि ऐसी नगरी में रहना ठीक नहीं है-'यहाँ एक छन नहीं रहना।' पर चेला नहीं मानता। उसे तो लोभ है कि दो टके में वह क्या-क्या नहीं खा सकता। वह गुरु की भी नहीं सुनता। उनसे कहता है कि हमें बाजे-बाजे दिन उपास करना पड़ता है। सो मैं तो यहीं रहूँगा। किसी-किसी के लिए 'बाजे-बाजे' का प्रयोग बनारस में आम है, केवल 'बाजे' का भी, 'कभी' के लिए। गुरु कहते हैं कि तू पीछे पछताएगा और चले जाते हैं, यह कह कर कि कभी संकट आये तो मेरा स्मरण कर लेना।

चौथे अंक में राज सभा का चित्रण है। राजा सहित सब दरबारी बैठे हैं। नौकर भी हैं। राजा पीनक में है। किसी नशे की धुनकी में रहने को पिनक कहते हैं–नशे की गिरफ्त में होने की स्थिति। बनारस में सामान्य भाषा प्रयोग में भी यह शब्द काम में लिया जाता है–*बहुत पिनक में मत रहा, तू पिनक गयल हउआ, ऊ पिनक में हउअन अबहिन कुछ न सुनिहैं, हम तोहार पिनक तोड़ देब..*। राज किसी बात को कुछ समझता है, कहता कुछ और है। दरबार में ही शराब पीता है। नेपथ्य से आवाज आती है। दुहाई की। राजा कहता है कि न्याय होगा जैसा जम (यमराज) के यहाँ भी नहीं होता। बनारस के सामान्य भाषा प्रयोग में प्रारम्भिक 'य' ध्वनि 'ज' में परिवर्तित हो जाती है जैसे यहाँ 'जम'। इसी तरह जज्ञ, जस, जोग, जती, जोबन, जावत आदि अनेक प्रयोग व्यवहार में मिल सकते हैं। फरियादी शिकायत करता है कि कल्लू बनिया की दीवार गिर गयी और फरियादी की बकरी उसके नीचे दब कर मर गयी। चौपट राजा दीवार को पकड़ लाने का आदेश देता है। उसे समझाया जाता है कि दीवार नहीं लाई जा सकती। कल्लू बनिया पकड़ कर लाया जाता है।

अब एक रोचक क़िस्सा आगे बढ़ता है। कल्लू चालाक है। वह अपना दोष कारीगर पर मढ़ देता है। कारीगर भी कम नहीं है। वह चूने वाले पर दोष डाल देता है कि उसने बोदा (घटिया) चूना बनाया। बोदा भी बनारस का बड़ा प्रिय शब्द है। हमारे घरों में चूने की सफेदी होती थी। दीवाली के पहले। बोरे में भर कर चूना लाया जाता था-बड़े-छोटे ढोंके, टुकड़े। फिर उसे बहुत बड़े टीन के तसले में 'बुताया' जाता था। उसमें बोरे को उलटकर बाल्टी-बाल्टी पानी भर दिया जाता। चूना खदबदाने लगता। तेज आवाज होती थी-बुदबुद-बुदबुद। बड़े-बड़े बुल्ले भी फूटते थे। गरम-गरम भाप-सी निकलने लगती। दो चार घण्टे बाद जाकर सब शान्त होता। तब उसे किसी मोटे पटरे से ख़ूब घोरा जाता था। ज़रूरत हो तो और पानी मिला दिया जाता। फिर डालडा के पाँच किलो टिन में भरकर कूँची से पुताई की जाती थी। टिन के दो

कोनों पर छेद कर के मोटी सुतरी गठिया दी जाती ताकि चूने भरे टिन को आसानी से उठाया जा सके। बनारस में मैदागिन और रामकटोरा पर चूने की बड़ी-बड़ी दुकानें थीं। इनके यहाँ कूची का सामान भी मिल जाता था और चूने में चमक और सफेदी लाने के लिए 'नील' या 'खड़िया' भी बिकते थे। चूने में बरी कूँच कर उसे एकदम चिकना बना दिया जाता था और यही मसाला लगा कर दीवार की ईंटें चिनी जाती थीं। बनारस में 'बोदा' का प्रयोग मूर्ख के लिए भी होता है जैसे-क्लास में बोदा, दौड़ने में बोदा ...।

चूने वाला आता है। वह भी मुकर जाता है और दोष भिश्ती के सिर मढ़ देता है कि उसी ने चूने में पानी अधिक दे दिया। यहाँ भारतेन्दु ने अधिक के स्थान पर 'ढेर' का प्रयोग किया है। 'ढेर' तो बनारस का प्रियतम शब्द है। इसके न जाने कितने प्रयोग हैं- *ढेर देरी हो गयल, ढेर जिन बतियावा, ढेर मस्तायल हउवा, ढेर मत बना, ढेर तउअइबा त ठीक न होई ...।* भिश्ती लाया जाता है, वह दोष कसाई पर डाल देता है कि कसाई ने मसक बड़ी बना दी कि उसमें पानी जादे आ गया। बनारस में 'ज़्यादा' शायद ही कोई बोलता हो- *जादे जिन उड़ा, जादे मत बना, हम जादे न खाब, तोसे जादे त मोहनवे पढ़ला, आज तरकारी जादे बढ़िया बनल हौ ...।* कसाई लाया जाता है। उसने गड़ेरिये पर दोष डाल दिया कि उसने बड़ी भेड़ बेची इसलिए मशक भी बड़ी बन गयी। गड़ेरिया लाया जाता है। उसने कहा कि कोतवाल साहब की सवारी आ रही थी, मैं उसे देखने लगा तो छोटी-बड़ी भेड़ का ध्यान नहीं रहा। चौपट राजा कोतवाल की तलब करवाता है। कोतवाल ने कहा कि मैं तो शहर के इंतजाम के वास्ते जाता था। बनारस के पुराने काशिका के कवि तेग आली ने 'वास्ते' के स्थान पर 'बदे' का प्रयोग किया है। 'के लिए' का अर्थ ये प्रयोग देते हैं। तेग अली की एक पूरी गजल है, पंद्रह 'शेरों' की–'रुपैया तोरे बदे'। इसके दो शेर यहाँ दिए जा रहे है–

हम खरमिटाव कइली है रहिला चबाय के
भेंवल धरल बा दूध में खाजा तोरे बदे,
बुलबुल बटेर लाल लड़ावऽलै दुकड़हा
हम काबुली मंगउली है मेढ़ा तोरे बदे।

बनारसी भाषा व्यवहार में 'बदे' का प्रयोग ही चलता है, 'के लिए' का नहीं- *हम ई सब तोहरे बदे कइली, एनके बदे चाय ली आवा, तोहरे बदे त हम जान भी दे देब, ई सब केकरे बदे करत हउआ, भगवान के बदे झूठ जिन बोला...।* कोतवाल तरह तरह की दलीलें देता है, पर राजा उसकी एक नहीं सुनता। दरबार बर्ख़ास्त कर देता है।

अगले अंक में गोबरधन दास खाता-पीता मस्त है। अंधेर नगरी का गीत गा रहा है और इस गीत में वह नगरी के जितने गुण गा रहा है वे वास्तव में बड़े दोष हैं। यह पूरा छन्द ब्रिटिश राज पर अप्रत्यक्ष रूप में मारी गयी व्यंग्य-धार है। इसे भारतेन्दु ने एकदम कबीरी भावभूमि पर खड़े हो कर रचा है। यह सोलह दोहों में रचा गीत है जिसकी आख़िरी पंक्तियाँ भी 'अंधेर नगरी ...' पर समाप्त होती हैं।

यहाँ भारतेन्दु ने 'चौपट राजा' की जगह 'अनबूझ राजा' का प्रयोग किया है, जिसकी कोई बात समझ पाना कठिन है। वह कब क्या कर बैठेगा यह ईश्वर भी नहीं जानता-एक पहेली की तरह है वह। एकदम फिरंगी राज की तरह जिसकी अनबूझ चालों को भारत की सीधी-सादी जनता समझी नहीं पाती। कबीर की तरह भारतेन्दु ने इस 'अनबूझ राजा' के राज में मानो देश की पतनशील दुर्दशा को फाँक-फाँक कर के दिखा दिया है–

साँचे मारे मारे डोलैं
छली दुष्ट सिर चढ़ि-चढ़ि बोलैं, प्रगट सभ्य अन्तर छलधारी
सोयी राजसभा बल भारी, साँच कहैं ते पनही खावैं
झूठे बहु बिधि पदवी पावैं, भीतर होइ मलिन की कारो
चहिए बाहर रंग चटकारो, धर्म अधर्म एक दरसाई।
राजा करे जो न्याय सदाई, अन्धाधुन्ध मच्यौ सब देसा
मानहुँ राजा रहत विदेसा, गो द्विज श्रुति आदर नहिं होई
मानहुँ नृपति विधर्मी कोई।

वह एक जगह बैठ जाता है। बैठ कर मिठाई खाता है और स्वगत भाषण करता है कि गुरु जी नाहक मना कर रहे थे हमें इस राज से क्या लेना-देना। रोज मिठाई चाभना। यह देश की जनता पर भारतेन्दु की टिप्पणी है जो अपने थोड़े-से स्वार्थ के लिए अयोग्य लोगों का शासन सहन कर रही है। यहाँ 'नाहक' और 'चाभना' दोनों बनारसी बोली के लोकप्रिय भाषिक तत्व हैं। 'नाहक' बिला वजह, अनावश्यक का अर्थ देता है-उर्दू और संस्कृत के ये दोनों शब्द बनारसी सहजता के लिए बोधगम्य भी नहीं हैं और उच्चारणीय भी नहीं। जबकि 'नाहक' शब्द एकदम सहज है और अधिक अर्थगर्भ भी। बनारसी प्रयोग में 'नाहक' का 'नाहके' रूपान्तरण भी कर दिया जाता है-*तू नाहके घबड़ात हउआ, नाहके दिमाग़ मत चाटा, नाहके फंस गइलन, तूं नाहके बमकत हउआ ... ।* 'चाभना' भी ऐसा ही शाब्द है।

मिठाई का सेवन चल ही रहा है कि चार प्यादे आ कर चेले को पकड़ लेते हैं। वह बहुत हाथ-पैर मारता है, गिड़गिड़ाता है। प्यादे व्यंग्य करते हैं कि मिठाई

खा-खा कर बहुत मुटाया है, अब चल, फांसी पर चढ़। चेला विलाप करने लगता है। फांसी की वजह पूछता है। प्यादा कहता है-तुम मोटे हो इस वास्ते फांसी होगी। प्यादे यह भी बताते हैं कि कल कोतवाल को फांसी का हुक्म हुआ था, फांसी चढ़ाई जाने लगी तो फंदा बड़ा निकला। कोतवाल साहब दुबले हैं। तब हुक्म हुआ कि एक मोटा आदमी पकड़ कर फांसी दे दो। चेला अपनी व्यथा गाता रहा। प्यादे ने कहा अंधेर नगरी में राजा के डर से कोई मुटाता नहीं, यह भी तुम्हारा अपराध है। यहाँ भी अंगरेजी राज पर व्यंग्य ठुँसा हुआ है। फिर वह कहता है कि इस राज में साधू-महात्मा की ही तो दुर्दशा है। चेला विलाप करता रहता है। अपने गुरु को पुकारता है। प्रहसन के इस हिस्से में साधू-महात्मा के व्यंजनार्थ पर जब ध्यान जाता है तो वह निरीह-निर्बल और सदाशय नागरिक का अर्थ सामने आता है जो शान्तिप्रिय है, सज्जन है, भोला है, मिल-जुलकर रहता है, परिश्रम कर के खाता है, किसी का कुछ लेता नहीं, परोपकारी है, ईश्वर से डरता है, मर्यादा का पालन करता है, देश प्रेमी है ...। 'अंधेर' तो अपने मूलार्थ में भी व्यंजक है ही। बनारस इसे और भी व्यंजक बना देता है-*का अंधेर मचउले हउआ, अंधेर जिन करा, भगवान के घरे देर हौ अंधेर नाहीं, अइसन अंधेर करबा त भगवाने तोसे समझी ...।* प्यादे चेले को ले जाते हैं।

अगला अंक श्मशान का है। चेले का कलपना जारी है। गोबरधन दास अपने किये पर पश्चाताप कर-कर के विलाप कर रहा है-'बचाओ गुरु जी।' गुरु आते हैं। उसकी दशा देख कर विस्मित हैं। चेला सारी व्यथा सुनाता है। गुरु कहते हैं कि तूने मेरा कहना नहीं सुना, ऐसी नगरी में रहना ठीक नहीं। आश्वासन देते हैं कि चिन्ता मत करो। गुरु जी सिपाहियों से थोड़ा दूर हट जाने को कहते हैं और चेले के कान में कुछ समझाते हैं और दोनों इस बात पर हुज्जत करने लगते हैं कि फांसी पर हम चढ़ेंगे। चेला कहता है कि मैं शिष्य हूँ, मैं फांसी चढूँगा। गुरु कहते हैं कि हम बूढ़े भये, हमको फांसी चढ़ने दे। यहाँ 'भये' का प्रयोग भी बड़ा सार्थक है। बनारस के पक्की महाल और मुसलमानी इलाकों में 'भया' क्रिया का प्रयोग ख़ूब चलता है। बनारसी में 'भयल' चलता है। कुछ इलाकों में आपको का भया, आज उहाँ जाना नहीं भया, 'भल भया' सुनायी पड़ जायेगा। कबीर ने भी 'बड़ा भया तो क्या भया ...' दोहा लिखा है। 'भयल' के अनेक प्रयोग बनारसी बोली में मिल जायेंगे-*बहुत अच्छा भयल, जौन भयल तौन भयल, हमार काम नाहीं भयल, नाहीं भयल त हो जाई, ओनके इहाँ लड़का भयल हौ, हमार बिआह भइले एक बरिस हो गयल।*

गुरु चेला में फांसी पर चढ़ने की होड़ लगी है तभी राजा, मन्त्री और कोतवाल आते हैं। चौपट राजा झगड़े का कारण पूछता है। सिपाही इन दोनों के झगड़े की वजह

बताता है। राजा गुरु से पूछता है कि तुम काहे फांसी चढ़ना चाहते हो। 'क्यों' के स्थान पर 'काहे का प्रयोग ही बनारस में चलता है। गुरु कहते हैं कि इस समय ऐसी साइत है कि जो मरेगा सीधे बैकुंठ जायेगा। 'साइत' बनारस में पुण्य कार्यों के लिए निकाली जाती है। पण्डित जी शुभ कार्य की जो उत्तम तिथि समय पत्रा (पंचांग) देख कर निर्धारित करते हैं वही 'साइत निकालना' है। अर्थात शुभ घड़ी निश्चित करना-*साइत निकाला पण्डित जी, हमार त साइते बिगड़ गयल, पाँच तारीख़ क साइत निकलल हौ, घर बने क त साइते नाहीं बनत हौ...* *जैसे प्रयोग बनारस की जबान पर रहते हैं।*

अब तो पहले मन्त्री कहता है कि हम फांसी चढ़ेंगे। गोबरधन दास फांसी चढ़ने पर अड़ा रहता है। कोतवाल भी फांसी चढ़ने की जिद ठाने हुए है। चौपट राजा बिफर कर सबको चुप करा देता है और कहता है कि हमारे रहते और कौन बैकुंठ जा सकता है। हमको फांसी चढ़ाओ, जल्दी-जल्दी। राजा को लोग टिकठी पर खड़ा करते हैं और गुरु एक दोहा कहते हैं–

जहाँ न धर्म न बुद्धि नहिं, नीति न सुजन समाज
ते ऐसहि आपुहि नसै, जैसे चौपट राज।

यह दोहा ब्रिटिश राज की अधर्मी नीति, उसकी कुबुद्धि, अनीति का आईना है जिसमें यह भी कहा गया है कि ऐसे राज्य आप ही नाश को प्राप्त होते हैं। इसमें 'ऐसहि' शब्द 'ऐसे ही' का बनारसी अपभ्रंश है जिसका प्रयोग बनारस में 'यूँ ही' के अर्थ में भी किया जाता है-*ऐसहिं कह देहली, ऐसहिं चलल चला, हम त ऐसहिं जात रहली, तोहार ऐसहिं चाल रहल/त लतियावल*

जइबा, ऐसहिं चिचियात हउआ, ऊ ऐसहिं कह देले होई, चोट लगे पर ऐसहिं दरद होला, ऐसहिं खड़ा रहा।

'अंधेर नगरी' (संपादक : डॉ. परमानन्द श्रीवास्तव, लोक भारती प्रकाशन) के अन्तिम पृष्ठ पर सत्य प्रकाश मिश्र ने इस प्रहसन के विषय पर एक छोटी सी टिप्पणी लिखी है। इस टिप्पणी का दूसरा अंश इस प्रहसन के मंचन पर है। यहाँ पहला अंश दिया जा रहा है-*यह नाटक इस अर्थ से समकालीन नाटक है कि यह किसी भी समय के अन्याय, अनाचार, भ्रष्टाचार, विवेक-शून्यता और मनमानेपन पर रोशनी डालता है। इस प्रहसन में व्यंग्य के माध्यम से जो कुछ भी कहा गया है, उतना ही अधिक कहने कि गुंजाइश भी है।*

इसी 'अधिक कहने की गुंजाइश' को यहाँ मैंने प्रहसन के व्यंग्यार्थ के सन्दर्भ में यदा-कदा देख लिया है। मेरा बल इस पाठ में बनारसी बोली में निहित अभिव्यंजना को देखने-दिखाने की गुंजाइश पर मूलतः था जिसे भारतेन्दु ने अपने इस पाठ में टेघरे

घी की तरह मिला दिया है। यह पाठ निश्चित ही तत्कालीन कटु यथार्थ को ऐसा झीना परदा डाल कर व्यक्त करता है कि अंग्रेज़ सरकार भी इस व्यंग्यार्थ को पकड़ न सकी। यह झीना परदा भारतेन्दु ने बनारसी बोली के ताने-बाने से बिना। अर्थ की रंजकता के सर्वोच्च शिखर पर बिराजती यह रचना अपनी 'कहन' के कारण भी कम महत्वपूर्ण नहीं है। यह भी कहा जा सकता है कि भारतेन्दु के इस प्रहसन में बनारसी बोली ने प्राण फूँक दिए हैं।

भारतेन्दु की 'प्रेम जोगनी' का रंग अलग ही है। यह नाटिका बनारस की गलियों में जा घुसी है, उस चौखंबा वाली गली में जिसमें भारतेन्दु जी की कोठी है। काशी का पुरातन क्षेत्र। भारतेन्दु जी की कोठी से आगे बढ़िये तो गोपाल मन्दिर है। चौखंबा की तरकारी सट्टी से आगे तक वास्तविक काशी का दर्शन होता है। नाटिका खुलती है इसी गली के एक माकन के खम्भेदार चौतरे पर। एक महाजन बनिया, एक वैष्णव बनिया, दो गुजराती और एक जलधरिया बैठे हैं। यह नाटिका है तो स्वाभाविक है संवादों में बँधी है। पर ये संवाद बनारस में हिन्दी भाषा का जो वैविध्य फैला हुआ है उसे प्रगटाते हैं। यह जगजाहिर है कि बनारस की गलियों में भिन्न-भिन्न प्रान्तों के लोग बसते हैं। इनकी मातृ भाषा, काशिका और हिन्दी के मेल से जो मिश्रित भाषा रूप बनते हैं उन्हें भारतेन्दु की कलम ने सजीव कर दिया है। चौखम्भा गुजरातियों का महाल है। एक वैष्णव बनिया बस यूं ही सी जिज्ञासा करता है–'अभहिंन तक, मिसरो नहिं आये'। यानी मिश्राजी भी इस गली मण्डली के सदस्य हैं। ये सब लोग किसी न किसी दुकान में, किसी कोठी पर और किसी मन्दिर में काम करते हैं। खाली समय में 'चबूतरा' उनकी अड़ी है तभी मिसिर जी आते दिखायी पड़ते हैं। चबूतरे से उन्हें एक उलाहना मिलता है-'तोरी नींद नहीं खुलती, शंखनाद होय गवा, मुखिया जी खोजत रहे'। मिश्रा जी उत्तर देते हैं-'चले तो आई थे, दारा नगर से आवना पड़त है'। इस बतकही में बनारसी बोली के शब्द सभी पात्र अपनी-अपनी मिश्रित भाषा में बेझरते रहते हैं जैसे, हमहू, निकसना, हियां, एहर, अभईं, हा हा ठीठी, सेखी, एहर-ओहर, और का, मेहरारून, बोला-चाली, खबगी, कुकुर झौं-झौं, माथा, कुटीचर, ई सरवा, एतनी, जिजमान, गारी। इनमें सबकी विवेचना करने चलूँ तो भोर हो जाय। सिर्फ़ इतना कह दूँ कि 'हा हा ठी ठी' निठल्ले बैठ कर हँसी-दिल्लगी करने के सन्दर्भ का प्रयोग है। मेहरारू किसी भी औरत के लिए प्रयुक्त हो सकता है या अपनी अथवा किसी और की पत्नी के लिए भी-मेहरारून की भीड़ लगी है में यह 'औरतों' का पर्याय है, हमार मेहरारू या ओनकर मेहरारू 'पत्नी' के अर्थ में प्रयोग में लाया जाता है। 'बोला चाली' बोल चाल का ही बनारसी संस्करण है।

'कुकुर झौं झौं' दो या दो से अधिक लोगों के बीच बेमतलब के वाग्युद्ध को व्यंजित करता है। 'कुटीचर' बड़ा ही सर्वसमावेशी अर्थ देने वाला शब्द है। यह फटीचर का भी अर्थ देता है, कृपण का भी, परम दुष्ट का भी और कुचाली का भी। 'जिजमान' काशी के व्यवसायी जगत का शब्द है। सामान्य काम करने वालों का जैसे पण्डित, पुजारी, नाई, कुम्हार, धोबी इत्यादि। ये लोग जिन-जिन घरों में अपनी सेवा देते हैं वे इनकी 'जजमानी' होते है-*जजमानी में गैल रहली, अब जजमानी कम होत हौ, जजमानी में भोज रहल*। जजमान का प्रयोग तो चलता ही है, एकवचन के रूप में।

इस नाटिका में एक बड़ा अंश आता है जिसमें ये अड़ीबाज़ भारतेन्दु और उनके परिवार के बारे में बात करते हैं। यह कई स्थानों पर लिखा मिलता है कि भारतेन्दु के व्यवहार और शौक से उनकी बिरादरी और जानने वाले ख़ुश नहीं रहते थे। उनपर टीका-टिप्पणी करते थे। पीठ पीछे उनकी हँसी तक उड़ाते थे। भारतेन्दु इनसे अनभिज्ञ न रहे होंगे तभी उन्होंने नाटिका का यह हिस्सा लिखा। एक अड़ीबाज़ कहता है कि-*(पैसा कमाने के लिए और अपनी साख बनाने के लिए) लोहे का चना चबाए के पड़त है, फोकटै थोरे होथी, का समय है, आप जनतै हौ। तबला ठनकत रहा, दुई चार कवित्त बनाय लिहिन। कविता तो इनके बापौ बनावत रहे, कवित्त बनावै से का होत है, थोड़ा पढ़ वढ़ लीहिन हैं, पढ़िन का हैं, कुछ जनबै नाहीं कर्ते।*

भारतेन्दु ने अपना सर्वस्व हिन्दी को समर्पित कर दिया था। पुरखों का कमाया हुआ धन उन्होंने हिन्दी साहित्य और संस्कृति के उत्थान में, लोगों की नज़रों में 'फूँक डाला' था। भारतेन्दु की जीवनियों में यह प्रसंग भी आता है कि उनकी इस घर फूँक तमाशा देखने की प्रवृत्ति की हवा या शिकायत महाराजा बनारस तक भी पहुँच गयी थी। राजा बनारस और भारतेन्दु जी के परिवार के सम्बन्ध बहुत घनिष्ठ थे। महाराज ने इन्हें तलब किया, समझाया और फिर डांटा भी कि तुम ऐसा क्यों कर रहे हो। भारतेन्दु ने जवाब दिया कि जो धन मेरे बाप दादों को खा गया, मैं उसे खा रहा हूँ। और वापस चले आये। कभी सोचता हूँ कि अगर भारतेन्दु इन सबकी सुन लेते तो हिन्दी आज कहाँ होती। बनारस की परम्पराएँ कैसे कलमबद्ध हो कर रचनाओं में सुरक्षित हो पातीं। कैसे 'बुढ़वा मंगल' और 'होली' की मस्ती का बखान होता। कौन बनारस की लोक-कलाओं, लोक-संगीत और कोठा संस्कृति को उत्कर्ष दे कर लोगों तक पहुँचाता।

'प्रेम जोगिनी' का एक पात्र जलधरिया शुद्ध बनारसी बोलता है। वह निम्न वर्ग का है। ठेठ बनारसी है। पीढ़ियों से बनारस में बसा है। जलधरिया का एक संवाद है। उसे पानी लाने में थोड़ा विलम्ब हो गया है। 'चौतरे वाले' उससे देरी की वजह पूछते

हैं तो वह जवाब देता है-*अरे चलल त आवत हई का भहराय पड़ीं, सुत्तल थोड़े रहली, गगरा ढोवत कन्धा छिला जालऽ ...।* अनेक वाक्य संरचनाएँ और अभिव्यक्तियाँ इस नाटिका में ऐसी आई हैं जो परिशुद्ध बनारसी बोली की भी हैं, बनारसी बोली के गुजराती, महाराष्ट्री विकल्प की भी और बनारसी जीवन के सत्त की भी। सबकी तो नहीं इनमें से कुछ की एक सूची दे दे रहा हूँ-*ऊ बात का सुख अलगै है, हम बोलबै, गुरु तोहीं कहा हम झूठ कहथईं, तोहरी हमारी राय ई बात में न मिलिये, तोरे आँख में चरबी छाई, घर के माल चुतरे तर, बछिया के बाबा-पड़िया के ताऊ, एतनी निन्दा कर गवा, तुम बड़े लड़ाके हो, तोरी अरबी फारसी घुसेड़ देबै, ई अमीरन के खेलउना हैं, तोहूँ लीला करथौ, कुछ तार होय तो .. , [भांग बूटी की तजबीज किये बैठे हैं, बूटी को देख लीजिए, वाह दीशित जी बहुत बढ़िया हुई], क्या कही बहरी ओर चलिएगा?, हाँ गुरु, चलिए, (पान पलेती, रस्सी लोटा और एक पंखी ले कर) आजकल श्रावण मास में घराऊ कजरी, श्लोक, लावनी, ठुमरी, कटौवल, बोली सब उधर ही (बहरी अलंग)*

इस भाषा प्रयोग में कई अभिव्यक्तियाँ बनारस के भाव से रंजित हैं। इनका प्रयोग आज भी बनारस के गली-चौबारों में सुना जा सकता है। इनमें से कुछ पर बात करना ज़रूरी है, कर लेते हैं–

- *आँख में चरबी छाई*-किसी पर धन-पद-ऐश्वर्य का मद छा गया हो तब उसे इंगित कर के यह कहा जाता है। '*तोरे*' के स्थान पर इस अभिव्यक्ति के साथ अन्य पुरुष सर्वनाम इसके, इनके। उसके, उनके का भी संयोजन किया जा सकता है। इसका दूसरा प्रयोग तब होता है जब कोई व्यक्ति अपने ही घर परिवार में या रिश्तेदारी में हो रहे किसी कुकृत्य या अनाचार को देख नहीं पाता। किसी के मोह में या किसी के कहे में फंस कर उचित-अनुचित का ध्यान न रख पाने वाले व्यक्ति के लिए भी इस उक्ति का प्रयोग किया जाता है कि उनपर, उनके प्रेम की या बहकावे की चरबी छा गयी है।
- *घर के माल चुतरे तर*-धन को बहुत सुरक्षित स्थान पर रखना, यह इस उक्ति का एक अर्थ है अर्थात जिस गद्दी या आसनी पर आप बैठे हैं उसके नीचे धन रख कर बैठना। 'चुतरे तर' का तात्पर्य है 'चूतर के नीचे'। मूल शब्द चूतड़ है अर्थात कमर के नीचे और जांघ के ऊपर का पिछला अर्धगोलाकार मांसल भाग जिसका संस्कृत पर्याय नितंब है। इस उक्ति का दूसरा अर्थ है अत्यन्त कृपणता, ऐसी जगह रखा धन जिसे निकालना कठिन हो।

- *बछिया के बाबा-पड़िया के ताऊ*-यह उक्ति उनके लिए प्रयोग की जाती है जो परम मूर्ख होते हैं। बछिया (गाय का बच्चा) और पड़िया (भैंस का बच्चा) के बाबा या ताऊ अर्थात बैल और भैंसा निर्बुद्धि माने जाते हैं।
- *तोरी अरबी फारसी घुसेड़ देबै*-बनारस में इस 'घुसेड़ देने' का गहरा व्यंजनार्थ है। निश्चित ही यह उपस्थ (गांड़) में घुसेड़ देने के अर्थ से संयुक्त है। बनारस में तो यह कह भी देते हैं कि 'कहाँ' घुसेड़ेंगे-तोहार गुंडई-में घुसेड़ देब, तोहार छैलापन-में घुसेड़ देब जैसे प्रयोग नित्य सुनायी देते हैं और इसका भूतकालिक प्रयोग भी-'घुसेड़ दिया' (घुसेड़ देहली)
- *तोहूँ लीला करथौ*-'लीला' के भी यहाँ बहुत-से अर्थ हैं, किसी बात को नाटकीय बना कर कहना, झूठे-मूठे क़िस्से सुनाना कि अपनी बात सच लगने लगे, कोई प्रपंच खड़ा करने के लिए रोने-चिल्लाने हाथ-पाँव पटकने, कलपने का नाटक करना, ये सब करने वाले के लिए यह अभिव्यक्ति प्रयुक्त होती है। मध्यम पुरुष और अन्य पुरुष दोनों सर्वनामों के साथ।
- *कुछ तार होय*-में 'तार' जुगत या जुगाड़ का पर्याय है। बनारस में 'तार भिड़ाया' भी जाता है अर्थात कोई जुगत लगाना या जुगाड़ करना।
- *पान पलेती, रस्सी लोटा और एक पंखी*-बहरी अलंग जाते समय बनारस में ये चीजें आवश्यक मानी जाती थीं। बनारस में अधिक लोगों की जमघट हो, महफिल हो, सारनाथ या रामनगर जा कर भोजन-पानी की व्यवस्था हो तो पान 'ढोंगी' बाँध कर तंबोली के यहाँ से दे दिया जाता है। यह ढोंगी बाँस की पतली खपच्चियों की छोटी-सी छितनी होती थी जिसमें 'सौ लगे हुए पान' (बीड़ा) सजा-सजा कर करीने से रख दिए जाते थे। इन्हीं खपच्चियों का एक ढकना होता था जिसे छितनी के ऊपर रख कर छितनी को चारो ओर से थोड़ी-थोड़ी दूर पर सुतरी के सहारे बाँध दिया जाता था और ऊपरी हिस्से में सुतरी का ही एक हैंडिल जैसा निकाल दिया जाता था। रस्सी-लोटा तो ज़रूरी था कहीं कुंए के पास भोजन बन रहा हो तो पानी खींच कर लोटे में भर लिया जाये। लोटा पूरी प्रक्रिया में बहुत काम आता है। और एक पंखी, जो बहुत ऊमस हो तो अपने को हाँकी जा सके या चूल्हे या अहरा की कमजोर आँच को पंखी डोला कर भभकाया जा सके।

बनारस में गालियों का एक बड़ा भण्डार मिलता है। यह अभिव्यक्ति का सशक्त माध्यम है। अपने नाटकों में इनका प्रयोग करने में भारतेन्दु ने बहुत संयम बरता है

फिर भी अपेक्षाकृत कुछ शालीन-सी लगने वाली गालियों को वे कभी-कभार ले आये हैं। जैसे 'प्रेम जोगिनी' में ही 'घुसेड़ देना'। 'ई सरवा', 'चूतिया'। 'चूतिया' के दो प्रयोग 'नाटिका' में मिलते हैं-'कोई चूतिया फंसा या नहीं', और 'तू हौ चूतियानन्दन'

कहना यह है कि भारतेन्दु ने बनारस में, 'बनारसी साहित्य' की भी लहर पैदा की। उनके लेखन में बनारस के इतने 'तत्व' छिपे हैं जिन्हें पकड़-पकड़ कर आगे लम्बे समय तक असली बनारस को जताने वाली लेखनियाँ जन्म लेती रहीं और हिन्दी साहित्य में बनारसी बोली की जगह बनी और फिर थिर हो गयी। हमने मंहगी, अंडस, खरमण्डल, खटकरम, तितलौकी, चें फें करना, बहटियाना, टरना, टेढ़िया के, जैसे सैंकड़ों शब्द इसी साहित्य को पढ़ कर सीखे और इन्हें अपने भाषा व्यवहार में उतारा।

एक अत्यन्त प्रखर पर अभागे रचनाकार 'बड़े गुरू' यहाँ मेरे सामने आ खड़े हुए हैं। बीसवीं शताब्दी के शुरू में इन्होंने बनारसी साहित्य को बड़ा 'कचाका' स्वरूप दिया। उनकी एक पुस्तक 'आज भी वही बनारस है' काफ़ी बाद में, सन् 2007 में प्रकाशित हुई जिसका परिचय 'कथन' शीर्षक से डॉ. भानु शंकर मेहता ने दिया है। इनका असली नाम विश्वंभरनाथ त्रिपाठी था। वे बनारस के हास्य रस के अवतार माने जाते थे। कार्टून भी बनाते थे। बनारस के 'आज' और 'सन्मार्ग' जैसे शीर्षस्थ पत्रों में उनके कार्टून छपते थे। इसमें क्या सन्देह कि बनारस हास–परिहास का गढ़ है। हमने भारतेन्दु से शुरू किया है आगे अन्नपूर्णानन्द जी, बेढब बनारसी तथा अन्य रचनाकारों की भी बात करेंगे। अभी तो इतना ही कि बड़े गुरू की इस पुस्तक में उनकी कविताओं के साथ एक कला खण्ड रखा गया है जिसमें उनके बनाये हुए कुछ कार्टून छापे गये हैं। ये कार्टून मुझे बड़े मोहक लगे। कोई भी बनारसी इन्हें देख कर लोटपोट हो जायेगा। कहीं भंग घुट रही है, कहीं बहरी अँलंग का चित्र है, कहीं गपशप हो रही है, कहीं आवाजाही है तो कहीं गली, कतवार और सांड़ है। बनारस की ढेरों छवियाँ इसमें हैं। डॉ. मेहता ने ठीक लिखा है कि *जब आप इन्हें देखेंगे और ये सब आपकी खोपड़ी में तागड़-धिन्ना करेंगे तो बरबस आप कह उठेंगे–बाह गुरू बाह।* बनारस में हास्य-रस की विरल धारा बहाने वाले अनेक कुलश्रेष्ठ पैदा हुए हैं। भानु बाबू ने बड़े गुरू के अक्खड़पन और मस्ती की समीक्षा करते हुए उन्हें कबीर की सधुक्कड़ी का भी प्रतिनिधि मान लिया है। उन्होंने कई नामों से रचनाएँ कीं और भिन्न-भिन्न पत्र-पत्रिकाओं में छपे। इन नामों पर ग़ौर कीजिए–बेहया त्रिपाठी, घोंघा बसन्त, अफलातून बनारसी...। जैसी आत्मा वैसे नाम। अभी ज़िक्र आया था कि काशी को नामवर बनाने वाली भारतेन्दु की पंक्तियाँ हैं-'रांड़, सांड, सीढ़ी, सन्यासी...।' सांड़ पर बड़े गुरू की चन्द पंक्तियाँ पढ़ी जायें, वैसे उन्होंने 'अन्य तीन' पर भी लिखा है–

छुटा दगा दुमकटा साँड़/सींग रहित कनफटा साँड़/मन्दिर, गली, सड़क घाटों पर/ दो–चार गऊ संग डटा साँड़/ भिड़ पड़े खोंमचा उधर गिरा / हुरपेटा कोई इधर गिरा / ढुर छें ढुर छें में पता नहीं / कब कौन आदमी किधर गिरा/ कुछ ने मोटे को पुचकारा / कुछ ने दुबले को ललकारा/ फिर क्या था सांड़ों के पीछे / हो गयी वहीं मारी मारा / एकदम बरबस / वाह ! बनारस।

यह नज़ारा बनारस के घाटों-गलियों में क्षण-क्षण घटित होता है। बिना दशाश्वमेध सट्टी के मुहाने पर गये या पक्की महाल की पतली-पतली गलियों से गुज़रे इन दृश्यों का मर्म नहीं समझा जा सकता। काशी को जानने वाले के लिए ये पंक्तियाँ आनन्द घन बन कर बरसती हैं। यह तो खड़ी बोली की रचना थी जिसमें बनारस के 'कोलाज' का एक चित्र अंकित था। अब उनकी काशिका में रची एक रचना भी पढ़ी जाय। 'बहरी अलंग' में मित्रों के साथ मौज भी हो रही है और महँगाई का रोना भी रोया जा रहा है। इस छोटी-सी रचना में बड़े गुरू ने बनारसी मुहावरों को लगभग हर पंक्ति में पिरो दिया है। उनकी इस कलाकारी को आप भी देखें। कविता का शीर्षक है–'काऽ चइती काऽ चइता गाईंऽ'। कविता इस प्रकार है–*बजल काम कऽ बिगुल पिपिहरी/ लउकत बा सब ओर हरियरी / देहले हइन हुकुम साड़ी कऽ / कहले हइन लियाए पियरी / लड़ी आज बचवा कऽ माई/ ... हमें न बचवा अकिल बतावऽ / मत पिंगल तू हमें पढ़ाव / ... बउरल आम मतिन बउरइलऽ / तोहहूँ अच्छा भेजाऽ खइलऽ / उहाँ जाब तऽ पूछल जाई / चुनरी हमरे बदे लिअइलऽ / अलग जान मेहरारू खाई / बिरहा सुनऽ रेडियो खोलऽ / चुप मारऽ बोली मत बोलऽ / उलट पलट द बाटी देखऽ / चोखा खातिर आलू छोलऽ / मरले बाऽ ससुरी महँगाई।*

बनारसी रंग के साहित्य में एक खिंचवाट होती है क्योंकि यह चुंबक अन्यत्र कहीं और नहीं मिलता। भोजपुरी या 'काशिका' के एक बड़े कवि हुए हैं चन्द्रशेखर मिश्र जिन्होंने भोजपुरी में 'द्रौपदी' नामक खण्ड काव्य लिखा। उनकी अन्य रचनाएँ भी प्रसिद्ध हैं। इस काव्य में द्यूत क्रीड़ा के समय अंधे धृतराष्ट्र के मनोभावों को क्या ही प्रभावशाली ढंग से मिश्र जी ने पढ़ा और प्रस्तुत किया है। जब 'द्रौपदी' पढ़ता हूँ अपनी मातृबोली के नाम पर छाती चौड़ी हो जाती है–

बइठल बइठल ई अपने,
कुलबोरन कै जब जीत सुनेला।
देखला आँखी बचाइ सबै,
अन्हरा अपनी मोछियइ में हँसेला।।

'द्रौपदी' का एक प्रसंग तो भोजपुरी काव्य शिरोमणि चन्द्रशेखर मिश्र ने ऐसा रच दिया है कि उलाहना का भाव न जाने कहाँ से कहाँ पहुँच गया है। प्रसंग द्रौपदी के चीर हरण का है। हर ओर से निराश द्रौपदी कृष्ण से अपने लाज की रक्षा के लिए गुहार लगा रही हैं। उधर दु:शासन पूरे कलबल से उन्हे निर्वस्त्र करने पर तुला है। कृष्ण की कृपा में थोड़ा विलम्ब हो रहा है। द्रौपदी की यह उलाहना भरी आतुरता अद्‌भुत है। वे विलाप कर-कर के आवेशित स्वर में कहती हैं–*अब चाहे कोई तीज–त्योहार भी पड़े तो मैं तुमसे धोती की माँग नहीं करूंगी। किसी और के आगे चाहे मुझे झुकना पड़े, उससे कुछ माँगना पड़े पर तुमसे कभी कोई फरमाइश (माँग) नहीं करूँगी। जब तुम्हारे भांजे (अर्थात द्रौपदी के पुत्र) के सिर पर मौर बँधेगा (उसका विवाह होगा)तो मैं तुमसे इमली नहीं घोटवाऊँगी (पूर्वांचल में विवाह की एक रीति है कि बहिन के पुत्र के विवाह के समय उसका भाई इमली घोटाई की रस्म पूरी करता है जिसमें मामा अपनी बहन के लिए धोती-चूड़ी आदि ले आता है। बहिन मड़वे में एक ओखली पर बैठती है और भाई आम का एक पल्लो ले कर उसका अगला कोना भांजे के दाँत से कुतरवाता है फिर भांजा उसे अपने मुँह से निकाल कर माँ की हथेली पर रख देता है जिसे माँ घोट जाती है और बेटा माँ से पूछता है–दूध का कर्ज अदा हुआ या नहीं, माँ जवाब देती है कि हो गया)और जब तुम (कृष्ण) अपने पुत्र का विवाह करने जाओगे तो मैं (बुवा होने के नाते) वर की आँख में काजल नहीं लगाऊँगी।*

अब यह छन्द देखिये और लोक कवि की कल्पना में कितनी शक्ति होती है, संस्कारों की कितनी ऊर्जा भरी होती है, यह भी परखिए–

तीज परे, तेउहार परे, बिरना फिर धोती मगाउब नाहीं।
आन के आगे भले झुकबौ, तोहसे किछु भी फुरमाइब नाहीं।
मौर बँधे भगिना के सिरे, इमिलि तोहसे घोंटवाउब नाहीं।
पूत बियाहन तू चलबऽ, हम काजर आंखि लगाउब नाहीं।

बनारस और उसके आस-पास के परिवेश में ये लोक रीतियाँ आज तक संरक्षित हैं। इनके पीछे पारिवारिक एकजुटता का संदेश छिपा हुआ है। नाते–रिश्तों की भूमिका और उसकी मर्यादा को ये लोक संस्कार स्वरूप और आधार देते हैं। *विवाह में माता-पिता मातृपूजन करते हैं, उर्दी छुआई करते हैं, कन्या के माता-पिता वरपूजा और कन्या दान करते हैं, बुआ वर को काजल लगाती है, बहनोई मौर बाँधते हैं, मामा इमली घोटाई करते हैं, माता-पिता पक्ष के सभी सदस्य वर वधू को हल्दी लगाते हैं, मामा, मौसा, चचेरे-ममेरे–फुफेरे भाई मिल कर मड़वा गाड़ते हैं। सबकी भूमिका होती है।*

पूर्वांचल के विवाह इसलिए मुझे खींचकर बनारस, गोरखपुर और गाजीपुर की ओर ले जाते हैं। भोजपुरी लोकगीतों में तो ये सब अनंत कल्पनाओं में बाँध-लपेट कर गाए जाते हैं। क्या बात है बनारस की। यह नगर उस 'स्वत्व' के साथ जीता है जिसके लिए भारतेन्दु ने कहा था कि इस निजीपन को पूरे भारत को ग्रहण करना चाहिए। यह तो बड़े-बड़े समाजशास्त्री और चिन्तक मान चुके हैं कि हमारी स्थानीय अस्मिता (लोकल आइडेंटिटी) हमारी सामाजिक अस्मिता को दृढ़ता प्रदान करती है और फिर यह दोनों मिल कर राष्ट्रीय अस्मिता का स्वरूप रचते हैं।

इस समय बनारसी हास्य के एक लेखक मेरी आँखों के सामने तैर रहे हैं। मुझे अत्यन्त प्रिय हैं। मेरी क्या हस्ती, हिन्दी के बड़े-बड़े महारथियों के भी प्रिय हैं– अन्नपूर्णानन्द। इनकी रचनावली मेरे पास है जिसमें इनकी सभी हास्य रचनाएं (गद्य) संकलित हैं। इसी गद्य में कभी-कभी वे काव्य छन्द भी रच देते हैं, उनकी काव्य प्रतिभा भी ठाँठी बनारसी है। हास्य के फ़ौव्वारे चला देना उनके बाएं हाथ का खेल है। जबकि कितना कठिन होता होगा छपे हुए शब्दों में हास्य की 'लहरियां' पैदा कर देना। अन्नपूर्णानन्द जी ऐसा बड़ी सहजता से कर देते थे। बनारस के स्वनाम धन्य साहित्यकार लक्ष्मी शंकर व्यास ने उन्हें 'हास्यवतार' कहा था। इन्हें हिन्दी का मार्क

ट्वेन भी कहा गया। वे काशी में ही जन्मे और यहीं हास्य की साधना की। वे नौ रसों में हास्य रस का महत्व बूछते थे। न जाने क्यों और-और लोग हास्य लेखन की ओर नहीं गये या न जा सके। हम सब जानते हैं कि इस सृष्टि में मनुष्य ही एक ऐसा जीव है जो हंस सकता है। अन्नपूर्णानन्द जी का मानना था कि विश्व में जो विचित्रताएं हैं उन्हें हास्य के माध्यम से ही चीन्हा जा सकता है। वे अपने व्यक्तित्व में गुरु गम्भीर थे और बहुत ही विनीत। उन्हें देख कर कोई सोच भी नहीं सकता था कि हास्य रस की इतनी शैतानियों और खुराफातों से भरी रचनाएँ कर सकते हैं। हम जानते हैं कि हिन्दी साहित्य में हास्य सदैव किसी कोने में बैठाया जाता रहा है। इसे केन्द्र में अन्नपूर्णनन्द जी ले आये। पहले भी कभी-कभार हास्य का अवतरण होता था पर बहुत ही भोंडे ढंग से जैसे पारसी थियेटरों में 'विदूषकों' का हास्य। हिन्दी साहित्य के लोग अन्नपूर्णनन्द जी को भूल गये हैं लेकिन बनारस उन्हें कभी नहीं भूल सकता और मेरे जैसे लोग, तो सवाल ही नहीं है।

मैंने उनकी एक छोटी-सी कहानी 'अकबरी लोटा' 'मधुकरी' नामक कथा संकलन में बहुत कम उम्र में पढ़ी थी जिसके संपादक लक्ष्मी शंकर व्यास थे। उस उम्र में भी यह कहानी मुझे आनन्द से सराबोर कर गयी थी। शैतानियों से भरी कहानी है। ठठेरी बाज़ार की गली में ऊँचे कोठे की मुण्डेर पर रखा लोटा गली की ओर

प्रस्थान करता है और एक विदेशी पर्यटक के सिर पर गिर जाता है। हड़कंप मच जाता है। जो दो लोग छत पर हैं, उनमें से एक पक्के बनारसी हैं। वह गली में उतर आते हैं और विदेशी को यह समझा लेते हैं कि यह अकबर के काल का लोटा है। पर्यटक उनसे लोटा ऊँचे दाम देकर खरीद लेता है। यह कहानी कोई अपने शब्दों में सुना नहीं सकता। किसी आलोचक ने यह लिखा था कि जिस तरह 'उसने कहा था' लिखकर स्वर्गीय चन्द्रधर शर्मा 'गुलेरी' अमर हो गये वैसे ही अकबरी लोटा ने अन्नपूर्णानन्द को हिन्दी साहित्य में अमर कर दिया है। मुझे इनके टक्कर के हास्य लेखक जी. पी. श्रीवास्तव दिखायी पड़ते हैं, जो बनारस के नहीं गोंडा के थे। पर सौम्य हास्य में अन्नपूर्णनन्द जी उन्हें भी कोसों पीछे छोड़ देते हैं।

बनारस में मेरे घर के बहुत पास, जालपा देवी पर उनका पैतृक निवास था। इनके एक पूर्वज सदानन्द जी काशी राज्य के दीवान थे उन्हीं के नाम पर बनारस में 'आनन्द' कुल चला। इस कुल में सभी विद्वान और पण्डित होते आये थे। सदानन्द जी की चौथी पीढ़ी में विजयानन्द जी हुए जिनके तीन पुत्र थे। इन पुत्रों में दस-बारह वर्ष का अन्तर था-श्री सम्पूर्णानन्द, श्री अन्नपूर्णानन्द और श्री परिपूर्णानन्द। अन्नपूर्णानन्द जी का जन्म 21 सितम्बर 1895 को हुआ था। 64 वर्ष की उम्र में सन् 1960 में जयपुर में उनका निधन हुआ, तब सम्पूर्णानन्द जी राजस्थान के राज्यपाल थे और उन्हीं के साथ रहने लगे थे। इनकी चार बहनें थीं जो नहीं रहीं। उनकी प्रथम रचना अपने छोटे भाई परिपूर्णानन्द जी के मिठाई प्रेम पर थी, जिसकी याद उन्होंने बार-बार की है। उन्होंने कई वर्षों तक काशी विद्यापीठ तथा 'आज' के संस्थापक श्री शिव प्रसाद गुप्त के निजी सचिव का काम किया और उनकी मृत्यु तक उनके साथ रहे। वे दुपलिया टोपी लगाना कभी नहीं भूलते थे। खादी का धोती कुर्ता पहनते थे। हम सब का सौभाग्य है कि काशी को ऐसा जानदार हास्य लेखक मिला। काशी भगवान शंकर की नगरी है। भगवान भूतनाथ हास्य के देवता हैं। अन्नपूर्णानन्द जी के भीतर यही भूतनाथ विराजते थे। उन्होंने सम्भवत: इसीलिए 'भूत' नामक हास्य रस का एक पत्र भी निकाला था जिसमें 'उग्र' और 'बेढब बनारसी' जैसे लेखक नित्य लिखते थे। एक संस्मरण लक्ष्मी शंकर व्यास ने लिखा है, अन्नपूर्णानन्द जी पर। जिसमें उन्होंने एक बड़े रोचक प्रसंग का वर्णन किया है-*उन दिनों गांधी-जिना वार्ता चल रही थी। जिना मान नहीं रहे थे। गांधी जी उन्हें मना रहे थे। इस वार्ता पर बनारस के प्रसिद्ध व्यंग्य-चित्रकार केदार जी ने इन दोनों का चित्र बनाया कि दोनों सोफे पर मान-मनावन की मुद्रा में बैठे हैं। इस कार्टून की परिचय पंक्ति अन्नपूर्णानन्द जी ने लिखी थी-चूमे न दैहों बिना झुलनी।*

वे प्रायः शिव प्रसाद जी के निवास 'सेवा उपवन' से बनारसी इक्के पर बैठ कर नगवा से कबीरचौरा स्थित आज कार्यालय आते थे। आचार्य महावीर प्रसाद द्विवेदी तक उनकी लेखनी के कायल थे। उनका 12 नवंबर 1932 का एक पत्र छपा है जिसे उन्होंने अन्नपूर्णानन्द जी की रचना 'महाकवि चच्चा' पढ़ कर लिखा था- *नौ तारीख़ की चिट्ठी मिली। चच्चा की पहुँच मैं परसों ही लिख कर बनारस भेज चुका हूँ। उसे पढ़ लीजिएगा। उससे मेरा और मेरे कुटुंब की लड़कियों का बड़ा मनोरंजन हुआ। दो दिन घर में धूम रही। कोई व्यंग व्यर्थ नहीं। ख़ूब लिखो।* यह आशीर्वाद देने के पहले भी आचार्य द्विवेदी सन् 1930 में एक टिप्पणी 'अन्नपूर्णानन्द' शीर्षक से 'सरस्वती' में लिख चुके थे। इससे बड़ा प्रमाणपत्र भला और क्या होगा।

- मानसी स्वभाव का एक धर्म हंसना भी है। उससे मनोग्लानि ही नहीं दूर होती है, स्वास्थ्य की वृद्धि भी होती है। राजा भी हंसता है, रंक भी हंसता है, अबोध शिशु तक हंसता है। इससे साहित्य का एक अंग हास्यरस भी माना गया है। अन्यत्र समुन्नत भाषाओं में हास्य-साहित्य बड़े आदर की दृष्टि से देखा जाता है। संस्कृत भाषा में भी इस रस के पोषक अनेक प्रहसन और नाटक हैं। कोई दो हजार वर्ष पहले बने हुए ऐसे चार प्रहसनों का प्रकाशन अभी तक कुछ ही समय पूर्व, मद्रास प्रान्त से हुआ है। वे सब एक ही पुस्तक में हैं। नाम है 'चतुर्भाण।'
- चटकीली रचनाओं की कमी है यह बात आचार्यवर भी स्वीकार करते हैं हिन्दी में हास्यरस पोषक पुस्तकों का प्रायः अभाव ही सा है पण्डित अंबिका दत्त व्यास और पण्डित रूद्रदत्त शर्मा की कुछ पुस्तकें इस कक्षा में गिनी जाने योग्य अवश्य हैं।
- बाबू अन्नपूर्णानन्द जी को दो पुस्तकें इधर मेरे देखने में ऐसी आईं जो हिन्दी साहित्य के सौभाग्य से हास्यरस की परिमार्जित सामग्री से अधिकांश परिपूर्ण हैं। उनमें हंसी-मज़ाक की मात्रा तो काफ़ी है ही, स्थान-स्थान पर उनसे सदुपदेश भी मिलता है और समाज की अवांछनीय प्रवृत्तियों की ओर ध्यान भी सहसा आकृष्ट हो जाता है।
- जिराफत उसको कहना चाहिए जो लक्ष्यीभूत जन या जनसमुदाय को भी हंसा दे तथा सभ्य और शिक्षित श्रोता या पाठक के हृदय में संकोच न उत्पन्न होने दे। उसमें ग्राम्य भाव रहना चाहिए। 'मेरी हजामत' और 'मगन रहुँ चोला' नामक पुस्तकों के अधिकांश में मुझे निशुल्क और परिमार्जित हास्य ही के

दर्शन हुए अतएव लेखक को बधाई।

'मेरी हजामत' अन्नपूर्णानन्द जी की पहली पुस्तक थी। इसके बाद एक के बाद एक उनकी पुस्तकें 'मगन रहु चोला' 'मिसिर जी', 'गोबर गणेश' और सर्वाधिक प्रसिद्ध 'महाकवि चच्चा' प्रकाशित हुईं। उनकी 'रचनावली' में ये सभी रचनाएं संकलित हैं। यह आचार्य द्विवेदी की भी प्रिय रचना है इसलिए इसी के कुछ प्रसंगों पर अपनी टिप्पणियों के साथ यहाँ चर्चा करूंगा। इस रचना में अठारह प्रसंग हैं। सबका अलग-अलग शीर्षक उन्होंने दिया है। पहले प्रसंग का शीर्षक है 'श्री गणेश।' प्रत्येक रचना के पहले गणेश वंदना की परिपाटी बनारस में रही है। काशी में गणेश शिव के गणों के ईश हैं। इस प्रसंग का 'श्री गणेश' इन पंक्तियों से होता है-'क ने ख से कहा और ख ने ग से कहा-करते-करते शहर के सभी साहित्यकारों में यह बात फैल गयी कि अमुक क्लब में आज शाम को 'कवि चच्चा' की जीवनी पर पण्डित बिलवासी मिश्र का भाषण होगा।'

भाषण छह बजे से था पर पाँच बजे से ही आगंतुकों का ताँता बँध गया। अब देखिए हास्य रस की फुहारें बरसना शुरू हो जाती हैं-'क्लब का कमरा पूरा ठसाठस भर गया। स्थानाभाव के कारण संपादकाचार्य पण्डित शूलपाणि त्रिपाठी अलमारी पर चढ़कर बैठ रहे। ... लोगों की आतुरता बढ़ कर हुल्लड़शाही का रूप धारण करना चाहती कि पण्डित बिलवासी मिश्र बोलने के लिए खड़े हुए।'

मिश्र जी के व्यक्तित्व का अनूठा चित्र खींचा है अन्नपूर्णानन्द जी ने। एक ही वाक्य से व्यक्ति परिचय का उनका अनूठा ढंग आपकी समझ में आ जायेगा–'क्या गजब का व्यक्तित्व है कि लाला मल्लूमल ने पेंसिल तक चबाना बन्द कर दिया।' अब महसूस कीजिए लेखक की वाग्–विदग्धता को-'एक बार बिलवासी जी ने अपने चारों ओर देखा, मानों हम लोगों के बुद्धि-बल को कूत रहे हों। इसके बाद पान की गिलौरियों को बराबर के हिस्सों में दोनों गालों में दबाते हुए बोले, *साहित्य के क्षेत्र में जब मैं गवेषणा की धुन में मस्त होकर चरने और विचरने लगा तब मुझे पता चला कि हिन्दी में 'चच्चा' नाम के एक महाकवि हो गये हैं।* क़िस्सा लम्बा है लेकिन मुख्तसर यह है कि गाड़ी में मिश्र जी को एक सज्जन मिले। जैसा कि गाड़ी के सहयात्रियों के बीच होता है, 'अतिवृष्टि पर चर्चा चलने लगी'। उन सज्जन ने चच्चा का एक छन्द सुना दिया। छन्द सुनकर मिश्र जी मगन हो गये। पूछताछ शुरू की तो पता चला कि वे काशी में ही रहते थे और काशी में ही मरे। उन्हें मरे अभी अधिक दिन नहीं हुए। इसी सूचना के आधार पर खोज शुरू हुई-'कहाँ-कहाँ की खाक छाननी पड़ी, किस-किस के अनुनय विनय में मरना पड़ा।' मिश्र जी फिर भी निराश

नहीं हुए। बनारसी अभिव्यक्ति में कहें तो 'लगे रहे'। धीरे-धीरे प्रमाण मिले, सामग्री मिली। लेकिन रचनाओं से यह पता नहीं चला कि वे काशी में ही जनमे थे या नहीं। यहाँ पहुँचकर अन्नपूर्णानन्द जी ने बस इतना ही कहा है या बिलवासी मिश्र की जबानी कहलवाया है कि-'केवल एक स्थान पर चच्चा ने इतना ही लिखा है-*जाहिर जहान में उजागिर जुगराफिया में/फरद हजारन में कासी सहर है।* अब भला बताइए इससे तो काशी की महिमा पता चलती है, 'चच्चा' के बारे में तो कुछ पता नहीं चलता।

अब शुरू होती है यह खोज कि कवि चच्चा का असली नाम क्या था। छान -बीन चलती है पर मिश्र जी सफल नहीं होते और अपने भाषण में यह बताते हैं कि-*इनका नाम कुछ तो अवश्य ही रहा होगा। कीटाणुओं तक के नाम होते हैं, वे तो मनुष्य थे। बिना नाम की संसार में एक उंगली है पर उसका भी नाम अनामिका है। 'चच्चा' तो इनका उपमान था, पर इनके पिता इस नाम से इन्हें कदापि न पुकारते रहे होंगे।*

असली नाम का तो पता नहीं चल पाता पर यह मालूमात हो जाती हैं कि वे ब्राह्मण थे। दिल बहलाव के लिए कविता करते थे। ये पुरोहित थे। अब देखिए हास्य की घोंटौव्वल। बारीक चिकनी पिसाई कि काशी के 'भंग कोश' के अनुसार-लोढ़ा खड़ा हो जाय। यह खाका लोढ़ा खड़ा करने वाला है–'इनके पेट का रकबा बहुत बढ़ गया था।' इसका कारण लम्बा-चौड़ा बताया है अन्नपूर्णानन्द जी ने जिसका लब्बो-लुबाब यह है कि 'वह चाँप कर खाते थे'। आगे पढ़िए चच्चा के भोजनप्रेम को दर्शाने वाली हास्य रस की घोंटाई-'किवदंती है कि वृद्धावस्था में ये किसी यजमान के यहाँ भोजन करने गये। वह खिलाते खिलाते थक गया पर इनका पेट न भरा। तब उसने रुक-रुक कर परसना शुरू कर दिया। उसे हाथ ढीला करते देख इन्हें बुरा लगा। 'फिर चच्चा ने यजमान से क्या कहा यह पढ़िए और अन्नपूर्णानन्द जी की काव्य प्रतिभा का भी लोहा मानिए-*पेट पुरातन पाटन हौं कछु झोंकत हौं नहिं अंधा कुआं में। बूढ़ भयौं बल थाकि गयो/कछु खात रहे जजमान युवा में। पूर पछत्तर मालपुआ अरु/सेर सवा हलुवा घेलुवा में।*

वृद्धावस्था में पुरोहिती ने इन्हें थका दिया था। मित्रों ने चढ़ा दिया कि आप राजदरबार में चले जाइए, किसी धनी–घोरी के साथ चिपक जाइए। ये ताव में आकर एक राजा साहब के यहाँ पहुँच गये। राजा महामूर्ख था। एक बड़ी मार्मिक पंक्ति आती है कि राजा सोचता है कि 'उसके यहाँ कथक हैं, कौव्वाल हैं, चलो एक कवि भी रख लूँ, ।' कवि न हुआ नौकर हुआ जिसे 'रख' लिया जायेगा। अब एक रोचक प्रसंग आता है। यहाँ अन्नपूर्णानन्द जी का बनारसी मन नर्तन करता हुआ दिखायी पड़ता है–'एक दिन राजा के यहाँ मेहमान आये, खेल हुआ, नाच हुआ,

मुजरा हुआ, लावनी हुई, कजली हुई।' फिर कवि 'चच्चा' की पुकार हुई। राजा साहब ने कहा–'कवि जी आप भी कुछ कढ़ाइये। इस 'कढ़ाइये' ने कविवर की सुलगा दी-कढ़ाइये! मानो सोहर कढ़ाइये, कसबिन का गीत कढ़ाइये। उबलते हुए बोले–'कढ़ाता हूँ, सुनिए।' और चच्चा ने एक छन्द सुनाया जिसमें उन्होंने मुँहफट्ट ढंग से सामन्ती विलासिता की धज्जियाँ उड़ा कर रख दीं–*दौरि परैं टुकड़हे सबै जब बाजै दुक्कड़। रहैं पियक्कड़ घेरि जहाँ पै हेरैं चुक्कड़।।/ जुटैं हजारन यार मिले जो संगी फुक्कड़।/* जहैं गाँठ गरमाय तहैं गुन गावैं तुक्कड़।। राजा साहब समझ गये और उन्हें बाहर का रास्ता दिखाया। ऐसे ढीठ आदमी को कौन भला अपने यहाँ रखेगा। वैसे चच्चा में 'टेढ़ियाई' प्रतिभा की कमी नहीं थी। कमी यही थी कि वे अच्छा-बुरा सब सफा-सफा कह देते थे। बनारसियों का भी यही अवहाल है। बेबाक़ी यहाँ की बातचीत का मूल है। चच्चा ने अभाव पर एक छन्द लिखा देखिए कि उनका 'उपमा संसार' कितना सम्पन्न था-*बिनु गोड़े की खाट बिना कोड़े का घोड़ा। बिनु लोढ़े की भंग जंग में साहस थोड़ा।। बिनु जोड़े की रैन मुसाफ़िर के पग फोड़ा।/ बिनु तोड़े का धनी भात में निकसै रोड़ा।।... ।*

क्या लिखते थे अन्नपूर्णानन्द जी। चच्चा की मृत्यु का दिन उन्होंने पितृपक्ष में बताया है। और मृत्यु का कारण तो बनारस में ही घट सकता था-'काशी की एक संकरी गली से होकर गुज़र रहे थे कि मिनिसपिलटी का कूड़ा ढोने वाला एक भैंसा दौड़ता हुआ आ गया। ये आगे की ओर भागे तो सामने एक सांड मिला जिसने इन्हें सींग पर उठा कर पटक दिया। डोली में लाद-लूद कर घर लाए गये। घण्टे डेढ़ घण्टे बाद इनका शरीर छूट गया। मित्र हाल लेने आये तो इन्होंने एक छन्द सुनाया जिसकी दो पंक्तियां आपके सामने धर रहा हूँ-*भैंसा चढ़ि आये यम स्वयं निमन्त्रण ले, 'चच्चा' तब संग चले सींग चढ़े सांड के।* मौत सामने खड़ी हो और उसे धता बता कर ऐसा करारा छन्द रच पाना काशी में ही सम्भव है। इससे यह सिद्ध हो जाता है कि चच्चा पक्के बनारसी थे।

किताब के एक प्रसंग का शीर्षक है 'सुखी जीवन'। निठल्लों की महफिल में इसी पर बहस छिड़ी हुई है कि सुखी कौन है। क्या-क्या जवाब आते हैं, जवाबों का पुलिंदा। लाला झाऊमल का मनना है कि सुखी वही है, जिसकी आमदनी दो पैसा हो और खर्च पौने दो पैसा। लाला लल्लूमल अलग राय रखते थे कि जो भूख से दो रोटी ज़्यादा खा कर हजम कर जाये वही सुखी है। पण्डित बिलवासी मिश्र सुखी जीवन की पूरी व्याख्या ही कर डालते हैं कि सुखी जीवन तब कहना चाहिए 'जब दस में अपनी गिनती हो, बस में स्त्री हो, बक्सा में ठनाठन हो, नस-नस में बेफिक्री

हो। गेह अपना हो-किराए का न हो, देह अपनी हो डॉक्टरों की न हो। सुखी वह है जो आशा से दूर रहकर...।' अब देखिए शरारतीपन अन्नपूर्णानन्द जी का कि यह सुनकर लाला मल्लूमल पिड़क कर बोले कि आप गलत कहते हैं मैं आशा से दूर नहीं रह सकता क्योंकि आशा मेरी पत्नी का नाम है। मेरी पत्नी दो बहने हैं-आशा और बताशा। इस, 'सुखी जीवन प्रसंग' में अन्नपूर्णानन्द जी ने कई गुदगुदा देने वाले छन्द भी लिखे हैं। तीसरा प्रसंग 'उनका विवाह' है। चच्चा के विवाह पर उनका कंवारापन बहुत कष्टप्रद था। अन्नपूर्णानन्द जी ने इस बारे में बहुत कुछ लिखा है, मैं उसे काट-कूट कर आपके सामने रखूंगा। इक्कीस वर्ष तक उनका विवाह नहीं हुआ था। एक दिन की बात है कि दोपहरी में उन्हें बड़ी भूख लगी। उन्होंने चट से चूल्हा सुलगाया। आग जलने लगी। तब उन्हें याद पड़ा कि आटा तो घर में एक चुटकी भी नहीं है। आटा खरीदने के लिए भागे। लौटे तो आग बुझ चुकी थी। दुबारा आग जलाना बड़ी कबाहत थी। कुछ न सूझा तो बैठकर आटा फाँकने लगे। एक मित्र ने बताया कि पण्डित नेकीराम की बिटिया है। सोलह की हो चली है। नेकीराम ने प्रण लिया है कि बेटी का विवाह किसी कवि से ही करेंगे। चच्चा अति प्रसन्न हुए और पहुँच गये पण्डित नेकीराम के यहाँ। दोनों में बातचीत हुई-तुम कवि हो? हूँ नहीं, पर हो जाऊंगा-एक गुरु की तलाश है।/तुम्हारे कुल में कोई कवि हुआ है।/मेरे दादा राज कवि थे।/ ऐसी बात है तो अपनी कोई कविता सुनाओ। मामला जमता जा रहा था। पण्डित जी ने उन्हें दामाद स्वीकार कर लिया। चच्चा ने अपनी पत्नी को भी देखा, आंख भर के और दो छन्द रच डाले। एक उनकी आंख पर-अंखिया है बाम की/ कि फंकिया है आम की। और दूसरा कपोल पर-रूप-सुधा-भारे कीधौं किसलय के दोना ये।

चौथा प्रसंग 'पहला पाठ' है। यह अत्यन्त रोचक पाठ है। चच्चा की मण्डली एक पत्रिका निकालती है 'कौतुक'। गजब की पत्रिका है जो एक साल में बारह विशेषांक निकाल देती है। पत्रिका के इस अवदान पर अन्नपूर्णानन्द जी की टिप्पणी है कि-देश में नमक सत्याग्रह आरम्भ होते ही इसने अपना सांभर विशेषांक निकाला। रामलीला के समय हिन्दू-मुस्लिम दंगा समाप्त भी नहीं हुआ था कि इसने सुरसा विशेषांक निकाल दिया। प्रधान संपादक के पुत्र की बरही भी न बीती थी कि इसका सौरी विशेषांक आ गया। वाह, अन्नपूर्णनन्द जी। दोनों सम्पादक लड़ गये तो पत्रिका बन्द हो गयी। इस पत्रिका में कभी चच्चा पर एक लेख छपा था। वे गुरु की तलाश में थे। तब कविता सीखने के लिए गुरु का होना ज़रूरी था। समय ही घोंघा पंथी का था, पता चला कि गंगा के उस पार रेती पर एक बड़े कवि निवास करते हैं। बताने

वालों ने सिद्ध कवि की विशेषताएं भी बताई जिन्हें आप अन्नपूर्णानन्द जी की भावना के साथ पढिये–'उनकी कुटी के एक किनारे टीन के कुछ कनस्तर रखे हैं। किसी पर रस, किसी पर अलंकार, किसी पर नायिका भेद आदि लिखा है। जिस कनस्तर पर जो लिखा है उसमें उसी विषय के ग्रन्थ भरे पड़े हैं।' बताने वाले ने यह भी बताया कि कवि महराज ने अठारह कनस्तर विद्या पढ़ी है।

चच्चा गंगा के उस पार रेती पर जाते हैं। गुरु के बगल में कनस्तर रखे हैं। सामने एक पिंजड़े में तोता है जो जगण–मगण, लाटानुप्रास... रटता रहता है। अब संयोग देखिए। पिंजड़े का पल्ला शायद ढीला था। तोते ने पल्ला खोल लिया। कोने में दुबकी बिल्ली ने तोते की यह हरकत देख ली। तोते ने पिंजड़े से गर्दन निकाली ही थी कि बिल्ली झपट कर उसे ले भागी। गुरुदेव गद्य भाषा के विरोधी थे। कोई और होता तो दौड़ो-दौड़ो, पकड़ो-मारो चिल्लाता पर गुरु महराज ने पनरुवा नामक नौकर से पुकार कर कहा-'अरे पनरुवा दौड़ बिलरिया ले गयी सुग्गा।/ तू मन मारे खड़ा निहारे जैसे भुग्गा।' पनरुवा यह छन्द सुनकर और भुग्गा हो गया। सन्नाया खड़ा रहा। चच्चा बिल्ली के पीछे दौड़े। बिल्ली दहल गयी और तोते को रेती में छोड़कर भाग गयी। तोते को एक जगह दाँत धंसे थे। पिंजड़ा पुन: से आबाद हो गया। चच्चा शिष्य बना लिए गये। गुरु ने उन्हें पहला पाठ दिया-बि*नय सील उर धारि छांड़ि विद्या को गर्रा।/ गुरु-चरनन में बैठि पिए पिंगल को ठर्रा।।/ लिखि फारै फिर लिखै लाख खर्रे पर खर्रा।/* तब कविता को रामकृपा कछु पावै ढर्रा।।/ कितना कठिन होता है काव्य सृजन को ढर्रे पर ले आना। 'सट्टी में सन्नाटा' प्रसंग में 'चच्चा' को लेकर बैठक में बवाल मच गया था। कई लोग मानते थे कि मिश्र जी चच्चा को उनकी छाती पर लाद रहे हैं। कुछ उन्हें पुचकारा दे रहे थे। दो पार्टियां बन गयी थीं-'एक चच्चा पार्टी, दूसरी का कोई नाम न था पर तुक मिलाने के लिए रख दिया गया, बच्चा पार्टी।' दोनों में ख़ूब बमचख मची, बरसों पुराने दोस्त बेगाने हो गये। पत्रों में उनकी चर्चा होने लगी। एक ने तो यहाँ तक लिख दिया कि-'चौक में दो साहित्यिक सांडों की लड़ाई।' कुछ लोग यह झगड़ा खत्म कराना चाहते थे तो कुछ बढ़ाना। एक अधिवेशन बुलाया गया। बिलवासी मिश्र का भाषण हुआ जिसके दौरान उन्होंने एक घटना भी सुनायी। यह एक रोचक कहानी भी बन गयी है। चच्चा बताते हैं कि 'हिन्दी साहित्य के प्रसिद्ध ग्रन्थ 'शिवसिंह सरोज' में चच्चा का उल्लेख नहीं है परन्तु यह प्रमाण मिलता है कि बाबू शिवसिंह सेंगर से महाकवि चच्चा की भेंट हुई थी। उन दिनों ठाकुर शिवसिंह जी उन्नाव में पुलिस इंस्पेक्टर थे। महाकवि चच्चा किसी आश्रयदाता की तलाश में मारे-मारे फिर रहे थे। उन्नाव पहुँचे तो एक मन्दिर में ठहर

गये। शिवसिंह को खबर मिली कि एक कवि मन्दिर में ठहरा है। अर्दली को बुलाने भेजा। अर्दली पूरा बौका था, उसने अपने ही जैसों से पूछा कि यह कवि क्या होता है। किसी ने बता दिया कि-'जो बिना काम-काज के इधर-उधर मारा फिरता हो।' अर्दली मन्दिर पहुँचा। देखा कि एक आदमी लंगोट पहने हुए भांग पीस रहा है। दोनों में तू-तू मैं-मैं हो गयी। यह हिस्सा बहुत ही मज़ेदार है-'चलो तुम्हें दारोगा साहब ने बुलाया है। पूछा गया दारोगा साहब का हुलिया तो बताओ-नाटे-से हैं। चिया-सी आंखें हैं, घुंडी सी नाक है।' अर्दली तैश में आ गया-'उसने डारे पर सूख रही धोती खींची और चच्चा को बाँध डाला। रास्ते भर लोगों ने समझा कि कल्लू चोर गिरफ़्तार कर लिया गया है। पहले तो ठाकुर साहब ने भी यही समझा और महाकवि से बोले-क्यों बे कलुआ। चला था पुलिस की आंखों में धूल झोंकने। भेद खुलने पर उन्होंने क्षमा याचना की। पर चच्चा अलफ हो गये। सम्भव है इसी कारण से उन्होंने 'सरोज' में इनका ज़िक्र न किया हो।

अन्नपूर्णानन्द जी की कलम में जादू है। उनके बयानों में स्थितियां पैदा करने का जो कौशल है वही हास्य पैदा करने का आधार बनता है। पाठक के लिए अकल्पनीय को भी वे अपनी कल्पना से हंसते-हंसाते साकार कर देते हैं।

एक और प्रसंग दे देता हूँ 'सिल का सिलसिला' जिसका आरम्भ ही अन्नपूर्णानन्द जी की कलम के जादू से होता है। बिलवासी जी के एक भाषण से जिसमें वे बड़ी ही नीति-परक बातें करते हैं-'रास्ता चलने से कटता है, ऋण देने से पटता है, रोग दवा से घटता है, दूध खटाई से फटता है और लिफाफा गोंद से सटता है।' ऐसे कई 'काव्यमय' 'सार्थक' कथन इस पाठ में आये हैं। इनमें कोई दार्शनिक तथ्य ढूंढे से भी न मिलेगा पर जीवन सत्य की इसमें करारी कचोट है इस सच्चाई से कोई बिदक नहीं सकता। सभी इस उपदेश से मुग्ध हैं। अपनी प्रशंसा सुनकर मिश्र जी सबको भंग का न्यौता दे देते हैं। भंग तैयार हुई। सबने पी-'जिस समय गले से उतरकर हृदय को शीतल करती हुई भंग पाकस्थली में पहुँची तो मुझ में और विश्वात्मा में कुछ ही बातों का फ़र्क़ रह गया था।' कवि चच्चा विजया के परम भक्त थे इसे भगवान की विभूति समझते थे। उनकी राय में भंग कहीं भी और कभी भी ग्रहण की जा सकती है-*छत पे तखत पे, कि जगत पे इनारे के आंगन में बाग़न में सांकरी डगर में।*

बनारस की पहचान में जितना महत्व खण्डहरों, देवालयों, तीर्थों, मूर्तियों, घाटों या कुण्ड, पोखरे, उद्यानों का है उतना ही या उससे भी अधिक इस प्रकार के विविधरंगी 'बनारस भाव' के साहित्य का भी है। कबीर के समय से ही बनारस का साहित्यकार बनारसी रस में गोता लगाता आ रहा है। बनारस को यह साहित्य वहाँ-वहाँ से देख

पाता है जहाँ-जहाँ से इसे देख पाना अन्य किसी भी विधि से सम्भव ही नहीं है। बनारस की जीवन-शैली और बात व्यवहार को समझने के लिए यह साहित्य एक समृद्ध कोश के साथ ही एक कुंजी भी है। बनारस एक कठिन शहर है। इसे मुट्ठी में बाँध पाना दुष्कर है क्योंकि यह स्वयं एक व्यक्तित्व है। कभी यह पकड़ाता है तो कभी फिसल जाता है। बनारस की यह आंख-मिचौली भी परम आनन्द देती है। हर बनारसी बनारस को नहीं स्वयं अपने को बनारस में खोजता है। यही खोज बनारस के साहित्यकारों की है जो पकड़ाई में आता है उसे भी अभिव्यंजित करना और जो फिसल-फिसल जाता है उसे भी। उसी क्षण-बोध के साथ व्यक्त कर देना कि जब वह फिसल नहीं सका था एक कौंध की तरह बोधात्मक हो रहा था। ये सभी साहित्यकार शिव की इस नगरी को अपने-अपने बोध के अनुसार या कहें काशी बोध के अनुसार अपने शब्दों में बाँधने का यत्न करने वाले हैं। इस साहित्य की हिन्दी की प्रबुद्ध और गम्भीर आलोचना में नहीं के बराबर चर्चा हुई है। ठेठ बनारसी ढंग से कहा जाये तो 'हिन्दी के स्वनामधन्य आलोचकों ने इसे घास नहीं डाली।' व्यंग लिखना, हास्य लिखना, किसी आधिभौतिक नगर का जीवन-दर्शन लिखना सहज नहीं है। इसे बनारस के साहित्यकारों ने सहज बना लिया है क्योंकि काशी उनके लिए एक खुली पुस्तक है जिसे वे प्रतिक्षण सोते-जागते, उठते-बैठते पढ़ते रहे हैं।

आचार्य हजारी प्रसाद द्विवेदी मुझे पक्के बनारसी लेखक लगते रहे हैं। हिन्दी आलोचना में इन्हें आदरणीय स्थान दिया गया लेकिन इनकी लेखनी और अभिव्यंजना में बनारसीपन का जो समावेश है वह अनदेखा ही रह गया है। कबीर पर जो पुस्तक द्विवेदी जी ने लिखी उसमें उनकी यह बनारसी सोच जगह-जगह कोंपल की तरह फूटती दिखायी पड़ती है। अगर ऐसा न होता तो वे कबीर को 'फक्कड़' नाम कैसे दे पाते। फक्कड़पन काशी का एक मस्ताना गुण हैं। सुनते-पढ़ते आ रहे हैं कि द्विवेदी जी परम फक्कड़ थे। ठहाका लगा दें तो छत उड़ जाये। अब तो लोग मुस्कुराते भी नहीं। घुन्ना बने बैठे रहते हैं। न जाने कितने क़िस्से मशहूर हैं द्विवेदी जी की विनोदप्रियता के। कई का ज़िक्र अपनी पुस्तक 'व्योमकेश दरवेश' में आदरणीय विश्वनाथ त्रिपाठी ने किया है। 'व्योमकेश' का अर्थ है-आकाश ही जिसके केश हैं अर्थात शिव। डॉ. हीरालाल बाछोतिया ने इसी दृष्टि से द्विवेदी जी को 'आकाशधर्मी' रचनाकार माना था। आचार्य द्विवेदी का एक काव्य संग्रह उनकी मृत्यु के बरसों बाद छपा जिसका शीर्षक है 'रजनी-दिन नित्य चला ही किया।' इस संकलन में इसी नाम की एक कविता भी है जिसमें पण्डित जी ने कबीरी ढब को उतार दिया है। उनके मन में जिस तरह नाथ, सिद्ध और कबीर रचे थे वैसे ही काशी भी उनके भीतर बसी हुई थी। इस

कविता की शुरुआती चार पंक्तियां इस प्रकार है- *रजनी-दिन नित्य चला ही किया मैं अनंत की गोद में खेला हुआ, चिरकाल न वास कहीं भी किया किसी आंधी से नित्य धकेला हुआ, न थका न रूका न हटा न झुका, किसी फक्कड़ बाबा का चेला हुआ, मद चूता रहा, मन मस्त बना अलबेला मैं ऐसा अकेला हुआ।*

इन पंक्तियों में द्विवेदी जी कहते हैं कि वे 'फक्कड़ बाबा' का चेला हो गये हैं। वे न कभी थके, न रुके, न हटे, न झुके-ये सब बनारसी गुण हैं, अकड़ और अक्खड़ता। वे यह भी कहते हैं कि 'मद चूता रहा तन मस्त बना'। इस काव्य संग्रह की भूमिका डॉ. विश्वनाथ त्रिपाठी ने लिखी है और इंगित किया है कि-'(पण्डित जी के) फक्कड़पन से कबीर की याद आना स्वाभाविक है। फक्कड़पन उनकी जीवन दृष्टि थी।' काशी औघड़ नगरी है। मस्ती और बेफिक्री यहाँ की हवा में 'रजनी–दिन नित्य' विचरती है। पण्डित जी तो इसे पिए और जिए हुए थे। उनके उपन्यासों और निबन्धों में ऐसे फक्कड़ चरित्र और जीव बिखरे पड़े हैं-सीधी मौला, अघोर भैरव, कुटज, शिरीष आदि इसी तरह के चरित्र हैं। द्विवेदी जी के बहुप्रयुक्त पदबन्ध 'दलित द्राक्षा के समान सब कुछ लुटा देना' का सम्बन्ध भी उनके फक्कड़पन से जुड़ता है। वे कबीर प्रेमी थे और कबीर की मान्यतायें 'फकीरी' थीं। जहाँ मन फकीरी में डूबे रहना चाहता है-मन डूबा यार फकीरी में। काशी के आम जन में भी फकीरी के आलम को अर्थात अभाव में भी मस्त मगन रहने को देखा जा सकता है। गरबीली ग़रीबी की ठसक काशी का सौन्दर्य है। बड़े से बड़े भोगी को वह ठेंगे पर रखता है। कितने देशी-विदेशी अपने वैभव का रेशम लपेटे काशी में पधारते हैं पर बनारसी अपने 'अंगोछे' के ठाठ के आगे उन्हें घास तक नहीं डालता। एक अवधूत की तरह वह 'चैतन्य की चौकी' पर विराजता है, आकाश पर चढ़ा हुआ भी आसन नहीं छोड़ता और महामधुर रस का पान करता रहता है। द्विवेदी जी की काव्य पंक्तियां यही तो कह रही हैं। 'कबीर' में भी वे कबीर के बारे में यही बात कहते हैं। द्विवेदी जी ने यह बहुत समझ-बूझ कर लिखा था कि–'काशी ज्ञान को सिर पर गठरी की तरह नहीं ढोती अपने जीवन में उसे धारण करती है।' तभी तो जोगीड़ा और कबीर यहाँ लोक जीवन और लोक भावना की संगीतमय अभिव्यक्ति का रूप धर पाते हैं। द्विवेदी जी काशी के नहीं थे, वह पक्के बनारसी थे। इस तरह के बनारसियों का काशी में कभी अभाव नहीं रहा। इन्होंने जड़ पकड़ा और फूले-फले फक्कड़ महाश्मशानी शहर में। द्विवेदी जी काशी के पर्याय बन गये थे। एक विराट व्यक्तित्व।

पण्डित जी के सम्पूर्ण लेखन में उनका यह बनारसी व्यक्तित्व साफ़-साफ़ प्रतिबिम्बित होता है। उनका यह व्यक्तित्व एक ओर उन्हें अपनी जन्मभूमि आरतदुबे

का छपरा से मिला है जिसके विषय में उन्होंने लिखा है कि *यहाँ विपत्ति के थपेड़ों से चेहरे सहज ही नहीं मुरझाते। कठिनाइयों से रास्ता निकालना इस भूभाग के लोगों का स्वभाव हो गया है। इसीलिए यहाँ के निवासियों में एक प्रकार का 'कुछ परवा नहीं' भाव विकसित हो गया है।* कहना न होगा कि यही बनारसी भाव भी है। आचार्य द्विवेदी शास्त्र के साथ-साथ लोक के भी ज्ञाता थे। उनके निबन्धों और उपन्यासों में लोक कथाओं, कथा प्रसंगों, कहावतों और लोकोक्तियों का खजाना भरा हुआ है। वे संस्कृतनिष्ठ हिन्दी में भी लोक रंजित बोलचाल की सहज भाषा को रचा-पचा देते हैं। उनकी बहती हुई भाषा का रहस्य भी यही है।

उनके प्रसिद्ध निबन्ध 'अशोक के फूल' का एक पाठांश यहाँ प्रस्तुत है-*कहते हैं दुनिया बड़ी भुलक्कड़ है। केवल उतना ही याद रखती है, जितने से उसका स्वार्थ सधता है। बाक़ी को फेंक कर आगे बढ़ जाती है। शायद अशोक से उनका स्वार्थ नहीं सधा। क्यों उसे वह याद रखती? सारा संसार स्वार्थ का अखाड़ा ही तो है।* इस पाठांश के तीनों वाक्य लोक सिद्ध हैं। भुलक्कड़ और अखाड़ा में बनारसी अनुभव का समावेश है। 'शिरीष के फूल' निबन्ध में शिरीष की विशेषता पण्डित जी ने यह कह कर बताई है–'(यह) बसन्त के आगमन के साथ लहक उठता है, आषाढ़ तक तो निश्चित रूप से मस्त बना रहता है।' यह 'लहक' और 'मस्ती' बसन्त, सावन और फागुन में पूरे बनारस पर छा जाती है जिसे पण्डित जी ने शिरीष पर आरोपित कर दिया है। इस निबन्ध में आगे भी उन्होंने शिरीष के फल को कड़ेर कहकर यह भी खोल दिया है कि कबीर बहुत कुछ इस शिरीष के समान ही थे। मस्त और बेपरवा पर सरस और मादक। एकदम बनारस की तरह। और फिर यह जोड़कर कि 'शिरीष के फूल फक्कड़ाना मस्ती में ही उपज सकते हैं' उन्होंने इस बात पर भी मुहर लगा दी है कि बनारस में ही बनारसी भाव के जीव मिल सकते हैं जो जलन और पीड़ा में भी पनपते हैं। विपरीत मौसम में भी खिले रहते हैं। जीवन रस के सोते ख़ुद ही तलाश कर लेते हैं। जो आठों याम मस्ती में रहते हैं। मैं तो यहाँ तक कहूँगा कि शिरीष का फूल, कबीर और आचार्य द्विवेदी तीनों इसी फक्कड़ाना मस्ती की उपज हैं। पण्डित जी ने तो कालिदास को भी इसी पाँत में लाकर खड़ा कर दिया है कि 'मेघदूत' उन्मुक्त हृदय का काव्य है। 'उन्मुक्तता' द्विवेदी जी के यहाँ परम भाव है, वैसे ही जैसे फक्कड़ता। अपने निबन्ध 'कुटज' में भी वे कहते हैं कि 'कुटज पाषाण की छाती चीरकर अपना भोग्य खींच लाते हैं।' वे कुटज की इस प्रकृति पर मुग्ध हैं कि वह लगातार मार और चोट खाकर भी हंसता है। इस बात को वे एक बड़े रोचक दृष्टान्त से पुष्ट करते हैं, रहीम के सन्दर्भ में कि रहीम ने कुटज की निन्दा कर दी

थी। इस निन्दा पर द्विवेदी जी की चुटकी है-'रहीम की फक्कड़ाना मस्ती कहीं गयी नहीं।... मन खराब रहा होगा तो बेचारे कुटज को भी एक चपत लगा दी-वे रहीम अब बिरछ कहं, जिनकर छाँह गम्भीर,/ बाग़न बिच बिच देखियत, सेंहुड़ कुटज करीर। गोया कुटज अदना सा-'बिरछ 'हो।'छाँह ही क्या बड़ी बात है 'फूल' क्या कुछ भी नहीं? छाया के लिए न सही फूल के लिए तो कुछ सम्मान होना चाहिए।' यह गद्यांश अत्यन्त अर्थगर्भित है। प्रकृति सदैव निर्दोष होती है। कहीं कांटे, कहीं कंटीली पत्तियां, कहीं फूल तो कहीं छाँह। सबका अपना सौन्दर्य है। पण्डित जी ने कहीं कहा था कि 'प्रकृति के बीच किसी की ठकुराई नहीं चलती।' रहीम ने ठकुराई दिखायी तो पण्डित जी ने अत्यन्त विनोदी ढंग से उनकी खबर ले ली। पण्डित जी पेड़ों-झाड़ों को दुलरा-दुलरा कर देखते थे।

'वसन्त आ गया है' निबन्ध में उनका यह दुलार फूट पड़ा है। केवल एक उदाहरण देने जा रहा हूँ जिसमें उन्होंने अपने शान्ति निकेतन प्रवास के समय का एक दृश्य बिम्ब खींचा है : 'दो कंचनार वृक्ष इस हिन्दी भवन में हैं। एक ठीक मेरे दरवाजे पर और दूसरा मेरे पड़ोसी के....। मेरा वाला ज़्यादा 'स्वस्थ' और 'सबल' है। पड़ोसी वाला 'कमजोर', 'मरियल'। परन्तु इसमें फूल नहीं आये और वह 'कमबख्त' कन्धे पर से फूल पड़ा है। ... मैं रोज देखता हूँ कि 'हमारे वाले मियां' कितने अग्रसर हुए। पर दुर्भाग्य देखिए कि इतना 'स्वस्थ पेड़' ऐसा 'सूना पड़ा हुआ' है और वह 'कमजोर, दुबला' लहक उठा है।' सच, पण्डित जी के गद्य की लय लोक लय हैं। उन्होंने प्रकृति को 'लोक' की निगाह से देखा है। वे इतना ही नहीं करते। ऐसी बोलियों और हिन्दी की पंक्तियों, संस्कृत के श्लोकों और सूक्तियों को अपने निबन्धों में पिरो देते हैं। पण्डित जी का 'विट' इन सब में शामिल है। यह विनोद प्रियता भी उन्हें बनारस से ही मिली है। 'शिरीष के फूल' में उन्होंने तुलसी को भिड़ा दिया है-' धरा को प्रमान यही तुलसी जो फरा सो झरा, जो बरा सो बुताना' और फिर शिरीष चर्चा शुरू हो जाती है। 'देवदारू' में वे एक लोकोक्ति ले आते हैं–'हौंही बौरी विरह बस के बौरो सब गाँव' और अन्यत्र इसी निबन्ध में वे बिहारी को घुसा देते हैं–'लगा लगी लोचन करें, नाहक मन बन्धि जाय' और फिर एक लोकोक्ति आ जाती है–'मों ते दुरैहौ कहाँ सजनी निहुरे-निहुरे ऊँट की चोरी। 'लौकिक बोधने द्विवेदी जी के निबन्धों में जान फूँक दी है।

अब अधिक नहीं थोड़ी बात उनके उपन्यास की भी–'बाणभट्ट की आत्मकथा' की, इसमें एक पाठांश दो मित्रों की बात-चीत का आता है जिसमें दो मित्रों के बीच

की आत्मीयता और विनोदी प्रवृत्ति सीधे बनारस पहुँचा देती है। आत्मीय सामाजिक शैली का भी यह उदाहरण बनता है–

हो भाग्यवान बन्धु। देखो मित्र को भूलने का परिणाम बुरा होता है।

क्या परिणाम होता है, मित्र?

बड़ा कठिन मित्र। किसी मृणाल-कोमल वस्तु में बन्धना पड़ता है।

कै बार बन्ध चुके हो, बन्धु।

अरे गुरु, धावक की बात छोड़ो, पद्मपत्र पानी में रहकर भी निर्विकार रहता है।

उपन्यास का प्रत्येक संवाद बनारसी रंग का है। अपने उपन्यासों में भी द्विवेदी जी 'काशिका' के शब्दों और अभिव्यक्तियों को ऐसी जगह पर और इतनी कुशलता के साथ ले आते हैं कि प्रसंग या सन्दर्भ खिल उठते हैं। इस उपन्यास से कुछ उदाहरण देखें–'उन्हें तीर पर से लौटा देना, तरेरती हुई निकल गयी, बच्चू अब तो फंस गये हैं, नूपुर पटकन-झटकन के वेग को सम्भाल न सके, उधर का रंग भी देख आऊँ, बहाना बनाकर पिंड छुड़ाया, फिसिर-फिसिर चलती रही, मनुष्य जाय चूल्हे भाड़ में। 'अनामदास का पोथा' में भी ऐसे प्रयोग बहुत हैं जैसे-सूर्य पश्चिम की ओर ढरक पड़ा, सेर भर अन्न, दो भेली गुड़, हिया जुड़ा जाता है, छम्म से चली गयी, पगहा तुड़ा कर भागा। द्विवेदी जी की भाषायी चेतना बहुत प्रखर थी। उन्होंने एक स्थान पर लिखा है कि–*केन्द्रीय भाषा के रूप में हिन्दी को बोलियों की ओर भी जाना चाहिए। हमें अपनी-अपनी बोलियों के प्रति अनुराग होना चाहिए और साहित्यकार को यह प्रयास करना चाहिए कि केन्द्रीय भाषा इन बोलियों के निकट आये।* ऐसा उन्होंने स्वयं करके दिखाया और एक उदाहरण प्रस्तुत किया। उनकी शब्द शक्ति इतनी प्रबल है कि वे शब्दों से जो चाहते हैं बुलवा लेते हैं।

बनारस के साहित्यिक इतिहास का परिचय सभी को है। बनारस के अवदान का भी और उसकी भूमिका का भी। असंख्य रचनाकारों और सम्पादकों का भी। यहाँ सिर्फ़ अभीष्ट यह था कि बनारसी मानसिकता और काशिका के वैभव को जिन रचनाकारों ने उभारा है उसका एक दृष्टान्त भर दे दिया जाय। इन सब के नामों का यत्र-तत्र उल्लेख अन्यत्र भी जगह-जगह आ ही चुका है। चाहे वह उग्र, हों या, रुद्र, बेढब हों या चन्द्रशेखर मिश्र, या...। मूल बात यह है कि काशिका में अभिव्यंजना की बड़ी शक्ति है। इसका शब्द-संसार अनूठा है। शब्दो की अर्थ-छवियां शुद्ध बनारसी हैं। शब्द हों या अभिव्यक्तियां, बनारसी बोली अर्थ-ध्वनि को दृश्य में बदल देती है। एक-एक शब्द और 'कहन' के पीछे एक दृश्यबन्ध खड़ा हो जाता है। इन शब्दों

और अभिव्यक्तियों की जो अभी याद आ रही है या जो मेरे जिह्वाग्र पर रहती हैं, एक छोटी-सी व्याख्यापरक सूची यहाँ दे रहा हूँ—

रसरी-रस्सी का बनारसी रूप

फँसरी-फाँसी का बनारसी रूप

उघारे-नंगे बदन

कुंड़बुडाना-किसी बात पर जल-भुन कर मन ही मन बल खाना

घेरियाना-घेर लेना, मोहपाश में बाँध लेना

लतियाना-लात से मारना

लतखोर-जो बातों से नहीं मार से ही सुधर सकता है

पतोहू-बहू, बेटे की पत्नी

फुलौड़ी-छोटी, मुलायम पकौड़ियाँ जिन्हें कढ़ी में डाला जाता है

घरघुसना-जो अधिकतर घर में ही घुसा रहता है

ननिऔरा-ननिहाल, माँ का मायका

बटोरना-झाड़ू से गन्दगी साफ़ करके इकट्ठा करना

बरना-जलना, धधकना

फोरन (पंच)-छौंक के मसाले जैसे जीरा, सौंफ, राई, मेथी इत्यादि

पहलौठी-पहली सन्तान

पेट पोंछना-अन्तिम सन्तान

तेंतर-तीन पुत्रों के बाद जन्म लेने वाली पुत्री या तीन पुत्रियों के बाद जन्म लेने वाला पुत्र, एक कथन भी चलता है- *तेंतर बिटिया राज करावे, तेंतर बेटवा भीख मंगावे*

गुइयाँ-सखी, सहेली

निचाट-सुनसान

नइहर-मायका

हफरी-सांस फूलना, हांफना

गुड़ गोबर (हो जाना)-काम बिगड़ जाना

डारा-अलगनी

गुलगुला-आटे और गुड़ की मीठी पकौडियां, एक कहावत भी बनारस में चलती है- *गुड़ खाये गुलगुला से परहेज*

बस्साना-बदबू करना

लासा-चिपकने वाला तत्व जो बेल या कटहल में होता है

हित नात-नाते-रिश्तेदार

झाईं-ऊँचाई से देखने पर चक्कर आने की क्रिया, *झाईं बरना*

ठोप-बूँद

कचवा बद्ध-कीचड़ हो जाना, किसी काम में अव्यवस्था हो जाना

मनसायन-लोगों के जुट जाने से हंसी-ख़ुशी का माहौल बन जाना

परोसा-भोज-दावत या उत्सव-त्यौहार के बाद घर ले जाने के लिए दिया जाने वाला भोजन

हड़बोंग-अफरा-तफरी

अंटी-पतली चादर, धोती में कमर के पास की गाँठ

तितलौकी-लौकी जो काटने पर कड़वी निकल जाय

उठंग (हो कर)-घुटनों को दोनों बाँहों में बाँध कर बैठना

सिकड़ी-गले की चेन, दरवाजे की सांकल, चेन, जंजीर

चुमावन-विवाह के समय की एक रस्म जिसमें महिलाएं वर या वधू को पैर से माथे तक हल्दी, तेल और दूब से चूमती हैं

टोना-टोटका, काला जादू

बड़-वट, बरगद

चटावन-अन्नप्राशन

मनौती-मन्नत

गंडा-आना (एक आना, चार आना), मन्दिरों पर मिलने वाले पवित्र धागे, गुरु द्वारा शिष्य बनाते समय चेले को बाँधा जाने वाला कलावा

पारन-व्रत के बाद पूजा करके व्रत तोड़ना

मड़वा-मंडप

सरहद-साले की पत्नी, सलहज

आचमनी-जिससे भगवान को जल अर्पित किया जाता है, उन्हें आचमन कराया जाता है

गडुवा-टोंटीदार जग या लोटा

झुराना-सूखना (फल-सब्जी, चेहरा-मुँह)

कंटाइन-झगड़ालू और लगायी-बुझाई करने वाली स्त्री

कुबेला-ऐसा पहर जो अच्छा नहीं साबित हुआ

हुंकारी (भरना)-कहानी सुनते समय हाँ-हूँ करते रहना

बुताना-बुझना

दूध मुँहा (बच्चा)-शिशु

चुभलाना-चूसना

ललछौंहा-लाली लिए हुए

चूची-स्तन का अग्र भाग

खुचुड़-दोष

हलकान-परेशान

असगुन-अशुभ समय, अपशगुन

चियाँ-इमली का बीज

न सेंटना-किसी को कुछ न समझना

करकराना-कांटा या शीशे की छोटी कनी धँस कर शरीर में कहीं गड़ जाय तो करकराती है

कजरौटा-काजल रखने की कैंचीनुमा ढक्कनदार डिबिया

पारना-काजल बनाने की प्रक्रिया

ओनचन-पूरी चारपाई बीनने वाली रसरी

ओरदावत-पैताने की ओर चारपाई कड़ी रखने के लिए प्रयुक्त तनिक मोटी रस्सी

कठोली-काठ की थाली

उचारना-नोचना, उचाड़ना

ओकाई-उल्टी, कै

जरई-जौ की नन्ही बालें, कजरी के दिन बनारस में कान पर दस-बारह जरियां पण्डित जी खोसते हैं

गोहराना-आवाज दे कर बुलाना

झंखना-भीतर ही भीतर जलना-भुनना

ढील–जूं

ढेपी-फल या सब्जी का मुँह जो टहनी से जुड़ा रहता है

दीवट-लकड़ी का स्टैंड जिस पर दीपक रखा जाता है

पोना (रोटी)-बेलना

बिदूरना-होंठ सिकोड़–सिकोड़ कर रोना

बोरसी-मिट्टी की गोल सिगड़ी

हूरा-मुक्का, घूँसा

रमझल्ला-झगड़ा

हुंड़ार-भेड़िया

चोटा-गुड़ बनाते समय जमने से पहले गन्ने के रस का गाढ़ा रूप

खरमण्डल (करना)-अच्छे-भले काम को बिगाड़ देना

तागना-सुई-धागे से गद्दा रजाई, कथरी आदि में टांका लगाना

पछोरना-सूप से इस क्रिया द्वारा अनाज का कूड़ा-करकट साफ़ करना

काशिका की अभिव्यक्तियाँ/कहन

बकार तक नहीं फूटा-बोल नहीं सके

शास्तर बघारने लगे-ज्ञान देने लगे

सीधे मुँह बतियाते तक नहीं-ठीक व्यवहार न करना

तू नेम धरम का जाना-तुम्हें व्यवहार शिष्टाचार का क्या पता

बिलैया मार देहलन-पहला युद्ध, झड़प जीत जाना

मुँह बिरा दिया-मुँह चिढ़ाना

पत्थर पड़ गयल हौ-दिमाग़ खराब हो गया है

मति भरस्ट हो गयल हौ-मति घूम गयी है

माटी के बबुआ बन गये हैं-गुमसुम, भोले या अनजान बनना

बौआते रहे-इधर-उधर की बेमतलब बातें करना

बड़ी हाय-हाय किट-किट हुई-झगड़ा हुआ, कहासुनी हुई

अनचक्के में मार दिया-अचानक वार कर दिया

माथा घूम गयल-दिमाग़ चकरा जाना

मर जो बिला जो-श्रापनुमा कथन

हम पर गरजा जिन-क्रोध न दिखाओ

ढेर फेंका मत-गप्प मत मारो

कान फूँक दिया-कान भर दिया

सब बोथा हो गया-बुरी तरह भीग जाना

दुकान बढ़ा दी-दुकान बन्द कर दी

ऐरा गैरा नत्थू ख़ैरा-कोई भी बेकार आदमी

खटिया पकड़ ली-बुरी तरह बीमार हो गये

तोहार ई फरफंद न चली-षड्यन्त्र

करेजा जुड़ा गयल-मन शान्त होना

सांस बइठ गयल-सांस न आना, दिल बैठ जाना

दिक पड़ गइलन-पीछे पड़ गये, पिंड न छोड़ना

उतारा कर दिया-टोना-टोटका कर दिया

जस देवता तस अच्छत-जैसा व्यक्ति, उसके साथ वैसा व्यवहार

तनिकै में तिनक जाते हैं-तिनक जाना, आपे से बाहर हो जाना

लड़के-बाले हुए नहीं-लड़के बाले =सन्तान

हरामीपने पर उतर आये-नीचता दिखाने लगे

साइत बिगड़ गयी-समय बुरा आ गया

धुर्रा बिगाड़ देब-हालत खराब कर देना

बिलबिला गये-तड़प गये

कोई पुछवैया नहीं था-पुछवैया = पूछने वाला

ओनके जलेबी दिखावा-बहुत दिन तक कोई दिखे नहीं तो यह अभिव्यक्ति प्रयोग में लाई जाती है कि वे जलेबी (प्रिय वस्तु) दिखाने पर दिखेंगे।

खाये क ठिकान नाहीं नहाये के तड़के-घर में खाने को कुछ नहीं पर सुबह-सुबह नहाने की जल्दी रहती है।

करवा करारी के बरहवें दिन देवारी-करवा चौथ के बारहवें दिन दीपावली पड़ती है।

भितरी बनारस : आठ

बनारसी लहरियाँ

BHURUT MELAO

Drawn on Stone by George Barnard from a Sketch by James Prinsep Esqr. Printed by C. Hullmandel

प्रिंसेप का 'भरत मेलाव'

कहउँ सुनहु अब रघुपति लीला

बात हम बनारस की रामलीलाओं की करने जा रहे हैं। इन पर ढेरों-ढेर लिखा जा चुका है। जिसे भी बनारस पर कुछ कहना है वह यहाँ की रामलीलाओं, विशेषकर चित्रकूट की रामलीला और रामनगर की रामलीला की बात किये बिना रह नहीं सकता। प्रिंसेप ने अन्य स्केचों के साथ दो चित्र बनारस की रामलीला के भी बनाये हैं। दोनों चित्र चित्रकूट की रामलीला से सम्बन्धित हैं–एक चित्र दशहरे का है जो चौका घाट पर संस्कृत विश्वविद्यालय के पिछवाड़े सम्पन्न होता है और दूसरा भरत मिलाप का जो नाटी इमली पर सम्पन्न की जाती है। इन दोनों पर प्रिंसेप ने टिप्पणियाँ भी लिखी हैं। दशहरे के चित्र के सामने दी गयी टिप्पणी का शीर्षक है–'फेस्टिवल ऑफ़ द रामलीला' (Festival of the Ramleela) यह साढ़े चार पृष्ठ की टिप्पणी है। भरत मिलाप के चित्र के साथ एक पृष्ठ की टिप्पणी है जिसका शीर्षक है 'भरत मेलाव (Bhurut Melao)। पहली टिप्पणी के कुछ अंश इस प्रकार हैं

'The dramatic representation of the history of Ram, the seventh avatar of vishnoo..... Five or six different spots in the town become annually, at this season the seen of Ramleela..... In Benares the Bal-Khund is omitted and the drama commences with the resignition of the throne by Raja Dusruth in favour of Bhurut and the banishment of Ram to the jungul for fourteen years ....The last battle, in which RAWUN is Killed occurs on the Dusera, or the tenth day.'

भरत मिलाप को प्रिंसेप ने 'कनक्लूडिंग सेरेमनी' कहा है फिर उन्होंने विवरण दिया है कि यह लीला रावण वध के बाद राम के वापस आने पर चारों भाइयों के मिलन की लीला है। इस लीला में नाटी इमली पर एक मंच के ऊपर एक ब्राह्मण बैठता है और बहुत पहले से ही वह भक्तों पर फूल और तुलसीदल फेंकता रहता है।

और फिर प्रिंसेप वास्तविक लीला का वर्णन करते हैं–'A propitious moment BHURUT and SHUTROOGHUN are seen advancing on foot from the town with a small retinue. They prostrate themselves before their deified brothars, who descend from their exalted seat, raise them, and take a long embrace, after which they conduct them to the throne which is put in motion on the shoulders of a multitude of willing bearers......... The garden walls and the houses on either sides of the streets, through which the procession then Passes, are fitted with stone terraces and parapets, canopied with rich pavilions.'

प्रिंसेप ने अपनी तरह से बनारस की रामलीलाओं को देखा। उन्होंने इन विवरणों में 'रामनगर की रामलीला' का भी संकेत दिया है। बनारस में रामलीलाएँ भावनाओं का उद्वेलन हैं। इस अवधि में पूरी काशी और रामनगर भी 'राम रस' में निमग्न हो जाते हैं। काशी में रामलीला सर्वाधिक लोकप्रिय प्रदर्शन है, जब सब कुछ 'राममय' हो जाता है। कई लोगों ने इसे 'लोकनाट्य' के रूप में देख कर इसकी रंगमंचीय सम्भावनाओं को भी व्याख्यायित किया है, यह भी ठीक है। तो कुछ ने इसे खुले मंच पर खेला जाने वाला 'ऑपेरा' भी कहा है। लेकिन मेरी दृष्टि में 'यह भगवान राम की क्रीड़ा (लीला) का महान 'भाव नाटक' है। 'लीला' में कोई नाट्यशास्त्र समर्थित अभिनय नहीं होता। संवादों का भी कोई बहुत आदान-प्रदान नहीं होता, संकेत भर कर दिया जाता है। कीर्तनिये सम्बद्ध चौपाइयाँ गा देते हैं। बाक़ी नाटक तो लोगों के हृदय में घटता है-भाव नाटक। यही काशी का लीला-भाव है।

रामनगर की रामलीला में मैंने देखा है कि सैकड़ों लोग रामचरितमानस का 'गुटका' और एक टॉर्च ले कर लीला में पहुँचते हैं। जो प्रसंग चल रहा होता है उसे टॉर्च की रोशनी में बुद-बुद करके पढ़ते रहते हैं–यह है भाव लीला। भगवान की लीला का साक्षात्कार। इन्हें नाटक देखने की आवश्यकता नहीं पड़ती। मैंने जब पहली बार दिल्ली में एक बड़े भव्य मंच पर बड़े-से मैदान में कुर्सी-सोफा पर बैठ कर राम लीला देखी तो उससे बड़ा झटका मुझे अपने जीवन में कभी नहीं लगा था। बड़ी उम्र की मूरतें। नाटकीय संवाद। अंगद और हनुमान को हास्यास्पद बना कर तालियाँ बजवाना.......। बड़े-बड़े सेट्स, वस्त्राभूषण। मैं पूरे समय बैठ भी नहीं सका था। ये भाव पैदा नहीं कर रहे थे, रस-भंग कर रहे थे। ये 'नाटक' कर रहे थे, भावलीला नहीं।

हमने रामलीलाएँ हाथ जोड़ कर देखी हैं। मर्दाना अस्पताल के सामने काशीपुरा की रामलीला के दो मंच लगते थे, ऊँचे मंच-लकड़ी के। वे बने बनाये थे, बहुत सुन्दर जिन्हें सड़क के दोनों ओर कस दिया जाता था-एक पर अयोध्या, और जनकपुर और वन की लीलाएँ होती थीं, दूसरा मंच लंका था। लीला रात में शुरू होती थी। हम पहुँचते तो मंच पर पहले से बैठे राम, लखन, जानकी का पैर छूते। लकड़ी की सीढ़ी से चढ़ कर मंच पर पहुँचना होता था। धीरे-धीरे दोनों मंचो के बीच में दर्शक जुटने लगते। लीला खेली जाती। लीला का मर्म तो दर्शक समझते ही थे। राम कथा तो उनकी रग-रग में बसी हुई थी। उन्हें कुछ बताने-जताने की आवश्यकता ही नहीं थी, वे तो अपलक बस उस लीला क्षण को अपने समक्ष घटते देखना चाहते थे। बनारस की रामलीलाओं में मूरतें कम उम्र की होती हैं-अधिक से अधिक चौदह वर्ष तक की। नाट्यशास्त्र में जिसे शील, सौन्दर्य, ओज और शान्त कहा गया है ये सब इन मूरतों के मुख पर प्रकाशित रहते थे। विकार रहित। राम जिसकी ओर देख लें वह हाथ जोड़ कर माथे से लगाने लगता था। जानकी जी आंख उठा दें तो 'जनक सुता की जय' का उद्घोष हो जाता था। 'लखन लाल की जय' तो लगातार की ही जाती थी। बनारस में रामलीला अभिनय नहीं अवतारों का अवतरण है। जो छवियाँ सामने हैं वो कोई और हैं या किसी और ने यह रूप धरा है, यह तो बनारस में कल्पना से भी परे है। यही वह लीला-भाव है कि काशी में रामलीलाएँ सदियों से हो रही हैं। उसी अटूट श्रद्धा भाव के साथ।

बनारस की रामलीलाओं का संक्षिप्त इतिहास यह है कि मेघा भगत नामक एक राम भक्त सन् 1543 में वाल्मीकि रामायण पर आधारित रामलीलाएँ काशी में करते थे। संस्कृत में होने से स्वभाविक है इनकी लोकप्रियता कम थी लेकिन भावबिद्ध लोग फिर भी इन का रस लेते थे। कुछ ही दशकों बाद गोस्वामी तुलसीदास ने काशी के एक घाट पर रह कर 'रामचरितमानस' की रचना आरम्भ की थी, सन् 1574 में। इसी समय मेघा भगत उनके शिष्य बन गये। दोनों ने रामलीला को जनभाषा में भक्तों के सामने लाने का विचार किया और इस प्रकार सन 1577 में गोस्वामी जी ने अस्सी पर पहली लीला का आयोजन किया था-'राजगद्दी' का। मेघा भगत ने जन भाषा में अलग-अलग लीलाओं की 'पटकथा' तैयार कर दी। आज भी बनारस की रामलीलाओं में जिन संवादों की अदायगी की जाती है वे मेघा भगत की 'स्क्रिप्ट' से ही लिये जाते हैं। 'मानस' की चौपाइयाँ और अन्य छन्द सन्दर्भानुसार कीर्तनिये गाते हैं। इनकी भी बनारस में अपनी धुन है। 'हे-हो' कर के यह शुरू होती हैं और

ढोलक मजीरे की ताल पर इन्हें गाया जाता है। मेघा भगत के संवाद और 'मानस' का पाठ मिल कर काशी की रामलीलाओं का स्वरूप रचते हैं।

इसके बाद रामनगर की प्रसिद्ध रामलीला का शुभारम्भ हुआ। काशी नरेश उदित नारायण सिंह (सन् 1795-1835) के समय रामनगर की रामलीला आरम्भ हुई। तुलसीदास का प्रमुख उद्देश्य यह था कि रामलीलाओं के माध्यम से राम भक्ति का प्रचार हो और मर्यादा की स्थापना की जा सके। तत्कालीन समाज स्वयं को बलहीन महसूस करने लगा था। अक्रांताओं ने उसकी आस्था को हिला कर रख दिया था। निश्चित ही रामकथा का बल इन्हें पुन: खड़ा कर सकता था। आप देखें तो 'रामचरितमानस' की शक्ति अनेक अवसरों पर जनमानस के लिए संबल बनी है। उन्हें ढांढस दिया है। एक बड़ा प्रेरक ऐतिहासिक दृष्टान्त है कि जब उत्तर प्रदेश और बिहार से बड़ी संख्या में 'गिरमिटिया' मजदूर मॉरीशस, फिजी, त्रिनिदाद और गुयाना ले जाये गये तो वे अपने साथ 'मानस' का 'गुटका' ले गये थे। वहाँ उपनिवेशवादी गोरों ने उनके साथ अमानवीय अत्याचार किये तब उन्हें बल और संबल राम कथा ने ही दिया। उस अमानवीय परिवेश का पूरा चित्रण मारीशस के हिन्दी में लिखने वाले कथाकार अभिमन्यु अनत ने अपने उपन्यास 'लाल पसीना' में किया है। 'मानस' की महत्ता और उसके भाव आज भी इन देशों के भारतीय मूल के निवासियों में अमिट रूप में अंकित हैं। अब तो कई देशों में भारतीय मूल के राष्ट्रपति हैं, सरकार और प्रशासन में अधिकतर ये ही लोग हैं। पर ये अपने पूर्वजों और रामकथा में उनकी आस्था को भूले नहीं है। तुलसी रामकथा की शक्ति को पहचानते थे।

बनारस में चित्रकूट की रामलीला सबसे पुरानी है। लगभग पाँच सौ वर्ष प्राचीन। इसे मेघा भगत ने शुरू किया था, नाटी इमली के निकट ही चित्रकूट स्थल है। इसी के नाम पर मेघा भगत ने इस रामलीला का नामकरण किया जिसकी विश्व प्रसिद्ध लीला है नाटी इमली का भरत मिलाप। रामनगर की रामलीला लगभग दो सौ वर्ष पुरानी है। इन दोनों ही लीलाओं में कुछ झांकी लीलाएँ होती हैं, कुछ में अभिनय संवाद होते हैं और कुछ में सिर्फ़ क्रियाएँ की जाती हैं जिन्हें 'घटित लीला' कहते हैं। जैसे चित्रकूट की लीला में 'धुरिया राकस' या 'कौव्वा मरान' घटित लीलाएँ हैं। रामनगर का लीला मंच बहुत विशाल है। लगभग बीस वर्ग किलोमीटर में फैला हुआ-कहीं लंका है, कहीं जनकपुर, कहीं चित्रकूट, कहीं पंचवटी......। इनमें से कहीं मंच है, कहीं नहीं। खुले मैदान में ही लीला सम्पन्न हो जाती है। ऐसा ही चित्रकूट की रामलीला में भी होता है। अधिकतर लीलाएँ खुले स्थानों पर होती हैं।

नाटी इमली में 'भरत मिलाप' का मंच

'भरत मिलाप' की लीला

'मिलाप' के बाद विमान-यात्रा

श्री राम, लक्ष्मण, जानकी का लीला स्थल पर आगमन

बनारस की रामलीलाओं की संख्या में समय के साथ वृद्धि होती चली गयी है। अब ये नगर के कई हिस्सों में होती हैं। इन सबका इतिहास भी सौ वर्ष से कम पुराना

नहीं है। इन सभी लीलाओं की सारणी प्रतिदिन दैनिक पत्रों में प्रकाशित होती है। इन सभी लीलाओं में, विशेषकर चित्रकूट और रामनगर की रामलीला में पात्र या 'सरूप', वेशभूषा, मुखौटे और प्रकाश व्यवस्था पर भी बहुत कुछ लिखा गया है। मुख्य पात्र जैसा कि बताया गया, बालक होते हैं। वेशभूषा की विशेष पद्धति होती है। मुखौटे भी भिन्न पात्रों के भिन्न होते हैं जैसे हनुमान का मुखौटा पीतल का होता है, अंगद का काठ का इत्यादि। अधिकतर लीलाएँ गोधूलि बेला में सम्पन्न होती हैं इसलिए प्रकाश व्यवस्था की आवश्यकता नहीं पड़ती। जैसे नाटी इमली के भरत मिलाप में चारों भाइयों के मुखमण्डल को पश्चिमाभिमुख सूर्य की किरणें आलोकित करती हैं।

काशी की रामलीला में कई बहुत लोकप्रिय शोभा यात्राएँ निकलती हैं। एक शोभायात्रा राम बारात की है जिसमें भक्तगण ही बाराती बन जाते हैं। दूसरी शोभायात्रा 'नक्कटैया' की है। बनारस में 'चेतगंज की नक्कटैया' अत्यन्त लोकप्रिय है जिसकी शोभायात्रा में विमान और चौकियाँ निकलती है। यह क्रम देर रात तक चलता है। ऐसी ही भव्य शोभा यात्रा 'भरत मिलाप' की विमान यात्रा है जो नाटी इमली से बड़ा गणेश स्थित अवध भवन तक जाती है। काशी नरेश इसकी अगुवायी करते हैं और विमान बनारस के यादव बन्धुओं के कन्धों पर लहराता हुआ गंतव्य तक पहुँचता है। जैसा कि कहा गया बनारस की रामलीलाओं को घण्टों तक नाटक की तरह देखने-सुनने की आवश्यकता नहीं पड़ती, मन से लीला का आनन्द लिया जाता है। तन्मयता और लीनता इन लीलाओं के साधारणीकरण का मूल तत्व है। गोसाई जी ने भी लिखा है–*मन गह देखहु रघुपति लीला।*

चित्रकूट की रामलीला : श्री चित्रकूट रामलीला बनारस के बड़ा गणेश मोहल्ले की लीला है। लोहटिया के पास एक गली में बड़ा गणेश का मन्दिर है जिसके एकदम बगल में चित्रकूट रामलीला की 'अवधपुरी' है। यह लीला प्रत्येक वर्ष आश्विन कृष्ण नवमी से ले कर आश्विन शुक्ल पूर्णिमा तक अनवरत चलती है। पूरे बाइस दिन तक। चित्रकूट की रामलीला के विविध प्रसंग बड़ा गणेश क्षेत्र के आसपास के स्थलों पर सम्पन्न होते हैं जिनमें बड़ा गणेश (राज्याभिषेक, दशरथ विलाप) ईश्वरगंगी (घंडइल), चित्रकूट (आश्रम निवास), जगतगंज (कौव्वा मरान), बौलियाबाग़ (धुरिया राकस), चौका घाट (रावण वध) और नाटी इमली (भरत मिलाप) प्रमुख हैं। इस लीला में हनुमान, सुग्रीव, अंगद पीला जांघिया पहनते हैं, राम के मुकुट और हनुमान के मुखौटे की पूजा भी की जाती है। राम लखन, भरत, शत्रुघ्न के केश लम्बे होते हैं। प्रत्येक दिन लीला के समापन पर आरती होती है। चित्रकूट की रामलीला में क्रम से रामकथा के मूल प्रसंगों का प्रदर्शन होता है-झांकी के रूप में या लीला के रूप में। क्रम इस

प्रकार रखा जाता है-मुकुट पूजन, राज्याभिषेक का आयोजन, कोप भवन, वन गमन, राम घंडैल, भरत घंडैल, भरत मनावन, भरत सभा, जनक सभा, भरत विदाई, जयंत लड़ाई (कौव्वा मरान), नक्कटैया, शबरी मंगल, लंका दहन, गिरिसुबैल, लक्ष्मण शक्ति, रावण वध, अयोध्या प्रस्थान, भरत मिलाप, धनुष-बाण की झांकी, राजगद्दी, सनक-सनन्दन की झांकी, दशावतार की झांकी।

और चित्रकूट की रामलीला समाप्त होती है अगले वर्ष फिर आरम्भ होने के लिए। इनमें से सभी लीलाएँ और झाँकियाँ मैंने बार-बार देखी हैं। घंडैल देखने तो मैं बहुत बचपन से गया हूँ। हमारे सामने गाड़ीवाले (बाबू संकटा प्रसाद) रहते थे, उनके कन्धे पर चढ़ कर। कौव्वा मरान भी हर साल देखा और लक्ष्मण शक्ति भी। रावण वध और भरत मिलाप तो पिछले साल भी देखा। राजगद्दी और दशावतार की झांकी मुझे बहुत भाती थी। वही बड़ा गणेश के निकट 'अवध' में होती थी।

चित्रकूट की रामलीला मेरे मोहल्ले के इर्द-गिर्द ही पूरी की जाती थी। चौका घाट थोड़ी दूर था अन्यथा शेष सारे स्थलों पर हम पैदल ही पहुँच जाते। वैसे तो चौका घाट भी हम लोग पैदल ही जाते थे, बहुत दूर नहीं था। बाक़ी सब तो एकदम सटे हुए थे। भरत मिलाप का पूरा मेला कबीरचौरा पर ही लगता था। खिलौने वाले, चाट वाले सब पिसनहरिया कुआँ के आस पास दुकानें सजा लेते थे। हमारे घरेलू हलवाई रामू चाचा भी वहीं कुँए की जगत पर मिठाई की दुकान लगा लेते थे। राजा साहब के घोड़े सुबह से ही डीएवी के मैदान में आ जाते। उनका 'खरहरा' किया जाता, नहलाया जाता, सजाया जाता। यह सब हमने साल-दर-साल देखा है। घंडैल, दसहरा और भरत मिलाप के मेलों में कई अद्भुत खिलौने मिलते थे। एक तो छोटी-सी सारंगी, धनुष के साथ जिस पर बेचने वाला 'मन डोले मेरा तन डोले' या 'दिल का खिलौना हाय टूट गया' गानों की धुनें बड़ी सहजता से बजा लेता था। हम खरीद लेते पर 'की-काँ' से अधिक न बजा पाते। ऐसे ही एक 'पुड़पुड़ी' मिलती थी जो बाँस की खपच्ची पर एक कसोरे पर कागज नढ़ कर बनायी जाती थी। इसमें मिट्टी के तीन पहिये भी लगे रहते थे। पीछे दो डंडियाँ होती थी जो इसे रस्सी से बाँध कर खींचने पर कागज से टकराती थीं और पड़पड़-पड़पड़ की आवाज होती थी। इसकी पूरी संरचना को बता पाना बहुत कठिन है। बनाने में बहुत परिश्रम लगता होगा। सारंगी भी सरल नहीं थी। इन दोनों को वी॰ शान्ताराम ने अपनी फ़िल्म 'दो आंखें बारह हाथ' में बख़ूबी इस्तेमाल किया है। लता के गाये गीत 'सैयां झूठों का बड़ा सरताज निकला' की पूरी धुन इन्हीं दोनों खिलौनों के लय ताल में बँधी है। मैंने बचपन में जब यह फ़िल्म देखी थी तो सारंगी और पुड़पुड़ी देख कर मेरी आंखों में चमक आ गयी थी। एक तरह से चित्रकूट की रामलीला हमारे मोहल्ले की,

हमारे परिवेश की रामलीला है। इसके साथ हम जिये हैं। इसके पल-पल का आनन्द उठाया है। आज भी उन पलों को याद कर के अतीव सुख मिलता है।

भरत मिलाप की लीला का जो दृश्य मेरे भीतर रच चुका है उसे साझा कर के मुझे अपार आनन्द होगा। भरत मिलाप सायंकाल चार बज कर पैंतीस मिनट पर होता है। लीला के समय सूर्य की किरणें लीला स्थल के पात्रों पर पड़ती हैं। ऐसे में 'मूरतों' की छवि अलौकिक हो जाती है। इनकी रूप माधुरी देख कर लोग भाव-विभोर हो जाते हैं। इसी छबि को अपने नयनों में बसाने के लिए लीला स्थल पर हजारों लोग आ जुटते हैं। 'बोल दे सियावर रामचन्द्र की जय' की शब्द ध्वनि वातावरण में रह-रह कर गूँजने लगती है। काशीराज हाथी पर सुन्दर हौदे में बैठ कर मंच के निकट आ जाते हैं। उन्हें देख कर 'हर हर महादेव' का नारा भी बुलन्द हो जाता है। लीला स्थल के एक छोर पर, चित्रकूट की ओर भगवान राम अपने भाई लक्ष्मण और जानकी सहित खड़े रहते हैं और सामने पूरब तरफ़ निर्मित सीढ़ीदार चबूतरे पर चढ़ कर भरत और शत्रुघ्न दण्डवत की मुद्रा में लेट जाते हैं। मिलन के नियत समय पर राम और लखन दौड़ते हुए चबूतरे की पश्चिमी सीढ़ी चढ़ कर भरत और शत्रुघ्न के पास आते हैं तथा दोनों को सस्नेह उठा कर गले लगा लेते हैं। राम भरत से और लक्ष्मण शत्रुघ्न से टूट कर भेंटते हैं। फिर राम शत्रुघ्न से और भरत लक्ष्मण से गले मिलते हैं। चारों का बेकली से यह मिलाप लोगों को भी बेकल कर देता है। इस मोहक मिलन के बाद चारों भाई चारों दिशाओं में घूम-घूम कर सबको अपनी छवि के दर्शन देते हैं। 'बोल दे सियावर....' का स्वर तीव्र हो जाता है। पुष्प और तुलसीदल की वर्षा होने लगती है। छवियों पर चंवर डुलाये जाते हैं। तुलसीदल का प्रसाद भक्तों की ओर भी प्रसारित कर दिया जाता है। जैकारा होता रहता है। रह-रह कर 'हर हर महादेव' का घोष भी सुनायी पड़ता है। विमान यात्रा प्रारम्भ होती है। पूरे मार्ग में जनसमूह ठंसा रहता है-नाटी इमली से लोहटिया तक। इस शोभायात्रा का वर्णन नहीं किया जा सकता। हम इसे किशोरावस्था से ही बार-बार देखते आये हैं। पहले तो लीला स्थल पर ही फिर जल्दी-जल्दी भाग कर आदर्श विद्यालय की छत से, फिर आदर्श से डीएवी के गेट पर आ कर औसानगंज की ओर से। यहाँ से कई बार मैं अयोध्या भवन तक भी शोभायात्रा के साथ-साथ गया हूँ। अजीब धक्का-धुक्की का माहौल रहता था लेकिन यदि अपने आप को छोड़ दीजिए तो भीड़ के साथ आप ख़ुद ही बहते चले जायेंगे। यह सोच कर ही आनन्द हो रहा है कि भरत मिलाप के दिन हम सब काशीवासी, अयोध्यावासी बन जाते थे। और उसी रूप में भगवान राम की शोभायात्रा में अयोध्या भवन तक जाते थे।

रामनगर के किले का प्रवेश द्वार

अपनी शानदार बग्घी पर राजा बनारस (स्व.) श्री विभूति नारायण सिंह जी

बनारस की रामलीलाओं का अनगढ़पन ही उनका सौन्दर्य है। शिव की नगरी में बनावटीपन चलता भी नहीं। इसलिए काशी के लोगों को बहुत बनाव-सिंगार पसन्द नहीं आता। साधारणता मन को बाँधती है। चकाचौंध तो चौंधिया देता है। बनारस को दिखावा नहीं, मन का भाव चाहिये। इस भाव को पकड़ लें तो समझिये बनारस को पकड़ लिया नहीं तो बौड़ियाते फिरते रहिये कौन पूछता है।

श्री रामलीला (रामनगर) : रामनगर बनारस का एक उपनगर है। गंवई माहौल वाला। इसके चहुंओर गाँव ही गाँव हैं। रामनगर के अधिकांश हिस्से भी ग्रामीण हैं। नगर तो बहुत छोटा-सा है, काशी नरेश के किले के सामने की सड़क पर दोनों ओर बसा हुआ। राजा बनारस का यहीं निवास है, किले में। पहले रामनगर पहुँचना थोड़ा कठिन था फिर भी हमलोग किसी न किसी साधन से पहुँच ही जाते थे। एक साधन पीपे के पुल से था। इसमें बड़ा चक्कर था। पहले नगवा घाट जाइये। फिर पीपे के पुल से रामनगर। पीपे के पुल पर एक बार जाने वालों को और एक बार आने वालों को छोड़ा जाता था इसलिए समय भी बहुत लग जाता था। दूसरा मार्ग सड़क से था। हम मैदागिन से मुगलसराय वाली बस पकड़ लेते। राजघाट का पुल पार करने के बाद 'पड़ाव' पर उतर जाते। यहाँ से दाहिने एक रास्ता रामनगर चला गया है। रिक्शे वाले पहुँचा देते थे। तीसरा साधन नाव का था। नगवा घाट या अस्सी घाट से नाव ले लें तो वह गंगा पार कर के रामनगर पहुँचा देती थी। नाव में सवारी के हिसाब से पैसा लगता था। धीरे-धीरे लोग जुड़ते जाते थे। रामलीला के दिनों में नाव जल्दी-जल्दी भरती थी। किले के साथ लगे घाट पर हम उतर जाते। हमारे लिए सबसे सरल रास्ता सड़क वाला था। एक-दो बार हम नाव से भी गये, केवल उसका आनन्द उठाने के लिए। पीपे वाले पुल से मैं एक ही बार रामनगर गया हूँ जब बीएचयू में था। अब रामनगर के लिए एक नया पुल बन गया है। लंका से पंद्रह मिनट में सीधे रामनगर के किले पर पहुँचा जा सकता है। पुल बहुत सुन्दर है और यहाँ से गंगा घाट का दृश्य भी बड़ा मनोरम है। घाट बहुत दूर हैं इसलिए उनका अर्ध गोलाकार आभास भर होता है। दूसरी ओर गंगा के साथ सटी किले की चारदीवारी और पिछला हिस्सा दिखायी देता रहता है। एक छन्द मिला है, बहुत सुन्दर, रामनगर पर :

रामनगर एक ठाम, पुरते गंगापार में।
तहाँ व्यास को धाम, काशिराज के दुर्ग में॥
तहँ मेला विख्यात, होत माघ के मास भर।
व्यास दरस हित जात, काशीवासी नारि-नर॥

रामनगर की रामलीला का कार्यक्रम भी बनारस के अखबारों में छपता है। रामनगर की रामलीला के विषय में एक कथा बहुत प्रचलित है कि एक बार महाराज के पुत्र बीमार पड़ गये। महाराज नित्यप्रति तुलसी घाट जाया करते थे। पर दो-तीन दिन न जा सके। भक्तों ने उन्हें ला कर तुलसीमाला दी। पुत्र स्वस्थ हो गया। रामायणी रामप्रसाद महाराज को रामकथा सुनाते थे। उन्होंने यह सुझाव दिया कि महाराज रामनगर में रामलीला का शुभारम्भ करें। रामनगर की रामलीला कई अर्थों में अद्भुत है। एक तो यह रामनगर के भिन्न-भिन्न स्थानों पर होती है। इन स्थलों पर स्थायी रूप से कहीं मंडप कहीं आसन कहीं सिंहासन, कहीं मन्दिर तो कहीं परकोटे महाराज ने बनवा दिए हैं। इन सब के आस-पास रामनगर की प्राकृतिक सुषमा है। कहीं कुण्ड हैं, कहीं तालाब कहीं बावड़ी और कहीं प्राचीन मन्दिर। सब कुछ प्राचीनता और ग्राम्य सौन्दर्य का उदाहरण बना हुआ। रामलीलाओं का ढंग और उनका स्वरूप भी कम आकर्षक नहीं है। जो विवरण मिलते हैं और हम लोगों का देखा सुना भी है कि प्रतिदिन ठीक पाँच बजे बिगुल बजता है। इसके थोड़ी ही देर बाद महाराज की सवारी आती है। वे हौदे वाले हाथी पर छत्र लगाये बैठे रहते हैं, कोचवान भी रहता है। उनके आते ही लीला आरम्भ हो जाती है। यदि लीला लम्बी हुई या दो-तीन छोटी-छोटी लीलाएँ जोड़ कर हुईं तो पैतालिस मिनट बाद विश्राम होता है। महाराज संध्या-वंदन के लिए चले जाते हैं। सात बजे फिर पधारते हैं और लीला का दूसरा चरण आरम्भ होता है।

रामनगर में रामलीला के स्थल चिन्हित हैं–रामबाग़ फाटक, गुलाब बाग़, रामबाग़ तालाब, अवध भवन (किले के पास), अवध से ही एक पतली गली पार कर के जनकपुर (अवध से जनकपुर तक राम बारात जाती है जिसमें सारे भक्त बाराती बन जाते हैं) अवध यानी किले से वाराणसी जाने वाली सड़क पर वन-गमन की लीला होती है, भरत मिलाप रामनगर के चौराहे पर होता है और राज्याभिषेक अवध में होता है। एक बड़े मैदान में लंका, अशोक वाटिका, विभीषण का महल और कुंभकरण की बड़ी छतरी है। इन सब के सामने लंका का खुला मैदान है। दशहरा यहीं होता है। रामनगर की रामलीला में रामायणियों के दो दल होते हैं। एक जो वाद्य-वादन करते हैं-झांझ, मंजीरा और ढोल-मजीरा और दूसरे जो पाठ करते हैं। अंधेरा हो जाने पर बहुत धीमी रोशनी की जाती है। पहले मशाल की रोशनी की जाती थी। बनारस की सभी लीलाओं में और रामनगर की लीला में भी क्योंकि पात्र कम उम्र के होते हैं इसलिए स्त्री पात्रों की भूमिका भी बालक ही निभाते हैं। ये ब्राह्मण परिवार के बालक होते हैं जिनका चयन कर के पूरे वर्ष इन्हें प्रशिक्षित और संस्कारित किया जाता है।

छोटी उम्र में जब-जब मैंने रामनगर की लीला देखी मुझे सरूपों के वस्त्राभूषण बहुत अच्छे लगते थे। बनारस की लीलाओं के वस्त्रों में इतना आकर्षण नहीं होता था। सभी पुरुष सरूप मखमली कोट पहने हुए जिन पर जरी की कढ़ाई रहती है। रेशमी पीतांबर बनारस के सरूप भी पहनते हैं और उत्तरीय भी। मुकुट, हार और बाजूबन्द बनारस में भी पहनाये जाते थे। रामनगर की सीता बनारसी साड़ी पहनती हैं। बनारस की लीलाओं में राक्षस मुखौटे नहीं लगाते रामनगर की लीला में लगाते हैं। रावण का मुखौटा दस शिर वाला बहुत भव्य होता है।

रामनगर का भरत मिलाप रात में होता है। नौ बजे से बारह बजे तक। यह लम्बी लीला होती है। राजगद्दी के दिन महाराज भी आरती करते हैं। रामनगर की रामलीला में भी तादात्म्य, एकाग्रता और एकाकारता का भाव प्रतिपल दृष्टिगोचर होता है। रामनगर का धनुष यज्ञ, लंका दहन, भरत मिलाप और राजगद्दी लीलाएँ बनारस के लोगों में बहुत लोकप्रिय हैं। इन लीलाओं में हजारों लोग बनारस से रामनगर जाते हैं। वैसे भी रामनगर की लीला के नेमी भक्त बनारस में कम नहीं है। रामनगर में रावण वध की अलग परम्परा है। राम के बाण से आहत रावण गिर जाता है और अपना मुखौटा उतार कर राम के पास आता है। उनकी वंदना करता है और मैदान से निकल कर सीधे अपने गाँव चला जाता है। इसी तरह राज्याभिषेक के बाद राजा राम रात भर राजगद्दी पर बैठते हैं। लोग लगातार उनके दर्शन करने आते रहते हैं। इस दिन रामनगर में दीपावली मनायी जाती है। भोर में आरती होती है। जेम्स प्रिंसेप ने भी रामनगर की रामलीला पर कुछ पंक्तियाँ लिखी है–five or six different spots in the town become, annually, at this season, the scene of Ramleela. Raja of Benares on his estate at Ramhagar, conducts the performance in very complete manner.

बनारस की तीन और रामलीलाएँ भी मेरे घर के इर्द-गिर्द ही होती हैं। इनमें से एक है काशीपुरा की रामलीला, दूसरी दारानगर की श्री रामलीला और तीसरी जतनबर की मौनी बाबा की रामलीला। ये तीनों मोहल्ले कबीरचौरा (मेरे मोहल्ले) के पड़ोसी हैं जिन्हें मैंने बचपन से देखा है। इन रामलीलाओं को भी हम अपना ही समझते थे, वैसे ही जैसे बड़ा गणेश की चित्रकूट रामलीला को। काशीपुरा की तो ढेरों लीलाएँ कबीरचौरा अस्पताल के सामने ही होती थीं। काशीपुरा की रामलीला डेढ़ सौ वर्ष से ज़्यादा पुरानी है। इसके मुकुट-मुखौटे बहुत सुन्दर होते थे। मुकुट की नक्काशी आकर्षक होती थी। एक प्रकार से ये धातु कला के नमूने थे। यह लीला आश्विन कृष्ण

पंचमी से कार्तिक कृष्ण द्वितीया तक खेली जाती थी। लीला रामजन्म से प्रारम्भ होती थी। विश्वामित्र के आगमन की लीला हमें बहुत पसन्द थी जब वे राजदरबार में आ कर दशरथ से असुरों के संहार के लिए राम और लक्ष्मण को उनके साथ भेजने का अनुरोध करते थे। काशीपुरा की रामलीला की फुलवारी भी आकर्षक होती थी जिसमें वाटिका में श्री राम और माँ जानकी के प्रथम मिलन का प्रसंग दिखाया जाता था। इसका धनुष यज्ञ देखने हम अवश्य जाते थे जिसके साथ ही परशुराम और लक्ष्मण का संवाद भी होता था। सीता हरण और लक्ष्मण शक्ति लीलाएँ देखने के लिए बड़ी भीड़ जुटती थी। भरत मिलाप और राम का राज्याभिषेक तो आकर्षक था ही।

काशीपुरा की लीलाओं के स्थल भी कबीरचौरा से बहुत दूर नहीं थे। पैदल ही जाया जा सकता था। कुछ लीलाएँ काशीपुरा में ही होती थीं जहाँ हम गली-गली पहुँच जाते थे। कुछ बुलानाला पर और कुछ तो हमारे मोहल्ले में ही अर्थात गोलादीनानाथ और कबीरचौरा सड़क पर (मर्दाना अस्पताल या राधा स्वामी बाग़ के सामने)। कुछ कर्णघण्टा पर होती थीं जहाँ पहुँचना तो और भी आसान था। एक-एक लीलाएँ ठठेरी बाज़ार और राजा दरवाजा पर भी होती थीं। काशीपुरा की नक्कटैया बेनिया फाटक पर होती थी और सीताहरण पियरी पर। ये दोनों इलाके हमारे मोहल्ले से लगे हुए हैं। दैनिक पत्र में पढ़ कर हम संध्या को यहाँ पहुँच जाते। कबीरचौरा अस्पताल के सामने बने मंचों पर कई लीलाएँ होती थीं। इनमें राम से हनुमान का मिलन और बालिवध की लीला मुझे आज भी जस की तस याद है। लंका दहन भी कबीरचौरा पर होता था। बड़ी रोचक लीला थी। इसे देखने के लिए विशेष भीड़ जमा हो जाती थी। कई महत्वपूर्ण लीलाएँ इन मंचो पर होती थीं जैसे विभीषण शरणागति, अंगद का पद स्थैर्य, लक्ष्मण शक्ति, कुंभकर्ण और मेघनाथ का वध, राम-रावण का युद्ध, भरत मिलाप और राज्याभिषेक भी। इसीलिए तो काशीपुरा की रामलीला हमारी अपनी थी। काशीपुरा की रामलीला के दौरान कबीरचौरा पूरे समय जगमग करता था। गोधूलि के बाद से ही 'सरूप' मंच पर आ बिराजते थे। रात में ख़ूब रोशनी कर दी जाती थी। पूरी सड़क पर, कबीरचौरा चौराहे से ले कर लोहटिया तक रंगाबिरंगी बिजली की झालरें जल जाती थी। पूरी अवधि में मेले और आनन्द का माहौल रहता।

दारानगर की रामलीला सन् 1933 से शुरू हुई थी। यह भी अपना ही मोहल्ला था। हम डीएवी के पिछले गेट से निकलते और दारानगर पहुँच जाते। इस लीला के सारे स्थल भी हमारी पहुँच में थे जैसे दारानगर की तिरमुहानी, औसानगंज और मृत्युंजय महादेव (वृद्धकाल)। कुछ लीलाएँ तो डीएवी के गेट पर ही होतीं और कुछ लोहटिया पर। दारानगर की रामलीला में जटायु मरण की भी लीला खेली जाती थी

जिसका बनारस की अन्य लीलाओं में स्थान नहीं था। दारानगर की रामलीला से मेरे कई मित्र परिवारों का सम्बन्ध था। वे इसके आयोजकों में से थे। इसलिए ये लीलाएँ देखने के लिए मुझे विशेष सत्कार मिलता था।

मौनी बाबा की लीला का केन्द्र जतनबर है। जतनबर मेरे परिचय क्षेत्र का मोहल्ला है। भैरव जी के मन्दिर के निकट है। विश्वनाथ साव की दुकान के सामने से भी जतनबर पहुँच सकते हैं। विश्वनाथ साव हमारे प्रिय थे। **मौनी बाबा** की कई लीलाएँ हमारे आसपास होती थीं। इस रामलीला को काशी में शिवस्वरूप माने जाने वाले मौनी बाबा ने प्रारम्भ किया था। जतनबर में उनके द्वारा स्थापित शिवाला भी है। 'लीला' में यह शिवाला ही अयोध्या बन जाता है। चित्रकूट तो हमारे एकदम निकट ही था, बागेश्वरी देवी मन्दिर परिसर जैतपुरा में और पंचवटी भी पास में थी-नाटी इमली के मैदान में। मौनी बाबा का भरत मिलाप चित्रकूट की लीला के भरत मिलाप स्थल पर ही सम्पन्न होता था, नाटीइमली पर-चित्रकूट के भरत मिलाप के दूसरे दिन, ठीक उसी समय और उसी पद्धति से। कोई अन्तर नहीं। केवल इसमें राजा बनारस नहीं होते थे। शोभा यात्रा का मार्ग भी वही था। इसमें भीड़ भी उतनी नहीं होती थी। इसमें राम के वनगमन की लीला चौदह दिन तक चलती थी। यह हमारे निकट ही सम्पन्न होती थी-काल भैरव से ले कर मृत्युंजय महादेव तक के क्षेत्र में। इस मार्ग पर अनेक प्राचीन मन्दिर हैं। इन मन्दिरों को वन के अलग-अलग आश्रमों का स्थल बना दिया जाता था। जैसा कि कहीं उल्लेख किया गया है, मृत्युंजय महादेव के **वृद्ध काल परिसर** में तुलसीदास जी द्वारा स्थापित हनुमान का विग्रह भी है। इसलिए बनारस की इस क्षेत्र की रामलीलाओं की कोई न कोई लीला यहाँ अवश्य सम्पन्न होती है। इस लीला का घंडैल मैंने कई बार देखा है। चित्रकूट की रामलीला में नाव से ईश्वरगंगी का पोखरा पार किया जाता है पर मौनी बाबा की लीला में ऐसा नहीं होता। इसमें वृद्धकाल मन्दिर के कूप की परिक्रमा होती है-आगे-आगे निषादराज चलते हैं और उनके पीछे राम, लक्ष्मण, जानकी। कूप के जल से ही केवट राम का चरण पखारते हैं। यही पखारा हुआ जल लीला प्रेमियों को चरणामृत के रूप में दिया जाता है। नाटी इमली के चौराहे पर इस लीला का अनुसुइया आश्रम है। यहाँ की लीला देखने हम हर साल जाते थे। तीनों 'मूरतें' अत्रि के आश्रम में पधारती हैं, अत्रि उनका स्वागत करते हैं और सती अनुसूया सीता को उपदेश देती हैं। इस लीला का रावण वध भी चौका घाट के उसी स्थल पर होता है जहाँ चित्रकूट की रामलीला का होता है। शोभायात्रा लोहटिया, मैदागिन, विश्वेश्वरगंज होते हुए जतनबर जाती थी।

शिवाले पर पहुँच कर समाप्त होती थी। दो चार बार हम इस पूरी शोभा यात्रा में साथ साथ गये हैं। ....

बनारस यदि शिव की नगरी है तो वह रामलीलाओं की भी नगरी है-रामापुरा, औरंगाबाद, लक्सा, नदेसर, अर्दली बाज़ार, वरुणा पुल, पंचगंगा, कचहरी, पाण्डेयपुर और मेरे पास के तीन मोहल्लों चेतगंज, औसानगंज और जैतपुरा में भी रामलीलाएँ होती हैं। जैतपुरा की नक्कटैया कबीरचौरा पर ही होती थी। मिडिल स्कूल से ले कर लोहटिया तक और लोहटिया से ले कर जैतपुरा तक बिजली की झालरें बिछ जाती थीं। इस दिन दुकानें भी ख़ूब रोशनी किये रहती थीं क्योंकि रातभर उनकी बिक्री होनी होती थी। पिसानहरिया कुँआ पर तलवार भांजती मुखौटा लगाये शूर्पनखा की छवि हम देखने जाते। वह उछल-उछल कर तीव्र गति से घूम-घूम कर दोनों हाथों में तलवार लिये भाँजती थी। उसका मुखौटा धातु का होता था। खेल-खिलौने की दुकानें सज जातीं। अनेक बाजा, पिपिहरी, गुब्बारे वाले कबीर चौरा की सड़कों पर फेरी लगाने लगते। भव्य मेला सज जाता। बनारस की तीन लीलाओं का मुझे विशेष स्मरण है जिनकी वे लीलाएँ मैंने देखी हैं जो मेरे घर के पास सम्पन्न होती थीं। इनमें पहली है गायघाट की रामलीला। यह लीला मुकुट पूजा से आरम्भ होती है। मुकुट पूजा का स्थल त्रिलोचन महादेव का मन्दिर था जो हमारे यहाँ से दूर नहीं है, कर्णघण्टा पर। मैंने इसे कई बार देखा है। गायघाट की रामलीला में दशरथ की मृत्यु और भरत के आगमन को भी दिखाया जाता था। इसमें जटायु के अन्तिम संस्कार की लीला भी खेली जाती थी जिसे हम 'गिद्ध क्रिया' भी कहते थे। गायघाट की लीला की 'लक्ष्मण शक्ति' बहुत लोकप्रिय थी। इसके अन्य स्थल थे-विश्वेश्वरगंज, मैदागिन और दारानगर, सब मेरे निकट। मैंने विश्वेश्वरगंज में 'जयंत नेत्रभंग' की लीला देखी है, पीपल के पुराने पेड़ के नीचे होती थी। इसी पेड़ के नीचे से मैदागिन तक के क्षेत्र में शूर्पनखा के नासिका छेदन की लीला होती थी। इसे भी मैंने कई बार देखा है।

बनारस के अतिप्राचीन क्षेत्र मणिकर्णिका की रामलीलाएँ भी अत्यन्त लोकप्रिय है। कहा जाता है कि यह लीला सत्रहवीं शताब्दी में आरम्भ हुई थी जो 'शरद पूर्णिमा' (अक्टूबर) से लेकर मार्गशीर्ष प्रतिपदा (नवम्बर) तक चलती है। इस लीला की विशेषता यह है कि इसके सभी प्रसंग घाट पर स्थित मंच पर दर्शाये जाते हैं। पूरे घाट की विस्तीर्ण सीढ़ियों पर लकड़ी के पटरों का यह मंच तैयार किया जाता है। इस लीला का आरम्भ 'फुलवारी' से होता है फिर क्रमश: राम बारात जो कुंज गली से टाउन हॉल चौक होते हुए मणिकर्णिका पहुँचती है। फिर नक्कटैया, हनुमान मिलन, लंका दहन, भरत मिलाप और राज्याभिषेक। इस लीला का मूल क्षेत्र घाट के अलावा

दालमण्डी, राजा दरवाजा और चौक का क्षेत्र रहता है। इसकी एक विशेषता यह भी है कि मृतक के अन्तिम संस्कार के लिए आये परिजन प्रभु श्रीराम की लीला में लीन हो कर थोड़ी देर के लिए अपने दुख भूल जाते हैं। घाट के ऊपर भगवान की चित्ताकर्षक लीलाएँ होती हैं और नीचे की सीढ़ियों पर जलती हुई चिताएँ। ऐसा विरोधाभासी समन्वय काशी में ही सम्भव है, राम की ये लीलाएँ 'राम नाम सत्य है' की सार्थकता को जताती रहती हैं।

बनारस की एक लीला की बात और करना अनिवार्य है। अभी तक हमने वरुणा के इस ओर (दक्षिण) की लीलाओं की चर्चा की। यह लीला वरुणा पार होती है जिसे खोजवा बाज़ार की रामलीला के नाम से बनारस में प्रसिद्धि मिली है। खोजवा बाज़ार शिवपुर के पास है। शिवपुर बनारस का एक उपनगर-सा है। रामनगर की ही तरह ठेठ ग्रामीण नगर। शिवपुर में मेरी प्रकाश मौसी ब्याही थीं। उनके श्वसुर श्री कुंदन लाल जी बनारस के बड़े अधिवक्ताओं में से एक थे। उन्हीं के पुत्र थे हमारे मौसिया जो रेलवे में अभियन्ता थे। शिवपुर बाज़ार में सड़क से थोड़ा भीतर जा कर मौसिया का बहुत बड़ा पुश्तैनी मकान था। मकान के पीछे दूर-दूर तक उनका खेत भी था। हम अक्सर उनके यहाँ जाते थे। अर्थात शिवपुर हमारे लिए अनजाना नहीं था, बहुत परिचित था। मैं बाद में भी जाता तो बाज़ार में घूमता, बहुत अच्छा लगता। गाँव का बाज़ार। हड़िया, पुरवा, पत्तल की दुकान है। रस्सी-सुतरी बिक रही है। खँचिया, झौव्वा, डोलची की दुकानें हैं। दो-दो, तीन-तीन भड़भूजे हैं। देसी टाइप की मिठाइयों की दुकानें हैं। गुमटियाँ हैं.....। खोजवा बाज़ार की रामलीला डेढ़ सौ वर्ष पुरानी कही जाती है जो भाद्रपद (सितम्बर) शुक्ल चतुर्दशी से कार्तिक (अक्टूबर) कृष्ण तृतीया तक सम्पन्न की जाती है-पूरे चौंतीस दिन। इसमें भी मुकुट पूजा होती है। इस लीला की विशेषता यह है कि इसमें 'रामलीला' के साथ शिवलीला का भी समावेश कर दिया गया है। ठीक भी है, शिवपुर में ही शिव को स्थान न मिले तो भला और कहाँ मिलेगा। मुकुट पूजा के ठीक बाद ही शिवलीला प्रारम्भ हो जाती है जिसमें पार्वती की तपस्या, शंकर की समाधि, कामदेव का भस्म, शिव बारात की तैयारी, शंकर जी की बारात और शंकर पार्वती विवाह की अद्भुत लीलाएँ सम्पन्न होती हैं जो अन्य कहीं नहीं की जातीं। हम इन्हें देखने विशेष रूप से शिवपुर जाते। मौसी के यहाँ ठहर जाते। दिन में खाते-पीते और आराम करते और शाम को ये लीलाएँ देखते। इसी बहाने हमें पूरे सप्ताह शिवपुर जाने-रहने का अवसर मिल जाता। दशहरे की छुट्टियों में मौसी और मौसिया भी शिवपुर आये रहते। शंकर से सम्बन्धित ये लीलाएँ मैंने कई साल तक देखीं। इनका गहरा असर मेरे ऊपर आज भी है। शिवपुर की लीला

में रावण आदि के जन्म की भी लीला होती थी और दशरथ के पुत्र कामेष्टि यज्ञ की भी। इसमें कई नई बातें थीं जैसे नारद मोह की लीला, राम की बाल लीला, उनका यज्ञोपवीत और अहिल्या उद्धार। ये लीलाएँ भी बनारस की लीलाओं में दिखायी नहीं पड़ती थीं। सम्भवत इसीलिए खोजवा बाज़ार की रामलीला का आकर्षण बनारस के सैकड़ों भक्तों को शिवपुर तक खींच ले जाता था।

बनारस की रामलीलाओं ने हमें संस्कारित किया है। पुराण कथाओं ने हमारे विश्वास को अटल बनाया है। हमारी भावनाओं को प्रांजल किया है। इन्हीं के प्रसाद से हम 'हम' बने हैं। बनारस की रामलीलाएँ रामकथा के उन प्रसंगों का दृश्य प्रस्तुत करती हैं जो प्रसंग आम जनता के हृदय पर अंकित हैं। इसीलिए मैं देखता था कि बनारस के लोग धनुषयज्ञ (जज्ञ), लक्ष्मण शक्ति, सीता हरण और लंका दहन जैसी लीलाओं को देखने के लिए आतुर रहते थे। गली-कूचों में इनकी बातें होती थीं। गली-मोहल्लों से गुट बना कर स्त्री-पुरुष इन्हें देखने जाते थे। हंसते थे। रोते थे। भावलीन होते थे और राम रस में भीगे हुए वापस लौटते थे। इन रामलीलाओं के बिना बनारस की कल्पना भी नहीं की जा सकती, इन्हें देखे बिना 'बनारस' को समझा भी नहीं जा सकता। बनारस की रामलीलाएँ उसकी पहचान है। ये लीलाएँ मात्र लीलाएँ नहीं हिन्दू नवजागरण का एक सशक्त माध्यम बनी रही हैं। इसी उद्देश्य से गोस्वामी तुलसीदास ने काशी में रामलीलाओं का प्रारम्भ किया था। रामलीलाओं के इतिहास में यह दर्ज है कि 'मानस' के प्रचार के लिए और हिन्दू जन के आत्मोत्थान के लिए तुलसीदास जी ने सन् 1640 में भदैनी-अस्सी पर रामलीला का शुभारम्भ किया था। इस लीला में आज भी सबसे पहले मुकुट पूजा होती है। इसमें मुकुट का आह्वान किया जाता है, पूरी तरह वैदिक रीति से। 'सरूपों' को नित्यप्रति तिलक दिया जाता है। सब कुछ गोस्वामी जी द्वारा निर्धारित पद्धति से ही किया जाता है। प्रथम दिन से 'मानस' का पाठ शुरू हो जाता है जो लीलाओं के साथ चलता रहता है। सभी लीलाओं का सम्पादन 'व्यास' करते हैं। व्यास परिवार पीढ़ियों से इनका सम्पादन-संचालन करते आ रहे हैं। इस लीला में भी 'रामायणी' होते हैं। जहाँ आवश्यकता पड़ती है वहाँ व्यास जी सरूपों से संवाद भी कराते हैं। सभी लीलाओं के प्रारम्भ और अन्त में आरती होती है। यह लीला बनारस के दक्षिणी भाग (केदार खण्ड) के स्थलों पर सम्पन्न होती है। अस्सी से सोनारपुर तक का क्षेत्र अवध है। राम के वनगमन का मार्ग दुर्गाकुण्ड से प्रारम्भ होता है और संकट मोचन मन्दिर के पीछे से जा कर पंचवटी (काशी हिन्दू विश्वविद्यालय का द्वार) तक पहुँचता है। संकट मोचन मन्दिर में जाने का जो वृक्षों से आच्छादित पुराना मार्ग है वह इस लीला का 'दण्डकारण्य' है। 'लंका' वर्तमान

लंका है। रामायण में यह वर्णन आता है कि रावण की लंका त्रिकटाचल पर्वत के अंक में त्रिभुजाकार बसी हुई थी। यह लंका भी त्रिभुजाकार है। इस रामलीला की भिन्न लीलाओं की तिथियां निर्धारित हैं। अन्य लीलाओं के साथ इसमें 'गंगा उतरन' (गंगा अवतरण) की लीला भी सम्पन्न की जाती है।

बनारस की रामलीलाओं का स्वरूप पूर्णता: 'रामायण केन्द्रित' है। कहीं कोई जोड़-घटाव नहीं। इनकी परम्परा भी सुस्थिर है। कब, कहाँ, कैसे क्या होना है, यह निश्चित है। आपने पचास साल पहले कोई लीला देखी हो और आज देखें तो आपको रत्ती भर भी अन्तर नहीं मिलेगा। बनारस में 'रामलीला' एक परम्परा भी है और इस परम्परा का शाश्वत निर्वाह भी। ये लीलाएँ पूरे नगर में एक तरह का पावन और आध्यात्मिक वातावरण उत्पन्न कर देती हैं। पूरे वर्ष बनारस के जनमानस पर इनका प्रभाव बना रहता है। कई लोगों को मैंने इन रामलीलाओं में घर से नंगे पैर जाते और वहाँ बैठे देखा है। बनारस में रामलीलाएँ राम कथा के प्रति अटूट आस्था का भी ज्वलंत प्रमाण हैं। 'हरि अनंत हरि कथा अनंता' की जन सिद्ध व्याख्याएँ हैं :

राम अनंत अनंत गुन अमित कथा विस्तार।
सुनि अचिरजु न मानिहहिं जिनके विमल विचार ॥
राम कथा ससि किरन समाना। सन्त चकोर करहिं जिन पाना ॥
रामचरित चिन्तामनि चारु। सन्त सुमति तिय सुभग सिंगारु ॥

बनारस के छविगृह : मुझे ज़ौके तमाशा ले गया तस्वीरख़ानों में

सिनेमा हमारे जीवन का अभिन्न अंग था। घर-परिवार में भी लोकप्रिय। सिनेमा से कोई दुराव न था बल्कि नजदीकी थी। मनोरंजन का कोई और साधन तो था नहीं। नाटक कभी-कभार होते थे। संगीत-सभाएँ और भी कम। कजरी-बिरहा भी किन्हीं ख़ास मौसमों में ही। सिनेमा बारहमासी था। कोई काम हो, नातेदार जुटें तो सब एक साथ फ़िल्म देखने जाते। कोई मित्र या रिश्तेदार आसपास के शहरों से आया तो एकाध फ़िल्म उसके साथ देखी ही जाती। कोई फ़िल्म नाम कमा लेती तो हम सपरिवार उसे देखने जाते। सिनेमा का आकर्षक मोह पाश था। इसकी एक वजह तो यह रही कि सिनेमा सम्पूर्ण कला है। कहानी भी, अभिनय भी, गीत भी, संगीत भी.....। फिर इनमें काम करने वाले कलाकारों की मोहक छवि। किसी को दिलीप कुमार भाते हैं, किसी को देवानन्द, तो किसी को राजकपूर या शम्मी कपूर। कोई गुरुदत्त को चाहता है तो कोई बलराज साहनी का दीवाना है। किसी के दिल में मधुबाला बसी हैं तो किसी के मीना कुमारी, कोई नूतन का आशिक़ है तो कोई आशा पारेख का, कोई वैजयंती माला को चाहता है तो कोई वहीदा रहमान को। बाद में राजेश खन्ना, जितेंद्र, धर्मेंद्र, मनोज कुमार भी हमारी पसन्द से जुड़े और हेमा मालिनी, मुमताज तनुजा, शर्मिला टैगोर भी। इसी बीच रेखा, जया भादुडी भी आ गयीं। राजेंद्र कुमार तो सबके चहीते थे ही। ये सब हमारे घरों में राज करते थे। बातचीत का हिस्सा बनते थे। इनकी फिल्मों का इन्तज़ार किया जाता था।

फिल्मों की लोकप्रियता का दूसरा आधार रेडियो था जिसे हम बस सुन सकते थे। देख नहीं सकते थे। न देख पाने का अपना आकर्षण होता है। न जाने कितनी फिल्में हमने न देखी होंगी, पर उनके गाने सुन कर यह अन्दाजा लगाना बड़ा सुखकर होता था कि इसे देवानन्द-मधुबाला ने गाया है, गुरुदत्त ने गाया है, श्यामा ने गाया

है या हेलेन ने। गाने घर-घर में सुने जाते थे। विविध भारती का कार्यक्रम आता था। फ़िल्म के कलाकार 'फौजी भाइयों' के लिए अपनी पसन्द के गीत सुनाते थे अपने संस्मरण भी सुनाते थे। कितना अच्छा लगता था कि मीना कुमारी हमसे बात कर रही हैं। सुनील दत्त अपने क़िस्से सुना रहे हैं। नौशाद साहब हमसे मुखातिब हैं। बिनाका गीतमाला तो सबके सर पर चढ़ा हुआ था। बुधवार को यह कार्यक्रम आता-रात को 8:00 से 9:00 बजे तक। उस हफ्ते के 16 टॉप गाने बजते। इस कार्यक्रम को अमीन सयानी पेश करते थे। इसी बीच ट्रांजिस्टर भी आ गया था। अब आप छोटा-सा रेडियो हाथ में लेकर या कन्धे पर लटका कर कहीं भी आ जा सकते थे। घर के बाहर गली में बैठ कर सुन सकते थे। इसीलिए इन्हें मज़बूत चमड़े के एक केस में दिया जाता था जिसमें एक चमड़े का ही पट्टा लगा रहता था। इसे आप थैले की तरह कन्धे पर लटका लीजिए। ट्रांजिस्टर आ जाने से फिल्मी गानों की व्याप्ति बढ़ गयी। हमारी गली से कितने ही लोग इस पर गाना सुनते हुए निकलते। रात के सन्नाटे में आसपड़ोस से फिल्मी गानों की धुनें या उनकी अनुगूंज सुनायी पड़ती। गाने होते भी थे लाजवाब, प्रेम के हों तो लगता था कि 'हां यही प्यार है'। गम के हों तो गहरे में कहीं बैठ जाते थे। चुलबुले गानों की अपनी ही मस्ती थी। फिल्मी कव्वालियां कलेजा हिला देती थीं। नृत्य और मुजरा गीतों की अपनी खनक होती थी। तब फिल्मों में बहुत ही सुन्दर और अर्थपूर्ण भजन भी होते थे, नीति सिखाने वाले और देशभक्ति के गीत भी। इनके गाने वाले भी लोगों की पसन्द की सूची में रहते थे। मुझे गीता दत्त और मुकेश पसन्द थे। मेरे एक मित्र को मोहम्मद रफी। कोई तलत महमूद का दीवाना था तो कोई मन्ना डे का। शमशाद बेगम लता और आशा तो सभी को पसन्द थे। नई-नई आवाजों पर भी लोग दीवाने हो जाया करते थे-मुबारक बेगम, कमल बारोट, उषा मंगेशकर, सुबीर सेन.....। हेमंत कुमार के स्वर की मखमली संरचना तथा किशोर कुमार की शोखी और गम्भीरता दोनों पसन्द किये जाते थे।

हम संगीतकारों को भी पहचानते थे। नौशाद, अनिल बिस्वास, एस. डी. बर्मन, सी. रामचन्द्र, वसन्त देसाई, हेमन्त कुमार, चित्रगुप्त जो कभी बुरे गाने बनाते ही नहीं थे। शंकर जयकिशन अति लोकप्रिय थे। 'चौदहवी का चाँद' फ़िल्म के बाद से रवि ने भी अपना सिक्का जमा लिया था। गिनी-चुनी फिल्मों में ही एन. दत्ता की प्रतिभा श्रोता पहचान गये थे। धार्मिक और जादुई फिल्मों में एस. एन त्रिपाठी की अपनी पहचान थी इसके भी पहले के या कहूँ मेरे जन्म के पहले के संगीतकारों के गीत भी रेडियो पर ख़ूब बजते थे। एक कार्यक्रम आता था 'भूले बिसरे गीत'। एक

और कार्यक्रम था 'अनोखे बोल'। हुस्नलाल भगत राम, बुलों सी रानी, श्याम सुन्दर, आर. सी. बोराल, पंकज मलिक, के. सी. डे के गीत भी रेडियो पर हम रोजाना सुन पाते थे। कैसे-कैसे मधुर गीत–के. एल. सहगल, पंकज मलिक, के. सी. डे., राजकुमारी, जोहराबाई अंबाले वाली, अमीर बाई कर्नाटकी, कानन देवी के नामों से हम परिचित हो गये थे। हिन्दी फिल्मों के गीतों को रेडियो ने जनप्रिय बनाने में कितनी बड़ी भूमिका निभाई है कहा नहीं जा सकता।

हमारे यहाँ घरों में कुछ लोग जुटें, जन्मदिन हो, शादी-विवाह, मुण्डन के बाद परिवार के लोग एक साथ बैठें तो फिल्मी गानों की एक महफ़िल ही सज जाती थी। सब अपनी-अपनी पसन्द के गाने सुनाते, कौन किस गाने को अच्छा गाता है, यह सबको पता होता था। एक बड़ी मज़ेदार बात थी कि सब गाना गोष्ठी में बैठते थे पर जब किसी से गाने को कहा जाता तो वह थोड़ा नखड़ा ज़रूर करता था-ना नुकुर। सब इसका आनन्द लेते थे। फिल्मी गाने हमारे साथ जीते थे और हम उनके साथ। संगीत में जिनकी रुचि नहीं भी होती थी वे भी फिल्मी गानों को पसन्द करते थे। हमारी गलियों में लोग, विशेषकर किशोर बच्चे किसी फ़िल्म के गाने की कोई-कोई पंक्ति गाते हुए निकलते थे। ये उस समय के चले हुए गाने होते-'कैची' गाने। ये 'कैची' गाने बारातों में बैंड वालों के भी प्रिय होते थे। गलियों में भागते-दौड़ते बच्चों के पंचम स्वर में गाये इन गानों को सुन कर यह लग जाता कि यह गाना जन-जन में लोकप्रिय हो चुका है। रेडियो पर गाना सुन कर उसे गुनगुनाया और फिर बुलन्द आवाज में गाते हुए गली से निकल गये। ये सदाबहार गीत थे। अपने-अपने समय के। गाने आते रहते, जाते रहते। ये गलियाँ उन्हें सराहना देती रहतीं। ये गीत उनकी संवेदनाओं को पोसते चलते। रेडियो के फरमाइशी गीतों के कार्यक्रमों में इन गानों की धूम मची रहती। हिन्दी फिल्मों के हजारहा गीत हैं जो इसी रास्ते से हो कर सदाबहार बने हैं। कई छठी-बरही और विवाह के गीत लोकप्रिय फिल्मी गीतों की धुन पर गाये जाते थे। स्कूल के संस्कृतिक कार्यक्रमों में विद्यार्थी देश भक्ति या नैतिक शिक्षा वाले फिल्मी गीत सुनाते थे। इन कार्यक्रमों में नृत्य के लिए भी फिल्मी गीत चुने जाते थे। मुझे याद है-'वृंदावन का कृष्ण कन्हैया सबकी आंखों का तारा, मन ही मन क्यों जले राधिका मोहन तो है सबका प्यारा' (लता-रफी : हेमंत कुमार : मिस मेरी) गीत ख़ूब प्रचलित था। इसी तरह 'आजाद' फ़िल्म का गीत 'राधा ना बोले, ना बोले, ना बोले रे' (लता : सी॰ रामचन्द्र) भी स्कूलों के नृत्य कार्यक्रम में पसन्दीदा था। 'चली गोरी पी के मिलन को चली' गीत पर नृत्य भी मैंने अपने स्कूल में देखा

है। 'एक ही रास्ता' फ़िल्म का यह गीत लता मंगेशकर ने गाया था और संगीत दिया था एन. दत्ता ने। इन सब में सर्वप्रिय नृत्य गीत 'मुग़ले आज़म' का था–'मोहे पनघट पे नन्दलाल छेड़ गयो रे' (लता : नौशाद)। फिल्मी गीतों की लोकप्रियता के ये मापदण्ड हुआ करते थे।

इन गीतों को लिखने वाले भी कमाल के थे-शकील बदायूनी, मजरूह सुल्तानपुरी, राजेंद्र कृष्ण, साहिर लुधियानवी, प्रेम धवन, शैलेंद्र, हसरत जयपुरी, भरत व्यास, कवि प्रदीप। आज भी मुझे याद है कि गीत गोष्ठियों में लोग जो गीत सुनाते थे उनमें ज़्यादातर गजलनुमा गीत होते थे या बहुत भावपूर्ण जिन्हें तबला और हारमोनियम की संगत में सरलता से गाया जा सके, इस समय मुझे ये गीत याद आ रहे हैं-*'अभी न जाओ छोड़ कर कि दिल अभी भरा नहीं,' 'दिन ढल जाये हाय रात न जाय,' 'मन रे तू काहे न धीर धरे,' कोई सागर दिल को बहलाता नहीं,' 'सुख के सब साथी दुख में न कोय,' 'अहसान तेरा होगा मुझ पर,' 'आंसू भरी हैं ये जीवन की राहें,' 'होठों पे सच्चाई रहती है,' 'चन्दन सा बदन चंचल चितवन,' 'प्यार पर बस तो नहीं है,' 'ये हवा ये रात ये चाँदनी,' 'अजीब दास्ताँ है ये', 'जलते हैं जिनके लिए', 'मोहब्बत ही न जो समझे वो जालिम प्यार क्या जाने,' 'तुम तो दिल के साज छेड़ कर हो गये बेखबर,' 'हम हैं राही प्यार के हमसे कुछ न बोलिये,' 'तू प्यार का सागर है,' 'नीले गगन के तले धरती का प्यार पले'.....* ऐसे गीतों का कोई अन्त नहीं है। फिल्मी गीतों की लोकप्रियता का यह भी एक प्रमाण है कि घर में जब हम अन्त्याक्षरी खेलते तो न जाने कितने फिल्मी गीत हमारी यादों को कुरेद-कुरेद कर बाहर निकल आते। किसी कोने में लुका बैठा कोई गीत अचानक याद आ जाता तो उस क्षण के क्या कहने। सिनेमा देखना भी एक उत्सव था। पहले तो यह पता किया जाता कि कौन-सी फ़िल्म देखनी चाहिए। तब अखबारों के एक पृष्ठ पर बनारस भर के सिनेमा हालों का रोज का एक विवरण छपता था। इस पर सिनेमा हॉल का नाम फ़िल्म का नाम, फ़िल्म के मुख्य कलाकारों का नाम और शो का टाइम लिखा होता था। फ़िल्म का कोई चित्र भी छपा होता। छोटे-छोटे ब्लॉक क्रमबद्ध छपे होते। कई पर फ़िल्म की विशेषता भी लिखी रहती थी जैसे *पूर्ण परिवारिक फ़िल्म, मारधाड़ से भरपूर, संगीतमय फ़िल्म, महान धार्मिक फ़िल्म, देवानन्द के उत्कृष्ट अभिनय से सजी फ़िल्म।* दो-तीन दिन पहले से कार्यक्रम बनने लगता। एक-दो लोग कुछ पहले ही पहुँच कर टिकट ले लेते। तब बनारस के अधिकांश सिनेमा हालों में सीट नम्बर की व्यवस्था नहीं थी। सबको एक साथ बैठने की सुविधा मिल सके इसके लिए सीट छेंकनी पड़ती थी। हम लोग इसके विशेषज्ञ थे। फ़िल्म खत्म होने पर जिस ओर

से दर्शक बाहर निकलते थे उधर से हम उन्हें धकियाते हुए भीतर घुस जाते। पीछे की लाइन में पंखे के नीचे वाली सीटें छेंक ली जातीं। छेंकने का अर्थ है कि उन पर रूमाल या गमछा बिछा देना और जब मुख्य द्वार से लोग प्रवेश करें और उन सीटों की ओर बढ़ने की चेष्टा करें तो उन्हें 'छेंकल हौ, छेंकल हौ' कह कर उन सीटों की ओर आने से रोकना। असुविधा का भी अपना आनन्द था। पंखे पर्याप्त नहीं थे। बालकनी की छत के नीचे जो सीटों की पंक्तियाँ पड़ती थीं, जो चार-छह से अधिक नहीं होती थीं, उसकी सीलिंग में कुछ पंखे दूर-दूर पर टंगे होते थे। लेकिन इसके बाद की सीटों की पंक्तियाँ खुले में होती थीं। उनके लिए हॉल के दोनों ओर के दरवाजों के ऊपर बहुत बड़े-बड़े वाल फैन लगे होते थे।

जिनकी हवा दरवाजे के पास की चार-छह सीटों तक ही पहुँच पाती थी। अधिकतर सिनेमा हॉल की स्क्रीन के आगे परदा नहीं था। आगे वाली कुर्सियां काठ की होती थीं। पिक्चर के शुरू में कुछ स्लाइड्स दिखायी जातीं जिनमें बनारस की दुकानों का चित्र होता-साड़ी की, सराफे की, कपड़ों की। किसी रेस्तरा का, या किसी दूसरे सिनेमा हॉल में लगी फ़िल्म का। इसके बाद काली सफेद न्यूज़ रील दिखायी जाती या कोई वृत्तचित्र-कृषि विकास पर, परिवार नियोजन पर, किसी बाँध, पुल के निर्माण पर, शीर्ष नेताओं की यात्राओं पर। इसके बाद फ़िल्म का प्रमाण पत्र दर्शित होता। फ़िल्म ज़्यादा रील की होती तो हर्ष का समवेत स्वर सुनायी देता और कम की होती तो अफसोस का।

MINERVA MOVIETON

PRASAD
PRODUCTIONS
MADRAS

MEHBOOB
PRODUCTIONS

GEMINI

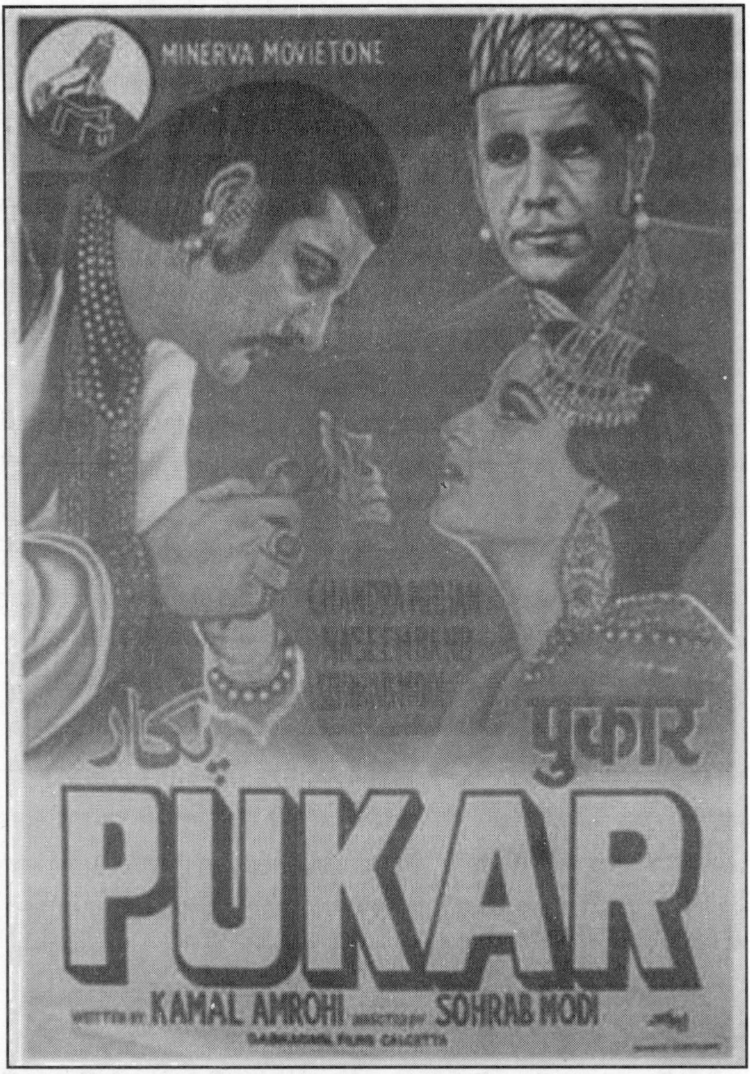

फ़िल्म हमें शुरू से ही बाँधने लगती-एवीएम, जेमिनी, प्रसाद प्रोडक्शन, आर॰ के॰ फिल्म्स, महबूब फिल्म्स, मिनर्वा मूवीटोन, बी. आर. फिल्म्स, नवकेतन, राजकमल बिमल राय प्रोडक्शंस इत्यादि के 'लोगों' देख कर ही सुख छा जाता। जिनके 'लोगों' नहीं भी थे, उनके नामों से हम परिचित हो रहे थे-जैसे गुरुदत्त फिल्म्स,

शक्ति फिल्म्स, सिप्पी फिल्म्स। श्वेत-श्याम फिल्में अत्यन्त आकर्षक होती थीं। इनमें छाया और प्रकाश का जो मेल-जोल होता था वह जादू का-सा असर डालता था। मुझे सात-आठ वर्ष की उम्र में देखी फिल्मों के कुछ दृश्य याद रह गये थे। जब मैंने बाद में ये फिल्में देखीं तो लगा कि इसके अमुक-अमुक दृश्य मेरे मानस पटल पर अंकित हैं। ये अधिकतर वे ही दृश्य थे जिनका फिल्मांकन बहुत प्रभावशाली ढंग से किया गया था। जैसे गुरुदत्त की 'प्यासा' मैंने सात-आठ साल की उम्र में देखी होगी, पर वे दृश्य मुझे याद रह गये थे जिसमें एक जूता स्क्रीन पर आता है और भंवरे को कुचल देता है, गिलास में आंसू की बूंदे टप-टप गिरती हैं, 'जाने क्या तूने कहीं' गीत की पूरी संरचना जिसमें बार-बार नायक की पीठ दिखायी जाती है और 'सर जो तेरा चकराए' गीत में चंपी करते हुए उभरने वाली तबले की ध्वनि। फ़िल्म के आखीर में हॉल के भीतर मची भगदड़ का दृश्य भी मुझे याद था। बचपन में देखी सभी फिल्मों को बाद में देखते समय मेरे साथ ऐसा ही होता है।

तो हम फ़िल्म देखते। इंटरवल में सिनेमा हॉल में ही खाने-पीने की चीजें बिकने आ जातीं। अधिकतर लोग बाहर निकल जाते, हम भी निकल जाते। थोड़ी देर हवा खा कर फिर वापसी होती। फ़िल्म खत्म होती तो लगता एक पूरी दुनिया अंधेरे में चली गयी। बाहर निकलने पर फिल्मी गानों की चौपड़ियाँ बेचने वाले दिख जाते। यह आठ-दस पेज की चौपड़ी होती जिसके मुखपृष्ठ पर किसी लोकप्रिय नायक-नायिका की तस्वीर छपी होती। ऊपर उस फ़िल्म का नाम होता जिसके गाने उस चौपड़ी में संकलित किये गये होते। नीचे प्रेस या प्रिंटर का नाम छपा होता। हर गाने के साथ कोष्ठक में गायक या गायिका या दोनों का नाम लिखा होता। युगल गीत के साथ पंक्तियों के पहले 'लड़का/लड़की' लिखा होता। ये चौपड़ियाँ ख़ूब बिकती थीं। बड़ी फिल्मों की चौपड़ियों पर उस फ़िल्म का चित्र छपा होता था।

मुझे याद है राजकपूर की 'संगम' फ़िल्म की चौपड़ी पर वैजयंतीमाला, राजकपूर और राजेंद्र कुमार का चित्र छपा हुआ था जिसमें बीच में वैजयंतीमाला खड़ी हैं और दायें-बायें राजकपूर और राजेंद्र कुमार उनकी बाँहों में बाँहें डाले खड़े हैं। तब मैं बारह-तेरह वर्ष कर रहा हूँगा। 'संगम' के सारे गाने ख़ूब लोकप्रिय थे। 'संगम' का रेडियो प्रोग्राम भी आता था। बाद में कई फिल्मों के रेडियो प्रोग्राम आने लगे जिसमें इशारे-इशारे में उस फ़िल्म की कहानी के प्रभावी अंश के साउंडट्रैक सुना कर, उसके गानों की पंक्तियाँ गूँथ दी जाती थीं।

मुझे अच्छी तरह याद है 'हरियाली और रास्ता', 'अपने हुए पराये', 'एक दिल सौ अफ़साने' आदि के रेडियो कार्यक्रम। 'संगम' का तो अजीब आलम था। इसकी टिकट भी ख़ूब बड़ी-बड़ी छापी गयी थी जिसकी एक ओर वही 'संगम पोज' वाला फोटो छपा था। उसी उम्र में मुझे दो-तीन बार 'संगम' फ़िल्म देखने का मौका मिल गया था। एक बार मेरी बड़ी बहन की जेठानी का परिवार आया, वे फिल्मों की बहुत शौकीन थीं, तो हम 'संगम' देखने गये। एक बार हम सब गये थे, सपरिवार।

पापा को राजकपूर बहुत प्रिय थे। 'संगम' में राज कपूर पहली बार रंगीन स्क्रीन पर आये थे। एकदम खिल उठे थे। श्वेत-श्याम चित्रों में पता नहीं लगता था कि राज कपूर इतने गोरे, ऐसे सुनहले बालों वाले और इतनी नीली आंखों वाले हैं। 'संगम' ने राज कपूर की ख़ूबसूरती को उभार कर रख दिया था। उनका अभिनय भी बेजोड़ था-हास्य और गम्भीर दोनों प्रकार के दृश्यबन्धो में। पापा के एक मित्र थे, हमारे पड़ोस में ही रहते थे। फिल्में कम देखते थे। पर 'संगम' का जलवा उन्होंने भी सुना। पापा के पास अक्सर आते थे। तब तक 'संगम' हफ्तों चल चुकी थी। फिर पापा छग्गू चाचा और मैं देखने गये। छग्गू चाचा को फ़िल्म के विदेश में फिल्माए गये दृश्य बहुत अच्छे लगे थे।

हमारी बड़ी बुआ, पापा से भी बहुत बड़ी, कभी आतीं तो पापा से सिनेमा दिखाने को कहतीं। उनके कई बच्चे थे, बहुत काम रहता था तो फिल्में नहीं देख पाती थीं। मुझे याद है, मैं बहुत छोटा था, 'धूल का फूल' फ़िल्म लगी थी। उसका एक गीत 'तेरे प्यार का आसरा चाहता हूँ' ख़ूब बजता था। यह बहुत लम्बा गीत था, लता-महेंद्रकपूर की आवाज में। मुझे पूरा याद था और मैं इसे गाता भी अच्छा था-बिना समझे-बूझे। फ़िल्म देख कर हम घर आये तो बातचीत में बुआ बोली कि 'कइसन गावत रहल वफा कर रहा हूँ और बेचारी के धोखा दे देहलस'। ऐसे ही एक बार आईं तो पास के प्रकाश टॉकीज में 'राम और श्याम' लगी थी। फ़िल्म का बहुत नाम हो चुका था, धूम मची हुई थी। हमारे घर के बगल में बुब्बुन बुआ रहती थीं। बड़ी बुआ से भी दो-चार साल बड़ी थीं। सन जैसे सफेद बाल और पोपला मुँह। शायद ही उन्होंने पहले कोई फ़िल्म देखी हो। दोनों पक्की सहेलियाँ थीं। बड़ी बुआ आतीं तो 'उधर वाली बुआ' हमारे ही यहाँ चौबीसों घण्टा रहतीं। बड़ी बुआ ने उनसे भी चलने को कहा वे तैयार हो गयीं कि साथ रहेगा। मैं तब 15-16 साल का था। पहले गया टिकट ले लिया। पूरी फ़िल्म में 'उधर वाली बुआ' बड़ी बुआ से पूछताछ करती रहीं, आगे-पीछे वाले परेशान लेकिन इन दो बूढ़-पुरनियों से कहें भी तो क्या। हम वापस आये तो उन्होंने कई टिप्पणियों के साथ एक टिप्पणी यह भी की थी कि 'केतना चालाक हो गयल रहल, गावे लगन 'नैना मार गयी, नैना मार गयी'। होता यह है कि फ़िल्म में दिलीप कुमार का डबल रोल है-एक दिमाग़ी रूप से कमजोर है। अपने बहनोई प्राण से दहशत खाता है, बेवजह उससे मार भी खाता है, प्राण उससे जायदाद लिखवा लेने के षड्यन्त्र में लगा है। जब दिलीप कुमार यानी 'राम' को यह भान हो जाता है कि उसका बहनोई (गजेंद्र) उसे मार डालेगा तो वह रात

के सन्नाटे में घर से भाग जाता है। एक गाँव में पहुँच जाता है जो उसके हमशक्ल 'श्याम' का गाँव हैं। वहाँ उसकी भेंट मुमताज से होती है जो उसे 'श्याम' समझ कर उसके घर ले जाती है। धीरे-धीरे दोनों में प्रेम बढ़ता है और यह गीत फ़िल्म में आता है-साजन तेरे प्यार की ठण्डी आग में जलते-जलते मैं तो हार गयी, मुमताज (गौरी) गाती है और जवाब में 'राम' गाता है-लूट लिया दिल तूने मेरा राह में चलते-चलते नैना मार गयी'। इसी पंक्ति का ज़िक्र बुआ कर रही थीं।

फिल्में हमें बाँधती थीं। एक-दूसरे से जोड़ती थीं। हम परिवार के साथ, इष्ट-मित्रों के साथ, पड़ोसियों के साथ जाते और एक साथ बैठकर फिल्में देखते, फ़िल्म भी एक जरिया था समाजीकरण का। ढेरों लोगों के साथ बैठना, उनके साथ हंसना-रोना फब्तियां कसना, गुनगुनाना। जब हम अकेले फिल्में देखने लगे मित्रों के साथ तो कई बार तीसरे दर्जे में भी देख लेते। मुझे याद है सत्तर पैसे का टिकट था। कुछ अच्छे सिनेमाघरों में एक रुपए दस पैसे का था। प्रथम श्रेणी एक पचहत्तर की और बालकनी ढाई रुपए की। कुछ सिनेमा हालों में बॉक्स भी होते थे। चार लोगों के बैठने के लिए इसमें दो सोफे लगे होते थे, बॉक्स पूरा ही मिलता था 20 रूपये में। तृतीय श्रेणी का टिकट ले पाना किसी युद्ध में विजय प्राप्त कर लेने जैसा था। यह खिड़की सिनेमा शुरू होने के 10-15 मिनट पहले खुलती थी। लोग देर से लाइन लगाये खड़े रहते थे लेकिन खिड़की खुलते ही उनका धैर्य जवाब दे जाता। अब तो जिसमें कसबल हो वही टिकट निकाल पाता था। टिकट खिड़की भी क्या होती थी, एक गोल सा 'बिलुक्का' जिसमें मुट्ठी में पैसा बन्द करके मुट्ठी इसमें घुसा देनी पड़ती थी। उधर से मुट्ठी खोल कर पैसा ले लिया जाता और हथेली पर टिकट रख दिया जाता, फिर मुट्ठी बाँधकर खींच ली जाती। चिंगुड़ा-मिंगुड़ा टिकट हाथ आता। मजा यह कि एक आदमी को एक ही टिकट मिलता था इसीलिए अगर दो-चार लोग साथ गये हैं तो सबको ज़ोर आजमाइश करनी पड़ती थी।

टिकट मिल जाये तो ठीक नहीं तो ब्लैक का भी चलन था। 70 पैसे की जगह एक रुपया, एक पचहत्तर की जगह ढाई रुपया, ढाई रुपए की जगह चार रुपया, यह ब्लैक का सामान्य रेट था। कोई ज़बरदस्त फ़िल्म आ जाये तो यह रेट बेतहाशा बढ़ जाता था। फ़िल्म दो-तीन तरह से सिनेमा हालों में लगती थी। एक तो नई फिल्में पूरे रेट पर। कुछ फिल्में आधी रेट पर और कई रियायती दर पर। कोई नई फ़िल्म कुछ हफ्ते चल कर किसी दूसरे छोटे थियेटर में रियायती दर पर लगा दी जाती। 10-15 साल पुरानी फिल्में भी रियायती दर पर दिखायी जातीं। रियायती दर का मतलब था

कि 70 पैसे वाला टिकट पचास पैसे में मिलेगा, एक पचहत्तर वाला एक बीस में और ढाई वाला दो रूपये में। हाफ रेट पर कुछ पुरानी अंग्रेज़ी फिल्में चलती थीं, गिने-चुने थियेटरों में। कई थियेटर सुबह का शो भी चलाते थे 9:00 से 12:00 बजे तक। इसमें बहुत पुरानी फिल्में आती थीं। ऐसे कुछ ही थियेटर थे जैसे भारती सिनेमा, दीपक टॉकीज और चित्रा सिनेमा। 'मॉर्निंग शो' में सहगल की फिल्में सोहराब मोदी की फिल्में या अंग्रेज़ी की क्लासिक फिल्मे-बेनहर, वेयर ईगल्स डेयर, क्लियोपेट्रा आदि दिखायी जाती थीं। ये जब तक चलतीं ख़ूब भीड़ होती। अब पता नहीं क्यों ऐसा नहीं होता। थियेटर में पुरानी फिल्में दिखानी चाहिए। टी. वी. पर सीडी में देखने पर पुरानी फिल्मों की वह भव्यता सामने नहीं आ पाती जो पूरी स्क्रीन पर आती है। ध्वनि का भी वैसा प्रभाव नहीं मिलता। ध्वनि की सूक्ष्मताएँ पकड़ में नहीं आतीं। दूर के शाट्स अस्पष्ट-से रह जाते हैं। क्लोजअप ऊपर-नीचे से कट जाते हैं। फ़िल्म तो हम देख लेते हैं लेकिन उसका सम्पूर्ण सुख हमें नहीं मिल पाता।

मुझे याद है जब मैं सन् 1980 के आसपास हैदराबाद पहुँचा था तो वहाँ के बड़े-बड़े थियेटर हिन्दी की पुरानी-पुरानी फिल्में नियमित शो में दिखाते थे। ख़ूब भीड़ होती थी। हैदराबाद की मुसलमान आबादी इन फिल्मों की दीवानी थी। टिकट नहीं मिल पाते थे। इन फिल्मों के गानों और संवादों को दर्शकों की भरपूर दाद मिलती थी। फ़िल्म खत्म होती तो लोग इनके गाने गुनगुनाते हुए बाहर निकलते। ये हैदराबाद के सर्वोत्तम थियेटर थे जिनकी स्क्रीन, साउंड सिस्टम और पूरा वातावरण सर्वोत्तम हुआ करता था। इनमें ये पुरानी फिल्में देखने का अनुभव ही कुछ और था। मैंने हैदराबाद में ही स्ट्रीट सिंगर, दुलारी, देवदास जैसी कई फिल्में देखी थीं।

सिनेमा के प्रभाव को बढ़ाने में सिनेमा हॉल का सबसे ज़्यादा योगदान होता है। सिनेमा हॉल सिनेमा देखने का माहौल पैदा करते हैं। फ़िल्म के साथ दर्शक की संलग्नता बनाते हैं। हम आज भी याद करते हैं कि अमुक फ़िल्म हमने अमुक थियेटर में देखी थी। उसका टिकट कैसे प्राप्त किया था। हमारे साथ और कौन लोग फ़िल्म देखने गये थे। उस फ़िल्म के किस दृश्य या किस गाने पर दर्शकों की क्या प्रतिक्रिया हुई थी। ऐसी अनेक चीजें हैं जो 'एकल थियेटर' के महत्व को सिद्ध करती हैं। अब तो टिकट ऑनलाइन बुक हो जाता है। आपके पसन्द की सीट एलाट कर दी जाती है। एक मॉल के भीतर एक ही तरह के प्रवेश वाले थियेटरों में आप प्रवेश कर जाते हैं। सब चुपाये बैठे रहते हैं। फ़िल्म देखते समय कोई प्रतिक्रिया ही नहीं होती। फ़िल्म देखना अब एक शगल है, एक आउटिंग है। इंटरवल में खाने-पीने की महँगी चीजों

का बाज़ार है। लाइन लगा के सामान लिया जाता है 'पेइंग मशीन' से 'पे' किया जाता है। फिर सब पॉपकॉर्न का ठोंगा-चोंगा लिए आ कर अपनी-अपनी सीटों पर बैठ जाते हैं। कोई रस ही नहीं, न कोई उत्साह। सिनेमा देखना अब एक उत्सव नहीं रह गया है वह मनोरंजन के कई साधनों में से एक बन गया है। अब तो सिनेमा हम घर में ही देख सकते हैं। बाहर जा कर देखना एक तरह की पिकनिक है। हमने फिल्में दीवानों की तरह देखी हैं। उनके साथ जिये हैं तभी वे फिल्में आज भी हमारे साथ हैं। उनके कलाकार हमारे साथ हैं। उनका संगीत हमारे साथ हैं। उनके गीत हमारे साथ हैं। कुल बात यह है कि सिनेमा के साथ हमारा जुड़ाव समाप्त हो गया है। टिकट का दाम आसमान छू रहा है। कोई चिन्ता नहीं क्योंकि लोग अब यह दाम सिनेमा देखने के लिए नहीं उस 'ऐंबियेंस' के लिए देते हैं जो ये मल्टीप्लेक्स उन्हें प्रदान करते हैं। इसलिए अब अधिकतर फिल्में भी वैसी बनने लगी हैं जिनमें सोचने को कुछ नहीं होता। एक मचलती हुई कहानी हो, देश-विदेश के लोकेशन हों, डिजाइनर कपड़ों की नुमाइश करते हुए नायक-नायिका हों, एक-दो 'आइटम सांग्स' हों। सिनेमा अब 'टाइम पास' है। सामाजिक सरोकारों से वह दूर हटता जा रहा है। बीच-बीच में कोई सार्थक फ़िल्म आ जाती है तो बड़ी राहत मिलती है। पहले हमें मालूम था कि हम गुरुदत्त की फ़िल्म देखने जा रहे हैं तो उसमें हमें क्या-क्या मिल सकता है-श्रेष्ठ अभिनय कर्णप्रिय संगीत, उत्तम चित्रांकन, प्रभावशाली सम्पादन .....। ऐसी ही अपेक्षा हमें बिमल राय, नवकेतन, राज कपूर ही नहीं आई. एस. जौहर, किशोर कुमार और महमूद की फिल्मों से भी होती थी। धार्मिक फिल्मों का भी एक दर्शक वर्ग था उनमें भी क्या मिलेगा दर्शक अनुमान लगा पाते थे। जादुई फिल्मों और जासूसी फिल्मों के दर्शकों को भी पता होता था कि इन फिल्मों में वे क्या पा सकते हैं। इनके गीत पहले से ही रेडियो के माध्यम से लोकप्रिय हो चुके होते थे। चाहे किसी भी श्रेणी की फ़िल्म हो इनमें कलाकार मंजे हुए होते थे। अलग-अलग तरह की फिल्मों के लिए कलाकारों की श्रेणियां भी अलग-अलग थीं। आज की फिल्मों में तो ये श्रेणियां रह ही नहीं गयी हैं। अधिकतर फिल्में अभिजात्य वर्ग के नाम पर या विदेशों में बसे भारतीयों के नाम पर बनायी जा रही हैं। इन फिल्मों को भारत के युवा वर्ग का प्रतिनिधि कहा जाने लगा है। फिल्मकार सामाजिक समस्याओं से बचने लगे हैं। संगीत उनके लिए 'डी जे' धुन पर थिरकने का माध्यम भर रह गया है।

सिनेमा अब बहुत कुछ सिखा नहीं रहा है। हमने सिनेमा देख कर बहुत कुछ सीखा। पारिवारिक सम्बन्ध सीखे, सामाजिक नैतिकता सीखी, गलत-सही का भेद

जाना, ग़रीबी और शोषण की विभीषिकाएँ जानी, देशभक्ति का जज्बा जाना, यह भी जाना कि सत्य हमेशा जीतता है और झूठ की हार निश्चित है.....। ऐसा नहीं है कि तब मनोरंजन प्रधान फिल्में नहीं बनती थीं, ख़ूब बनती थीं लेकिन उनके भीतर भी सामाजिक पक्ष की एक अन्तर्धारा बहती रहती थी। शेख़ मुख्तार, अशोक कुमार, देवानन्द, एन. ए. अंसारी की कई फिल्में हैं जो तस्करी, जुए के अड्डों, असामाजिक कार्यों को केन्द्र में रख कर बनी हैं लेकिन इनमें इन कृत्यों को 'ग्लोरिफाई' नहीं किया गया है। आज की फिल्मों का नायक इनमें लिप्त हो कर भी 'हीरो' के रूप में दिखाया जाता है। ढेरों कत्ल कर के भी वह 'हीरो' है। नायिकाओं की तो भूमिका ही नहीं रह गयी है। इसलिए स्त्रियों की समस्या तो उभर ही नहीं पाती।

इस गम्भीर चर्चा को यहीं छोड़ कर चलिए आगे बढ़ा जाय 'असली सिनेमा' की ओर जिसे छोटे-छोटे थियेटरों में देखा जाता था। इन्हें देखने का 'मूड' बनाया जाता था और कई दिनों तक इनके कलाकारों और गानों में हम खोये रहते थे। ऐसा नहीं है कि केवल नायक-नायिका ही हमें खींचते हों, के. एन. सिंह, बद्री प्रसाद, विपिन गुप्ता, राज मेहरा, कन्हैयालाल, जगदीश सेठी जैसे कलाकार भी हमें प्रभावित करते थे। 'आवारा', 'बरसात की रात' और 'बाजी' के के. एन. सिंह आज भी भुलाये नहीं भूलते। 'आजाद' और 'अलबेला' के बद्री प्रसाद भी। 'जीवन मृत्यु' के विपिन गुप्ता भी। 'मदर इंडिया', 'भरोसा' और 'गंगा जमुना' के कन्हैयालाल भी और 'आरपार' के जगदीश सेठी भी। भूलते तो ढेरों फिल्मों में अपने अभिनय के लिए नजीर हुसैन भी नहीं। सुलोचना, मुमताज बेगम, प्रतिमा देवी, अचला सचदेव और लीला चिटनिस भी हमें झंकृत कर देती थीं। 'सुजाता' की सुलोचना का असर मुझ पर आज तक है, मिटता ही नहीं। 'चौदहवी का चांद' में मुमताज बेगम, रहमान (प्यारे मियां) की माँ के रूप में मन में बस गयी हैं। प्रतिभा देवी 'ज्वेल थीफ' और 'दुलारी' में मुझे बहुत अच्छी लगी थीं और अचला सचदेव 'वक़्त' में। लीला चिटनिस ने 'काला पानी' और 'गाइड' में मेरे ऊपर गहरा प्रभाव छोड़ा था। और इन सब के ऊपर दुर्गा खोटे।

उधर खलनायकों की लम्बी कतार थी। इसमें भी के. एन. सिंह शामिल थे। इनके साथ प्राण और जीवन हमारे पसन्दीदा थे। प्राण की अपनी अदा थी तो जीवन की अपनी। इन दोनों को हमने बदलते हुए भी देखा। प्राण का तो जवाब ही नहीं था, सिहरा देते थे, सिर्फ़ दो फिल्मों का नाम लूं-'मधुमती' और 'राम और श्याम'। जीवन मुझे 'जानी मेरा नाम' में बहुत अच्छे लगे, बड़े-बड़ों के सामने उन्होंने अपने

अभिनय का जौहर दिखाया था। खलनायकी में राजन हक्सर (जंगली), मनमोहन (अमर प्रेम) भी याद रह गये हैं।

बड़े खलनायकों की सूची में अजीत पहले नायक थे, 'जंजीर' में मुझे पसन्द आये। और शत्रुघ्न सिन्हा जो बाद में नायक बन गये, 'रामपुर का लक्ष्मण' में बहुत प्रभावशाली लगे। फिर रंजीत और प्रेम चोपड़ा। प्रेम चोपड़ा 'कटी पतंग' के लिए याद रहे और रंजीत 'विक्टोरिया नम्बर 203' के लिए।

तब फिल्मों में कॉमेडी का एक समानान्तर ट्रैक चलता था। फ़िल्म बहुत गम्भीर हो जाती तो हास्य का प्रसंग आ जाता। इसमें जॉनी वाकर, आई. एस. जौहर और महमूद हमेशा मेरे चहेते रहे। जानी वाकर 'छूमंतर', 'सी आई डी' और 'चौदहवीं का चांद' में मुझे बहुत पसन्द आये थे। आई. एस. जौहर ने 'हम सब चोर हैं' में अपनी अमिट छाप मुझ पर छोड़ी थी। महमूद लम्बे समय तक छाये रहे लेकिन मेरी याद में वे 'छोटे नवाब' और 'नीलकमल' की वजह से बसे रहे। इनके साथ राधाकृष्ण (छोटी बहन), सुन्दर (मेरे महबूब) और धूमल (हमराही) ने मुझे बहुत हंसाया था। दूसरी श्रेणी पर खड़ी नायिकाओं ने भी प्रभावित किये रखा वीणा जिन्होंने 'अफसाना' और 'परिचय' में बढ़िया अभिनय किया था। श्यामा का काम मुझे 'छोटी बहन' और 'भाई भाई' में बहुत जंचा था। वैसे वे हर फ़िल्म में बहुत अच्छा काम करती थीं। इसी तरह मीनू मुमताज भी अपना असर छोड़ती थीं। इस लिहाज़ से 'चौदहवीं का चांद' की मीनू मुमताज़ हमेशा याद रहीं। वो समय दारा सिंह की फिल्मों का भी था। दारा सिंह के साथ मुमताज, निशि, कुमकुम और हेलेन भी नायिकाएं बनीं। मुमताज बहुत आगे गयीं। मैं दारा सिंह की फिल्में कम देखता था लेकिन एक फ़िल्म उस समय देखी थी 'लुटेरा' जिसके गाने भी ज़बरदस्त थे, लक्ष्मीकान्त प्यारेलाल का संगीत था। निशि ने इसमें उम्दा काम किया था। हिन्दी फिल्में क्या हैं मेरी यादों में बस जाने वाला सिलसिला हैं। ऐसा नहीं है कि इस 'असली सिनेमा' में कोई कमी न हो। स्वतन्त्रता के पहले से ही बोलती फिल्मों के 10-15 वर्ष बाद से ही यह फिल्में भी 'फार्मूलाबद्ध' होने लगी थीं। कहीं दबी-ढकी एक लम्बी नज़्म मुझे मिल गयी है, इसमें लाहौर के एक 'सस्ते रेट सिनेमा' में फ़िल्म देखने का रोचक तबसिरा है। इसमें यह भी आ गया है कि सिनेमा देखते समय दर्शकों की क्या प्रतिक्रिया होती है और यह भी कि इस सिनेमा के 'फार्मूला' क्या थे। यह जान लीजिए कि ये सब फार्मूला दर्शक को आनन्द देते थे और इन्हें बहुत कलात्मक ढंग से फ़िल्म में रखा जाता था। रोचकता और मनोरंजन इनका ध्येय होता था। अब और नहीं, बस यह नज़्म

पढ़िये इस टिप्पणी के साथ कि बंटवारे के पहले के भारत में उर्दू/हिन्दुस्तानी फिल्मों के निर्माण का लाहौर एक बड़ा केन्द्र था। बंटवारे के बाद जब बंबई केन्द्र बना तो लाहौर से बहुत से कलाकार, फिल्मकार और संगीतकार यहाँ आ गये थे। इन सब का नाम हिन्दी सिनेमा के इतिहास में मिल जाता है। नज़्म पढ़िये, ख्जिर तमीमी की है:

मिरे पेशे नज़र[1] है एक सस्ते रेट का सिनमा
यही लाहौर के 'मस्ताने मस्ती गेट' का सिनमा
वो शोर उठता है ऊँची सीटियों का फह्श गानों[2] का
कि जैसे कोई हंगामा इलेक्शन के जमानों का
उधर पर्दे से जैसे ही कोई औरत दिखायी दी
कि बच्चों ने इधर आगोशे मादर[3] की दुहाई दी
जो पिक्चर में जरा-सा भी विसाले यार[4] हो जाये
तो अह्ले दिल को पूरी जिंदगी दुश्वार हो जाये
उधर जब नर्गिसों और 'कर्गिसों'[5] में सामना होगा
इधर उश्शाके दिल बर दस्त[6] में महशर बपा[7] होगा
कभी रक्से मुसर्रत में कभी जोशे रकाबत[8] में
बराहे रास्त सब शामिल हैं हीरो की महब्बत में
यहाँ जब फ़िल्म अकसर इत्तिफाकन टूट जाती है
तो अहले ज़ौक़ की नब्जे तहम्मुल[9] छूट जाती है
फजा में गूंज उठती है कई अकसाम[10] की गाली
कभी इस नाम की गाली कभी उस नाम की गाली
वो देखो एक ऊँचे पेड़ पर गाने लगा हीरो
तड़पकर ख़ुद जमाने भर को तड़पाने लगा हीरो
अकेले हाथ से दस बीस तलवारें चलाता है
जहाँ चढ़ना भी मुश्किल है वहाँ से कूद जाता है
अगर मुफलिस है ख़ुद तो इश्क़ मालामाल लड़की से
गर नाव[11] ढूंढ कर कल्लाशों[12] खस्ताहॉल लड़की से
कलेजा थाम लो मुजरे की महफिल जमने वाली है
ये महफिल जम गयी साहिब तो फिर कब थमने वाली है
मियां कव्वाल ने लट इस तरह लटका के रक्खी है
कि जैसे रेस के घोड़े ने दुम कतरा के रक्खी है
अभी क्या है अभी एक गेरुआ साधु भी आयेगा

फकत[13] आने के क्या मानी वो गाना भी सुनाएगा
ये साधू बात से हालात का मुँह मोड़ देता है
कहानी के सब अज्जायें परीशा[14] जोड़ देता है
हमारा और इस साधू का याराना पुराना है
कि हर पिक्चर में इक मुद्दत से इसका आना जाना है।

कई बातें इस नज़्म में ऐसी हैं जो हमारी सिनेमा की यादों को बड़ा लुत्फ देती हैं। हमारे समय में भी नृत्य वाले गानों में सीटियाँ बज जाती थीं। बनारस में बिजली बहुत जाती थी और खस्ताहॉल पिक्चर हॉलो में रील भी उतर जाती थी। ऐसे में ख़ूब शोरों-गुल मचता था। प्रोजेक्टर वाले 'मुक्के' की ओर देख कर लोग गालियाँ भी देते थे। यह तलवारबाजी वाली फिल्मों का भी जमाना था। रंजन और महिपाल जैसे नायक ज़ोरदार तलवारबाजी करते थे। बाद में बड़े-बड़े नायकों ने भी की-दिलीप कुमार (आन, आजाद, कोहिनूर) इसकी मिसाल बने। राजेंद्र कुमार ने भी तलवारें चलाईं (सूरज) और शम्मी कपूर ने भी (राजकुमार)। अमीर लड़की-ग़रीब लड़का या ग़रीब प्रेमिका-अमीर प्रेमी की कहानी तो आजकल भी चलती है। अब कम हो गया है, पहले एक-दो मुजरे फिल्मों में होते ही थे। इनकी धुनें और गीत हिट होते थे। एक किताब है जिसमें हिन्दी फिल्मों में मुजरा पर दो अध्याय हैं। इस किताब 'इस्लामिकेट कल्चर्स ऑफ़ बांबे सिनेमा (इरा भास्कर, रिचर्ड एलेन, 2009 : तूलिका बुक्स, नई दिल्ली) में उन फिल्मों पर बात की गयी है जो तवायफों पर केन्द्रित हैं जैसे, पाकीज़ा, उमराव जान, सरदारी बेगम आदि। पर हिन्दी की अन्य अनेक फिल्मों का मुजरा हिस्सा रहा है और मुजरा गीत भी। मुजरा दिलीप कुमार वाली 'देवदास' में भी है, चौदहवीं का चाँद और साहब बीबी और गुलाम में भी। दिल दिया दर्द लिया, गंगा जमुना, मधुमती, साधना और कई फिल्मों में मुजरा दिलकश रूप में प्रस्तुत किया गया है। जैसा कि पहले भी कहा कव्वालियों का भी जमाना था, एक से एक। 'बरसात की रात' की कव्वालियों ने झंडे गाड़ दिए थे। 'ताजमहल', 'बेनजीर', 'साधना' और 'उस्तादों के उस्ताद' में भी दिलकश कव्वालियाँ थीं। साधु भी फिल्मों में बहुत बाद तक आते रहे। साधु का भेस बदल कर नायक भी ख़ूब आता था। 'नागिन' में प्रदीप

शब्दार्थ : पेशे नज़र[1]-सामने, फहश[2]-फूहड़, आगोशे मादर[3]-मां की गोद, विसाले यार[4]-प्रेमी का दीदार, कर्गिसों[5]-खलनायिका, उश्शाके दिल बर दस्त[6]-दिल हाथ में लिये हुए आशिक़, महशर बपा[7]-कयामत आ जायेंगी, जोशे रकाबत[8]-शत्रुता के जोश में, नब्जे तहम्मुल[9]-धैर्य की नब्ज, अकसाम[10]-प्रकार, गर नाव[11]-वरना, कल्लाश[12]-निर्धन, फकत[13]-सिर्फ़, अज्जायें परीशां[14]-बिखरे हुए अंश

कुमार ने, 'राजकुमार' में शम्मी कपूर ने 'कोहिनूर' में दिलीप कुमार ने 'हीर रांझा' में राजकुमार ने, 'जीवन मृत्यु' में धर्मेंद्र ने यह वेश धरा था। यह नज्म सिनेमा देखने वाले 'सिनेमा के आशिक़' की नज़र से लिखी गयी है। हम भी सिनेमा के आशिक़ थे इसलिए यह नज़्म चाहे कितनी भी पुरानी हो, मुझे बेइन्तहा मजा देती है।

बनारस के सिनेमा हॉलो का परिचय देने के पहले उस समय के भोजपुरी सिनेमा पर भी थोड़ी बात की जाय। यह सिनेमा हमारे लड़कपन में ही शुरू हुआ था। 'गंगा

मइया तोहे पिपरी चढ़इबो (सन् 1963) पहली भोजपुरी फ़िल्म थी। हमारे पास वाले प्रकाश टॉकीज में लगी थी। फ़िल्म ने तहलका मचा दिया था। हमलोग भी इसे महीनों बाद देख पाये। इसकी अधिकतर शूटिंग बनारस और आसपास के गाँव में हुई थी। कुमकुम नायिका थीं और असीम कुमार नायक। कुमकुम ज़बरदस्त नृत्यांगना और अभिनेत्री थीं। महबूब खान की 'मदर इंडिया' में भी उन्होंने काम किया था और एक बड़ा ही मधुर गीत' घूंघट नहीं खोलूंगी सैयां तोरे आगे' उन पर फिल्माया गया था। बाद में महबूब खान ने उन्हें 'सन ऑफ़ इंडिया' में नायिका की भूमिका दी थी। गुरुदत्त भी कुमकुम की प्रतिभा का सम्मान करते थे। उन्होंने कुमकुम को 'आरपार' 'सीआईडी' 'मिस्टर एंड मिसेस 55' और 'प्यासा' में भूमिकाएँ दी थीं। कुमकुम ने किशोर कुमार के साथ तीन-चार फिल्मों में नायिका की भूमिका निभाई थी। रामानन्द सागर की 'आंखें' में उनकी भावप्रवण भूमिका थी। 'भौजी' (सन् 1965) 'लागी नाही छूटे राम' (सन्1963), 'नैहर छूटल जाय' (सन् 1964), और 'हमार संसार' (सन् 1967) में कुमकुम ही नायिका थीं। इनमें से 'नैहर छूटल जाय' को छोड़ कर सभी फिल्मों में उनके नायक असीम कुमार थे। कुमकुम बनारस की ही थीं।

असीम कुमार बनारस की प्रसिद्ध नाट्य संस्था 'नाट्य परिषद' के नाटकों में भूमिकाएँ निभाते थे। बहुत सौम्य अभिनेता थे। बिमल राय की निगाह उन पर पड़ी और 'देवदास' फ़िल्म में उन्होंने असीम कुमार को एक रोल दे दिया-उस ज़मींदार के बड़े बेटे का जिनसे पारो का ब्याह हुआ था। बाद में कई फिल्मों में असीम कुमार दिखायी दिए। 'अनाड़ी' फ़िल्म में उन पर एक गीत फिल्माया गया था–1956-1957-1958-1959। दक्षिण भारत में निर्मित कई सामाजिक फिल्मों में भी उन्होंने कई छोटे-मोटे रोल किये। ऋषिकेश मुखर्जी की फ़िल्म 'आशीर्वाद' में उन्होंने एक बैलगाड़ी वाले की भूमिका निभाई थी और मन्ना डे की आवाज में गाया एक गीत उन पर फिल्माया गया था-जीवन से लम्बे हैं बन्धु ये जीवन के रस्ते (संगीत: वसन्त देसाई)।

'गंगा मइया....' के सभी गाने लोकप्रिय हुए। चित्रगुप्त का संगीत था-काहे बसुरिया बजउले, लुक छिप बदरा में, सोनवा के पींजरा में जैसे गीत तो लोगों को पागल बनाये हुए थे और इन सब के ऊपर 'गंगा पुजैया' का गीत-हे गंगा मइया तोहें पिपरी चढ़इबो। जब मैंने फ़िल्म देखी तब मैं बनारस से बहुत परिचित नहीं था। गंगा घाट, बज़ड़ा यह सब देख चुका था। इस फ़िल्म का शीर्षक गीत बजड़े पर होता है जिसमें बनारस के घाट भी दिखायी पड़ते रहते हैं। इस फ़िल्म में दालमण्डी की गली भी दिखायी पड़ती है। मुझे उस समय भी अतीव आनन्द कबीरचौरा के मर्दाना

अस्पताल को देख कर और उसके सामने ऊँचे चबूतरे पर लाइन से लगी दवा की दुकानों को देख कर आया था जिन पर कुमकुम दवा की पर्ची ले कर पूछ रही हैं कि यह दवा है कि नहीं।

इसमें चाँद मेडिकल हॉल का बोर्ड देख कर तो मैं विभोर हो गया था। इस फ़िल्म में नजीर हुसैन का काम गजब का था जिसमें उन्होंने ताड़ी के 'लती' पिता की भूमिका निभायी थी और जिनकी इस आदत ने उनकी पुत्री कुमकुम का जीवन

ही नष्ट कर दिया। ताड़ीखाने में एक संवाद है। नजीर हुसैन ताड़ी के ठेके पर बैठे हैं। हाथ में ताड़ी का पुरवा है। वो उसमें उंगली डाल कर घुमा रहे हैं। उनके पास बैठा नशेड़ी पूछता है कि यह तुम क्या कर रहे हो। जवाब ऐसा है कि खट्ट से हृदय पर लग जाता है। वे कहते हैं-*देख रहा हूँ कि यह पुरवा कितना गहरा है कि इसमें मेरा खेत-खलिहान, बैल-गोरु सब समा गये*। इस फ़िल्म के निर्देशक कुंदन कुमार थे। बनारस के ही थे। उन्होंने बाद में भी दो-तीन भोजपुरी फिल्में बनायीं। सब हिट। इस फ़िल्म के भोजपुरी गीत शैलेंद्र ने लिखे थे। फ़िल्म भोजपुरी गांव का सुन्दर चित्र थी। गाँवों से लोग यह फ़िल्म देखने बनारस आते थे। ये सभी फिल्में जिनका नाम मैंने लिया गुणवत्ता में श्रेष्ठ थीं। गीत-संगीत भी बेजोड़। 'बिदेसिया' (सन् 1963) को छोड़ कर सभी फिल्मों का संगीत चित्रगुप्त ने दिया था और गीत शैलेंद्र ने लिखे थे।

'बिदेसिया' भी सशक्त फ़िल्म थी। इस पूरी फ़िल्म का फिल्मांकन बनारस और सारनाथ के बीच स्थित एक गांव आशापुर में किया गया था। इसके नायक सुजीत कुमार और नायिका नाज थीं। सुजीत कुमार भी बनारस के ही थे। हरिश्चन्द्र कॉलेज की पीछे वाली गली में उनका मकान था। नाटकों का शौक इन्हें भी था। हिन्दी फिल्मों में भी इन्होंने अपनी उत्कृष्ट जगह बनायी। नायक भी रहे और सहनायक तो कई फिल्मों में रहे। मुझे उनका काम 'आँखें' और 'अमर प्रेम' में बहुत रुचा था। 'बिदेसिया' में सारनाथ भी दिखाया जाता है, गौदोलिया का चौराहा भी और ठठेरी गली भी। इस फ़िल्म में जीवन भी थे, बहुत बढ़िया रोल में। इस फ़िल्म की मूल भाषा काशिका थी। इसमें पद्मा खन्ना भी थीं। वे 'गंगा मइया.......' में भी थीं। वे भी बनारस की हैं। 'बिदेसिया' के गीतों ने धूम मचा दी थी। इसका संगीत एस. एन. त्रिपाठी ने दिया था जिन्होंने अनेक हिन्दी फिल्मों में भी मधुर संगीत दिया। मुझे अभी 'जनम जनम के फेरे' और 'महाकवि कालिदास' का स्मरण हो रहा है। 'बिदेसिया' में प्रत्येक भोजपुरी रंग के गीत थे-कजरी, चैती, बिरहा, और बिरहा शैली में कव्वाली भी। इन गीतों का फिल्मांकन भी बहुत सुन्दर किया गया था-'रिमझिम बरसे ला सावनवा', हँसी-हँसी पनवा खिअउले बेईमानवा' और 'दिनवा गिनत मोरी घिसली उमरिया'। भोजपुरी की ये फ़िल्में बनारस की तरह ही मेरे दिल में बसी हुई हैं। बनारस की उपस्थिति के कारण ही मुझे एवीएम की 'बरखा' और त्रिलोक जेटली की 'गोदान' अत्यन्त प्रिय हैं। 'बरखा' (सन् 1960) में एक पूरा गीत नाव खेते हुए जगदीप पर फिल्माया गया है-'आदमी चिराग है उसकी चलेगी क्या' जिसमें नाव के साथ-साथ एक-एक कर

के बनारस के घाट हमारे सामने से गुज़रते चले जाते हैं। इस फ़िल्म में भी संगीत चित्रगुप्त का था। इस गीत को गाया था मोहम्मद रफी ने। 'गोदान' (सन् 1963) प्रेमचन्द के उपन्यास पर आधारित फ़िल्म थी। राजकुमार और कामिनी कौशल ने इसमें होरी और धनिया की भूमिका निभायी थी। गोबर बने थे महमूद और झुनिया, शुभा खोटे। शशिकला ने मालती की भूमिका की थी और स्वयं त्रिलोक जेटली ने मेहता की। इस फ़िल्म का प्राण था इसका संगीत जिसे पण्डित रविशंकर ने दिया था। उनका तो जन्म ही बनारस में हुआ था (सन् 1920)। रविशंकर जी प्रतिवर्ष काशी में उस्ताद अलाउद्दीन खान की स्मृति में संगीत समारोह आयोजित किया करते थे। उनकी संस्था का नाम 'रिम्पा' था-रविशंकर इंस्टीट्यूट आफ परफार्मिंग आर्ट्स। पण्डित रविशंकर भी बनारस से अनजान नहीं थे। यहाँ के लोक संगीत की ताकत की भी उन्हें पहचान थी। दो गीत तो मुझे आज भी झुमा देते हैं-'पिपरा के पतवा सरीखे डोले मनवा कि हियरा में उठत हिलोर' (मोहम्मद रफी) और एक होरी गीत 'होरी खेलत नन्दलाल बिरज में (रफी और साथी)। हाँ एक सोहर भी इस फ़िल्म में है-'जनम लियो ललना कि चाँद मोरे अंगना उतर आयो रे' (लता मंगेशकर)। एक दर्द भरा चैती गीत मुकेश की आवाज में भी है। इस गीत की जो पहली दो पंक्तियाँ हैं उन्हें प्रेमचन्द ने 'गोदान' उपन्यास में लिखा भी है। दुख से बेहॉल होरी के मुख से ये पंक्तियाँ उपन्यास में उच्छवास की तरह निकली हैं। इन्हीं दो पंक्तियों को दो छन्दों के गीत में ढाल कर फ़िल्म में रखा गया है। उपन्यास वाली पंक्तियाँ हैं-*हिया जरत रहत दिन रैन, अमवा की डारी पै कोयल बोले तनिक न आवत चैन हो रामा, जरत रहत दिन रैन।*

ऐसी न जाने कितनी हिन्दी और भोजपुरी फिल्में मैंने बनारस के सिनेमा हालों में देखीं। इन थियेटरों की छवि ही नहीं इनकी सुगन्ध भी मेरे मन में बसी हुई है। अलग-अलग ढाँचो, भिन्न प्रकार की व्यवस्थाओं और सिनेमा को बनारस के जन-जन तक पहुँचाने की स्मृतियों से भी मेरा मन भरा हुआ है। कितनी जगहें थीं जिनकी दीवारों पर इन सिनेमा हॉल में चल रही फिल्मों के कागज के पोस्टर चपकवा देते थे-बहुत ही आकर्षक पोस्टर। इन पर नीचे की ओर टॉकीज की नाम की चिप्पी चिपकी रहती थी। फ़िल्म हटती तो पुराने को हटा कर नया पोस्टर लगा दिया जाता। यह थियेटर रिक्शे पर भी फ़िल्म का प्रचार करते थे। दीवार वाले पोस्टर ही एक फ्रेम पर चिपका कर रिक्शे के हुड के दोनों ओर चिपका दिये जाते थे। रिक्शे की सीट पर बैठा हुआ

व्यक्ति एक विशेष शैली में फ़िल्म के बारे में बोलता जाता था। यह रिक्शा शहर भर की सड़कों पर दिन-भर घूमता। इसी तरह लकड़ी के दो बड़े फ्रेमों का झोपड़ीनुमा चार पहिया लगा हुआ एक ढांचा हुआ करता था जिसके दोनों ओर बड़े आकार के पोस्टर चिपके होते थे। ढांचे को ढकेलते हुए एक आदमी शहर भर में घूमता था। कोई बड़ी फ़िल्म होती तो ये रिक्शे या ढाँचे वाले 'प्रचारक' फ़िल्म की जानकारी देने वाला एक पैम्फ्लेट भी बाँटते चलते। नगर में सिनेमा का माहौल बनाने में प्रचार के ये तरीक़े बड़ा योगदान करते थे। मुझे याद है कि कबीर चौरा पर जनाना अस्पताल की लम्बी दीवार पर यहाँ से वहाँ तक लगभग सभी थियेटरों के पोस्टर चिपकाये जाते थे। मिडिल स्कूल की बाहरी दीवार पर भी पोस्टर चिपके रहते थे। आगे लहुराबीर जाते समय बीच में घोड़ा अस्पताल पड़ता था उसकी दीवार भी वसी थी जिस पर कई पोस्टर चिपके रहते थे। ऐसे ही शहर के भिन्न भागों में निश्चित दीवारें थीं जिन पर ये थियेटर अपने-अपने पोस्टर चिपकाते थे। कई पोस्टर तो बिल्कुल फ्रेम कराने लायक होते थे। मुझे याद हैं 'गाइड' और 'ज्वेल थीफ' के पोस्टर। 'गाइड' के पोस्टर पर देवानन्द का गेरुआ वस्त्र लपेटे क्लोजअप अंकित था। बहुत ही सुन्दर। 'ज्वेलथीफ' के पोस्टर में देवानन्द का वह चित्र छपा था जिसमें वे ख़ास तरह की टोपी पहने तिरछी नज़रों से देख रहे हैं। यह चित्र फ़िल्म में भी दिखाया गया है जिसे पोस्टर पर अंकित कर दिया गया था। इसी तरह 'गोपी' के पोस्टर भी आकर्षक थे और 'राम और श्याम' के भी। जब पुरानी फिल्में लगतीं तो उनके पुराने वाले पोस्टर ही चिपकाए जाते। मुझे 'कागज के फूल' का पोस्टर याद है। 'टैक्सी ड्राइवर' का याद है। 'कोहिनूर' का याद है और 'घराना' का भी। ये कलात्मक पोस्टर हमें बाँध लेते थे। हमारे एक-दो मित्र थे जिन्होंने फिल्मी पोस्टरों का संकलन भी किया था। अब तो शहरों में फ़िल्म प्रचार के ये ढंग ही समाप्त हो गये हैं। कहीं कोई पोस्टर चिपका दिखता भी है तो अत्यन्त फूहड़।

थियेटर पर भी कैनवस पर बनाया एक बड़ा पोस्टर लगाया जाता था। हर थियेटर भवन के बीचोबीच इसके लिए फ्रेमनुमा एक जगह बनी होती थी। प्रकाश टॉकीज के पीछे ये बड़े पोस्टर बनाये जाते थे। ख़ूब बड़ी जगह थी। चार-छह ग्रुप में कलाकार अलग-अलग पोस्टर बनाते रहते थे। मैंने इन्हें नजदीक से देखा है। ये कागज वाले पोस्टर की नाप-जोख कर के पता नहीं किस गणित से बड़े वाले कैनवस पर काली स्याही से छोटे-बड़े चौखाने बनाते थे जो जुड़ते घटते हुए आकृतियाँ बन जाती थीं।

फिर इनमें आकर्षक रंग भरे जाते। एक पोस्टर बनाने में कई-कई दिन लग जाते थे। हैदराबाद में यह मशहूर था कि प्रसिद्ध चित्रकार एम. एफ. हुसैन अपने संघर्ष के दिनों में हैदराबाद के थियेटरों के लिए कैनवस पोस्टर तैयार करते थे। यह बात उन्होंने अपनी किताब में भी कही है। अब तो बना बनाया फोटो पोस्टर आ जाता है जिसे थियेटर के बड़े फ्रेम में चिपका दिया जाता है। बीच में यह पोस्टर चिपका रहता

है। चारों ओर की जगह खाली रहती है, कला बोध की रेंड़ पिट जाती है।

चलिये अब आपको अपने भीतर घुस कर बैठे बनारस के कुछ थियेटरों का परिचय दे दूँ। समय का चक्र बड़ा विकट होता है-इनमें से कई थियेटर खण्डहर हो चुके हैं। कुछ 'मॉल' में तब्दील हो गये हैं तो कुछ 'अपार्टमेंटस' में। थोड़े बचे हैं जो घिसटते हुए चल रहे हैं। नई फिल्मों पर मल्टीप्लेक्स का कब्जा हो गया है। ये एकल थियेटर द्वितीय श्रेणी की नई फिल्मों, भोजपुरी-फिल्मों, मल्टीप्लेक्स से उतरी हुई फिल्मों या पुरानी हिट फिल्मों को चला कर अपने को घसीट रहे हैं। कब तक चल पायेंगे इस आंधी में, कौन जाने। लेकिन मेरे भीतर तो ये सब जिन्दा हैं और रहेंगे।

1. **प्रकाश टॉकीज :** यह हमारे घर के सबसे निकट था, लहुराबीर पर। घर भर पैदल भी चला जाता था। गली से बरवातरे निकल कर, पिसनहरिया कुँआ से सीधे रामकटोरा होते हुए हम प्रकाश टॉकीज आ जाते। प्रकाश टॉकीज के सामने ख़ूब बड़ा टाइल्स जड़ा चबूतरा था। चबूतरे के बाद टॉकीज की दीवार के साथ दाहिनी ओर प्रथम श्रेणी की और बायीं ओर बालकनी की टिकट खिड़कियाँ थीं। प्रकाश टाकीज के दायें, बायें पीछे खुली-खुली जगहें थीं। दायीं ओर मिठाई की दुकान थी। ढाबे थे। पान की दुकान थी और एक पत्रिका और लोकप्रिय साहित्य बेचने वाली किताबों की दुकान भी। इसी ओर तीसरी श्रेणी का टिकट मिलता था। सामने की दोनों टिकट खिड़कियों के बीच शटर वाला प्रवेश द्वार था। अन्दर गोलाकार सहन था जिसकी दीवारों के चार कोनों पर दरवाजे के आकार के शीशे जड़े लकड़ी के फ्रेम कसे हुए थे। इनमें से दो में कागज के पोस्टर पिन से लगा दिये जाते थे–एक चल रही फ़िल्म का और दूसरा आने वाली फ़िल्म का। बाक़ी दो में चल रही फ़िल्म के 'स्टिल्स' पिन अप किये रहते थे। ये सफेद रंग के छोटे बोर्ड होते थे जिनके निचले हिस्से पर फ़िल्म का नाम, निर्माता-निर्देशक का नाम और संगीतकार का नाम अंकित रहता था और बीच में फ़िल्म का कोई दृश्य। ये 'स्टिल्स' बहुत सुन्दर इसलिए भी लगते थे कि इनमें सिनेमा के उन दृश्यों की तस्वीरें दी जाती थीं जो फ़िल्म की कहानी और फोटोग्राफी की दृष्टि से महत्वपूर्ण होती थीं। प्रकाश टॉकीज की स्क्रीन पर पर्दा नहीं था। ज़्यादातर दर्शक हॉल में बैठ चुके होते तो स्लाइड्स चलाई जातीं। इसके बाद न्यूजरील और फिर फ़िल्म। मैंने अपने जीवन की पहली फ़िल्म 'शारदा' (सन् 1957) प्रकाश टॉकीज में ही देखी थी। छह साल की उम्र में, कुछ भी याद नहीं रहा। मुकेश का गाया एक गीत ज़रूर याद रह गया था-जप-जप जप-जप जप रे प्रीत की माला। अभी एकाध साल पहले मैंने 'शारदा' देखी। 'प्यासा' भी यहीं देखी, तभी। दो-चार

दृश्य याद रह गये। बाद में देखी तो ये दृश्य 'रिकॉल' भी हुए। प्रकाश टॉकीज बड़ी फिल्में लगाता था। 'मुग़ले आज़म' यहीं लगी थी (सन् 1960)। बवाल मच गया था। हम सपरिवार देखने गये थे। कुछ याद न रहा। सलीम के आगमन पर मोतियों का तड़तड़-तड़तड़ ज़मीन पर गिरना, भारत के लेटे हुए नक्शे का ऊपर उठना, बालू पर चलते हुए दूर से एक व्यक्ति का थके कदमों से चलना जैसे कुछ ही दृश्य थे जो याद रह गये। प्रकाश टॉकीज में हमने सपरिवार और फिल्में भी देखीं जैसे 'खानदान' 'काजल' और 'पड़ोसन'.....। पिछली बार गया था तो पाया कि प्रकाश टॉकीज का पूरा भवन तोड़ कर गिरा दिया गया है।

2. **शीरीन टॉकीज :** शीरीन नई सड़क चौराहे के बाद भरे बाज़ार में एकदम सड़क से लग कर स्थित है। इसके सामने लम्बी हड़हा सराय वाली गली है जो दालमण्डी तक चली जाती है। इसके पीछे औरंगाबाद, काली महॉल और लल्लापुर मोहल्ले हैं। शीरीन टॉकीज मुस्लिम बहुल आबादी के बीचो-बीच है। इसमें ऊपर की ओर पोस्टर चिपकाने की जगह नहीं है। एक पोस्टर ऐसे ही भवन की ऊपरी रेलिंग पर लटका दिया जाता था। सड़क की पटरी से लगी तीन सीढ़ियाँ चढ़ कर दायें-बायें 'टिकट विंडो' थी। तीसरी सीढ़ी पर खड़े हो कर टिकट लीजिये। सामने से प्रवेश करें तो हॉल की छोटी-सी सहन आ जाती थी जिसमें दो सीढ़ियाँ चढ़ कर हॉल में जाने के लिए दो पल्ले का छोटा सा गेट था। सहन में बहुत कम जगह थी। बायीं ओर सामने की दीवार पर आठ-दस 'स्टिल्स' के फ्रेम फोटो की तरह टंगे होते थे। आगे बढ़ने पर बालकनी की संकरी-सी सीढ़ी थी। शीरीन टॉकीज में 'पर्दा नशीन' मुस्लिम महिलाएँ काफ़ी आती थी इसलिए इसकी बालकनी में पीछे की ओर सींखचो से घिरी दो पंक्तियाँ महिलाओं के लिए रिजर्व थीं। दस साल तक के बच्चे महिलाओं के साथ इस विशेष खण्ड में 'अलाउड' थे। मुझे अच्छी तरह स्मरण है कि मैंने 'मधुमती' (सन् 1958) और 'घराना' (सन् 1961) इसी तरह अपनी बहनों के साथ इसी 'स्पेशल क्लास' में बैठ कर देखी थी। दालमण्डी की वेश्यायें भी शीरीन में ख़ूब आती थीं, बुर्का पहन कर। मैंने शीरीन में बहुत कम फिल्में देखीं। एक शायद 'जिंदगी' (सन् 1964) और दूसरी 'फर्ज' (सन् 1967)। शीरीन के बाहर सड़क पर ठेले और खोमचे वाले बहुत स्वादिष्ट पकौड़ियाँ और समोसे बेचते थे। इनकी पकौड़ी मुझे बहुत प्रिय थी। एक-दो पत्ता इंटरवल में आ जाता, सभी थोड़ी-थोड़ी खा लेते।

3. **मज़दा टॉकीज :** मज़दा अपेक्षाकृत नया थियेटर था। शीरीन टॉकीज से सीधे गौदौलिया की छोटी चौमुहानी (गिरजाघर चौमुहानी) से दायें मुड़कर आगे बढ़ें

तो थोड़ी ही दूर पर दाहिनी ओर ही मज़दा था। इसके सामने बहुत बड़ा मैदान था, चारदीवारी से घिरा हुआ। मैदान के खत्म होने पर सामने हॉल था। ऊपर पोस्टर लगाने की जगह बनी थी। उसी के नीचे से सहन में प्रवेश हो जाता था। दाहिनी ओर बालकनी में जाने की ख़ूब चौड़ी-चौड़ी सीढ़ियाँ थीं। मैदान की बायीं ओर प्रथम श्रेणी और बालकनी की बुकिंग थी तथा दायीं ओर तृतीय श्रेणी की। तृतीय श्रेणी का टिकट ले कर आप सीधे आगे वाले दरवाजे से हॉल में जा सकते थे। सहन में प्रकाश टॉकीज की तरह ही 'स्टिल्स' और पोस्टर लगाने की जगह थी और वैसे ही सामने प्रवेश द्वार था। मज़दा की स्क्रीन पर भी पर्दा नहीं था। इंटरवल में मज़दा के मैदान में गौरी लजीज दही बड़े बेचते थे। एकदम ठण्डे और मुलायम। ख़ूब भीड़ जुटती लेकिन वो और उनके दो-तीन साथी सबको दनादन निपटाते जाते। मज़दा की सीटें, पंखे, स्क्रीन सब नये-नये से थे। मज़दा में मैंने कई फिल्में देखीं, अधिकतर सपरिवार-'जौहर महमूद इन गोवा' 'उपकार' 'पालकी' 'आये दिन बहार के', 'हाथी मेरे साथी', 'अनुपमा', 'हमराज़' और 'ज्वेल थीफ'। अब मज़दा बन्द हो गया है इसके बड़े मैदान में पार्किंग बना दी गयी है।

4. **कन्हैया चित्र मन्दिर :** इसे हम के. सी. एम. कहते थे। गोदौलिया की बड़ी चौमुहानी से चौक जाने वाली सड़क की बायीं ओर यह था। एकदम सड़क पर। इसके सामने मारवाड़ी अस्पताल है। कई शोरूम हैं, रेस्तरां है। केसीएम भरे बाज़ार में स्थित है। केसीएम के बाद एक गली बायें मुड़ती है जिसमें बनारस की प्रसिद्ध और प्राचीन मिठाई की दुकान 'मधुर जलपान' है, केसीएम के भवन में ही। मधुर जलपान के सामने तहखाने जैसी नीची जगह में दो छोटी-छोटी पान की दुकानें हैं। केसीएम की बालकनी और प्रथम श्रेणी का टिकट नीचे पटरी पर बनी बुकिंग में मिलता था। ऊपर पोस्टर की जगह पर सुन्दर पेंटेड पोस्टर लगा रहता था। सामने ही खुला-सा प्रवेश द्वार था। सहन क्या था सिर्फ़ रास्ता था। सामने से प्रथम श्रेणी में जाने का रास्ता और दाहिने दो बॉक्स। बायें से सीढ़ी ऊपर चली गयी थी जहाँ थोड़ी खुली जगह थी। इसकी एक दीवार पर काफ़ी लम्बी-चौड़ी शीशे की अलमारी-जैसी बनी थी जिसमें दो-तीन पोस्टर और कई 'स्टिल्स' लगे होते थे। सामने वाली दीवार में ऐसे ही एक लम्बा-सा ढांचा था जिसमें विशेष प्रकार के लम्बे पोस्टर लगे होते थे। मुझे याद है इसमें 'चौदहवीं का चाँद' का लम्बा पोस्टर लगा था जिसमें एक पत्थर के टुकड़े पर गुरुदत्त टेक लगाए खड़े हुए हैं। तंज़ेब का कुरता, चूड़ीदार पायजामा और दुपल्ली टोपी पहने हुए। फ़िल्म में 'मिली खाक में मोहब्बत.......' गीत के बीच का यह एक दृश्य था। केसीएम बनारस के मशहूर सर्राफा कन्हैयालाल दामोदरदास

का था। इनकी सोने-चाँदी के आभूषणों की कई कोठियाँ बनारस में हैं-राजा दरवाजा में, गोदौलिया पर, चौक में......। बाद में उन्होंने तेलियाबाग़ में एक थियेटर आनन्द मन्दिर भी बनवाया और बुलानाला वाले पुराने गणेश टॉकीज को खरीद कर-राधा चित्र मन्दिर के नाम से चलाया।

केसीएम बनारस का इकलौता एसी हॉल था। हम उसकी ऊपरी सहन में जब प्रवेश के लिए प्रतीक्षा कर रहे होते और कोई दर्शक या गेटकीपर हॉल के भीतर से निकलता तो पल्ला तनिक-सा खुलते ही ठण्डी हवा का झोंका सहन में प्रवेश कर जाता। केसीएम बहुत ही व्यवस्थित थियेटर था। इसकी स्क्रीन थोड़ा पीछे थी जैसे कहीं दूर लगी हो। एक चुन्नटदार रानी कलर का सुन्दर सिल्केन पर्दा इसे ढंके रहता था। स्लाइड्स दिखाये जाते तब भी पर्दा गिरा ही रहता, फिर ऊपर को सरकता-सरकता न जाने कहाँ गुम हो जाता। थोड़ी देर स्लाइड्स बेपरदा भी चलते। केसीएम में खाने का सामान भीतर नहीं ला सकते थे। इंटरवल में केवल ठण्डा बेचने वाले हाल के अन्दर आते थे। केसीएम में मैंने बहुत फिल्में नहीं देखी। 'चौदहवीं का चाँद' (सन् 1960) हम सब ने बड़े मामा के परिवार के साथ देखी थी जब वे गर्मियों की छुट्टी में हमारे यहाँ आये थे। फ़िल्म के मज़ेदार प्रसंग मुझे बराबर याद रहे। दाढ़ी लगा कर जानी वाकर का गाना गाना, कुँए के पास की भगदड़, 'ताजपोशी' के लिए लगी जूतों की कतार.....। गाने मुझे फ़िल्म देखते-देखते याद हो जाते थे। इसके भी एक-दो गाने याद हो गये-'बदले-बदले मेरे सरकार नज़र आते हैं' की धुन मुझे बहुत अच्छी लगती थी, आज भी लगती है। फिर केसीएम में ही हम सब ने 'दादी माँ' और 'गुमराह' देखी। केसीएम भी अब बन्द है। मार्केट कॉम्प्लेक्स बन गया है।

5. **दीपक टॉकीज :** केसीएम के आगे भी ठसाठस बाज़ार है, दोनों ओर। आगे थोड़ी ही दूर पर खड़ी ढाल पर दीपक टॉकीज था, दुकानों और शो रूमों के बीच। बायीं ओर सड़क के किनारे इसका बहुत बड़ा गेट था। गेट के भीतर काफ़ी खुली जगह थी, ईट बिछी हुई। हॉल के साथ पक्की टाइल्स वाली जगह थी जिसके दोनों ओर काउंटर जैसा बना कर बहुत मॉडर्न ढंग से चाय, कॉफी, ठण्डा, पैटीज आदि मिलते थे। इन दोनों स्टॉल्स के ऊपर की दीवारों पर फ़िल्म के स्टिल्स लगे रहते थे। यहीं से बायें एक बड़ी कलात्मक पत्थरों की सीढ़ी ऊपर चली जाती थी। दाहिने थोड़ा अन्दर जा कर प्रथम श्रेणी का प्रवेश द्वार था। बहुत पहले दीपक टॉकीज 'विश्वेश्वर थियेटर' था जिसमें नाटक खेले जाते थे। पापा बताते थे कि उन्होंने एकाध पारसी थियेटर और पृथ्वीराज कपूर के एक-दो नाटक इसी में देखे थे। इसके प्रथम श्रेणी वाले गेट के ऊपर भी पत्थर से तराश कर 'विश्वेश्वर थियेटर' लिखा हुआ था।

चित्रा सिनेमा का भवन, बाहर से

दीपक टॉकीज के सड़क वाले बड़े गेट से घुसने पर दाहिनी ओर एक बड़ी जगत का कुँआ था जिस पर बैजू साव की दुकान सजी रहती। वे जलेबा, खस्ता कचौड़ी और छोला बनाते थे-शुद्ध देशी घी का सामान। बनारस में नम्बर एक। इंटरवल में लोग यहाँ कुछ खाते और कुँए का ठण्डा जल पीते। दीपक टॉकीज में बायीं ओर छोटी-सी गैलरी थी सींखचेदार जिसमें से जा कर प्रथम श्रेणी की बुकिंग थी। टिकट ले कर एक छोटे-से दरवाजे से सीढ़ीवाली जगह पर निकल आते थे। ऐसे ही दाहिनी ओर सींखचेदार लम्बी गैलरी थी जिसके अन्त में तीसरी श्रेणी की बुकिंग थी। टिकट ले कर सीधे हॉल में जा सकते थे। दीपक टॉकीज भी बनारस के अच्छे सिनेमा हॉलों में से एक था। इसी के प्रांगण में दाहिनी ओर बनारस का अच्छा रेस्टोरेंट था 'कोनामे रेस्टोरेंट'। इसमें फिल्में भी टॉप ग्रेट की लगती थी। 'संगम' मैंने इसी में देखी थी। और 'मेरा नाम जोकर' भी। इस फ़िल्म का व्यापक प्रचार था। पर चली नहीं। मैं बी. ए. में था। अपने दो मित्रों के साथ इतवार को दो घण्टे पहले गया कि टिकट ले कर घर आऊँ और फिर सब साथ चलें। थियेटर पर सन्नाटा था। कुछ ब्लैक वालों ने मूल दाम पर ही टिकट दे दिए। मेरे कॉलेज के दोनों मित्र वहीं रह गये, मैं घर आ गया। आराम से खा-पी कर हम 3:00 से 7:00 वाला शो देखने गये।

यह फ़िल्म चार घण्टे की थी। दो मध्यांतर होते थे। दीपक टॉकीज में मैंने 'अनीता' भी देखी और राजेश खन्ना की 'दुश्मन' भी। दीपक टॉकीज में भी अब फिल्में नहीं चलतीं पर भवन खड़ा है।

6. **चित्रा सिनेमा :** यह बीच चौक में था। बाटा की बड़ी दुकान और बनारस स्टेट बैंक के ठीक सामने। तीन मंजिला भव्य भवन है जिसकी दोनों ओर पत्थर की कटावदार रेलिंगें लगी हैं। सड़क से भीतर जाने पर बहुत खुली हुई जगह है जिसके दो किनारों पर छोटी छोटी पक्की दुकानें हैं-रफूगरों की, डाई करने वालों की, बीड़ी-सिगरेट की और मशहूर पान की दुकान मदन गुरु की। खुली जगह के सामने से भवन की चौड़ी सीढ़ी जाती है जिससे लगा बुकिंग काउंटर है। बालकनी और प्रथम श्रेणी का टिकट यहीं मिल जाता था। पहली मंजिल पर बायीं ओर कैलीको का बड़ा शो रूम और व्यापारियों के छोटे-छोटे कार्यालय थे और दाहिनी ओर सिनेमा हॉल। रेलिंग वाले बरामदे से होते हुए दाहिने घूम कर प्रवेश का गेट था जिसके सामने ख़ूब बड़ी जगह थी और जालीदार रेलिंग। यहाँ से पूरे चौक का चौकस नजारा मिलता था। यही सीढ़ी दूसरी मंजिल पर ले जाती थी जहाँ उसी तरह गलियारा पार कर के बालकनी का प्रवेश द्वार था। इसके सामने भी वैसी ही खुली रेलिंगदार जगह थी। यहाँ से चौक का नजारा और भी दिलकश हो जाता था। दोनों मंजिलों के बरामदे में हॉल के साइड दरवाजों के साथ-साथ नोटिस-बोर्डनुमा लकड़ी के फ्रेम में फ़िल्म के चार-चार 'स्टिल्स' यहाँ से वहाँ तक लगे रहते थे। मुख्य सड़क से प्रवेश की जगह पर फ़िल्म का प्रिंटेड पोस्टर चिपका रहता था जिससे थोड़ा बायें हट कर दो-चार दुकानों के बाद एक छोटा-सा प्रवेश 'स्पेस' था जहाँ एक छोटे-से कमरे में तृतीय श्रेणी की बुकिंग थी। इस 'स्पेस' से ही लोहे की एक घुमावदार सीढ़ी पहली मंजिल पर पहुँचाती थी। ऐसी सीढ़ियाँ 'महल' और 'जागते रहो' जैसी फिल्मों में दिखायी गयी थीं। चित्रा सिनेमा भवन के आखीर में एक शटर लगा था जिसे पार कर के सीधे दालमण्डी में पहुँचा जा सकता था-पतंग और तबलों की दुकान के पास। चित्रा सिनेमा का इलाका सम्पन्न इलाका था। इसके पीछे की ओर मुस्लिम इलाका था। ख़ूब भीड़ होती थी। लम्बी लाइन लगा कर टिकट लेना पड़ता था। मैंने चित्रा में पहली फ़िल्म सपरिवार 'मुझे जीने दो' देखी थी। चित्रा अच्छी फिल्में लगाता था–'दिल दिया दर्द लिया' 'सावन की घटा', 'मेरा साया' फिल्में मैंने यहीं देखीं। किसी भतीजे का मुण्डन था तो हम दस-बारह लोग सावन की घटा देखने गये थे। चित्रा सिनेमा अब बन्द हो गया है लेकिन भव्य भवन वैसे ही खड़ा है।

7. **राधा चित्र मन्दिर :** चौक से ढाल पर उतर कर नीची बाग़ के बाद बुलानाला पर यह थियेटर है। बाहर से लगता ही नहीं कि यह सिनेमा हॉल है। एक बड़े भवन के कोने पर संकरे रास्ते से एक संकरे सहन में पहुँचा जाता था जिसके बीचो-बीच लकड़ी का एक जालीदार बुकिंग ऑफ़िस था-फर्स्ट क्लास और बालकनी के लिए। इसी संकरे गलियारे के अन्त में सामने ही सीढ़ी थी ऊपर चढ़ कर बायीं ओर बालकनी का दरवाजा था। इस सिनेमा हॉल की तृतीय श्रेणी की बुकिंग बगल वाली सड़क की ओर थी। सड़क से इसका शटर दिखायी देता था। आते-जाते लोग टिकटार्थियों को देख सकते थे। फर्स्ट क्लास बुकिंग के सामने फ़िल्म के स्टिल्स लाइन से लगे रहते थे, सीढ़ी तक। राधा चित्र मन्दिर अधिकतर रियायती दर की फिल्में लगाता था। मैंने 'आर पार' 'साधना', 'घूंघट' और 'नया दौर' जैसी फिल्में यहीं देखीं। अब आगे कोई सिनेमा हॉल नहीं था-मैदागिन पर भी नहीं, उधर विश्वेश्वरगंज से ले कर राजघाट तक नहीं, इधर कबीरचौरा तक नहीं और सामने मृत्युंजय महादेव तक नहीं।

8. **निशात टॉकीज :** अब हम फिर आ जाते हैं गोदौलिया की बड़की चौमुहानी पर। सीधे भेलूपुर की ओर चलें तो दाहिनी ओर ठण्डाई की दो मशहूर दुकानें थी-*मिश्राम्बु और ठण्डाई लोक*। बायीं ओर 'बाटा' था, फिर मशहूर *कॉफी हाउस* फिर *बुक सेंटर* और उससे लगा हुआ निशात टॉकीज। सड़क की पटरी पर खड़े हो कर टिकट लेना पड़ता। इसके बाद छोटी-छोटी तीन सीढ़ियाँ थीं जिनसे हॉल की सहन में पहुँच जाते। दाहिनी ओर से बालकनी की सीढ़ी थी और दायें कोने से हॉल में जाने का दरवाजा था। निशात के पंखे आवाज भी करते थे। हॉल के पिछले हिस्से की कुछ पंक्तियों के बीच-बीच में कुछ खम्भे थे। अगर इन खम्भों के आस-पास सीट मिल गयी तो गर्दन टेढ़िया कर फ़िल्म देखनी पड़ती थी। निशात सिनेमा के उस पार कई दुकानें थीं। यह बंगाली बहुल इलाके में था। निशात में भी पुरानी फिल्में ज़्यादा लगती थीं। नई फिल्मों में हमने मनोज कुमार वाली 'शहीद' इसमें देखी थी। दो पुरानी फिल्में भी देखी थी-'उड़न खटोला' और 'साहब बीबी और गुलाम'। कई साल बाद निशात में 'दो बदन' लगी थी, तब दोस्तों के साथ मैंने देखी थी। निशात सिनेमा बन्द हो गया है। इसमें सर्राफों और बनारसी साड़ियों के बड़े शो रूम खुल गये हैं।

9. **ललिता सिनेमा :** निशात के बाद तीन-चार किलोमीटर तक कोई सिनेमा हॉल नहीं था। जंगमबाड़ी पार हो गया, पाण्डे हवेली पार हो गयी, मदनपुरा पार हो गया। इनके बाद सोनारपुरा चौराहा आता है। बायें केदार मन्दिर वाली गली है और दाहिने घूम कर एलआईसी के बड़े भवन के बाद दायीं ओर ही ललिता सिनेमा था।

ललिता सिनेमा के सामने प्रकाश टॉकीज की तरह ही पक्का और बड़ा प्लेटफार्म था। इसके दोनों कोनों पर दो ढाबे थे। दोनों में बहुत अच्छा खाना मिलता था। सामने अर्धगोलाकार सीढ़ियाँ चढ़ कर हॉल का सहन आता था। दाहिनी ओर टिकट खिड़की थी। उसके बगल से भी भीतर-भीतर ख़ूब खुली जगह थी। यह सिनेमा का साइकिल स्टैंड था। यहीं एक कोने में थर्ड क्लास की विंडो थी। भीतर सहन से बायें बालकनी की सीढ़ी थी। ललिता सिनेमा का रख-रखाव अच्छा था। नई फ़िल्म लगने पर इसमे सीट नम्बर भी दिया जाता था। ललिता में मैंने बहुत कम फिल्में देखीं क्योंकि दूरी थी। मुझे याद है एक फ़िल्म बचपन में देखी थी 'डिटेक्टिव' और फिर बरसों बाद 'जॉनी मेरा नाम'। अब ललिता भी बन्द है और समाजवादी पार्टी का नगर कार्यालय बन गया है।

10. **भारती सिनेमा :** ललिता के आगे भी दूर तक कोई सिनेमा हॉल नहीं था। अस्सी चौराहे से दाहिने मुड़ कर काशी औषधालय के सामने भारती था। यही सड़क सीधे दुर्गाकुण्ड पहुँचा देती है। भारती सिनेमा की बाउंड्री सड़क के साथ चलते हुए एक गेट पर खुलती थी। जिसके सामने मैदान जैसी खुली जगह थी। दाहिने हाथ हॉल था जिसकी छत के साथ पोस्टर चिपकाने की जगह थी। यह पोस्टर दूर से ही दिखायी पड़ने लगता था। भारती का सामना बहुत छोटा-सा था और सहन भी। बस अन्दर घुसिये और हॉल में जाने का दरवाजा था। टिकट बाहर ही मिल जाता था दाहिनी ओर दो खिड़कियाँ थीं। एक में तृतीय श्रेणी का टिकट मिलता था। भारती में 'स्टिल्स' भी चार-छह ही लगे होते थे क्योंकि सहन में जगह नहीं थी। हाँ एक तिकोने फ्रेम में फ़िल्म का पोस्टर चिपका कर सहन के कोने में रखा रहता था। भारती में भी कुछ खम्भे थे। दाहिनी सीढ़ी से बालकनी में जाते थे। सीढ़ियाँ छोटी-छोटी थी। लेकिन इसका रख-रखाव बहुत अच्छा था। साफ़-सुथरा। इसमें अंग्रेज़ी फिल्में भी बहुत लगती थीं। सीट पर नम्बर होते थे। इसमें एडवांस बुकिंग की भी व्यवस्था थी। काशी हिन्दू विश्वविद्यालय पास था इसलिए भारती में हिन्दी फिल्में भी अच्छी-अच्छी लगती थी। भारती भी नई फिल्में कम लगाता था। मैंने बहुत पहले सपरिवार इसमें दो फिल्में देखी थीं, रियायती दर पर-'दो आँखे बारह हाथ' और 'हम सब चोर हैं'। यूनिवर्सिटी में था तो इसमें कुछ अंग्रेज़ी फिल्में भी देखीं 'टावरिंग इनफर्नो', 'द डे ऑफ़ द जेकॉल'.....।

11. **यमुना पिक्चर पैलेस :** मृत्युंजय महादेव से आगे एक चौड़ी गली पार कर के हम विश्वेश्वरगंज की सट्टी वाली सड़क पर पहुँच जाते थे। दाहिने सट्टी

थी और बायें यही सड़क पीली कोठी चली जाती थी। इसी सड़क पर यह सिनेमा हॉल था-बायीं ओर। ललिता या प्रकाश टॉकीज की तरह ही यमुना पिक्चर पैलेस के सामने भी चौरस चबूतरा था। वैसी ही बुकिंग, वैसा ही प्रवेश द्वार और वैसी ही बालकनी की सीढ़ी। यमुना बहुत बाद में बना था। कन्हैया लाल ने ही बनवाया। यह इलाका मुस्लिम बहुल था। पीली कोठी, बड़ी बाज़ार, कोयला बाज़ार इससे लगी-लगी बस्तियाँ थीं। इसलिए मुसलमान दर्शकों की संख्या अधिक होती थी। मेरी विनोदिनी मौसी और मौसिया तीन-चार साल हमारे ही साथ हमारे घर में रहे। उनके कोई औलाद न थी। मुझ पर अपना प्यार लुटा देते थे। दोनों सिनेमा के बहुत शौकीन थे। यमुना का उद्‌घाटन 'बिन्दिया' (सन् 1960) फ़िल्म से हुआ था। मौसा-मौसी मुझे भी ले गये थे। सिनेमा हॉल बाहर से ख़ूब सजाया गया था। इसके बाद यमुना बहुत नामी फिल्में लगाने लगा। 'जंगली' (सन् 1961) पहले-पहल यहीं लगी थी। विवाह के बाद मेरे बहन-बहनोई आये हुए थे तो हम सब, हमारी बहन की दो-तीन सहेलियाँ भी 'जंगली' देखने गये। मुझे तब भी 'जंगली' देख कर बहुत मजा आया था। ख़ास कर वह गाना देख कर 'काश्मीर की कली हूँ मैं'। इसमें शम्मी कपूर का एक टांग पर दौड़ना, नाले में चारों खाने चित्त हो जाना, तरह-तरह के मुँह बनाना, मैं आज भी 'जंगली' देखता हूँ तो आनन्द आ जाता है। 'कश्मीर की कली' भी यमुना में लगी थी। हम लोग नहीं देख पाये। मैंने इसे हैदराबाद में देखा था। यमुना का स्क्रीन भी बेपरदा था। अब यह भी बन्द है। ताला लगा हुआ है।

12. **आनन्द मन्दिर :** आनन्द मन्दिर भी बाद में बना। कन्हैयालाल का ही है। इसका भी चबूतरा बड़ा था। ख़ूब बड़ा-सा पेंटेड पोस्टर लगता था। बाहर ही दोनों ओर टिकट खिड़कियाँ थीं। इसकी सहन में बहुत जगह थी। ढेर सारे लोग अँट सकते थे। हॉल के दोनों ओर बॉक्स थे और बीच में फर्स्ट क्लास में जाने का रास्ता। बायीं ओर बहुत ही सुन्दर घुमावदार सीढ़ी थी जो बालकनी तक पहुँचा देती थी। नया-नया हॉल था इसलिए सीटें भी अच्छी थी और सारी व्यवस्था भी। इसमें हमने 'एराउंड दि वर्ल्ड' देखी थी फिर 'आराधना' और 'अमर प्रेम' भी इसी में लगीं जिन्हें पूरे परिवार ने देखा। 'तेरे मेरे सपने' और 'मेरा गाँव मेरा देश' भी आनन्द मन्दिर में लगीं और दोनों फिल्मों में ख़ूब भीड़ जुटी। 'जंजीर' भी पहले-पहल आनन्द मन्दिर में ही लगी थी। आनन्द मन्दिर अभी चल रहा है, भोजपुरी फिल्मों के सहारे।

13. **भागीरथी सिनेमा :** यह बनारस कैंट स्टेशन के सामने जो ढाबे हैं, उनके पीछे था। यहाँ मलदहिया हो कर भी पहुँचा जा सकता था। यह एकदम देसी टाइप

का सिनेमा हॉल था। लोहे के फ्रेम में टीन का गेट था। दाहिनी ओर हॉल था और उसके सामने दूर तक खुली जगह। भागीरथी का बरामदा बहुत सुन्दर था खम्भेदर। उसी से लगे हुए एक छोटे से कमरे में टिकट खिड़की थी। एक ओर से प्रथम श्रेणी का टिकट मिलता था और दूसरी ओर से तृतीय श्रेणी का। इसमें बालकनी नहीं थी। एक लम्बा-सा हॉल था। इसमें यात्रियों की उपस्थिति ख़ूब रहती थी। बगल में ही राज्य का बस अड्डा था तो यात्री सिनेमा भी देख लेते थे। इतने ढाबे थे-खाने-पीने की कोई कमी न थी। भागीरथी के सामने वाले ढाबे का आमलेट बहुत अच्छा होता था। यह भी पुरानी फिल्में ही लगाता था, रियायती दर पर या हाफ रेट पर। यह जनता का सिनेमा हॉल था। इसमें बड़ी प्रसिद्ध पुरानी फिल्में लगती थी। मैंने इसमें 'छोटी बहन' देखी थी। किसी को छोड़ने बस स्टैंड आया था। फ़िल्म का बड़ा नाम था, तो देखी गयी। हिन्दी के प्रसिद्ध उपन्यासकार शिव प्रसाद सिंह ने बनारस पर एक रोचक लेख लिखा है जिसमें उन्होंने यह भी ज़िक्र किया है कि उन्होंने भागीरथी सिनेमा में एक फ़िल्म देखी थी। उन्हीं के शब्दों में, 'मुझे याद है मैंने कैंट के पास स्थित एक सिनेमा गृह भागीरथी में सम्भवत: 1948 के करीब पहली फ़िल्म देखी-'झूला'। अब पता नहीं भागीरथी का क्या हाल है।

14. **फिल्मिस्तान :** आनन्द मन्दिर के पहले ही संस्कृत यूनिवर्सिटी से लगी-लगी एक सड़क अन्धरा का पुल पार कर के सीधे वरुना की ओर चली जाती है। अन्धरा के पुल के बाद ही बायें घूम कर दो फर्लांग पर दाहिनी ओर फिल्मिस्तान था। सड़क के किनारे दो खम्भों के ऊपर एक पटिया रखी थी, यही इसका गेट था। एक लम्बा कच्चा गलियारा पार कर के सामने ख़ूब बड़ी कच्ची ज़मीन थी, लगता हम किसी गाँव में पहुँच गये हैं। इस बड़े मैदान के एक कोने में साइकिल स्टैंड था और दूसरे कोने में चार फीट ऊँची दीवार से घिरा पेशाब घर। पेशाब करते हुए मैदान में जमा लोग आपको देख सकते थे, आप उन्हें और सामने बहती वरुणा नदी को। इसमें भी बालकनी नहीं थी। पूरा गोदाम लगता था। वहीं किनारे पर बुकिंग थी और बगल में मैनेजर का कमरा। तीसरी श्रेणी का टिकट यहाँ साइकिल जमा करने पर भी मिल जाता था। ढेरों सीटें थीं। हॉल में चार दरवाजे थे। अगला और पिछला दरवाजा खोल दिया जाता। आगे पेशाबघर के पास वाले दरवाजे से तृतीय श्रेणी वाले दर्शक और पहले दरवाजे से पहली श्रेणी वाले दर्शक घुसते। आगे वाली सीटें काठ की थीं। पिछली सीटों पर भी नाम मात्र को पतली-सी गद्दी चपकी होती-चारों ओर की लकड़ी दिखती रहती। फिल्मिस्तान का पर्दा (स्क्रीन) बेहद मामूली था-मटियाला भी

और छोटा भी। एकदम पिछली सीटों पर प्रोजेक्टर की आवाज भी किर्र-किर्र करते हुए सुनायी पड़ती थी। कभी रील उतर जाती तो कभी बिजली चली जाती। हंगामा बरपा हो जाता। 'घौसाबाद' में दारा सिंह की पुरानी फिल्में ख़ूब लगती थीं। मैंने इसमें पहली बार 'गृहस्थी' फ़िल्म देखी थी। मेरे एक मित्र अर्दली बाज़ार में रहते थे वो ले गये थे। इसके बाद दो फिल्में इसमें मैंने और देखी-'काला पानी' और 'पारसमणि'। फिल्मिस्तान के बाहर खम्भे वाले गेट (?) के दाहिने कोने पर एक कच्ची-सी कोठरी के सामने तिरपाल तान दिया गया था। तिरपाल के नीचे एक भट्टा लगा था और एक चौकी। भट्टे पर पकौड़ियाँ बनती थीं। एक औरत बैठती थी। इसकी टमाटर की पकौड़ी बहुत प्रसिद्ध थी। टमाटर की ढ़ेपी निकाल कर उसमें आलू भर कर गाढ़े बेसन में लपेट कर कड़कड़ाते तेल में छान दिया जाता था। इसकी ख़ूब बिक्री होती थी। फिल्मिस्तान भी बन्द हो गया है। इसकी खुली वाली जगह में दो मंजिला कटरा जैसा बन गया है।

बहुत बाद में बनारस में शिवम सिनेमा (लंका), गुंजन (भेलूपुर), विजया (भेलूपुर), नटराज (सिगरा), पद्मश्री (रविंद्रपुरी) और सरस्वती (लक्सा) भी खुले पर इनमें मैं एक-दो फिल्में ही देख सका। फिर काशी से बिछोह हो गया। इनमें से अधिकतर एक डेढ़ दशकों में ही बाज़ार की चपेट में आ गये। शिवम में मैंने अपने ससुराल वालों के साथ 'बीस साल बाद' देखी थी। बस एक फ़िल्म। फिर इसे तोड़ कर शिवम एपार्टमेंट्स बना दिया गया। 'गुंजन' में मैंने सपरिवार 'रजिया सुल्ताना' देखी थी।

विजया में भी शायद एक ही फ़िल्म देखी 'सीता और गीता'। विजया अब मॉल बन गया है। नीचे डोमिनो रेस्टोरेंट है। नटराज में मैंने 'शोले' देखी थी, और कोई फ़िल्म नहीं। यह अभी चल रहा है। पद्मश्री विजयगढ़ हाउस परिसर में बना था। इसमें मैंने दोबारा 'साहब बीबी और गुलाम' देखी थी। यह भी अब अपार्टमेंट्स में बदल चुका है। ये सभी सिनेमा हॉल सुन्दर और सुविधाजनक थे। विजया तो शायद ऐसी भी था। पर समय का चक्र किसी को नहीं छोड़ता। बनारस के सिनेमा हॉल की यादें मुझे पारिवारिक उत्सवों रिश्तेदारों के आवागमन और ढेरों लोगों की यादों से भी जोड़ देती हैं। उन फिल्मों से भी जिन्हें मैंने इनमें देखा। ये सिनेमा हॉल मुझे बचपन से ले कर पच्चीस वर्ष की उम्र तक के जीवन का भी दर्शन करा देते हैं। मुझे इनमें से कुछ के गेटकीपरों और बुकिंग क्लर्कों की भी याद है। मेरे बड़े भाई के एक मित्र केसीएम में बुकिंग क्लर्क थे और मेरा एक सहपाठी प्रकाश टॉकीज में।

सिनेमा लोगों को जोड़ता था। आपकी बगल में बैठा दर्शक फ़िल्म के दौरान आपका परिचित बनने लगता था। अपनी टिप्पणियाँ आपको सुनाने लगता था। सहभागी हो कर फ़िल्म देखने का मौका ये एकल थियेटर देते थे। समवेत ठहाके लगते थे। सामूहिक सन्नाटा छाता था। तरह-तरह की फब्तियाँ कसी जाती थीं। इन फब्तियों का भी लोग लुत्फ उठाते थे। याद आ रहा है कि हम हैदराबाद में राजकपूर की 'श्री 420' देखने गये थे। उसके आखरी दृश्यों में उस फ़िल्म की 'वैम्प' नादिरा राजकपूर को बेईमानी के लिए उकसाती हैं। राजकपूर को अपनी ईमानदारी और अच्छे चाल-चलन के लिए कॉलेज से गोल्ड मेडल मिला है। राजकपूर उसकी बातों में आने लगते हैं कि तभी नायिका नर्गिस आ कर उसे इस मेडल का वास्ता देती है और तब नादिरा का एक संवाद आता है कि-इस मेडल की क्या क़ीमत है, सोना तो बाज़ार में अस्सी रुपया तोला मिलता है। यह सुन कर पूरा हॉल अचरज के हल्के स्वर से गूँज उठा था। ऐसे न जाने कितने दृश्यों पर मैंने दर्शकों की प्रतिक्रिया सुनी और ख़ुद इनमें सम्मिलित हुआ हूँ। कई फिल्मों में मैंने लोगों को सुबक-सुबक कर रोते हुए देखा है। 'मारे सारे के' 'जाये मत दिहे' 'कस के पकड़' जैसे 'सटीक' सुझाव दर्शक फ़िल्म के पात्रों को देते रहते थे। सिनेमा हमें अपने में जज़्ब कर लेता था। हम उसी के हो जाते थे। कई दिन तक उसकी खुमारी रहती। शुरू के कई बरसों तक तो ये सिनेमा हॉल हमें अति विशिष्ट लगते और सिनेमा जादुई यथार्थ। मुझे आज भी कई सिनेमा हालों की महक का भी स्मरण है। केसीएम के एसी की हवा में एक मादक ख़ुशबू भरी होती थी। प्रकाश टॉकीज की सहन और हॉल में भी एक बड़ी गाढ़ी-गाढ़ी सी महक आती थी, शायद कोई स्प्रे किया जाता हो। राधा चित्र मन्दिर की गैलरी में अगरबत्तियाँ जला दी जाती थीं। गुलाब के फूल जैसी सुगन्ध आती रहती थी-जाते-आते हुए। यमुना और आनन्द मन्दिर जो नये-नये बने थे उनकी दीवारों-दरवाजों से पेंट की महक उठती थी। भागीरथी में हॉल के भीतर थोड़ी-थोड़ी दूर पर धूप जला दी जाती थी कि ख़ुशबू भी फैले और मच्छर भी भाग जायें। फिल्मिस्तान के भीतर इंटरवल में हर तरह की चीजें बेचने वाले आ जाते थे-समोसा, ब्रेड पकोड़ा, पकौड़ियाँ, तो तेल-घी की महक हॉल में बसी रहती थी....। किसी की छत से चौक दिखायी पड़ता किसी की बालकनी से गोदौलिया का बाज़ार तो किसी की ऊपरी खिड़कियों से लंका और हम जैसे बनारस के गली-कूचों में रहने वालों के लिए यह सब अद्भुत अनुभव होता था। सब कुछ अलग, नया-नया-सा। शायद इसीलिए बनारस के ये सब सिनेमा हॉल मुझसे आज तक भी भुलाये नहीं जा पाते।

नायक नायिकाओं की कहीं छपी फोटो भी दिख जायें तो हम बौरा जाते थे।

बाद में मैं कुछ फिल्मी पत्रिकाएँ भी लाने लगा था। उस समय टाइम्स ऑफ़ इंडिया से एक 'पारिवारिक फ़िल्म पत्रिका' 'सुचित्रा' (सन् 1964) आई जिसके मुख्यपृष्ठ पर मीना कुमारी की तस्वीर थी। मैं इसे कबीरचौरा पर जो पत्रिकाओं की दुकान थी, वहाँ से खरीद लाया। बेशक यह बहुत अच्छी पत्रिका थी। कुछ ही समय बाद इसका नाम 'माधुरी' रख दिया गया। हमने अपने अखबार वाले से कह दिया, वह 'धर्मयुग' के साथ 'माधुरी' भी देने लगा। एक पुस्तक है-फ़िल्म पत्रकारिता (विनोद तिवारी, 2007 : वाणी प्रकाशन, नई दिल्ली)। विनोद तिवारी 'माधुरी' के उप-सम्पादक भी थे और सम्पादक भी। इस किताब में 'माधुरी' की पूरी कहानी आदि से अन्त तक लिखी गयी है। इसकी तस्वीरें देख कर हम निमग्न हो जाते थे। 'माधुरी' में फ़िल्म समीक्षाएँ भी निकलती थीं जिन्हें लच्छीराम चौधरी लिखते थे। इससे हमें कौन-सी फ़िल्म सपरिवार देखनी चाहिए, यह चुनाव करने में बड़ी मदद मिलती थी। प्रकाश टॉकीज पर जो पत्रिकाओं की दुकान थी, उस पर भी 'माधुरी' का नया अंक एक सुतरी पर लाइन से टांग दिया जाता था। 'माधुरी' मैं नियमित लेता रहा, जब तक बन्द नहीं हो गयी। 'माधुरी' ने हमें सिनेमा देखने और समझने की दृष्टि दी। इसके कई अंको में लगातार के. एन. सिंह के संस्मरण छपते थे जिसमें वे सवाक फिल्मों के शुरुआती दौर पर बातचीत करते थे। एक अंक में उन्होंने पृथ्वीराज कपूर पर लिखा था, एक में सोहराब मोदी पर एक में के. एल. सहगल पर। अपनी फिल्मों पर तो लिखते ही थे। इससे हमको हिन्दी सिनेमा के स्वर्णिम इतिहास का भी पता चला जिसके चलते जब कोई थियेटर (चित्रा, भारती, दीपक....) बहुत पुरानी फिल्में लगाते तो हम देखने पहुँच जाते। 'माधुरी' के ही इस प्रभाव में मैंने सहगल की 'स्ट्रीट सिंगर' दीपक टॉकीज में और 'देवदास' भारती में देखी थी। सोहराब मोदी की 'झाँसी की रानी' भी मैंने देखी और ऐसी कई फिल्में जो अधिकतर मॉर्निंग शो में चलती थीं। मेरे मित्रों की इन फिल्मों में कोई रुचि नहीं थी। 'माधुरी' ने मुझे इन्हें देखने के लिए उकसाया था। 'देवदास' (के. एल. सहगल) देखने मेरे साथ पापा भी गये थे। और यही वह सनक थी कि पिछले सालों में मैंने चुन-चुन कर ऐसी पुरानी फिल्मों की सीडी जमा की और उन्हें देखता रहता हूँ। सिनेमा हॉल में फ़िल्म की प्रकृति और गुणवत्ता का भी पता मिलता है। कई फिल्मों में मैंने देखा कि पूरे समय सन्नाटा छाया रहता था जैसे दिलीप कुमार की 'देवदास', गुरुदत्त की 'साहब बीबी और गुलाम', विमल राय की 'सुजाता'। एक आवाज नहीं। ऐसी फिल्में दर्शकों को सन्न किये रखती थीं। 'अनुराधा' भी ऐसी ही फ़िल्म थी। कई थियेटर, यह तय था कि किस तरह की फिल्में लगाएंगे। जैसे गणेश टॉकीज/राधा चित्र मन्दिर दारा सिंह की

फिल्में या सी ग्रेड स्टंट फिल्में अधिक लगाता था-रियायती दर पर। प्रकाश टाकीज और शीरीन पारिवारिक फिल्में लगाते थे-अधिकतर दक्षिण भारत में निर्मित फिल्में। प्रकाश में एवीएम की फिल्में लगती थीं-'मैं चुप रहूँगी', 'मैं भी लड़की हूँ', 'बरखा' या 'भाभी' और शीरीन टॉकीज जेमिनी की फिल्में लगाता था-'घराना', 'जिंदगी', 'गृहस्थी'......। राजकपूर की फिल्में दीपक टॉकीज में लगती थीं और दिलीप कुमार की चित्रा या केसीएम में-'कोहिनूर' केसीएम में लगी थी और हमने वहीं देखी थी। 'दिल दिया दर्द लिया' चित्रा में। बाद में दिलीप कुमार की आख़िरी फिल्में प्रकाश टॉकीज में भी लगीं-'राम और श्याम', 'गोपी' और 'आदमी'। देवानन्द की फिल्में मज़दा में लगती थी-'गाइड', 'ज्वेल थीफ', 'प्यार मोहब्बत' यहीं लगी थीं। बिमल राय की फिल्में अधिकतर केसीएम में आईं-'सुजाता', 'बन्दिनी', 'मधुमती'........। स्टंट और जादुई फिल्मों के अपने थियेटर थे और धार्मिक फिल्मों के अपने। लेकिन ऐसा कोई बन्धन निश्चित नहीं था। 'सन्त ज्ञानेश्वर' और 'हरिश्चन्द्र तारामती' केसीएम में दिखायी गयी तो 'जय सन्तोषी माँ' प्रकाश में। दारा सिंह की पहली फ़िल्म 'किंग कांग' केसीएम में लगी थी। निशात में सी ग्रेड स्टंट फिल्में ख़ूब लगती थीं-'ब्लैक कैट', 'जिंदगी और मौत', 'निशान', 'उस्तादों के उस्ताद'......। तब थियेटरों का अपना-अपना चरित्र भी था। वे इन फिल्मों का प्रचार करना भी जानते थे। बाद में तो रिक्शा वाले प्रचार में फ़िल्म के चुने हुए साउंड ट्रैक भी टेप रिकॉर्डर पर बजाये जाते थे। रिक्शा कहीं चौराहे पर रोक दिया जाता और लोग सुनते। यह भी तब अजूबा ही था। सिनेमा हॉल फिल्मों को प्रमोट करते थे। बुकिंग पर लाइन लगती थी। प्रकाश टॉकीज, आनन्द मन्दिर, मज़दा के सामने की खुली जगहों को मैंने खचाखच भरा देखा है। टिकट के लिए उतावलापन देखा है, ब्लैकियरों की चाँदी होते देखी है। निशात, केसीएम और शीरीन जो लबे-सड़क स्थित थे, वहाँ जाम लगते देखा है। ये सिनेमा हॉल न जाने कितने रूपों में मेरे भीतर आसन जमाये हुए बैठे हैं। कितना कहा जाय और क्या क्या कहा जाय।

धर्मयुग

मा
धु
री

जियरा न माने

क्या नगरी है बनारस भी! सब गलियों, रास्तों, मन्दिरों में सब कहीं आनन्द की लहर और आध्यात्म की बहर। बाबा की नगरी में शोक कहाँ। महाश्मशान में जीवन और मृत्यु के सारे रहस्य खुल जाते हैं, फिर दुख कहाँ, पीड़ा कैसी? साक्षात अन्नपूर्णा जहाँ शिव के साथ विराजती हैं। गली में खड़े होकर या सड़क के किनारे नीचे बहती नाली के कोर पर खड़े होकर कचौड़ी-जलेबी खाने का आनन्द कौन बूझे। छोटी-सी दुकान कि भीतर मुश्किल से चार लोग बैठ सकें, गली-सड़क के मुहाने पर लगी दो भट्टियाँ-एक में कचौड़ी तला रही है, एक में जलेबी। बगल में करिया कड़ाहे में सीरा है-बड़के छनौटा से लाल खरी जलेबी कढ़इया (छिछली कड़ाही) से निकालकर छप दे सीरा के भित्तर। एक चमकते स्टील के भगौने में गढ़ियाई-सी भंटा-आलू या कोहड़ा-आलू की तरकारी। खानपान की मगन दुनिया है बनारस। नीची बाग़ पर चाट की एक दुकान है-न्यू काशी चाट भण्डार, दीवार में से निकली सी। नीचे गहरी नाली के छोर पर लगी बेंच पर बैठना होता है। दुकान के बाएं कोने पर चाट वाला और उसके सामने यावत सामान-अंगीठी, बड़े तवे पर आलू-चाप, तवे पर ही किनारे चूड़ा-मटर की मेड़, तावे के एक ओर सजे हुए आठ दस समोसे। चाट वाले की बगल में उबली मटर का भगोना, जिसे 'छोला' कहते हैं और दूसरी ओर गोलगप्पे के पानी की मिट्टी की घरिया। एक छोटे भगौने में दही और एक परात में भिंगे निचोड़े बड़े। जो भी माँगिए, टमाटर, आलू चप, समोसा या चूड़ा-मटर आपके सामने संस्कारित किया जायेगा। मसालों चटनियों, कटी हरी धनिया और मूली के कूचे की मिट्टी या फूल की कटोरियां। बिना सजधज का ऐसा श्रृंगार बनारस में ही सम्भव है। इस का आनन्द लेने में बाधक तो हमारा दिखावा ही होता है। जैसा कि पहले भी कहा जहाँ श्मशानबिहारी बाबा चिता भस्म रमाए अपने गणों के साथ आनन्द मगन हैं वहाँ सज्जा

का भला क्या मोल। जहाँ सहजता जीने लगती है वहाँ आडंबर ख़ुद ही उल्टे पांव परा जाता है। सब ओर आनन्द ही आनन्द। शिव के आनन्दवन में रमने का यही तौर है।

हम खाते पीते परिवार के हैं। पर सब्जी तरकारी की दुकान पर खटिकवा से ख़ूब मोल भाव तकरार करते। घेलुआ की गुहार लगाते। घेलुआ यानी कुछ चीजों की निःशुल्क प्राप्ति-वह दे देता-चार डण्डी हरी धनिया, आदी (अदरख) की एक पुत्ती, चार ठो हरा मरचा, कच्ची इमली (मौसम हो तो) का आधा टुकड़ा पट से तोड़ कर। पान खाते समय तमोली से अतिरिक्त सुरती या दू ठो सोपाड़ी माँग लेने को हम सहज व्यवहार मानते थे। यह बनारसी व्यवहार है, न निभायें तो चूतिया कहलायें। सब्जी-तरकारी हो, कोयला हो, भड़भूजे का दाना हो, जलेबी मिठाई हो-मानो हर तौली जाने वाली चीज़ के तौले जाते समय यह ध्यान रखना कि कहीं 'टेनी न मार दे'। कह भी दिया जाता कि देखा टेनी जिन मारा और तौलने वाला भी बुरा न मान कर तराजू की डण्डी खड़का के उसे सीधा करके दिखा देता कि वह टेनी नहीं मार रहा है। दही खरीदते समय थोड़ी और अधिक साढ़ी डालने का आग्रह... ये सब आनन्द के अजस्त्र स्त्रोत हैं काशी में। भंटा घुमा-घुमा कर देख रहे हैं कि कहीं 'किनहाँ' तो नहीं है। भिंडी अंगुरी से टो कर या उसकी दुम तोड़ कर परख रहे हैं कि 'रूढ़' तो नहीं। परोरा को तनिक दबाकर जान रहे हैं कि कहीं 'चुचुका' तो नहीं। 'चिखना' भी काशी का सिंगार है-चूड़ा, तिल, मूँगफली, पट्टी, मीठी सुपारी, नमकीन आदि-आदि चीख कर ही ली जाती है। बनारस के दुकानदार चिखाते भी बड़े प्रेम से हैं। पूरा भारत घूम चुका हूँ, कई शहरों में रह चुका, चीखने-चिखाने का यह चलन कहीं दिखायी नहीं पड़ा। बाहर रहकर चीखने का आनन्द ही मुझसे छिन गया।

बनारस में आनन्द ऐसी ही छोटी-छोटी बातों में बसा हुआ है। बड़ा आनन्द कुछ नहीं होता, होता भी है तो एकाकी होता है-मिलता है फिर लुप्त हो जाता है। अकेल्ला-अकेल्ला मिलता है-इसीलिए तनिक भी हटता है तो अकेला कर जाता है। ये छोटे-छोटे आनन्द जीवन को निरन्तरता देते हैं। जीने में आत्मीयता ले आते हैं। बनारस में ये आनन्द हर कहीं बिखरे हुए हैं-रोज मिलते हैं, कई-कई बार मिलते हैं-गोलगप्पा खा लेने के बाद हाथ के दोने में गोलगप्पे का पानी माँगना, तनी चटनी डाला, मुरई क कूचा तनी अउर दा, थोड़ा सा तरकारी दा का इसरार-दुकानदार भी जानता है कि ये चीजें तो 'एक्स्ट्रा' माँगी ही जानी चाहिए अन्यथा 'ग्रहण' करने का मजा ही क्या। बनारस के ख्यातनाम हास्य लेखक अन्नपूर्णानन्द जी की रचनावली में एक पाठ है–'मगन रहूँ चोला' बनारस के ये आनन्द क्षण प्रत्येक बनारसी के चोले

को सदा मगन रखते हैं। सचमुच बनारसी नित्यप्रति और क्षण-क्षण इस 'आनन्दवन' में निवास करता है।

इस आनन्द वन से निकलने का मन नहीं हो रहा है।जियरा मान नहीं रहा है कि बनारस के रस-सागर से हट जाऊँ। अभी तक जिसमें गोते लगाता रहा। मनाना तो पड़ेगा जियरा को कि इतना–इतना तो उकेर चुके, अब बस भी करो। तो मन मारे अब बस करता हूँ। भीतर जो कहने से बच रहा बनारस कसमसा रहा है, उसे कसमाने देता हूँ–मेरे लिए तो यह भी आनन्द वन ही है।

अब कौशिक रवींद्र उपाध्याय की एक कविता 'बनारस की गली में' के कुछ ख़ास अंश यहाँ रख दे रहा हूँ-मैंने जो लम्बी-चौड़ी बातें कीं उनको निचोड़ कर रख दिया है इन कुछ पंक्तियों में ही कौशिक जी ने :

पड़ता है रस फुहार बनारस की गली में/ रहती है नित बहार...
प्रहलाद घाट से चलो, अस्सी तलक आओ/ गलियों की एक कतार...
माता हैं अन्नपूर्णा, बाबा हैं विश्वनाथ/ सांचा यही दरबार...
वह पान जिसे कहते हैं बनारस की शान है/ मिलता है मज़ेदार...
जाने कहाँ हुंकारते मिल जायें सांड जी/ रहिएगा खबरदार...
सोने के अलंकार पहने बेचती सब्जी/ खटकिन भी मालदार...
फल, दूध, साग, सब्जी, रबड़ी, मलाई, घी/ चलता है शाकाहार...
मौसम के साथ ही बदल जाते हैं खाद्य-पेय/ आहार या विहार...
यह तप: भूमि, महाश्मशान, मुक्त आनन्दवन/ त्रैलोक्य का श्रृंगार...
राजा हैं विश्वनाथ, औ, कोतवाल भैरवनाथ/ पड़ती न यम की मार...

परिशिष्ट

परिशिष्ट : 1

काशी के प्रमुख शिव मन्दिर :

ओंकारेश्वर	पठानी टोला
त्रिलोचनेश्वर	त्रिलोचन (महादेव)
आदि महादेव	त्रिलोचन महादेव के पीछे
कृति वासेश्वर	हरतीरथ
रत्नेश्वर	वृद्धकाल
चन्द्रेश्वर	सिद्धेश्वर
केदारेश्वर	केदारनाथ (केदार घाट पर)
धर्मेश्वर	मीर घाट
वीरेश्वर	सिंधिया घाट के ऊपर
कामेश्वर	त्रिलोचन के उत्तर
विश्वकर्मेश्वर	गोलगड्डा
मणिकर्णेश्वर	गोमठ सन्यास आश्रम
अविमुक्तेश्वर	ज्ञानवापी
विश्वेश्वर	विश्वनाथ मन्दिर (विश्वनाथ गली)

परिशिष्ट : 2

काशी के हनुमान मन्दिर :

संकट मोचन मन्दिर
संकट हरन
बनकटी हनुमान
वृद्धकाल का हनुमान मन्दिर (मृत्युंजय महादेव मन्दिर के भीतर)
नागर कुआं/कबीर चौरा का हनुमान मन्दिर
हनुमान फाटक का हनुमान मन्दिर
प्रह्लाद घाट का हनुमान मन्दिर
तुलसी घाट का हनुमान मन्दिर
नीचीबाग़ का हनुमान मन्दिर
ईश्वरगंगी का हनुमान मन्दिर

परिशिष्ट : 3

काशी के अष्ट भैरव :

रूद्र भैरव	हनुमान घाट पर
चंड भैरव	दुर्गा जी में स्थित काली जी के मन्दिर वाले दक्षिणी दालान में
असितांग भैरव	वृद्धकाल,महामृत्युंजय। अमृतकूप से पूर्व अक्ष में सिंदूर लगा है
कपाल भैरव	अलईपुरा। लाट भैरव भी कहा जाता है, कपाल मोचन तीर्थ पर
क्रोधन भैरव	बटुक भैरव मन्दिर में, कमच्छा पर
उन्मत्त भैरव	देउरागांव में, पंचक्रोशी मार्ग पर कंदवा से भीमचंडी जाते समय
संहार भैरव	पाटन दरवाजा, गायघाट
भीषण भैरव	नख़ास के पीछे भैरव महाल मे, इन्हें बनारसी भूत भैरव भी कहते हैं

परिशिष्ट : 4

काशी के विनायक :

अर्क विनायक	लोलार्क कुण्ड
दुर्ग विनायक	दुर्गाकुण्ड
सिद्धि विनायक	मणिकर्णिका कुण्ड
लम्बोदर विनायक	केदार घाट
वक्रतुंड विनायक	लोहटिया
पंचास्य विनायक	पिशाच मोचन
कूणिताक्ष विनायक	लक्ष्मी कुण्ड
प्रसाद विनायक	पितर कुण्डा
चिन्तामणि विनायक	ईश्वरगंगी
दंतहस्त विनायक	लोहटिया के पास
द्विमुख विनायक	दशाश्वमेध
ज्येष्ठ विनायक	काशीपुरा
गणनाथ विनायक	राजा दरवाजा
काल विनायक	रामघाट
मणिकर्णिका विनायक	मणिकर्णिका कुण्ड
मोदक विनायक	काशी करवट
गणनाथ विनायक	ज्ञानवापी
ज्ञान विनायक	ज्ञानवापी

(स्कन्दमहापुराण के 'काशी खण्ड' में काशी के छप्पन विनायकों का उल्लेख है। यहाँ उनका नामोल्लेख है जिनके दर्शन के लिए सुभीते से पहुँचा जा सकता है। छप्पन विनायक की सूची में 'बड़ा गणेश' इस नाम में शामिल नहीं हैं पर ये काशी के महागणेश हैं। शास्त्रों में इनका नाम 'वक्रतुंड विनायक'

मिलता है। काशी में बड़ा गणेश का बड़ा रंग है। ये बनारसियों के माथे पर चढ़े हुए हैं। अपनी बड़ी प्रतिमा के कारण ही ये 'बड़ा' नहीं कहे जाते, इसलिए कहे जाते हैं कि यह स्वयंभू प्रतिमा है और काशी के प्राचीनतम देवस्थानों में से एक है। बड़ा गणेश सर्वसिद्ध दाता हैं। मन्दिर का परिसर विशाल है।)

परिशिष्ट : 5

काशी की नवदुर्गा :

शैलपुत्री	अलईपुर स्टेशन के उत्तर वरुणा नदी के तट पर, लाट भैरव से कुछ दूरी पर
ब्रह्मचारिणी	दुर्गाघाट महाल में
चित्रघण्टा/चन्द्रघण्टा	चौक थाने के सामने चित्रघण्टा महाल में
कूषमांडा	दुर्गाकुण्ड की दुर्गाजी
स्कन्दमाता	जैतपुरा महाल में, श्री बागेश्वरी के नाम से भी प्रसिद्ध हैं
कात्यायनी	संकटा जी के मन्दिर के पीछे सिद्धेश्वरी महाल में आत्मविश्वेश्वर के मन्दिर में
कालरात्रि	अन्नपूर्णा मन्दिर के पीछे कालिका गली में
महागौरी	विश्वनाथ मन्दिर के समीप। अन्नपूर्णा देवी का ही एक नाम है
सिद्धि दात्री	गोलघर के समीप सिद्ध माता की गली में गोलघर के समीप

(आश्विन मास के नवरात्र में नव दुर्गा के दर्शन का विधान है। नेमी ढंग से पद यात्रा द्वारा इनके दर्शन किये जाते हैं।)

परिशिष्ट : 6

काशी की नव गौरी :

मुखनिर्मालिका गौरी	गायघाट के ऊपर किनारे हनुमान जी के मन्दिर में
ज्येष्ठा गौरी	कर्णघंठा, ज्येष्ठेश्वर महादेव के समीप भूत भैरव मन्दिर के पीछे
श्री सौभाग्य गौरी	ज्ञानवापी पर सत्यनारायण मन्दिर के बगल में, आदि विश्वनाथ के पूर्व में स्थित
श्री श्रृंगार गौरी	ज्ञानवापी मस्जिद के पीछे चबूतरे की दीवार में सिन्दूर लगा है
विशालाक्षी	मीरघाट मुहल्ले में
ललिता गौरी	ललिता घाट पर
भवानी गौरी	कालिका गली में, अन्नपूर्णा मन्दिर से सटे राम मन्दिर मे
मंगला गौरी	बालाघाट के ऊपर, दुध विनायक के समीप
महा लक्ष्मी	लक्ष्मी कुण्ड के पास

(काशी में चैत्र मास के नवरात्र में नव गौरी के दर्शन का विधान है। भक्त गण प्रतिदिन एक-एक करके पैदल इनके दर्शन करने पहुँचते है।)

परिशिष्ट : 7

काशी में सूर्य :

लोलार्क कुण्ड	असि-भदैनी
विमल सूर्य	जंगमबाड़ी
कर्ण सूर्य	दशाश्वमेध घाट
वृद्ध सूर्य	मीरघाट

द्रुपद सूर्य	विश्वनाथ मन्दिर के पास
गंगा सूर्य	ललिता घाट
सांब सूर्य	सूरजकुण्ड
मयूख सूर्य	मंगला गौरी मन्दिर
अरुण सूर्य	त्रिलोचन मन्दिर
खखोल सूर्य	कामेश्वर मन्दिर के निकट
केशव सूर्य	आदिकेशव मन्दिर
सुमन्त्व सूर्य	हनुमान फाटक
उत्तरार्क सूर्य	बकरिया कुण्ड, अलईपुरा
मध्यमेश्वर सूर्य	दारानगर

(काशी में सूर्य पूजा की प्राचीन परम्परा है। वैदिक काल से ही 'आदित्य' को आदिदेव की मान्यता प्राप्त है। 'स्कन्दपुराण' के 'काशी खण्ड' में काशी में सूर्य की स्थिति और महत्व पर प्रचुर प्रकाश डाला गया है। अन्य पुराणों में भी सूर्य एक प्रतिष्ठित देवता हैं। उनकी गणना पंचदेवों में की गयी है–शिव,शक्ति,विष्णु,गणेश और सूर्य। काशी अध्येता राणा पी.बी. सिहं का सूर्य पर एक सारगार्भित लेख बनारस हिन्दू विश्वविद्यालय की प्रतिष्ठित पत्रिका 'प्रज्ञा' के 'काशी गौरव विशेषांक' (अंक : 52, 2006-2007) में प्रकाशित है।)

परिशिष्ट : 8

काशी के लोकाराध्य :

बरम बाबा	इन्हें 'ब्रह्म स्थान' कहते हैं। काशी में 'बरम चउतरे' होते हैं। नगर के कई भागों में 'बरम' विराजते हैं-कमच्छा,महमूर गंज,लहरतारा,मलदहिया चौराहे पर....। ये कष्ट-मुक्त करते हैं। व्याधियों का शमन करते हैं। काल भैरव के गण माने जाते हैं। सामान्य वर्ग के काशीवासियों का इन पर अटूट विश्वास है।

सती माता	काशी में सतीमाता के अनेक चौरे हैं। कई चौरे श्रद्धा का केन्द्र हैं–हरिश्चन्द्र घाट पर, भेलूपुर में, गोदौलिया चौराहे पर, दशाश्वमेध घाट पर, सिंधिया घाट पर, खोजवाँ बाज़ार में। 'सती प्रथा' के प्रचलन के काल में इनका ख़ूब महत्व था। अब ये विवाहित स्त्रियों को अखण्ड सौभाग्य का वरदान देने वाली देवी के रूप में पूज्य हैं।
अन्य लोक देवियाँ	चौरा माता, शम्मो माता, बन्दी देवी, पंचकौड़ी माता, खांसी माता आदि के कई छोटे-छोटे मन्दिर काशी में हैं। मुझे याद है मेरी अहिरिन दादी मुझे संस्कृत विश्वविद्यालय वाले तिराहे पर चौरा माता के मन्दिर अक्सर ले जाती थीं-खांसी हो, बुखार हो, बस मुझे ले कर चल पड़तीं। सोनारपुरा चौराहे पर भी चौरा माता बैठी हैं। कोट माता का छोटा-सा मन्दिर बी.एच.यू के भीतर है। ये माताएँ हारी-बीमारी दूर करने वाली हैं, ऐसा विश्वास है। शीतला माता का बड़ा मन्दिर दशाश्वमेध घाट पर है। चेचक को काशी में 'शीतला माता' कहा जाता था। इनके मन्दिर में नीम की टहनी चढ़ा कर उससे चेचक के फफोलों को झाड़ा जाता।
बीर	काशी में लोकदेव 'बीर' छाये हुए हैं। इनकी बहुत मान्यता है। काशी के कई मुहल्ले इनके नाम पर हैं-लहुराबीर, भोजूबीर, डेवड़िया बीर...। इनके मन्दिर भी छोटे-छोटे होते हैं जिनमें 'शंकुनुमा' आकृति स्थापित रहती है। इन्हें भी भैरव का गण माना जाता है।

इन बीरों का विवरण 'काशी खण्ड' में दिया गया है। अजय रतन बनर्जी के एक लेख में भी इनका उल्लेख मिलता है। सूची मुहल्लेवार नीचे दी जा रही है -

लहुराबीर	लहुराबीर
भोगबीर	संकट मोचन के पास
बाघेबीर	डी.ए.वी. के पीछे
ड्योढ़िहाबीर	भेलूपुर
भोजूबीर	कचहरी के आगे इसी नाम के मुहल्ले में
बाडूबीर	भेलूपुर
चमरूबीर	भेलूपुर
नौगढ़े बीर	दुर्गा मन्दिर के पीछे
अकेलवा बीर	बी.एच.यू.
सदोयरा बीर	अस्सी पर
बदला बीर	खोजवाँ तिरमुहानी पर
तड़वा बीर	भगवानपुर
करमन बीर	बी.एच.यू.
गुल्ली बीर	बी.एच.यू.
बिजुरिया बीर	सामने घाट
पनारू बीर	लक्सा
जोगिया बीर	डी.ए.वी. के पास
पाचूँबीर	अर्दली बाज़ार
चन्दुआ बीर	चन्दुआ की सट्टी
चौखण्डी बीर	बड़ी पियरी
देव बीर	लक्ष्मी कुण्ड
नरवा बीर	गोलघर
दैतरहा बीर	चौकाघाट, जंगम बाड़ी, हथुआ मार्केट, तिलभांडेश्वर, पिशाच मोचन

परिशिष्ट : 9

काशी की चौंसठ योगिनियाँ:

गजानना	राणामहल
हयग्रीवा	भदैनी
वाराही	मान मन्दिर
मयूरी	राणामहल
विकटाटना	सिंधिया घाट के ऊपर संकठा देवी
विकट लोचना	मध्यमेश्वर
शुष्कोदरी	कृतिवासेश्वर
काली	कालिका गली
कामाख्या	कमच्छा
मृगलोचना	ललिता घाट

(काशी खण्ड में इनकी कथा दी गयी है, इनका महत्व बताया गया है। राणामहल घाट पर स्थित 'चौसट्ठी देवी' के मन्दिर में सभी योगिनियों की भावना करके इनके दर्शन मिलते हैं। मात्र प्रमुख योगिनियों के मन्दिरों का उल्लेख यहाँ किया गया है।)

परिशिष्ट : 9

काशी के घाट :

(काशी के घाटों की सूची काशी पर लिखने वाले सभी विद्वानों ने दी है। जेम्स प्रिंसेप के काशी के मानचित्र में भी इन्हें दर्शाया गया है। यहाँ एक प्राचीन पुस्तक वरदराज की 'गीवार्ण-पद-मंजरी' (1600-1660) का सन्दर्भ दिया जा रहा है जिसमें घाटों और मुहल्लों का उल्लेख हुआ है। यदि घाटों के नाम बदले हैं तो उनके सामने कोष्ठक में मैंने आज के नाम दिए हैं। इस पुस्तक में घाट को 'घट्ट' कहा गया है।)

राजघाट	प्राचीन बनारस यहीं बसा है। यहीं पर बनारस की सबसे पुरानी बस्तियाँ हैं। बाद में राजघाट की खुदाई से इस क्षेत्र की प्राचीनता प्रमाणित भी हो गयी। इस खुदाई से प्राप्त अनेक अवशेष और वस्तुएँ काशी हिन्दू विश्वविद्यालय प्रांगण में स्थित 'भारत कला भवन' में प्रदर्शित हैं
दुर्गाघाट	पंचगंगा घाट के बगल में (आज का ब्रह्मा घाट)
बिन्दुमाधव घाट	पंचगंगा पर माधवराज के धरहरे के नीचे वाला घाट
मंगलागौरी घाट	राम घाट के बगल में
त्रिलोचन घाट	गाय घाट के पास वाला
अग्नीश्वर घाट	रामघाट के पास
नागेश्वर घाट	वर्तमान में भोंसला घाट
जरासंध घाट	दशाश्वमेध के पास (अब मीर घाट)
वृद्धादिव्य घाट	मीर घाट से सटा विशालाक्षी मन्दिर के पास
सोमेश्वर घाट	अब पाण्डे घाट, सोमेश्वर का प्राचीन मन्दिर यहाँ स्थित है
रामेश्वर घाट	मानमन्दिर घाट के पास
अस्सी घाट	अस्सी-संगम पर
चतुषष्टियोगिनी घाट	दशाश्वमेध घाट के पास (आज का चौसट्ठी घाट)
केदारेश्वर घाट	आज का केदार घाट
राजराजेश्वरी घाट	अब ललिता घाट

घाटों के निकट के स्थल :

सिद्धिविनायक	मन्दिर और मुहल्ला
स्वर्गद्वार प्रवेश	सिद्धिविनायक से नीलकण्ठ के नीचे
मोक्षद्वार प्रवेश	राजराजेश्वरी घाट के पास
गंगा केशव पाश्व	राजराजेश्वरी घाट पर
लोलार्क	अस्सी के पास लोलार्क कुण्ड
काल भैरव	मन्दिर और मुहल्ला

परिशिष्ट : 10

1924 में बनारस के बाज़ार और हाट और रास्ते

(मैंने इस पुस्तक में बनारस का चक्कर आपको ख़ूब लगवाया है। यह काशी-परिक्रमा वर्मा जी ने अपनी पुस्तक में करवाई है। वर्मा जी चाहते थे कि बनारस पर ऐसी पुस्तकें लिखी जानी चाहिएँ जो काशी आने वाले यात्रियों और तीर्थयात्रियों की मदद कर सकें। देश के कोने-कोने से यात्री काशी आते हैं और स्वाभाविक है कि उन्हें इस नगर के बारे में अत्यल्प जानकारी होती है जिससे कि वे इस 'आनन्द कानन' का भरपूर दर्शनानन्द नहीं उठा पाते। इसी निमित्त उन्होंने 'स्टेशन' से यह काशी-परिक्रमा कराई है। यह परिक्रमा सड़क मार्ग से की गयी है। लगभग सौ साल में बनारस के बाट-हाट तनिक भी नहीं बदले हैं। बनारस के आकर्षण का एक कारण उसका न बदलना भी है।)

हम काशी स्टेशन (राजघाट) से चलते हैं। आगे मत्स्योदरी, फिर बाज़ार विश्वेश्वर गंज और अन्नपूर्णा गंज, यहाँ से एक रास्ता वृद्धकाल और मृत्युंजय महादेव होते हुए दारानगर को गया है। दूसरी तरफ़ भैरवनाभ को होता हुआ गोपाल मन्दिर को गया है। फिर तारघर, नागरी प्रचारिणी सभा, कोतवाली, कम्पनी बाग़, टौन हाल चौमुहानी से एक रास्ता जैन मन्दिर, हरिश्चन्द्र स्कूल, गोरखनाथ का टीला होते हुए औसानगंज को गया है। दूसरा, रामेश्वर थियेटर हॉल (गणेश टाकीज, राधा चित्र मन्दिर), पोस्ट ऑफ़िस, घण्टा घर, नीची बाग़ ढलान होता हुआ ठठेरी बाज़ार के मुहाने तक आया है-दूसरे मुहाने से रेशम कटरा, नारियल बाज़ार पहुँच सकते हैं-बायें घूम कर सीधे जायें तो राजा दरवाजा और राजा दरवाजा से दायें घूम जायें तो काशीपुरा की

तिरमुहानी–यहाँ से सीधे निकल जायें तो नख़ास होते हुए लोहटिया पहुँच जायें, दायें घूमें तो कर्णघण्टा होते हुए राधा चित्र मन्दिर के बगल से फिर उसी मैदागिन (टौन हाल) से आने वाली सड़क पर पहुँच जायें। काशीपुरा तिरमुहानी से बायें आगे बढ़ें तो गोला दीनानाथ का निकास आयेगा, फिर जालपा देवी–सीधे चलते चलें तो पियरी पहुँच जायें और जालपा देवी मन्दिर से दाहिने घूम जायें तो कबीर चौरा चौमुहानी, जनाना अस्पताल के सामने पहुँच जायें। ठठेरी बाज़ार मुहाने से भीतर चले जायें तो भारतेन्दु भवन, और आगे बढ़ें और बायें घूमें तो चौखम्भा, चौखम्भा सट्टी, गोपाल मन्दिर। इसी रास्ते को पकड़े-पकड़े चलें तो बुलानाला पहुँच जायें, राधा चित्र मन्दिर के ठीक सामने।

ठठेरी गली के बाद चौक थाने की बगल से मछरहट्टा, छत्तातले, नारियल बाज़ार देता हुआ हड़हा सराय को गया है। चौक से दूसरा रास्ता कचौरी गली, ब्रह्मनाल होता हुआ मणिकर्णिका को गया है। तीसरा, राजगीर टोला, नेपाली खपड़ा, नीलकण्ठ, ज्ञानवापी, गली विश्वेश्वर नाथ, लाहौरी टोला, कालिका गली, मीर घाट, त्रिपुरा भैरवी, मान मन्दिर होता हुआ दशाश्वमेध और बंगाली टोला को गया है।

चौक की चौमुहनी से एक रास्ता दाल की मण्डी, हड़हा के दायें से आपको बेनिया, विक्टोरिया पार्क तक पहुँचा देता है। दूसरा, बनारस बैंक, कारमाइकेल लाइब्रेरी, आदि विश्वेश्वर, सत्यनारायण मन्दिर, बाँस फाटक, दीपक टॉकीज, कोतवाल पुरा, बड़ा देव, मारवाड़ी अस्पताल होता हुआ दशाश्वमेध बाज़ार में मिल गया है। तीसरा, गोदौलिया, जंगम बाड़ी, बंगाली टोला, सोनारपुरा की चौमुहानी, हरिश्चन्द्र रोड, कीनाराम की स्थल, रत्नाकर उद्यान, भदैनी, लोलार्क कुण्ड, राजा अमेठी का मकान, जगन्नाथ जी का मन्दिर होता हुआ पंचक्रोशी में चला गया है। अस्सी चौराहे से दाहिने का रास्ता भारती सिनेमा, विजय गढ़ पैलेस, कुरूक्षेत्र (पोखरा), स्वामी विशुद्धानन्द का स्थान, दुर्गाकुण्ड होता हुआ बायें से मानस मन्दिर, संकटमोचन होते हुए लंका तक चला गया है। यहीं से एक रास्ता रानी भिनगा की कोठी, संकटमोचन होता हुआ नगवा घाट को गया है, यहीं से एक रास्ता बी.एच.यू को चला गया है।

दुर्गाकुण्ड से एक रास्ता काश्मीरी गंज, खोजवां को चला गया है। दूसरा, गुरूधाम, भेलूपुर अस्पताल, विजयानगरम की कोठी, जैन मन्दिर, हिन्दू कालेज, बटुक भैरव कमच्छा देता हुआ बैजनाथ जी को गया है। भेलूपुर की चौमुहानी से दूसरा रास्ता रेवड़ी तालाब, जयनारायण स्कूल, देवकी नन्दन की हवेली, गिरजाघर चौमुहानी (गोदौलिया की छोटकी चौमुहानी) पहुँचता है। यहाँ से दाहिने जायें तो सीधे

दशाश्वमेध जाने के लिए गोदौलिया बड़की चौमुहानी पहुँच जायेंगे। यहाँ से दायें घूमें तो जंगमबाड़ी वाली सड़क और बायें घूमें तो मारवाड़ी अस्पताल, कन्हैया चित्र मन्दिर होते हुए बाँस फाटक, आदि विश्वेश्वर, फूल मण्डी, दीपक टॉकीज पार करते हुए ज्ञानवापी मस्जिद और विश्वनाथ मन्दिर पहुँच जायें, या बायें पार कर कचौड़ी गली, खोआ गली या फिर चित्रा सिनेमा वाली सड़क पर निकल आयें-जहाँ से बायें घूम कर आप ज्ञानवापी (वही सीढ़ी वाली जगह) पहुँच जायें या चित्रा सिनेमा, बनारस बैंक हो कर चौक चौराहे पर पहुँच सकते हैं-और आगे चल कर ठठेरी बाज़ार के मुहाने वाली सड़क पर जो आगे ढाल से उतर कर नीची बाग़, बुलानाला होते हुए आपको सीधे मैदागिन चौराहे पर पहुँचा देगी।

सिगरा चौमुहानी से सीधे चलें (बैजनाथ की ओर न मुड़कर) तो जैन मन्दिर, गुरूबाग़, गिरजाघर, स्टेडियम होते हुए काशी विद्यापीठ, भारत माता मन्दिर, चनुआ की सट्टी पहुँच जायेंगे-यही रास्ता सीधे स्टेशन चला जाता है। चौराहे से दाहिने घूमने पर विद्यापीठ के पिछवाड़े और मलदहिया होते हुए लहुराबीर चौराहे पर आ जायेंगे।

गोदौलिया की छोटकी चौमुहानी से नई सड़क वाली सड़क से आगे थोड़ा बढ़ने पर बायें मुड़कर लक्ष्मीकुण्ड, कालीमठ, सरस्वती गिरी के मठ पहुँचा जा सकता है। नई सड़क से बायें घूमें तो पानदरीबा, औरंगाबाद होते हुए आप पुन: सिगरा चौमुहानी पहुँच जायेंगे। दाहिने के मुहाने से अगर घुसें तो हड़हा सराय, दालमण्डी होते हुए चौक थाना की बगल-बगल चौक-चौराहा पहुँच गये।

नई सड़क चौराहे से सीधे बढ़ें तो दाहिनी ओर बेनिया पार्क की चौहद्दी को छूती हुई एक सड़क भीतर जाती है यहीं टेलिफोन एक्सचेंज है। हड़हा सराय से कट कर आप यहीं पहुँचे थे। और आगे दाहिने एक गेटनुमा स्थान से भीतर घुसें तो सड़क के उस पार बेनिया पार्क का गेट है। बायीं सड़क पर बढ़ने से आप पियरी पहुँच जायेंगे, जहाँ आप जालपा देवी से सीधे पहुँच गये थे। न मुड़ कर सीधे चलें तो कबीर चौरा चौमुहानी, जनाना अस्पताल के सामने आ पहुँचेंगे, जहाँ आप जालपा देवी हो कर भी पहुँच गये थे।

दाहिने न मुड़ना चाहें तो साधे चलिए हथुआ मार्केट, सेल्स टैक्स ऑफ़िस, चेतगंज चौमुहानी, चेतगंज थाना पार करते हुए आप चौमुहानी पहुँच जायेंगे। हथुआ कोठी से लगी बायीं सड़क पर घूम जायें पिशाच मोचन पहुँच सकते हैं, यहाँ से निकलेंगे आप क्वींस कालेज के साइड की दीवार के सामने-दीवार के साथ-साथ चलकर लहुराबीर चौराहा पहुँचिए-बायें घूम पर आप जगतगंज, तेलियाबाग़ पहुँचेंगे, दाहिने घूमें तो रामकटोरा होते हुए पिसनहरिया कुआँ।

पिसनहरिया कुआँ वाली सड़क दाहिने घूमने पर मिडिल स्कूल चौराहा पहुँचा देगी। यहाँ से दाहिने घूम कर सीधे पुन: लहुराबीर चौराहा और बायें घूमकर लीजिए फिर पहुँच गये कबीर चौरा चौरस्ता। पियरी पहुँचना हो तो नागरी नाटक मण्डली के बाद दाहिनी गली में घुस जाइए–औघड़नाथ की तकिया होकर बायें-बायें चलते रहिए-बस पहुँच गये। पिसनहरिया से बायें चलें तो बायें ही मुड़कर नाटी इमली पहुँच जायेंगे (भरत मिलाप स्थान)। न मुड़कर दाहिने वाली सड़क पर बढ़ चलें तो ईश्वरगंगी पहुँच गये फिर आदर्श सेवा विद्यालय, बाघाबीर देते हुए पहुँच जायेंगे-डी.ए.वी. स्कूल के दारानगर वाले गेट पर। गेट में घुस कर दाहिने स्कूल है। बायें घूमें तो औसान गंज, जैतपुरा मारते हुए अलईपुर पहुँच गये। गेट के सामने चलें तो दारानगर होते हुए मृत्युंजय महादेव जा पहुँचें और दाहिने घूम कर लोहटिया।

तेलिया बाग़ की ओर घूमेंगे तो सम्पूर्णानन्द संस्कृत विश्वविद्यालय होते हुए नदेसर, नदेसर कोठी, मिंट हाउस, बनारस क्लब, कचहरी, भोजूबीर, पाण्डेयपुर, सारनाथ तक जा सकते हैं तो बायें से शिवपुर, महेशपुर, बाबतपुर तक।

कचहरी से एक रास्ता सेंट्रल जेल, पुलिस लाइन, पाण्डेपुर बाज़ार होता हुआ सारनाथ, गाजीपुर को चला गया है। दूसरा, चौकाघाट, बनारस कॉटन मिल्स, नाटी इमली, ईश्वरगंगी, बाग़ेश्वरी जी, नाग कुआँ देता हुआ बनारस सिटी स्टेशन (अलईपुर) को चला गया है।

लहुराबीर से एक रास्ता घोड़ा अस्पताल, गणेश बाग़, कबीर कीर्ति मन्दिर, जनाना अस्पताल, शिव प्रसाद गुप्त अस्पताल, राधास्वामी संघ, ज्ञान मण्डल प्रेस। यहीं चौमुहानी से एक रास्ता लोहटिया देता हुआ औसानगंज (डी.ए.वी., वहीं जहाँ आप पिसनहारिया मार कर पहुँचे थे) में मिल गया है-लोहटिया की दूसरी तरफ़ सड़क पार (ऊ पार) का रास्ता नख़ास, बेतिया की कोठी देता और काशीपुरा होता हुआ राजा दरवाजा में आ मिला है।

परिशिष्ट : 11

एक खेल की शिव-व्याख्या :

('शिव की काशी' लेख में शिवनारायण गुप्त ने मेरे लिए बचपन के एक खेल की स्मृतियों को तो ताजा किया ही, इसे सर्वथा अनसुनी शिव-व्याख्या से जोड़ कर अनिवर्चनीय आनन्द भी मुझे प्रदान किया है : 'शिव पंचवक्र हैं-दण्ड कमण्डल धारण करते हैं, चन्दन की लकड़ी (लेप के लिए) ग्रहण करते हैं, उन्हें श्वेत भस्म

और छाल प्रिय है, उन्हें पत्र-पुष्प चढ़ाया जाता है। वे एक हाथ हमारे ऊपर आशीर्वाद के लिए फैला दें।')

ओक्का बोक्का	भोले भाले
तीन तिलोक्का	तीनों लोक के
लौवा लाठी	कमण्डल और दण्ड
चन्दन काठी	चन्दन की लकड़ी
चन्दना में का का	चन्दन के अलावा भी कई पदार्थ (क्या-क्या)
इजइल बिजइल	श्वेत भस्म और छाल
पान-फूल	पत्र-पुष्प
एक हाथ पचोक्का	पंचवक्र से आशीर्वाद दें

यहाँ पचोक्का (पंचवक्र) का अर्थ शिव जी के पाँच मुख से है-ईशान, अघोर, तत्पुरूष, नामदेव, सद्योजात। सद्योजात का भाव अति सुन्दर है-बालक के समान स्वच्छ, शुद्ध और निर्विकार।

परिशिष्ट: 12

काशी के पर्व-त्यौहार:

(काशी उत्सवों की नगरी है। कहा जाता है कि जितने वार हैं, काशी में उतने ही पर्व-त्यौहार हैं-सात वार नौ त्यौहार। 'सोच-विचार' के काशी अंक: 7 में विवेक तिवारी ने इन्हें सूत्र में सूचीबद्ध कर दिया है। वैसे 'काशी खण्ड' में इनका विस्तृत विवरण दिया गया है और अन्य पुस्तकों में भी यत्र-तत्र कभी किन्हीं की तो कभी किन्हीं की चर्चा हुई है। 'सोच-विचार' वाली सूची साभार यहाँ दी जा रही है।) अपने अनुभव के आधार पर मैंने अपना भी बहुत कुछ जोड़ दिया है।

चैत्र (मार्च-अप्रैल)	शुक्ल पक्ष	वासन्तिक नवरात्र	शक्ति उपासना की नौ रात्रियाँ
		राम नवमी	श्री राम जन्मोत्सव
		1 से 9 नवरात्रि	नौ गौरी के दर्शन
वैशाख (अप्रैल-मई)	शुक्ल पक्ष	अक्षय तृतीया	काशी में इस तिथि पर त्रिलोचन महादेव का और मणिकर्णिका कुण्ड का दर्शन करने का विधान है।
	कृष्ण पक्ष	वैशाखी अमावास्या	सतुआ का दान किया जाता है।
जयेष्ठ (मई-जून)	शुक्ल पक्ष	गंगा दशहरा, निर्जला एकादशी	
	कृष्ण पक्ष	शीतला अष्टमी वट सावित्री व्रत	इस दिन बासी खाना खाया जाता है।
आषाढ़ (जून-जुलाई)	शुक्ल पक्ष	रथयात्रा मेला, गुरू पूर्णिमा, एकादशी को भगवान सो जाते हैं (विष्णुशयनी एकादशी) इसलिए चार मास तक शादी-ब्याह नहीं होते।	
श्रावण/सावन (जुलाई-अगस्त)	शुक्ल पक्ष	नव-गौरी पूजा, नाग पंचमी (नाग पूजा) रक्षा बन्धन (पूर्णिमा के दिन)	
	कृष्ण पक्ष	शिवरात्रि व्रत	पूरे माह, विशेषकर सोमवार को शिव, दुर्गा और सारनाथ में 'सारंगनाथ' के दर्शन का विधान काशी में है।

भाद्रपद (अगस्त-सितम्बर)	शुक्ल पक्ष	हरितालिका तीज-मृण्मय शंकर-पार्वती की पूजा की जाती है, ढेलहवा चौथ, गणेशोत्सव, लोलार्क छठ (कोहड़ा, जलेबी चढ़ाया जाता है)	
	कृष्ण पक्ष	कजरी तीज (विशालाक्षी मन्दिर में दर्शन)	
		गणेश चतुर्थी (बड़ा गणेश, लोहटिया का दर्शन)	सोरहिया का मेला–लक्ष्मी कुण्ड पर; लक्ष्मी जी की मिट्टी की प्रतिमाएँ और चेहरा मिलता है, ललही छठ (हलथष्ठी) विश्वकर्मा पूजन (पद्मा एकादशी), अंत चतुर्दशी, मुकुट पूजा–रामलीला का आरम्भ
		श्री कृष्ण जन्माष्टमी (कृष्ण का जन्मोत्सव)	
आश्विन (सितम्बर-अक्तूबर)		नवरात्रि, नवदुर्गा के दर्शन, षष्ठी को दुर्गा स्थापना, कालीधसान, विजयादशमी, भरत मिलाप (सायं 4.40 पर), शरद पूर्णिमा	
	कृष्ण पक्ष	पितृपक्ष (15 दिन), जीवितपुत्रिका (जिउतिया, ईश्वरगंगी पर पूजा)	
कार्तिक (अक्तूबर-नवंबर)	शुक्ल पक्ष	भाई दूज (यम द्वितीया, गोवर्धन पूजा), कार्तिक पूर्णिमा (देव दीपावली), अन्नपूर्णा मन्दिर में अन्नकूट (स्वर्ण प्रतिमा का दर्शन), नाग नथैया (चतुर्थी के दिन) भगवान चार मास की निद्रा के बाद जागते हैं। तुलसी जी से विवाह करते हैं। शालिग्राम-तुलसी के ब्याह पर सिंघाड़े और आँवले का भोग चढ़ता है। पूरे कार्तिक मास घाटों पर आकाशदीप जलते हैं। हरिप्रबोधिनी एकादशी	
	कृष्ण पक्ष	करवाचौथ (चेतगंज की नक्कटैया), धनतेरस, नरक चतुर्दशी (हनुमान जयंती, दरिद्दर भगावन) दीपावली	

मार्गशीर्ष (नवंबर -दिसम्बर)	शुक्ल पक्ष	चतुर्दशी को पिशाच मोचन पर 'लोटा-भंटा' का मेला। काशी के लोटम भट्ट ने इसे प्रारम्भ किया था। मिट्टी की हड़िया और गोल भंटा चढ़ता है।	
	कृष्ण पक्ष	काशी के आठ भैरव का दर्शन काल भैरवाष्टमी–इस दिन भैरव जी का निरावरण दर्शन होता है पियाले का मेला–चौकाघाट, शिवपुर में पीर पूजा, धोबी वर्ग का पर्व है	
पौष (दिसम्बर-जनवरी)	शुक्ल पक्ष	मकर संक्रान्ति	
माघ (जनवरी-फरवरी)	शुक्ल पक्ष	वसन्त पंचमी	सरस्वती की मूर्तियाँ पूजी जाती हैं। पीतपट, आम मंजरी, पीले गेंदे का फूल चढ़ाते हैं। बागेश्वरी देवी का दर्शन किया जाता है।
	कृष्ण पक्ष	गणेश चतुर्थी	बड़ा गणेश पर चतुर्थी का मेला लगता है, गंगा स्नान, कल्पवास
फाल्गुन (फरवरी-मार्च)	शुक्ल पक्ष	शिव रात्रि (चतुर्दशी को शिव-पार्वती विवाह) अष्टमी से होलाष्टक लगता है। रंगभरी एकादशी, होली	

परिशिष्ट: 13

चित्रकूट की रामलीला (बड़ा गणेश) का क्रम

01.	मुकुटपूजन	लीला का प्रारम्भ मुकुटों की 'झांकी' के पूजन से होता है।
02.	राज्याभिषेक आयोजन	गुरू वशिष्ठ का आशीर्वाद लेकर 'स्वरूप' सिंहासन पर विराजते हैं।
03.	कोप भवन	कैकेयी को मनाते हुए राजा दशरथ, वन गमन को तत्पर राम की झाँकी एवं दशरथ की गोद में राम, लक्ष्मण और जानकी का दर्शन होता है।
04.	वन गमन	वनवासी के वेश में राम, लक्ष्मण और सीता की झाँकी।
05.	राम घंडैल	ईश्वर गंगी के तालाब में सजी हुई नौका पर त्रिमूर्ति की झाँकी। (अपना संस्मरण पुस्तक में मैंने दिया है)
06.	भरत घंडैल	माताओं सहित भरत के गंगा पार करने की झाँकी।
07.	भरत-मनावन	राम-भरत मिलन की झाँकी।
08.	भरत-सभा	चित्रकूट में सभा की झाँकी।
09.	जनक-सभा	चित्रकूट में राम के साथ भरत तथा जनक की झाँकी।
10.	भरत-विदाई	नन्दिग्राम में राम की पादुका सहित भरत की झाँकी।
11.	जयंत-लड़ाई	राम से भयभीत भागते हुए कौवे जयंत और जयंत की आँख में राम द्वारा तीर मारने की लीला। ('कौआ मरान' के नाम से काशी में प्रचलित इस लीला का परिचय पुस्तक में अन्यत्र दिया गया है।)
12.	नक्कटैया	तीन लीलाएँ एक साथ होती हैं–पंचवटी में शूर्पणखा का नासिका छेदन, सीता हरण तथा व्याकुल राम का वन में विलाप।
13.	शबरी-मंगल	शबरी के बेर खाते राम की झाँकी। (इस अवसर पर प्रसाद के रूप में बेरों का वितरण किया जाता है)

14.	लंका-दहन	रावण की सभा में हनुमान एवं लंकादहन की झाँकी
15.	गिरि-सुबेल	चौकाघाट पर रामेश्वर पूजन के बाद यह झाँकी सजती है। इसमें सुबेल-गिरि पर राम सुग्रीव की गोद में लेटे रहते हैं। इस झाँकी में हनुमान राम की चरण सेवा करते और लक्ष्मण पहरा देते दर्शाए जाते हैं।
16.	लक्ष्मण-शक्ति	मूर्छित लक्ष्मण को गोद में लिए विलाप करते राम तथा संजीवनी बूटी लिए हुए हनुमान की झाँकी।
17.	रावण-वध	यह लीला चौकाघाट पर होती है। एक मुख वाले रावण से राम का युद्ध होता है। सूर्यास्त के समय रावण पर विजय और उसके वध का संकेत देने के लिए राम रावण का मुखौटा उठा कर उसके मुख में तुलसी-दल डालते हैं–रावण को मोक्ष प्रदान करते हैं। रावण और कुंभकर्ण के पुतलों का दहन भी होता है। (पुस्तक में इस लीला के सन्दर्भ स्थान-स्थान पर आये हैं)
18.	अयोध्या-प्रस्थान	पुष्पक विमान में राम विराजमान रहते हैं। सदलबल वे प्रस्थान की तैयारी में हैं। विभीषण और लंकावासी उन्हें रोकने का प्रयास करते हैं। दोलायमान विमान चल पड़ता है।
19.	भरतमिलाप	चित्रकूट की रामलीला की यह सर्वाधिक लोकप्रिय लीला है। यह लीला नाटी इमली के बड़े मैदान में सम्पन्न होती है–गोधूलि बेला में। (इस लीला का भाव पुस्तक में भिन्न-भिन्न सन्दर्भों में अभिव्यक्त किया गया है)
20.	धनुष-बाण की झाँकी	आत्मवीरेश्वर मन्दिर के पास एक स्थल पर 'सरूपों' के साथ धनुष-बाण के दर्शन होते हैं।
21.	राजगद्दी	अवध भवन में राम के राजतिलक की झाँकी।
22.	सनक-सनन्दन	श्री राम का दर्शन करने आये ऋषियों की झाँकी।
23.	दशावतार	विष्णु के दसों अवतारों की झाँकी।

(चित्रकूट की ये रामलीलाएँ/झाँकियाँ प्रत्येक वर्ष आश्विन कृष्ण नवमी से आश्विन शुक्ल पूर्णिमा तक की अवधि में सम्पन्न की जाती हैं। ये लीलाएँ बाईस दिनों तक चलती हैं। प्रत्येक लीला/झाँकी के समापन पर आरती होती है। द्विभाषिक रूप में हिन्दी और अंग्रेज़ी में अयोध्या शोध संस्थान, अयोध्या द्वारा प्रकाशित सचित्र और बड़े आकार की पुस्तक: काशी की रामलीला–एक एल्बम / Ramlila in Kasi–An Album में चित्रकूट की रामलीला के अतिरिक्त काशी की अन्य दस और प्रसिद्ध रामलीलाओं का सचित्र विवरण दिया गया है। इस पुस्तक का 'सम्पादकीय' संस्थान के निदेशक डॉ. योगेंद्र प्रताप सिंह ने और 'प्रास्ताविक' डॉ. भानुशंकर मेहता ने लिखा है। यह परिशिष्ट तैयार करने में इस पुस्तक से सहायता ली गयी है।)

परिशिष्ट: 14

काशी के इतिहास की कुछ प्रमुख तिथियाँ:

1. सन् 1785 में महारानी अहिल्याबाई द्वारा काशी विश्वनाथ मन्दिर का पुनरुद्धार और निर्माण कराया गया।
2. सन् 1810 में ग्वालियर राज्य में काशीराज चेतसिंह की मृत्यु हुई।
3. सन् 1818 में काशी में महारानी लक्ष्मीबाई का जन्म हुआ।
4. सन् 1820 में वर्तमान न्यायालय के भवन का निर्माण हुआ।
5. सन् 1822 में जेम्स प्रिंसेप नामक अंग्रेज़ी अधिकारी ने बनारस का सर्वे तैयार किया।
6. सन् 1827 में मिर्ज़ा गालिब लखनऊ से काशी आये थे। वे घुघरानी गली में ठहरे थे।
7. सन् 1839 में पंजाब के महाराणा रणजीत सिंह ने काशी विश्वनाथ मन्दिर के कलश पर स्वर्ण चढ़वाया।
8. सन् 1869 में स्वामी दयानन्द काशी पधारे थे। दुर्गाकुण्ड के समीप राजा माधव सिंह बाग़ में उनका काशी के विद्वानों के साथ शास्त्रार्थ हुआ था।
9. सन् 1875 में महाराज कुमार विजयनगरम द्वार टाउन हॉल का निर्माण किया गया।
10. सन् 2005 में लालबहादुर शास्त्री के नाम पर बनारस में हवाई अड्डा आरम्भ हुआ। सन् 2012 में यह 'अन्तरराष्ट्रीय' बना। हवाई अड्डा काशी के बाहर बनारस-जौनपुर मार्ग पर बाबतपुर में बनाया गया है।

परिशिष्ट: 15

काशी का विशेष स्वरूप: मेरी निगाह में:

1. काशी में डॉ. सम्पूर्णानन्द का पैतृक मकान जालपा मुहल्ले में है। मकान के बाहर एक पक्का कुआँ है।
2. देवकीनन्दन खत्री का पैतृक आवास पिसनहरिया कुआँ पर है–यह रास्ता रामकटोरा की ओर जाता है।
3. भारतेन्दु हरिश्चन्द्र का पैतृक भव्य भवन ठठेरी गली में है।
4. पं. कमलापति त्रिपाठी का पैतृक मकान औरंगाबाद मुहल्ले में है।
5. जयशंकर 'प्रसाद' का बड़ा मकान काली महाल के आगे गोवर्धन सराय मुहल्ले में है।
6. आचार्य रामचन्द्र शुक्ल का घर रवींद्रपुरी में है।
7. पं. सुधाकर पाण्डेय का मकान गोला दीनानाथ वाली गली में है।
8. 'रत्नाकर' जी भदैनी पर रहते थे।
9. तबलावादक गुदई महाराज, किशन महाराज के, नटसम्राट गोपीकृष्ण और कथक नृत्यांगना सितारा देवी के, गायिका गिरिजा देवी, सिद्धेश्वरी देवी, सारंगी वादक गोपाल प्रसाद, हनुमान प्रसाद, बैजनाथ मिश्र के और गायक राजन-साजन मिश्र के पैतृक मकान कबीरचौरा मुहल्ले में हैं।
10. मुंशी प्रेमचन्द का पैतृक निवास लमही ग्राम में है।

परिशिष्ट: 16

काशी में मानव मूर्तियाँ:

01.	पं.कमलापति त्रिपाठी	कैंट स्टेशन के सामने।
02.	महात्मा गाँधी	काशी विद्यापीठ परिसर में।
03.	गाँधी और कस्तूरबा	टाउनहॉल में (मैदागिन)।
04.	शिवप्रसाद गुप्त	काशी हिन्दू विश्वविद्यालय परिसर और कबीरचौरा के मर्दाना अस्पताल में, जो उन्हीं के नाम पर है।

[illegible]	...हादुर शास्त्री	शास्त्री नगर स्थित पार्क में, बड़ा गणेश क्षेत्र में हरिश्चन्द्र कॉलेज के सामने, रामनगर–उनके पैतृक एवं जन्म स्थान के चौराहे पर।
[illegible]	लक्ष्मीबाई	जन्मस्थान अस्सी पर।
07.	चन्द्रशेखर आजाद	लहुराबीर चौराहे पर।
08.	पं. मदन मोहन मालवीय	काशी हिन्दू विश्वविद्यालय के सिंहद्वार पर भव्य प्रतिमा।
09.	सम्पूर्णानन्द	संस्कृत विश्वविद्यालय के जगतगंज की तरफ़ वाले प्रवेशद्वार के बाहर, तेलियाबाग़। यह विश्वविद्यालय अब सम्पूर्णानन्द जी के नाम पर है।
10.	विवेकानन्द	नदेसर, ताज होटल के सामने। एक भव्य मूर्ति आगे बाबतपुर मार्ग पर भी है।
11.	बाबा साहब अंबेडकर	कचहरी के पास।
12.	सखाराम विष्णु पराड़कर	काशी पत्रकार संघ भवन के भीतर, गोलघर।
13.	सर सुन्दरलाल	बी.एच.यू. अस्पताल में। यह अस्पताल इन्हीं के नाम पर है।
14.	रामकृष्ण परमहंस	कौड़िया अस्पताल में, लक्सा।
15.	हनुमान प्रसाद पोद्दार	दुर्गाकुण्ड स्थित हनुमान प्रसाद पोद्दार अंध विद्यालय परिसर में।
16.	चितरंजन दास	दशाश्वमेध स्थित चितरंजन पार्क में।
17.	हेमू कालानी	सिंधी मार्केट में, गोलघर।
18.	राजीव गाँधी	मैदागिन चौराहे पर।
19.	राजनारायण	बेनियाबाग़ में, अब इसका नाम राजनारायण उद्यान है।
20.	भारतेन्दु हरिश्चन्द्र	कम्पनीबाग़ में, मैदागिन–जो अब जयप्रकाश नारायण उद्यान है।

21.	जगन्नाथ दास 'रत्नाकर'	भदैनी स्थित रत्नाकर उद्यान में।
22.	बाबू श्यामसुन्दर दास	मैदागिन, विश्वेश्वर गंज मार्ग पर।
23.	आचार्य रामचन्द्र शुक्ल	रवींद्रपुरी कालोनी के चौराहे पर।
24.	प्रेमचन्द	लहुराबीर चौराहे के उत्तर तरफ़ और पाण्डेपुर चौमुहानी पर–यही रास्ता प्रेमचन्द के गाँव लमही ले जाता है जहाँ उनका पैतृक निवास, प्रतिमा और पुस्तकालय है।

परिशिष्ट: 17

बनारस के मेले :

(बनारस के मेले देवी-देवताओं और पर्वों से जुड़े हुए हैं। इन मेलों का आनन्द काशीवासी कम खर्च में उठा सकता है। काशी के मेले काशी की पहचान हैं। लोक-संस्कृति और लोक-विश्वास के आधार हैं। ये मेले भक्ति, श्रद्धा और आंनद के आध्यात्मिक समन्वय को भी दर्शाते हैं।)

1. **नवरात्र-मेला :** यह मेला नौ दिनों तक दुर्गा (कुष्मांडा देवी) मन्दिर और दुर्गाकुण्ड पर लगता है।
2. **गनगौर का मेला :** राजमन्दिर के आसपास लगता है। काशी के मारवाड़ी समाज का मेला है।
3. **रामनवमी का मेला :** यह मेला राजघाट पर लगता है। काशीवासी गंगा-स्नान कर के घाट पर स्थित राम मन्दिर में पूजन करते हैं।
4. **गंगा सप्तमी का मेला :** माँ गंगा के जन्म के उपलक्ष्य में यह मेला दशाश्वमेध पर गंगा मन्दिर के पास लगता है।
5. **नरसिंह चौदस का मेला :** यह मेला बड़ा गणेश पर लगता है। हिरण्यकश्यप वध की लीला भी दिखायी जाती है।
6. **गंगा दशहरा का मेला :** यह मेला दशाश्वमेध घाट और काशी के अन्य प्रसिद्ध घाटों पर भी लगता है। श्रद्धालु गंगा-स्नान और गंगा-पूजन करते हैं।
7. **रथयात्रा का मेला :** रथयात्रा चौमुहानी पर लगता है। भीड़भाड़ वाला मेला।
8. **वृद्धकाल का मेला :** मृत्युंजय महादेव मन्दिर में स्थित 'वृद्धकाल' के नाम पर यह मेला श्रावण के प्रत्येक रविवार को लगता है। स्वास्थ्य लाभ के लिए

स्त्री-पुरुष वृद्धकाल के कुएँ के औषधीय गुणयुक्त जल से स्नान करते हैं।

9. **दुर्गा जी का मेला :** यह मेला दुर्गाकुण्ड पर सावन के प्रत्येक मंगलवार को लगता है। दुर्गा जी के मन्दिर में पूजन किया जाता है।

10. **नाग पंचमी का मेला :** नाग पंचमी के दिन जैतपुरा स्थित प्रचीन और प्रसिद्ध 'नागकुआँ' मन्दिर पर यह मेला लगता है। इस दिन नागकुआँ (कुण्ड) का पानी निकाल दिया जाता है जिसके तल में शिवलिंग और नागछत्र विराजमान हैं। भक्तगण इनका दर्शन करते हैं। यह दर्शन वर्ष में एक बार ही मिलता है।

11. **कजरी तीज का मेला :** यह मेला ईश्वरगंगी पोखरा क्षेत्र में लगता है। सुहागिन महिलाओं की अधिकता होती है। श्रृंगार-पटार की वस्तुएँ बिकती हैं।

12. **लोलार्क छठ का मेला :** यह भव्य मेला लोलार्क कुण्ड पर लगता है।

13. **सोरहिया का मेला :** यह मेला लक्ष्मी कुण्ड पर लगता है। कुण्ड से लगा हुआ लक्ष्मी मन्दिर है जिसमें लक्ष्मी जी की स्वर्ण-मूर्ति के दर्शन होते हैं। यह मेला सोलह दिनों तक चलता है।

14. **अनंत चौदस का मेला :** अनंत की पूजा होती है। गंगा के घाटों पर मेला लगता है। इसी दिन से रामनगर की रामलीला आरम्भ होती है।

15. **दुर्गा मेला :** 'धसान' (दुर्गा विसर्जन) अर्थात विजयदशमी की रात्रि में यह मेला गोदौलिया से लेकर दशाश्वमेध घाट तक फैल जाता है। धूम-धाम के साथ इसी मार्ग से मूर्तियाँ गुज़रती हैं। दशाश्वमेध घाट पर इन्हें नाव या बजड़ा पर स्थापित करके भव्य आरती की जाती है। एक साथ कई-कई मूर्तियों की आरती भावविभोर कर देती है। यह क्रम अर्ध-रात्रि तक चलता है।

16. **धनतेरस का मेला :** यह मेला ठठेरी बाज़ार और चौखम्भा क्षेत्र में लगता है। गलियाँ जगमग हो जाती हैं। लोग बर्तन, मिठाई (विशेषकर मगदल), मिट्टी के 'बनारसी' लक्ष्मी-गणेश, मिट्टी के खिलौने, फूल-माला खरीदते हैं। घर जा कर लक्ष्मी-गणेश का पूजन करते हैं। काशी के व्यापारियों के लिए यह विशेष पर्व और मेला है।

17. **दीपावली का मेला :** काशी के प्रत्येक महाल और हाट-बाट में यह मेला लग जाता है। दीया-दियरी, मिट्टी के खिलौने, भड़ेहर, ग्वालिन, चीनी के बने खिलौने, लावा-बताशा, मिठाई की दुकानें सज जाती हैं। पटाखे बिकते हैं और पूजा का सामान।

18. **कार्तिकी-पूर्णिमा का मेला :** काशी के पंचगंगा घाट पर दीपमालिका सजती है। इस दिव्य दृश्य को देखने के लिए मेला जुटता है। घाट की पचासों सीढ़ियाँ दीपों की श्रृंखला बन जाती हैं।
19. **पियाले का मेला :** यह निम्न-वर्ग का मेला है। पीर और बीरों का श्रृंगार किया जाता है। कजरी-बिरहा का दंगल होता है।
20. **लोटा-भंटा का मेला :** यह मेला पिशाच मोचन पर लगता है। लिट्टी-भंटा अहरे पर पका कर लोग भोजन करते हैं।
21. **गणेश चौथ का मेला :** यह मेला बड़ा गणेश (लोहटिया) पर लगता है। 'बनारसी' गणेश की मृण्मूर्ती मिलती है। पूजन-सामग्री की ढेरों दुकानें कबीर चौरा अस्पताल तक लग जाती हैं।
22. **वेदव्यास का मेला :** रामनगर के किले में यह मेला लगता है। किले के भीतर स्थित वेदव्यास और शिव के मन्दिर में भक्तगण पूजन करते हैं।
23. **महाशिवरात्रि का मेला :** विश्वनाथ मन्दिर में लगता है। पूरे दिन और रात दर्शनार्थी चँपे रहते हैं।
24. **होली का मेला :** होली काशी की सरनाम है। होली के दिन चौसट्ठी देवी के मन्दिर में मेला लगता है। देवी का दर्शन किया जाता है।

सन्दर्भ सूची

1. हिन्दी ग्रन्थ और पुस्तकें

स्कन्दपुराण का काशी खण्ड	चार भाग (1,2,3,4) (सं.) आचार्य करुणापति त्रिपाठी, सम्पूर्णानन्द संस्कृत विश्वविद्यालय, वाराणसी.
काशी रहस्य	ब्रह्मवैवर्त पुराण का परिशिष्ट, 1957, गुरूमण्डल ग्रन्थालय, कलकत्ता.
श्री शिव महापुराण	1962, पण्डित पुस्तकालय, बनारस.
वाराणसी	1972, ऑल इंडिया काशीराज ट्रस्ट, काशी.
श्री विष्णु पुराण	1922, गीता प्रेस, गोरखपुर.
संक्षिप्त महाभारत	2001, 'कल्याण' कार्यालय, गोरखपुर.
काशी की सारस्वत साधना	गोपीनाथ कविराज, 1965, बिहार राष्ट्रभाषा परिषद, पटना.
वाराणसी वैभव	कुबेर नाथ सुकुल, 1977, बिहार राष्ट्रभाषा परिषद, पटना.
पुराणों में गंगा	राम प्रताप त्रिपाठी, 1952, हिन्दी साहित्य सम्मेलन, प्रयाग.
श्री विष्णु महापुराण	(सं.) आचार्य शिव प्रसाद द्विवेदी, 2012, चौखंबा सुरभारती प्रकाशन, गोपाल मन्दिर लेन, वाराणसी.

शिव महापुराण	(सं.) ज्वाला प्रसाद मिश्र, 2017, खेमराज श्रीकृष्ण दास प्रकाशन, बंबई.
काशी का इतिहास	डॉ. मोतीचन्द, 1962, विश्वविद्यालय प्रकाशन, चौक, वाराणसी.
युग युगों में काशी	(सं.) ठाकुर प्रसाद वर्मा, देवी प्रसाद सिंह, जयशंकर मिश्र, 1986, भारतीय इतिहास संकलन समिति, अस्सी, वाराणसी.
बना रहे बनारस	विश्वनाथ मुखर्जी, 1958, विश्वविद्यालय प्रकाशन, चौक, वाराणसी.
सो कासी सेइअ कस न	भानुशंकर मेहता, 1999, बुक प्रेस इंडिया, दिल्ली.
देखो अपनी कासी लोगों	अजय मिश्र, 2009, पिलग्रिम्स पब्लिशिंग, वाराणसी-दिल्ली.
धन धन मातु गंग	भानुशंकर मेहता, 2004, विश्वविद्यालय प्रकाशन, चौक, वाराणसी.
देखी तुम्हरी काशी	आशुतोष शुक्ल, 2015, विश्वविद्यालय प्रकाशन, चौक, वाराणसी.
कलागुरू केदार शर्मा के व्यंग्य चित्रों में काशी	(सं.) धीरेंद्रनाथ सिंह, 2005, विश्वविद्यालय प्रकाशन, चौक, वाराणसी.
कहाँ-कहाँ से गुज़र गया	(दो खण्ड) दिलीप सिंह, 2017, किताबवाले, नई दिल्ली.
हिन्दी भाषा चिन्तन	दिलीप सिंह, 2009: वाणी प्रकाशन, दिल्ली.
पाठ विश्लेषण	दिलीप सिंह, 2007: वाणी प्रकाशन, दिल्ली.
बनारस: सचित्र ऐतिहासिक पुस्तक	बाल मुकुंद वर्मा, 1924: उपन्यास तरंग, बनारस सिटी.
भोग-मोक्ष समभाव: काशी का सामाजिक-सांस्कृतिक समभाव	(सं.) बैद्यनाथ सरस्वती, 2000: डी.के. प्रिंट वर्ल्ड, नई दिल्ली.

काशी: नगरी एक, रूप अनेक	(सं.) ओम प्रकाश केजरीवाल, 2010: प्रकाशन विभाग, सूचना एवं प्रसारण मन्त्रालय, भारत सरकार, नई दिल्ली.
भारतेन्दु हरीश्चन्द्र	1969: प्रकाशन विभाग, सूचना एवं प्रसारण मन्त्रालय, भारत सरकार, नई दिल्ली.
हजारी प्रसाद द्विवेदी	संचयिता, 2001: (सं.) राधावल्लभ त्रिपाठी, वाणी प्रकाशन, नई दिल्ली.
भोजपुरी और हिन्दी	शुकदेव सिंह, 2009: विश्वविद्यालय प्रकाशन, चौक, वाराणसी.
काशी विश्वनाथ मन्दिर: निर्माण और विध्वंस	प्रताप नारायण मिश्र, संवत् 2004: लोकहित प्रकाशन, लखनऊ.
काशी की रामलीला: एक एल्बम	(द्विभाषिक-हिन्दी-अंग्रेज़ी), 2012: परिकल्पना: भानुशंकर मेहता, (सं.) कमलगिरी एंव नीलकण्ठ पुरुषोत्तम जोशी, अयोध्या शोध संस्थान, अयोध्या एंव ज्ञान-प्रवाह, वाराणसी.

2. हिन्दी पत्र-पत्रिकाओं के काशी विशेषांक

'हंस' का 'काशी अंक'	(सं.) प्रेमचन्द, 1933, सरस्वती प्रेस, बनारस.
'सन्मार्ग' का 'वाराणसी विशेषांक'	(सं.) कौशल किशोर मिश्र, 1986, सन्मार्ग दैनिक, गोलघर, वाराणसी.
'कल्पना' का 'काशी अंक'	(सं.) प्रयाग शुक्ल, 2005, बदरीविशाल पन्नाल पित्ती ट्रस्ट, हैदराबाद.
'प्रज्ञा' का 'काशी-गौरव विशेषांक'	1 (सं.) श्री निवास पाण्डेय, दिसम्बर-2007, बनारस हिन्दू विश्वविद्यालय, वाराणसी.
'प्रज्ञा' का 'काशी-गौरव विशोषांक'	2 (सं.) श्री निवास पाण्डेय, जून–2008, बनारस हिन्दू विश्वविद्यालय, वाराणसी.

'सोच-विचार' के दस 'काशी अंक'	(जुलाई 2010 से जुलाई 2019 तक प्रतिवर्ष), (सं.) नरेंद्र नाथ मिश्र, ईश्वरगंगी, वाराणसी.

3. काव्य, नाटक, कथा-साहित्य

(क) काव्य

पार्वती मंगल (तुलसी ग्रन्थावली)	(सं.) माताप्रसाद गुप्त, 1949: हिन्दुस्तानी एकेडमी, इलाहाबाद.
कलकाशी	जगन्नाथ दास रत्नाकर, श्याम सुन्दर दास सम्पादित रत्नाकर में 1933, काशी नागरी प्रचारिणी सभा, काशी.
गंगा-लहरी	जगन्नाथ दास रत्नाकर, श्याम सुन्दर दास सम्पादित रत्नाकर में 1933, काशी नागरी प्रचारिणी सभा, काशी.
रत्नाष्टक	जगन्नाथ दास रत्नाकर, श्याम सुन्दर दास सम्पादित रत्नाकर में 1933, काशी नागरी प्रचारिणी सभा, काशी.
तुलसी-ग्रन्थावली	(सं.) रामचन्द्र शुक्ल, लाला भगवानदीन, ब्रजरत्न दास, संवत् 1980, काशी नागरी प्रचारणी सभा, काशी.
कविता कौमुदी	(पाँचवाँ भाग: ग्राम गीत), (सं.) राम नरेश त्रिपाठी, संवत् 1986, हिन्दी मन्दिर, प्रयाग.
गंगावतरण	जगन्नाथ दास रत्नाकर, 1951, इंडियन प्रेस, प्रयाग.
बदमाश दर्पण	तेग अली, 2002, विश्वविद्यालय प्रकाशन, चौक, वाराणसी.

नजीर बनारसी की शायरी	(सं.) मूलचन्द सोनकर, 2013, राजकमल प्रकाशन, नई दिल्ली.
कबीर (कबीर वाणी भाग)	हजारी प्रसाद द्विवेदी, 1990, राजकमल प्रकाशन, नई दिल्ली.
भारतेन्दु ग्रथावली	(सं.) ब्रजरत्नदास, संवत् 1927, काशी नागरी प्रचारिणी सभा, काशी.
रैदास बानी	(सं.) शुकदेव सिंह, 2005, राधाकृष्ण प्रकाशन, नई दिल्ली.
आज भी वही बनारस है	विश्वंभरनाथ त्रिपाठी बड़े गुरू, 2007, विश्वविद्यालय प्रकाशन, चौक, वाराणसी.
पद्मावत (बादशाह भोज खण्ड)	मलिक मुहम्मद जायसी, 1998, साहित्य सदन, झाँसी.

(ख) नाटक

सत्य हरिश्चन्द्र	भारतेन्दु हरिश्चन्द्र, 1876, (काशी पाक्षिक पत्रिका में पहली बार प्रकाशित)
प्रेम जोगिनी (नाटक)	भारतेन्दु हरिश्चन्द्र, संवत् 1938.
अँधेर नगरी (प्रहसन)	भारतेन्दु हरिश्चन्द्र, संवत् 1938.
घोड़े पै हौदा हाथी पर जीन (नाटक बनती कहानियाँ)	2006, अनुराग प्रकाशन, वाराणसी.

(ग) कथा-साहित्य

बहती गंगा	शिव प्रसाद मिश्र 'रुद्र', 1967, राधाकृष्ण प्रकाशन, नई दिल्ली.
लफ्टंट पिगसन की डायरी	बेढब बनारसी, 1956, (द्वि.सं., प्रथम संस्करण: 1944), आंनद पुस्तक भवन, वाराणसी.
अपनी खबर	पाण्डेय बेचन शर्मा 'उग्र', 1960, राजकमल प्रकाशन, नई दिल्ली.

टनाटन	बेढब बनारसी, 1944, दि इंटरनेशनल पब्लिशिंग कम्पनी, बनारस.
गली आगे मुड़ती है	शिव प्रसाद सिंह, 2018 (द्वि.सं.), राधाकृष्ण प्रकाशन, नई दिल्ली.
नीला चाँद	शिव प्रसाद सिंह, 1993, वाणी प्रकाशन, नई दिल्ली.
काशी का अस्सी	काशी नाथ सिंह, 2004, राजकमल प्रकाशन, नई दिल्ली.
अन्नपूर्णानन्द ग्रन्थावली	1989, विश्वविद्यालय प्रकाशन, चौक, वाराणसी.
प्रेमचन्द की सम्पूर्ण कहानियाँ	दो भाग (ईदगाह, रामलीला, गुल्ली-डंडा, बड़े भाई साहब, बूढ़ी-काकी), 2001 (चतुर्थ संस्करण), लोकभारती प्रकाशन, इलाहाबाद.

4. अंग्रेज़ी पुस्तकें

KASHI The City Illustrious or Benares	Edwin Greaves, 1909, The Indian Press, Allahabad.
Benares Illustrated	James Prinsep, Reproduced with an Introduction by O.P. Kejariwal, 1996, Vishwavidyalaya Prakashan, Chowk, Varanasi, first published in 1933.
Benares, the Sacred City	E.B. Havell, 1905, Blackie and Son Limited, London.
The Holy City (Benares)	Rajani Ranjan Sen 1921, Minto Press, Chittagong.
Hindu Samskaras	Raj Bali Pandey, 1969, Motilal Banarasidass, Delhi.
Introducing Varanasi	(Eds), A.K. Narain and Lallanji Gopal,1969, BHU, Varanasi.
Varanasi down the Ages	Kuber Nath Sukul, 1974, Bhargava Bhushan Press, Varanasi.

BANARAS City of Light	Diana L.Eck, 1983, Penguin Books, London.
BANARAS (Varanasi)	Cosmic Order, Sacred City, Hindu Traditions, (Ed.) Rana P.B. Singh, 1993, Tara Book Agency, Varanasi.
KUSHTI in Banaras	Wrestling as a Homage to the Gods: Cristiance Etchezaharetta & Severine Dabadae, 2012, Roli Books, Delhi.
Bhojpuri Grammar	Shaligram Shukla, 1940, Georgetown University Press, U.S.A.